한능검 기출 27회분(73~47회)의 시대별 고빈출 키워드를 연도별로 싹 모았습니다!
특히 빨간색 키워드는 80% 이상 출제된 최빈출 키워드입니다.

PART1 선사 시대

기원전 약 70만 년 전	기원전 약 8000년 전	기원전 약 2000년 전	기원전 약 3세기	기원전 약 4세기~2세기	약 2...
구석기 시대 • 주먹도끼, 찍개 등 뗀석기 • 동굴 및 막집 거주	신석기 시대 • 가락바퀴 • 갈돌 및 갈판 • 농경 및 목축 시작 • 빗살무늬 토기	청동기 시대 • 고인돌 축조 • 민무늬 토기 • 비파형 동검	철기 시대 • 세형동검 • 명도전, 반량전, 오수전 등 중국 화폐	고조선 전기 • 단군왕검이 고조선 건국 • 중국의 연나라와 대립	위만 집... • 임둔... • 한(漢... 중계...

KB199799

PART2 고대

642	645	648	660~663	668~674	675~676
• 대야성 전투 • 연개소문의 정변	• 안시성 전투	• 나·당 동맹 체결	• 백제의 멸망 및 웅진도독부 설치(660) • 백제 부흥 운동 (660~663)	• 고구려의 멸망 및 안동도호부 설치 (668) • 고구려 부흥 운동 (668~674)	• 매소성 전투(675) • 기벌포 전투(676) • 삼국 통일(676)

PART3 고려

1176	1198	1232	1388	1391	1392
• 망이·망소이의 난	• 만적의 난	• 강화 천도	• 요동 정벌 추진 • 위화도 회군	• 과전법 실시	• 조선 건국 • 한양 천도 • 제1차 왕자... • 제2차 왕자...

PART5 개항기

~1881	1882	1883	1884~1885	1894~1895	1896~1897

• 설치(1880)
• 기군 창설(1881)
• 시작(1881)
• 파견 시작(1881)
	• 임오군란
	• 조미 수호 통상 조약
	• 제물포 조약
	• 조청 상민 수륙 무역
	  장정
		• 보빙사 파견
		• 조일 통상 장정
		• 원산 학사 설립
		• 기기창, 박문국,
		  전환국 설립
			• 갑신정변(1884)
			• 한성 조약(1884)
			• 톈진 조약(1885)
			• 거문도 불법 점령 시작(1885)
			• 광혜원 설립(1885)
				• 동학 농민 운동(1894)
				• 청일 전쟁(1894~1895)
				• 1차 갑오개혁(1894)
				• 2차 갑오개혁(1894~1895)
				• 을미사변(1895)
				• 을미개혁(1895)
					• 아관 파천(1896)
					• 대한 제국 건립(1897)
					• 광무개혁 시작(1897)

PART6 일제 강점기

1915	1919	1920~1921	1922~1924	1925~1927

• 대한 광복회 조직
• 조선 물산 공진회 개최
	• 3·1 운동
	• 이른바 문화 통치 시작
	• 대한민국 임시 정부 조직
	• 의열단 조직
		• 조선 물산 장려회 조직(1920)
		• 봉오동 전투(1920)
		• 훈춘 사건(1920)
		• 청산리 전투(1920)
		• 간도 참변(1920)
		• 자유시 참변(1921)
			• 제2차 조선 교육령 시행(1922)
			• 국민 대표 회의 개최(1923)
			• 민립 대학 기성회 조직(1923)
			• 암태도 소작 쟁의(1923~1924)
			• 경성 제국 대학 설립(1924)
				• 박은식 대한민국 임시 정부
				  제2대 대통령 선출(1925)
				• 이상룡 대한민국 임시 정부
				  초대 국무령 선출(1925)
				• 미쓰야 협정(1925)
				• 6·10 만세 운동(1926)
				• 정우회 선언(1926)
				• 민족 유일당 운동(1926)
				• 신간회·근우회 창립(1927)

PART7 현대

1941	1945~1946	1947~1948	1950~1953	1954~1960

1941)
41)
시행(1941)
943)
	• 광복(1945)
	• 조선 건국 준비 위원회 조직(1945)
	• 모스크바 3국 외상 회의 개최(1945)
	• 제1차 미소 공동 위원회 개최(1946)
	• 이승만의 정읍 발언(1946)
	• 좌우 합작 위원회 조직 및 좌우 합작
	  7원칙 발표(1946)
		• 제2차 미소 공동 위원회 개최(1947)
		• 유엔 한국 임시 위원단의 선거 의결
		  (1947)
		• 남북 협상 추진(1948)
		• 제주 4·3 사건(1948)
		• 5·10 총선거(1948)
		• 대한민국 정부 수립(1948)
		• 여수·순천 10·19 사건(1948)
			• 애치슨 선언 발표(1950)
			• 6·25 전쟁(1950~1953)
			• 부산 정치 파동과 발췌 개헌(1952)
			• 한·미 상호 방위 조약 체결(1953)
				• 사사오입 개헌(1954)
				• 진보당 사건(1958)
				• 대구 2·28 민주화 운동(1960)
				• 3·15 부정 선거(1960)
				• 4·19 혁명(1960)

7 현대

1988~1992	1993~1997	1998~2002	2003~2007

• 서울 올림픽 개최(1988)
• 민족 자존과 통일 번영을 위한
  7·7 선언(1988)
• 남북한 유엔 동시 가입(1991)
• 남북 기본 합의서(1991)
• 한반도 비핵화 공동 선언(1991)
	• 금융 실명제 실시(1993)
	• 삼풍 백화점 붕괴 사고(1995)
	• 경제 협력 개발 기구(OECD) 가입
	  (1996)
	• 국제 통화 기금(IMF) 구제 금융
	  요청(1997)
		• 개성 공단 설치 합의(2000)
		• 국민 기초 생활 보장법(2000)
		• 최초 남북 정상 회담 개최 및 6·15
		  남북 공동 선언 발표(2000)
		• 부산 아시안 게임 및 한·일 월드컵
		  개최(2002)
			• 개성 공단 착공식 개최(2003)
			• 아시아·태평양 경제 협력체(APEC)
			  정상 회의 부산 개최(2005)
			• 제2차 남북 정상 회담 개최 및
			  10·4 남북 정상 선언 발표(2007)

시대에듀 # 자격증은 합콘이 팡팡!

#해품사 한능검 합격콘텐츠 서비스

1 ▶ 저자 직강! 유튜브 무료강의

- 해품사의 시대별 빈출 키워드 흐름강의(무료)
- 기출 27회분을 총분석한 고빈출 키워드의 연도별 흐름 학습!

▲ 해품사 유튜브

2 ▶ D-4주부터! 해품사 한능검 수요스터디

- 2025년 각 시험 4주 전부터 매주 수요일, 스터디 영상 업로드!
- 시험 D-1주에는 예상 문제 저격 특강 업로드! ★수험생의 간증이 쏟아지는 찐적중강의
- 해품사의 유튜브 댓글 답변
- 우수참여자 선정 스타벅스 아메리카노 제공

*진행 관련 자세한 사항은 해품사 유튜브 커뮤니티 게시글 참조
*경품은 주최 측의 사정에 따라 유사한 가치의 다른 품목으로 변경될 수 있습니다.
*수요스터디 진행 일정은 주최 측의 사정에 따라 변경되거나 취소될 수 있습니다.

▲ 수요스터디 바로가기

3 💬 실시간 저자 소통! 오픈채팅방

공부하다가 모르는 내용이 있거나 궁금한 사항은 오픈채팅방에서 바로 질문하세요!
저자와 한능검 전문가 운영진들이 실시간으로 빠르고! 자세하게! 답변해 드립니다.

▲ 오픈채팅방 바로가기

4 📱 언제 어디서나 공부! HAI한국사 앱(App)

- 기출문제 회차별/시대별/분야별 원하는 대로 무료 풀이
  해품사의 상세한 해설 바로 확인!
  헷갈리거나 틀린문제만 모아서 복습하기도 가능해요!
- 한능검 관련 실시간 질문&답변 가능

▲ 구글플레이

▲ 애플 앱스토어
HAI 한국사 or 하이한국사 검색

해품사 한능검, 기출은 해품사!

기출문제 풀었을 때 50점 간당간당했는데 덕분에 93점 고득점했습니다.

덕분에 오늘 한국사 시험 문제 보자마자 답 맞혔어요! 감사합니다!

시험장에서 문제 보고 감사해서 울었습니다ㅠㅠ   고난도 짚어주신 부분은 진짜 디테일 끝판왕이네요.

기출의 흐름을 못 잡았었는데, 덕분에 잘 보고 왔어요!

무령왕릉, 신석기, 부여, 고구려 부흥운동 등... 적중률 대박이네요.

공부에 어려움을 겪던 와중에 해품사님 강의를 찾아서 듣게 되었는데, 핵심을 잘 짚어주시니 흐름을 잘 몰라도 뭐가 중요한지 확실히 알겠더라고요. 덕분에 이번 시험은 합격 점수를 훌쩍 뛰어넘는 점수를 받았습니다. 감사합니다.

되게 신선한 방식으로 문제를 연구하시네요. 인상 깊습니다.   댓글 안 쓰는데 넌 ㅇㅈ이다.

완전 가성비 꿀수 꿀팁들 감사합니다. 잘 써먹겠습니다.

금요일까지 기출 61점이었던 제가 현장에서 88점 받게 해준 해품사... 감사합니다.

이걸 왜 지금 봤지?   해품사님 ㄹㅇ최고네요. 걍 쌤 노베였는데... 찍으신 거 거의 다 나온듯;

시간이 많이 없었는데 해품사님 덕분에 합격했습니다. 정말 감사합니다!

 해품사 유튜브에 그대로 있는
#수험생 리얼후기

한능검 전문 유튜브 채널 "해품사의 한방 한능검 연구소"

- ☑ 한능검 매 시험 직접 응시, 총 20회 만점 받은 #프로만점러!
- ☑ 전 회차 기출분석 + 최신 이슈 분석으로 진짜 나올 내용만 적중하는 #한능검 예언가!
- ☑ 연세대 역사교육대학원에서 역사를 연구하는 #찐 사학도!
- ☑ 각종 한능검 꿀팁강의부터 기본 개념강의까지 폭넓은 강의를 선사하는 #족집게 과외쌤!

#기존을 뛰어넘다, 본질을 끌어올리다
수험생의 #니즈에 집중하다

#합격콘텐츠 검수단
상시 모집

합격 후 시대에듀#의 엄격한 검수단이 되어 주세요!
최고의 합격콘텐츠를 개발하여 #합격력을 끌어올리기 위한 노력에 함께해 주세요.

#합격생 #강사 #전문가분들의 연락을 기다리겠습니다.

▶ **모집기간**
　상시

▶ **활동내용**
　시대에듀# 자격증 교재 콘텐츠 검수 등

▶ **신청방법**
　QR 코드 스캔 → 신청서 작성

▶ **합격콘텐츠 검수단 혜택**
　• 검수 활동비 지급
　• 콘텐츠 검수단 활동 경력증 발급

※ 신청서 확인 후 내부 기준에 따라 선정하여 개별 연락드립니다.

한국사능력검정시험인증서

성 명 :

생 년 월 일 :

합 격 등 급 :

인 증 번 호 :

위 사람은 교육부 국사편찬위원회에서 주관한

제   회 한국사능력검정시험에서 위 급수에 합격하였기에

이 증서를 드립니다.

2025년   월   일

🌀 국사편찬위원회

해품사 한능검, 기출은 해품사!

한국사능력검정시험
[심화(1·2·3급)]

기출회독편

시대에듀 #

왜? **시대별 기출문제** 를 풀어야 할까요?

1 기출문제로 개념까지 동시에 학습!

✓ 같은 시대 문제를 계속 풀면 내용이 겹치기 때문에 사건 순서 연계하기도 좋고, 계속 반복되는 선지 내용들이 자연스럽게 외워져요.

✓ 시대별 기출문제집을 풀면 문제 유형과 각 시대에서 자주 나오는 선지가 숙련돼서 특히 초반에 회차별 기출문제집 푸는 것보다 더 빨리 실력이 늘어요.

#이론과문풀을동시에 #가성비학습

2 나의 취약 부분을 단번에 파악!

✓ 문제가 시대별로 묶어져 있기 때문에 내가 어느 부분이 약한지 가장 객관적으로 판단이 가능해집니다.

✓ 시대별 기출은 스스로 어려워 하는 특정한 시대를 반복적으로 풀면서 확실한 공략이 가능해요.

#객관적실력판단 #약점공략

3 회독에 가장 적합한 교재!

✓ 회독이 특히 중요한 한능검 시험에서 시대별 기출 선지를 모아놓은 시대별 기출문제집이 회독하기에 가장 좋아요.

✓ 문제도 여러 번, 해설도 여러 번 보면서 반복하면 등급이 안 오를 수가 없습니다.

#반복또반복 #자동으로암기

시대별 기출 VS 회차별 기출
고민되는 당신께 딱 비교해드림!

시대별 기출회독 600제+기출선지		회차별 기출 500제
27회분 기출분석 후 시대별·주제별 빈출 600제 * 73~26회 중 선별 문항 수록	구성	최신 회차 10회분(총 500제) * 72~63회 전 문항 수록
한능검 공부 시작할 때 OR 단기기본서로 이론 공부 직후	언제 보면 좋을까?	시대별 공부 직후
시대별로 약점 파악 & 개념 학습까지 동시에 가능	어떤 점이 좋을까?	각 회차를 실제처럼 풀어보며 실전감각 상승
시대별 빈출 키워드 흐름강의 무료 제공	강의	모든 회차 해설강의 무료 제공
회독에 용이한 시대별 기출선지로 무한 회독 가능!	특별제공	저격 예상 모의고사까지 풀어보며 실전감각 최대치로 마무리

학습 단계에 맞는 기출 공부로
한 번에 합격!

시대별 기출회독 600제+기출선지의 특별한 구성

단순한 분류가 아니다!

1 27회분 기출을 총분석한 시대별 빈출 주제&키워드 구성!

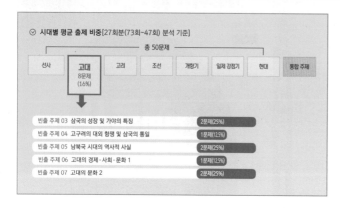

✔ 27회분 기출을 총분석하여 각 시대별
  에서 가장 중요한 빈출 주제로만 구성

각 문제는 이 주제에서 가장 많이
출제된 키워드로 구성하였습니다.

문제별 키워드 분류표

문제	키워드	출제 빈도(27회분 中)
1	소수림왕	➡ 4번 출제
2	광개토 대왕	➡ 2번 출제
3	장수왕	➡ 9번 출제
4	근초고왕	➡ 5번 출제
5	무령왕	➡ 3번 출제
6	성왕	➡ 8번 출제
7	무왕	➡ 1번 출제
8	지증왕	➡ 2번 출제
9	법흥왕	➡ 2번 출제

✔ 빈출 주제 내에서도 출제 빈도가
  높은 키워드로 구성한 문제!

1. ②
고구려 소수림왕 | 난이도 ●○○

문제 키워드 추출

✔ 불교 수용, 전진에 사신 파견 _ 고구려 소수림왕 때 중국
  의 국가 중 전진과 교류하며 승려인 순도를 통해 불교를
  공인받음

문제에서 불교를 수용한 고구려 왕을 언급하였으므로 이를
바탕으로 소수림왕을 유추할 수 있습니다. 따라서 태학 설립
이 언급된 2번 선지가 정답입니다!

✔ 문제별 세부 키워드와 난이도 표시
✔ 문제별 키워드 추출을 통한 명쾌한 해설!

반복 또 반복!

2 손쉽게 회독을 도와주는 구성

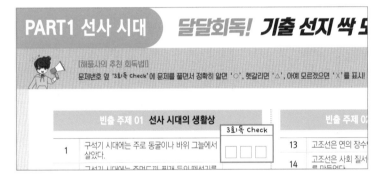

✓ 문제별 3회독이 가능한
  3회독 Check 표 수록

✓ PART 끝에는 빈출 주제별 중요 기출 선지를 모아 다시 한번 3회독!

빈출 주제 01 선사 시대의 생활상

시대별로 기출문제를 풀며 문제유형과 선지에 익숙해지는 것이 풀이의 핵심입니다! 최소 3번 이상 회독하며
[해품사의 추천 회독법]
문제번호 옆 '3회독 Check'에 문제를 풀면서 정확히 알면 '○', 헷갈리면 '△', 아예 모르겠으면 'X'를 표시

1. ☐☐☐ 3회독 Check   53회 1번
(가) 시대의 생활 모습으로 옳은 것은?   [1점]

2. ☐☐☐
(가) 시대의 생활 모습으

PART1 선사 시대 달달회독! 기출 선지 싹 5

[해품사의 추천 회독법]
문제번호 옆 '3회독 Check'에 문제를 풀면서 정확히 알면 '○', 헷갈리면 '△', 아예 모르겠으면 'X'를 표시!

	빈출 주제 01 선사 시대의 생활상	3회독 Check		빈출 주제 02
1	구석기 시대에는 주로 동굴이나 바위 그늘에서 살았다.	☐☐☐	13	고조선은 연의 장수
	구석기 시대에는 주먹도끼, 찌개 등이 떼석기를		14	고조선은 사회 질서 를 만들었다

중요한 건 한 번 더!

3 시대별 빈출 키워드 연표로 완벽한 마무리

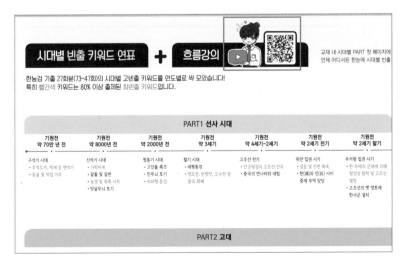

✓ PART 앞에 제시된 시대별 빈출 키워드 연표를 모아 모아 브로마이드로 제공합니다! 한눈에 시대 흐름을 파악하고 해품사의 흐름강의도 수강하세요!

시대별 빈출 키워드 연표 + 흐름강의   교재 내 시대별 PART 첫 페이지에 언제 어디서든 한눈에 시대별 빈출

한능검 기출 27회분(73~47회)의 시대별 고빈출 키워드를 연도별로 싹 모았습니다!
특히 빨간색 키워드는 80% 이상 출제된 최빈출 키워드입니다.

PART1 선사 시대						
기원전 약 70만 년 전	기원전 약 8000년 전	기원전 약 2000년 전	기원전 약 3세기	기원전 약 4세기~2세기	기원전 약 2세기 전기	기원전 약 2세기 말기

구석기 시대
• 주먹도끼, 뗀개 등 뗀석기
• 동굴 및 막집 거주
	신석기 시대
	• 가락바퀴
	• 갈돌 및 갈판
	• 농경 및 목축 시작
	• 빗살무늬 토기
		청동기 시대
		• 고인돌 축조
		• 민무늬 토기
		• 비파형 동검
			철기 시대
			• 세형동검
			• 명도전, 반량전, 오수전 등
			   중국 화폐
				고조선 전기
				• 단군왕검이 고조선 건국
				• 중국의 연나라와 대립
					위만 집권 시기
					• 임둔 및 진번 복속
					• 한(漢)과 진(辰) 사이
					   중계 무역 담당
						우거왕 집권 시기
						• 한 무제의 군대에 의해
						   왕검성 함락 및 고조선
						   멸망
						• 고조선의 옛 영토에
						   한사군 설치

PART2 고대						

해품사의 27회분* 시대별 빈출 주제 총분석!

* 개편 이후 73회~47회 기준

선사 시대
평균 2문제(5%)

빈출 주제		가장 많이 출제된 키워드 *괄호 안 (숫자)는 27회분 중 출제된 횟수!
빈출 주제 01	선사 시대의 생활상	구석기(9), 신석기(8), 청동기(9)
빈출 주제 02	국가의 형성 및 발전	고조선(9), 부여(8), 고구려(3), 옥저(3), 동예(7), 삼한(7), 고대 철기 국가 통합형(6)

고대
평균 8문제(16%)

빈출 주제		가장 많이 출제된 키워드 *괄호 안 (숫자)는 27회분 중 출제된 횟수!
빈출 주제 03	삼국의 성장 및 가야의 특징	소수림왕(4), 광개토 대왕(2), 장수왕(9), 근초고왕(5), 무령왕(3), 성왕(8), 무왕(1), 지증왕(2), 법흥왕(2), 진흥왕(4), 문무왕(1), 삼국의 대립(8), 가야(9)
빈출 주제 04	고구려의 대외 항쟁 및 삼국의 통일	살수대첩과 안시성 전투(4), 연개소문(2) 삼국의 통일 과정(21)
빈출 주제 05	남북국 시대의 역사적 사실	신문왕(9), 진성 여왕(2), 통일신라 하대의 사회상(15), 발해(27)
빈출 주제 06, 07	고대의 경제·사회·문화	고대의 경제(9), 고대의 사회(8), 고대의 고분과 비석(7), 고대의 불상(6), 고대의 왕(7), 고대의 유물(4), 의상과 원효(8), 그 외 고대의 승려(2), 최치원과 장보고(5), 그 외 고대의 인물(3)

고려
평균 8문제(16%)

빈출 주제		가장 많이 출제된 키워드 *괄호 안 (숫자)는 27회분 중 출제된 횟수!
빈출 주제 08	후삼국 통일 및 고려 초기의 정치	견훤(6), 궁예(7), 후삼국의 통일 과정(5), 왕건(8), 광종(5), 고려 성종(8), 고려 전기의 왕 흐름(3), 도병마사(2), 어사대(4), 그 외 고려 시대의 중앙 정치 제도(2), 고려 시대의 지방 행정 제도와 군사 제도(2)
빈출 주제 09	고려 중기의 정치 및 무신 정권	고려 중기의 정치적 변동(7), 무신 정권 시기의 사실(12), 최충헌과 최우(21)
빈출 주제 10	고려 후기의 정치 및 사회	원 간섭기의 사회상(15), 고려 후기의 왕(7), 조선의 건국 과정(7)
빈출 주제 11	외세의 침략과 고려의 대응	거란(12), 여진(8), 몽골(9), 삼별초(5), 홍건적과 왜구(4), 고려의 외세 방어 흐름(2)
빈출 주제 12, 13	고려의 경제·사회·문화	고려 시대의 경제(23), 고려 시대의 사회 기구(3), 고려 시대의 관학 진흥책(4), 『삼국유사』와 『삼국사기』(5), 『동명왕편』과 『제왕운기』(3), 『직지심체요절』과 팔만대장경(3), 고려 시대의 기록 유산(1), 고려 시대의 불상(6), 고려 시대의 왕(5), 고려 시대의 건축물(3), 고려 시대의 문화유산(2), 의천과 지눌(2), 그 외 고려의 승려(1)

조선
평균 11문제(22%)

빈출 주제		가장 많이 출제된 키워드 *괄호 안 (숫자)는 27회분 중 출제된 횟수!
빈출 주제 14	조선 초기의 정치	태종(7), 세종(10), 세조(8), 조선 성종(10), 그 외 조선 전기의 왕(1), 사헌부(3), 승정원(3), 홍문관(4), 그 외 조선 시대의 중앙 정치 제도(2), 유향소(3), 그 외 조선 시대의 지방 행정 제도(2)
빈출 주제 15	조선의 사화	조선의 사화(16), 중종과 명종(3), 조광조(2)
빈출 주제 16	조선 중기의 정치 및 외세 대응	임진왜란(13), 훈련도감(2), 병자호란(11), 조선 중기의 왕(7), 비변사(2)
빈출 주제 17	조선 후기의 정치 및 붕당의 대립	조선 숙종(2), 영조(7), 정조(13), 예송과 환국(6), 그 외 붕당의 대립 사례(2)
빈출 주제 18	조선 후기의 사회상 및 외교 흐름	조선 후기의 사회상(22), 조선 후기의 조세 개혁(9), 조선 시대의 외교 흐름(8)
빈출 주제 19	세도 정치기 및 조선의 사회	세도 정치기의 사회상과 반란(14), 조선 후기의 종교(7), 조선 시대의 신분 제도(1)
빈출 주제 20, 21	조선의 문화	조선의 궁궐(6), 조선의 궁중 문화유산(3), 조선의 그림(8), 조선 시대의 교육 기관(4), 조선 시대의 기록 유산(6), 조선 후기의 건축물(1), 조선 시대의 도자기(1)
빈출 주제 22	조선의 실학파 및 인물	중농학파(7), 중상학파(5), 조선 시대의 실학파(3), 조선 시대의 인물(13)

개항기
평균 8문제(16%)

	빈출 주제	가장 많이 출제된 키워드 *괄호 안 (숫자)는 27회분 중 출제된 횟수
빈출 주제 23	흥선 대원군 집권 및 개항 과정	개항기 전기의 외세침입(21), 흥선 대원군(8), 개항기의 사절단(5), 개항기의 위정척사파(2)
빈출 주제 24	개항기 전기의 사건 및 조약	임오군란과 갑신정변(14), 그 외 1880년대 전기의 사건(2), 개항기 전기의 조약(11)
빈출 주제 25	동학 농민 운동~대한 제국	동학 농민 운동(13), 청일 전쟁~대한 제국 건립(6), 청일 전쟁, 아관 파천 이후 열강의 이권 침탈(11), 갑오개혁(8), 을미개혁(2), 광무개혁(13), 개항기의 개혁 사례(2), 독립 협회(10)
빈출 주제 26	구한말 일제의 침략 및 저항	구한말 일제의 침략 과정(15), 개항기의 의병(5), 보안회(3), 신민회(6), 화폐 정리 사업과 국채 보상 운동(7)
빈출 주제 27	개항기의 문화 및 인물	개항기의 교육 기관(2), 개항기의 신문(6), 개항기의 문물(6), 개항기의 인물(10)

일제 강점기
평균 8문제(16%)

	빈출 주제	가장 많이 출제된 키워드 *괄호 안 (숫자)는 27회분 중 출제된 횟수
빈출 주제 28	일제의 식민 통치 및 국내 항일 운동	무단 통치기(10), 이른바 문화 통치기(1), 민족 말살 통치기(21), 일제 강점기의 식민 통치(1), 독립 의군부와 대한 광복회(3), 3·1운동(11), 6·10 만세 운동(3), 신간회(3)
빈출 주제 29, 30	일제 강점기의 국외 독립운동	일제 강점기의 국외 독립운동 사례 개괄(18), 대한민국 임시 정부(15), 의열단과 한인 애국단(7) 1920년대 만주 지역의 독립운동(8), 한국 독립군과 조선 혁명군(7), 조선 의용대(5), 한국광복군(6)
빈출 주제 31	일제 강점기의 경제·사회·문화	물산 장려 운동과 민립 대학 설립 운동(10), 일제 강점기의 노동 운동(8), 일제 강점기의 신분 해방 운동(6), 일제 강점기의 종교(5), 일제 강점기의 한글 단체(5)
빈출 주제 32	일제 강점기의 인물	일제 강점기의 문학가(6), 일제 강점기의 역사학자(6), 일제 강점기의 독립운동가(11)

현대
평균 5문제(10%)

	빈출 주제	가장 많이 출제된 키워드 *괄호 안 (숫자)는 27회분 중 출제된 횟수
빈출 주제 33	대한민국 정부 수립 과정 및 6·25 전쟁	광복~대한민국 정부 수립(14), 5·10 총선거와 제헌 국회(5), 6·25 전쟁(1)
빈출 주제 34	이승만~전두환 정부	이승만 정부(7), 장면 내각(2), 박정희 정부(22), 전두환 정부(7), 현대의 민주화 운동(21), 현대의 개헌 과정(8)
빈출 주제 35	노태우~문재인 정부 및 현대의 인물	노태우 정부(9), 김영삼 정부(9), 김대중 정부(14), 노무현 정부(7), 역대 정부의 통일 노력(4), 이명박 정부~문재인 정부(2), 현대의 인물(4)

통합 주제

	빈출 주제	해품사의 시대별 한마디
빈출 주제 36	세시 풍속	특수 주제 및 시대 통합형 유형은 심화편 개편 이후 출제 비중이 높아진 파트로, 앞서 다룬 각 시대별 유형과 달리 대체로 여러 시대를 복합적으로 파악하는 문제가 주로 출제됩니다. 특히 최근 회차에는 다양한 주제를 바탕으로 여러 시대를 아우르는 문제의 출제 빈도가 증가하였기 때문에, 개편 이후 한능검의 난도가 상승하는 주요한 원인이 되었습니다. 이 유형의 경우 회차마다 편차는 다르지만, 최소 1문제에서 넓게는 5문제까지 출제된 사례가 있습니다. 또한 이 유형은 앞서 다룬 파트의 내용을 종합하여 출제하기 때문에, 기존에 풀이한 내용을 복습하는 것이 상당히 중요합니다.
빈출 주제 37	지역사	
빈출 주제 38	외국인 및 여성 인물	
빈출 주제 39	시대 통합사	

집중!! 해품사가 알려주는 한능검 관련 자주 묻는 Q&A

1 Q. 한 해 첫 시험은 쉽게, 마지막 시험과 방학 기간은 대체로 어렵게 출제된다는 소문이 있던데 진짜인가요?

A. 아니요! 무조건!! 랜덤입니다. 예를 들어 2020년의 마지막 시험은 손꼽히는 고난도 회차였는데, 2021년과 2024년 마지막 시험은 상당히 합격자가 많은 쉬운 회차였습니다! 제발 소문에 현혹되지 마세요!!

시험 기본 필수 정보

1) 시험접수: 한국사능력검정시험 홈페이지(https://www.historyexam.go.kr)에서 접수

  *응시료 심화 기준 27,000원

2) 시험일정

  – 심화 기준 연 4회

  – 편차 있을 수 있지만 대부분 2월, 5월, 8월, 10월에 시행

  추가접수 기간에는 원하는 고사장이 없을 확률 매우 높으므로 원서접수 첫 타이밍에 도전!!!

구분	원서접수	추가접수	시험일시	합격자 발표
제73회	2025년 1월 14일(화) 10:00~ 2025년 1월 21일(화) 17:00	2025년 1월 27일(월) 10:00~ 2025년 1월 31일(금) 17:00	2025년 2월 16일(일)	2025년 2월 28일(금)
제74회	2025년 4월 22일(화) 10:00~ 2025년 4월 29일(화) 17:00	2025년 5월 6일(화) 10:00~ 2025년 5월 9일(금) 17:00	2025년 5월 24일(토)	2025년 6월 5일(목)
제75회	2025년 7월 8일(화) 10:00~ 2025년 7월 15일(화) 17:00	2025년 7월 22일(화) 10:00~ 2025년 7월 25일(금) 17:00	2025년 8월 9일(토)	2025년 8월 22일(금)
제76회	2025년 9월 16일(화) 10:00~ 2025년 9월 23일(화) 17:00	2025년 9월 30일(화) 10:00~ 2025년 10월 3일(금) 17:00	2025년 10월 18일(토)	2025년 10월 31일(금)

2 Q. 한능검은 유효기간이 없나요?

A. 자격증의 유효기간 자체는 없습니다! (따 두기만 하면 만료X)
  다만 주로 한능검을 따려는 분들은 공무원이나 공기업을 준비하는 분들이 많은데,
  각 기관이 인정하는 기간이 다르기 때문에 확인이 반드시 필요합니다!

활용 및 특전

- 2012년부터 한국사능력검정시험 2급 이상 합격자에 한해 인사혁신처에서 시행하는 5급공무원 공개경쟁채용시험 및 외교관 후보자 선발시험에 응시 자격 부여
- 2013년부터 한국사능력검정시험 3급 이상 합격자에 한해 교원임용시험 응시 자격 부여
- 국비유학생, 해외파견 공무원 선발 시 국사시험을 한국사능력검정시험(3급 이상 합격)으로 대체
- 2014년도부터 한국사능력검정시험 2급 이상 합격자에 한해 인사혁신처에서 시행하는 지역인재 7급 견습직원 선발시험에 추천자격 요건 부여

- 2015년부터 공무원 경력경쟁채용시험에 가산점 부여
- 2018년부터 군무원 공개경쟁채용시험에서 국사 과목을 한국사능력검정시험으로 대체
- 2021년부터 7급 국가(지방)공무원 공개경쟁채용시험에서 한국사 과목을 한국사능력검정시험으로 대체
- 2022년부터 순경공채, 경찰간부후보생 경찰채용 필기시험 한국사 과목을 한국사능력검정시험으로 대체
- 2023년부터 소방공무원, 소방간부후보생 공개채용 필기시험 한국사 과목을 한국사능력검정시험으로 대체
- 2024년부터 우정9급(계리) 공개채용 필기시험 한국사 과목을 한국사능력검정시험으로 대체
- 일부 공기업 및 민간기업의 직원 채용이나 승진 시 반영
- 일부 대학의 수시 모집 및 육·해·공·국군간호사관학교 입시 가산점 부여
※ 추후 변경 가능성 있으므로 자세한 사항은 한국사능력검정시험 홈페이지(https://www.historyexam.go.kr)를 참고하세요.

3

Q. 저는 노베이스인데, 이과인데, 재수생인데, 직장인인데, 한국사 극험하는데(?) 1급 합격도 가능할까요?

A. 물론입니다! 각자의 상황에 맞게 모두 다 알맞은 방법으로 공부한다면 가능합니다!
제가 교재에서 제시하는 테마별 학습단계를 잘 따라오기만 한다면 분명히 원하는 결과를 얻을 것입니다!!

시험 점수

심화 1급: 80점 이상 / 심화 2급: 70점~79점 / 심화 3급: 60점~69점

4

Q. 시험 당일에는 어떤 자료를 보면 좋을까요?

A. 시험 당일에는 새로운 것을 암기하는 것보다는 최빈출 선지 모음 PDF를 가볍고 빠르게 훑어보는 것을 추천합니다. 한국사는 워낙 양이 방대하기 때문에 오히려 못 외웠던 새로운 것을 암기하면 더 헷갈릴 수도 있거든요^^; 시대별 최빈출 선지들을 달달 외우는 걸 추천합니다!

시험 당일 응시 관련

1) **입실**: 10시까지 필수! (1분이라도 늦으면 시험 못 봅니다!!!!!!!!!!!!)

2) **당일 준비물**: 신분증, 수험표, 컴퓨터용 사인펜 (하나라도 안챙기면 시험 절대 못 봅니다!)
   *수정테이프 사용 가능
   *가끔 수험표나 컴퓨터용 사인펜은 시험장에서 빌려주니 가져가지 않아도 된다.. 혹은 다른 시험에서는 준비물이 아니었는데.. 이 시험에서는 챙겨야하나? 모바일 신분증은 없나요..? 등 질문이 다수 있는데...
   무조건!!!!!!!!!! 챙기세요 안 챙기면 무조건 본인 책임!!

3) **시험 시간**: 50문제를 80분 동안 마킹까지 끝내야 합니다.
   시험 시간은 10시 20분부터(입실은 10시!!!!)

시대별 기출회독 600제+기출선지의 차례

[Special 특별제공!]
시대별 빈출 키워드 연표 브로마이드 ·················· 교재 맨 앞
달달회독 기출 선지 싹 모음! PDF ·················· 시대에듀 홈페이지 〉학습자료실

PART 1 선사 시대

시대별 빈출 키워드 연표 + 흐름강의

27회분 기출의 시대별 고빈출 키워드를 연도별로 싹 모았습니다!
특히 빨간색 키워드는 80% 이상 출제된 최빈출 키워드입니다.

기원전 약 70만 년 전	기원전 약 8000년 전	기원전 약 2000년 전
구석기 시대 • 주먹도끼, 찍개 등 뗀석기 • 동굴 및 막집 거주	신석기 시대 • 가락바퀴 • 갈돌 및 갈판 • 농경 및 목축 시작 • 빗살무늬 토기	청동기 시대 • 고인돌 축조 • 민무늬 토기 • 비파형 동검

(1) 부여	(2) 고구려	(3) 옥저	(4) 동예	(5) 삼한
• 사출도 • 영고	• 동맹 • 진대법 • 제가 회의	• 가족 공동 묘 • 민며느리제	• 무천 • 책화 • 단궁, 과하마, 반어피	• 계절제(5월 및 10월) • 소도 및 천군

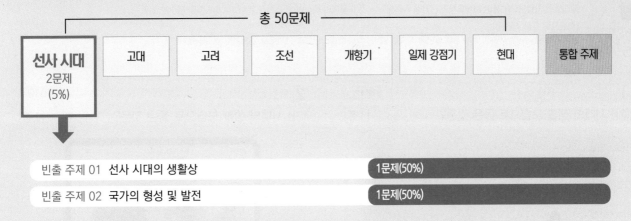

| 빈출 주제 01 선사 시대의 생활상 | 1문제(50%) |
| 빈출 주제 02 국가의 형성 및 발전 | 1문제(50%) |

기원전 약 3세기	기원전 약 4세기~2세기	기원전 약 2세기 전기	기원전 약 2세기 말기
철기 시대 • 세형동검 • 명도전, 반량전, 오수전 등 　중국 화폐	**고조선 전기** • 단군왕검이 고조선 건국 • 중국의 연나라와 대립	**위만 집권 시기** • 임둔 및 진번 복속 • 한(漢)과 진(辰) 사이 　중계 무역 담당	**우거왕 집권 시기** • 한 무제의 군대에 의해 　왕검성 함락 및 고조선 　멸망 • 고조선의 옛 영토에 한사 　군 설치

시대별로 기출문제를 풀며 문제유형과 선지에 익숙해지는 것이 풀이의 핵심입니다! 최소 3번 이상 회독하며 풀어보세요.

[해풍사의 추천 회독법!]
문제번호 옆 '3회독 Check'에 문제를 풀면서 정확히 알면 'O', 헷갈리면 '△', 아예 모르겠으면 'X'를 표시!

1. ☐☐☐ 3회독 Check   53회 1번

(가) 시대의 생활 모습으로 옳은 것은?   [1점]

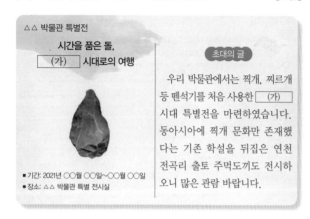

① 가락바퀴를 이용하여 실을 뽑았다.
② 반달 돌칼을 사용하여 벼를 수확하였다.
③ 많은 인력을 동원하여 고인돌을 축조하였다.
④ 거푸집을 이용하여 세형동검을 제작하였다.
⑤ 주로 동굴이나 강가의 막집에서 거주하였다.

2. ☐☐☐   66회 1번

(가) 시대의 생활 모습으로 옳은 것은?   [1점]

① 반달 돌칼로 벼를 수확하였다.
② 주로 동굴이나 막집에서 살았다.
③ 반량전, 명도전 등 화폐를 사용하였다.
④ 빗살무늬 토기를 만들어 식량을 저장하였다.
⑤ 가락바퀴와 뼈바늘을 이용하여 옷을 만들었다.

3. ☐☐☐

54회 1번

(가) 시대의 생활 모습으로 옳은 것은? [1점]

경기도 김포시 신안리 유적 발굴 조사에서 총 23기의 집터가 확인되었습니다. 이 집터 내부에서 출토된 빗살무늬 토기, 갈돌, 갈판 등의 유물을 통해 정착 생활과 농경이 시작된 (가) 시대의 생활 모습을 살펴볼 수 있을 것으로 기대됩니다.

김포 신안리 집터 유적에서 빗살무늬 토기 등 출토

① 가락바퀴를 이용하여 실을 뽑았다.
② 명도전을 사용하여 중국과 교류하였다.
③ 의례 도구로 청동 방울 등을 사용하였다.
④ 거푸집을 이용하여 세형동검을 제작하였다.
⑤ 많은 인력을 동원하여 고인돌을 축조하였다.

4. ☐☐☐

43회 1번

(가) 시대의 생활 모습으로 옳은 것은? [1점]

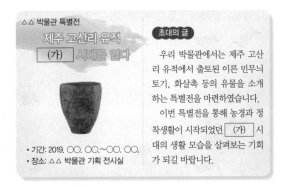

△△ 박물관 특별전

제주 고산리 유적
(가) 시대를 열다

• 기간: 2019. ○○. ○○.~○○. ○○.
• 장소: △△ 박물관 기획 전시실

초대의 글

우리 박물관에서는 제주 고산리 유적에서 출토된 이른 민무늬 토기, 화살촉 등의 유물을 소개하는 특별전을 마련하였습니다.
이번 특별전을 통해 농경과 정착생활이 시작되었던 (가) 시대의 생활 모습을 살펴보는 기회가 되길 바랍니다.

① 주로 동굴이나 막집에 거주하였다.
② 가락바퀴를 이용하여 실을 뽑았다.
③ 명도전을 이용하여 중국과 교역하였다.
④ 철제 농기구를 사용하여 농사를 지었다.
⑤ 의례 도구로 청동 거울과 방울 등을 제작하였다.

5. ☐☐☐

62회 1번

(가) 시대의 생활 모습으로 옳은 것은? [1점]

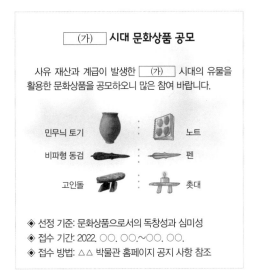

(가) **시대 문화상품 공모**

사유 재산과 계급이 발생한 (가) 시대의 유물을 활용한 문화상품을 공모하오니 많은 참여 바랍니다.

민무늬 토기 — 노트
비파형 동검 — 펜
고인돌 — 촛대

◆ 선정 기준: 문화상품으로서의 독창성과 심미성
◆ 접수 기간: 2022. ○○. ○○.~○○. ○○.
◆ 접수 방법: △△ 박물관 홈페이지 공지 사항 참조

① 반달 돌칼로 벼를 수확하였다.
② 주로 동굴이나 막집에서 거주하였다.
③ 소를 이용한 깊이갈이가 일반화되었다.
④ 호미, 쇠스랑 등의 철제 농기구를 제작하였다.
⑤ 가락바퀴와 뼈바늘을 이용하여 옷을 만들기 시작하였다.

6. ☐☐☐

60회 1번

(가) 시대의 생활 모습으로 옳은 것은? [1점]

이곳은 유네스코 세계유산으로 등재된 화순 고인돌 유적입니다. 여기에는 계급이 발생한 (가) 시대의 고인돌이 밀집되어 있고, 인근에서는 덮개돌을 캐낸 채석장이 발견되어 고인돌의 축조 과정을 살펴볼 수 있습니다.

① 소를 이용하여 깊이갈이를 하였다.
② 주로 동굴이나 바위 그늘에서 살았다.
③ 반달 돌칼을 사용하여 곡물을 수확하였다.
④ 빗살무늬 토기를 제작하여 식량을 저장하였다.
⑤ 주먹도끼, 찍개 등 뗀석기를 만들기 시작하였다.

1. □□□ 3회독 Check   50회 2번

(가) 나라에 대한 설명으로 옳은 것을 〈보기〉에서 고른 것은?   [2점]

> 아들을 거쳐 손자 우거 때 이르러서는 …… 주변의 여러 나라
> 들이 글을 올려 천자를 알현하고자 하였으나, 또한 가로막고
> 통하지 못하게 하였다. …… 좌장군이 두 군대를 합하여 맹렬히
> [가] 을/를 공격하였다. 상 노인, 상 한음, 니계상 참, 장군
> 왕협 등이 서로 [항복을] 모의하였다. …… [우거]왕이 항복하려
> 하지 않았다. 한음, 왕협, 노인이 모두 도망하여 한에 항복하였
> 는데, 노인은 도중에 죽었다.
>   – 「사기」 –

> **▶ 보기 ◀**
> ㄱ. 22담로에 왕족을 파견하였다.
> ㄴ. 빈민을 구제하기 위해 진대법을 실시하였다.
> ㄷ. 진번과 임둔을 복속시켜 세력을 확장하였다.
> ㄹ. 살인, 절도 등의 죄를 다스리는 범금 8조가 있었다.

① ㄱ, ㄴ   ② ㄱ, ㄷ   ③ ㄴ, ㄷ   ④ ㄴ, ㄹ   ⑤ ㄷ, ㄹ

2. □□□   58회 2번

(가) 나라에 대한 설명으로 옳은 것은?   [2점]

> ○ 좌장군은 [가] 의 패수 서쪽에 있는 군사를 쳤으나 이를
>   격파해서 나가지는 못했다. …… 누선장군도 가서 합세하여
>   왕검성의 남쪽에 주둔했지만, 우거왕이 성을 굳게 지키므로
>   몇 달이 되어도 함락시킬 수 없었다.
> ○ 마침내 한 무제는 동쪽으로는 [가] 을/를 정벌하고 현도
>   군과 낙랑군을 설치했으며, 서쪽으로는 대완과 36국 등을
>   병합하여 흉노 좌우의 후원 세력을 꺾었다.

① 동맹이라는 제천 행사를 열었다.
② 신지, 읍차라 불린 지배자가 있었다.
③ 도둑질한 자에게 12배로 배상하게 하였다.
④ 읍락 간의 경계를 중시하는 책화가 있었다.
⑤ 왕 아래 상, 대부, 장군 등의 관직을 두었다.

3. □□□   41회 2번

(가) 인물에 대한 설명으로 옳은 것을 〈보기〉에서 고른 것은?   [3점]

> 연왕(燕王) 노관이 한(漢)을 배반하고 흉노로 들어가자,
> [가] 도 망명하였다. 무리 천여 명을 모아 상투를 틀고 오
> 랑캐 복장을 하고서 동쪽으로 도망하여 요새를 나와 패수를 건
> 너 진(秦)의 옛 땅인 상하장에 살았다.
>   – 「사기」 조선열전 –

> **▶ 보기 ◀**
> ㄱ. 준왕을 몰아내고 왕이 되었다.
> ㄴ. 한 무제가 파견한 군대에 맞서 싸웠다.
> ㄷ. 진번과 임둔을 복속시켜 세력을 확장하였다.
> ㄹ. 연의 장수 진개의 공격을 받아 땅을 빼앗겼다.

① ㄱ, ㄴ   ② ㄱ, ㄷ   ③ ㄴ, ㄷ   ④ ㄴ, ㄹ   ⑤ ㄷ, ㄹ

4. □□□   51회 2번

(가) 나라에 대한 설명으로 옳은 것은?   [2점]

> 이 유물은 중국 지린성 쑹화강 유역
> 의 둥퇀산 유적에서 출토된 [가]
> 의 금동제 가면이다. 「삼국지」 동이전
> 에 따르면 [가] 에는 여러 가(加)
> 들이 별도로 관할하는 사출도가 있었
> 으며, 사람을 죽여 순장하는 풍습이
> 행해졌다고 한다.

① 12월에 영고라는 제천 행사를 열었다.
② 신지, 읍차라고 불린 지배자가 있었다.
③ 제사장인 천군과 신성 지역인 소도가 존재하였다.
④ 대가들이 사자, 조의, 선인 등의 관리를 거느렸다.
⑤ 다른 부족의 영역을 침범하면 소나 말로 변상하였다.

5. ☐☐☐ 68회 3번

다음 자료에 해당하는 나라에 대한 설명으로 옳은 것은?

[2점]

> ○ 산릉과 넓은 못[澤]이 많아서 동이 지역에서는 가장 넓고 평탄한 곳이다. …… 사람들은 체격이 크고 성품은 굳세고 용감하며, 근엄·후덕하여 다른 나라를 쳐들어가거나 노략질하지 않는다.
>
> ○ 은력(殷曆) 정월에 지내는 제천 행사는 국중 대회로 날마다 마시고 먹고 노래하고 춤추는데, 그 이름을 영고라 했다.
>
> — 『삼국지』 위서 동이전 —

① 신성 지역인 소도가 존재하였다.
② 혼인 풍습으로 민며느리제가 있었다.
③ 여러 가(加)들이 각각 사출도를 주관하였다.
④ 특산물로 단궁, 과하마, 반어피가 유명하였다.
⑤ 왕 아래 상가, 대로, 패자 등의 관직이 있었다.

6. ☐☐☐ 48회 2번

밑줄 그은 '이 나라'에 대한 설명으로 옳은 것은? [2점]

> 이 나라에는 왕이 있고 벼슬로는 상가·대로·패자·고추가·주부·우태·승·사자·조의·선인이 있으며, 존비(尊卑)에 따라 각각 등급을 두었다. 모든 대가들도 스스로 사자·조의·선인을 두었는데, 그 명단은 모두 왕에게 보고하여야 한다. …… 범죄자가 있으면 제가들이 모여 회의하여 즉시 사형에 처하고, 그 처자는 노비로 삼는다.
>
> — 『삼국지』 동이전 —

① 집집마다 부경이라는 창고가 있었다.
② 12월에 영고라는 제천 행사를 열었다.
③ 혼인 풍습으로 민며느리제가 있었다.
④ 읍락 간의 경계를 중시하는 책화가 있었다.
⑤ 제사장인 천군과 신성 지역인 소도가 존재하였다.

7. ☐☐☐ 66회 2번

다음 자료에 해당하는 나라에 대한 설명으로 옳은 것은?

[2점]

> 호의 수는 5천인데 대군왕은 없으며 읍락에는 각각 대를 잇는 우두머리가 있다. …… 여러 읍락의 거수(渠帥)들은 스스로를 삼로라 일컬었다. …… 장사를 지낼 때에는 큰 나무 곽을 만든다. 길이가 10여 장이나 되며 한쪽을 열어 놓아 문을 만든다. 사람이 죽으면 임시로 매장한다. 겨우 시체가 덮일 만큼 묻었다가 가죽과 살이 다 썩은 다음에 뼈만 추려 곽 속에 넣는다. 온 집 식구를 하나의 곽 속에 넣어 두는데, 죽은 사람의 숫자만큼 나무를 깎아 생전의 모습과 같이 만들었다.
>
> — 『삼국지』 동이전 —

① 신성 지역인 소도가 존재하였다.
② 혼인 풍습으로 민며느리제가 있었다.
③ 범금 8조를 통해 사회 질서를 유지하였다.
④ 여러 가(加)들이 각각 사출도를 주관하였다.
⑤ 정사암에 모여 국가의 중대사를 논의하였다.

8. ☐☐☐ 63회 2번

밑줄 그은 '이 나라'에 대한 탐구 활동으로 가장 적절한 것은?

[2점]

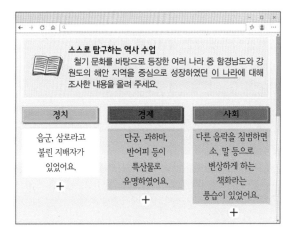

① 신성 지역인 소도의 역할을 알아본다.
② 포상 8국의 난 진압 과정을 찾아본다.
③ 삼국유사에 실린 김알지 신화를 분석한다.
④ 무천이라는 제천 행사를 개최한 이유를 파악한다.
⑤ 마가, 우가, 저가, 구가 등이 다스렸던 지역을 조사한다.

9. ☐☐☐

61회 2번

(가) 나라에 대한 설명으로 옳은 것은? [1점]

① 신성 지역인 소도가 존재하였다.
② 연의 장수 진개의 공격을 받았다.
③ 혼인 풍습으로 민며느리제가 있었다.
④ 여러 가(加)들이 별도로 사출도를 주관하였다.
⑤ 특산물로 단궁, 과하마, 반어피가 유명하였다.

10. ☐☐☐

55회 2번

(가), (나) 나라에 대한 설명으로 옳은 것은? [2점]

(가) 여자의 나이가 열 살이 되기 전에 혼인을 약속하고, 신랑 집
에서 맞이하여 장성할 때까지 기른다. 여자가 장성하면 여자
집으로 돌아가게 한다. 여자 집에서는 돈을 요구하는데, 신
랑 집에서 돈을 지불한 후 다시 데리고 와서 아내로 삼는다.

(나) 읍마다 우두머리가 있어 세력이 강대하면 신지라 하고, ……
그 다음은 읍차라 하였다. 나라에는 철이 생산되는데 예(濊),
왜(倭) 등이 와서 사간다. 무역에서 철을 화폐로 사용한다.

① (가) - 신성 지역인 소도가 존재하였다.
② (가) - 삼로라 불린 우두머리가 읍락을 다스렸다.
③ (나) - 여러 가(加)들이 별도로 사출도를 주관하였다.
④ (나) - 단궁, 과하마, 반어피 등의 특산물이 유명하였다.
⑤ (가), (나) - 한 무제가 파견한 군대의 공격으로 멸망하였다.

11. ☐☐☐

67회 2번

(가)~(라)에 들어갈 내용으로 옳은 것을 〈보기〉에서 고른
것은? [2점]

〈여러 나라의 제천 행사〉

나라	내용
부여	(가)
고구려	(나)
동예	(다)
삼한	(라)

➡ **보기** ◆

ㄱ. (가) - 무천이라는 제천 행사에서 밤낮으로 음주가무
를 즐겼다.
ㄴ. (나) - 10월에 지내는 제천 행사는 국중대회로 동맹이
라 하였다.
ㄷ. (다) - 영고라는 제천 행사를 열고 죄수를 풀어주기도
하였다.
ㄹ. (라) - 씨뿌리기가 끝난 5월과 농사를 마친 10월에 제
사를 지냈다.

① ㄱ, ㄴ   ② ㄱ, ㄷ   ③ ㄴ, ㄷ   ④ ㄴ, ㄹ   ⑤ ㄷ, ㄹ

시대별/주제별로 기출학습을 끝냈다면, 2024년 이후(69회~73회)의 극최신 기출만 풀어보며
최근 시험에서 더욱 강조되는 시대별 최신경향까지 확인해봅시다!

PART1

---

1. ☐☐☐ 3회독 Check   70회 1번

(가) 시대의 생활 모습으로 가장 적절한 것은?   [1점]

〈오늘의 한국사 퀴즈〉
매일 문제 풀고 한국사 박사 되자!

◆ 사유 재산과 계급이 발생한 (가) 시대의
대표적인 유물을 고르시오.

① 철제 무기로 정복 활동을 벌였다.
② 오수전, 화천 등의 중국 화폐로 교역하였다.
③ 많은 인력을 동원하여 고인돌을 축조하였다.
④ 주로 동굴이나 강가에 막집을 짓고 거주하였다.
⑤ 가락바퀴와 뼈바늘을 사용하여 옷을 만들기 시작하였다.

---

2. ☐☐☐   72회 2번

밑줄 그은 '이 나라'에 대한 탐구 활동으로 가장 적절한 것은?
                                          [2점]

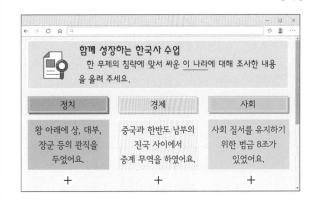

함께 성장하는 한국사 수업
한 무제의 침략에 맞서 싸운 이 나라에 대해 조사한 내용
을 올려 주세요.

정치	경제	사회
왕 아래에 상, 대부, 장군 등의 관직을 두었어요.	중국과 한반도 남부의 진국 사이에서 중계 무역을 하였어요.	사회 질서를 유지하기 위한 범금 8조가 있었어요.
+	+	+

① 임신서기석의 내용을 분석한다.
② 칠지도에 새겨진 명문을 해석한다.
③ 수도 왕검성의 위치에 대한 자료를 검색한다.
④ 10월에 지냈던 제천 행사인 동맹을 살펴본다.
⑤ 국가의 중대사를 논의한 화백 회의에 대해 조사한다.

3. ☐☐☐ 69회 3번

(가), (나) 나라에 대한 설명으로 옳은 것을 〈보기〉에서 고른 것은? [3점]

(가) 대군장이 없고, 그 관직으로는 후(侯)와 읍군과 삼로가 있다. …… 해마다 10월이면 하늘에 제사를 지내는데, 밤낮으로 술 마시며 노래 부르고 춤추니, 이를 무천이라 한다. 또 호랑이를 신으로 여겨 제사 지낸다.
– 『후한서』 동이열전 –

(나) 해마다 5월이면 씨뿌리기를 마치고 귀신에게 제사를 지낸다. 떼를 지어 모여서 노래와 춤을 즐기며 술 마시고 노는데 밤낮으로 쉬지 않는다. …… 국읍에 각각 한 사람씩 세워서 천신의 제사를 주관하게 하는데, 이를 천군이라 부른다.
– 『삼국지』 위서 동이전 –

▶ 보기 ◀
ㄱ. (가) – 혼인 풍습으로 민며느리제가 있었다.
ㄴ. (가) – 읍락 간의 경계를 중시하는 책화가 있었다.
ㄷ. (나) – 신지, 읍차 등의 지배자가 있었다.
ㄹ. (나) – 여러 가(加)들이 별도로 사출도를 주관하였다.

① ㄱ, ㄴ ② ㄱ, ㄷ ③ ㄴ, ㄷ ④ ㄴ, ㄹ ⑤ ㄷ, ㄹ

---

4. ☐☐☐ 70회 2번

(가) 나라에 대한 설명으로 옳은 것은? [2점]

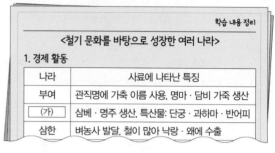

나라	사료에 나타난 특징
부여	관직명에 가축 이름 사용, 명마 · 담비 가죽 생산
(가)	삼베 · 명주 생산, 특산물: 단궁 · 과하마 · 반어피
삼한	벼농사 발달, 철이 많아 낙랑 · 왜에 수출

① 신지, 읍차 등의 지배자가 있었다.
② 혼인 풍습으로 민며느리제가 있었다.
③ 10월에 무천이라는 제천 행사를 열었다.
④ 여러 가(加)들이 각각 사출도를 주관하였다.
⑤ 제가 회의에서 나라의 중대사를 결정하였다.

빈출 주제 01 선사 시대의 생활상

		3회독 Check
1	구석기 시대에는 주로 동굴이나 바위 그늘에서 살았다.	☐☐☐
2	구석기 시대에는 주먹도끼, 찍개 등의 뗀석기를 처음 제작하였다.	☐☐☐
3	신석기 시대에는 가락바퀴와 뼈바늘을 사용하여 옷을 만들기 시작하였다.	☐☐☐
4	신석기 시대에는 농경과 목축이 최초로 시작되었다.	☐☐☐
5	신석기 시대에는 빗살무늬 토기를 만들어 식량을 저장하였다.	☐☐☐
6	청동기 시대에는 지배층의 무덤으로 고인돌을 축조하였다.	☐☐☐
7	청동기 시대에는 반달 돌칼을 이용하여 벼를 수확하였다.	☐☐☐
8	청동기 시대에는 비파형 동검이라는 무기를 제작하였다.	☐☐☐
9	청동기 시대에는 청동 거울 및 청동 방울 등을 의례 도구로 사용하였다.	☐☐☐
10	철기 시대에는 쟁기, 쇠스랑 등의 철제 농기구가 이용되었다.	☐☐☐
11	철기 시대에는 명도전, 반량전, 오수전 등의 중국 화폐로 교역하였다.	☐☐☐
12	철기 시대에는 철제 무기로 정복 활동을 벌였다.	☐☐☐

빈출 주제 02 국가의 형성 및 발전

13	고조선은 연의 장수인 진개의 공격을 받았다.	☐☐☐
14	고조선은 사회 질서를 유지하기 위해 범금 8조를 만들었다.	☐☐☐
15	고조선은 진번과 임둔을 복속하여 영토를 확대하였다.	☐☐☐
16	고조선은 한 무제의 공격을 받아 멸망하였다.	☐☐☐
17	부여에서는 여러 가(加)들이 각각 사출도를 주관하였다.	☐☐☐
18	부여는 영고라는 제천 행사를 열었다.	☐☐☐
19	부여에서는 남의 물건을 훔쳤을 때 12배로 갚게 하였다.	☐☐☐
20	고구려는 동맹이라는 제천 행사를 열었다.	☐☐☐
21	고구려는 집집마다 부경이라는 창고가 있었다.	☐☐☐
22	고구려에는 서옥제라는 혼인 풍습이 있었다.	☐☐☐
23	옥저는 혼인 풍습으로 민며느리제가 있었다.	☐☐☐
24	동예는 무천이라는 제천 행사를 즐겼다.	☐☐☐
25	동예에는 읍락 간의 경계를 중시하는 책화가 있었다.	☐☐☐
26	동예는 특산물로 단궁, 과하마, 반어피가 유명하였다.	☐☐☐
27	삼한에는 신지, 읍차 등의 지배자가 있었다.	☐☐☐
28	삼한에는 제사장인 천군과 신성 지역인 소도가 있었다.	☐☐☐

PART 2 고대

시대별 빈출 키워드 연표 + **흐름강의**

27회분 기출의 시대별 고빈출 키워드를 연도별로 싹 모았습니다!
특히 빨간색 키워드는 80% 이상 출제된 최빈출 키워드입니다.

371

• 백제 근초고왕의 평양성 함락
  및 고구려 고국원왕 전사

475

• 고구려 장수왕의 한성 함락
  및 백제 개로왕 전사

554

• 관산성 전투 및 백제 성왕
  전사

648

• 나·당 동맹 체결

660~663

• 백제의 멸망 및 웅진도독부
  설치(660)
• 백제 부흥 운동(660~663)

668~674

• 고구려의 멸망 및 안동도호부
  설치(668)
• 고구려 부흥 운동(668~674)

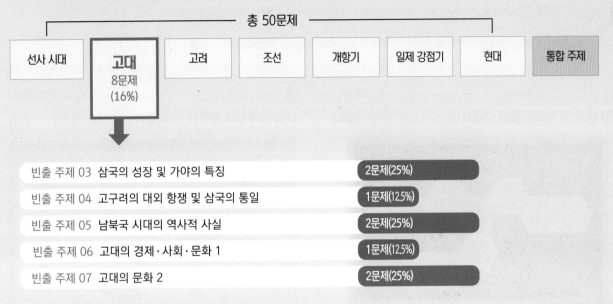

⊘ 시대별 평균 출제 비중[27회분(73회~47회) 분석 기준]

총 50문제

| 선사 시대 | 고대 8문제 (16%) | 고려 | 조선 | 개항기 | 일제 강점기 | 현대 | 통합 주제 |

빈출 주제 03 삼국의 성장 및 가야의 특징 — 2문제(25%)

빈출 주제 04 고구려의 대외 항쟁 및 삼국의 통일 — 1문제(12.5%)

빈출 주제 05 남북국 시대의 역사적 사실 — 2문제(25%)

빈출 주제 06 고대의 경제·사회·문화 1 — 1문제(12.5%)

빈출 주제 07 고대의 문화 2 — 2문제(25%)

612
- 살수 대첩

642
- 대야성 전투
- 연개소문의 정변

645
- 안시성 전투

675~676
- 매소성 전투(675)
- 기벌포 전투(676)
- 삼국 통일(676)

780
- 혜공왕 피살

9세기 이후
- 김헌창의 난(822)
- 장보고의 난(846)
- 원종과 애노의 난(889)
- 적고적의 난(896)

시대별로 기출문제를 풀며 문제유형과 선지에 익숙해지는 것이 풀이의 핵심입니다! 최소 3번 이상 회독하며 풀어보세요.

[해품사의 추천 회독법!]
문제번호 옆 '3회독 Check'에 문제를 풀면서 정확히 알면 'O', 헷갈리면 '△', 아예 모르겠으면 'X'를 표시!

1. ☐☐☐ 3회독 Check　　　　　　　56회 3번

(가) 왕의 업적으로 옳은 것은?　　　　[2점]

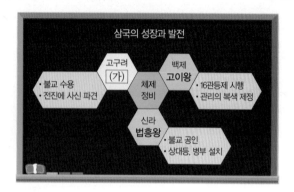

① 도읍을 국내성에서 평양으로 옮겼다.
② 태학을 설립하여 인재를 양성하였다.
③ 서안평을 공격하여 영토를 확장하였다.
④ 연가라는 독자적인 연호를 사용하였다.
⑤ 신라에 군대를 파견하여 왜를 격퇴하였다.

2. ☐☐☐　　　　　　　61회 4번

다음 검색창에 들어갈 왕에 대한 설명으로 옳은 것은?

[2점]

내 용	이미지
원년　백제의 관미성을 빼앗다	이미지
10년　신라에 침입한 왜를 격퇴하다	이미지
13년　후연을 공격하다	이미지
18년　왕자 거련(巨連)을 태자로 삼다	이미지

① 영락이라는 연호를 사용하였다.
② 태학을 설립하여 인재를 양성하였다.
③ 낙랑군을 축출하여 영토를 확장하였다.
④ 을파소를 등용하고 진대법을 시행하였다.
⑤ 당의 침입에 대비하여 천리장성을 축조하였다.

3. ☐☐☐　　　　　　　36회 3번

다음 검색창에 들어갈 왕의 업적으로 옳은 것은?　　[2점]

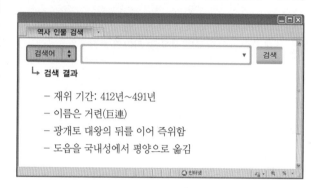

① 수의 군대를 살수에서 크게 물리쳤다.
② 서안평을 공격하여 영토를 확장하였다.
③ 전진의 순도를 통해 불교를 수용하였다.
④ 백제의 한성을 공격하여 개로왕을 전사시켰다.
⑤ 당의 침략에 대비하여 천리장성을 축조하였다.

4. ☐☐☐　　　　　　　65회 5번

다음 상황 이후에 있었던 사실로 옳은 것은?　　[2점]

10월에 백제왕이 병력 3만 명을 거느리고 평양성을 공격해 왔다. 왕이 군대를 출정시켜 백제군을 막다가 날아온 화살에 맞아 이달 23일에 세상을 떠났다.

① 유리왕이 졸본에서 국내성으로 천도하였다.
② 미천왕이 낙랑군을 축출하여 영토를 확장하였다.
③ 소수림왕이 불교를 공인하고 율령을 반포하였다.
④ 고국천왕이 을파소를 등용하고 진대법을 실시하였다.
⑤ 유주자사 관구검이 이끄는 군대가 환도성을 함락하였다.

5. ☐☐☐

(가) 왕의 재위 기간에 있었던 사실로 옳은 것은? [2점]

> 백제 제25대 왕인 (가) 의 무덤 발굴 50주년을 기념하는 행사가 공주시에서 열립니다. (가) 은/는 백가의 난을 평정하고 22담로에 왕족을 파견하였습니다. 그의 무덤은 피장자와 축조 연대가 확인된 유일한 백제 왕릉입니다.

① 익산에 미륵사를 창건하였다.
② 중국 남조의 양과 교류하였다.
③ 고흥에게 서기를 편찬하게 하였다.
④ 마라난타를 통해 불교를 수용하였다.
⑤ 사비로 천도하고 행정 조직을 재정비하였다.

6. ☐☐☐

밑줄 그은 '이 왕'의 업적으로 옳은 것은? [2점]

> 이것은 능산리 절터에서 발견된 석조 사리감입니다. 이 사리감에 새겨진 글을 통해 능산리 절터가 관산성에서 전사한 이 왕의 명복을 빌기 위하여 조성된 것임을 알 수 있습니다.

① 익산에 미륵사를 창건하였다.
② 동진으로부터 불교를 수용하였다.
③ 윤충을 보내 대야성을 함락하였다.
④ 고흥에게 서기를 편찬하게 하였다.
⑤ 진흥왕과 연합하여 한강 하류 지역을 되찾았다.

7. ☐☐☐

(가) 왕의 재위 시기 삼국의 상황으로 옳은 것은? [3점]

> 이 사진은 익산 미륵사지 서탑 출토 사리장엄구의 발견 당시 모습입니다. 삼국유사에는 (가) 이/가 왕후인 신라 선화 공주의 발원으로 미륵사를 창건했다고 되어 있지만, 금제 사리봉영기에는 왕후가 백제 귀족 사택적덕의 딸로 기록되어 있습니다. 이로 인해 미륵사 창건 배경과 (가) 의 아들인 의자왕의 친모가 누구인지에 대한 논란이 벌어지기도 하였습니다.

① 고구려 – 을지문덕이 살수에서 수의 대군을 격파하였다.
② 백제 – 고흥이 서기를 편찬하였다.
③ 백제 – 계백이 황산벌에서 군대를 이끌고 결사 항전하였다.
④ 신라 – 이사부가 우산국을 정복하였다.
⑤ 신라 – 사찬 시득이 기벌포에서 당군에 승리하였다.

8. ☐☐☐

밑줄 그은 '왕'의 업적으로 옳은 것은? [2점]

> 여러 신하들이 아뢰기를 "…… 신(新)은 '덕업이 날로 새로워진다'는 뜻이고, 라(羅)는 '사방(四方)을 망라한다'는 뜻이므로 이를 나라 이름으로 삼는 것이 마땅하다고 여겨집니다. 또 살펴보건대 옛날부터 국가를 가진 이는 모두 제(帝)나 왕(王)을 칭하였는데, 우리 시조께서 나라를 세운 지 지금 22대에 이르기까지 방언으로만 부르고 높이는 호칭을 정하지 못하였으니, 이제 여러 신하들이 한 마음으로 삼가 신라국왕(新羅國王)이라는 칭호를 올립니다."라고 하였다. 왕이 이를 따랐다.
> – 『삼국사기』 –

① 병부를 설치하고 율령을 반포하였다.
② 이사부를 보내 우산국을 복속시켰다.
③ 대가야를 병합하여 영토를 확장하였다.
④ 국학을 설립하여 유학 교육을 진흥시켰다.
⑤ 자장의 건의로 황룡사 구층 목탑을 건립하였다.

9. ▢▢▢

54회 4번

밑줄 그은 '이 왕'에 대한 설명으로 옳은 것은? [2점]

> 이것은 국보 제242호인 울진 봉평리 신라비로 병부를 설치하고 율령을 반포한 <u>이 왕</u> 때 건립되었습니다. 이 비석에는 신라 6부의 성격과 관등 체계, 지방 통치 조직과 촌락 구조 등 당시 사회상을 알려주는 내용이 담겨 있습니다.

① 이사부를 보내 우산국을 복속하였다.
② 관료전을 지급하고 녹읍을 폐지하였다.
③ 이차돈의 순교를 계기로 불교를 공인하였다.
④ 인재 등용을 위해 독서삼품과를 시행하였다.
⑤ 거칠부에게 명하여 국사를 편찬하게 하였다.

10. ▢▢▢

52회 3번

다음 검색창에 들어갈 왕에 대한 설명으로 옳은 것은?

[2점]

내용	원문이미지
6년 거칠부가 국사를 편찬하다	원문이미지
11년 이사부가 도살성과 금현성을 점령하다	원문이미지
27년 황룡사를 완공하다	원문이미지

① 불국사 삼층 석탑을 건립하였다.
② 첨성대를 세워 천체를 관측하였다.
③ 마운령, 황초령 등에 순수비를 세웠다.
④ 금관가야를 복속하여 영토를 확대하였다.
⑤ 시장을 감독하는 관청인 동시전을 설치하였다.

11. ▢▢▢

59회 7번

(가) 왕의 업적으로 옳은 것은? [3점]

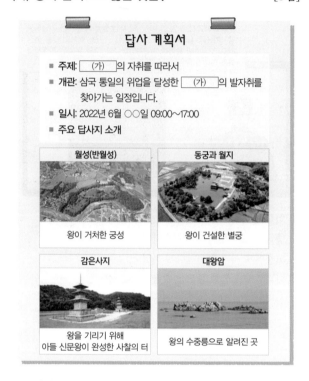

답사 계획서

- 주제: (가) 의 자취를 따라서
- 개관: 삼국 통일의 위업을 달성한 (가) 의 발자취를 찾아가는 일정입니다.
- 일시: 2022년 6월 ○○일 09:00~17:00
- 주요 답사지 소개

월성(반월성)	동궁과 월지
왕이 거처한 궁성	왕이 건설한 별궁

감은사지	대왕암
왕을 기리기 위해 아들 신문왕이 완성한 사찰의 터	왕의 수중릉으로 알려진 곳

① 국가적인 조직으로 화랑도를 개편하였다.
② 지방관을 감찰하고자 외사정을 파견하였다.
③ 이차돈의 순교를 계기로 불교를 공인하였다.
④ 인재 등용을 위해 독서삼품과를 실시하였다.
⑤ 자장의 건의로 황룡사 구층 목탑을 건립하였다.

12. □□□　　　　　　　　　　　　　　　58회 3번

다음 상황이 전개된 배경으로 옳은 것은?　　[2점]

> 자네 들었는가?
> 백제의 동성왕이 사신을 보내 혼인을 청하셨다더군.

> 들었네. 우리 마립간께서 이벌찬 비지의 딸을 보내신다고 하네.

① 법흥왕이 금관가야를 병합하였다.
② 장수왕이 한성을 공격하여 함락시켰다.
③ 김유신이 비담과 염종의 반란을 진압하였다.
④ 영양왕이 온달을 보내 아단성을 공격하였다.
⑤ 김춘추가 당으로 건너가 군사 동맹을 성사시켰다.

13. □□□　　　　　　　　　　　　　　　48회 4번

(가), (나) 사이의 시기에 있었던 사실로 옳은 것은? [3점]

> (가) 백제왕 모대가 사신을 보내 혼인하기를 청하였다. [신라]왕은 이벌찬 비지(比智)의 딸을 보냈다.
> 　　　　　　　　　　　　　　　　　－ 『삼국사기』 －

> (나) 신라를 습격하기 위해 왕이 직접 보병과 기병 50명을 거느리고 구천(狗川)에 이르렀는데, 신라 복병을 만나 그들과 싸우다가 살해되었다. 시호를 성(聖)이라 하였다.
> 　　　　　　　　　　　　　　　　　－ 『삼국사기』 －

① 고구려가 낙랑군을 축출하였다.
② 백제가 동진으로부터 불교를 수용하였다.
③ 신라가 고구려의 도움으로 왜를 격퇴하였다.
④ 고구려가 동옥저를 정복하여 영토를 확장하였다.
⑤ 백제가 신라와 연합하여 한강 유역을 수복하였다.

14. □□□　　　　　　　　　　　　　　　53회 3번

(가)~(다)를 일어난 순서대로 옳게 나열한 것은?　　[3점]

> (가) 온달이 왕에게 아뢰기를, "신라가 한강 이북 땅을 빼앗아 군현으로 삼았습니다. …… 저에게 군사를 주신다면 단번에 우리 땅을 반드시 되찾겠습니다."라고 하였다.

> (나) 10월에 백제 왕이 병력 3만 명을 거느리고 평양성을 공격해 왔다. 왕이 군대를 내어 막다가 날아온 화살에 맞아 이 달 23일에 서거하였다.

> (다) 9월에 왕이 병력 3만 명을 거느리고 백제를 침략하여 도읍한성을 함락하였다. 백제 왕 부여경을 죽이고 남녀 8천 명을 포로로 잡아 돌아왔다.

① (가) - (나) - (다)　　　② (가) - (다) - (나)
③ (나) - (가) - (다)　　　④ (나) - (다) - (가)
⑤ (다) - (나) - (가)

15. □□□　　　　　　　　　　　　　　　50회 6번

(가) 나라에 대한 설명으로 옳은 것은?　　[2점]

> 문화재청이 김해 대성동과 양동리 고분에서 출토된 목걸이 3점에 대해 보물 지정을 예고했습니다. 이 유물은 김수로왕이 건국했다고 전해지는 (가) 의 수준 높은 공예 기술을 보여줍니다. 또한 출토지가 명확하고 보존 상태가 온전하여 학술 및 예술적 가치가 높은 것으로 평가됩니다.

대성동과 양동리 출토 목걸이, 보물로 지정 예고

① 골품에 따라 관등 승진에 제한이 있었다.
② 만장일치제로 운영된 화백 회의가 있었다.
③ 여러 가(加)들이 별도로 사출도를 주관하였다.
④ 박, 석, 김의 3성이 교대로 왕위를 계승하였다.
⑤ 철이 많이 생산되어 낙랑과 왜 등에 수출하였다.

16. ☐☐☐

(가) 나라에 대한 설명으로 옳은 것은? [2점]

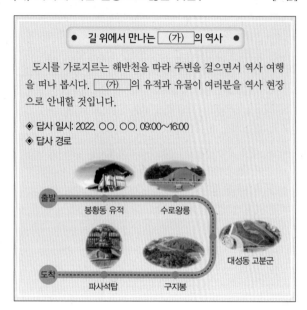

● 길 위에서 만나는 (가) 의 역사 ●

도시를 가로지르는 해반천을 따라 주변을 걸으면서 역사 여행을 떠나 봅시다. (가) 의 유적과 유물이 여러분을 역사 현장으로 안내할 것입니다.

◆ 답사 일시: 2022. ○○. ○○. 09:00~16:00
◆ 답사 경로

출발 — 봉황동 유적 — 수로왕릉 — 대성동 고분군
도착 — 파사석탑 — 구지봉

① 덩이쇠를 화폐처럼 사용하였다.
② 한 무제의 공격으로 멸망하였다.
③ 혼인 풍속으로 민며느리제가 있었다.
④ 골품에 따라 관등 승진에 제한이 있었다.
⑤ 빈민을 구제하기 위해 진대법을 시행하였다.

17. ☐☐☐

(가) 나라에 대한 설명으로 옳은 것은? [2점]

국가문화유산포털

종목별 전체 국보 보물 사적 명승

문화유산 검색 김해 양동리 고분군   검색 초기화   결과 내 검색

수로왕이 건국했다고 전해지는 (가) 의 유적이다. 발굴 조사 결과 널무덤, 독무덤 등 600여 기의 유구와 토기, 청동기, 철기 등 5,200여 점에 이르는 유물이 출토되었다.

▲ 고분군 발굴 전경

① 법흥왕 때 신라에 복속되었다.
② 유학 교육 기관으로 주자감을 두었다.
③ 지방에 22담로를 두어 왕족을 파견하였다.
④ 화백 회의에서 국가의 중대사를 논의하였다.
⑤ 단궁, 과하마, 반어피 등의 특산물이 있었다.

1. □□□ 3회독 Check
58회 5번

밑줄 그은 '전투'가 벌어진 시기를 연표에서 옳게 고른 것은? [2점]

이곳은 높은 성벽과 치를 갖춘 백암성이야.

당의 황제가 직접 대군을 이끌고 침입하여 이곳에서 전투가 벌어졌지.

병력의 열세와 내부의 분열로 함락되었지만, 그 뒤에는 안시성이 버티고 있었어.

554	589	612	642	668	698
(가)	(나)	(다)	(라)	(마)	
관산성 전투	수의 중국 통일	살수 대첩	보장왕 즉위	고구려 멸망	발해 건국

① (가)　② (나)　③ (다)　④ (라)　⑤ (마)

2. □□□
38회 2번

다음 사건이 일어난 시기를 연표에서 옳게 고른 것은? [2점]

여러 대인(大人)과 왕은 몰래 [연개소문을] 죽이고자 논의하였는데 일이 새어나갔다. [연개]소문은 부병(部兵)을 모두 모아놓고 마치 군대를 사열할 것처럼 꾸몄다. …… 손님이 이르자 모두 살해하니, 1백여 명이었다. [그리고] 말을 달려 궁궐로 들어가 왕을 시해하였다. …… [연개소문은] 왕제(王弟)의 아들인 장(臧)을 세워 왕으로 삼고 스스로 막리지가 되었다.
ㅡ 『삼국사기』

589	612	618	645	660	676
(가)	(나)	(다)	(라)	(마)	
수의 중국 통일	살수 대첩	당의 건국	안시성 전투	황산벌 전투	기벌포 전투

① (가)　② (나)　③ (다)　④ (라)　⑤ (마)

3. □□□
59회 4번

(가) 인물에 대한 설명으로 옳은 것은? [2점]

이 그림은 명 대 간행된 소설에 실린 「막리지비도대전」입니다. 그림에서 당 태종을 향해 위협적으로 칼을 날리고 있는 모습으로 묘사된 인물이 (가) 입니다.

(가) 은/는 영류왕을 시해하고 대막리지가 되어 권력을 장악한 뒤, 당의 침략을 격퇴하였습니다. 이 그림을 통해 당시 중국인들이 그를 어떤 존재로 인식하고 있는지 엿볼 수 있습니다.

① 천리장성 축조를 감독하였다.
② 살수에서 수의 군대를 막아냈다.
③ 등주를 선제공격하여 당군을 격파하였다.
④ 황산벌에서 계백이 이끄는 군대를 물리쳤다.
⑤ 안승을 왕으로 추대하고 부흥 운동을 전개하였다.

4. □□□
47회 7번

(가), (나) 사이의 시기에 있었던 사실로 옳은 것은? [2점]

(가) 백제가 대야성을 함락하자 김춘추의 딸 고타소랑이 남편 김품석을 따라 죽었다. 김춘추는 이에 한을 품고 고구려에 군사를 청하여 백제에 그 원한을 갚고자 하니, 왕이 허락하였다.

(나) 김유신 등이 황산 벌판으로 진군하자 백제의 장군 계백이 군사를 거느리고 먼저 험한 곳을 차지하여 세 군데에 진영을 설치하고 기다렸다. 김유신 등은 군사를 세 길로 나누어 네 번을 싸웠으나 전세는 불리하고 병사들은 힘이 다하였다.

① 안승이 보덕국의 왕으로 임명되었다.
② 신라가 당과 군사 동맹을 체결하였다.
③ 을지문덕이 살수에서 대승을 거두었다.
④ 신라군이 기벌포에서 적군을 격파하였다.
⑤ 복신과 도침이 부여풍을 왕으로 추대하였다.

5. □□□
58회 6번

(가), (나) 사이의 시기에 있었던 사실로 옳은 것은? [3점]

> (가) 백제의 남은 적군이 사비성으로 진입하여 항복해 살아남은 사람들을 붙잡아 가려고 하였으므로, 유수(留守) 유인원이 당과 신라 사람들을 보내 이를 쳐서 쫓아냈다. …… 당 황제가 좌위중랑장 왕문도를 웅진도독으로 삼았다.
>
> (나) 손인사, 유인원과 신라왕 김법민은 육군을 거느려 나아가고, 유인궤와 별수(別帥) 두상과 부여융은 수군과 군량을 실은 배를 거느리고 백강으로 가서 육군과 합세하여 주류성으로 갔다. 백강 어귀에서 왜국 군사를 만나 …… 그들의 배 4백 척을 불살랐다.

① 사찬 시득이 기벌포에서 당군을 격파하였다.
② 의자왕이 윤충을 보내 대야성을 함락시켰다.
③ 복신과 도침이 부여풍을 왕으로 추대하였다.
④ 계백이 이끄는 군대가 황산벌에서 항전하였다.
⑤ 안승이 신라에 의해 보덕국왕으로 책봉되었다.

6. □□□
55회 6번

다음 자료의 상황이 나타난 시기를 연표에서 옳게 고른 것은? [2점]

> 검모잠이 남은 백성들을 거두어 신라로 향하였다. 안승을 맞아들여 임금으로 삼았다. 다식(多式) 등을 신라로 보내어 고하기를, "지금 신 등이 나라의 귀족 안승을 받들어 임금으로 삼았습니다. 원컨대 변방을 지키는 울타리가 되어 영원토록 충성을 다하고자 합니다."라고 하였다. 신라 왕은 그들을 금마저에 정착하게 하였다.

612		618		645		660		676		698
	(가)		(나)		(다)		(라)		(마)	
살수대첩		당 건국		안시성 전투		사비성 함락		기벌포 전투		발해 건국

① (가)　② (나)　③ (다)　④ (라)　⑤ (마)

7. □□□
56회 5번

(가), (나) 사이의 시기에 있었던 사실로 옳은 것은? [3점]

> (가) 왕은 당과 신라 군사들이 이미 백강과 탄현을 지났다는 소식을 듣고 장군 계백에게 결사대 5천 명을 거느리고 황산으로 가서 신라 군사와 싸우게 하였다. 계백은 4번 싸워서 모두 이겼으나 군사가 적고 힘이 모자라서 마침내 패하였다.
>
> (나) 사찬 시득이 수군을 거느리고 소부리주 기벌포에서 설인귀와 싸웠는데 연이어 패배하였다. 그러나 이후 크고 작은 22번의 싸움에서 승리하여 4천여 명을 죽였다.

① 김흠돌이 반란을 꾀하다 처형되었다.
② 의자왕이 신라를 공격하여 대야성을 함락시켰다.
③ 을지문덕이 살수에서 수의 군대를 크게 물리쳤다.
④ 대조영이 고구려 유민을 이끌고 동모산에서 건국하였다.
⑤ 검모잠이 안승을 왕으로 추대하고 부흥 운동을 전개하였다.

8. □□□
37회 6번

(가)~(라)를 일어난 순서대로 옳게 나열한 것은? [2점]

> (가) 의자왕은 당과 신라 군사들이 이미 백강과 탄현을 지났다는 소식을 듣고 장군 계백을 시켜 결사대 5천 명을 거느리고 황산으로 가서 신라 군사와 싸우게 하였다.
>
> (나) 유인원과 신라왕 김법민은 육군을 거느려 나아가고, 유인궤와 부여융은 수군과 군량을 실은 배를 거느리고 …… 백강으로 가서 육군과 합세하여 주류성으로 갔다. 백강 어귀에서 왜의 군사를 만나 …… 그들의 배 4백 척을 불살랐다.
>
> (다) 이근행이 군사 20만 명을 이끌고 매소성에 진을 쳤다. 신라군이 (이근행의 군사를) 공격하여 패주시키고, 말 3만여 필과 그만큼의 다른 병기를 얻었다.
>
> (라) 검모잠이 남은 백성들을 모아서 …… 당의 관리와 승려 법안 등을 죽이고 신라로 향하였다. …… 안승을 한성 안으로 맞아들여 받들어 왕으로 삼았다.

① (가) - (나) - (다) - (라)
② (가) - (나) - (라) - (다)
③ (나) - (가) - (라) - (다)
④ (나) - (다) - (가) - (라)
⑤ (다) - (라) - (나) - (가)

키워드해설편 p.26

1. ☐☐☐ 3회독 Check
60회 8번

밑줄 그은 '이 왕'의 업적으로 옳은 것은? [2점]

① 거칠부에게 국사를 편찬하게 하였다.
② 이사부를 보내 우산국을 복속하였다.
③ 건원이라는 독자적 연호를 사용하였다.
④ 관료전을 지급하고 녹읍을 폐지하였다.
⑤ 관리 선발을 위해 독서삼품과를 실시하였다.

2. ☐☐☐
49회 9번

다음 검색창에 들어갈 왕의 재위 기간에 있었던 사실로 옳은 것은? [1점]

① 왕의 장인인 김흠돌이 반란을 도모하였다.
② 강조가 정변을 일으켜 김치양을 제거하였다.
③ 거칠부가 왕명을 받들어 국사를 편찬하였다.
④ 최치원이 왕에게 시무 10여 조를 건의하였다.
⑤ 복신과 도침 등이 부여풍을 왕으로 추대하였다.

3. ☐☐☐
48회 7번

밑줄 그은 '이 시기'에 있었던 사실로 옳은 것은? [1점]

① 빈민 구제를 위해 의창이 설치되었다.
② 원종과 애노의 난 등 농민 봉기가 일어났다.
③ 복신과 도침이 주류성에서 군사를 일으켰다.
④ 묘청 등이 중심이 되어 서경 천도를 주장하였다.
⑤ 부처의 힘을 빌려 외침을 막고자 팔만대장경이 조판되었다.

4. ☐☐☐
58회 10번

밑줄 그은 '이 시기'에 있었던 사실로 옳은 것은? [3점]

① 원광이 세속 5계를 제시하였다.
② 김대문이 화랑세기를 저술하였다.
③ 김대성이 불국사 조성을 주도하였다.
④ 최치원이 진성 여왕에게 시무책을 올렸다.
⑤ 자장의 건의로 황룡사 구층 목탑이 건립되었다.

5. ☐☐☐　　　　　　　　　　　　　　　　44회 10번

다음 상황 이후에 전개된 사실로 옳은 것은?　[2점]

> 혜공왕 말년에 반신(叛臣)들이 제멋대로 날뛰자 선덕[김양상]이 상대등으로 있으면서 임금 측근의 나쁜 무리를 제거하자고 부르짖었다. 김경신이 이에 참여하여 난을 평정한 공이 있었으므로 선덕이 왕으로 즉위하면서 김경신은 곧 상대등이 되었다. …… 이후 여러 사람의 의논이 일치하여 김경신을 세워 왕위를 계승하게 하니 국인이 모두 만세를 불렀다.

① 진골 귀족인 김춘추가 왕위에 올랐다.
② 왕의 장인인 김흠돌이 반란을 도모하였다.
③ 이차돈의 순교를 계기로 불교가 공인되었다.
④ 자장의 건의로 황룡사 구층 목탑이 건립되었다.
⑤ 최치원이 국왕에게 시무 10여 조를 건의하였다.

6. ☐☐☐　　　　　　　　　　　　　　　　66회 7번

(가), (나) 사이의 시기에 볼 수 있는 모습으로 가장 적절한 것은?　　　　　　　　　　　　　　　　[3점]

> (가) 선덕왕이 죽었는데 아들이 없자, 여러 신하들이 회의를 한 후에 왕의 조카인 김주원을 옹립하고자 하였다. 주원의 집은 왕경에서 북쪽으로 20리 떨어진 곳에 있었는데, 마침 큰 비가 와서 알천의 물이 넘쳐 주원이 건너 오지 못하였다. …… 여러 사람들의 뜻이 모아져 김경신이 왕위를 계승하도록 하였다.
> － 『삼국사기』 －
>
> (나) 나라 안의 모든 주군에서 공물과 부세를 보내지 않아, 창고가 텅텅 비어 나라 재정이 궁핍해졌다. 왕이 사신을 보내 독촉하니 곳곳에서 도적이 벌떼처럼 일어났다. 이때 원종과 애노 등이 사벌주에 근거하여 반란을 일으켰다.
> － 『삼국사기』 －

① 계백료서를 읽는 관리
② 녹읍 폐지를 명하는 국왕
③ 성균관에서 공부하는 학생
④ 초조대장경을 조판하는 장인
⑤ 김헌창의 난을 진압하는 군인

7. ☐☐☐　　　　　　　　　　　　　　　　54회 8번

(가)~(다)를 일어난 순서대로 옳게 나열한 것은?　[3점]

> (가) 도적들이 나라의 서남쪽에서 일어났는데, 붉은색 바지를 입어 모습을 다르게 하였기 때문에 적고적(赤袴賊)이라고 불렸다. 그들은 주와 현을 도륙하고, 수도의 서부 모량리까지 와서 민가를 노략질하고 돌아갔다.
>
> (나) 웅천주 도독 헌창은 그의 아버지 주원이 임금이 되지 못하였다는 이유로 반란을 일으켜 국호를 장안이라 하고, 연호를 세워 경운 원년이라 하였다.
>
> (다) 아찬 우징은 청해진에 있으면서 김명이 왕위를 빼앗았다는 소식을 듣고 청해진 대사 궁복에게 말하였다. "김명은 임금을 죽이고 스스로 왕이 되었으니, …… 장군의 군사를 빌려 임금과 아버지의 원수를 갚고자 합니다."
> － 『삼국사기』 －

① (가) － (나) － (다)　　② (가) － (다) － (나)
③ (나) － (가) － (다)　　④ (나) － (다) － (가)
⑤ (다) － (가) － (나)

8. ☐☐☐　　　　　　　　　　　　　　　　57회 9번

다음 제도를 운영한 국가에 대한 설명으로 옳은 것은?　　　　　　　　　　　　　　　　[2점]

> [그 나라의] 관제에는 선조성이 있는데, 좌상·좌평장사·시중·좌상시·간의가 소속되어 있다. 중대성에는 우상·우평장사·내사·조고사인이 소속되어 있다. 정당성에는 대내상 1명을 좌·우상의 위에 두었고, 좌·우사정 각 1명을 좌·우평장사의 아래에 배치하였다.
> － 『신당서』 －

① 교육 기관으로 주자감을 두었다.
② 신라에 침입한 왜구를 격퇴하였다.
③ 9서당 10정의 군사 조직을 갖추었다.
④ 개국, 태창이라는 연호를 사용하였다.
⑤ 왕족인 부여씨와 8성의 귀족이 지배층을 이루었다.

9. □□□

밑줄 그은 '이 국가'에 대한 설명으로 옳은 것은? [2점]

이것은 일본 나라현 헤이조쿄 유적에서 출토된 목간입니다. 목간에 보이는 '고려'라는 명칭을 통해 일본은 <u>이 국가</u>를 고려, 즉 고구려를 계승한 것으로 인식하고 있었음을 알 수 있습니다.

고려에 보낸 사절이 귀국하였으니, 천평보자 2년(758) 10월 28일 위계를 두 단계 올린다.

① 중정대를 두어 관리를 감찰하였다.
② 건원이라는 독자적인 연호를 사용하였다.
③ 군사 조직을 9서당 10정으로 편성하였다.
④ 골품에 따라 관직 승진에 제한을 두었다.
⑤ 상수리 제도를 시행하여 지방 세력을 견제하였다.

10. □□□

다음 시나리오에 등장하는 왕의 업적으로 옳은 것은?
[2점]

#36. 궁궐 안
왕이 분노에 찬 표정으로 대문예에게 말하고 있다.

왕: 흑수 말갈이 몰래 당에 조공하였으니, 이는 당과 공모하여 앞뒤로 우리를 치려는 것이다. 군대를 이끌고 가서 흑수 말갈을 정벌하라.

대문예: 당에 조공하였다 하여 그들을 바로 공격한다면 이는 당에 맞서는 것입니다. 하루아침에 당과 원수를 지면 멸망을 자초할 수 있습니다.

① 장문휴를 보내 등주를 공격하였다.
② 9서당 10정의 군사 조직을 갖추었다.
③ 사비로 천도하고 국호를 남부여로 고쳤다.
④ 지방관을 감찰하고자 외사정을 파견하였다.
⑤ 고구려 유민을 모아 동모산에서 나라를 세웠다.

11. □□□

(가) 왕에 대한 설명으로 옳은 것은? [3점]

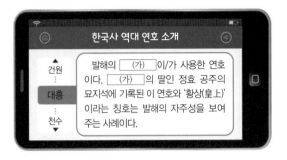

한국사 역대 연호 소개

건원
대흥
천수

발해의 [(가)]이/가 사용한 연호이다. [(가)]의 딸인 정효 공주의 묘지석에 기록된 이 연호와 '황상(皇上)'이라는 칭호는 발해의 자주성을 보여 주는 사례이다.

① 북연의 왕을 신하로 봉하였다.
② 지린성 동모산에서 나라를 세웠다.
③ 신라에 군대를 파견하여 왜를 격퇴하였다.
④ 수도를 상경 용천부로 옮겨 체제를 정비하였다.
⑤ 5경 15부 62주의 지방 행정 조직을 확립하였다.

12. □□□

(가) 국가에 대한 설명으로 옳은 것은? [1점]

□□ 박물관
관람정보 | 전시 | 교육 | 소장품 | 박물관 소개

VR 온라인 전시실
해동성국이라 불린 (가) 의 문화유산을 VR 파노라마로 체험하는 공간입니다.

영광탑   정효 공주 무덤   석등

① 중정대를 두어 관리를 감찰하였다.
② 군사 조직으로 9서당 10정을 편성하였다.
③ 내신 좌평 등 6좌평의 관제를 정비하였다.
④ 상수리 제도를 시행하여 지방 세력을 견제하였다.
⑤ 왕족인 부여씨와 8성의 귀족이 지배층을 이루었다.

(가) 국가에 대한 설명으로 옳은 것은?   [2점]

이것은 ___(가)___ 의 5경 중 하나인 동경 용원부 유적에서 발견된 불상입니다. 보탑(寶塔) 안의 다보불이 설법하던 석가불을 불러 함께 나란히 앉았다는 법화경의 내용을 형상화하였습니다.

오늘 소개해 주실 문화유산은 무엇입니까?

① 왜에 칠지도를 만들어 보냈다.
② 2군 6위의 군사 조직을 운영하였다.
③ 신라도를 통하여 신라와 교류하였다.
④ 광평성 등의 정치 기구를 마련하였다.
⑤ 9주 5소경의 지방 행정 제도를 갖추었다.

1. □□□ 3회독 Check 　 59회 8번

다음 자료에 나타난 시기의 경제 상황으로 옳은 것은?
[2점]

> 장보고가 귀국 후 왕을 알현하여, "온 중국이 우리나라 사람을 노비로 삼고 있습니다. 바라옵건대 청해에 진을 설치하여 해적이 사람을 중국으로 잡아가는 것을 막으십시오."라고 아뢰었다. 왕이 장보고에게 군사 1만 명을 주어서 지키게 하였다.

① 은병이 화폐로 제작되었다.
② 낙랑과 왜에 철을 수출하였다.
③ 집집마다 부경이라는 창고가 있었다.
④ 덕대가 광산을 전문적으로 경영하였다.
⑤ 울산을 통해 아라비아 상인들이 왕래하였다.

2. □□□ 　 58회 7번

밑줄 그은 '시기' 신라의 경제 모습으로 옳은 것은? [2점]

 이것은 일본의 귀족들이 신라에서 들어온 물품을 매입하고자 그 수량과 가격을 기록하여 일본 정부에 제출한 '매신라물해(買新羅物解)'라는 문서입니다. 통일을 이루고 9주 5소경을 설치한 이후의 시기에 일본과 교역하던 모습을 알 수 있습니다.

① 벽란도가 국제 무역항으로 번성하였다.
② 조세 수취를 위해 촌락 문서를 작성하였다.
③ 철이 많이 생산되어 낙랑군 등에 수출하였다.
④ 농업 생산력 증대를 위해 우경을 처음으로 시작하였다.
⑤ 수도에 도시부(都市部)라는 관청을 설치하여 시장을 관리하였다.

3. □□□ 　 64회 8번

(가) 국가의 경제 상황으로 옳은 것은?
[2점]

> 이 지도는 　(가)　의 전성기 영역을 나타낸 것입니다. 이 국가에서는 각지에서 말이 사육되었는데, 그중에서도 솔빈부의 말은 당에 수출될 정도로 유명하였습니다. 특히, 고구려 유민 출신으로 산동 반도 지역을 장악하였던 이정기 세력에게 많은 말을 수출하였습니다.

① 벽란도를 통해 아라비아 상인과 무역하였다.
② 구황 작물로 감자, 고구마를 널리 재배하였다.
③ 해동통보를 발행하여 화폐 유통을 추진하였다.
④ 시장을 관리하는 관청인 동시전을 설치하였다.
⑤ 거란도, 영주도 등을 통해 주변국과 교역하였다.

4. □□□ 　 64회 3번

(가)에 들어갈 내용으로 가장 적절한 것은? [2점]

 지금 보시는 자료는 안악 3호분 벽화 중 일부로, 무덤 주인공과 호위 군사 등의 행렬 모습을 자세히 보여줍니다. 이 벽화를 남긴 나라에 대하여 알고 있는 내용을 대화창에 올려 주세요.

대화창
- 책을 읽고 활쏘기를 익히는 경당을 설치하였어요.
- 제가 회의에서 국가 중대사를 결정하였어요.
- 　(가)　

① 연의 장수 진개의 공격을 받았어요.
② 골품에 따른 신분 차별이 엄격하였어요.
③ 빈민을 구제하기 위해 진대법을 실시하였어요.
④ 사회 질서를 유지하기 위한 범금 8조가 있었어요.
⑤ 왕족인 부여씨와 8성의 귀족이 지배층을 이루었어요.

5. ☐☐☐

다음 자료에 해당하는 국가에 대한 설명으로 옳은 것은?

[2점]

> ○ 벼슬은 16품계가 있다. 좌평은 5명으로 1품, 달솔은 30명으로 2품, 은솔은 3품, 덕솔은 4품, 한솔은 5품, 나솔은 6품이다. 6품 이상은 관(冠)을 은으로 만든 꽃으로 장식하였다.
>
> ○ 그 나라의 지방에는 5방이 있다. 중방은 고사성, 동방은 득안성, 남방은 구지하성, 서방은 도선성, 북방은 웅진성이라 한다.
> 　　　　　　　　　　　　　　　　　　　　 - 『주서』 -

① 골품에 따라 관등 승진에 제한을 두었다.

② 제가 회의에서 국가 중대사를 결정하였다.

③ 지방 장관으로 욕살, 처려근지 등이 있었다.

④ 위화부, 영객부 등의 중앙 관서를 설치하였다.

⑤ 왕족인 부여씨와 8성 귀족이 지배층을 이루었다.

6. ☐☐☐

밑줄 그은 '이 제도'에 대한 설명으로 옳은 것은?　　[1점]

① 원화(源花)에 기원을 두고 있다.

② 을파소의 건의로 처음 마련되었다.

③ 서얼의 관직 진출을 법으로 제한하였다.

④ 집과 수레의 크기 등 일상생활을 규제하였다.

⑤ 문무 5품 이상 관리의 자손을 대상으로 하였다.

7. ☐☐☐

지도와 같이 행정 구역을 정비한 국가에 대한 설명으로 옳은 것을 〈보기〉에서 고른 것은?　　[3점]

> ◆ 보기 ◆
>
> ㄱ. 9서당 10정의 군사 조직을 운영하였다.
>
> ㄴ. 욕살, 처려근지 등을 지방관으로 파견하였다.
>
> ㄷ. 상수리 제도를 실시하여 지방 세력을 견제하였다.
>
> ㄹ. 북계에 병마사를 파견하여 적의 침입에 대비하였다.

① ㄱ, ㄴ　② ㄱ, ㄷ　③ ㄴ, ㄷ　④ ㄴ, ㄹ　⑤ ㄷ, ㄹ

8. ☐☐☐

(가), (나) 무덤 양식에 대한 설명으로 옳은 것은?　　[2점]

<삼국 시대의 무덤>

양식	(가)	(나)
구조	나무로 덧널을 만들고 그 위에 돌을 쌓은 후 흙을 덮은 무덤이다.	돌로 널길과 널방을 만들고 그 위에 흙을 덮은 무덤이다.

① (가) - 모줄임 천장 구조로 되어 있다.

② (가) - 무덤의 둘레돌에 12지 신상을 새겼다.

③ (나) - 대표적인 무덤으로 황남대총이 있다.

④ (나) - 내부의 천장과 벽에 그림을 그리기도 하였다.

⑤ (가), (나) - 중국 남조의 영향을 받아 만들어졌다.

9. ☐☐☐
51회 4번

(가) 문화유산에 대한 설명으로 옳은 것은? [3점]

🎐 학술 대회 안내 🎐

올해는 백제의 고분 중 피장자와 축조 연대가 확인되는 유일한 무덤인 [(가)] 발굴 50주년이 되는 해입니다. 우리 학회는 이를 기념하여 ' [(가)] 출토 유물로 본 동아시아 문화 교류'를 주제로 학술 대회를 개최합니다.

◆발표 주제◆
- 진묘수를 통해 본 도교 사상
- 금동제 신발의 제작 기법 분석
- 금송으로 만든 관을 통해 본 일본과의 교류

■ 일시: 2021년 ○○월 ○○일 13:00~17:00
■ 장소: □□박물관 강당
■ 주최: △△ 학회

① 서울 석촌동 고분군에 위치하고 있다.
② 나무로 곽을 짜고 그 위에 돌을 쌓았다.
③ 국보로 지정된 금동 대향로가 출토되었다.
④ 무덤의 둘레돌에 12지 신상을 조각하였다.
⑤ 중국 남조의 영향을 받아 벽돌로 축조하였다.

10. ☐☐☐
35회 9번

다음에서 설명하는 문화유산을 지도에서 옳게 찾은 것은? [1점]

국보 제3호인 이 비석은 진흥왕 대의 영토 확장을 보여준다. 조선 후기 김정희에 의해 고증되기 전까지는 무학대사왕심비 등으로 알려져 있었다.

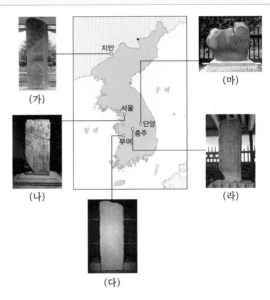

① (가)　② (나)　③ (다)　④ (라)　⑤ (마)

11. □□□

55회 3번

(가)~(마) 문화유산에 대한 설명으로 옳은 것은? [3점]

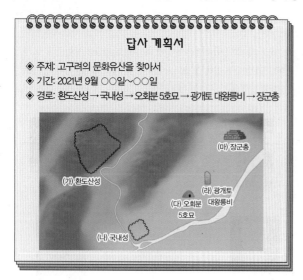

① (가) - 관구검이 이끄는 군대의 공격을 받았다.

② (나) - 고구려가 첫 번째 도읍으로 삼은 곳이다.

③ (다) - 매지권(買地券)이 새겨진 지석과 석수가 출토되었다.

④ (라) - 대가야를 정복하고 순수한 후 세운 것이다.

⑤ (마) - 돌무지덧널무덤으로 축조되었다.

1. ☐☐☐ 3회독 Check　　　52회 6번

밑줄 그은 '이 불상'으로 옳은 것은?　　[1점]

> 국보 제119호인 이 불상은 고구려의 승려들이 만들어 유포한 천 불(千佛) 중의 하나로, 경상남도 의령에서 출토되었습니다. 연가 (延嘉) 7년이라는 명문이 새겨져 있어 제작 연대를 추정할 수 있습 니다.

① 　② 　③

④ 　⑤

2. ☐☐☐　　　53회 9번

(가)에 해당하는 문화유산으로 옳은 것은?　　[2점]

> 국보로 지정된 이 마애불은 둥근 얼굴 윤곽에 자비로운 인상을 지녀 '백제의 미소'라고 불립니다. 6세기 말에서 7세기 초, 중국을 오가던 사람들의 안녕을 기원하고자 교통로에 만들어진 것으로 보입니다.

① 　② 　③

④ 　⑤

3. □□□　　　　　　　　　　　　59회 6번

(가) 국가의 문화유산으로 옳은 것은?　　[1점]

메타버스 '서라벌' 오픈!

(가) 의 수도 경주의 문화유산을
아바타로 생생하게 체험해 보세요.

천마의 대

이벤트1 첨성대에서 별자리 찾아보기
이벤트2 포석정에서 인증샷 찍기

① 　② 　③

④ 　⑤

4. □□□　　　　　　　　　　　　57회 4번

밑줄 그은 '이 불상'으로 옳은 것은?　　[3점]

삼산관을 쓰고
깊은 생각에 빠져 있는
모습의 이 불상을 가상
박물관에서 볼 수 있다니
너무 신기하다.

나도 그래.
다음 전시실에는 이 불상과
재료만 다를 뿐 모습이
매우 닮은 일본 교토 고류사의
불상이 있다고 해.
그것도 보러 가자.

① 　② 　③

④ 　⑤

5. □□□   51회 9번

(가)에 해당하는 문화유산으로 옳은 것은?   [2점]

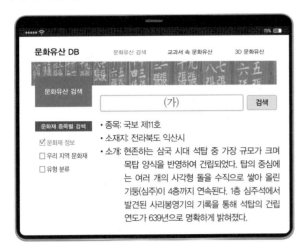

문화유산 DB   문화유산 검색   교과서 속 문화유산   3D 문화유산

문화유산 검색

[(가)   ] [검색]

문화재 종목별 검색
- ☑ 문화재 정보
- □ 우리 지역 문화재
- □ 유형 분류

- 종목: 국보 제11호
- 소재지: 전라북도 익산시
- 소개: 현존하는 삼국 시대 석탑 중 가장 규모가 크며 목탑 양식을 반영하여 건립되었다. 탑의 중심에는 여러 개의 사각형 돌을 수직으로 쌓아 올린 기둥(심주)이 4층까지 연속된다. 1층 심주석에서 발견된 사리봉영기의 기록을 통해 석탑의 건립 연도가 639년으로 명확하게 밝혀졌다.

①    ②    ③

④    ⑤

6. □□□   46회 10번

(가)에 들어갈 문화유산으로 옳은 것은?   [3점]

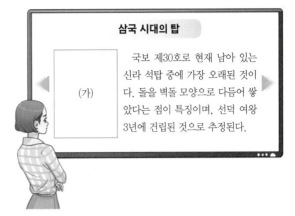

삼국 시대의 탑

(가)

국보 제30호로 현재 남아 있는 신라 석탑 중에 가장 오래된 것이다. 돌을 벽돌 모양으로 다듬어 쌓았다는 점이 특징이며, 선덕 여왕 3년에 건립된 것으로 추정된다.

①    ②    ③

④    ⑤

(가)에 들어갈 문화유산으로 옳은 것은?   [3점]

사진으로 보는 우리나라의 탑   ◈ 신라 편

(가)

이 탑은 신문왕 2년에 세워진 것으로, 국보 제112호로 지정된 쌍탑 중 동탑이다. 이 탑은 삼국 통일 이후 조성된 석탑 양식의 전형을 보여주는 것으로 지붕돌, 몸돌 등 각 부분이 여러 개의 석재로 조립되었다는 점이 특징이다. 이 탑이 있는 절은 삼국을 통일한 문무왕의 유업을 이어받아 아들인 신문왕이 완공하였다.

① ② ③

④  ⑤

밑줄 그은 '이 탑'으로 옳은 것은?   [2점]

유물로 보는 한국사

[해설]

경주 불국사에 있는 이 탑의 해체 보수 과정에서 발견된 금동제 사리외함이다. 2층 탑신부에 봉안되어 있던 이 유물 안에는 은제 사리 내·외합과 무구정광대다라니경 등이 함께 놓여 있었다. 이를 통해 당시의 뛰어난 공예 기술 및 사리장엄 방식과 특징을 알 수 있다.

①  ②  ③

④  ⑤

9. ☐☐☐
48회 9번

(가)~(마) 문화유산에 대한 설명으로 옳지 <u>않은</u> 것은? [2점]

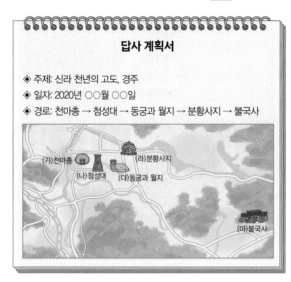

① (가) – 내부에서 천마도가 수습되었다.
② (나) – 자장의 건의로 건립되었다.
③ (다) – 나무로 만든 14면체 주사위가 출토되었다.
④ (라) – 돌을 벽돌 모양으로 다듬어 쌓아 올린 탑이 남아 있다.
⑤ (마) – 경내의 삼층 석탑에서 무구정광대다라니경이 발견되었다.

10. ☐☐☐
65회 4번

(가)에 해당하는 문화유산으로 옳은 것은? [2점]

①   ②   ③

④   ⑤

11. ☐☐☐
47회 5번

다음 설명에 해당하는 문화유산으로 옳은 것은? [2점]

이 문화유산은 국보 제287호로 부여 능산리 절터에서 출토되었습니다. 백제 왕실의 의례에 사용한 것으로 추정되는 이 유물은 도교와 불교의 요소가 복합적으로 표현된 걸작입니다.

①  ②  ③

④  ⑤

12. □□□
66회 3번

(가) 국가의 문화유산으로 옳은 것은? [2점]

> 천마총 발굴 50주년 특별전이 개최됩니다. 천마총은 (가) 의 대표적인 돌무지덧널무덤 중 하나로 발굴 당시 많은 유물이 출토되어 주목을 받았습니다. 그중에서도 가장 유명한 천마도의 실물이 9년 만에 세상에 공개됩니다.

① ② ③

④ ⑤

13. □□□
60회 7번

밑줄 그은 '이 승려'의 활동으로 옳은 것은? [2점]

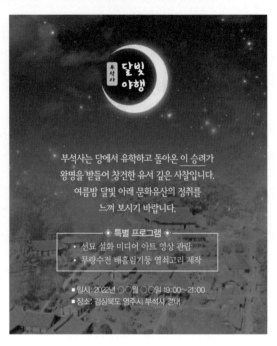

> 부석사는 당에서 유학하고 돌아온 이 승려가 왕명을 받들어 창건한 유서 깊은 사찰입니다. 여름밤 달빛 아래 문화유산의 정취를 느껴 보시기 바랍니다.
>
> ◈ 특별 프로그램 ◈
> • 선묘 설화 미디어 아트 영상 관람
> • 무량수전 배흘림기둥 열쇠고리 제작
>
> ■ 일시: 2022년 ○○월 ○○일 19:00~21:00
> ■ 장소: 경상북도 영주시 부석사 경내

① 무애가를 지어 불교 대중화에 기여하였다.
② 화랑도의 규범으로 세속 5계를 제시하였다.
③ 구법 순례기인 왕오천축국전을 저술하였다.
④ 승려들의 전기를 담은 해동고승전을 집필하였다.
⑤ 화엄일승법계도를 지어 화엄 사상을 정리하였다.

14. □□□
61회 5번

(가) 인물의 활동으로 옳은 것은? [1점]

> 이곳은 (가) 의 생애와 활동을 주제로 한 전시실입니다. 그는 금강삼매경론, 대승기신론소 등을 저술하여 불교 교리 연구에 힘썼으며, 무애가를 짓고 정토 신앙을 전파하여 불교 대중화에 앞장섰습니다.

① 일심 사상과 화쟁 사상을 주장하였다.
② 구법 순례기인 왕오천축국전을 남겼다.
③ 황룡사 구층 목탑의 건립을 건의하였다.
④ 왕명으로 수에 군사를 청하는 걸사표를 지었다.
⑤ 승려들의 전기를 정리한 해동고승전을 편찬하였다.

15. ☐☐☐
55회 8번

(가) 인물에 대한 설명으로 옳은 것은? [1점]

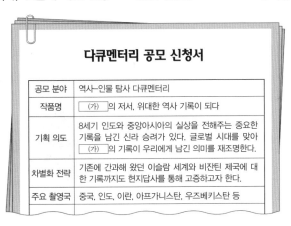

다큐멘터리 공모 신청서

공모 분야	역사-인물 탐사 다큐멘터리
작품명	⎡(가)⎤의 저서, 위대한 역사 기록이 되다
기획 의도	8세기 인도와 중앙아시아의 실상을 전해주는 중요한 기록을 남긴 신라 승려가 있다. 글로벌 시대를 맞아 ⎡(가)⎤의 기록이 우리에게 남긴 의미를 재조명한다.
차별화 전략	기존에 간과해 왔던 이슬람 세계와 비잔틴 제국에 대한 기록까지도 현지답사를 통해 고증하고자 한다.
주요 촬영국	중국, 인도, 이란, 아프가니스탄, 우즈베키스탄 등

① 향가 모음집인 삼대목을 편찬하였다.
② 화랑도의 규범인 세속 5계를 제시하였다.
③ 무애가를 지어 불교 대중화에 기여하였다.
④ 구법 순례기인 왕오천축국전을 저술하였다.
⑤ 화엄일승법계도를 지어 화엄 사상을 정리하였다.

16. ☐☐☐
71회 4번

(가) 인물에 대한 설명으로 옳은 것은? [3점]

> 왕이 고구려가 자주 국경을 침략하는 것을 걱정하여 수에 군사를 요청해 고구려를 치고자 하였다. 이에 ⎡(가)⎤에게 명하여 걸사표를 짓도록 하였다. ⎡(가)⎤이/가 말하기를, "자기가 살고자 남을 멸하는 것은 출가한 승려로서 적합한 행동은 아니지만, 제가 대왕의 땅에서 살고 대왕의 물과 풀을 먹고 있으니 어찌 감히 명을 따르지 않겠습니까."라고 하면서 글을 써서 올렸다.

① 구법 순례기인 왕오천축국전을 남겼다.
② 황룡사 구층 목탑의 건립을 건의하였다.
③ 무애가를 지어 불교 대중화에 기여하였다.
④ 사군이충 등을 포함한 세속 5계를 제시하였다.
⑤ 풍수지리 사상이 반영된 송악명당기를 저술하였다.

17. ☐☐☐
40회 9번

(가)~(마)에 들어갈 내용으로 옳은 것은? [2점]

〈2018년도 하계 한국사 강좌〉

인물로 보는 신라 불교사

우리 학회에서는 신라 승려들의 활동을 통해 불교사의 흐름을 파악하는 자리를 마련하였습니다. 관심 있는 분들의 많은 참여를 바랍니다.

◆ 강좌 주제 ◆

제1강 원광,	(가)
제2강 자장,	(나)
제3강 원효,	(다)
제4강 의상,	(라)
제5강 도선,	(마)

· 기간: 2018년 ○○월 ○○일 ~ ○○월 ○○일
　　　매주 목요일 오전 10시
· 장소: ☐☐ 박물관 대강당
· 주최: △△학회

① (가) – 풍수지리설을 들여오다
② (나) – 황룡사 구층 목탑 건립을 건의하다
③ (다) – 영주에 부석사를 창건하다
④ (라) – 세속 오계를 제시하다
⑤ (마) – 대승기신론소를 저술하다

18. □□□

밑줄 그은 '이 인물'에 대한 설명으로 옳은 것은? [2점]

이곳은 중국 양저우에 있는 이 인물의 기념관입니다. 그는 당에 유학하여 빈공과에 급제하였고, 황소의 난이 일어나자 '격황소서(檄黃巢書)'를 지어 이름을 떨쳤습니다. 또한 당에서 쓴 글을 모은 계원필경을 남겼습니다.

① 당으로 건너가 군사 동맹을 체결하였다.
② 진성 여왕에게 시무책 10여 조를 올렸다.
③ 외교 문서 작성에 능하여 청방인문표를 지었다.
④ 진골 귀족 출신으로 화랑세기, 고승전 등을 저술하였다.
⑤ 한자의 음훈을 빌려 우리말을 표기한 이두를 정리하였다.

19. □□□

밑줄 그은 '이 인물'에 대한 설명으로 옳은 것은? [2점]

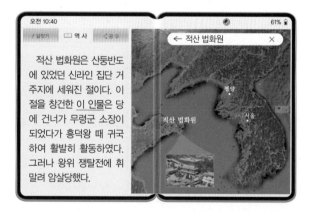

적산 법화원은 산둥반도에 있었던 신라인 집단 거주지에 세워진 절이다. 이 절을 창건한 이 인물은 당에 건너가 무령군 소장이 되었다가 흥덕왕 때 귀국하여 활발히 활동하였다. 그러나 왕위 쟁탈전에 휘말려 암살당했다.

① 구법 순례기인 왕오천축국전을 지었다.
② 진성 여왕에게 시무책 10여 조를 올렸다.
③ 청해진을 중심으로 해상 무역을 전개하였다.
④ 9산 선문 중 하나인 가지산문을 개창하였다.
⑤ 한자의 음과 훈을 차용한 이두를 체계적으로 정리하였다.

20. □□□

다음 인물에 대한 설명으로 옳은 것은? [1점]

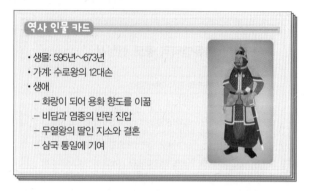

역사 인물 카드

• 생몰: 595년~673년
• 가계: 수로왕의 12대손
• 생애
 – 화랑이 되어 용화 향도를 이끎
 – 비담과 염종의 반란 진압
 – 무열왕의 딸인 지소와 결혼
 – 삼국 통일에 기여

① 매소성 전투를 승리로 이끌었다.
② 관산성 전투에서 성왕을 전사시켰다.
③ 당으로 건너가 군사 동맹을 체결하였다.
④ 황산벌에서 계백이 이끄는 군대를 물리쳤다.
⑤ 임존성에서 소정방이 지휘하는 당군을 격퇴하였다.

21. □□□

다음 검색창에 들어갈 인물에 대한 설명으로 옳은 것은? [3점]

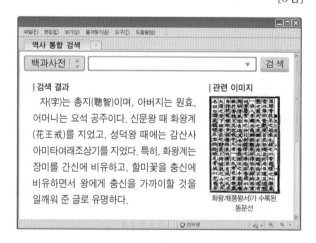

역사 통합 검색

백과사전 [   ] 검 색

| 검색 결과

자(字)는 총지(聰智)이며, 아버지는 원효, 어머니는 요석 공주이다. 신문왕 때 화왕계(花王戒)를 지었고, 성덕왕 때에는 감산사 아미타여래조상기를 지었다. 특히, 화왕계는 장미를 간신에 비유하고, 할미꽃을 충신에 비유하면서 왕에게 충신을 가까이할 것을 일깨워 준 글로 유명하다.

| 관련 이미지

화왕계(풍왕서)가 수록된 동문선

① 진골 귀족 출신으로 화랑세기 등을 저술하였다.
② 외교 문서 작성에 능하여 청방인문표를 집필하였다.
③ 인도와 중앙아시아를 순례하고 왕오천축국전을 지었다.
④ 명망 높은 승려들의 전기를 정리한 해동고승전을 남겼다.
⑤ 한자의 음과 훈을 차용한 이두를 체계적으로 정리하였다.

시대별/주제별로 기출학습을 끝냈다면, 2024년 이후(69회~73회)의 극최신 기출만 풀어보며
최근 시험에서 더욱 강조되는 시대별 최신경향까지 확인해봅시다!

1. □□□ 3회독 Check [69회 2번]

밑줄 그은 '이 왕'의 업적으로 옳은 것은? [2점]

이 비석은 원래 도선국사비, 무학대사비 등으로 알려져 있었지.

맞아. 그런데 조선 후기에 김정희가 금석과안록에서 이 왕이 건립한 순수비임을 고증하였어.

① 관료전을 지급하여 녹읍을 폐지하였다.
② 인재 등용을 위해 독서삼품과를 실시하였다.
③ 이차돈의 순교를 계기로 불교를 공인하였다.
④ 지방관을 감찰하기 위해 외사정을 파견하였다.
⑤ 대아찬 거칠부에게 명하여 국사를 편찬하였다.

2. □□□ [71회 5번]

(가)~(다) 학생이 발표한 내용을 일어난 순서대로 옳게 나열한 것은? [2점]

〈한국사 주제 발표〉
백제의 성장과 발전

도읍을 사비로 옮기고, 국호를 남부여라고 하였어요.

동진에서 온 마라난타를 통해 불교를 수용하였어요.

고구려의 평양성을 공격하고 황해도 일부 지역을 차지하였어요.

(가) (나) (다)

① (가) - (나) - (다)
② (가) - (다) - (나)
③ (나) - (가) - (다)
④ (나) - (다) - (가)
⑤ (다) - (나) - (가)

3. □□□ [71회 3번]

(가) 나라에 대한 설명으로 옳은 것은? [1점]

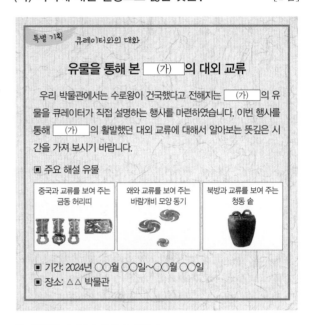

특별 기획 **큐레이터와의 대화**

유물을 통해 본 [(가)]의 대외 교류

우리 박물관에서는 수로왕이 건국했다고 전해지는 [(가)]의 유물을 큐레이터가 직접 설명하는 행사를 마련하였습니다. 이번 행사를 통해 [(가)]의 활발했던 대외 교류에 대해서 알아보는 뜻깊은 시간을 가져 보시기 바랍니다.

■ 주요 해설 유물

| 중국과 교류를 보여 주는 금동 허리띠 | 왜와 교류를 보여 주는 바람개비 모양 동기 | 북방과 교류를 보여 주는 청동 솥 |

■ 기간: 2024년 ○○월 ○○일~○○월 ○○일
■ 장소: △△ 박물관

① 법흥왕 때 신라에 복속되었다.
② 서옥제라는 혼인 풍습이 있었다.
③ 6좌평이 중요한 국사를 논의하였다.
④ 만장일치제로 운영된 화백 회의가 있었다.
⑤ 지방에 22담로를 두어 왕족을 파견하였다.

4. □□□   73회 9번

(가) 제도를 시행한 국가에 대한 설명으로 옳은 것은?   [1점]

○ 풍월주(風月主), 원화(源花)의 법이 폐하여진 지 이미 여러 해였다. 왕은 나라를 일으키려면 풍월도를 먼저 하여야 한다고 생각하여 다시금 영(令)을 내려 귀인과 양가의 자제 중에서 얼굴이 아름답고 덕행이 있는 자를 선발해서 분장을 시켜 (가) 또는 국선(國仙)이라 이름하였다.

○ 좋은 가문 출신의 남자로서 덕행이 있는 자를 뽑아 (가) (이)라 하였다. 처음 설원랑을 받들어 국선으로 삼았는데 이것이 시초이다.

① 태학과 경당을 두어 인재를 양성하였다.
② 유랑민을 구휼하는 활인서를 설치하였다.
③ 정사암 회의에서 국가 중대사를 결정하였다.
④ 도병마사에서 변경의 군사 문제 등을 논의하였다.
⑤ 골품에 따라 관등 승진, 일상생활 등을 엄격히 제한하였다.

5. □□□   69회 5번

(가), (나) 사이의 시기에 있었던 사실로 옳은 것은? [2점]

(가) 을지문덕이 우중문에게 시를 보내 이르기를, "신묘한 계책은 천문을 다 헤아렸고 기묘한 계획은 지리를 모두 통달하였도다. 싸움에 이겨 이미 공로가 드높으니 만족할 줄 알고 그치기를 바라노라."라고 하였다.

(나) 안시성 사람들이 황제의 깃발과 일산을 멀리서 바라보고, 곧장 성에 올라가 북을 치고 소리를 질렀다. 황제가 화를 내자, 이세적은 성을 함락한 날에 남자를 모두 구덩이에 묻어 죽이자고 청하였다. 안시성 사람들이 이를 듣고 더욱 굳게 지키니, 오래도록 공격하여도 함락되지 않았다.

① 관구검이 환도성을 공격하여 함락하였다.
② 계백이 이끄는 군대가 황산벌에서 항전하였다.
③ 연개소문이 정변을 일으켜 권력을 장악하였다.
④ 광개토 대왕이 신라에 침입한 왜를 격퇴하였다.
⑤ 미천왕이 낙랑군을 축출하여 영토를 확장하였다.

6. □□□   69회 7번

(가)~(다)를 일어난 순서대로 옳게 나열한 것은?   [3점]

(가) 사찬 시득이 수군을 거느리고 소부리주 기벌포에서 설인귀와 싸웠으나 패배하였다. 다시 나아가 크고 작은 22번의 싸움에서 승리하고, 4천여 명의 목을 베었다.

(나) 흑치상지가 도망하여 흩어진 무리들을 모으니, 열흘 사이에 따르는 자가 3만여 명이었다. …… 흑치상지가 별부장 사타상여를 데리고 험준한 곳에 웅거하여 복신과 호응하였다.

(다) 검모잠이 국가를 다시 일으키기 위하여 당을 배반하고 보장왕의 외손 안승을 세워 임금으로 삼았다. 당 고종이 대장군 고간을 보내 행군총관으로 삼고 병력을 내어 그들을 토벌하니, 안승이 검모잠을 죽이고 신라로 달아났다.

① (가) - (나) - (다)   ② (가) - (다) - (나)
③ (나) - (가) - (다)   ④ (나) - (다) - (가)
⑤ (다) - (나) - (가)

7. □□□   69회 8번

(가) 국가의 경제 상황으로 옳은 것은?   [2점]

이 문서는 일본의 도다이사 쇼소인에서 발견된 것으로, (가) 의 5소경 중 하나인 서원경 주변 촌락을 포함한 4개 촌락의 인구 현황, 토지의 종류와 면적 등이 상세히 기록되어 있습니다.

① 경성과 경원에 무역소를 두었다.
② 수도에 서시와 남시를 설치하였다.
③ 주전도감에서 해동통보를 발행하였다.
④ 독점적 도매상인인 도고가 출현하였다.
⑤ 감자, 고구마 등을 구황 작물로 재배하였다.

8. □□□

(가) 국가에 대한 설명으로 옳은 것은? [2점]

명문(名文)으로 만나는 한국사

······ 신이 삼가 [(가)]의 원류를 살펴보건대, 고구려가 멸망하기 이전에는 본디 이름도 없는 조그마한 부락에 불과하였는데, ······ 걸사[비]우와 대조영 등이 측천무후가 임조(臨朝)할 즈음에 이르러, 영주에서 반란이 일어나자 그곳에서 도주하여 황구(荒丘)를 차지하고 비로소 진국(振國)이라고 칭하였습니다. ······

[해설] 이 글은 최치원이 작성한 사불허북국거상표(謝不許北國居上表)의 일부입니다. 이를 통해 북국으로 표현된 [(가)]의 건국 과정 등을 파악할 수 있습니다.

① 정사암 회의에서 나라의 중대사를 결정하였다.
② 지방의 여러 성에 욕살, 처려근지 등을 두었다.
③ 도병마사에서 변경의 군사 문제 등을 논의하였다.
④ 서적 관리, 주요 문서 작성 등을 위해 문적원을 두었다.
⑤ 골품에 따라 관등 승진, 일상생활 등을 엄격히 제한하였다.

9. □□□

(가)~(다)에 대한 설명으로 옳은 것은? [3점]

사진으로 보는 신라의 탑

(가) 경주 분황사 모전 석탑 / (나) 경주 감은사지 동 삼층 석탑 / (다) 화순 쌍봉사 철감선사탑

① (가) – 내부에서 무구정광대다라니경이 발견되었다.
② (가) – 1층 탑신에 당의 장수 소정방의 명으로 새긴 글이 있다.
③ (나) – 자장의 건의로 건립되었다.
④ (나) – 돌을 벽돌 모양으로 다듬어 쌓았다.
⑤ (다) – 선종의 영향을 받아 만들어졌다.

달달회독! 기출 선지 싹 모음!

빈출 주제 03 삼국의 성장 및 가야의 특징

3회독 Check

1	고국천왕은 을파소를 등용하고 진대법을 시행하였다.	
2	미천왕은 낙랑군을 축출하고 서안평을 점령하여 영토를 확장하였다.	
3	소수림왕은 태학을 설립하여 인재를 양성하였다.	
4	광개토 대왕은 영락이라는 독자적인 연호를 사용하였다.	
5	장수왕은 도읍을 국내성에서 평양으로 옮겼다.	
6	근초고왕은 평양성을 공격하여 고국원왕을 전사시켰다.	
7	침류왕은 동진에서 온 마라난타를 통해 불교를 수용하였다.	
8	무령왕은 22담로에 왕족을 파견하였다.	
9	성왕은 사비로 천도하고 국호를 남부여로 개칭하였다.	
10	무왕은 금마저에 미륵사를 창건하였다.	
11	지증왕은 이사부를 보내 우산국을 복속시켰다.	
12	법흥왕은 이차돈의 순교를 계기로 불교를 공인하였다.	
13	진흥왕은 거칠부에게 명령하여 국사를 편찬하였다.	
14	문무왕은 지방관을 감찰하기 위해 외사정을 파견하였다.	
15	가야는 철이 많이 생산되어 낙랑, 왜 등에 수출하였다.	

빈출 주제 04 고구려의 대외 항쟁 및 삼국의 통일

16	을지문덕이 살수에서 수의 군대를 물리쳤다.	
17	연개소문이 정변을 일으켜 영류왕을 시해하였다.	
18	백제의 의자왕은 윤충을 파견하여 대야성을 함락하였다.	
19	김춘추가 당과의 군사 동맹을 성사시켰다.	
20	계백이 이끈 군대는 황산벌에서 나·당 연합군에 항전하였다.	
21	복신과 도침이 부여풍을 왕으로 추대하였다.	
22	부여풍이 백강에서 왜군과 함께 당군에 맞서 싸웠다.	
23	안승이 신라의 지원을 받아 보덕국의 왕으로 임명되었다.	

빈출 주제 05 남북국 시대의 역사적 사실

24	신문왕은 관료전을 지급하고 녹읍을 폐지하였다.	
25	신문왕은 군사 조직을 9서당 10정으로 편성하였다.	
26	신문왕 때 왕의 장인인 김흠돌이 반란을 도모하였다.	
27	원성왕 때 독서삼품과를 시행하여 인재를 등용하였다.	
28	진성 여왕 때 최치원이 왕에게 시무책 10여 조를 건의하였다.	
29	진성 여왕 때 원종과 애노의 난 및 적고적의 난 등 농민 봉기가 발생하였다.	
30	통일 신라 하대에는 청해진을 중심으로 해상 무역이 전개되었다.	
31	발해는 거란도, 영주도, 신라도 등을 통해 주변 국가와 교류하였다.	
32	발해는 솔빈부의 말을 특산물로 거래하였다.	
33	발해는 유학 교육 기관으로 주자감을 설치하여 인재를 양성하였다.	
34	발해는 5경 15부 62주의 지방 행정 제도를 갖추었다.	

빈출 주제 06 고대의 경제·사회·문화 1

35	신라는 시장을 감독하는 관청인 동시전을 설치하였다.	
36	통일 신라 시대에는 울산항, 당항성이 무역항으로 번성하였다.	
37	통일 신라는 조세 수취를 위해 3년마다 촌락 문서를 작성하였다.	
38	고구려는 욕살, 처려근지 등을 지방관으로 파견하였다.	
39	백제는 내신좌평, 위사좌평 등 6좌평의 관제를 마련하였다.	
40	백제는 왕족인 부여씨와 8성의 귀족이 지배층을 이루었다.	
41	백제는 정사암에서 국가의 중대사를 결정하였다.	
42	신라는 골품에 따라 관등 승진에 제한이 있었다.	
43	신라에는 만장일치제로 운영된 화백 회의가 존재하였다.	

44	통일 신라는 상수리 제도를 시행하여 지방 세력을 견제하였다.	☐ ☐ ☐
45	통일 신라는 9주 5소경의 지방 행정 제도를 갖추었다.	☐ ☐ ☐
46	통일 신라는 9서당 10정의 군사 조직을 운영하였다.	☐ ☐ ☐

빈출 주제 07 고대의 문화 2

47	의상은 화엄일승법계도를 지어 화엄 사상을 정리하였다.	☐ ☐ ☐
48	원효는 무애가를 지어 불교 대중화에 기여하였다.	☐ ☐ ☐
49	혜초는 구법 순례기인 왕오천축국전을 남겼다.	☐ ☐ ☐
50	원광은 화랑도의 규범으로 세속 5계를 제시하였다.	☐ ☐ ☐
51	자장은 황룡사 구층 목탑의 건립을 건의하였다.	☐ ☐ ☐
52	최치원은 진성 여왕에게 시무책 10여 조를 건의하였다.	☐ ☐ ☐
53	장보고는 청해진을 중심으로 해상 무역을 전개하였다.	☐ ☐ ☐

PART 3 고려

시대별 빈출 키워드 연표 **+** **흐름강의**

27회분 기출의 시대별 고빈출 키워드를 연도별로 싹 모았습니다!
특히 빨간색 키워드는 80% 이상 출제된 최빈출 키워드입니다.

918~936	1126	1128~1136
• 고려 건국(918) • 공산 전투(927) • 고창 전투(930) • 통일 신라 멸망(935) • 일리천 전투(936)	• 이자겸의 난	• 묘청의 서경 천도 운동 　(1128~1135) • 묘청의 난(1135~1136)

1232	1388	1391
• 강화 천도	• 요동 정벌 추진 • 위화도 회군	• 과전법 실시

◇ **시대별 평균 출제 비중**[27회분(73회~47회) 분석 기준]

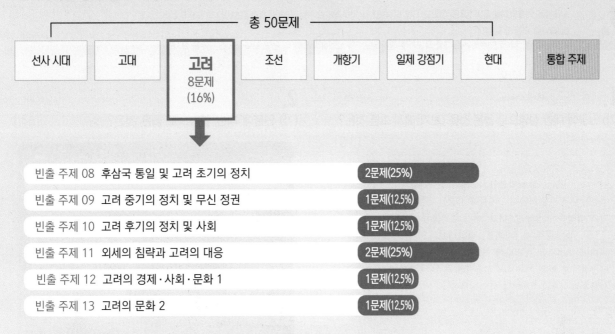

총 50문제

| 선사 시대 | 고대 | **고려**
8문제
(16%) | 조선 | 개항기 | 일제 강점기 | 현대 | 통합 주제 |

빈출 주제 08 후삼국 통일 및 고려 초기의 정치	2문제(25%)
빈출 주제 09 고려 중기의 정치 및 무신 정권	1문제(12.5%)
빈출 주제 10 고려 후기의 정치 및 사회	1문제(12.5%)
빈출 주제 11 외세의 침략과 고려의 대응	2문제(25%)
빈출 주제 12 고려의 경제 · 사회 · 문화 1	1문제(12.5%)
빈출 주제 13 고려의 문화 2	1문제(12.5%)

1170
• 무신 정변

1176
• 망이 · 망소이의 난

1198
• 만적의 난

1392
• 조선 건국

시대별로 기출문제를 풀며 문제유형과 선지에 익숙해지는 것이 풀이의 핵심입니다! 최소 3번 이상 회독하며 풀어보세요.

[해품사의 추천 회독법!]
문제번호 옆 '3회독 Check'에 문제를 풀면서 정확히 알면 'O', 헷갈리면 '△', 아예 모르겠으면 'X'를 표시!

1. ☐☐☐ 3회독 Check　　　　　　　　　　50회 9번

(가) 인물에 대한 설명으로 옳은 것을 〈보기〉에서 고른 것은?
[3점]

> ☐(가)☐ 은/는 상주 가은현 사람이다. …… [왕의] 총애를 받던 측근들이 정권을 마음대로 휘둘러 기강이 문란해졌다. 기근까지 겹쳐 백성들이 떠돌아다니고, 여러 도적들이 봉기하였다. 이에 ☐(가)☐ 이/가 몰래 [왕위를] 넘겨다보는 마음을 갖고 …… 드디어 무진주를 습격하여 스스로 왕이 되었으나, 아직 감히 공공연하게 왕을 칭하지는 못하였다. …… 서쪽으로 순행하여 완산주에 이르니 그 백성들이 환영하였다.
> － 『삼국사기』 －

» 보기 •

ㄱ. 후당, 오월에 사신을 파견하였다.
ㄴ. 광평성을 비롯한 각종 정치 기구를 마련하였다.
ㄷ. 신라의 금성을 습격하여 경애왕을 죽게 하였다.
ㄹ. 정계와 계백료서를 지어 관리의 규범을 제시하였다.

① ㄱ, ㄴ　② ㄱ, ㄷ　③ ㄴ, ㄷ　④ ㄴ, ㄹ　⑤ ㄷ, ㄹ

2. ☐☐☐　　　　　　　　　　　　　　　　57회 10번

(가) 인물에 대한 설명으로 옳은 것은?
[2점]

① 공산 전투에서 고려군을 크게 무찔렀다.
② 귀순한 김순식에게 왕씨 성을 하사하였다.
③ 폐정 개혁을 목표로 정치도감을 설치하였다.
④ 청해진을 근거지로 해상 무역을 전개하였다.
⑤ 광평성을 설치하고 광치나, 서사 등의 관원을 두었다.

3. □□□
43회 12번

(가) 인물에 대한 설명으로 옳은 것은?　　[2점]

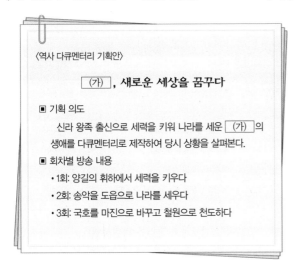

〈역사 다큐멘터리 기획안〉

(가) , 새로운 세상을 꿈꾸다

■ 기획 의도

　　신라 왕족 출신으로 세력을 키워 나라를 세운 (가) 의
생애를 다큐멘터리로 제작하여 당시 상황을 살펴본다.

■ 회차별 방송 내용

・1회: 양길의 휘하에서 세력을 키우다
・2회: 송악을 도읍으로 나라를 세우다
・3회: 국호를 마진으로 바꾸고 철원으로 천도하다

① 후당, 오월에 사신을 파견하였다.
② 광평성 등 각종 정치 기구를 마련하였다.
③ 청해진을 설치하여 해상 무역을 전개하였다.
④ 일리천 전투에서 신검의 군대를 격퇴하였다.
⑤ 신라의 금성을 습격하여 경애왕을 죽게 하였다.

4. □□□
61회 11번

(가)에 들어갈 인물에 대한 설명으로 옳은 것은?　　[2점]

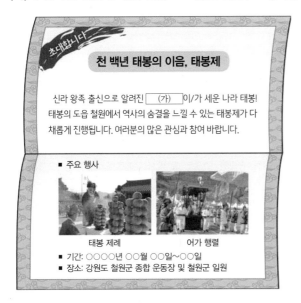

초대합니다

천 백년 태봉의 이음, 태봉제

신라 왕족 출신으로 알려진 (가) 이/가 세운 나라 태봉!
태봉의 도읍 철원에서 역사의 숨결을 느낄 수 있는 태봉제가 다
채롭게 진행됩니다. 여러분의 많은 관심과 참여 바랍니다.

■ 주요 행사

태봉 제례　　　　어가 행렬

■ 기간: ○○○○년 ○○월 ○○일~○○일
■ 장소: 강원도 철원군 종합 운동장 및 철원군 일원

① 발해를 멸망시킨 거란을 적대시하였다.
② 미륵불을 자처하며 왕권을 강화하였다.
③ 신라를 공격하여 경애왕을 죽게 하였다.
④ 노비안검법을 시행하여 재정을 확충하였다.
⑤ 청해진을 설치하여 해상 무역을 장악하였다.

5. □□□
51회 10번

(가), (나) 사이의 시기에 있었던 사실로 옳은 것은? [2점]

(가) 날이 밝아오자 (여러 장수들이) 태조를 곡식더미 위에 앉히
고는 군신의 예를 행하였다. 사람을 시켜 말을 달리며 "왕
공(王公)께서 이미 의로운 깃발을 들어 올리셨다."라고 외
치게 하였다. …… 궁예가 이 소식을 듣고는 어찌할 바를
몰라 미복(微服) 차림으로 북문을 빠져나갔다.

－『고려사절요』－

(나) 여름 6월 견훤이 막내아들 능예와 딸 애복, 애첩 고비 등과
더불어 나주로 달아나 입조를 요청하였다. …… 도착하자
그를 상보(尙父)라 일컫고 남궁(南宮)을 객관(客館)으로 주
었다. 지위를 백관의 위에 두고 양주를 식읍으로 주었다.

－『고려사』－

① 견훤이 후백제를 건국하였다.
② 김흠돌이 반란을 도모하였다.
③ 장보고가 청해진을 설치하였다.
④ 신숭겸이 공산 전투에서 전사하였다.
⑤ 신검이 일리천에서 고려군에게 패배하였다.

6. □□□
46회 11번

(가)~(라)를 일어난 순서대로 옳게 나열한 것은?　　[3점]

(가) 견훤이 크게 군사를 일으켜 고창군(古昌郡)의 병산 아래에 가서
태조와 싸웠으나 이기지 못하였다. 전사자가 8천여 명이었다.

(나) 태조는 정예 기병 5천을 거느리고 공산(公山) 아래에서 견훤을
맞아서 크게 싸웠다. 태조의 장수 김락과 신숭겸은 죽고 모든
군사가 패하였으며, 태조는 겨우 죽음을 면하였다.

(다) [태조가] 뜰에서 신라왕이 알현하는 예를 받으니 여러 신하가
하례하는 함성으로 궁궐이 진동하였다. …… 신라국을 폐하여
경주라 하고, 그 지역을 [김부에게] 식읍으로 하사하였다.

(라) 태조가 …… 일선군으로 진격하니 신검이 군사를 거느리고 막
았다. 일리천을 사이에 두고 대치하였다. …… 후백제의 장군들
이 고려 군사의 형세가 매우 큰 것을 보고, 갑옷과 무기를 버리
고 항복하였다.

① (가) - (나) - (다) - (라)　　② (가) - (나) - (라) - (다)
③ (나) - (가) - (다) - (라)　　④ (나) - (가) - (라) - (다)
⑤ (다) - (가) - (나) - (라)

7. ☐☐☐

(가) 왕에 대한 설명으로 옳은 것은? [2점]

초대합니다

창작 뮤지컬
'삼태사, 후삼국 통일의 길을 열다'

고창 전투에서 ___(가)___ 을/를 도와
견훤에 맞서 싸운 공로로 태사(太師)의
칭호를 받은 김선평 · 장길(장정필) ·
권행, 그리고 후삼국 통일을 염원했던
백성들의 이야기를 한 편의 뮤지컬로
선보입니다. 많은 관람 바랍니다.

· 일시: 2021년 ○○월 ○○일 20:00
· 장소: 안동 민속촌 특설 무대

① 신라에 침입하여 경애왕을 죽게 하였다.
② 국자감에 7재라는 전문 강좌를 개설하였다.
③ 마진이라는 국호와 무태라는 연호를 사용하였다.
④ 정계와 계백료서를 지어 관리의 규범을 제시하였다.
⑤ 후주와 사신을 교환하여 대외 관계의 안정을 꾀하였다.

8. ☐☐☐

(가) 왕의 재위 기간에 있었던 사실로 옳은 것은? [2점]

이곳은 개성에 있는 ___(가)___ 의 무덤입니다. 그는 정계와 계백료서를 지어
관리들이 지켜야 할 규범을 제시하고, 후대 왕들이 지켜야 할 정책 방향을
담은 훈요 10조를 남겼다고 합니다.

① 12목에 지방관을 파견하였다.
② 서경을 북진 정책의 전진 기지로 삼았다.
③ 국자감에 7재라는 전문 강좌를 개설하였다.
④ 쌍기의 건의를 받아들여 과거제를 시행하였다.
⑤ 노비안검법을 시행하여 호족과 공신 세력을 견제하였다.

9. ☐☐☐

다음 검색창에 들어갈 왕의 재위 기간에 있었던 사실로
옳은 것은? [2점]

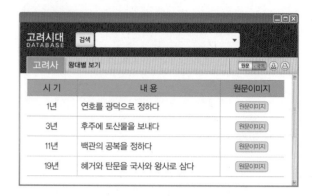

고려시대 DATABASE 검색 ▼

고려사 | 왕대별 보기 | 원문 국역

시기	내용	원문이미지
1년	연호를 광덕으로 정하다	원문이미지
3년	후주에 토산물을 보내다	원문이미지
11년	백관의 공복을 정하다	원문이미지
19년	혜거와 탄문을 국사와 왕사로 삼다	원문이미지

① 전국에 12목을 설치하고 관리를 파견하였다.
② 주전도감을 설치하여 해동통보를 발행하였다.
③ 왕권을 강화하기 위해 노비안검법을 실시하였다.
④ 거란 침입에 대비하여 개경에 나성을 축조하였다.
⑤ 국자감에 서적포를 두어 출판을 담당하게 하였다.

10. ☐☐☐

다음 시나리오에 등장하는 왕의 재위 기간에 있었던 사실
로 옳은 것은? [2점]

#11. 궁궐 안

과거 급제자 명단을 보며 말한다.

왕: 몇 해 전 교육을 장려하기 위해 지방에 각각 경학
　　박사 1명과 의학박사 1명을 보냈는데, 결과가 어
　　떠하오?
신하: 송승연, 전보인 등 박사들이 정성스레 가르쳐
　　　성과가 있는 듯 하옵니다.
왕: 12목을 설치하고, 지방민에게도 학문을 권장하는
　　과인의 뜻에 부합하였소. 고생한 송승연에게 국
　　자박사를 제수하고, 전보인에게 공복과 쌀을 하
　　사하시오.
신하: 분부를 따르겠나이다.

① 쌍기의 건의로 과거제를 실시하였다.
② 관학 진흥을 위해 양현고를 설치하였다.
③ 국자감을 성균관으로 개칭하고 유학 교육을 강화하였다.
④ 최승로의 시무 28조를 받아들여 통치 체제를 정비하였다.
⑤ 정계와 계백료서를 지어 관리가 지켜야 할 규범을 제시하였다.

11. ☐☐☐

(가)~(라)를 일어난 순서대로 옳게 나열한 것은? [3점]

(가) 처음으로 직관(職官)과 산관(散官) 각 품의 전시과를 제정하였다. …… 과등(科等)에 미치지 못한 자는 모두 전지 15결을 지급하였다.

(나) 역분전을 제정하였는데, 통일할 때의 조신(朝臣)이나 군사들은 관계(官階)를 따지지 않고 그 사람의 성품과 행동의 선악과 공로의 크고 작음을 보고 차등 있게 지급하였다.

(다) 쌍기가 의견을 올리니 처음으로 과거를 시행하였다. 시(詩)·부(賦)·송(頌) 및 시무책으로 시험하여 진사를 뽑았으며, 겸하여 명경업·의업·복업 등도 뽑았다.

(라) 왕이 말하기를, "비록 내 몸은 궁궐에 있지만 마음은 언제나 백성에게 치우쳐 있다. …… 이에 지방 수령들의 공(功)에 의지해 백성들의 소망에 부합하고자 12목 제도를 시행한다."라고 하였다.

① (가) – (나) – (다) – (라) ② (가) – (나) – (라) – (다)
③ (나) – (가) – (라) – (다) ④ (나) – (다) – (가) – (라)
⑤ (다) – (라) – (나) – (가)

12. ☐☐☐

(가) 기구에 대한 설명으로 옳은 것은? [2점]

고려의 독자적 정치 기구인 (가) 에 대해 말해 보자.

중서문하성의 재신과 중추원의 추밀이 참여했어.

고려 후기에 도평의사사로 개편되었어.

① 역사서 편찬과 보관을 주관하였다.
② 주로 국방과 군사 문제를 논의하였다.
③ 화폐, 곡식의 출납과 회계를 담당하였다.
④ 좌사정, 우사정의 이원적인 체제로 운영되었다.
⑤ 최우에 의해 설치되어 인사 행정을 처리하였다.

13. ☐☐☐

(가) 기구에 대한 설명으로 옳은 것은? [3점]

> 시정(時政)을 논박하고 풍속을 교정하며 규찰과 탄핵 업무를 담당하였다. 국초에는 사헌대(司憲臺)라 불렸다. 성종 14년에 (가) (으)로 고쳤으며 [관원으로] 대부, 중승, 시어사, 전중(殿中)시어사, 감찰어사가 있었다.
>
> – 『고려사』 –

① 국정을 총괄하는 중앙 관서였다.
② 무신 집권기 최고 권력 기구였다.
③ 사간원, 홍문관과 함께 삼사로 불렸다.
④ 원 간섭기에 도평의사사로 명칭이 바뀌었다.
⑤ 소속 관원이 낭사와 함께 서경권을 행사하였다.

14. ☐☐☐

㉠~㉤ 기구에 대한 설명으로 옳은 것은? [2점]

인물의 생애로 보는 고려의 정치 기구

- 출생년 미상
- 1095년 ㉠ 상서성 좌사낭중
- 1101년 ㉡ 추밀원(중추원) 지주사
- 1102년 ㉢ 어사대 어사대부
- 1103년 ㉣ 한림원 학사승지
- 1108년 ㉤ 중서문하성 문하시중
- 1111년 별세

윤관

① ㉠ – 학술 기관으로 경연을 관장하였다.
② ㉡ – 실록을 보관하고 관리하는 업무를 맡았다.
③ ㉢ – 관리의 비리를 감찰하고 풍기를 단속하였다.
④ ㉣ – 수도의 치안과 행정을 주관하였다.
⑤ ㉤ – 화폐와 곡식의 출납에 대한 회계를 담당하였다.

PART3

☐☐☐   67회 18번

㉠~㉣ 기구에 대한 설명으로 옳은 것을 〈보기〉에서 고른 것은? [2점]

> 🔍역사 돋보기   **왕실과의 혼인을 통한 이자겸의 출세**
>
> 음서로 관직에 진출한 이자겸은 1108년 둘째 딸이 예종의 비가 되면서 빠른 속도로 출세하였다.
>
> 1109년 ㉠추밀원(중추원) 부사, 1111년 ㉡어사대의 대부가 된다. 1113년에는 ㉢상서성의 좌복야에 임명되었고, 1118년 재신으로서 판이부사를 맡았으며, 1122년 ㉣중서문하성 중서령에 오른다.

─▶ 보기 ◀─

ㄱ. ㉠ – 군사 기밀과 왕명 출납을 담당하였다.

ㄴ. ㉡ – 소속 관원이 낭사와 함께 서경권을 행사하였다.

ㄷ. ㉢ – 화폐·곡식의 출납과 회계를 담당하였다.

ㄹ. ㉣ – 원 간섭기에 도평의사사로 개편되었다.

① ㄱ, ㄴ   ② ㄱ, ㄷ   ③ ㄴ, ㄷ   ④ ㄴ, ㄹ   ⑤ ㄷ, ㄹ

16. ☐☐☐   32회 17번

(가)에 들어갈 내용으로 옳은 것은? [2점]

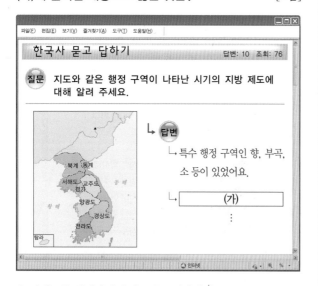

① 경재소를 설치하여 유향소를 통제하였어요.

② 전국의 모든 군현에 지방관을 파견하였어요.

③ 상수리 제도를 실시하여 지방 세력을 견제하였어요.

④ 5소경을 설치하여 수도의 편재성을 보완하고자 하였어요.

⑤ 국경 지대에 병마사를 파견하여 적의 침입에 대비하였어요.

17. ☐☐☐   51회 11번

다음 군사 제도를 운영한 국가에 대한 설명으로 옳은 것은? [2점]

> 목종 5년에 6위의 직원을 마련하여 두었는데, 뒤에 응양군(鷹揚軍)과 용호군(龍虎軍)의 2군을 설치하고, 6위의 위에 있게 하였다. 뒤에 또 중방을 설치하고, 2군·6위의 상장군과 대장군이 모두 회합하게 하였다.

① 중정대를 두어 관리를 감찰하였다.

② 9주 5소경의 지방 제도를 운영하였다.

③ 고관들의 합좌 기구인 도병마사를 설치하였다.

④ 인재를 등용하기 위하여 독서삼품과를 시행하였다.

⑤ 왕족인 부여씨와 8성의 귀족이 지배층을 이루었다.

1. ☐☐☐ 3회독 Check   64회 12번

밑줄 그은 '반란'이 일어난 시기를 연표에서 옳게 고른 것은?
[1점]

이것은 경원 이씨 가문의 이자연 묘지명으로, 딸 셋을 모두 문종의 왕비로 보냈다는 내용이 기록되어 있습니다. 훗날 이자연의 손자 또한 딸들을 왕비로 보내 최고 권력을 누렸는데, 이에 위협을 느낀 인종이 그를 제거하려 하자 척준경과 함께 <u>반란</u>을 일으켰습니다.

1104	1135	1170	1196	1270	1351
(가)	(나)	(다)	(라)	(마)	
별무반 조직	묘청의 난	무신 정변	최충헌의 집권	개경 환도	공민왕 즉위

① (가)   ② (나)   ③ (다)   ④ (라)   ⑤ (마)

2. ☐☐☐   55회 15번

다음 대화에 나타난 사건에 대한 설명으로 옳은 것은?
[2점]

서경 천도와 금국 정벌을 주장하며 일어났어.

연호를 천개로 하는 대위국이 선포되었어.

신채호는 '조선 역사상 일천년래 제일 대사건'으로 평가하였어.

① 국왕이 나주까지 피란하였다.
② 초조대장경 간행의 계기가 되었다.
③ 김부식 등이 이끈 관군에 의해 진압되었다.
④ 이성계가 정권을 장악하는 결과를 가져왔다.
⑤ 여진 정벌을 위한 별무반 편성에 영향을 주었다.

3. ☐☐☐   59회 12번

(가), (나) 사이의 시기에 있었던 사실로 옳은 것은? [2점]

(가) 이자겸과 척준경이 왕을 위협하여 남궁(南宮)으로 거처를 옮기게 하고 안보린, 최탁 등 17인을 죽였다. 이 외에도 죽인 군사가 헤아릴 수 없을 정도였다.

(나) 이의방과 이고가 정중부를 따라가 몰래 말하기를, "오늘날 문신들은 득의양양하여 술을 취하도록 마시고 음식을 배불리 먹는데, 무신들은 모두 굶주리고 고달프니 이것을 어찌 참을 수 있습니까."라고 하였다.

① 김부식이 묘청의 반란을 진압하였다.
② 강조가 정변을 일으켜 김치양을 제거하였다.
③ 망이·망소이가 공주 명학소에서 봉기하였다.
④ 서희가 외교 담판을 벌여 강동 6주를 확보하였다.
⑤ 최충헌이 봉사 10조를 올려 시정 개혁을 건의하였다.

4. ☐☐☐   44회 13번

(가)~(라)를 일어난 순서대로 옳게 나열한 것은?   [2점]

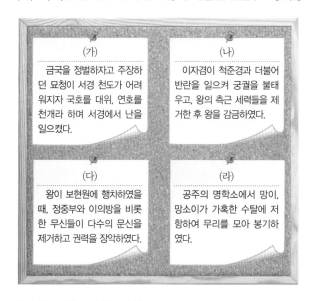

(가) 금국을 정벌하자고 주장하던 묘청이 서경 천도가 어려워지자 국호를 대위, 연호를 천개라 하며 서경에서 난을 일으켰다.

(나) 이자겸이 척준경과 더불어 반란을 일으켜 궁궐을 불태우고, 왕의 측근 세력들을 제거한 후 왕을 감금하였다.

(다) 왕이 보현원에 행차하였을 때, 정중부와 이의방을 비롯한 무신들이 다수의 문신을 제거하고 권력을 장악하였다.

(라) 공주의 명학소에서 망이, 망소이가 가혹한 수탈에 저항하여 무리를 모아 봉기하였다.

① (가) – (나) – (다) – (라)
② (가) – (나) – (라) – (다)
③ (나) – (가) – (다) – (라)
④ (나) – (가) – (라) – (다)
⑤ (다) – (가) – (나) – (라)

5. □□□

(가), (나) 사이의 시기에 있었던 사실로 옳은 것은? [2점]

> (가) 동북면병마사 간의대부 김보당이 동계(東界)에서 군대를 일으켜, 정중부와 이의방을 토벌하고 전왕(前王)을 복위시키려고 하였다. …… 동북면지병마사 한언국이 장순석 등에게 거제(巨濟)로 가서 전왕을 받들어 계림에 모시게 하였다.
>
> (나) 만적 등이 노비들을 불러 모아서 말하기를, "장군과 재상에 어찌 타고난 씨가 있겠는가? 때가 되면 누구나 할 수 있는 것이다."라고 하였다. …… 만적 등 100여 명이 체포되어 강에 던져졌다.

① 웅천주 도독 김헌창이 반란을 일으켰다.
② 최우가 인사 행정 담당 기구로 정방을 설치하였다.
③ 이자겸과 척준경이 반란을 일으켜 궁궐을 불태웠다.
④ 최충헌이 봉사 10조를 올려 시정 개혁을 건의하였다.
⑤ 김부식이 서경의 반란군을 진압하기 위해 출정하였다.

6. □□□

다음 사건이 일어난 시기를 연표에서 옳게 고른 것은?

[2점]

> ○ 남쪽에서 적(賊)들이 봉기하였다. 가장 심한 자들은 운문을 거점으로 한 김사미와 초전을 거점으로 한 효심이었다. 이들은 유랑민을 불러 모아 주현(州縣)을 습격하여 노략질하였다.
> － 『고려사절요』 －
>
> ○ 최광수가 마침내 서경에 웅거해 반란을 일으켜 고구려흥복병마사(高句麗興復兵馬使) 금오위섭상장군(金吾衛攝上將軍)이라 자칭하고 막료들을 임명하여 배치한 후 정예군을 모았다.
> － 『고려사』 －

945		1009		1126		1170		1270		1388
	(가)		(나)		(다)		(라)		(마)	
왕규의 난		강조의 정변		이자겸의 난		무신 정변		개경 환도		위화도 회군

① (가)   ② (나)   ③ (다)   ④ (라)   ⑤ (마)

7. □□□

다음 사건 이후에 일어난 사실로 옳은 것은? [1점]

> 만적 등 6명이 북산에서 땔나무를 하다가, 공사(公私)의 노복들을 불러 모아 모의하며 말하기를, "국가에서 경인년과 계사년 이래로 높은 관직도 천예(賤隸)에서 많이 나왔으니, 장상(將相)에 어찌 씨가 있겠는가? 때가 되면 (누구나) 차지할 수 있는 것이다. 우리들이라고 어찌 뼈 빠지게 일만 하면서 채찍 아래에서 고통만 당하겠는가?"라고 하였다. 여러 노(奴)들이 모두 그렇다고 하였다. …… 가노(家奴) 순정이 한충유에게 변란을 고하자 한충유가 최충헌에게 알렸다. 마침내 만적 등 100여 명을 체포하여 강에 던졌다.

① 묘청이 서경 천도를 주장하였다.
② 쌍기가 과거제의 시행을 건의하였다.
③ 왕실의 외척인 이자겸이 난을 일으켰다.
④ 정중부가 반란을 일으켜 권력을 차지하였다.
⑤ 최우가 정방을 설치하여 인사권을 장악하였다.

8. □□□

다음 상황 이후에 전개된 사실로 옳은 것은? [2점]

> 백관이 최우의 집에 나아가 정년도목(政年都目)을 올리니, 최우가 청사에 앉아 받았다. 6품 이하는 당하(堂下)에서 두 번 절하고 땅에 엎드려 감히 고개를 들지 못하였다. 이때부터 최우는 정방을 자기 집에 두고 백관의 인사 행정을 처리하였다.
> － 『고려사절요』 －

① 삼별초가 용장성에서 항전하였다.
② 정중부 등이 김보당의 반란을 진압하였다.
③ 빈민 구제를 위한 흑창을 처음 설치하였다.
④ 공주 명학소에서 망이·망소이가 봉기하였다.
⑤ 최충헌이 교정별감이 되어 국정을 총괄하였다.

9. ▢▢▢

다음 검색창에 들어갈 인물에 대한 설명으로 옳은 것은?

[2점]

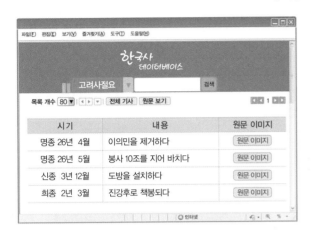

시기	내용	원문 이미지
명종 26년 4월	이의민을 제거하다	원문 이미지
명종 26년 5월	봉사 10조를 지어 바치다	원문 이미지
신종 3년 12월	도방을 설치하다	원문 이미지
희종 2년 3월	진강후로 책봉되다	원문 이미지

① 서경에서 난을 일으키고 국호를 대위로 하였다.
② 화약과 화포 제작을 위한 화통도감 설치를 건의하였다.
③ 삼별초를 이끌고 진도로 이동하여 대몽 항쟁을 펼쳤다.
④ 교정별감이 되어 인사, 재정 등 국정 전반을 장악하였다.
⑤ 전민변정도감의 책임자로 임명되어 권문세족을 견제하였다.

10. ▢▢▢

(가) 인물에 대한 설명으로 옳은 것은?

[3점]

> • 고종 12년, …… 이때부터   (가)   은/는 정방을 자기 집에 설치하고 문사를 선발하여 여기에 소속시켰으니, 이를 비칙치라고 불렀다.   － 『고려사』 －
> • 고종 14년,   (가)   의 문객들은 당대에 이름난 학자들이 많았는데, 이들을 3번(番)으로 나누어 돌아가면서 서방에서 숙직하도록 하였다.   － 『고려사』 －

① 칭제 건원과 금국 정벌을 주장하였다.
② 봉사 10조를 올려 시정 개혁을 제안하였다.
③ 보현원에서 정변을 일으켜 정권을 장악하였다.
④ 강화도로 도읍을 옮겨 몽골의 침략에 대비하였다.
⑤ 전민변정도감의 판사가 되어 권문세족을 견제하였다.

1. ☐☐☐ 3회독 Check   50회 11번

밑줄 그은 '이 시기'에 있었던 사실로 옳은 것은?   [2점]

> 이곳은 김방경의 묘입니다. 그는 개경 환도 이후 몽골의 간섭이 본격화된 이 시기에 여몽 연합군의 고려군 도원수로 일본 원정에 참여하였습니다.

① 삼수병으로 구성된 훈련도감이 창설되었다.
② 삼군부가 부활하여 군국 기무를 전담하였다.
③ 중서문하성과 상서성이 첨의부로 개편되었다.
④ 인재를 양성하기 위한 초계문신제가 시행되었다.
⑤ 국방 문제를 논의하기 위한 비변사가 설치되었다.

2. ☐☐☐   59회 17번

다음 자료에 나타난 시기의 사회 모습으로 옳은 것은?

[2점]

> 인후는 …… 처음 이름은 홀랄대였다. 제국공주의 겁령구였는데, 겁령구는 중국 말로 사적으로 소속된 사람이다. 제국공주를 따라 와서 중랑장에 임명되었다. 왕이 그를 장군으로 임명하고 싶어 이름을 바꾸라고 명령하자, 홀랄대가 대장군 인공수에게 말하기를 "내가 당신과 친한 사이이니 그대의 성을 빌리면 어떻겠소?"라고 하고, 드디어 성명을 바꾸어 인후라고 하였다. [인후는] 장순룡 및 차신과 더 좋은 저택을 짓기 위해 경쟁했는데, 사치스러움과 분수에 넘치는 것이 극에 달하였다.

① 최충이 9재 학당을 설립하였다.
② 빈민 구제를 위해 흑창이 설치되었다.
③ 대각국사 의천이 천태종을 개창하였다.
④ 만적이 개경에서 신분 해방을 도모하였다.
⑤ 지배층을 중심으로 변발과 호복이 유행하였다.

3. ☐☐☐   61회 14번

밑줄 그은 '이 시기'에 볼 수 있는 모습으로 옳은 것은?

[1점]

> 이것은 수령 옹주 묘지명입니다. 왕족인 왕온의 부인이었던 그녀는 남편을 일찍 잃고 3남 1녀를 홀로 키웠으나, 딸이 공녀로 원에 끌려가자 그 슬픔으로 병을 얻어 세상을 떠났습니다. 수령 옹주가 살았던 이 시기에는 많은 여성이 공녀로 끌려갔습니다.

① 농사직설을 편찬하는 학자
② 초조대장경을 조판하는 장인
③ 정동행성에서 회의하는 관리
④ 삼강행실도를 읽고 있는 양반
⑤ 백운동 서원에서 공부하는 유생

4. ☐☐☐   53회 12번

밑줄 그은 '이 왕'의 정책으로 옳은 것은?   [2점]

> 이곳에는 이 왕과 그의 왕비인 노국 대장 공주의 영정이 봉안되어 있습니다. 조선의 종묘에 고려 왕의 신당이 조성되었다는 점이 특이합니다. 이 왕은 기철 등 친원 세력을 숙청하고 정동행성 이문소를 폐지하였습니다.

① 만권당을 두어 원의 학자들과 교유하였다.
② 신돈을 등용하여 전민변정도감을 운영하였다.
③ 쌍기의 건의를 받아들여 과거제를 실시하였다.
④ 정계와 계료백서를 지어 관리의 규범을 제시하였다.
⑤ 최승로의 시무 28조를 받아들여 통치 체제를 정비하였다.

5.

밑줄 그은 '왕'에 대한 설명으로 옳은 것은? [2점]

> 왕이 지정(至正) 연호의 사용을 중지하고 교서를 내려 말하기를, "…… 기철 등이 군주의 위세를 빙자하여 나라의 법도를 뒤흔들었다. 자신의 기분에 따라 관리를 마음대로 임명하여 정령(政令)이 원칙 없이 바뀌었다. 남이 토지를 가지고 있으면 그것을 차지하고, 노비를 가지고 있으면 빼앗았다. …… 이제 다행히도 조종(祖宗)의 영령에 기대어 기철 등을 처단할 수 있었다."라고 하였다.
>
> – 『고려사』 –

① 중서문하성과 상서성을 복구하였다.
② 원의 요청으로 일본 원정에 참여하였다.
③ 조준 등의 건의로 과전법을 제정하였다.
④ 이인임 일파를 축출하고 왕권을 회복하였다.
⑤ 쌍기의 건의를 받아들여 과거제를 실시하였다.

7.

밑줄 그은 '나'에 대한 설명으로 옳은 것은? [2점]

> 그리운 벗에게
> 연경에 도착해 이제야 소식을 전하네. 예전에 충선왕이 원의 화가를 불러 그리게 한 나의 초상을 기억하는가? 잃어버렸던 그 그림을 오늘 찾았다네. 그림을 보니 만권당에서 원의 학자들과 함께 공부하던 나의 젊은 시절이 생각난다네. 혼탁한 세상 편치만은 않지만 곧 개경에서 볼 수 있기를 바라네.
> 영원한 벗, 익재

① 역사서인 사략을 저술하였다.
② 불씨잡변을 지어 불교를 비판하였다.
③ 9재 학당을 세워 유학 교육에 힘썼다.
④ 봉사 10조를 올려 시정 개혁을 건의하였다.
⑤ 예안 향약을 시행하여 향촌 교화를 위해 노력하였다.

6.

(가), (나) 사이의 시기에 있었던 사실로 옳은 것은? [3점]

> (가) 다루가치가 왕을 비난하면서 말하기를, "선지(宣旨)라 칭하고, 짐(朕)이라 칭하고, 사(赦)라 칭하니 어찌 이렇게 참람합니까?"라고 하였다. …… 이에 선지를 왕지(王旨)로, 짐을 고(孤)로, 사를 유(宥)로, 주(奏)를 정(呈)으로 고쳤다.
>
> (나) 왕이 시해당하자 태후가 종실에서 [후사를] 골라 세우고자 하니, 시중 이인임이 백관을 거느리고 우왕을 세웠다.
>
> – 『고려사』 –

① 화통도감을 설치하여 화포를 제작하였다.
② 유인우, 이자춘 등이 쌍성총관부를 수복하였다.
③ 정중부 등이 정변을 일으켜 권력을 장악하였다.
④ 최우가 강화도로 도읍을 옮겨 장기 항전을 준비하였다.
⑤ 명의 철령위 설치에 반발하여 요동 정벌을 추진하였다.

8.

(가)~(다)를 일어난 순서대로 옳게 나열한 것은? [2점]

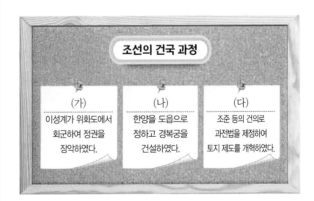

조선의 건국 과정

(가) 이성계가 위화도에서 회군하여 정권을 장악하였다.
(나) 한양을 도읍으로 정하고 경복궁을 건설하였다.
(다) 조준 등의 건의로 과전법을 제정하여 토지 제도를 개혁하였다.

① (가) – (나) – (다)   ② (가) – (다) – (나)
③ (나) – (가) – (다)   ④ (나) – (다) – (가)
⑤ (다) – (나) – (가)

9. □□□

다음 상황이 나타난 시기를 연표에서 옳게 고른 것은?

[2점]

> 명 황제가 말하기를, "철령을 따라 이어진 북쪽과 동쪽과 서쪽은 원래 개원로(開元路)*가 관할하던 군민(軍民)이 속하던 곳이니, 한인·여진인·달달인·고려인을 그대로 요동에 소속시켜라."라고 하였다. …… 왕은 최영과 함께 요동을 공격하기로 계책을 결정하였으나, 감히 드러내어 말하지 못하고 사냥 간다는 핑계를 대고 서쪽으로 해주에 행차하였다.
>
> *개원로(開元路): 원이 설치한 행정 구역

(가)	(나)	(다)	(라)	(마)
1351 공민왕 즉위	1359 홍건적 침입	1380 황산 대첩	1391 과전법 실시	1394 한양 천도	1400 태종 즉위

① (가)　　② (나)　　③ (다)　　④ (라)　　⑤ (마)

1. □□□ 3회독 Check　　53회 13번

(가) 국가에 대한 고려의 대응으로 옳은 것은?　[2점]

> ┌─(가)─┐ 임금이 강조를 토벌한다는 구실로 친히 군사를 거느리고 와서 흥화진을 포위하였다. 양규는 도순검사가 되어 성문을 닫고 굳게 지켰다. …… ┌─(가)─┐이/가 강조의 편지를 위조하여 흥화진에 보내어 항복하라고 설득하였다. 양규가 말하기를, "나는 왕명을 받고 온 것이지 강조의 명령을 받은 것이 아니다."라고 하면서 항복하지 않았다.

① 광군을 조직하여 침입에 대비하였다.
② 윤관을 보내 동북 9성을 개척하였다.
③ 화통도감을 설치하여 화포를 제작하였다.
④ 강화도로 도읍을 옮겨 장기 항전을 준비하였다.
⑤ 쌍성총관부를 공격하여 철령 이북을 수복하였다.

2. □□□　　52회 11번

다음 대화에 등장하는 왕의 재위 기간에 있었던 사실로 옳은 것은?　[3점]

① 강감찬이 귀주에서 대승을 거두었다.
② 사신 저고여가 귀국길에 피살되었다.
③ 별무반을 창설하여 군사력을 강화하였다.
④ 거란을 배척하여 만부교 사건이 일어났다.
⑤ 서희가 외교 담판으로 강동 6주를 확보하였다.

3. □□□　　56회 13번

(가)~(라)를 일어난 순서대로 옳게 나열한 것은?　[3점]

> (가) 양규가 무로대에서 거란군을 습격하여 2천여 명을 죽이고, 포로가 되었던 남녀 3천여 명을 되찾았다.
>
> (나) 거란이 장차 침입하려 하므로 군사 30만 명을 선발하여 광군이라 부르고 광군사를 설치하였다.
>
> (다) 왕이 소손녕의 봉산군 공격 소식을 듣고 서희를 보내 화의를 요청하니 소손녕이 침공을 중지하였다.
>
> (라) 강감찬 등이 귀주에서 거란군을 맞아 싸웠다. 고려군이 맹렬하게 공격하니 거란군이 북으로 도망쳤다.

① (가) - (나) - (다) - (라)　② (가) - (나) - (라) - (다)
③ (나) - (가) - (라) - (다)　④ (나) - (다) - (가) - (라)
⑤ (다) - (라) - (나) - (가)

4. □□□　　54회 12번

(가) 부대에 대한 설명으로 옳은 것은?　[2점]

이곳은 오연총 장군을 모신 덕산사입니다. 원래 함경도 경성에 있던 사당을 지금의 전라남도 곡성으로 옮겨 왔습니다. 그는 신기군, 신보군, 항마군으로 편성된 ┌─(가)─┐의 부원수로 활약하였습니다.

① 4군 6진을 개척하여 영토를 확장하였다.
② 원의 요청으로 일본 원정에 참여하였다.
③ 여진을 정벌하여 동북 9성을 축조하였다.
④ 처인성에서 몽골 장수 살리타를 사살하였다.
⑤ 최씨 무신 정권의 군사적 기반 역할을 하였다.

5. ☐☐☐ 57회 11번

다음 자료의 상황이 나타난 시기를 연표에서 옳게 고른 것은? [2점]

> 행영병마별감 승선 최홍정과 병마사 이부상서 문관이 여진 추장 거위이 등에게 타일러 말하기를, "너희가 9성의 반환을 요청했으니 마땅히 이전에 했던 약속처럼 하늘에 대해 맹세하라."라고 하였다. 추장 등은 함주 성문의 밖에 단을 설치하고 하늘에 맹세하기를, "지금 이후 대대손손 악한 마음을 품지 않고 해마다 조공을 바칠 것입니다. 이 맹세에 변함이 있으면 우리 나라[蕃土]는 멸망할 것입니다."라고 하였다. 맹세를 마치고 물러갔다. 최홍정 등은 길주부터 시작하여 차례로 9성의 전투 장비와 군량을 내지(內地)로 들여왔다.
>
> – 『고려사』 –

947	1019	1044	1104	1126	1174
(가)	(나)	(다)	(라)	(마)	
광군사 설치	귀주 대첩	천리장성 완공	별무반 편성	이자겸의 난	조위총의 난

① (가)　　② (나)　　③ (다)　　④ (라)　　⑤ (마)

---

6. ☐☐☐ 68회 13번

(가)~(다)를 일어난 순서대로 옳게 나열한 것은? [3점]

> (가) 금의 군주 아구다가 국서를 보내 이르기를, "형인 금 황제가 아우인 고려 국왕에게 문서를 보낸다. …… 이제는 거란을 섬멸하였으니, 고려는 우리와 형제의 관계를 맺어 대대로 무궁한 우호 관계를 이루기 바란다."라고 하였다.
>
> (나) 윤관이 여진인 포로 346명과 말, 소 등을 조정에 바치고 영주·복주·웅주·길주·함주 및 공험진에 성을 쌓았다. 공험진에 비(碑)를 세워 경계로 삼고 변경 남쪽의 백성을 옮겨 와 살게 하였다.
>
> (다) 정지상 등이 왕에게 아뢰기를, "대동강에 상서로운 기운이 있으니 신령스러운 용이 침을 토하는 형국으로, 천 년에 한 번 만나기 어려운 일입니다. 천심에 응답하고 백성들의 뜻에 따르시어 금을 제압하소서."라고 하였다.

① (가) – (나) – (다)　　② (가) – (다) – (나)
③ (나) – (가) – (다)　　④ (나) – (다) – (가)
⑤ (다) – (나) – (가)

---

7. ☐☐☐ 58회 13번

(가)의 침입에 대한 고려의 대응으로 옳은 것은? [2점]

> 병마사 박서는 김중온에게 성의 동서쪽을, 김경손에게는 성의 남쪽을 지키게 하였다. ⬚(가)⬚의 대군이 남문에 이르자 김경손은 12명의 용맹한 군사와 여러 성의 별초를 거느리고 성 밖으로 나가려고 하였다. …… 우별초가 모두 땅에 엎드리고 응하지 않자 김경손은 그들을 성으로 돌려보내고 12명의 군사와 함께 나아가 싸웠다.
>
> – 『고려사』 –

① 김종서를 보내 6진을 개척하였다.
② 서희를 보내 소손녕과 외교 담판을 벌였다.
③ 별무반을 조직하고 동북 9성을 축조하였다.
④ 강화도로 도읍을 옮겨 장기 항전을 준비하였다.
⑤ 화통도감을 설치하여 화약과 화포를 제작하였다.

---

8. ☐☐☐ 61회 17번

(가)에 대한 고려의 대응으로 옳은 것은? [2점]

> 김윤후가 충주 산성 방호별감이 되었는데 ⬚(가)⬚의 군대가 쳐들어 와 충주성을 70여 일간 포위하였다. 군량이 거의 바닥나자 김윤후가 군사들에게 "만약 힘내 싸운다면 귀천을 가리지 않고 모두 관작을 내리겠다."라고 하였다. 마침내 관노비의 문서를 불태우고 노획한 소와 말을 나누어 주었다. 사람들이 모두 죽음을 무릅쓰고 싸우니 적의 기세가 꺾여 남쪽으로 침략하는 것을 막을 수 있었다.

① 윤관을 보내 동북 9성을 축조하였다.
② 박위로 하여금 쓰시마섬을 정벌하게 하였다.
③ 서희가 외교 담판을 통해 강동 6주를 획득하였다.
④ 최우가 강화도로 수도를 옮겨 장기 항전에 대비하였다.
⑤ 최영이 철령위 설치에 반발하여 요동 정벌을 추진하였다.

9. □□□

48회 11번

(가) 군사 조직에 대한 설명으로 옳은 것은?   [1점]

> 이 지도는 개경 환도 결정에 반발하여 봉기한 __(가)__ 의 이동 경로를 나타낸 것입니다. 강화도와 진도에서는 배중손, 제주도에서는 김통정을 중심으로 항쟁하였습니다.

① 최씨 무신 정권의 군사적 기반이었다.
② 거란의 침입에 대비하여 창설되었다.
③ 신기군, 신보군, 항마군으로 구성되었다.
④ 유사시에 향토 방위를 맡는 예비군이었다.
⑤ 옷깃 색을 기준으로 9개의 부대로 편성되었다.

10. □□□

61회 19번

(가)에 들어갈 내용으로 가장 적절한 것은?   [2점]

> ★ 역사 인물 다큐멘터리 기획안 ★
>
> ### 화약 무기 연구의 선구자, ○○○
>
> 1. 기획 의도
>   중국의 군사 기밀이었던 화약 제조 기술을 습득해 우리나라 최초로 화약의 자체 생산에 성공한 ○○○. 그의 활동을 통해 국방 과학 기술의 중요성을 되새겨 본다.
> 2. 장면
>   #1. 중국인 이원에게 염초 제조법을 배우다
>   #2. _____(가)_____
>   #3. 나세, 심덕부 등과 함께 진포에서 왜구를 크게 격퇴하다
>   ⋮

① 신기전과 화차를 개발하다
② 화통도감의 설치를 건의하다
③ 불랑기포를 활용하여 평양성을 탈환하다
④ 조총 부대를 이끌고 나선 정벌에 참여하다
⑤ 발화 장치를 활용한 비격진천뢰를 발명하다

11. □□□

56회 18번

(가) 인물의 활동으로 옳은 것은?   [2점]

1380년 삼도 도순찰사 __(가)__ 이/가 이끄는 고려군이 전라도 황산에서 왜구를 크게 격퇴하였습니다.

1/3

조선 선조 때 이를 기념하여 대첩비를 세웠지만 일제 강점기 일본인들이 파괴하여 파편만 남게 되었습니다.

2/3

그러나 탁본이 남아 있어 적장 아지발도를 죽인 __(가)__ 의 활약상을 상세히 확인할 수 있습니다.

3/3

① 북방에 4군과 6진을 설치하였다.
② 의종 복위를 도모하여 군사를 일으켰다.
③ 위화도에서 회군하여 정권을 장악하였다.
④ 여진을 정벌한 후 동북 9성을 축조하였다.
⑤ 좌·우별초와 신의군으로 삼별초를 조직하였다.

12. □□□

50회 16번

(가)~(다)를 일어난 순서대로 옳게 나열한 것은?   [3점]

> (가) 양규가 이수에서 전투를 벌이다가 석령까지 추격하여 2,500여 명의 머리를 베고 사로잡혔던 남녀 1,000여 명을 되찾아 왔다.
>
> (나) 윤관 등이 여러 군사들에게 내성(內城)의 목재와 기와를 거두어 9성을 쌓게 하고, 변경 남쪽의 백성을 옮겨 와 살게 하였다.
>
> (다) 적군이 30일 동안 귀주성을 포위하고 온갖 방법으로 공격하였으나, 박서가 임기응변으로 대응하여 굳게 지켰다. 이에 적군이 이기지 못하고 물러났다.

① (가) - (나) - (다)   ② (가) - (다) - (나)
③ (나) - (가) - (다)   ④ (나) - (다) - (가)
⑤ (다) - (가) - (나)

13. □□□

(가)~(라) 사건을 일어난 순서대로 옳게 나열한 것은?

[3점]

(가) 살례탑(살리타이)이 처인성을 공격하였다. 병란을 피해 성 안에 있던 한 승려가 활을 쏘아 살례탑을 죽였다.

(나) 윤관이 아뢰기를, "신이 여진에게 패배한 까닭은 그들은 기병이고 우리는 보병이어서 상대가 되지 않았기 때문입니다."라고 하였다. 이에 건의하여 비로소 별무반을 만들었다.

(다) 거란주(契丹主)가 직접 보병과 기병 40만 명을 거느리고 압록강을 건너 흥화진을 포위하자, 양규 · 이수화 등이 굳게 지키며 항복하지 않았다.

(라) 왜구가 연산의 개태사를 도륙하고 원수 박인계가 패하여 죽으니, 최영이 이를 듣고 자신이 출격할 것을 요청하였다.

① (가) – (나) – (다) – (라)
② (가) – (나) – (라) – (다)
③ (나) – (가) – (다) – (라)
④ (나) – (가) – (라) – (다)
⑤ (다) – (나) – (가) – (라)

1. □□□ 3회독 Check   58회 14번

다음 대화가 이루어진 시기의 경제 상황으로 옳은 것은?

[1점]

몇 해 전 주전도감을 설치하고 화폐를 유통시켜 나라의 부강과 백성의 편익을 꾀하였으나, 널리 활용되지 못하고 있사옵니다.

주현에 명령하여 주식점(酒食店)을 열고 백성들에게 화폐를 활용해 음식을 사 먹을 수 있게 하여 그 이로움을 알게 하라.

① 활구라고 불리는 은병이 유통되었다.
② 특산품으로 솔빈부의 말이 유명하였다.
③ 송상이 전국 각지에 송방을 설치하였다.
④ 청해진을 설치하여 해상 무역을 전개하였다.
⑤ 시장을 감독하는 관청인 동시전이 설치되었다.

2. □□□   56회 10번

교사의 질문에 대한 학생의 답변으로 옳은 것은?   [1점]

지도와 같이 13곳의 조창에 조세를 모았다가 개경의 경창 등으로 조운하였던 시기의 경제 상황을 말해 볼까요?

▼ 13조창(추정지)
— 주요 교통로
— 조운로

안란창
흥원창
개경
영풍창
동해
하양창
덕흥창
황해
진성창
안흥창
부용창
석두창
해룡창
통양창
장흥창
해릉창

① 관료전을 지급하고 녹읍을 폐지하였어요.
② 덕대가 광산을 전문적으로 경영하였어요.
③ 고구마, 감자 등의 구황 작물을 재배하였어요.
④ 일본과의 무역을 허용하고 계해약조를 체결하였어요.
⑤ 예성강 하구의 벽란도가 국제 무역항으로 번성하였어요.

3. □□□   60회 13번

밑줄 그은 '시기'의 경제 상황으로 옳은 것은?   [1점]

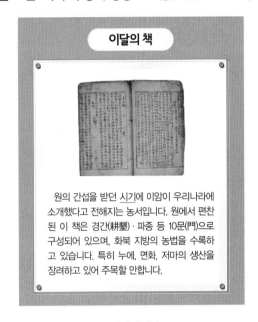

이달의 책

원의 간섭을 받던 시기에 이암이 우리나라에 소개했다고 전해지는 농서입니다. 원에서 편찬된 이 책은 경간(耕墾)·파종 등 10문(門)으로 구성되어 있으며, 화북 지방의 농법을 수록하고 있습니다. 특히 누에, 면화, 저마의 생산을 장려하고 있어 주목할 만합니다.

① 모내기법이 전국적으로 확산되었다.
② 초량 왜관을 통해 일본과 무역하였다.
③ 감자, 고구마 등의 작물이 재배되었다.
④ 광산을 전문적으로 경영하는 덕대가 활동하였다.
⑤ 경시서의 관리들이 시전의 상행위를 감독하였다.

4. □□□   42회 12번

다음 정책이 추진된 시기의 경제 상황으로 옳은 것은?

[1점]

○ 왕 2년 교서를 내리기를, "…… 짐은 선왕의 업적을 계승하여 장차 민간에 큰 이익을 일으키고자 주전(鑄錢)하는 관청을 세우고 백성들에게 두루 유통시키려 한다."라고 하였다.
○ 왕 6년 주전도감(鑄錢都監)에서 아뢰기를, "백성들이 비로소 동전 사용의 이로움을 알아 편리하게 여기고 있으니 종묘에 고하소서."라고 하였다. 또한 이 해에 은병(銀甁)을 사용하여 화폐로 삼았다.

① 집집마다 부경이라는 창고가 있었다.
② 청해진을 중심으로 해상 무역이 전개되었다.
③ 서적점, 다점 등의 관영 상점이 운영되었다.
④ 감자, 고구마 등의 구황 작물을 널리 재배하였다.
⑤ 일본과의 무역을 허용하고 계해약조를 체결하였다.

(가), (나)에 해당하는 토지 제도에 대한 설명으로 옳은 것은?

[3점]

> (가) 문종 30년 양반 전시과를 다시 개정하였다. 제1과는 전지 100결, 시지 50결(중서령 · 상서령 · 문하시중) …… 제18과 는 전지 17결(한인 · 잡류)로 한다.
>
> (나) 공양왕 3년 도평의사사에서 글을 올려 과전의 지급에 관한 법 제정을 건의하니 왕이 허락하였다. …… 1품부터 9품의 산직까지 나누어 18과로 하였다.

① (가) - 조준 등의 건의로 제정되었다.
② (가) - 관등과 인품을 기준으로 수조권을 주었다.
③ (나) - 개국 공신에게 역분전을 지급하였다.
④ (나) - 지급 대상 토지를 원칙적으로 경기 지역에 한정하였다.
⑤ (가), (나) - 수조권 외에 노동력을 징발할 수 있는 권한을 주었다.

(가)에 들어갈 내용으로 옳지 <u>않은</u> 것은?   [2점]

① 물가 조절을 위해 상평창을 설치하였어.
② 병자에게 의약품을 제공하는 혜민국이 있었어.
③ 환자 치료와 빈민 구제를 위해 동서 대비원을 두었어.
④ 국산 약재와 치료 방법을 정리한 향약집성방이 간행되었어.
⑤ 기금을 모아 그 이자로 빈민을 구제하는 제위보를 운영하였어.

(가) 시대의 정책으로 옳은 것을 〈보기〉에서 고른 것은?

[2점]

> **역사 용어 해설**
>
> **구제도감**
>
> **1. 기능**
>
>   (가)   시대에 재해가 발생했을 때 설치한 임시 기구로서 전염병 퇴치, 병자 치료 등의 임무를 수행 하며 백성을 구호하였다.
>
> **2. 관련 사료**
>
>   왕이 명하기를, "도성 내의 백성들이 역질에 걸렸으니 구제도감을 설치하여 이들을 치료하고, 시신과 유골은 거두어 비바람에 드러나지 않게 매장하라."라고 하였다.

→ **보기** ◆

> ㄱ. 기근에 대비하기 위하여 구황촬요를 간행하였다.
> ㄴ. 개경에 국립 의료기관인 동서 대비원을 설치하였다.
> ㄷ. 호조에서 정한 사창절목에 따라 사창제를 시행하였다.
> ㄹ. 기금을 모아 그 이자로 빈민을 구휼하는 제위보를 운 영하였다.

① ㄱ, ㄴ   ② ㄱ, ㄷ   ③ ㄴ, ㄷ
④ ㄴ, ㄹ   ⑤ ㄷ, ㄹ

8. ☐☐☐

(가)에 들어갈 내용으로 옳은 것은? [2점]

〈한국사 강좌〉

고려 시대의 교육

우리 학회에서는 고려의 교육 제도를 재조명하는 교양 강좌를 마련하였습니다. 많은 참여 바랍니다.

◼ 강좌 내용 ◼

제1강 관학의 정비
　- 개경에 국자감을 두다
　- 12목에 경학박사를 파견하다

제2강 사학의 융성
　- 문헌공도가 설립되다
　- 사학 12도가 번창하다

제3강 관학 진흥책
　- 국자감에 서적포를 설치하다
　- ┌─────(가)─────┐

• 일시: 2020년 ○○월 ○○일 14:00~17:00
• 장소: □□ 박물관 대강당
• 주최: △△ 학회

① 당에 유학생을 파견하다
② 전문 강좌인 7재를 개설하다
③ 사액 서원에 서적과 노비를 지급하다
④ 글과 활쏘기를 가르치는 경당을 설립하다
⑤ 관리 채용을 위해 독서삼품과를 시행하다

9. ☐☐☐

밑줄 그은 '방안'에 해당하는 내용으로 옳은 것은? [2점]

역사 신문

제△△호　　　　　　　　　　○○○○년 ○○월 ○○일

정부, 관학 진흥에 힘쓰다

최충이 세운 문헌공도를 비롯한 사학 12도에 학생이 몰려들어 사학이 크게 융성하고 있다. 이러한 상황에서 국자감 운영에 어려움을 겪게 되자, 정부는 제술업, 명경업 등에 새로 응시하려는 사람은 국자감에 300일 이상 출석해야 한다는 규정을 만드는 등 관학을 진흥하기 위한 <u>방안</u>을 마련하고 있다.

① 양현고를 두어 장학 기금을 마련하였다.
② 서원을 세워 후진 양성과 선현 제향에 힘썼다.
③ 초계문신제를 시행하여 문신들을 재교육하였다.
④ 만권당을 설립하여 원의 학자들과 교류하게 하였다.
⑤ 경당을 설치하여 청소년에게 글과 활쏘기를 가르쳤다.

10. ☐☐☐

밑줄 그은 '역사서'에 대한 설명으로 옳은 것은? [1점]

① 남북국이라는 용어를 처음 사용하였다.
② 사초, 시정기 등을 바탕으로 편찬되었다.
③ 단군의 고조선 건국 이야기를 수록하였다.
④ 본기, 열전 등 기전체 형식으로 서술되었다.
⑤ 고구려 건국 시조의 일대기를 서사시로 표현하였다.

11. ☐☐☐

밑줄 그은 '역사서'에 대한 설명으로 옳은 것은? [1점]

① 편년체 형식으로 기술되었다.
② 고조선의 건국 이야기가 서술되었다.
③ 남북국이라는 용어가 처음 사용되었다.
④ 왕명에 의해 고승들의 전기가 기록되었다.
⑤ 고구려 시조의 일대기가 서사시로 표현되었다.

12. □□□ 58회 15번

다음 검색창에 들어갈 역사 자료에 대한 설명으로 옳은 것은? [2점]

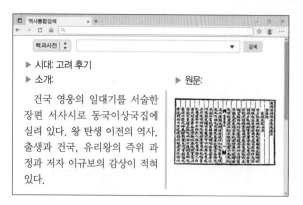

① 고구려 계승 의식이 반영되었다.
② 남북국이라는 용어가 처음 사용되었다.
③ 사초, 시정기 등을 바탕으로 편찬하였다.
④ 단군의 고조선 건국 이야기를 수록하였다.
⑤ 현존하는 우리나라 최고(最古)의 역사서이다.

13. □□□ 51회 17번

밑줄 그은 '이 책'에 대한 설명으로 옳은 것은? [3점]

① 남북국이라는 용어를 처음 사용하였다.
② 사초와 시정기를 바탕으로 편찬하였다.
③ 단군의 고조선 건국 이야기를 수록하였다.
④ 청주 흥덕사에서 금속 활자본으로 간행되었다.
⑤ 유교 사관에 입각하여 기전체 형식으로 서술하였다.

14. □□□ 54회 16번

(가)에 대한 설명으로 옳은 것은? [2점]

① 군주의 도를 도식으로 설명하였다.
② 세금 수취를 위해 3년마다 작성되었다.
③ 유네스코 세계 기록 유산으로 등재되었다.
④ 거란의 침략을 물리치기 위해 제작하였다.
⑤ 충신, 효자, 열녀를 알리기 위해 간행하였다.

15. □□□ 55회 16번

(가)~(마)에 들어갈 내용으로 옳은 것은? [2점]

한국사 과제 안내문

다음에 제시된 역사서 중 하나를 선택하여 보고서를 제출하시오.

역사서	소 개
사략	(가)
삼국사기	(나)
삼국유사	(다)
제왕운기	(라)
해동고승전	(마)

◆ 조사 방법: 문헌 조사, 인터넷 검색 등
◆ 제출 기간: 2021년 ○○월 ○○일~○○월 ○○일
◆ 분량: A4 용지 1장 이상

① (가) – 불교사를 중심으로 고대의 민간 설화를 수록
② (나) – 사초, 시정기 등을 바탕으로 실록청에서 편찬
③ (다) – 유교 사관에 입각하여 기전체 형식으로 구성
④ (라) – 단군부터 충렬왕까지의 역사서를 서사시로 서술
⑤ (마) – 강목체로 고려 왕조의 역사를 정리

키워드해설편 p.68

1. □□□ 3회독 Check [47회 15번]

(가)에 해당하는 문화유산으로 옳은 것은? [1점]

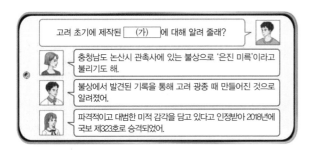

고려 초기에 제작된 (가) 에 대해 알려 줄래?

충청남도 논산시 관촉사에 있는 불상으로 '은진 미륵'이라고 불리기도 해.

불상에서 발견된 기록을 통해 고려 광종 때 만들어진 것으로 알려졌어.

파격적이고 대범한 미적 감각을 담고 있다고 인정받아 2018년에 국보 제323호로 승격되었어.

①  ②  ③

④  ⑤

2. □□□ [55회 17번]

(가)에 해당하는 문화유산으로 옳은 것은? [2점]

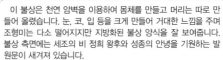

이 불상은 천연 암벽을 이용하여 몸체를 만들고 머리는 따로 만들어 올렸습니다. 눈, 코, 입 등을 크게 만들어 거대한 느낌을 주며 조형미는 다소 떨어지지만 지방화된 불상 양식을 잘 보여줍니다. 불상 측면에는 세조의 비 정희 왕후와 성종의 안녕을 기원하는 발원문이 새겨져 있습니다.

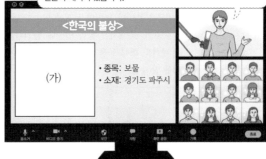

<한국의 불상>

(가)

• 종목: 보물
• 소재: 경기도 파주시

①   ②   ③

④   ⑤

3. ☐☐☐

(가)에 해당하는 문화유산으로 옳은 것은? [2점]

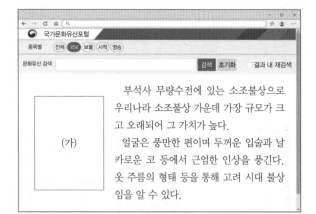

부석사 무량수전에 있는 소조불상으로 우리나라 소조불상 가운데 가장 규모가 크고 오래되어 그 가치가 높다.

얼굴은 풍만한 편이며 두꺼운 입술과 날카로운 코 등에서 근엄한 인상을 풍긴다. 옷 주름의 형태 등을 통해 고려 시대 불상임을 알 수 있다.

①  ②  ③

④  ⑤

4. ☐☐☐

(가)에 들어갈 불상으로 옳은 것은? [2점]

문화유산 카드

(가)

· 종목: 보물
· 소장처: 국립중앙박물관
· 소개: 경기도 하남시 하사창동에서 발견된 철불이다. 고려 초기 호족의 후원을 받아 제작되었으며, 석굴암 본존불의 양식을 이어받았다.

①  ②  ③

④   ⑤

5. ☐☐☐
50회 14번

다음 사진전에 전시될 사진으로 적절하지 <u>않은</u> 것은?

[2점]

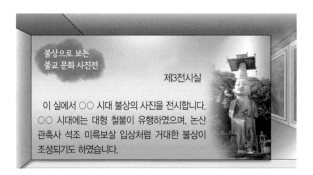

불상으로 보는
불교 문화 사진전

제3전시실

이 실에서 ○○ 시대 불상의 사진을 전시합니다.
○○ 시대에는 대형 철불이 유행하였으며, 논산
관촉사 석조 미륵보살 입상처럼 거대한 불상이
조성되기도 하였습니다.

①   ②   ③

④   ⑤

6. ☐☐☐
40회 15번

(가)에 들어갈 문화유산으로 옳은 것은?

[1점]

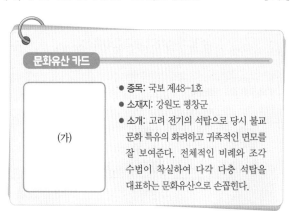

문화유산 카드

(가)

● 종목: 국보 제48-1호
● 소재지: 강원도 평창군
● 소개: 고려 전기의 석탑으로 당시 불교
　문화 특유의 화려하고 귀족적인 면모를
　잘 보여준다. 전체적인 비례와 조각
　수법이 착실하여 다각 다층 석탑을
　대표하는 문화유산으로 손꼽힌다.

①  ②  ③

④  ⑤

7.

다음 대화에 해당하는 문화유산으로 옳은 것은? [2점]

53회 17번

주제: 우리나라 불교 문화유산

이 탑은 개성에 있었는데 지금 국립 중앙 박물관에 전시되고 있어.

원의 영향을 받은 다각 다층의 대리석 탑이야.

원각사지 십층 석탑에 영향을 주기도 하였지.

①

②

③

④

⑤

8.

(가)에 해당하는 문화유산으로 옳은 것은? [2점]

57회 20번

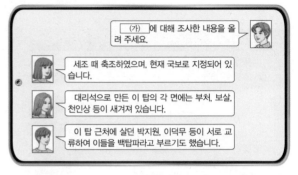

(가) 에 대해 조사한 내용을 올려 주세요.

세조 때 축조하였으며, 현재 국보로 지정되어 있습니다.

대리석으로 만든 이 탑의 각 면에는 부처, 보살, 천인상 등이 새겨져 있습니다.

이 탑 근처에 살던 박지원, 이덕무 등이 서로 교류하여 이들을 백탑파라고 부르기도 했습니다.

①

②

③

④

⑤

9. ▢▢▢

(가)에 들어갈 문화유산으로 옳은 것은?　　　　[2점]

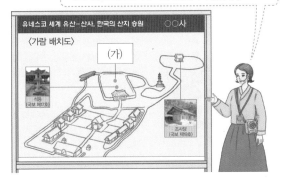

> 국보 제18호인 (가) 은 고려 시대의 목조 건물로, 배흘림 기둥에 주심포 양식으로 축조되었습니다. 건물 내부에는 국보 제45호인 소조 여래 좌상이 봉안되어 있습니다.

①
공주 마곡사 대웅보전

②
영주 부석사 무량수전

③
예산 수덕사 대웅전

④
구례 화엄사 각황전

⑤
안동 봉정사 극락전

10. ▢▢▢

다음 대화에 해당하는 문화유산으로 옳은 것은?　　[3점]

> 우리나라에 현존하는 가장 오래된 목조 건축물에 대해 이야기해 보자.

> 공민왕 때 지붕을 크게 수리했다는 상량문의 기록을 통해 건축 연대를 추정할 수 있지.

> 공포가 기둥 위에만 있는 주심포 양식의 건물로, 지붕의 형태는 맞배지붕이야.

①
안동 봉정사 극락전

②
보은 법주사 팔상전

③
구례 화엄사 각황전

④
예산 수덕사 대웅전

⑤
영주 부석사 무량수전

11.

(가)에 해당하는 문화유산으로 옳은 것은? [2점]

충청남도 예산군에 있는 이 건물은 맞배지붕에 주심포 양식입니다. 건물 보수 중 묵서명이 발견되어 충렬왕 34년이라는 정확한 건립 연도를 알게 되었습니다.

① 수덕사 대웅전

② 화엄사 각황전

③ 부석사 무량수전

④ 봉정사 극락전

⑤ 법주사 팔상전

12.

(가) 국가의 문화유산으로 옳은 것을 〈보기〉에서 고른 것은? [2점]

미(美)·색(色)
벨기에 소장 우리 문화유산 특별전

초대의 글

우리 박물관에서는 국내에 들여와 보존 처리를 마친 벨기에 왕립 예술역사박물관 소장 ___(가)___의 공예품 8점을 공개하는 특별전을 개최합니다.
이번 전시에서는 ___(가)___의 대표적 문화유산인 상감청자 6점을 비롯하여 청동 정병, 금동 침통 등을 자세히 감상할 수 있도록 전시 공간을 연출하였으니 많은 관심 바랍니다.

■ 기간: 2022. ○○. ○○.~○○. ○○.
■ 장소: △△ 박물관 기획 전시실

▶▶ 보기 ◀

ㄱ.

ㄴ.

ㄷ.

ㄹ.

① ㄱ, ㄴ   ② ㄱ, ㄷ   ③ ㄴ, ㄷ
④ ㄴ, ㄹ   ⑤ ㄷ, ㄹ

13. □□□

밑줄 그은 '문화유산'으로 옳지 않은 것은? [3점]

이것은 고려 시대에 만들어진 나전 합입니다. 고려에 온 송의 사신 서긍이 솜씨가 세밀하여 귀하다고 평가할 정도로 고려의 나전 칠기 기술은 매우 뛰어났습니다. 이 나전 합을 비롯해 고려 시대에는 다양한 <u>문화유산</u>이 만들어졌습니다.

나전 국화 넝쿨무늬 합

①
청동 은입사 포류수금문 정병

②
부석사 소조여래 좌상

③
청자 상감운학문 매병

④
월정사 팔각 구층 석탑

⑤
법주사 팔상전

14. □□□

밑줄 그은 '그'에 대한 설명으로 옳은 것은? [2점]

이것은 경상북도 칠곡군 선봉사에 있는 비석입니다. 문종의 아들인 그가 국청사를 중심으로 천태종을 개창한 행적이 기록되어 있습니다.

① 보현십원가를 지어 불교 교리를 전파하였다.
② 불교 개혁을 주장하며 수선사 결사를 조직하였다.
③ 선문염송집을 편찬하고 유불 일치설을 주장하였다.
④ 불교 관련 설화를 중심으로 삼국유사를 저술하였다.
⑤ 이론 연마와 수행을 함께 강조하는 교관겸수를 제시하였다.

15. □□□

(가) 인물에 대한 설명으로 옳은 것은? [2점]

이곳은 (가) 이/가 불교계 개혁 운동을 전개한 순천 송광사입니다. 그는 수행 방법으로 돈오점수를 주장하였습니다.

보조국사 감로탑   국사전

① 승려들의 전기를 담은 해동고승전을 집필하였다.
② 화엄일승법계도를 지어 화엄 사상을 정리하였다.
③ 권수정혜결사문을 작성하여 정혜쌍수를 강조하였다.
④ 불교 경전에 대한 주석서를 모아 교장을 편찬하였다.
⑤ 보현십원가를 지어 불교 교리를 대중에게 전파하였다.

16. □□□

(가)에 들어갈 내용으로 가장 적절한 것은? [2점]

이곳은 강진의 만덕산에 위치한 백련사입니다. 고려 무신 정권기 최우의 후원으로 절의 규모가 크게 확장되었는데, 특히 이 절에서 (가)

① 의천이 불교 통합을 위해 해동 천태종을 개창하였습니다.
② 요세가 법화 신앙을 바탕으로 신앙 결사를 이끌었습니다.
③ 지눌이 정혜사를 결성하고 불교 개혁 운동을 전개하였습니다.
④ 각훈이 해동고승전을 저술하여 승려들의 전기를 기록하였습니다.
⑤ 일연이 삼국유사를 집필하여 불교 중심의 설화, 야사 등을 정리하였습니다.

(가) 인물에 대한 설명으로 옳은 것은? 　　　　　　[3점]

이것은 전라남도 강진군 월남사지에 있는 [(가)]의 비입니다. 비문에는 지눌의 제자인 그가 수선사의 제2대 사주가 된 일, 당시 집권자인 최우가 그에게 두 아들을 출가(出家)시킨 일 등이 기록되어 있습니다.

① 화엄일승법계도를 지어 화엄 사상을 정리하였다.

② 해동 천태종을 개창하여 불교 교단 통합에 힘썼다.

③ 선문염송집을 편찬하고 유불 일치설을 주장하였다.

④ 권수정혜결사문을 작성하여 정혜쌍수를 강조하였다.

⑤ 보현십원가를 지어 불교 교리를 대중에게 전파하였다.

시대별/주제별로 기출학습을 끝냈다면, 2024년 이후(69회~73회)의 극최신 기출만 풀어보며
최근 시험에서 더욱 강조되는 시대별 최신경향까지 확인해봅시다!

1. ☐☐☐ 3회독 Check　　　　　　　　71회 12번

(가) 인물의 활동으로 옳은 것은?　　　　　[2점]

○ 북원의 도적 우두머리인 양길은 ☐(가)☐ 이/가 자신을 배신한 것을 미워하여 국원 등 10여 곳의 성주들과 그를 칠 것을 모의하고 비뇌성 아래로 진군하였다. 그러나 양길의 병사는 패배하여 흩어져 달아났다.
　　　　　　　　　　　　　　　　　　　－『삼국사기』－

○ [태조가] 수군을 거느리고 서해로부터 광주(光州) 부근에 이르러 금성군을 쳐서 함락하고 10여 군현을 공격하여 차지하였다. 이에 금성군을 고쳐서 나주라 하고 군사를 나누어서 지키게 한 뒤 돌아왔다. …… ☐(가)☐ 이/가 변경의 일을 물었는데, 태조가 변방을 안정시키고 경계를 넓힐 전략을 보고하였다. 좌우의 신하가 모두 [태조를] 주목하게 되었다.
　　　　　　　　　　　　　　　　　　　－『고려사』－

① 일리천 전투에서 신검의 군대를 물리쳤다.
② 9산 선문 중 하나인 가지산문을 개창하였다.
③ 문무관료전을 지급하고 녹읍을 폐지하였다.
④ 광평성을 비롯한 각종 정치 기구를 마련하였다.
⑤ 정계와 계백료서를 지어 관리의 규범을 제시하였다.

2. ☐☐☐　　　　　　　　　　　　70회 10번

(가)에 들어갈 내용으로 적절한 것은?　　　　[2점]

> **한국사 동영상 제작 계획안**
>
> ### 다시 하나로, 민족의 재통일을 이루다
> ○학년 ○반 ○모둠
>
> ■ 제작 의도
> 　　고려의 후삼국 통일 과정과 역사적 의의를 주요 인물과 관련된 사건의 발생 순서에 따라 살펴본다.
>
> ■ 장면별 구성 내용
> #1. 신숭겸, 공산 전투에서 전사하다
> #2. 왕건, 고창 전투에서 후백제군을 물리치다
> #3. 견훤, 금산사에서 탈출하여 고려에 귀순하다
> #4. ☐☐☐☐☐☐(가)☐☐☐☐☐☐
> #5. 왕건, 일리천에서 신검의 군대에 승리하다

① 안승, 보덕국왕으로 책봉되다
② 궁예, 국호를 태봉으로 바꾸다
③ 경순왕 김부, 경주의 사심관이 되다
④ 윤충, 대야성을 공격하여 함락시키다
⑤ 흑치상지, 임존성에서 부흥군을 이끌다

3. ⬜⬜⬜
72회 14번

(가)~(다)를 일어난 순서대로 옳게 나열한 것은? [3점]

> (가) 왕이 먼저 나라 안의 신하들을 권유하여 개경으로 환도하게 하였다. 여러 신하들이 말하기를 "임금의 명령인데, 감히 따르지 않을 수 있겠는가?"라고 하였으므로, 임유무가 화가 나서 어떻게 해야 할지를 알지 못하였다.
>
> (나) 조위총이 군사를 일으키자, 이의방이 이의민을 정동 대장군 지병마사로 임명하였다. 이의민이 군사를 거느리고 전투에 나섰다가 날아오는 화살에 눈을 맞았으나, 철령으로 진군하여 사방에서 북을 치고 고함을 지르면서 급습하여 크게 격파하였다.
>
> (다) 백관이 최우의 집에 나아가 정년도목(政年都目)을 올렸다. 최우가 청사에 앉아 그것을 받았다. 6품 이하는 당하(堂下)에서 두 번 절하고 땅에 엎드려 감히 고개를 들고 보지 못하였다. 이때부터 최우는 정방을 그의 집에 두고 백관의 인사 행정을 처리하였다.

① (가) – (나) – (다)　　② (가) – (다) – (나)
③ (나) – (가) – (다)　　④ (나) – (다) – (가)
⑤ (다) – (나) – (가)

4. ⬜⬜⬜
70회 16번

다음 자료에 나타난 시기의 사회 모습으로 적절한 것은?

[1점]

> ○ 당시 응방·겸령구 및 내수(內豎) 등의 천한 자들이 모두 사전(賜田)을 받았는데, 많은 경우는 수백 결에 이르렀다. 일반 백성을 유인하여 전호로 삼고, 가까운 곳에 있는 민전에서는 모두 수조하였으므로 주와 현에서는 부세가 들어올 바가 없게 되었다.
>
> ○ 공주가 장차 입조(入朝)할 예정이었으므로, 인후와 염승익에게 명하여 양가의 자녀로서 나이가 14~15세인 자들을 선발하였고, 순군(巡軍)과 홀적(忽赤) 등으로 하여금 인가를 수색하게 하였다. 혹 밤중에 침실에 돌입하거나 노비를 포박하여 심문하기도 하였으니, 비록 자녀가 없는 자라 할지라도 깜짝 놀라 동요하게 되었다. 원망하며 우는 소리가 온 거리에 가득하였다.

① 최충이 9재 학당을 설립하였다.
② 만적이 개경에서 반란을 모의하였다.
③ 지배층을 중심으로 변발과 호복이 유행하였다.
④ 국난 극복을 기원하며 초조대장경이 조판되었다.
⑤ 기근에 대비하기 위하여 구황촬요가 간행되었다.

5. ⬜⬜⬜
70회 15번

(가), (나) 사이의 시기에 있었던 사실로 옳은 것은? [2점]

> (가) 최우가 녹전거(祿轉車) 100여 대를 빼앗아 집안의 재물을 강화도로 옮기니, 수도가 흉흉하였다. …… 또 사자(使者)를 여러 도에 나누어 보내어, 백성을 산성과 섬으로 옮겼다.
>
> (나) 김방경과 흔도(忻都), 홍차구, 왕희, 왕웅 등이 3군을 거느리고 진도를 토벌하여 크게 격파하고, 승화후 왕온을 죽였다. 김통정이 남은 무리를 이끌고 탐라로 도망하여 들어갔다.

① 양규가 곽주성을 급습하여 탈환하였다.
② 최무선이 진포에서 왜구를 격퇴하였다.
③ 강조가 정변을 일으켜 국왕을 폐위하였다.
④ 김윤후가 처인성에서 살리타를 사살하였다.
⑤ 이자겸과 척준경이 반란을 일으켜 궁궐을 불태웠다.

6. ⬜⬜⬜
73회 18번

(가)에 대한 고려의 대응으로 옳은 것은? [2점]

> **특별 기획**
>
> ### 최무선과 화포 이야기
>
> 우리 박물관은 화약과 화기를 제조한 최무선 탄생 700주년 기념 특별전을 개최합니다. 특히 진포대첩에서 나세, 심덕부 등과 함께 화포를 이용해 [(가)]을/를 물리친 장면을 실감 영상으로 만나보실 수 있습니다. 많은 관람 바랍니다.
>
> · 기간: 2025. ○○월 ○○일~○○월 ○○일
> · 장소: △△ 박물관 특별 전시실

① 광군을 조직하여 침입에 대비하였다.
② 경성과 경원에 무역소를 설치하였다.
③ 박위를 파견하여 근거지를 토벌하였다.
④ 어영청을 중심으로 북벌을 추진하였다.
⑤ 대장도감을 설치하여 팔만대장경을 간행하였다.

7. □□□
69회 18번

(가) 인물의 활동으로 옳은 것은? [2점]

이것은 명의 철령위 설치에 반발하여 팔도도통사로서 요동 정벌을 추진하였던 (가) 의 초상입니다. 그는 요동 정벌에 반대한 이성계가 위화도 회군으로 정권을 장악하면서 죽임을 당하였습니다.

① 홍산 전투에서 왜구를 물리쳤다.
② 화통도감의 설치를 건의하였다.
③ 정변을 일으켜 목종을 폐위하였다.
④ 의종 복위를 도모하여 군사를 일으켰다.
⑤ 교정별감이 되어 국정 전반을 장악하였다.

8. □□□
70회 12번

(가)~(마)에 들어갈 내용으로 적절한 것은? [3점]

〈한국사 학술 강좌〉

인물로 보는 고려 불교사

우리 학회에서는 고려 승려들의 활동을 통해 불교사의 흐름을 파악하는 자리를 마련하였습니다. 관심 있는 분들의 많은 참여를 바랍니다.

▣ 강좌 주제 ▣

제1강 균여	(가)
제2강 의천	(나)
제3강 지눌	(다)
제4강 요세	(라)
제5강 혜심	(마)

• 일시: 2024년 ○○월 ○○일 09:00~17:00
• 장소: □□ 박물관 대강당
• 주최: △△ 학회

① (가) – 법화 신앙에 중점을 둔 백련 결사를 제창하다
② (나) – 심성의 도야를 강조한 유불 일치설을 주장하다
③ (다) – 권수정혜결사문을 작성하여 정혜쌍수를 강조하다
④ (라) – 이론과 수행을 함께 강조하는 교관겸수를 제시하다
⑤ (마) – 보현십원가를 지어 불교 교리를 대중에게 전파하다

달달회독! 기출 선지 싹 모음!

빈출 주제 08 후삼국 통일 및 고려 초기의 정치

		3회독 Check
1	견훤은 후당 및 오월에 사신을 파견하였다.	
2	궁예는 광평성 등의 정치 기구를 두었다.	
3	궁예는 국호를 마진, 연호를 무태라 하였으며, 철원으로 천도하였다.	
4	왕건 때 빈민 구제 기관인 흑창이 처음 설치되었다.	
5	왕건 때 정계와 계백료서를 지어 관리의 규범을 제시하였다.	
6	광종 때 광덕, 준풍 등의 독자적 연호를 사용하였다.	
7	광종 때 노비안검법을 시행하여 국가 재정을 확충하였다.	
8	광종 때 쌍기의 건의로 과거제가 시행되었다.	
9	고려 성종 때 전국에 12목을 설치하고 관리를 파견하였다.	
10	고려 성종 때 최승로가 왕에게 시무 28조를 올렸다	
11	도병마사는 원 간섭기에 도평의사사로 개편되었다.	
12	중추원은 군사 기밀과 왕명 출납을 담당하였다.	
13	어사대의 소속 관원은 낭사와 함께 서경권을 행사하였다.	
14	고려 시대에는 5도와 양계에 안찰사와 병마사를 파견하였다.	
15	고려 시대에는 특수 행정 구역인 향·부곡·소가 있었다.	

빈출 주제 09 고려 중기의 정치 및 무신 정권

16	이자겸과 척준경이 반란을 일으켜 궁궐을 불태웠다.	
17	묘청은 칭제 건원과 금국 정벌을 주장하였다.	
18	이의방과 정중부 등은 정변을 일으켜 권력을 차지하였다.	
19	이의방 정권 때 김보당이 의종 복위를 주장하며 난을 일으켰다.	
20	정중부 정권 때 망이·망소이의 난 등 하층민의 봉기가 발생하였다	
21	최충헌 정권 때 만적이 개경에서 노비를 모아 반란을 모의하였다.	

22	최충헌 정권 때 국정을 총괄하는 기구로 교정도감이 설치되었다.	
23	최우는 인사 행정 담당 기구로 정방을 설치하였다.	

빈출 주제 10 고려 후기의 정치 및 사회

24	원 간섭기에는 일본 원정을 위해 정동행성을 설치하였다.	
25	원 간섭기에는 중서문하성과 상서성이 첨의부로 개편되었다.	
26	원 간섭기에는 지배층을 중심으로 변발과 호복이 유행하였다.	
27	공민왕 때 유인우, 이자춘 등이 쌍성총관부를 수복하였다.	
28	공민왕 때 신돈의 건의로 전민변정도감이 설치되었다.	
29	우왕 때 명의 철령위 설치에 반발해 요동 정벌을 추진하였다.	
30	이성계가 위화도에서 회군하여 정권을 장악하였다.	
31	공양왕 때 경기에 한하여 과전법이 실시되었다.	

빈출 주제 11 외세의 침략과 고려의 대응

32	고려는 광군을 조직하여 거란의 침입에 대비하였다.	
33	서희의 활약으로 강동 6주를 획득하였다.	
34	거란의 침략 당시 국난 극복을 기원하며 초조대장경이 조판되었다.	
35	여진을 대비하기 위해 신기군, 신보군, 항마군으로 구성된 별무반을 창설하였다.	
36	윤관을 보내 여진을 정벌한 뒤 동북 9성을 개척하였다.	
37	최우가 강화도로 도읍을 옮겨 항전하였다.	
38	김윤후가 처인성에서 살리타를 사살하였다.	
39	최무선의 건의로 화통도감을 두어 화포를 제작하였다.	
40	배중손이 이끄는 삼별초가 용장성에서 항전하였다.	

	빈출 주제 12 고려의 경제·사회·문화 1	
41	고려 시대에는 경시서의 관리들이 시전의 상행위를 감독하였다.	☐☐☐
42	고려 시대에는 예성강 하구의 벽란도가 국제 무역항으로 번성하였다.	☐☐☐
43	고려 시대에는 주전도감을 설치하여 해동통보를 발행하였다.	☐☐☐
44	고려 시대에는 활구라고 불리는 은병이 유통되었다.	☐☐☐
45	고려 시대에는 서적점, 다점 등의 관영 상점을 운영하였다.	☐☐☐
46	고려 시대의 과전법은 지급 대상을 원칙적으로 경기 지역에 한정하였다.	☐☐☐
47	고려 시대에는 기금을 모아 그 이자로 빈민을 구제하는 제위보를 운영하였다.	☐☐☐
48	고려 시대에는 국자감에 전문 강좌인 7재를 개설하였다.	☐☐☐
49	고려 시대에는 장학 기금 마련을 위해 양현고를 설치하였다.	☐☐☐
50	동명왕편은 고구려의 계승 의식을 서사시 형식으로 강조하였다.	☐☐☐
51	삼국사기는 유교 사관에 입각하여 기전체 형식으로 구성되었다.	☐☐☐
52	삼국유사는 불교사를 중심으로 고대의 민간 설화를 수록하였다.	☐☐☐
53	삼국유사와 제왕운기는 단군의 고조선 건국 이야기를 수록하였다.	☐☐☐

60	균여는 보현십원가를 지어 불교 교리를 대중에게 전파하였다.	☐☐☐
61	혜심은 선문염송집을 편찬하고 유불 일치설을 주장하였다.	☐☐☐

	빈출 주제 13 고려의 문화 2	
54	의천은 이론과 수행을 함께 강조하는 교관겸수를 제시하였다.	☐☐☐
55	의천은 해동 천태종을 개창하여 불교 교단 통합에 힘썼다.	☐☐☐
56	지눌은 권수정혜결사문을 작성하여 정혜쌍수를 강조하였다.	☐☐☐
57	지눌은 불교 개혁을 주장하며 수선사 결사를 주장하였다.	☐☐☐
58	지눌은 수행 방법으로 돈오점수와 정혜쌍수를 주장하였다.	☐☐☐
59	요세는 법화 신앙에 중점을 둔 백련 결사를 제창하였다.	☐☐☐

PART 4 조선

시대별 빈출 키워드 연표 + 흐름강의

27회분 기출의 시대별 고빈출 키워드를 연도별로 싹 모았습니다!
특히 빨간색 키워드는 80% 이상 출제된 최빈출 키워드입니다.

1392~1400

- 조선 건국(1392)
- 한양 천도(1394)
- 제1차 왕자의 난(1398)
- 제2차 왕자의 난(1400)

1453~1457

- 계유정난(1453)
- 단종 복위 운동(1455~1457)

1498~1545

- 무오사화(1498)
- 갑자사화(1504)
- 중종반정(1506)
- 기묘사화(1519)
- 을사사화(1545)

1659~1674

- 기해 예송(1659)
- 갑인 예송(1674)

1680~1694

- 경신환국(1680)
- 기사환국(1689)
- 갑술환국(1694)

1801~1862

- 공노비 해방, 신유박해, 황사영 백서 사건(1801)
- 홍경래의 난(1811)
- 동학 창시(1860)
- 임술 농민 봉기(1862)

⊘ 시대별 평균 출제 비중[27회분(73회~47회) 분석 기준]

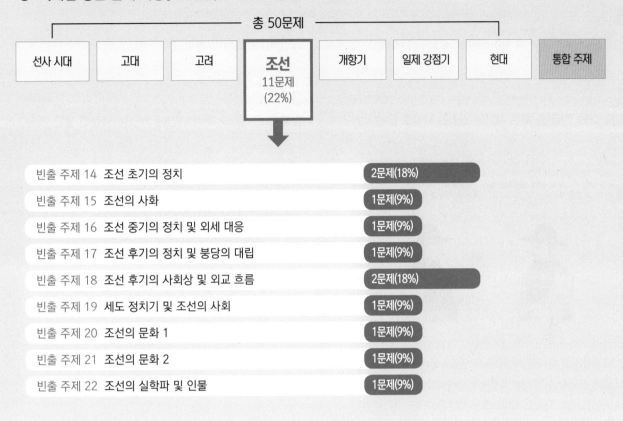

총 50문제

| 선사 시대 | 고대 | 고려 | **조선** 11문제 (22%) | 개항기 | 일제 강점기 | 현대 | 통합 주제 |

빈출 주제 14	조선 초기의 정치	2문제(18%)
빈출 주제 15	조선의 사화	1문제(9%)
빈출 주제 16	조선 중기의 정치 및 외세 대응	1문제(9%)
빈출 주제 17	조선 후기의 정치 및 붕당의 대립	1문제(9%)
빈출 주제 18	조선 후기의 사회상 및 외교 흐름	2문제(18%)
빈출 주제 19	세도 정치기 및 조선의 사회	1문제(9%)
빈출 주제 20	조선의 문화 1	1문제(9%)
빈출 주제 21	조선의 문화 2	1문제(9%)
빈출 주제 22	조선의 실학파 및 인물	1문제(9%)

1575~1589

- 붕당 형성(1575)
- 정여립 모반 사건과 기축옥사(1589)

1592~1598

- 부산진 전투(1592)
- 동래성 전투(1592)
- 탄금대 전투(1592)
- 선주의 의주 피란(1592)
- 옥포 해전(1592)
- 한산도 대첩(1592)
- 진주 대첩(1592)
- 평양성 전투 및 평양성 탈환(1593)
- 행주 대첩(1593)
- 명량 대첩(1597)
- 노량 해전(1598)

1623~1637

- 인조반정(1623)
- 이괄의 난(1624)
- 정묘호란(1627)
- 병자호란(1636~1637)

시대별로 기출문제를 풀며 문제유형과 선지에 익숙해지는 것이 풀이의 핵심입니다! 최소 3번 이상 회독하며 풀어보세요.

[해풍사의 추천 회독법!]
문제번호 옆 '3회독 Check'에 문제를 풀면서 정확히 알면 'O', 헷갈리면 '△', 아예 모르겠으면 'X'를 표시!

1. ☐☐☐ 3회독 Check   59회 19번

밑줄 그은 '임금'의 재위 시기에 있었던 사실로 옳은 것은?   [2점]

> 얼마 전에 임금께서 원통하고 억울한 일을 당한 백성들을 위해 신문고를 설치하라고 명하셨다더군.

> 뿐만 아니라 문하부를 없애고 의정부를 설치하면서 문하부 낭사를 사간원으로 독립시키셨다네.

① 명의 신종을 제사하는 대보단이 설치되었다.
② 백과사전류 의서인 의방유취가 편찬되었다.
③ 왕권 강화를 위해 6조 직계제가 실시되었다.
④ 조선의 기본 법전인 경국대전이 반포되었다.
⑤ 역대 문물제도를 정리한 동국문헌비고가 간행되었다.

2. ☐☐☐   57회 17번

(가) 인물에 대한 설명으로 옳은 것은?   [2점]

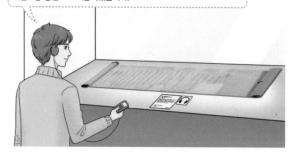

> 이것은 마천목을 좌명공신에 봉한다는 녹권입니다. 마천목은 제2차 왕자의 난 당시 회안공 이방간과의 치열한 전투에서 ☐(가)☐ 이/가 승리할 수 있도록 앞장섰습니다. 이후 왕위에 오른 ☐(가)☐ 은/는 마천목을 3등 공신으로 책봉하였습니다.

① 과전을 혁파하고 직전을 설치하였다.
② 최무선의 건의로 화통도감을 두었다.
③ 어영청을 중심으로 북벌을 추진하였다.
④ 왕권 강화를 위해 6조 직계제를 실시하였다.
⑤ 궁중 음악을 집대성한 악학궤범을 편찬하였다.

3. ☐☐☐   54회 18번

밑줄 그은 '왕'의 재위 기간에 있었던 사실로 옳은 것은?   [1점]

> 왕이 말하였다. "장영실은 공교한 솜씨만 있는 것이 아니라 총명하고 뛰어나 자격루를 만들었다. 이것은 만대에 이어 전할 만한 기물로 그 공이 작지 아니하니 호군의 관직을 더해 주고자 한다." 황희가 "장영실에게만 안 될 것이 있겠습니까?"라고 하니 왕이 그대로 따랐다.

① 주자소가 설치되어 계미자가 주조되었다.
② 훈련 교범인 무예도보통지가 간행되었다.
③ 삼수병으로 구성된 훈련도감이 설치되었다.
④ 전통 한의학을 집대성한 동의보감이 완성되었다.
⑤ 우리 풍토에 맞는 농법을 정리한 농사직설이 편찬되었다.

4. ☐☐☐   55회 18번

밑줄 그은 '왕'의 재위 시기에 있었던 사실로 옳은 것은?   [2점]

> 오늘 왕께서 공법을 윤허하셨습니다. 이 법의 내용은 전품을 6등급으로, 풍흉을 9등급으로 나누어 전세를 수취하는 것입니다. 일찍이 왕께서는 법안을 논의할 때 백성들의 의견을 들어보라 명하셨고, 전제상정소에서 이를 참조하여 마련하였습니다.

공법, 6개 고을 시범 시행

① 음악 이론 등을 집대성한 악학궤범이 완성되었다.
② 민간의 광산 개발을 허용하는 설점수세제가 시행되었다.
③ 우리 풍토에 맞는 농법을 소개한 농사직설이 편찬되었다.
④ 현직 관리에게만 수조권을 지급하는 직전법이 제정되었다.
⑤ 우리나라와 중국의 의서를 망라한 동의보감이 간행되었다.

5. □□□   53회 18번

(가)에 들어갈 내용으로 옳지 <u>않은</u> 것은?   [2점]

〈역사 다큐멘터리 제작 기획안〉

15세기 조선, 과학을 꽃 피우다

1. **기획 의도:** 조선 초, 부국강병과 민생 안정을 위해 과학 기술 분야에서 노력한 모습을 살펴본다.

2. **구성**
   1부 태양의 그림자로 시간을 보는 앙부일구
   2부 ⎣_____(가)_____⎦
   3부 외적의 침입에 대비한 신무기, 신기전과 화차

① 기기도설을 참고하여 설계한 거중기
② 국산 약재와 치료법을 소개한 향약집성방
③ 한양을 기준으로 한 역법서인 칠정산 내편
④ 활판 인쇄술의 발달을 가져온 계미자와 갑인자
⑤ 우리나라 실정에 맞는 농법을 소개한 농사직설

6. □□□   51회 19번

밑줄 그은 '왕'의 재위 기간에 있었던 사실로 옳은 것은?
                                                        [2점]

역사 신문

제△△호   ○○○○년 ○○월 ○○일

육조 직계제 부활하다

　계유년에 황보인 등을 제거하고 권력을 장악한 이후 즉위한 왕은 강력한 왕권을 행사하고자 육조 직계제를 부활시켰다. 이번 조치는 형조의 사형수 판결을 제외한 육조의 서무를 직접 왕에게 보고하도록 한 것이다. 따라서 이전보다 더욱 강력한 육조 직계제가 시행될 것으로 예상된다.

① 주자소가 설치되어 계미자가 주조되었다.
② 조의제문이 발단이 되어 무오사화가 일어났다.
③ 통치 체제를 정비하기 위해 대전회통이 편찬되었다.
④ 제한된 범위의 무역을 허용한 계해약조가 체결되었다.
⑤ 현직 관리에게만 수조지를 지급하는 직전법이 시행되었다.

7. □□□   59회 20번

밑줄 그은 '이 사건' 이후의 사실로 옳은 것은?   [2점]

> 이 작품은 두만강 유역의 여진을 정벌하고 6진을 개척한 김종서가 지은 시조로, 장수로서의 호방한 기개를 보여 주고 있습니다. 그는 수양 대군, 한명회 등이 주도한 <u>이 사건</u>으로 죽임을 당하였습니다.

> 삭풍은 나모 긋틱 불고 명월은 눈 속에 춘티
> 만리변성에 일장검 집고 서서
> 긴 푸람 큰 흔 소리에 거칠 거시 업세라

① 최영에 의해 이인임 일파가 축출되었다.
② 최무선의 건의로 화통도감이 설치되었다.
③ 정도전 등이 요동 정벌 계획을 추진하였다.
④ 성삼문 등이 상왕의 복위를 꾀하다가 처형되었다.
⑤ 이종무가 왜구의 근거지인 쓰시마섬을 정벌하였다.

8. □□□   54회 22번

(가) 왕에 대한 설명으로 옳은 것은?   [2점]

국악 콘서트

선릉에서 만나는 조선의 예와 악

　⎣ (가) ⎦의 재위 기간에 예악 정비 사업의 일환으로 편찬된 국조오례의와 악학궤범의 의미를 살펴보는 무대를 준비하였습니다. 시민 여러분의 많은 관심과 참여 바랍니다.

1부 특별 강연: 국조오례의를 통해 본 조선의 의례
2부 주제 공연: 악학궤범을 바탕으로 재현한 처용무

■ 일시: 2021년 ○○월 ○○일 ○○시
■ 장소: 선릉 정자각 앞 특설 무대

① 상평통보를 발행하여 법화로 사용하였다.
② 법령을 정비하여 경국대전을 반포하였다.
③ 구황촬요를 간행하여 기근에 대비하였다.
④ 초계문신제를 시행하여 문신들을 재교육하였다.
⑤ 동국문헌비고를 편찬하여 역대 문물을 정리하였다.

PART 4

9. ☐☐☐ 49회 20번

밑줄 그은 '이 왕'의 재위 시기에 있었던 사실로 옳은 것은? [3점]

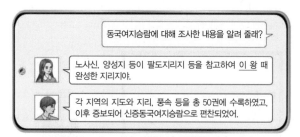

> 동국여지승람에 대해 조사한 내용을 알려 줄래?
>
> 노사신, 양성지 등이 팔도지리지 등을 참고하여 <u>이 왕</u> 때 완성한 지리지야.
>
> 각 지역의 지도와 지리, 풍속 등을 총 50권에 수록하였고, 이후 증보되어 신증동국여지승람으로 편찬되었어.

① 전통 한의학을 정리한 동의보감이 완성되었다.
② 역대 문물을 정리한 동국문헌비고가 편찬되었다.
③ 음악 이론 등을 집대성한 악학궤범이 간행되었다.
④ 세계 지도인 혼일강리역대국도지도가 만들어졌다.
⑤ 한양을 기준으로 한 역법서인 칠정산 내편이 제작되었다.

10. ☐☐☐ 40회 17번

다음 시나리오에 등장하는 왕의 재위 기간에 있었던 사실로 옳은 것은? [2점]

> S#17. 궁궐 안
>
> 천도를 위해 축조한 궁궐과 전각의 이름을 신하에게 짓게 한 왕, 그 신하를 불러 전각의 이름에 담긴 뜻을 묻는다.
>
> **왕**: (궁금한 표정으로) 이번에 경이 지어 올린 전각의 이름 중 근정전에는 어떤 뜻이 담겨 있는 것이오?
>
> **신하**: (공손하게 엎드려) 천하의 일은 부지런하면 다스려지고, 부지런하지 못하면 다스려지지 못하는 것이 당연한 이치입니다. 이에 임금께서 항상 정사를 부지런히 돌보시는 전각이라는 뜻을 담았사옵니다.
>
> ⋮

① 학문 연구 기관인 집현전이 설치되었다.
② 왕위 계승을 둘러싸고 왕자의 난이 발생하였다.
③ 백성의 유망을 막기 위하여 호패법이 실시되었다.
④ 국가의 의례를 정비한 국조오례의가 완성되었다.
⑤ 궁궐의 공사비 마련을 위하여 당백전이 발행되었다.

11. ☐☐☐ 61회 22번

(가) 기구에 대한 설명으로 옳은 것은? [2점]

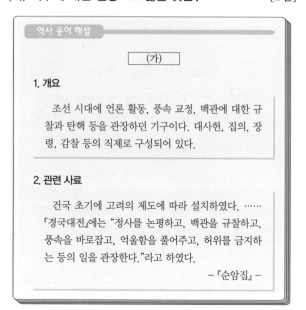

> 역사 용어 해설
>
> **(가)**
>
> **1. 개요**
>
> 조선 시대에 언론 활동, 풍속 교정, 백관에 대한 규찰과 탄핵 등을 관장하던 기구이다. 대사헌, 집의, 장령, 감찰 등의 직제로 구성되어 있다.
>
> **2. 관련 사료**
>
> 건국 초기에 고려의 제도에 따라 설치하였다. …… 『경국대전』에는 "정사를 논평하고, 백관을 규찰하고, 풍속을 바로잡고, 억울함을 풀어주고, 허위를 금지하는 등의 일을 관장한다."라고 하였다.
>
> – 『순암집』 –

① 업무 일지인 내각일력을 작성하였다.
② 고려의 삼사와 같은 기능을 수행하였다.
③ 은대(銀臺), 후원(喉院)이라고도 불리었다.
④ 임진왜란을 거치면서 국정 전반을 총괄하였다.
⑤ 5품 이하의 관리 임명에 대한 서경권을 행사하였다.

12. ☐☐☐ 60회 21번

(가) 기구에 대한 설명으로 옳은 것은? [2점]

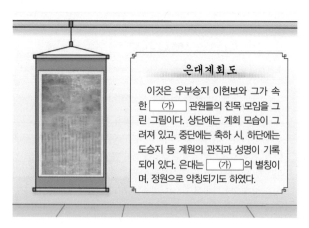

> **은대계회도**
>
> 이것은 우부승지 이현보와 그가 속한 [(가)] 관원들의 친목 모임을 그린 그림이다. 상단에는 계회 모습이 그려져 있고, 중단에는 축하 시, 하단에는 도승지 등 계원의 관직과 성명이 기록되어 있다. 은대는 [(가)]의 별칭이며, 정원으로 약칭되기도 하였다.

① 사간원, 홍문관과 함께 삼사로 불렸다.
② 외국으로 가는 사신의 통역을 전담하였다.
③ 천문, 지리, 기후 등에 관한 사무를 맡았다.
④ 왕명 출납을 담당하는 왕의 비서 기관이었다.
⑤ 국왕 직속 사법 기구로 반역죄 등을 처결하였다.

13. ☐☐☐ 54회 19번

(가) 기구에 대한 설명으로 옳은 것은? [2점]

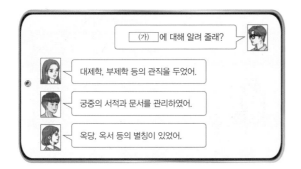

> (가) 에 대해 알려 줄래?
>
> 대제학, 부제학 등의 관직을 두었어.
>
> 궁중의 서적과 문서를 관리하였어.
>
> 옥당, 옥서 등의 별칭이 있었어.

① 수도의 행정과 치안을 맡아보았다.
② 사헌부, 사간원과 함께 3사로 불렸다.
③ 을묘왜변을 계기로 상설 기구화되었다.
④ 왕의 비서 기관으로 왕명의 출납을 담당하였다.
⑤ 국왕 직속 사법 기구로 반역죄, 강상죄 등을 처결하였다.

14. ☐☐☐ 56회 22번

(가) 기구에 대한 설명으로 옳은 것은? [2점]

> 이 그림은 중종 때 그려진 미원계회도(薇垣契會圖)입니다. '미원'은 (가) 의 별칭으로 간쟁과 논박을 담당한 관청이었습니다. 소나무 아래에는 계회를 하고 있는 모습이 보이고, 하단에는 참석자들의 관직, 성명, 본관 등이 기록되어 있습니다.

① 왕명의 출납을 관장하였다.
② 수도의 행정과 치안을 담당하였다.
③ 사헌부, 홍문관과 함께 3사로 불렸다.
④ 실록을 보관하고 관리하는 업무를 맡았다.
⑤ 반역죄, 강상죄 등을 범한 중죄인을 다스렸다.

15. ☐☐☐ 58회 20번

(가) 기구에 대한 설명으로 옳은 것은? [1점]

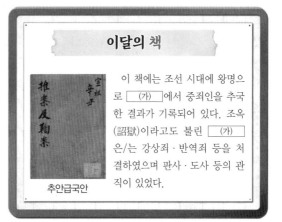

이달의 책

추안급국안

이 책에는 조선 시대에 왕명으로 (가) 에서 중죄인을 추국한 결과가 기록되어 있다. 조옥(詔獄)이라고도 불린 (가) 은/는 강상죄·반역죄 등을 처결하였으며 판사·도사 등의 관직이 있었다.

① 국왕 직속의 특별 사법 기구였다.
② 사림의 건의로 중종 때 폐지되었다.
③ 사헌부, 사간원과 함께 삼사로 불리었다.
④ 5품 이하의 관원에 대한 서경권을 행사하였다.
⑤ 서얼 출신의 학자들이 검서관으로 기용되었다.

16. ☐☐☐ 57회 19번

(가) 기구에 대한 설명으로 옳은 것은? [2점]

> ○ 각 지역 출신 가운데 서울에 살며 벼슬하는 자들의 모임을 경재소라고 합니다. 경재소에서는 고향에 사는 유력자 중에서 강직하고 명석한 자들을 선택하여 (가) 에 두고 향리의 범법 행위를 규찰하고 풍속을 유지하였습니다.
>
> ○ (가) 을/를 설치하고 향임을 둔 것은 맡은 바를 중히 여긴 것이다. 수령은 임기가 정해져 있어 늘 바뀌니, 백성의 일에 뜻을 둔다 하여도 먼 곳까지 상세히 살필 겨를이 없다. 그러므로 각 지역에서 충성스럽고 부지런한 사람을 뽑아 그 지역의 기강을 맡도록 하여 수령의 눈과 귀로 삼았다.

① 주세붕이 처음 설립하였다.
② 좌수와 별감을 선발하여 운영하였다.
③ 중앙에서 교수와 훈도를 파견하였다.
④ 대성전을 세워 성현에 제사를 지냈다.
⑤ 흥선 대원군에 의해 대부분 철폐되었다.

17. □□□   39회 18번

(가)에 대한 설명으로 옳은 것은?   [2점]

- 사헌부 대사헌 허응 등이 시무 7조를 올렸다. "…… 주·부·군·현에 각각 수령이 있는데, 향원(鄕愿) 가운데 일 삼기를 좋아하는 무리들이 (가) 을/를 설치하고, 아무 때나 무리 지어 모여서 수령을 헐뜯고 사람을 올리고 내치고, 백성들을 핍박하는 것이 교활한 향리보다 심합니다. 원하건대, 모두 혁거(革去)하여 오랜 폐단을 없애소서."
  – 『태종실록』 –

- 헌납 김대가 아뢰기를, "백성을 괴롭힘은 향리보다 더한 자가 없는데, 수령도 반드시 다 어질 수는 없습니다. 그래서 백성이 편안하게 살 수 없는데, 비록 경재소가 있더라도 귀와 눈이 미치지 못하는 곳은 규명해 낼 수가 없습니다. …… (가) 의 법은 매우 훌륭했습니다만 중간에 폐지하여 이러한 큰 폐단이 생겼으니, 다시 세우는 것이 어떻겠습니까?"라고 하였다.
  – 『성종실록』 –

① 좌수와 별감을 선발하여 운영되었다.
② 대성전을 세워 선현에 제사를 지냈다.
③ 옥당이라고 불리며 경연을 담당하였다.
④ 농민들로 구성된 공동 노동의 작업 공동체였다.
⑤ 매향(埋香) 활동 등 각종 불교 행사를 주관하였다.

18. □□□   50회 21번

(가)에 대한 설명으로 옳은 것은?   [2점]

이 그림은 평양에 새로 부임한 (가) 을/를 환영하는 모습을 묘사한 부벽루연회도입니다. (가) 은/는 감사 또는 방백이라고도 불리었는데, 대개 종2품 이상의 고위 관리가 임명되었습니다.

① 간관으로서 간쟁과 봉박을 담당하였다.
② 6조 직계제의 실시로 권한이 약화되었다.
③ 호장, 기관, 장교, 통인 등으로 분류되었다.
④ 관내 군현의 수령을 감독하고 근무 성적을 평가하였다.
⑤ 출신지의 경재소를 관장하고 유향소 품관을 감독하였다.

19. □□□   58회 25번

(가)에 들어갈 내용으로 옳은 것은?   [2점]

조선 시대 직역(職役)을 맞히는 문제, 이제 마지막 힌트가 공개됩니다.

한국사 퀴즈

1단계 힌트	단안(壇案)이라는 명부에 등록되었다.
2단계 힌트	연조귀감에 연혁이 수록되었다.
3단계 힌트	지방 행정 실무를 담당하였다.
4단계 힌트	(가)

① 상피제의 적용을 받았다.
② 잡과를 통해 선발되었다.
③ 감사 또는 방백이라 불렸다.
④ 이방, 호방 등 6방에 소속되었다.
⑤ 공음전을 경제적 기반으로 삼았다.

20. □□□   42회 21번

(가), (나)에 대한 설명으로 옳은 것은?   [2점]

나는 8도의 부·목·군·현에 파견되는 (가) 입니다. 경국대전에 의하면 임기는 1,800일이고, 원칙적으로 상피제의 적용을 받고 있습니다.

나는 지방 관아에서 행정 실무를 담당하는 (나) 입니다. 고려 때와는 달리 요즘은 외역전도 지급받지 못하고 직무를 수행하고 있습니다. 우리들의 수장을 호장이라고도 부릅니다.

① (가) – 단안(壇案)이라는 명부에 등재되었다.
② (가) – 지방의 행정·사법·군사권을 행사하였다.
③ (나) – 감사, 도백으로도 불렸다.
④ (나) – 장례원(掌隷院)을 통해 국가의 관리를 받았다.
⑤ (가), (나) – 잡과를 통해 선발되었다.

1. ☐☐☐ 3회독 Check   59회 21번

(가), (나) 사이의 시기에 있었던 사실로 옳은 것은? [3점]

> (가) 유자광이 김종직의 조의제문을 구절마다 풀이해서 아뢰기를, "감히 이와 같은 부도한 말을 했으니, 청컨대 법에 의하여 죄를 다스리시옵소서. 이 문집 및 판본을 다 불태워버리고 간행한 사람까지 아울러 죄를 다스리시기를 청합니다."라고 하였다.
>
> (나) 박원종 등이 궐문 밖에 진군하여 대비(大妃)에게 아뢰기를, "지금 임금이 도리를 잃어 정치가 혼란하고, 민생은 도탄에 빠지고, 종사는 위태롭습니다. 진성대군은 대소 신민의 촉망을 받은 지 이미 오래이므로, 이제 추대하고자 하오니 감히 대비의 분부를 여쭙니다."라고 하였다.

① 서인이 반정을 일으켜 정권을 장악하였다.
② 위훈 삭제를 주장한 조광조 일파가 제거되었다.
③ 이인좌를 중심으로 한 일부 소론 세력이 난을 일으켰다.
④ 폐비 윤씨 사사 사건을 빌미로 김굉필 등이 처형되었다.
⑤ 희빈 장씨 소생의 원자 책봉 문제로 환국이 발생하였다.

2. ☐☐☐   54회 21번

(가), (나) 사이의 시기에 있었던 사실로 옳은 것은? [2점]

> (가) 항과 봉은 정씨의 소생이다. 왕은 어머니 윤씨가 폐위되고 죽은 것이 엄씨, 정씨의 참소 때문이라 여기고, 밤에 엄씨, 정씨를 대궐 뜰에 결박하여 놓고 손수 마구 치고 짓밟다가 항과 봉을 불러 엄씨, 정씨를 가리키며 "이 죄인을 치라."라고 하였다. …… 왕은 대비에게 "어찌하여 내 어머니를 죽였습니까?"라고 하며 불손한 말을 많이 하였다.
>
> (나) 이덕응이 진술하였다. "윤임과는 항상 대윤, 소윤이라는 말 때문에 화가 미칠까 우려하여 서로 경계하였을 뿐이었고, 모략에 대해서는 모르겠습니다. …… 윤임이 신에게 '주상이 전혀 소생할 기미가 없으니 만약 대군이 왕위를 계승하여 윤원로가 뜻을 얻게 되면 우리 집안은 멸족당할 것이다.'라고 하였습니다."

① 허적과 윤휴 등 남인이 대거 축출되었다.
② 정여립 모반 사건으로 기축옥사가 일어났다.
③ 신진 인사를 등용하기 위해 현량과가 시행되었다.
④ 조의제문이 발단이 되어 김일손 등이 처형되었다.
⑤ 붕당의 폐해를 경계하기 위해 탕평비가 건립되었다.

3. ☐☐☐   56회 21번

다음 주장이 공통으로 제기된 시기를 연표에서 옳게 고른 것은? [3점]

> ○ 중앙에서는 홍문관 · 육경 · 대간, 지방에서는 감사와 수령이 천거한 사람들을 한 곳에 모아 시험을 치르면 많은 인재를 얻을 수 있을 것입니다. 이는 한(漢)에서 시행한 현량과의 뜻을 이은 것입니다.
>
> ○ 정국공신은 이미 10년이 지난 일이지만 허위가 많았습니다. 공신 기록을 유자광이 홀로 맡아서 이렇게까지 외람되었습니다. 지금 고치지 않으면 개정할 수 없을 것입니다.

1494		1504		1545		1567		1623		1659
	(가)		(나)		(다)		(라)		(마)	
연산군 즉위		갑자 사화		을사 사화		선조 즉위		인조 반정		기해 예송

① (가)   ② (나)   ③ (다)   ④ (라)   ⑤ (마)

4. ☐☐☐   48회 21번

(가)~(라) 사건을 일어난 순서대로 옳게 나열한 것은? [3점]

> (가) 갑자년 봄에, 임금은 어머니가 비명에 죽은 것을 분하게 여겨 그 당시 논의에 참여하고 명을 수행한 신하를 모두 대역죄로 추죄(追罪)하여 팔촌까지 연좌시켰다.
>
> (나) 정문형, 한치례 등이 의논하기를, "지금 김종직의 조의제문을 보니, 차마 읽을 수도 볼 수도 없습니다. …… 마땅히 대역의 죄로 논단하고 부관참시해서 그 죄를 분명히 밝혀 신하들과 백성들의 분을 씻는 것이 사리에 맞는 일이옵니다."라고 하였다.
>
> (다) 정유년 이후부터 조정 신하들 사이에는 대윤이니 소윤이니 하는 말들이 있었다. …… 자전(慈殿)*은 밀지를 윤원형에게 내렸다. 이에 이기, 임백령 등이 고변하여 큰 화를 만들어 냈다.
>
> (라) 언문으로 쓴 밀지에 이르기를, "조광조가 현량과를 설치하자고 청한 것도 처음에는 인재를 얻기 위해서라고 생각했더니 …… 경들은 먼저 그를 없앤 뒤에 보고하라."라고 하였다.
>
> *자전(慈殿): 임금의 어머니

① (가) - (나) - (다) - (라)   ② (가) - (나) - (라) - (다)
③ (나) - (가) - (라) - (다)   ④ (나) - (다) - (가) - (라)
⑤ (다) - (라) - (나) - (가)

5. ☐☐☐ 55회 19번

다음 검색창에 들어갈 왕이 추진한 정책으로 옳은 것은?

[2점]

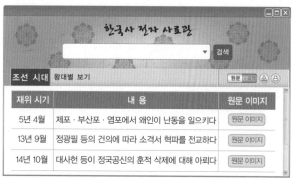

① 조총 부대를 나선 정벌에 파견하였다.
② 4군 6진을 설치하여 북방 영토를 개척하였다.
③ 단종 복위 운동을 계기로 집현전을 폐지하였다.
④ 국가의 의례를 정비한 국조오례의를 편찬하였다.
⑤ 신진 인사를 등용하기 위한 현량과를 실시하였다.

6. ☐☐☐ 62회 26번

밑줄 그은 '임금'의 재위 기간에 있었던 사실로 옳은 것은?

[3점]

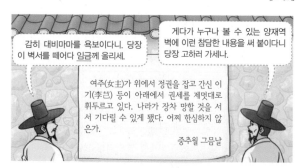

① 사림이 동인과 서인으로 나뉘었다.
② 외척 간의 대립으로 을사사화가 일어났다.
③ 서인이 반정을 일으켜 정권을 장악하였다.
④ 김종직 등 사림이 중앙 정계에 진출하기 시작하였다.
⑤ 폐비 윤씨 사사 사건의 전말이 알려져 김굉필 등이 처형되었다.

7. ☐☐☐ 32회 21번

(가) 인물에 대한 설명으로 옳은 것은? [2점]

① 최초의 서원인 백운동 서원을 건립하였다.
② 양명학을 연구하여 강화학파를 형성하였다.
③ 새로운 인사의 등용을 위해 현량과 실시를 주장하였다.
④ 동호문답을 저술하여 다양한 개혁 방안을 제시하였다.
⑤ 조선경국전을 편찬하여 재상 중심의 정치를 강조하였다.

1. □□□ 3회독 Check

54회 23번

밑줄 그은 '이 전쟁' 중에 있었던 사실로 옳지 <u>않은</u> 것은?

[2점]

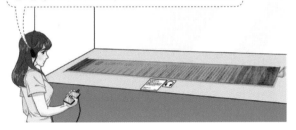

이 자료는 <u>이 전쟁</u>에서 공을 세운 김시민을 선무 2등 공신으로 책봉한 교서입니다. 그는 진주성 전투에서 대승을 거두어 왜군의 보급로를 끊었으며 전라도의 곡창 지대를 지키는 데 기여하였습니다.

① 임경업이 백마산성에서 항전하였다.
② 조명 연합군이 평양성을 탈환하였다.
③ 권율이 행주산성에서 크게 승리하였다.
④ 조헌이 금산에서 의병을 이끌고 활약하였다.
⑤ 이순신이 한산도 앞바다에서 학익진을 펼쳐 승리하였다.

2. □□□

60회 25번

다음 전쟁 중 있었던 사실로 옳은 것은?

[2점]

> 적군은 세 길로 나누어 곧장 한양으로 향했는데, 산을 넘고 물을 건너 마치 사람이 없는 곳에 들어가듯 했다고 한다. 조정에서 지킬 수 있다고 믿은 신립과 이일 두 장수가 병권을 받고 내려와 방어했지만 중도에 패하여 조령의 험지를 잃고, 적이 중원으로 들어갔다. 이로 인해 임금의 수레가 서쪽으로 몽진하고 도성을 지키지 못하니, 불쌍한 백성들은 모두 흉적의 칼날에 죽어가고 노모와 처자식은 이리저리 흩어져 생사를 알지 못해 밤낮으로 통곡할 뿐이었다.
>
> —『쇄미록』—

① 김상용이 강화도에서 순절하였다.
② 임경업이 백마산성에서 항전하였다.
③ 최영이 홍산 전투에서 크게 승리하였다.
④ 곽재우가 의병장이 되어 의령 등에서 활약하였다.
⑤ 신류가 조총 부대를 이끌고 흑룡강에서 전투를 벌였다.

3. □□□

51회 23번

다음 가상 뉴스 이후에 전개된 상황으로 옳은 것은? [2점]

며칠 전 우리 군사들이 명군과 연합하여 일본군으로부터 평양성을 탈환하였습니다. 이번 승리는 불리했던 전세를 역전시킬 계기가 될 것으로 보입니다.

조·명 연합군, 평양성을 탈환하다

① 이순신이 명량에서 대승을 거두었다.
② 최무선이 진포에서 왜구를 격퇴하였다.
③ 신립이 탄금대에서 배수의 진을 치고 싸웠다.
④ 김종서가 6진을 개척하여 영토를 확장하였다.
⑤ 배중손이 삼별초를 이끌고 진도에서 항전하였다.

4. □□□

55회 23번

다음 기사에 보도된 전투 이후의 사실로 옳지 <u>않은</u> 것은?

[3점]

> **역사 신문**
>
> 제△△호　　　　　　　　　○○○○년 ○○월 ○○일
>
> **신립, 탄금대에서 패배**
>
> 삼도 순변사 신립이 이끄는 관군이 탄금대에서 적군에 패배, 충주 방어에 실패하였다. 신립은 탄금대에 배수진을 쳤으나, 고니시 유키나가가 이끄는 적군에게 둘러싸여 위태로운 상황에 놓였다. 신립은 종사관 김여물과 최후의 돌격을 감행하였으나 실패하자 전장에서 순절하였다.

① 김시민이 진주성에서 항쟁하였다.
② 조명 연합군이 평양성을 탈환하였다.
③ 이순신이 한산도에서 대승을 거두었다.
④ 송상현이 동래성 전투에서 항전하였다.
⑤ 권율이 행주산성에서 적군을 격퇴하였다.

5. ☐☐☐ 58회 21번

밑줄 그은 '이 부대'에 대한 설명으로 옳은 것은? [2점]

전시된 그림은 <u>이</u> 부대의 분영인 북일영과 활터의 풍경을 묘사한 김홍도의 작품입니다. 임진왜란 중 유성룡의 건의로 편성된 <u>이</u> 부대는 직업 군인의 성격을 띤 상비군이었습니다.

북일영도

① 용호군과 함께 2군으로 불렸다.
② 진도에서 용장성을 쌓고 항전하였다.
③ 국경 지역인 북계와 동계에 배치되었다.
④ 포수, 살수, 사수의 삼수병으로 편제되었다.
⑤ 국왕의 친위 부대로 수원 화성에 외영을 두었다.

6. ☐☐☐ 61회 24번

밑줄 그은 '전란' 중에 있었던 사실로 옳은 것은? [2점]

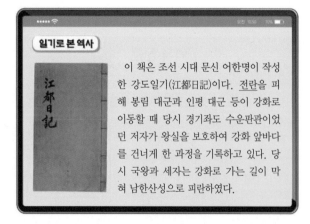

일기로 본 역사

이 책은 조선 시대 문신 어한명이 작성한 강도일기(江都日記)이다. 전란을 피해 봉림 대군과 인평 대군 등이 강화로 이동할 때 당시 경기좌도 수운판관이었던 저자가 왕실을 보호하여 강화 앞바다를 건너게 한 과정을 기록하고 있다. 당시 국왕과 세자는 강화로 가는 길이 막혀 남한산성으로 피란하였다.

① 정문부가 길주에서 의병을 이끌었다.
② 강홍립이 사르후 전투에 참전하였다.
③ 김시민이 진주성에서 적군을 크게 물리쳤다.
④ 임경업이 백마산성에서 적의 침입에 대비하였다.
⑤ 최윤덕이 올라산성에서 이만주 부대를 정벌하였다.

7. ☐☐☐ 57회 21번

밑줄 그은 '이 전쟁' 중에 있었던 사실로 옳은 것은? [2점]

이 비각에는 홍명구 충렬비와 유림 대첩비가 나란히 세워져 있습니다. 홍명구와 유림은 <u>이</u> 전쟁 당시 남한산성에 피란해 있던 국왕을 구하기 위해 근왕병을 이끌고 김화에서 적을 크게 물리쳤습니다.

① 훈련도감이 설치되었다.
② 외규장각 도서가 약탈되었다.
③ 곽재우가 의령에서 의병을 일으켰다.
④ 강홍립이 이끄는 부대가 참전하였다.
⑤ 김준룡이 광교산 전투에서 승리하였다.

8. ☐☐☐ 52회 21번

(가)~(다)를 일어난 순서대로 옳게 나열한 것은? [2점]

(가) 왕은 군사를 일으켜 왕대비를 받들어 복위시킨 뒤 경운궁에서 즉위하였다. 광해군을 폐위시켜 강화로 내쫓고 이이첨 등을 처형한 다음 전국에 대사령을 내렸다.

(나) 용골대 등이 왕을 인도하여 들어가 단 아래에 북쪽을 향해 자리를 마련하고 왕에게 자리로 나아가기를 청하였다. 왕이 세 번 절하고 아홉 번 머리를 조아리는 예를 행하였다.

(다) 왕은 김상용에게 도성의 일을 맡기고 종묘사직의 신주를 받들어 강화로 피난해 들어갔다. 이에 김류, 이귀, 최명길, 김자점 등의 신하들이 모두 따라갔다.

① (가) - (나) - (다)   ② (가) - (다) - (나)
③ (나) - (가) - (다)   ④ (나) - (다) - (가)
⑤ (다) - (가) - (나)

9. □□□   32회 23번

밑줄 그은 '왕'의 업적으로 옳은 것은?   [1점]

> 왕이 이르기를, "양평군 허준은 일찍이 의방(醫方)을 찬집(撰集)하라는 선왕의 특명을 받아 몇 년 동안 자료를 수집하였고, 심지어 유배되어 옮겨 다니는 가운데서도 그 일을 쉬지 않고 하여 이제 비로소 책으로 엮어 올렸다. 이에 생각건대, 선왕 때 명하신 책이 과인이 계승한 뒤에 완성을 보게 되었으니, 내가 비감(悲感)한 마음을 금치 못하겠다. 허준에게 말 한 필을 직접 주어 그 공에 보답하고 속히 간행하도록 하라."라고 하였다.

① 명과 후금 사이에서 중립 외교를 펼쳤다.
② 탕평비를 세워 붕당 정치의 폐해를 경계하였다.
③ 초계문신제를 시행하여 문신들을 재교육하였다.
④ 6조 직계제를 처음 실시하여 왕권을 강화하였다.
⑤ 집현전을 설치하여 인재를 육성하고 편찬 사업을 추진하였다.

10. □□□   50회 23번

밑줄 그은 '왕'이 추진한 정책으로 옳은 것은?   [2점]

> ### 역사 신문
>
> 제△△호   ○○○○년 ○○월 ○○일
>
> #### 호패법 재실시 발표
>
> 금일, 왕이 호패법을 다시 시행하라고 명령하였다. 이는 문란해진 군적을 정비하고 이괄의 난 이후 심상치 않은 백성들의 동태를 점검하기 위한 것으로 보인다. 호패법은 반정(反正) 직후부터 논의되어 왔으나, 새로 군역에 편입될 백성들의 반발을 우려하여 지금까지 시행이 미루어져 왔다.

① 공신에게 공로와 인품에 따라 역분전을 지급하였다.
② 삼정의 문란을 해결하고자 삼정이정청을 설치하였다.
③ 시전 상인의 특권을 축소하는 신해통공을 단행하였다.
④ 전세를 1결당 4~6두로 고정하는 영정법을 제정하였다.
⑤ 1년에 2필씩 걷던 군포를 1필로 줄이는 균역법을 시행하였다.

11. □□□   52회 23번

다음 왕에 대한 설명으로 옳은 것은?   [1점]

① 나선 정벌에 조총 부대를 파견하였다.
② 왕의 친위 부대인 장용영을 설치하였다.
③ 청과의 국경을 정하는 백두산정계비를 세웠다.
④ 역대 문물을 정리한 동국문헌비고를 편찬하였다.
⑤ 수조권이 세습되던 수신전과 휼양전을 폐지하였다.

12. □□□   59회 26번

(가) 기구에 대한 설명으로 옳은 것은?   [2점]

> **역사 용어 해설**
>
> [(가)]
>
> **1. 개요**
>
> 중종 때 삼포 왜란을 계기로 설치되었다. 을묘왜변을 겪으면서 상설 기구화되었고, 양 난을 거치며 국정을 총괄하는 기구로 발전하였다.
>
> **2. 관련 사료**
>
> 중외(中外)의 군국 기무를 모두 관장한다. …… 도제조는 현임과 전임 의정(議政)이 겸하고, 제조는 정원에 제한이 없으며 임금에게 보고하여 임명한다. 이·호·예·병·형조 판서, 양국 대장, 양도 유수, 대제학은 당연히 겸직한다.
>
> – 『속대전』 –

① 업무 일지인 내각일력을 작성하였다.
② 사헌부, 사간원과 함께 3사로 불렸다.
③ 소속 관원을 은대 학사라고도 칭하였다.
④ 흥선 대원군이 집권한 시기에 혁파되었다.
⑤ 국왕 직속 사법 기구로 중죄인을 다스렸다.

1. ☐☐☐ 3회독 Check 51회 25번

밑줄 그은 '이 왕'이 추진한 정책으로 옳은 것은? [2점]

명릉은 이 왕과 왕비인 인현왕후의 무덤입니다. 이 왕에 대해서 알고 있는 사실을 대화 창에 올려 주세요.

ON 대화 창

경신환국 등 여러 차례 환국을 통해서 정국을 주도하였어요.

대동법을 황해도까지 확대 시행하였어요.

① 수도 방어를 위하여 금위영을 창설하였다.
② 국가의 통치 규범인 경국대전을 반포하였다.
③ 청의 요청으로 나선 정벌에 조총 부대를 파견하였다.
④ 농민들의 군역 부담을 줄여주고자 균역법을 시행하였다.
⑤ 유능한 인재를 양성하기 위해 초계문신제를 실시하였다.

2. ☐☐☐ 55회 24번

밑줄 그은 '이 왕'에 대한 설명으로 옳은 것은? [1점]

이것은 이 왕이 농경을 장려하기 위해 세손과 더불어 친경(親耕)과 친잠(親蠶)을 거행하고 그 기쁨을 표현한 경잠기의입니다. 그는 균역법을 제정하여 백성의 군역 부담을 줄여주는 등 민생 안정에 많은 노력을 기울였습니다.

① 조선의 기본 법전인 경국대전을 완성하였다.
② 붕당의 폐해를 경계하기 위한 탕평비를 건립하였다.
③ 시전 상인의 특권을 축소한 신해통공을 실시하였다.
④ 전세를 1결당 4~6두로 고정하는 영정법을 제정하였다.
⑤ 각 궁방과 중앙 관서의 공노비 6만여 명을 해방하였다.

3. ☐☐☐ 52회 25번

다음 왕에 대한 설명으로 옳은 것은? [2점]

왕은 늘 양역의 폐단을 염려하여 군포 한 필을 감하고 균역청을 설치하여 각 도의 어염·은결의 세를 걷어 보충하니, 그 은택을 입은 백성들은 서로 기뻐하였다. 이런 시책으로 화기(和氣)를 끌어 올려 대명(大命)을 이을 만하였다.

① 준천사를 신설하여 홍수에 대비하였다.
② 대외 관계를 정리한 동문휘고를 간행하였다.
③ 전제상정소를 두어 전분 6등법을 제정하였다.
④ 총융청과 수어청을 창설하여 도성을 방어하였다.
⑤ 삼정의 문란을 해결하기 위해 삼정이정청을 두었다.

4. ☐☐☐ 61회 26번

(가) 왕이 추진한 정책으로 옳은 것은? [1점]

서호천을 따라 (가) 의 자취를 느끼다

우리 역사 동아리에서는 (가) 와/과 관련된 유적을 돌아보는 답사 프로그램을 마련하였습니다.

출발 축만제 — 노송지대 — 지지대비 — 도착

왕이 수원 화성 및 장용영 운영을 위해 조성한 둔전의 수리 시설

왕이 현룡원* 식목관에 내탕금을 내려 소나무 등을 심도록 한 곳
*현룡원: 왕의 생부인 사도세자의 무덤

왕의 효심을 기리기 위해 아들 순조가 건립한 비

■ 일시: 2022년 10월 22일 10시
■ 출발 장소: 서호 공원

① 경기도에 한하여 대동법을 시행하였다.
② 군역 부담을 줄이기 위해 균역법을 제정하였다.
③ 육의전을 제외한 시전 상인의 금난전권을 폐지하였다.
④ 제한된 규모의 무역을 허용한 계해약조를 체결하였다.
⑤ 현직 관리에게만 수조권을 지급하는 직전법을 실시하였다.

5. ☐☐☐
59회 24번

(가) 왕이 추진한 정책으로 옳은 것은? [2점]

궁궐 속 역사 이야기

만천명월주인옹 자서

이것은 창덕궁 후원의 존덕정 현판에 새겨져 있는 글이다. (가) 이/가 지은 것으로 군주를 모든 하천에 비치는 달에 비유하여 국왕 중심의 정국 운영을 강조하는 내용이 담겨 있다. 그는 초계문신제를 실시하여 자신의 정책을 뒷받침하는 인재를 양성하고자 하였다.

① 친위 부대로 장용영을 설치하였다.
② 경기도에 한해서 대동법을 실시하였다.
③ 한양을 기준으로 한 역법서인 칠정산을 만들었다.
④ 통치 체제를 정비하기 위해 대전회통을 편찬하였다.
⑤ 직전법을 제정하여 현직 관리에게만 수조권을 지급하였다.

6. ☐☐☐
63회 23번

(가), (나) 사이의 시기에 있었던 사실로 옳은 것은? [3점]

> (가) 처음에 심의겸이 외척으로 권세를 부리니 당시 명망 있는 사람들이 섬겨 따랐다. 그런데 김효원이 전랑(銓郎)이 되어 그들을 배척하자 심의겸의 무리가 그를 미워하니, 점차 사림이 나뉘어 동인과 서인이라는 말이 나오게 되었다.
>
> (나) 기해년에 왕이 승하하자 재신 송시열이 사종(四種)의 설을 인용하여 "대행 대왕은 왕대비에게 서자가 된다. 왕통을 이었으나 장자가 아닌 경우이니 기년복(朞年服)*을 입어야 마땅하다."라고 하였다. 이에 대해 허목 등 신하들은 전거를 들어 다투기를, "대행 대왕은 왕대비에게 서자가 아니라 장자가 된 둘째이니, 삼년복을 입어야 한다."라고 하였다.
>
> *기년복(朞年服): 1년 동안 입는 상복

① 인조반정으로 북인 세력이 몰락하였다.
② 목호룡의 고변으로 옥사가 발생하였다.
③ 양재역 벽서 사건으로 이언적 등이 화를 입었다.
④ 인현 왕후가 폐위되고 남인이 권력을 차지하였다.
⑤ 이인좌를 중심으로 소론 세력 등이 난을 일으켰다.

7. ☐☐☐
68회 26번

다음 상황이 나타난 시기를 연표에서 옳게 고른 것은? [3점]

> ○ 송준길이 아뢰었다. "적처(嫡妻) 소생이라도 둘째부터는 서자입니다. …… 둘째 아들은 비록 왕통을 계승하였더라도 (그를 위해서는) 3년 복을 입어서는 안 됩니다."
>
> ○ 허목이 상소하였다. "장자를 위해 3년 복을 입는다는 것은 위로 쳐서 정체(正體)이기 때문입니다. …… 첫째 아들이 죽어서 적처 소생의 둘째를 세우는 것도 역시 장자라고 부릅니다."

	(가)		(나)		(다)		(라)		(마)	
계유정난		중종반정		을사사화		인조반정		경신환국		이인좌의 난

① (가)　　② (나)　　③ (다)　　④ (라)　　⑤ (마)

8. ☐☐☐
32회 28번

다음 사건 이후에 전개된 사실로 옳은 것은? [3점]

① 외척 간의 대립으로 을사사화가 발생하였다.
② 인현 왕후가 폐위되고 남인이 권력을 장악하였다.
③ 공신 책봉에 불만을 품고 이괄이 반란을 일으켰다.
④ 서인과 남인이 두 차례에 걸쳐 예송을 전개하였다.
⑤ 이조 전랑 임명을 둘러싸고 사림이 동인과 서인으로 나뉘었다.

9. □□□

61회 23번

(가)~(다)를 일어난 순서대로 옳게 나열한 것은?   [3점]

> (가) 임금이 궐내에 있던 기름 먹인 장막을 허적이 벌써 가져갔음을 듣고 노하여 이르기를, "궐내에서 쓰는 것을 마음대로 가져가는 것은 한명회도 못하던 짓이다."라고 하였다. ······ 임금이 허적의 당파가 많아 기세가 당당하다는 말을 듣고 그들을 제거하고자 결심하였다.
>
> (나) 비망기를 내려, "국운이 안정되어 왕비가 복위하였으니, 백성에게 두 임금이 없는 것은 고금을 통한 의리이다. 장씨의 왕후 지위를 거두고 옛 작호인 희빈을 내려 주되, 세자가 조석으로 문안하는 예는 폐지하지 않도록 하라."라고 하였다.
>
> (다) 임금이 말하기를, "송시열은 산림의 영수로서 나라의 형세가 험난한 때에 감히 원자(元子)의 명호를 정한 것이 너무 이르다고 하였으니, 삭탈 관작하고 성문 밖으로 내쳐라. 반드시 송시열을 구하려는 자가 있겠지만, 그런 자는 비록 대신이라 하더라도 용서하지 않을 것이다."라고 하였다.

① (가) - (나) - (다)
② (가) - (다) - (나)
③ (나) - (가) - (다)
④ (나) - (다) - (가)
⑤ (다) - (나) - (가)

10. □□□

55회 20번

다음 상황 이후에 전개된 사실로 옳은 것은?   [3점]

> 선전관 이용준 등이 정여립을 토벌하기 위하여 급히 전주에 내려갔다. 무리들과 함께 진안 죽도에 숨어 있던 정여립은 군관들이 체포하려 하자 자결하였다.

① 이시애가 길주를 근거지로 난을 일으켰다.
② 기축옥사로 이발 등 동인 세력이 제거되었다.
③ 양재역 벽서 사건으로 이언적 등이 화를 입었다.
④ 수양 대군이 김종서 등을 살해하고 권력을 장악하였다.
⑤ 이조 전랑 임명을 둘러싸고 사림이 동인과 서인으로 나뉘었다.

11. □□□

60회 29번

(가) 시기에 있었던 사실로 옳은 것은?   [3점]

① 이괄이 반란을 일으켜 도성을 장악하였다.
② 자의 대비의 복상 문제로 예송이 전개되었다.
③ 왕위 계승을 둘러싸고 왕자의 난이 발생하였다.
④ 이인좌를 중심으로 소론 세력 등이 난을 일으켰다.
⑤ 희빈 장씨 소생의 원자 책봉 문제로 환국이 발생하였다.

1. ☐☐☐ 3회독 Check 〔54회 26번〕

다음 자료의 상황이 나타난 시기에 볼 수 있는 모습으로 적절하지 <u>않은</u> 것은? 　[2점]

> 비변사에서 임금에게 아뢰었다. "삼남에서 특산물로 종이를 바치는 공인이 청원하기를 '승려들의 숫자가 줄어 종이의 양이 부족한데도 각 지방의 군영과 관아에서 먼저 가져갑니다. 이로 인해 중앙에 공물로 납부할 종이가 부족해 공인이 처벌되는 일이 이어지고 있습니다. …… 송상들이 각 사찰에 출입하며 종이를 몰래 사들여 책문에 가서 시장을 만드는 행위를 엄금해 은밀히 국경을 넘는 폐단을 없애 주십시오.'라고 하였습니다."

① 시사(詩社)를 조직하여 활동하는 중인
② 솔빈부의 특산품인 말을 수입하는 상인
③ 여러 장시를 돌며 물품을 판매하는 보부상
④ 저잣거리에서 한글 소설을 읽어 주는 전기수
⑤ 채소, 담배 등의 상품 작물을 재배하는 농민

2. ☐☐☐ 〔59회 25번〕

밑줄 그은 '이 시기'의 문화에 대한 설명으로 옳은 것은? 　[1점]

① 원각사지 십층 석탑이 건립되었다.
② 인왕제색도 등 진경산수화가 그려졌다.
③ 주자소가 설치되어 계미자가 주조되었다.
④ 표면에 백토를 바른 분청사기가 유행하였다.
⑤ 청주 흥덕사에서 직지심체요절이 간행되었다.

3. ☐☐☐ 〔62회 29번〕

밑줄 그은 '시기'에 볼 수 있는 모습으로 옳지 <u>않은</u> 것은? 　[1점]

> 이 그림은 책과 함께 도자기, 문방구 등이 놓인 책가를 그린 책가도입니다. 책가도가 유행한 시기에는 다양한 주제의 민화가 왕실과 사대부뿐만 아니라 서민들에게도 인기를 끌었습니다.

① 판소리를 구경하는 농민
② 탈춤 공연을 벌이는 광대
③ 장시에서 물품을 파는 보부상
④ 한글 소설을 읽어 주는 전기수
⑤ 벽란도에서 인삼을 사는 송의 상인

4. ☐☐☐ 〔53회 24번〕

다음 상황이 나타난 시기에 볼 수 있는 모습으로 적절하지 <u>않은</u> 것은? 　[2점]

> 가만히 살펴보니, 최근 여자들이 서로 다투어 즐겨하는 것이 오직 패설(稗說)*을 숭상하는 일이다. 패설은 날로 달로 증가하여 그 종류가 이미 엄청나게 되었다. 세책가에서는 패설을 깨끗이 필사하여, 빌려 보는 자가 있으면 그 값을 받아서 이익으로 삼는다. 부녀들은 …… [패설을] 서로 다투어 빌려다가 온종일 허비하니 음식이나 술을 어떻게 만드는지, 베를 어떻게 짜는지에 대해서도 모르게 되었다.
>
> － 『번암집』 －
>
> *패설(稗說): 민간에서 떠도는 이야기를 주제로 한 소설

① 담배를 밭에 심고 있는 농민
② 염포의 왜관에서 교역하는 상인
③ 장시에서 탈춤 공연을 벌이는 광대
④ 시사(詩社)를 조직하여 활동하는 중인
⑤ 물주의 자금으로 광산을 경영하는 덕대

5. ☐☐☐ 49회 23번

밑줄 그은 '이 법'에 대한 설명으로 옳은 것은? [1점]

이 법은 공납의 폐단을 해결할 목적으로 경기도와 강원도 지역에서 실시되고 있습니다. 고통받는 백성을 위해 충청도와 전라도에도 이 법을 확대 시행해야 합니다.

그렇다면 충청도에 먼저 시행하시오.

① 양반에게도 군포를 부과하였다.
② 1결당 쌀 4~6두로 납부액을 고정하였다.
③ 비옥도에 따라 토지를 6등급으로 나누었다.
④ 일부 상류층에게 선무군관포를 징수하였다.
⑤ 특산물 대신 쌀, 베, 동전 등으로 납부하게 하였다.

6. ☐☐☐ 57회 23번

밑줄 그은 '이 법'의 영향으로 가장 적절한 것은? [1점]

[한국사 쟁점 토론]
주제: 공납의 개혁, 어떻게 볼 것인가

방납의 폐단으로 농민들이 고통받고 있습니다. 공물을 현물 대신 쌀, 베 등으로 납부하는 이 법이 시행되면 농민들의 부담이 크게 줄어들 것입니다.

하지만 이 법이 시행되면 토지 결수를 기준으로 공물을 납부하게 되어 토지가 많은 지주들의 부담은 크게 늘어납니다.

농민   양반 지주

① 관청에 물품을 조달하는 공인이 등장하였다.
② 어염세, 선박세 등이 국가 재정으로 귀속되었다.
③ 전세를 풍흉에 따라 9등급으로 차등 과세하였다.
④ 양반에게도 군포를 징수하는 호포제가 시행되었다.
⑤ 재정을 보충하기 위해 지주에게 결작이 부과되었다.

7. ☐☐☐ 54회 25번

밑줄 그은 '방책'에 해당하는 내용으로 옳은 것은? [2점]

국왕께서 군포를 2필에서 1필로 감면하라는 명을 내리셨다고 들었습니다.

그렇습니다. 백성들의 군역 부담을 줄이기 위한 조치입니다. 아울러 감면으로 인한 재정 부족 문제를 해결할 수 있는 방책도 마련하라고 하셨습니다.

① 일부 부유한 양민에게 선무군관포를 징수하였다.
② 풍흉에 따라 전세를 9등급으로 차등 과세하였다.
③ 백성들에게 곡식을 빌려주는 진대법을 시행하였다.
④ 수신전, 휼양전 등의 명목으로 세습되는 토지를 폐지하였다.
⑤ 기금을 모아 그 이자로 빈민을 구제하는 제위보를 운영하였다.

8. ☐☐☐ 39회 19번

밑줄 그은 ㉠에 대한 조선의 대외 정책으로 옳은 것을 〈보기〉에서 고른 것은? [2점]

이 작품은 야연사준도로 김종서가 ㉠두만강 일대에 흩어져 살던 야인들을 몰아내고 동북면의 6진을 개척한 뒤의 일화를 그린 것이다. 그림 속에는 연회 중 갑자기 화살이 날아와 큰 술병에 꽂히자, 다른 장수들은 겁을 먹었지만 김종서는 침착하게 연회를 진행하였다는 이야기가 묘사되어 있다.

→ 보기 ←

ㄱ. 강경책의 일환으로 대마도를 정벌하였다.
ㄴ. 경성과 경원에 무역소를 설치하여 회유하였다.
ㄷ. 초량에 왜관을 설치하고 개시 무역을 실시하였다.
ㄹ. 한양에 북평관을 개설하여 조공 무역을 허용하였다.

① ㄱ, ㄴ ② ㄱ, ㄷ ③ ㄴ, ㄷ ④ ㄴ, ㄹ ⑤ ㄷ, ㄹ

9. □□□　　　　　　　　　　　　　　50회 19번

밑줄 그은 '이 나라'에 대한 조선의 정책으로 옳은 것은?
　　　　　　　　　　　　　　　　　　　　　　　[2점]

작품명: 의순관영조도

이 나라 사신이 만력제(신종)의 등극을 알리기 위해 압록강을 건너 의주에 있던 의순관에 도착하는 모습을 그렸다. 조선의 관리들이 예를 갖추어 의순관 앞에서 사신 일행을 맞이하고 있다.

① 광군을 조직하여 침입에 대비하였다.
② 한성에 동평관을 두어 무역을 허용하였다.
③ 정도전을 중심으로 요동 정벌을 추진하였다.
④ 기유약조를 체결하고 부산에 왜관을 설치하였다.
⑤ 포로 송환을 위하여 유정을 회답 겸 쇄환사로 파견하였다.

10. □□□　　　　　　　　　　　　　　55회 26번

(가) 국가에 대한 조선의 정책으로 옳은 것을 〈보기〉에서 고른 것은?　　　　　　　　　　　　　　　　[2점]

그림으로 보는 조선사　　　　　　　　　외교

이것은 기유약조로 교역이 재개된 ［(가)］와/과의 무역 중심지인 초량 일대를 그린 그림이다. 그림 아래 부분의 동관 지역은 ［(가)］ 상인들과 관리들의 집단 거주지였으며, 거류민 관리와 조선과의 교섭 등을 담당하던 관수의 관사(官舍)도 위치해 있었다.

▶▶ 보기 ◀

ㄱ. 막부의 요청에 따라 통신사를 파견하였다.
ㄴ. 한성에 동평관을 두어 무역을 허용하였다.
ㄷ. 하정사, 성절사, 동지사 등 사절단을 보내었다.
ㄹ. 어윤중을 서북 경략사로 임명하여 사무를 관장하였다.

① ㄱ, ㄴ　② ㄱ, ㄷ　③ ㄴ, ㄷ　④ ㄴ, ㄹ　⑤ ㄷ, ㄹ

11. □□□　　　　　　　　　　　　　　53회 25번

밑줄 그은 '이 사절단'에 대한 설명으로 옳은 것은? [2점]

이 해사록은 김세렴이 이 사절단의 부사로 일본에 다녀온 후 작성한 책입니다. 여기에는 쓰시마, 교토를 거쳐 에도까지 간 여정, 당시 일본의 지형과 풍속, 쇼군을 만난 내용 등이 담겨 있습니다.

해사록

① 암행어사의 형태로 비밀리에 파견되었다.
② 해국도지, 영환지략을 국내에 소개하였다.
③ 하정사, 성절사, 천추사 등으로 구분되었다.
④ 막부의 요청으로 파견되어 문물을 전하였다.
⑤ 기기국에서 무기 제조 기술을 습득하고 돌아왔다.

12. ☐☐☐

(가) 국가에 대한 조선의 정책으로 옳은 것은? [2점]

① 정동행성 이문소를 폐지하였다.
② 별무반을 편성하여 침입에 대비하였다.
③ 정기적으로 연행사를 보내 교류하였다.
④ 한성에 동평관을 설치하여 무역을 허용하였다.
⑤ 통신사를 파견하여 조선의 문물을 전파하였다.

13. ☐☐☐

(가) 국가에 대한 조선의 대외 정책으로 옳은 것은? [2점]

입연정도도(入燕程途圖)

① 박위를 파견하여 근거지를 토벌하였다.
② 백두산정계비를 세워 국경을 정하였다.
③ 한성에 동평관을 두어 무역을 허용하였다.
④ 쌍성총관부를 공격하여 철령 이북의 영토를 되찾았다.
⑤ 포로 송환을 위하여 유정을 회답 겸 쇄환사로 파견하였다.

1. ☐☐☐ 3회독 Check　　　43회 29번

밑줄 그은 '이 시기'에 볼 수 있는 모습으로 적절하지 <u>않</u>은 것은?　　[2점]

이곳은 강화도의 용흥궁으로 철종이 왕위에 오르기 전에 살았던 곳이다. 농사를 짓던 그는 헌종이 후사 없이 승하하자 안동 김씨인 순원 왕후의 영향력으로 왕위에 올랐다. 그는 순원 왕후의 수렴청정을 받고, 김문근의 딸을 왕비로 맞이하면서 안동 김씨의 세도에 눌려 제대로 된 정치를 할 수 없었다. 이러한 상황은 소수의 외척 가문이 비변사의 요직을 독점하여 권력을 장악한 <u>이 시기</u>에 왕권이 약화된 모습을 보여준다.

① 이양선의 출몰을 보고하는 수군
② 군정의 문란으로 고통 받는 농민
③ 삼정이정청 설치를 건의하는 관리
④ 조선통보를 주조하는 관청 소속 장인
⑤ 왕조의 교체를 예언한 정감록을 읽고 있는 양반

2. ☐☐☐　　　59회 28번

다음 대화에 나타난 사건에 대한 설명으로 옳은 것은?　　[1점]

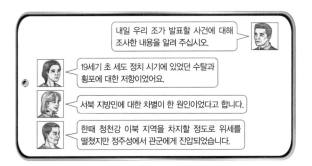
내일 우리 조가 발표할 사건에 대해 조사한 내용을 알려 주십시오.

19세기 초 세도 정치 시기에 있었던 수탈과 횡포에 대한 저항이었어요.

서북 지방민에 대한 차별이 한 원인이었다고 합니다.

한때 청천강 이북 지역을 차지할 정도로 위세를 떨쳤지만 정주성에서 관군에게 진압되었습니다.

① 홍경래, 우군칙 등이 주도하였다.
② 청군이 파병되는 결과를 가져왔다.
③ 제물포 조약이 체결되는 배경이 되었다.
④ 보국안민, 제폭구민을 기치로 내걸었다.
⑤ 박규수가 안핵사로 파견되는 계기가 되었다.

3. ☐☐☐　　　56회 28번

(가) 사건에 대한 설명으로 옳은 것은?　　[1점]

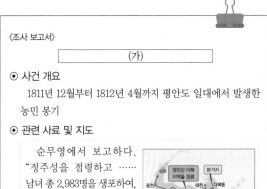

〈조사 보고서〉

　　　　　　　(가)

⊙ 사건 개요
　　1811년 12월부터 1812년 4월까지 평안도 일대에서 발생한 농민 봉기

⊙ 관련 사료 및 지도

순무영에서 보고하다. "정주성을 점령하고 …… 남녀 총 2,983명을 생포하여, 그중 여자와 10세 이하 남자 아이들을 제외한 1,917명을 모두 효수하였습니다." – 『순조실록』 –

① 청의 군대에 의해 진압되었다.
② 척왜양창의를 기치로 내걸었다.
③ 선혜청과 일본 공사관을 공격하였다.
④ 사건 수습을 위해 박규수가 안핵사로 파견되었다.
⑤ 세도 정치기의 수탈과 지역 차별에 반발하여 일어났다.

4. ☐☐☐　　　54회 29번

밑줄 그은 '사건'에 대한 설명으로 옳은 것은?　　[1점]

진주의 난민들이 경상 우병사 백낙신을 협박하고 사람을 참혹하게 죽이는 <u>사건</u>이 일어났다고 합니다.

난민들이 이렇게 극도에 이른 경우는 없었는데, 평소에 잘 위무했다면 어찌 이런 일이 있었겠는가? 박규수를 경상도 안핵사로 내려 보내 사태를 수습토록 하라.

① 청의 군대에 의해 진압되었다.
② 삼정이정청이 설치되는 계기가 되었다.
③ 서북인에 대한 차별에 반발하여 일어났다.
④ 남접과 북접이 연합하여 조직적으로 전개되었다.
⑤ 함경도와 황해도에 방곡령이 선포되는 결과를 가져왔다.

5. ☐☐☐

다음 사건에 대한 설명으로 옳은 것은?　　[2점]

사건 일지

2월 7일	수곡 도회(都會) 주모자 유계춘을 병영에 감금
2월 13일	집안 제사 참석을 요청한 유계춘을 임시 석방
2월 14일	덕천 장시 등에서 농민 시위 전개
2월 18일	목사 홍병원이 사족(士族) 이명윤에게 농민 시위 무마를 부탁하며 정해진 액수 이상으로 세금을 징수하지 않겠다는 문서 전달
2월 19일	우병사 백낙신이 시위를 해산하려 하자 성난 농민들이 그를 포위하여 감금
	⋮

① 남접과 북접이 연합하여 전개되었다.
② 정부와 약조를 맺고 집강소를 설치하였다.
③ 상황 수습을 위해 박규수가 안핵사로 파견되었다.
④ 지역 차별에 반발한 홍경래가 주도하여 봉기하였다.
⑤ 함경도와 황해도에 방곡령이 선포되는 결과를 가져왔다.

6. ☐☐☐

(가) 종교에 대한 설명으로 옳은 것은?　　[1점]

□□ 신문

제△△호　　　　　　　　○○○○년 ○○월 ○○일

해미순교성지, 국제성지로 지정

해미순교성지가 전 세계에 30여 곳밖에 없는 국제성지 가운데 하나로 지정되었다. 병인박해 당시 (가) 신자들이 죽임을 당한 이곳은 한국 근대사에서 중요한 종교적 의미를 지닌 지역이다. 이번 지정을 계기로 남연군 묘 등 여러 역사 유적이 있는 내포 문화권은 더욱 관심을 끌 것으로 기대된다.

① 미륵불이 세상을 구원한다고 예언하였다.
② 동경대전과 용담유사를 경전으로 삼았다.
③ 박중빈을 중심으로 새생활 운동을 전개하였다.
④ 단군 숭배 사상을 통해 민족의식을 고취하였다.
⑤ 청을 다녀온 사신들에 의하여 서학으로 소개되었다.

7. ☐☐☐

(가)~(다)를 일어난 순서대로 옳게 나열한 것은?　　[3점]

(가) 한영규가 아뢰기를, "서양의 간특한 설이 윤리와 강상을 없애고 어지럽히니 어찌 진산의 권상연, 윤지충 같은 자가 또 있겠습니까? 제사를 폐하고 위패를 불태웠으며, 조문을 거절하고 그 부모의 시신을 내버렸으니 그 죄가 매우 큽니다."라고 하였다.

(나) 사헌부에서 아뢰기를, "아! 통분스럽습니다. 이가환, 이승훈, 정약용의 죄가 무거우니 이를 어찌 다 처벌할 수 있겠습니까? 사학(邪學)이란 것은 반드시 나라에 흉악한 화를 가져오고야 말 것입니다."라고 하였다.

(다) 의금부에서, "죄인 남종삼은 명백한 근거도 없이, 러시아에 변란이 있을 것이고 프랑스와 조약을 맺을 계책이 있다면서 사람들을 현혹하였습니다. 감히 나라를 팔아먹고자 몰래 외적을 끌어들이려 하였으니, 그 죄는 만 번을 죽여도 모자랍니다. 죄인이 자백하였습니다."라고 아뢰었다.

① (가) - (나) - (다)　　② (가) - (다) - (나)
③ (나) - (가) - (다)　　④ (나) - (다) - (가)
⑤ (다) - (나) - (가)

8. ☐☐☐

(가) 종교에 대한 설명으로 옳은 것은?　　[1점]

○○신문

○○○○년 ○○월 ○○일

최제우, 경주에서 체포

경상도 일대를 중심으로 교세를 확장하고 있던 (가) 의 교주 최제우가 23명의 제자들과 함께 경주에서 체포되었다. 체포 후 대구의 감영으로 이송되어 현재 문초가 진행되고 있으며, 혹세무민의 죄가 적용되어 효수에 처해질 것으로 보인다.

① 배재 학당을 세워 신학문 보급에 기여하였다.
② 마음속에 한울님을 모시는 시천주를 강조하였다.
③ 일제의 통제에 맞서 사찰령 폐지 운동을 펼쳤다.
④ 간척 사업을 추진하고 새생활 운동을 전개하였다.
⑤ 제사와 신주를 모시는 문제로 정부의 탄압을 받았다.

9. □□□
57회 30번

(가) 종교에 대한 설명으로 옳은 것은? [2점]

외무부 장관께

　몇 달 전부터 서울에서는 　(가)　 교도들에 대한 이야기밖에 없습니다. …… 사흘 전 이들의 대표 21명이 궁궐 문 앞에 모여 엎드려 절하고 상소를 올렸으나 국왕은 상소 접수를 거부하였습니다. 교도들은 처형된 교조 최제우를 복권하고 　(가)　 을/를 인정해 줄 것을 정부에 청원하였습니다. …… 그러나 이는 조선 국왕이 들어줄 수 없는 사안들이었습니다.

조선 주재 프랑스 공사 H. 프랑댕

① 정혜쌍수와 돈오점수를 주장하였다.
② 포접제를 활용하여 교세를 확장하였다.
③ 박중빈을 중심으로 새생활 운동을 추진하였다.
④ 중광단을 조직하여 항일 무장 투쟁을 전개하였다.
⑤ 제사와 신주를 모시는 문제로 정부의 탄압을 받았다.

10. □□□
45회 22번

(가) 신분에 대한 설명으로 옳은 것은? [1점]

① 소속 관청에 신공(身貢)을 바쳤다.
② 매매, 상속, 증여의 대상이 되었다.
③ 원칙적으로 과거에 응시할 수 없었다.
④ 장례원(掌隸院)을 통해 국가의 관리를 받았다.
⑤ 조선 후기 시사(詩社)를 조직해 위항 문학 활동을 하였다.

1. □□□ 3회독 Check   48회 18번

(가)에 대한 설명으로 옳지 <u>않은</u> 것은?   [2점]

조선의 법궁, (가)

- **종목**: 사적 제117호
- **소개**
  이곳은 '군자가 만년토록 큰
  복을 누린다.'라는 뜻을 지닌
  궁궐입니다. 궁궐 안에는 국왕
  의 정무 공간과 왕실의 생활
  공간 등이 조성되어 있습니다.
- **주요 관람 경로**
  광화문 → 근정전 → 사정전
  → 강녕전과 교태전 → 향원정
  → 건청궁 → 경회루

① 고종이 아관 파천 이후 환궁한 곳이다.
② 태조 때 한양으로 천도하면서 창건되었다.
③ 조선 물산 공진회 개최 장소로도 이용되었다.
④ 명성 황후가 일본 낭인들에 의해 시해된 장소이다.
⑤ 일제에 의해 궁궐 안에 조선 총독부 건물이 세워졌다.

2. □□□   44회 35번

(가)에 들어갈 내용으로 옳지 <u>않은</u> 것은?   [1점]

서울의 궁궐 탐방 다섯 번째 이야기

한국 근현대사의 현장, ○○궁을 찾아서

- 주요 건물 - 중화전, 석조전, 중명전, 정관헌, 함녕전, 대한문 외
- 소개 - (가)

① 고종이 아관 파천 이후 환궁한 곳입니다.
② 두 차례의 미소 공동 위원회가 개최되었습니다.
③ 일제의 강압 속에 을사늑약이 체결된 현장입니다.
④ 명성 황후가 일본 낭인들에 의해 시해된 장소입니다.
⑤ 궁궐 안에 남아 있는 가장 오래된 서양식 건물이 있습니다.

3. ☐☐☐

(가) 궁궐에 대한 설명으로 옳은 것은?   [3점]

① 도성 내 서쪽에 있어 서궐로 불리었다.
② 제1차 미소 공동 위원회가 개최되었다.
③ 왕실 도서관인 규장각이 설치된 곳이다.
④ 조선 물산 공진회 개최 장소로 이용되었다.
⑤ 인목 대비가 광해군에 의해 유폐된 장소이다.

4. ☐☐☐

(가) 문화유산에 대한 설명으로 옳은 것은?   [1점]

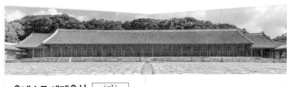

유네스코 세계유산, (가)

■ **종목:** 사적 제125호
■ **소개**
  태조 이성계가 왕실의 정통성을 확립하고 효를 실천하기 위해 한양으로 천도하면서 가장 먼저 짓기 시작한 공간이다. 건축물들은 임진왜란 때 소실되어 1608년에 중건되었다. 정전은 국보 제227호, 영녕전은 보물 제821호로 지정되었다. 1995년 유네스코 세계유산에 등재되었다.
■ **주요 관람 코스**
  향대청 → 재궁 → 전사청 → 정전 → 영녕전

■ **안내도**

① 역대 국왕과 왕비의 신주가 모셔져 있다.
② 공자와 여러 성현들의 위패를 모셔 놓았다.
③ 신농씨와 후직씨에게 풍년을 기원하는 곳이다.
④ 토지와 곡식의 신에게 제사를 지내는 공간이다.
⑤ 일제에 의해 경내에 조선 총독부 청사가 세워졌다.

5. ☐☐☐

(가)~(마)에 대한 설명으로 옳은 것은?   [3점]

① (가) – 역대 국왕과 왕비의 신주를 모신 곳이다.
② (나) – 촉의 장수인 관우를 제사지내는 사당이다.
③ (다) – 흥선 대원군이 집권한 시기에 혁파되었다.
④ (라) – 대성전과 명륜당을 중심으로 구성되어 있다.
⑤ (마) – 국왕이 신농, 후직에게 풍년을 기원하던 곳이다.

6. □□□

(가)~(마)에 대한 탐구 활동으로 적절하지 않은 것은?

[3점]

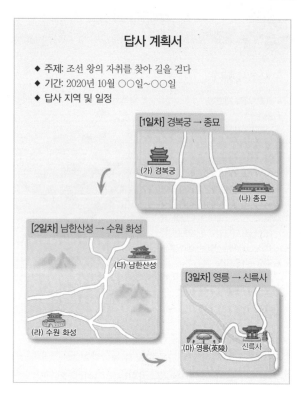

답사 계획서

◆ 주제: 조선 왕의 자취를 찾아 길을 걷다
◆ 기간: 2020년 10월 ○○일~○○일
◆ 답사 지역 및 일정

[1일차] 경복궁 → 종묘
(가) 경복궁
(나) 종묘

[2일차] 남한산성 → 수원 화성
(다) 남한산성
(라) 수원 화성

[3일차] 영릉 → 신륵사
(마) 영릉(英陵) 신륵사

① (가) – 조선 건국 이후 한양으로 천도한 과정을 조사한다.
② (나) – 국왕이 신농, 후직에게 풍년을 기원하던 의례를 검색한다.
③ (다) – 인조가 피신하여 청과 항전을 벌인 과정을 살펴본다.
④ (라) – 장용영 외영의 창설 배경을 알아본다.
⑤ (마) – 훈민정음을 창제한 목적을 파악한다.

7. □□□

(가) 문화유산에 대한 설명으로 옳은 것을 <보기>에서 고른 것은?

[2점]

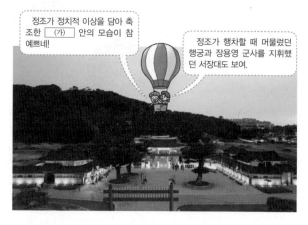

정조가 정치적 이상을 담아 축조한 (가) 안의 모습이 참 예쁘네!

정조가 행차할 때 머물렀던 행궁과 장용영 군사를 지휘했던 서장대도 보여.

» 보기 •

ㄱ. 고종이 아관 파천 이후 환궁한 곳이다.
ㄴ. 포루, 공심돈 등 방어 시설을 갖추었다.
ㄷ. 당백전을 발행하여 건설 비용에 충당하였다.
ㄹ. 정약용이 고안한 거중기 등을 이용하여 축조되었다.

① ㄱ, ㄴ ② ㄱ, ㄷ ③ ㄴ, ㄷ ④ ㄴ, ㄹ ⑤ ㄷ, ㄹ

8. ☐☐☐

(가)에 해당하는 작품으로 옳은 것은? [1점]

①

②

③

④

⑤

9. ☐☐☐

다음 특별전에 전시될 그림으로 가장 적절한 것은? [1점]

①

②

③

④

⑤

10.
☐☐☐

51회 27번

(가) 인물의 작품으로 옳은 것은? [1점]

이 그림은 조선 후기 풍속화가 (가) 이/가 그린 미인도인가요?

혜원 특별전

맞아요. (가) 은/는 이 그림 외에도 양반들의 풍류와 남녀 사이의 애정을 소재로 한 작품을 많이 남겼어요.

① 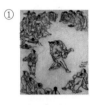　② 　③

④ 　⑤

11.
☐☐☐

54회 24번

(가)에 들어갈 그림으로 옳은 것은? [1점]

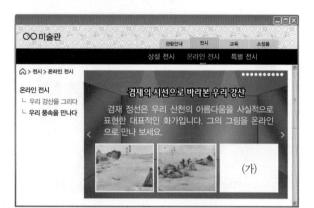

겸재의 시선으로 바라본 우리 강산

겸재 정선은 우리 산천의 아름다움을 사실적으로 표현한 대표적인 화가입니다. 그의 그림을 온라인으로 만나 보세요.

(가)

① 　②

③ 　④

⑤

12. □□□

다음 기사에 보도된 문화유산으로 옳은 것은? [2점]

□□신문

제△△호   2020년 ○○월 ○○일

국민의 품에 안긴 조선 후기 명화

추사 김정희의 대표작이 소장자의 뜻에 따라 ○○박물관에 기증되었다. 그동안 기탁 형태로 관리되었으나 온전히 국가에 귀속된 것이다. 이 작품은 김정희가 제주도 유배 중일 때 사제의 의리를 변함없이 지킨 제자 이상적에게 그려준 것으로, 시서화(詩書畵)의 일치를 추구하였던 조선 시대 문인화의 진수를 보여준다.

①

②

③

④

⑤

1. □□□ 3회독 Check   42회 23번

(가)에 대한 설명으로 옳은 것은?   [1점]

```
파일(E) 편집(E) 보기(V) 즐겨찾기(A) 도구(T) 도움말(H)           _ □ x

                                                ○○교육박물관

  고 대      고 려      조 선     대한제국    일제강점기    대한민국

  전시관 안내          ┌─────── (가) ──────▼┐

                   경국대전에 정원이 200명으로 정해져 있었다.
  교육기관  >       생원·진사인 상재생과 상재생이 모자랄 때 유
                   학(幼學)으로 보충하는 기재생으로 구분되었다.
  교육연표  >       이들에게는 원점(圓點) 300을 얻으면 문과 초
                   시에 응시할 수 있는 자격을 주었는데, 아침·
  소장품목록 >      저녁 식당에 출석하는 것을 원점 하나로 계산해
                   주었다. 재학 연한은 제한되어 있지 않았다.

                   ● 주요 시설
                   ┌────────┐  ┌────────┐
                   │        │  │        │
                   │        │  │        │
                   └────────┘  └────────┘
                     대성전        명륜당

                                           ○인터넷    🔍 ▾  ⊕  🔍 ▾
```

① 좌수와 별감을 선발하여 운영하였다.
② 지방의 사림 세력이 주로 설립하였다.
③ 전국의 부·목·군·현에 하나씩 설립되었다.
④ 최고의 관립 교육 기관으로 성현의 제사도 지냈다.
⑤ 흥선 대원군에 의해 47개소를 제외하고 철폐되었다.

2. □□□   54회 20번

(가) 교육 기관에 대한 설명으로 옳은 것은?   [2점]

이곳은 경기도 수원시에 위치한 조선 시대 지방 교육 기관인 (가) 입니다. 대부분 지방 관아 가까운 곳에 위치하였으며 제향 공간인 대성전, 강학 공간인 명륜당, 기숙사인 동재와 서재 등으로 이루어져 있습니다.

① 전문 강좌인 7재를 운영하였다.
② 풍기 군수 주세붕이 처음 세웠다.
③ 생원과 진사에게 입학 자격을 부여하였다.
④ 중앙에서 교수나 훈도를 파견하기도 하였다.
⑤ 유학을 비롯하여 율학, 서학, 산학을 교육하였다.

3. □□□

(가) 교육 기관에 대한 설명으로 옳은 것은? [1점]

조사 보고서

1. 주제: 조선의 교육 기관 [(가)]을/를 찾아서

2. 개관
   중종 38년(1543) 풍기 군수 주세붕이 처음 건립하였다. 국왕으로부터 현판과 토지, 노비 등을 받기도 하였다. 흥선 대원군에 의해 정리되어 47곳이 남았는데, 이 중 대표적인 9곳이 유네스코 세계 유산으로 등재되었다.

3. 주요 건물 배치도

사당 / 강당 / 서재 / 동재

① 전국의 모든 군현에 하나씩 설치되었다.
② 선현의 제사와 유학 교육을 담당하였다.
③ 전문 강좌인 7재가 설치되어 운영되었다.
④ 중앙에서 교수나 훈도를 교관으로 파견하였다.
⑤ 소과에 합격한 생원, 진사에게 입학 자격이 부여되었다.

4. □□□

(가)~(마)에 대한 설명으로 옳은 것은? [2점]

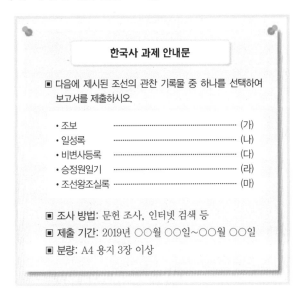

한국사 과제 안내문

■ 다음에 제시된 조선의 관찬 기록물 중 하나를 선택하여 보고서를 제출하시오.

- 조보 ·· (가)
- 일성록 ······································ (나)
- 비변사등록 ······························ (다)
- 승정원일기 ································ (라)
- 조선왕조실록 ···························· (마)

■ 조사 방법: 문헌 조사, 인터넷 검색 등
■ 제출 기간: 2019년 ○○월 ○○일~○○월 ○○일
■ 분량: A4 용지 3장 이상

① (가) – 유네스코 세계 기록 유산으로 등재되었다.
② (나) – 광해군 때부터 기록되기 시작하였다.
③ (다) – 국왕의 비서 기관에서 발행한 관보이다.
④ (라) – 정조가 세손 시절부터 쓴 일기에서 유래하였다.
⑤ (마) – 춘추관 관원들이 편찬 업무에 참여하였다.

5. □□□

(가)~(마)에 들어갈 내용으로 옳은 것은? [2점]

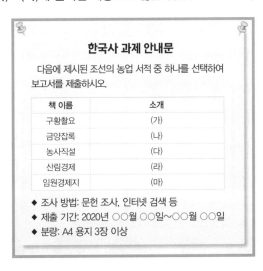

한국사 과제 안내문

다음에 제시된 조선의 농업 서적 중 하나를 선택하여 보고서를 제출하시오.

책 이름	소개
구황촬요	(가)
금양잡록	(나)
농사직설	(다)
산림경제	(라)
임원경제지	(마)

◆ 조사 방법: 문헌 조사, 인터넷 검색 등
◆ 제출 기간: 2020년 ○○월 ○○일~○○월 ○○일
◆ 분량: A4 용지 3장 이상

① (가) – 목화 재배와 양잠 등 중국 화북 지방의 농법 소개
② (나) – 인삼, 고추 등의 상품 작물 재배법과 원예 기술 수록
③ (다) – 정초, 변효문 등이 우리 풍토에 맞는 농법을 종합하여 편찬
④ (라) – 농촌 생활을 위한 백과사전으로 서유구가 저술
⑤ (마) – 강희맹이 손수 농사를 지은 경험과 견문을 종합하여 서술

6. □□□

52회 17번

(가)에 대한 설명으로 옳은 것은? [3점]

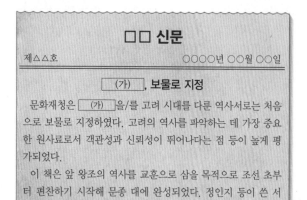

□□ 신문

제△△호 　　　　　○○○○년 ○○월 ○○일

(가) , 보물로 지정

　문화재청은 (가) 을/를 고려 시대를 다룬 역사서로는 처음으로 보물로 지정하였다. 고려의 역사를 파악하는 데 가장 중요한 원사료로서 객관성과 신뢰성이 뛰어나다는 점 등이 높게 평가되었다.
　이 책은 앞 왕조의 역사를 교훈으로 삼을 목적으로 조선 초부터 편찬하기 시작해 문종 대에 완성되었다. 정인지 등이 쓴 서문에서는 사마천이 저술한 사기의 범례를 본받아 편찬하였다고 밝히고 있다.

① 남북국이라는 용어를 처음 사용하였다.
② 세가, 열전, 지, 연표 등의 체제로 구성되었다.
③ 고구려 건국 시조의 일대기를 서사시로 표현하였다.
④ 불교사를 중심으로 고대의 민간 설화를 수록하였다.
⑤ 단군 조선부터 고려 말까지의 역사를 다룬 통사이다.

7. □□□

54회 28번

(가)에 대한 설명으로 옳은 것은? [3점]

　이번 경매 물건은 김정호가 당시 조선의 지도 제작 기술을 집대성하여 만든 (가) 입니다. 10리마다 눈금을 표시하여 거리를 알 수 있게 하였고, 개개의 산보다 산줄기를 표시하는 데 역점을 두었습니다. 또한 군현별로 다른 색이 칠해진 채색본으로는 국내에 유일하게 남아 있는 것입니다.

○○월 경매

① 최초로 100리 척이 적용되었다.
② 전체 22첩의 목판본으로 되어 있다.
③ 우리나라에서 제작된 현존 최고(最古)의 지도이다.
④ 각 지방의 연혁, 산천, 풍속 등이 자세히 나타나 있다.
⑤ 전국의 지리 정보에 주요 인물과 역사적 사실을 병기하였다.

8. □□□

52회 26번

(가)~(마)에 들어갈 내용으로 옳은 것은? [3점]

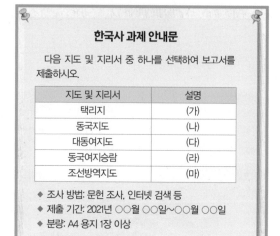

한국사 과제 안내문

　다음 지도 및 지리서 중 하나를 선택하여 보고서를 제출하시오.

지도 및 지리서	설명
택리지	(가)
동국지도	(나)
대동여지도	(다)
동국여지승람	(라)
조선방역지도	(마)

◆ 조사 방법: 문헌 조사, 인터넷 검색 등
◆ 제출 기간: 2021년 ○○월 ○○일~○○월 ○○일
◆ 분량: A4 용지 1장 이상

① (가) - 팔도지리지를 참고하여 성종 때 완성되었다.
② (나) - 정상기가 100리 척을 사용하여 제작하였다.
③ (다) - 한치윤이 500여 종의 자료를 참고하여 편찬하였다.
④ (라) - 복거총론에서 거주지의 이상적인 조건을 제시하였다.
⑤ (마) - 목판으로 인쇄되었으며 10리마다 눈금이 표시되어 있다.

9. □□□

55회 27번

(가)에 해당하는 문화유산으로 옳은 것은? [1점]

나
어제, 오전 9시 30분

#국보 #충청북도 #보은군
#조선 시대 #불교 건축 #부처의 생애

(가)

👍 좋아요 6   💬 댓글 2   ➜ 공유

정유재란으로 소실되었다가 인조 때
중건되었다고 해.

현존하는 유일한 조선 시대 목탑이야.

①
법주사 팔상전

②
화엄사 각황전

③
금산사 미륵전

④
무량사 극락전

⑤
마곡사 대웅보전

10. □□□

53회 21번

(가)에 해당하는 문화유산으로 옳은 것은? [2점]

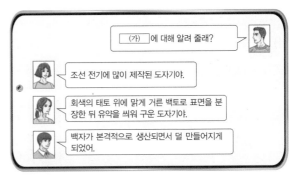

(가) 에 대해 알려 줄래?

조선 전기에 많이 제작된 도자기야.

회색의 태토 위에 맑게 거른 백토로 표면을 분
장한 뒤 유약을 씌워 구운 도자기야.

백자가 본격적으로 생산되면서 덜 만들어지게
되었어.

11. □□□

49회 27번

(가)에 들어갈 문화유산으로 옳은 것은? [1점]

문화유산 소개하기

국보 제258호인 이 자기는 회회청 또는 토청
등의 코발트 안료를 사용하여 만들어진 것입니
다. 이러한 종류의 자기는 조선 전기부터 생산되
었고, 후기에 널리 보급되었습니다.

(가)

①

②

③

④

⑤

1. □□□ 3회독 check   44회 30번

(가) 인물에 대한 설명으로 옳은 것은?   [2점]

이곳은 (가) 이/가 낙향하여 학문 연구에 전념했던 전라북도 부안군의 반계 서당입니다. 그는 이곳에서 제자들을 양성하며 반계수록을 저술하였습니다.

① 정조 때 규장각 검서관으로 활동하였다.
② 동국지리지를 저술하여 삼한의 위치를 고증하였다.
③ 지전설을 주장하여 중국 중심의 세계관을 비판하였다.
④ 연행사를 따라 청에 다녀온 후 열하일기를 집필하였다.
⑤ 자영농 육성을 위해 신분에 따른 토지의 차등 분배를 주장하였다.

2. □□□   57회 25번

(가) 인물에 대한 설명으로 옳은 것은?   [2점]

이 책은 (가) 이/가 학문과 사물의 이치를 논한 글과 제자들의 질문에 응답한 내용을 모아 엮은 성호사설입니다. (가) 은/는 노비 제도의 개혁, 서얼 차별 폐지 등 다양한 개혁안을 제시하였습니다.

성호사설

① 이벽 등과 교류하며 천주교를 받아들였다.
② 북한산비가 진흥왕 순수비임을 고증하였다.
③ 동호문답에서 수취 제도의 개혁 등을 제안하였다.
④ 가례집람을 지어 예학을 조선의 현실에 맞게 정리하였다.
⑤ 곽우록에서 토지 매매를 제한하는 한전론을 주장하였다.

3. □□□   58회 27번

(가) 인물의 활동으로 옳은 것은?   [2점]

답사 보고서

◈ **주제:** 대학자 (가) 의 흔적을 찾아서
◈ **날짜:** 2022년 ○○월 ○○일
◈ **지역:** 경기도 남양주시 일대
◈ **소개:** 흠흠신서, 마과회통 등을 저술한 (가) 은/는 정치·경제 등 여러 분야에 걸쳐 방대한 학문적 업적을 남겼다.
◈ **경로**

여유당   문도사   묘소

① 성호사설에서 한전론을 주장하였다.
② 양반전에서 양반의 허례와 무능을 지적하였다.
③ 의산문답에서 중국 중심의 세계관을 비판하였다.
④ 북학의에서 절약보다 적절한 소비를 권장하였다.
⑤ 경세유표에서 국가 제도의 개혁 방향을 제시하였다.

4. □□□   54회 27번

밑줄 그은 '그'에 대한 설명으로 옳은 것은?   [1점]

시(詩)로 만나는 실학자

육지의 재화는 연경과 통하지 않고
바다의 상인은 왜의 물건을 실어 오지 않네
비유컨대 들판의 우물물과 같아
긷지 않으면 저절로 말라 버리네

[해설] 이 시는 연행사의 일원으로 다녀온 그가 청의 발달한 문물을 경험하고 지은 것이다. 서얼 출신으로 규장각 검서관에 발탁된 그는 시의 내용처럼 재화를 우물물에 비유하며 소비 촉진을 통한 생산력의 증대를 주장하였다.

① 기기도설을 참고하여 거중기를 설계하였다.
② 양명학을 연구하여 강화학파를 형성하였다.
③ 북학의에서 수레와 배의 이용을 권장하였다.
④ 열하일기에서 화폐 유통의 필요성을 강조하였다.
⑤ 우서에서 사농공상의 직업적 평등을 주장하였다.

5. □□□   38회 25번

밑줄 그은 '그'에 대한 설명으로 옳은 것은?   [2점]

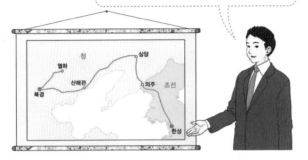

제시된 지도는 그가 연행사를 따라 열하에 이른 경로를 나타낸 것입니다. 연암이라는 호를 쓴 그는 청에서 보고 들은 것을 여행기로 남겼습니다.

① 양명학을 연구하여 강화학파를 형성하였다.
② 서얼 출신으로 규장각 검서관에 임명되었다.
③ 양반전에서 양반의 위선과 무능을 지적하였다.
④ 의산문답에서 중국 중심의 세계관을 비판하였다.
⑤ 우서에서 사농공상의 직업적 평등과 전문화를 내세웠다.

6. □□□   52회 27번

(가) 인물에 대한 설명으로 옳은 것은?   [2점]

(가) 이/가 과학 기술인 명예의 전당에 헌정되었습니다. 그는 천문학에 조예가 깊어 기존의 혼천의를 개량했으며, 그의 학문은 담헌서로 정리되어 오늘날 전해지고 있습니다.

(가) 과학 기술인 명예의 전당에 헌정

① 의산문답에서 무한 우주론을 주장하였다.
② 기기도설을 참고하여 거중기를 설계하였다.
③ 자동 시보 장치를 갖춘 자격루를 제작하였다.
④ 사상 의학을 정립한 동의수세보원을 편찬하였다.
⑤ 서양의 과학 기술을 정리한 지구전요를 저술하였다.

7. □□□   31회 32번

다음 글을 쓴 인물에 대한 설명으로 옳은 것은?   [2점]

> 이미 문벌에 따라 사람을 기용하니, 사람이면 모두 오장(五臟)과 칠규(七竅)가 있는데 어느 어리석은 사람이 양반이나 중인이 되려고 하지 않고, 군보(軍保)의 천역(賤役)을 즐겨 지려 하겠는가? 실 한 가닥이나 쌀 한 톨을 납부하더라도 역을 붙이니 사람들이 반드시 부끄럽게 여긴다.
>
> ― 『우서(迂書)』 ―

① 사농공상의 직업적 평등을 주장하였다.
② 기기도설을 참고하여 거중기를 설계하였다.
③ 사람의 체질을 연구하여 사상 의학을 확립하였다.
④ 북학의를 저술하여 수레와 배의 이용을 권장하였다.
⑤ 천체의 운행과 위치를 측정하는 혼천의를 제작하였다.

8. □□□   62회 28번

(가), (나)를 쓴 인물의 공통점으로 옳은 것은?   [2점]

> (가) 실옹이 웃으며 말하기를, "…… 대저 땅덩이는 하루 동안에 한 바퀴를 도는데, 땅 둘레는 9만 리이고 하루는 12시이다. 9만 리 넓은 둘레를 12시간에 도니 번개나 포탄보다도 더 빠른 셈이다."라고 하였다.
>
> (나) 허생이 말하기를, "우리 조선은 배가 외국과 통하지 못하고, 수레가 국내에 두루 다니지 못하는 까닭에 온갖 물건이 나라 안에서 생산되어 소비되곤 하지 않아. …… 어떤 물건 하나를 슬그머니 독점한다면, 그 물건은 한 곳에 갇혀서 유통되지 못하니 이는 백성을 못살게 하는 방법이야."라고 하였다.

① 갑술환국으로 정계에서 축출되었다.
② 양명학을 연구하여 강화학파를 형성하였다.
③ 서얼 출신으로 규장각 검서관에 기용되었다.
④ 연행사의 일원으로 청에 다녀와 연행록을 남겼다.
⑤ 농민 생활의 안정을 위하여 화폐 사용을 반대하였다.

9. ☐☐☐

(가)~(마)에 들어갈 내용으로 옳은 것은?   [3점]

<온라인 한국사 교양 강좌>

인물로 보는
조선 후기 사회 개혁론

우리 학회에서는 조선 후기 학자들의 다양한 개혁론을 이해하는 교양 강좌를 마련하였습니다. 많은 분들의 관심과 참여 바랍니다.

■ 강좌 안내 ■

제1강 이익,	(가)
제2강 홍대용,	(나)
제3강 박지원,	(다)
제4강 박제가,	(라)
제5강 정약용,	(마)

• 기간: 2021년 ○○월 ○○일~○○월 ○○일
  매주 화요일 16:00
• 방식: 화상 회의 플랫폼 활용
• 주최: ◇◇ 학회

① (가) - 의산문답에서 중국 중심의 세계관을 비판하다
② (나) - 목민심서에서 지방 행정의 개혁안을 제시하다
③ (다) - 열하일기에서 수레와 선박의 필요성을 강조하다
④ (라) - 성호사설에서 사회 폐단을 여섯 가지 좀으로 규정하다
⑤ (마) - 북학의에서 절약보다 적절한 소비를 권장하다

10. ☐☐☐

다음 가상 인터뷰의 주인공에 대한 설명으로 옳은 것은?   [2점]

최근 저술한 조선경국전에 대해 설명해 주십시오.

주례의 6전 체제를 참조하였고, 재상 중심의 정치를 강조하였습니다.

① 불씨잡변을 지어 불교를 비판하였다.
② 칭제 건원과 금국 정벌을 주장하였다.
③ 지공거 출신으로 9재 학당을 설립하였다.
④ 최초의 서원인 백운동 서원을 건립하였다.
⑤ 충청도 지역에 대동법을 실시하자고 건의하였다.

11. ☐☐☐

다음 검색창에 들어갈 인물의 활동으로 옳은 것은? [2점]

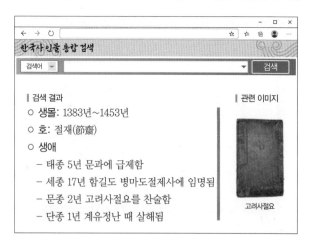

한국사 인물 통합 검색

검색어 ▼ [   ] 검색

검색 결과

○ 생몰: 1383년~1453년

○ 호: 절재(節齋)

○ 생애
　- 태종 5년 문과에 급제함
　- 세종 17년 함길도 병마도절제사에 임명됨
　- 문종 2년 고려사절요를 찬술함
　- 단종 1년 계유정난 때 살해됨

관련 이미지

고려사절요

① 여진을 정벌하고 6진을 개척하였다.
② 불씨잡변을 지어 불교를 비판하였다.
③ 반정 공신의 위훈 삭제를 주장하였다.
④ 왜구의 근거지인 쓰시마섬을 정벌하였다.
⑤ 충청도 지역까지 대동법의 확대 실시를 건의하였다.

12. □□□

52회 20번

(가) 인물에 대한 설명으로 옳은 것은? [2점]

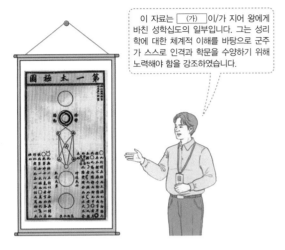

이 자료는 (가) 이/가 지어 왕에게 바친 성학십도의 일부입니다. 그는 성리학에 대한 체계적 이해를 바탕으로 군주가 스스로 인격과 학문을 수양하기 위해 노력해야 함을 강조하였습니다.

① 양명학을 연구하여 강화학파를 형성하였다.

② 일본에 다녀와서 해동제국기를 편찬하였다.

③ 예안 향약을 시행하여 향촌 교화를 위해 노력하였다.

④ 유학 경전을 주자와 달리 해석한 사변록을 저술하였다.

⑤ 가례집람을 저술하여 예학을 조선의 현실에 맞게 정리하였다.

13. □□□

51회 22번

(가) 인물에 대한 설명으로 옳은 것은? [3점]

이곳 파주 자운 서원에는 (가) 의 위패가 모셔져 있습니다. 그는 군주가 수양해야 할 덕목과 지식을 담은 성학집요를 집필하여 임금에게 바쳤으며, 해주 향약 등을 시행하였습니다.

① 불씨잡변을 지어 불교를 비판하였다.

② 노론의 영수로 북벌론을 주장하였다.

③ 양명학을 연구하여 강화학파를 형성하였다.

④ 북한산비가 진흥왕 순수비임을 고증하였다.

⑤ 다양한 개혁 방안을 담은 동호문답을 저술하였다.

14. □□□

39회 29번

다음 인물에 대한 설명으로 옳은 것은? [1점]

역사 인물 카드

• 생몰: 1786년~1856년

• 호: 추사(秋史), 완당(阮堂) 등

• 출신지: 충청남도 예산

• 주요 활동
  – 역대 서체를 연구하여 추사체 창안
  – 제주도 유배 생활 중 세한도를 그림
  – 옹방강, 완원 등 청의 학자들과 교류

① 거중기를 제작하여 수원 화성 건설에 이용하였다.

② 양반전을 지어 양반의 허례와 무능을 풍자하였다.

③ 최초로 100리 척을 활용한 동국지도를 제작하였다.

④ 북학의를 저술하여 수레와 배의 이용을 권장하였다.

⑤ 금석과안록에서 북한산비가 진흥왕 순수비임을 고증하였다.

PART4

시대별/주제별로 기출학습을 끝냈다면, 2024년 이후(69회~73회)의 극최신 기출만 풀어보며
최근 시험에서 더욱 강조되는 시대별 최신경향까지 확인해봅시다!

---

1. ☐☐☐ 3회독 Check   71회 19번

밑줄 그은 '임금'의 재위 시기에 있었던 사실로 옳은 것은? [2점]

> <u>임금</u>이 무악에 이르러서 도읍을 정할 땅을 물색하였다. 좌시중 조준, 우시중 김사형에게 말하였다. "고려 말에 서운관에서 송도의 지덕이 이미 쇠했다는 이유로 여러 번 글을 올려 한양으로 도읍을 옮기자고 하였다. 근래에는 계룡이 도읍할 만한 곳이라 하기에 백성을 공사에 동원하여 힘들게 하였다. 이제 또 여기가 도읍할 만한 곳이라 하여 와서 보니, 유한우 등이 도리어 무악보다는 송도가 더 명당이라고 고집한다. 그대들은 도읍할 만한 곳을 서운관 관리에게 다시 보고받도록 하라."

① 독창적 문자인 훈민정음이 반포되었다.
② 수도 방어를 위하여 금위영이 창설되었다.
③ 조선의 기본 법전인 경국대전이 완성되었다.
④ 왕위 계승을 둘러싸고 왕자의 난이 발생하였다.
⑤ 성삼문 등이 상왕의 복위를 꾀하다가 처형되었다.

---

2. ☐☐☐   72회 19번

(가) 기구에 대한 설명으로 옳은 것은? [3점]

> **도로명으로 보는 역사: 만리재로**
>
>
>
> 이 도로명은 만리재에서 유래한 것이다. 만리재는 조선의 문신 최만리가 살았다고 하여 붙여진 지명이다. 세자의 스승이기도 하였던 최만리는 세종이 학문 연구, 편찬 사업 등을 수행하도록 설치한 ☐(가)☐ 의 부제학으로 활약하였다. 그러나 훈민정음 창제를 반대하는 상소를 올려 세종과 갈등을 빚기도 하였다.

① 은대(銀臺)라고도 불렸다.
② 전문 강좌인 7재를 운영하였다.
③ 고려의 삼사와 같은 기능을 수행하였다.
④ 단종 복위 운동을 계기로 세조에 의해 폐지되었다.
⑤ 대사성을 수장으로 좨주, 직강 등의 관직을 두었다.

---

3. ☐☐☐   71회 22번

(가), (나) 사이의 시기에 있었던 사실로 옳은 것은? [2점]

> (가) 임금이 여러 도(道)에 명을 내렸다. "나라의 운세가 매우 좋지 않아 역적 이괄이 군사를 일으켰는데, 여러 장수들이 좌시하여 수도가 함락되고 말았다. …… 예로부터 반역은 어느 시대에나 있었지만, 이처럼 극도로 흉악한 역적은 없었다. 종사와 자전*을 염려하여 남쪽으로 피란하기로 결정하였다."
>
> (나) 정명수가 심양에 있는 소현 세자의 관소에 와서 용골대의 뜻을 전하기를, "세자가 이곳에 들어온 지가 이미 5년이 되었으니, 어찌 스스로 먹고살 길을 마련하지 않는가. 세자와 인질들에게 어찌 먹고살 식량을 늘 지급해 줄 수가 있겠는가. 경작할 땅을 주어 내년부터 각자 농사를 지어 먹도록 함이 마땅하다."라고 하였다.

*자전(慈殿): 임금의 어머니

① 정문부가 길주에서 의병을 이끌었다.
② 삼수병으로 구성된 훈련도감이 설치되었다.
③ 영창 대군이 사사되고 인목 대비가 유폐되었다.
④ 이덕형이 구원병 요청을 위해 명에 청원사로 파견되었다.
⑤ 김상헌 등이 남한산성에서 화의에 반대하여 항전을 주장하였다.

4. □□□

71회 23번

다음 자료를 활용한 탐구 활동으로 가장 적절한 것은?

[2점]

좌의정 채제공이 왕에게 아뢰었다. "빈둥거리는 무뢰배가 삼삼오오 떼를 지어 스스로 상점을 개설하고 일용품을 거래하는 일이 많아졌습니다. 그들은 큰 물건에서 작은 물건까지 싼값에 억지로 사들이기 일쑤입니다. 혹 물건 주인이 말을 듣지 않으면 난전(亂廛)으로 몰아서 결박하여 형조와 한성부로 끌고 가 혹독한 형벌을 당하도록 합니다. 이 때문에 물건 주인은 본전에서 밑지더라도 어쩔 수 없이 팔고 갑니다. 그리고 무뢰배들은 제각기 가게를 벌여놓고 배나 되는 값을 받습니다. 어쩔 수 없이 사야 하는 사람은 그 가게 외에서는 물건을 구할 수 없기 때문에, 물건 값이 날마다 치솟고 있습니다."

① 계해약조의 체결 과정을 확인한다.
② 오가작통법의 실시 목적을 파악한다.
③ 신해통공을 단행하게 된 배경을 조사한다.
④ 토지 소유자에게 결작을 부과한 이유를 살펴본다.
⑤ 풍흉에 따라 전세를 차등 부과하는 기준을 알아본다.

5. □□□

69회 28번

다음 가상 대화가 이루어진 시기의 사회 모습으로 가장 적절한 것은?

[1점]

① 빈민 구제를 위해 흑창이 설치되었다.
② 원종과 애노가 사벌주에서 봉기하였다.
③ 홍건적의 침입으로 개경이 함락되었다.
④ 지배층을 중심으로 변발과 호복이 유행하였다.
⑤ 안동 김씨 등의 세도 정치로 매관매직이 성행하였다.

6. □□□

73회 22번

(가) 국가에 대한 조선의 정책으로 옳은 것은?

[2점]

그림 속 장소는 창덕궁에 있었던 대보단으로, 임진왜란 때 조선에 원군을 보낸 (가) 의 황제를 기리고자 숙종 대에 건립한 제단입니다. 조선은 이곳에서 제사를 지내 이미 멸망한 (가) 에 대한 의리를 지키고자 하였습니다.

① 나선 정벌에 조총 부대를 파견하였다.
② 하정사, 천추사 등 사절단을 보내었다.
③ 백두산정계비를 세워 국경을 획정하였다.
④ 한성에 동평관을 두어 무역을 허용하였다.
⑤ 공녀를 보내기 위해 결혼도감을 설치하였다.

7. □□□

72회 22번

(가) 사절단에 대한 설명으로 옳은 것은?

[2점]

그림으로 보는 조선 사절단의 여정

『사로승구도』는 1748년 에도 막부의 요청으로 조선이 일본에 파견한 (가) 이/가 부산에서 에도에 이르는 여정을 담은 작품입니다. 일본의 명승지나 사행 중 겪은 인상적인 광경을 30장면으로 표현하였는데, 위 그림은 사절단이 에도로 들어갈 때 보았던 모습을 그린 것입니다.

① 연행사라는 이름으로 보내졌다.
② 암행어사의 형태로 비밀리에 파견되었다.
③ 민영익, 홍영식, 서광범 등이 참여하였다.
④ 사행을 다녀온 여정을 조천록으로 남겼다.
⑤ 관련 기록물이 세계 기록 유산에 등재되었다.

8. ☐☐☐

(가)에 들어갈 작품으로 옳은 것은? [1점]

기획 전시

인재(仁齋) 강희안 특별전

대표 전시 작품

(가)

조선 전기 시·그림·글씨에 모두 뛰어난 것으로 유명하였던 강희안의 대표작으로 간결하고 과감한 필치가 돋보인다.

■기간: 2024년 ○○월 ○○일 ~ ○○월 ○○일
■장소: △△ 박물관 특별 전시실

①

②

③

④

⑤

---

9. ☐☐☐

(가) 인물에 대한 설명으로 옳은 것은? [2점]

① 기해 예송에서 기년설을 주장하였다.
② 지전설을 주장한 의산문답을 집필하였다.
③ 양명학을 연구하여 강화학파를 형성하였다.
④ 역대 명필을 연구하여 추사체를 창안하였다.
⑤ 양반의 허례와 무능을 풍자한 양반전을 지었다.

[해품사의 추천 회독법!]
문제번호 옆 '3회독 Check'에 문제를 풀면서 정확히 알면 'O', 헷갈리면 '△', 아예 모르겠으면 'X'를 표시!

빈출 주제 14 조선 초기의 정치

3회독 Check

1	태종 때 주자소를 설치하여 계미자를 주조하였다.	☐☐☐
2	태종 때 세계 지도인 혼일강리역대국도지도가 제작되었다.	☐☐☐
3	세종 때 삼남 지방의 농법을 소개한 농사직설이 편찬되었다.	☐☐☐
4	세종 때 최윤덕과 김종서를 파견하여 4군 6진을 설치하였다.	☐☐☐
5	세종 때 일본과 제한된 규모의 무역을 허용한 계해약조를 체결하였다.	☐☐☐
6	세종 때 한양을 기준으로 역법을 정리한 칠정산 내편을 제작하였다.	☐☐☐
7	세조 때 성삼문 등이 상왕의 복위를 꾀하다가 처형되었다.	☐☐☐
8	세조 때 현직 관리에게만 수조권을 지급하는 직전법을 시행하였다.	☐☐☐
9	조선 성종 때 국가의 기본 법전인 경국대전이 완성되었다.	☐☐☐
10	조선 성종 때 음악 이론 등을 집대성한 악학궤범이 완성되었다.	☐☐☐
11	사헌부는 5품 이하의 관리 임명에 대한 서경권을 행사하였다.	☐☐☐
12	승정원은 왕명 출납을 담당한 왕의 비서 기관이다.	☐☐☐
13	홍문관은 사헌부, 사간원과 함께 3사로 불렸다.	☐☐☐
14	의금부는 국왕 직속 사법 기구로 강상죄, 반역죄 등을 다루었다.	☐☐☐
15	춘추관은 역사서인 실록을 편찬하고 보관하는 업무를 맡았다.	☐☐☐
16	유향소는 좌수와 별감을 중심으로 운영되었다.	☐☐☐

빈출 주제 15 조선의 사화

17	김종직의 조의제문이 발단이 되어 김일손 등이 화를 입는 무오사화가 발생하였다.	☐☐☐
18	폐비 윤씨 사사 사건을 빌미로 갑자사화가 발생하였다.	☐☐☐
19	조광조가 반정 공신의 위훈 삭제를 주장하였다.	☐☐☐
20	왕실 외척 간의 권력 다툼의 결과 윤임이 제거되는 을사사화가 발생하였다.	☐☐☐
21	중종 때 국방 문제를 논의하기 위해 비변사를 처음으로 설치하였다.	☐☐☐
22	명종 때 기근에 대비하기 위하여 구황촬요가 간행되었다.	☐☐☐
23	조광조는 인재 등용을 위해 현량과의 실시를 건의하였다.	☐☐☐

빈출 주제 16 조선 중기의 정치 및 외세 대응

24	임진왜란 때 송상현이 동래성에서 항전하였다.	☐☐☐
25	임진왜란 때 신립이 탄금대에서 배수의 진을 치고 전투를 벌였다.	☐☐☐
26	임진왜란 때 권율이 행주산성에서 적군을 격퇴하였다.	☐☐☐
27	임진왜란 때 삼수병으로 구성된 훈련도감이 설치되었다.	☐☐☐
28	정묘호란 때 정봉수와 이립이 용골산성에서 항전하였다.	☐☐☐
29	병자호란 때 김상용이 강화도에서 순절하였다.	☐☐☐
30	병자호란 때 김준룡이 광교산 전투에서 승리하였다.	☐☐☐
31	병자호란 때 임경업이 백마산성에서 적의 침입에 대비하였다.	☐☐☐

PART4

빈출 주제 17 조선 후기의 정치 및 붕당의 대립

32	조선 숙종 때 백두산정계비를 세워 청과의 국경을 정하였다.	□□□
33	영조 때 군역의 부담을 줄여주기 위해 균역법을 시행하였다.	□□□
34	영조 때 붕당의 폐해를 경계하기 위한 탕평비가 건립되었다.	□□□
35	영조 때 속대전을 편찬하여 통치 체제를 정비하였다.	□□□
36	정조 때 국왕의 친위 부대인 장용영이 창설되었다.	□□□
37	정조 때 시전 상인의 특권을 축소하는 신해통공을 단행하였다.	□□□
38	정조 때 초계문신제를 시행하여 문신을 재교육하였다.	□□□
39	선조 때 이조 전랑 임명을 둘러싸고 김효원과 심의겸이 대립하며 동인과 서인으로 나뉘었다.	□□□
40	선조 때 정여립 모반 사건을 빌미로 기축옥사가 일어났다.	□□□
41	현종 때 자의 대비의 복상 문제를 놓고 예송이 전개되었다.	□□□
42	조선 숙종 때 희빈 장씨 소생의 원자 책봉 문제로 기사환국이 발생하였다.	□□□

빈출 주제 18 조선 후기의 사회상 및 외교 흐름

43	조선 후기에는 감자, 고구마 등의 구황 작물이 재배되었다.	□□□
44	조선 후기에는 광산을 전문적으로 경영하는 덕대가 나타났다.	□□□
45	조선 후기에는 담배, 면화 등의 상품 작물을 널리 재배하였다.	□□□
46	조선 후기에는 초량 왜관을 통해 일본과 교역하였다.	□□□
47	조선 후기에는 장시에서 탈춤 및 판소리 등의 공연이 이루어졌다.	□□□
48	조선 후기에는 중인이 시사(詩社)를 조직하여 활동하였다.	□□□
49	대동법 시행 이후 특산물 대신 쌀, 베, 동전 등으로 납부하게 하였다.	□□□
50	대동법의 시행 결과 관청에 물품을 조달하는 공인이 등장하는 배경이 되었다.	□□□

51	균역법 시행 이후 재정을 보충하기 위해 토지 1결당 쌀 2두의 결작을 부과하였다.	□□□
52	균역법 시행 이후 부족한 재정 보충을 위해 지주에게 선무군관포를 징수하였다.	□□□

빈출 주제 19 세도 정치기 및 조선의 사회

53	세도 정치기에는 왕조 교체를 예언하는 정감록이 유포되었다.	□□□
54	홍경래의 난은 세도 정치기의 수탈과 지역 차별에 반발하여 일어났다.	□□□
55	홍경래의 난 때 홍경래, 우군칙 등이 봉기하여 정주성을 점령하였다.	□□□
56	임술 농민 봉기의 결과 박규수가 안핵사로 파견되는 계기가 되었다.	□□□
57	임술 농민 봉기 이후 삼정의 문란을 해결하기 위해 삼정이정청이 설치되었다.	□□□
58	순조 때 이승훈, 정약용 등이 처벌받은 신유박해가 발생하였다.	□□□
59	신유박해 직후 황사영이 외국 군대의 출병을 요구하는 백서를 작성하였다.	□□□
60	동학은 『동경대전』과 『용담유사』를 경전으로 삼았다.	□□□
61	정제두는 양명학을 연구하여 강화학파를 형성하였다.	□□□

빈출 주제 20 조선의 문화 1

62	경복궁은 태조가 한양으로 천도하며 창건되었다.	□□□
63	경복궁은 조선 물산 공진회 개최 장소로 이용되었다.	□□□
64	덕수궁 석조전은 제1차 미소 공동 위원회가 개최된 장소이다.	□□□
65	창덕궁은 태종이 도읍을 한양으로 다시 옮기며 건립하였다.	□□□
66	종묘는 역대 국왕과 왕비의 신주를 모신 곳이다.	□□□
67	사직단은 토지와 곡식의 신에게 제사를 지낸 곳이다.	□□□
68	선농단은 국왕이 신농, 후직에게 풍년을 기원한 곳이다.	□□□

90	김정희는 금석과안록에서 북한산비가 진흥왕 순수비임을 고증하였다	□□□

빈출 주제 21 조선의 문화 2

69	성균관은 소과에 합격한 생원, 진사에게 입학 자격을 부여하였다.	□□□
70	향교는 중앙에서 교수나 훈도를 파견하였다.	□□□
71	서원은 풍기 군수 주세붕이 처음 설립하였다.	□□□
72	조선왕조실록은 사초, 시정기 등을 바탕으로 편찬하였다.	□□□
73	동국통감은 단군 조선부터 고려 말까지의 역사를 다룬 통사이다.	□□□
74	발해고에서 남북국이라는 용어가 처음 사용되었다.	□□□
75	대동여지도는 목판으로 인쇄되었으며 10리마다 눈금을 표시하였다.	□□□
76	동국지도는 최초로 100리 척을 적용하였다.	□□□

빈출 주제 22 조선의 실학파 및 인물

77	이익은 곽우록에서 토지 매매를 제한하는 한전론을 제시하였다.	□□□
78	정약용은 경세유표를 집필하여 국가 제도의 개혁 방안을 제시하였다.	□□□
79	정약용은 거중기를 활용하여 수원 화성을 축조하였다.	□□□
80	박제가는 북학의를 저술하여 수레와 배의 이용을 권장하였다.	□□□
81	박지원은 양반전을 지어 양반의 허례와 무능을 풍자하였다.	□□□
82	홍대용은 의산문답에서 지전설과 무한 우주론을 주장하였다.	□□□
83	유수원은 우서에서 사농공상의 직업적 평등을 주장하였다.	□□□
84	정도전은 불씨잡변을 저술하여 불교를 비판하였다.	□□□
85	김종서는 두만강 일대에 6진을 개척하였다.	□□□
86	이황은 성학십도를 지어 군주의 도를 도식으로 설명하였다.	□□□
87	이이는 군주가 수양해야 할 덕목과 지식을 담은 성학집요를 집필하였다.	□□□
88	김육은 충청도 지역에 대동법을 실시하고자 건의하였다.	□□□
89	송시열은 명에 대한 의리를 내세운 기축봉사를 건의하였다.	□□□

5 PART
개항기

시대별 빈출 키워드 연표 흐름강의

27회분 기출의 시대별 고빈출 키워드를 연도별로 싹 모았습니다!
특히 빨간색 키워드는 80% 이상 출제된 최빈출 키워드입니다.

1866~1876

- 병인박해, 제너럴셔먼호 사건, 병인양요(1866)
- 오페르트 도굴 사건(1868)
- 신미양요, 척화비 건립(1871)
- 운요호 사건(1875)
- 강화도 조약(1876)
- 1차 수신사 파견(1876)

1880~1881

- 통리기무아문 설치(1880)
- 2영 개편, 별기군 창설(1881)
- 영선사 파견 시작(1881)
- 조사 시찰단 파견 시작(1881)

1882

- 임오군란
- 조미 수호 통상 조약
- 제물포 조약
- 조청 상민 수륙 무역 장정

1896~1897

- 아관 파천(1896)
- 대한 제국 건립(1897)
- 광무개혁 시작(1897)

1899

- 경인선 개통
- 전차 개통

1904~1905

- 러일 전쟁(1904~1905)
- 한일 의정서(1904)
- 제1차 한일 협약(1904)
- 포츠머스 조약(1905)
- 을사늑약(1905)

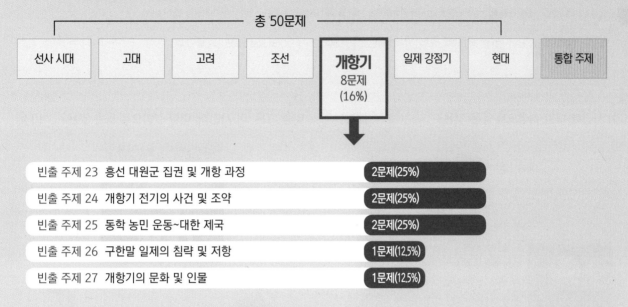

⊘ 시대별 평균 출제 비중 [27회분(73회~47회) 분석 기준]

총 50문제

| 선사 시대 | 고대 | 고려 | 조선 | **개항기**
8문제
(16%) | 일제 강점기 | 현대 | 통합 주제 |

빈출 주제 23	흥선 대원군 집권 및 개항 과정	2문제(25%)
빈출 주제 24	개항기 전기의 사건 및 조약	2문제(25%)
빈출 주제 25	동학 농민 운동~대한 제국	2문제(25%)
빈출 주제 26	구한말 일제의 침략 및 저항	1문제(12.5%)
빈출 주제 27	개항기의 문화 및 인물	1문제(12.5%)

1883
- 보빙사 파견
- 조일 통상 장정
- 원산 학사 설립
- 기기창, 박문국, 전환국 설립

1884~1885
- 갑신정변(1884)
- 한성 조약(1884)
- 톈진 조약(1885)
- 거문도 불법 점령 시작(1885)
- 광혜원 설립(1885)

1894~1895
- 동학 농민 운동(1894)
- 청일 전쟁(1894~1895)
- 1차 갑오개혁(1894)
- 2차 갑오개혁(1894~1895)
- 을미사변(1895)
- 을미개혁(1895)

1907
- 헤이그 특사 파견
- 고종의 강제 퇴위와 정미 7조약
- 정미의병

1909
- 기유각서
- 안중근의 이토 히로부미 저격

| 빈출 주제 23 | 흥선 대원군 집권 및 개항 과정 | 키워드해설편 p.122 |

시대별로 기출문제를 풀며 문제유형과 선지에 익숙해지는 것이 풀이의 핵심입니다! 최소 3번 이상 회독하며 풀어보세요.

[해풀사의 추천 회독법]
문제번호 옆 '3회독 Check'에 문제를 풀면서 정확히 알면 'O', 헷갈리면 '△', 아예 모르겠으면 'X'를 표시!

1. ☐☐☐ 3회독 Check   [53회 30번]

(가) 사건에 대한 설명으로 옳은 것은?   [2점]

□□ 신문

제△△호   ○○○○년 ○○월 ○○일

(가) 을/를 묘사한 희곡,
'조선의 순교자들' 발굴

프랑스 선교사 베르뇌 주교의 순교를 사실적으로 다룬 '조선의 순교자들' 초판 원본이 공개되었다. 베르뇌 주교는 흥선 대원군 집권 시기 천주교 신자들이 탄압 받은 (가) (으)로 새남터에서 처형되었으며, 그의 유해는 현재 절두산 성지에 봉안되어 있다.

베르뇌 주교

① 황사영 백서 사건의 원인이 되었다.
② 김기수가 수신사로 파견되는 결과를 가져왔다.
③ 정부가 청군의 출병을 요구하는 계기가 되었다.
④ 사태 수습을 위해 이용태가 안핵사로 파견되었다.
⑤ 로즈 제독 함대가 강화도를 침입하는 빌미가 되었다.

2. ☐☐☐   [56회 30번]

다음 사건이 일어난 배경으로 옳은 것은?   [2점]

> 양헌수가 은밀히 정족산 전등사로 가서 주둔하였다. ……
> 산 위에서 매복하고 있다가 한꺼번에 북을 치고 나발을 불며 좌우에서 총을 쏘았다. 적장이 총에 맞아 말에서 떨어지고 서양인 10여 명이 죽었다. 달아나는 서양인들을 쫓아가니 그들은 동료의 시체를 옆에 끼고 급히 본진으로 도망갔다.

① 종로와 전국 각지에 척화비가 세워졌다.
② 오페르트가 남연군 묘 도굴을 시도하였다.
③ 위안스카이가 이끄는 군대가 조선에 상륙하였다.
④ 병인박해로 천주교 선교사와 신자들이 처형되었다.
⑤ 김홍집이 가지고 온 조선책략이 국내에 유포되었다.

3. ☐☐☐   [35회 33번]

밑줄 그은 '이 사건'에 대한 설명으로 옳은 것은?   [2점]

한국사 대답 그날을 말하다

이 사건은 로저스 제독이 이끄는 미국 함대가 강화도를 침입하면서 시작되었습니다.

이 사건 당시 조선군은 미군에 맞서 죽음을 무릅쓰고 용감히 싸웠지만 사진 속 '수' 자 기를 빼앗기고 말았습니다.

① 운요호 사건이 원인이 되었다.
② 병인박해가 일어나는 계기가 되었다.
③ 톈진 조약이 체결되는 배경이 되었다.
④ 어재연 부대가 광성보에서 항전하였다.
⑤ 외규장각 도서가 약탈되는 피해를 입었다.

4.
☐☐☐ 54회 31번

밑줄 그은 '사건'이 일어난 시기를 연표에서 옳게 고른 것은?

[2점]

이것은 어재연이 이끈 조선군 수비대가 로저스 제독의 함대에 맞서 광성보에서 격렬히 항전한 <u>사건</u>을 보도한 당시의 미국 신문 기사입니다.

1866		1868		1876		1882		1884		1894
	(가)		(나)		(다)		(라)		(마)	
병인 박해		오페르트 도굴 사건		강화도 조약		조미 수호 통상 조약		한성 조약		청일 전쟁

① (가)　② (나)　③ (다)　④ (라)　⑤ (마)

6.
☐☐☐ 53회 29번

(가) 법전이 편찬된 시기에 볼 수 있는 모습으로 가장 적절한 것은?

[3점]

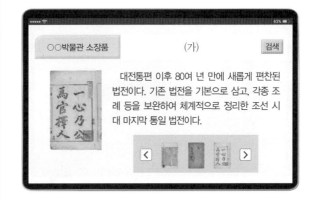

○○박물관 소장품　(가)　검색

대전통편 이후 80여 년 만에 새롭게 편찬된 법전이다. 기존 법전을 기본으로 삼고, 각종 조례 등을 보완하여 체계적으로 정리한 조선 시대 마지막 통일 법전이다.

① 동의보감을 집필하는 의관
② 만동묘 복구를 건의하는 유생
③ 훈민정음을 연구하는 집현전 학자
④ 계해약조의 초안을 작성하는 관리
⑤ 성균관에 탕평비 건립을 명하는 국왕

5.
☐☐☐ 52회 31번

다음 상황 이후에 전개된 사실로 옳은 것은?

[2점]

진무사 정기원의 장계에, "초지와 덕진을 제대로 지키지 못한 것도 저의 불찰인데, 광성보에서는 군사가 다치고 장수가 죽었으니 저의 죄가 더욱 큽니다."라고 하였다. 이에 전교하기를, "병가의 승패는 늘 있는 일이다. 저 흉측한 무리들이 지금 다소 물러가기는 했으나 목전의 방비를 더욱 소홀히 할 수 없다."라고 하였다.

① 평양 관민이 제너럴셔먼호를 불태웠다.
② 로즈 제독의 함대가 양화진을 침입하였다.
③ 오페르트가 남연군 묘 도굴을 시도하였다.
④ 일본 군함 운요호가 영종도를 공격하였다.
⑤ 조선 정부가 프랑스인 선교사들을 처형하였다.

7.
☐☐☐ 54회 30번

(가) 인물에 대한 설명으로 옳은 것은?

[2점]

○ 왕이 말하였다. "요즘에 서원마다 사무를 자손들이 주관하고 붕당을 각기 주장하니, 이로 인한 폐해가 백성들에게 미치는 경우가 많다고 한다. (가) 의 분부대로 서원을 철폐하고 신주를 땅에 묻어 버리는 등의 절차를 거행하도록 전국에 알려라."

○ (가) 에게 군국사무를 처리하라는 명이 내려지자 그는 궐내에서 거처하며 5군영의 군사 제도를 복구하고 군량을 지급하게 하였다. 그리고 난병(亂兵)들을 물러가게 하고 대사면령을 내렸다.

① 친위 부대인 장용영을 설치하였다.
② 나선 정벌을 위해 조총 부대를 파견하였다.
③ 속대전을 편찬하여 통치 체제를 정비하였다.
④ 종로를 비롯한 전국 각지에 척화비를 세웠다.
⑤ 영은문이 있던 자리 부근에 독립문을 건립하였다.

PART5

8. ☐☐☐

밑줄 그은 '시기'에 있었던 사실로 옳은 것은? [2점]

창녕의 관산 서원 터에서 매주(埋主) 시설이 발견되었습니다. 이 시설은 서원에 모셔져 있던 신주를 옹기에 넣고 기와로 둘러싼 뒤 묻은 것입니다. 이번 발굴로 만동묘 철거 이후 서원을 철폐하던 시기에 신주를 어떻게 처리했는지 알 수 있게 되었습니다.

서원 철폐 관련 매주 시설 첫 발견

① 나선 정벌에 조총 부대가 동원되었다.
② 박규수의 건의로 삼정이정청이 설치되었다.
③ 지역 차별에 반발하여 홍경래가 봉기하였다.
④ 제너럴셔먼호 사건을 구실로 미군이 침입하였다.
⑤ 시전 상인의 특권을 축소하는 신해통공이 단행되었다.

9. ☐☐☐

(가), (나) 사이의 시기에 있었던 사실로 옳은 것은? [3점]

(가) 수신사 김기수가 나와 엎드리니 왕이 말하였다. "전선, 화륜과 농기계에 관하여 들은 것은 없는가? 저 나라에서 이 세 가지 일을 제일 급하게 힘쓰고 있다고 하는데, 그러하던가?" 김기수가 "과연 그러하였습니다."라고 아뢰었다.

(나) 어윤중이 동래부 암행어사로 임명되어 왕에게서 받은 봉해진 서신을 열어보니, "일본 조정의 논의와 정국의 형세, 풍속·인물·교빙·통상 등의 대략을 염탐하는 것이 좋겠다. 그러니 너는 일본으로 건너가 크고 작은 일들을 보고 듣되 시간에 구애받지 말고 낱낱이 탐지해서 별도의 문서로 조용히 보고하라."라는 내용이었다.

① 미국에 보빙사가 파견되었다.
② 통리기무아문과 12사가 설치되었다.
③ 운요호가 강화도와 영종도를 무단 침입하였다.
④ 교원 양성을 위해 한성 사범 학교가 설립되었다.
⑤ 프랑스와 조약을 체결하여 천주교 포교가 허용되었다.

10. ☐☐☐

(가) 사절단에 대한 설명으로 옳은 것은? [2점]

이달의 책

음청사는 (가) 로 청에 파견된 김윤식이 쓴 일기이다. 당시 청의 정치·경제·외교·문화 실상은 물론 이홍장과 나눈 대담 등이 기록되어 있어 근대사 연구에 도움이 되고 있다.

『음청사』

① 기기창 설립의 계기가 되었다.
② 회답 겸 쇄환사로 파견되었다.
③ 조선책략을 처음으로 소개하였다.
④ 민영익, 홍영식, 서광범 등이 참여하였다.
⑤ 개화 반대 여론으로 인해 비밀리에 출국하였다.

11. ☐☐☐

(가) 사절단에 대한 설명으로 옳은 것은? [2점]

한국사 동영상 제작 계획안

(가) , 서양의 근대 문물을 직접 목격하다

◆ 기획 의도
미국 공사의 부임에 대한 답례로 파견된 (가) 의 발자취를 통해 근대 문물을 시찰한 과정을 살펴본다.

◆ 장면별 구성
#1. 대륙 횡단 열차를 타고 워싱턴에 도착하다
#2. 뉴욕에서 미국 대통령 아서를 접견하다
#3. 보스턴 만국 박람회를 참관하다
#4. 병원, 전신 회사, 우체국 등을 시찰하다

① 수신사라는 이름으로 보내졌다.
② 조선책략을 들여와 국내에 소개하였다.
③ 기기국에서 무기 제조 기술을 배우고 돌아왔다.
④ 개화 반대 여론을 의식하여 비밀리에 파견되었다.
⑤ 전권대신 민영익과 부대신 홍영식 등으로 구성되었다.

12. □□□ 50회 27번

(가), (나) 문서가 작성된 사이의 시기에 있었던 사실로 옳은 것은? [2점]

> (가) 저들이 비록 왜인이라고는 하나 실은 양적(洋賊)입니다. 화친이 한번 이루어지면 사학(邪學)의 서책과 천주의 초상이 교역하는 속에 섞여 들어오게 되고, 조금 지나면 전도사와 신도가 전수하여 사학이 온 나라에 두루 가득 차게 될 것입니다.
>
> – 지부복궐척화의소 –
>
> (나) 지금 조정에서는 어찌 백해무익한 일을 하여 러시아가 없는 마음을 먹게 하고, 미국이 의도하지 않았던 일을 만들어 오랑캐를 끌어들이려 하십니까? 저 황준헌이라는 자는 스스로 중국에서 태어났다고 하면서도, 일본을 위해 말하고 예수를 좋은 신이라 하며, 난적의 앞잡이가 되어 스스로 짐승과 같은 무리가 되었습니다. 고금천하에 어찌 이런 이치가 있겠습니까?
>
> – 영남 만인소 –

① 김기수가 수신사로 일본에 파견되었다.
② 영국이 거문도를 불법으로 점령하였다.
③ 평양 관민이 제너럴셔먼호를 불태웠다.
④ 거중 조정 조항을 포함한 조약이 체결되었다.
⑤ 양헌수 부대가 정족산성에서 프랑스군을 격퇴하였다.

13. □□□ 47회 31번

다음 가상 대화 이후 전개된 사실로 옳은 것을 <보기>에서 고른 것은? [2점]

현재 조선에 가장 시급한 외교 사안이 무엇이라고 생각하십니까?
김홍집

러시아를 막는 것입니다. 이를 위해서는 중국을 가까이 하고, 일본과 관계를 공고히 하며, 미국과 연계하여 자강을 도모해야 합니다.
황준헌

▸ 보기 ◂

ㄱ. 운요호 사건이 일어났다.
ㄴ. 전국에 척화비가 건립되었다.
ㄷ. 이만손 등이 영남 만인소를 올렸다.
ㄹ. 조미 수호 통상 조약이 체결되었다.

① ㄱ, ㄴ ② ㄱ, ㄷ ③ ㄴ, ㄷ ④ ㄴ, ㄹ ⑤ ㄷ, ㄹ

14. □□□ 31회 34번

(가)~(다) 주장에 대한 설명으로 옳지 않은 것은? [3점]

> (가) 지금 국론이 두 가지 주장으로 맞서 있습니다. 서양의 적을 공격하는 것이 옳다고 말하는 것은 우리나라 쪽 사람의 주장이고, 서양의 적과 화친하는 것이 옳다고 말하는 것은 적국 쪽 사람의 주장입니다. 전자를 따르면 나라 안의 전통이 보전되고, 후자를 따르면 인류가 금수의 지경에 빠질 것입니다.
>
> (나) 저들이 비록 왜인이라고 하지만 본질적으로 서양 오랑캐와 다를 것이 없습니다. 강화가 이루어지면 사악한 서적과 천주교가 다시 들어와 사악한 기운이 온 나라를 덮게 될 것입니다.
>
> (다) 미국으로 말하면 우리가 원래 잘 모르던 나라입니다. …… 만일 그들이 우리나라의 허점을 알고서 우리가 힘이 약한 것을 업신여겨 따르기 어려운 요구를 강요하고 비용을 떠맡긴다면 장차 어떻게 응대하겠습니까?

① (가) – 이항로와 기정진 등이 대표적인 인물이다.
② (가) – 흥선 대원군의 통상 수교 거부 정책을 뒷받침하였다.
③ (나) – 강화도 조약의 체결에 반대하였다.
④ (나) – 단발령과 을미사변을 계기로 제기되었다.
⑤ (다) – 조선책략의 유포로 인해 일어났다.

1.　□□□ 3회독 Check　　51회 32번

밑줄 그은 '이 사건'에 대한 설명으로 옳은 것은?　[1점]

> 개화 정책에 대한 불만과 구식 군인에 대한 차별 대우로 일어난 이 사건에 대해 말해 보자.

> 구식 군인들이 일본 공사관을 공격하였고, 이 과정에서 도시 하층민도 가담했어.

> 고종은 흥선 대원군에게 사태 수습을 맡겼지.

① 김옥균, 박영효 등이 주도하였다.
② 입헌 군주제 수립을 목표로 전개되었다.
③ 통리기무아문이 설치되는 배경이 되었다.
④ 일본 공사관에 경비병이 주둔하는 계기가 되었다.
⑤ 전국 각지에 척화비가 건립되는 결과를 초래하였다.

2.　□□□　　61회 33번

다음 자료에 나타난 사건에 대한 설명으로 옳은 것은?

[2점]

> 발신: 조선 주재 공사 하나부사 요시모토(花房義質)
> 수신: 외무경 이노우에 가오루(井上馨)
>
> 　이달 23일 오후 5시 성난 군중 수백 명이 갑자기 공사관을 습격하여 돌을 던지고 총을 쏘며 방화함. 전력으로 방어한 지 7시간이 지났지만 원병이 오지 않았음. 한쪽을 돌파하여 왕궁으로 가려 해도 성문이 열리지 않았음. …… 성난 군중이 왕궁 및 민태호와 민겸호의 집도 습격했다고 들었음. …… 교관 호리모토 외 8명의 생사는 알 수 없음.

① 전주 화약이 체결되는 계기가 되었다.
② 입헌 군주제 수립을 목표로 전개되었다.
③ 김기수가 수신사로 파견되는 결과를 가져왔다.
④ 구식 군인에 대한 차별 대우가 발단이 되어 일어났다.
⑤ 3일 만에 실패로 끝나 주동자들이 해외로 망명하였다.

3.　□□□　　49회 31번

(가) 사건의 결과로 옳은 것은?　[2점]

1. 대원군을 가까운 시일 안에 돌아오게 하고 청에 조공하는 허례를 폐지할 것.
2. 문벌을 폐지하여 인민 평등의 권리를 제정하고 능력에 따라 관리를 등용할 것.
13. 대신과 참찬은 합문 안 의정소에서 회의하고 왕에게 보고한 후 정령을 반포해서 시행할 것.

> 이것은 개화당이 [(가)] 당시 발표한 개혁 정강의 일부입니다. 개화당은 새로운 정부를 구성하고 이 정강을 내세웠습니다.

① 한성 조약이 체결되었다.
② 신식 군대인 별기군이 창설되었다.
③ 부산 외 두 곳의 항구가 개항되었다.
④ 김윤식이 청에 영선사로 파견되었다.
⑤ 개화 정책을 총괄하는 통리기무아문이 설치되었다.

4.　□□□　　52회 32번

다음 자료에 나타난 사건에 대한 설명으로 옳은 것은?

[2점]

> 이반 셰스타코프 각하
> 　이 사건과 관련하여 저희가 접수한 정보에 따르면 …… 일련의 과정에서 수 명의 조선 고관들이 살해되었습니다. 또한 일본군 호위대가 개입하면서 서울 주재 청국 수비대와의 무력충돌이 일어났으며, 패배한 일본인들은 제물포로 후퇴해야만 했습니다.
> 　　　　　　　　　　　　H. 기르스

① 최익현, 민종식 등이 주도하였다.
② 구본신참에 입각하여 개혁이 추진되었다.
③ 김기수가 수신사로 파견되는 결과를 가져왔다.
④ 외규장각 건물이 불타고 의궤가 약탈당하였다.
⑤ 조선과 일본이 한성 조약을 체결하는 계기가 되었다.

5. ☐☐☐

다음 서술형 평가의 답안에 들어갈 내용으로 옳은 것은?

[3점]

> **서술형 평가** ○학년 ○○반 이름: ○○○
>
> ◎ 밑줄 그은 '이 기구'에서 추진한 정책을 서술하시오.
>
> 이 기구는 변화하는 국내외 정세에 대응하고 개화 정책을 총괄하기 위해 1880년에 설치되었다. 소속 부서로 외교 업무를 담당하는 사대사와 교린사, 중앙과 지방의 군사를 통솔하는 군무사, 외국과의 통상에 관한 일을 맡는 통상사, 외국어 번역을 맡은 어학사, 재정 사무를 담당한 이용사 등 12사가 있었다.
>
> 답안

① 재판소를 설치하여 사법권을 독립시켰다.
② 미국과 합작하여 한성 전기 회사를 설립하였다.
③ 5군영을 2영으로 축소하고 별기군을 창설하였다.
④ 재정 문제를 해결하기 위해 당백전을 주조하였다.
⑤ 교육 입국 조서를 반포하고 외국어 학교 관제를 마련하였다.

6. ☐☐☐

다음 가상 대화의 상황이 나타난 시기를 연표에서 옳게 고른 것은?

[2점]

나으리, 지난 달부터 영국군이 이 섬에 들어와 병영을 짓고 머무르는데 그 이유가 무엇입니까?

영국이 러시아의 남진을 막는다는 구실로 조정의 허락도 없이 점령했다고 들었네.

1871	1876	1884	1895	1904	1909
(가)	(나)	(다)	(라)	(마)	
신미양요	조일 수호 조규	갑신정변	삼국 간섭	한일 의정서	기유각서

① (가) ② (나) ③ (다) ④ (라) ⑤ (마)

7. ☐☐☐

(가)~(라)를 일어난 순서대로 옳게 나열한 것은? [3점]

(가) 의정부에서 아뢰기를, "아문을 설치하는 일에 대해서 이미 연석에서 하교하셨으니 …… 신들이 충분히 상의한 다음 설치하기에 합당한 것을 절목으로 써서 드립니다."라고 하니 [왕이] 알았다고 답하였다. [절목] 1. 아문의 호칭은 통리기무아문으로 한다.

(나) 대원군에게 군국사무를 처리하라는 명이 내려지자 대원군은 궐내에서 거처하며 …… 5군영의 군사 제도를 복구하라는 명령을 내려 군량을 지급하도록 하였다. 그리고 난병들은 물러가라는 명을 내리고 대사면령을 내렸다.

(다) 민영익이 우영사로서 우정국 낙성연에 참가하였다가 흉도 여러 명이 휘두른 칼에 맞아 당상 위로 돌아와 쓰러졌다. …… 왕이 경우궁으로 거처를 옮기자 각 비빈과 동궁도 황급히 따라갔다.

(라) 김윤식이 영국 총영사 아스톤에게 거문도를 점거한 지 3개월이 경과하였을 뿐 아니라 우리나라 조야의 여론이 비등하고 있으므로 속히 섬을 점거하고 있는 군대를 철수시킬 것을 요청하였다.

① (가) – (나) – (다) – (라) ② (가) – (나) – (라) – (다)
③ (나) – (가) – (다) – (라) ④ (나) – (가) – (라) – (다)
⑤ (다) – (나) – (가) – (라)

8. ☐☐☐

다음 검색창에 들어갈 조약에 대한 설명으로 옳은 것은?

[1점]

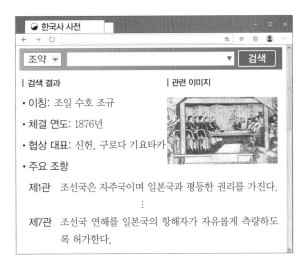

○ 한국사 사전

조약 ▼ [   ] ▼ 검색

검색 결과	관련 이미지
• 이칭: 조일 수호 조규	
• 체결 연도: 1876년	
• 협상 대표: 신헌, 구로다 기요타카	
• 주요 조항	

제1관 조선국은 자주국이며 일본국과 평등한 권리를 가진다.
　　　⋮
제7관 조선국 연해를 일본국의 항해자가 자유롭게 측량하도록 허가한다.

① 최혜국 대우를 최초로 규정하였다.
② 통감부가 설치되는 계기가 되었다.
③ 천주교 포교 허용의 근거가 되었다.
④ 일본 경비병의 공사관 주둔을 명시하였다.
⑤ 부산 외 2곳에 개항장이 설치되는 결과를 가져왔다.

9. ☐☐☐ 45회 31번

(가), (나) 조약에 대한 설명으로 옳은 것은? [2점]

> (가) 제7관 일본국 인민은 본국의 현행 여러 화폐로 조선국 인민이 소유한 물품과 교환할 수 있으며, 조선국 인민은 그 교환한 일본국의 여러 화폐로 일본국에서 생산한 여러 가지 상품을 살 수 있다.
>
> (나) 제6칙 조선국 항구에 거주하는 일본 인민은 양미와 잡곡을 수출, 수입할 수 있다.

① (가) – 임오군란을 계기로 체결되었다.
② (가) – 최혜국 대우를 처음으로 규정하였다.
③ (나) – 조선책략의 영향으로 체결되었다.
④ (나) – 거중 조정에 대한 내용을 포함하였다.
⑤ (가), (나) – 조일 수호 조규의 후속 조치로 체결되었다.

10. ☐☐☐ 68회 32번

해설사가 설명하는 사건이 발생한 시기를 연표에서 옳게 고른 것은? [3점]

> 조선 정부는 이곳에 해관을 설치하고 동래부 거류지의 일본 상인과 거래하는 조선 상인으로부터 세금을 징수하였습니다. 그러자 일본 상인이 조약 위반이라고 반발하였고, 결국 3개월 만에 수세가 중단되었습니다.

	(가)		(나)		(다)		(라)		(마)	
척화비 건립		제차 수신사 파견		영국의 거문도 점령		함경도 방곡령 선포		청일 전쟁 발발		러일 전쟁 발발

① (가)   ② (나)   ③ (다)   ④ (라)   ⑤ (마)

11. ☐☐☐ 53회 35번

밑줄 그은 '장정'에 대한 설명으로 옳은 것은? [3점]

이번 장정의 체결로 우리의 관세권을 일정 부분 회복했다고 하네.

그렇지만 이 장정으로 일본에 최혜국 대우를 인정해 주었다더군.

① 갑신정변의 영향으로 체결되었다.
② 방곡령 시행에 대한 규정을 명시하였다.
③ 일본 공사관에 경비병이 주둔하는 계기가 되었다.
④ 일본인 재정 고문을 두도록 하는 조항을 담고 있다.
⑤ 부산 외 2개 항구를 개항한다는 내용을 포함하였다.

12. ☐☐☐ 44회 34번

다음 조약이 맺어진 배경으로 가장 적절한 것은? [2점]

> 제1조 중국 상무위원은 개항한 조선의 항구에 주재하면서 본국의 상인을 돌본다. …… 중대한 사건을 맞아 조선 관원과 임의로 결정하기가 어려울 경우 북양 대신에게 청하여 조선 국왕에게 공문서를 보내 처리하게 한다.
>
> 제2조 중국 상인이 조선 항구에서 개별적으로 고소를 제기할 일이 있을 경우 중국 상무위원에게 넘겨 심의 판결한다. 이 밖에 재산 문제에 관한 범죄 사건에 조선 인민이 원고가 되고 중국 인민이 피고일 때에도 중국 상무위원이 체포하여 심의 판결한다.

① 영국이 거문도를 불법 점령하였다.
② 청일 전쟁에서 일본이 승리하였다.
③ 구식 군인들이 임오군란을 일으켰다.
④ 시전 상인들이 철시 투쟁을 전개하였다.
⑤ 운요호가 강화도에 접근하여 무력 시위를 벌였다.

13. □□□

51회 30번

(가), (나) 조약에 대한 설명으로 옳은 것을 〈보기〉에서 고른 것은?   [3점]

> (가) **제5관** 미국 상인과 상선이 조선에 와서 무역을 할 때 입출항하는 화물은 모두 세금을 바쳐야 하며, 세금을 거두는 권한은 조선이 자주적으로 행사한다.
>
> (나) **제37관** 조선국에서 가뭄과 홍수, 전쟁 등의 일로 국내에 양식이 부족할 것을 우려하여 일시 쌀 수출을 금지하려고 할 때에는 1개월 전에 지방관이 일본 영사관에 통지하고, 미리 그 기간을 항구에 있는 일본 상인들에게 전달하여 일률적으로 준수하는 데 편리하게 한다.

> **● 보기 ●**
>
> ㄱ. (가) - 최혜국 대우 내용을 포함하였다.
> ㄴ. (가) - 갑신정변의 영향으로 체결되었다.
> ㄷ. (나) - 방곡령 시행에 대한 규정을 명시하였다.
> ㄹ. (나) - 재정 고문을 두도록 하는 조항을 담고 있다.

① ㄱ, ㄴ   ② ㄱ, ㄷ   ③ ㄴ, ㄷ
④ ㄴ, ㄹ   ⑤ ㄷ, ㄹ

1. ☐☐☐ 3회독 Check   50회 33번

(가) 운동에 대한 설명으로 옳은 것은?   [2점]

> 이곳은 공주 우금치 전적으로 (가) 당시 남접과 북접 연합군이 북상하던 중 관군과 일본군을 상대로 격전을 벌인 장소입니다. 우금치는 도성으로 올라가는 길목으로 전략상 매우 중요한 지역이었습니다.

① 이소응, 유인석 등이 주도하였다.
② 황토현에서 전라 감영군을 격파하였다.
③ 한성 조약이 체결되는 결과를 가져왔다.
④ 관민 공동회를 개최하여 헌의 6조를 결의하였다.
⑤ 사건 수습을 위하여 박규수가 안핵사로 파견되었다.

2. ☐☐☐   56회 32번

(가) 시기에 전개된 동학 농민군의 활동으로 옳은 것은?
[2점]

백산 봉기

→ (가) →

전주성 점령

① 황토현에서 관군에 승리하였다.
② 남접과 북접이 논산에서 연합하였다.
③ 우금치에서 일본군과 관군에 맞서 싸웠다.
④ 집강소를 중심으로 폐정 개혁안을 실천하였다.
⑤ 조병갑의 탐학에 저항하여 고부 관아를 습격하였다.

3. ☐☐☐   62회 32번

(가)에 들어갈 내용으로 옳은 것은?   [2점]

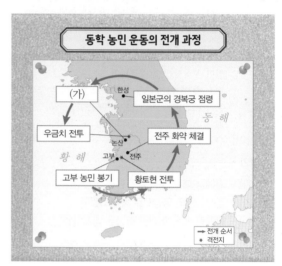

① 교정청 설치
② 전봉준 체포
③ 13도 창의군 결성
④ 안핵사 이용태 파견
⑤ 남접과 북접의 연합

4. ☐☐☐   68회 31번

(가)~(다)를 일어난 순서대로 옳게 나열한 것은?   [2점]

> (가) 고부에서 민란이 다시 일어났다는 소문이 자자합니다. …… 장흥 부사 이용태를 고부군 안핵사로 임명하여 밤새 달려가 엄격히 조사하여 등급을 나누고 구별하여 보고하게 하소서.
>
> (나) 전봉준은 무주 집강소에 다음과 같은 통문을 보냈다. "최근 일본이 경복궁을 침범하였다. 국왕이 욕을 당했으니, 우리들은 마땅히 달려가 목숨을 걸고 의로써 싸워야 한다."
>
> (다) 청국의 간섭을 끊어버리고 우리 대조선국의 고유한 독립 기초를 굳건히 하였는데, 이번에 마관(馬關, 시모노세키) 조약으로 말미암아 세계에 드러나는 빛이 더욱 빛나게 되었다.

① (가) - (나) - (다)   ② (가) - (다) - (나)
③ (나) - (가) - (다)   ④ (나) - (다) - (가)
⑤ (다) - (나) - (가)

5. □□□

49회 34번

다음 대화에 나타난 상황 이후의 사실로 옳은 것은? [3점]

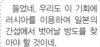

> 며칠 전 러시아, 프랑스, 독일의 압력으로 일본이 청에 랴오둥반도를 반환했다는 소식 들었는가?

> 들었네. 우리도 이 기회에 러시아를 이용하여 일본의 간섭에서 벗어날 방도를 찾아야 할 것이네.

① 조청 상민 수륙 무역 장정을 체결하였다.
② 건양이라는 독자적인 연호를 사용하였다.
③ 행정 기구를 6조에서 8아문으로 개편하였다.
④ 군국기무처를 설치하여 근대적 개혁을 추진하였다.
⑤ 영국이 러시아를 견제하기 위해 거문도를 점령하였다.

6. □□□

56회 29번

다음 사건 이후 추진된 개혁의 내용으로 옳은 것은? [2점]

> 일본군의 엄호 속에 사복 차림의 일본인들이 건청궁으로 침입하였다. 그들은 왕과 왕후의 처소로 달려가 몇몇은 왕과 왕태자의 측근들을 붙잡았고, 다른 자들은 왕후의 침실로 향하였다. 폭도들이 달려들자 궁내부 대신은 왕후를 보호하기 위해 두 팔을 벌려 앞을 가로막아 섰다. …… 의녀가 나서서 손수건으로 죽은 왕후의 얼굴을 덮어 주었다.

① 과거제를 폐지하였다.
② 태양력을 시행하였다.
③ 육영 공원을 설립하였다.
④ 공사 노비법을 혁파하였다.
⑤ 통리기무아문을 설치하였다.

7. □□□

53회 34번

다음 자료에 나타난 사건이 발생한 배경으로 옳은 것은?
[1점]

> 발신: 고무라(일본국 변리공사)
> 수신: 사이온지(일본국 외무대신)
>
> 지난 11일 새벽, 대군주는 급히 외국 공사관에 피신해야 한다는 거짓 밀고를 받았음. 대군주는 몹시 두려워하여 마침내 왕태자와 함께 궁녀들이 타는 가마를 타고 경계의 허술함을 틈타 밖으로 나와 러시아 공사관으로 이어하였으나, 조금도 이를 저지하는 사람이 없었음.

① 을미사변이 일어났다.
② 원수부가 설치되었다.
③ 러일 전쟁이 발발하였다.
④ 한일 신협약이 체결되었다.
⑤ 용암포 사건이 발생하였다.

8. □□□

47회 35번

(가)~(다)를 일어난 순서대로 옳게 나열한 것은? [3점]

> (가) 왕이 경복궁을 나오니 이범진, 이윤용 등이 러시아 공사관으로 옮기게 하였다. 김홍집 등이 군중에게 잡혀 살해되자 유길준, 장박 등은 도주하였다.
>
> (나) 오늘 대군주 폐하께서 내리신 조칙에서 "짐이 신민(臣民)에 앞서 머리카락을 자르니, 너희들은 짐의 뜻을 잘 본받아 만국과 나란히 서는 대업(大業)을 이루라."라고 하셨다.
>
> (다) 광화문을 통해 들어온 일본 병사들은 건청궁으로 침입하였다. …… 일본 장교는 흉악한 일본 자객들이 왕후를 수색하는 것을 도왔다. 자객들은 여러 방을 샅샅이 뒤졌고 마침내 왕후를 찾아내어 시해하였다.

① (가) - (나) - (다)   ② (가) - (다) - (나)
③ (나) - (가) - (다)   ④ (나) - (다) - (가)
⑤ (다) - (나) - (가)

9. ☐☐☐
29회 31번

(가)~(라) 사건을 일어난 순서대로 옳게 나열한 것은?

[3점]

> (가) 조선 주재 일본 공사인 미우라 고로가 일본 군대와 낭인들을 건청궁에 난입시켜 왕비를 시해하였다.
>
> (나) 시모노세키 조약 체결 직후, 러시아 · 프랑스 · 독일의 주일 공사가 외무성을 방문하여 하야시 타다스 외무 차관에게 랴오둥 반도를 청에 돌려줄 것을 요구하였다.
>
> (다) 심순택 등이 왕을 알현하여 여러 차례 황제로 즉위할 것을 진언하였고, 성균관 유생들의 상소도 이어지면서, 왕은 아홉 번의 사양 끝에 이를 수용하였다.
>
> (라) 러시아 장교 4명과 수병(水兵) 100여 명이 공사관 보호를 명목으로 한성에 들어왔고, 왕과 왕태자는 다음날 이른 아침 궁녀의 가마를 타고 위장하여 러시아 공사관으로 처소를 옮겼다.

① (가) – (나) – (다) – (라)   ② (가) – (나) – (라) – (다)
③ (나) – (가) – (다) – (라)   ④ (나) – (가) – (라) – (다)
⑤ (다) – (라) – (가) – (나)

10. ☐☐☐
52회 34번

(가)~(마)에 들어갈 내용으로 옳지 않은 것은?   [2점]

< 청일 전쟁 이후 열강이 침탈한 이권 >

국가	사례
독일	(가)
일본	(나)
미국	(다)
러시아	(라)
프랑스	(마)

① (가) – 당현 금광 채굴권
② (나) – 경부선 철도 부설권
③ (다) – 운산 금광 채굴권
④ (라) – 울릉도 삼림 채벌권
⑤ (마) – 경인선 철도 부설권

11. ☐☐☐
47회 33번

밑줄 그은 '개혁'의 내용으로 옳지 않은 것은?   [3점]

얼마 전에 정부가 교정청을 폐지하고 군국기무처를 설치하여 대대적인 개혁을 단행했다는군.

은 본위제 채택을 포함한 여러 안건을 처리했다고 들었네.

① 과거제를 폐지하였다.
② 연좌제를 금지하였다.
③ 공사 노비법을 혁파하였다.
④ 과부의 재가를 허용하였다.
⑤ 건양이라는 연호를 채택하였다.

12. ☐☐☐
63회 32번

밑줄 그은 '개혁'의 내용으로 옳은 것은?   [3점]

이 그림은 군국기무처에서 회의하는 모습입니다. 그림의 아래쪽에는 총재 김홍집 등 회의에 참여한 관리들의 이름이 적혀 있습니다. 군국기무처는 개혁을 추진하면서 수개월 동안 200여 건의 안건을 의결하였습니다.

① 원수부를 두었다.
② 재판소를 설치하였다.
③ 은본위제를 도입하였다.
④ 태양력을 공식 채택하였다.
⑤ 5군영을 2영으로 통합하였다.

13. □□□   55회 33번

(가)에 들어갈 내용으로 옳은 것은?   [2점]

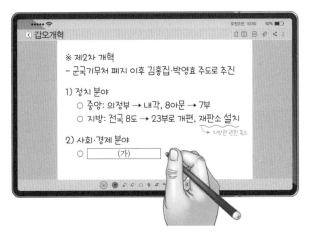

① 지계 발급
② 태양력 사용
③ 한성순보 발행
④ 공사 노비법 폐지
⑤ 교육 입국 조서 반포

14. □□□   52회 35번

밑줄 그은 '개혁'의 내용으로 옳은 것은?   [3점]

① 통리기무아문과 12사를 설치하였다.
② 지방 행정 구역을 8도에서 23부로 개편하였다.
③ 청의 연호를 쓰지 않고 개국기년을 사용하였다.
④ 공사 노비법을 혁파하고 과부의 재가를 허용하였다.
⑤ 6조에서 8아문으로 개편하고 과거제를 폐지하였다.

15. □□□   58회 32번

밑줄 그은 '이 개혁'의 내용으로 옳은 것은?   [2점]

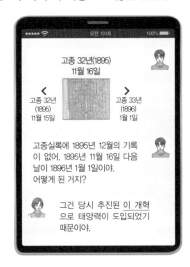

① 지계아문을 설립하였다.
② 대한국 국제를 반포하였다.
③ 건양이라는 연호를 제정하였다.
④ 개혁 추진 기구로 교정청을 설치하였다.
⑤ 군제를 개편하여 5군영을 2영으로 통합하였다.

16. □□□   49회 37번

밑줄 그은 '개혁'에 대한 설명으로 옳은 것은?   [1점]

① 과거제를 폐지하였다.
② 홍범 14조를 반포하였다.
③ 공사 노비법을 혁파하였다.
④ 전국 8도를 23부로 개편하였다.
⑤ 황제 직속의 원수부를 설치하였다.

17. ☐☐☐   62회 31번
밑줄 그은 '개혁'에 해당하는 내용으로 옳은 것은? [2점]

삽화로 보는 한국사

[해설]
　이 그림은 프랑스 일간지에 실린 삽화로 파리 만국 박람회장에 설치된 한국관의 모습을 담고 있습니다. 경복궁 근정전을 재현한 한국관은 당시 언론의 관심을 끌었습니다. 황제로 즉위한 뒤 개혁을 추진하던 고종은 만국 박람회 참가를 통해 대한 제국을 세계에 소개하고, 서구의 산업과 기술을 받아들이고자 하였습니다.

① 건양이라는 연호를 사용하였다.
② 신식 군대인 별기군을 창설하였다.
③ 관립 의학교와 광제원을 설립하였다.
④ 박문국을 설치하여 한성순보를 발간하였다.
⑤ 한일 관계 사료집을 편찬하고 독립 공채를 발행하였다.

18. ☐☐☐   48회 33번
(가)~(다)를 발표된 순서대로 옳게 나열한 것은? [3점]

(가)
1. 지금부터는 국내외의 공사(公私) 문서에 개국기년(開國紀年)을 쓴다.
1. 과부가 재혼하는 것은 귀천을 막론하고 자신의 의사대로 하게 한다.
1. 공노비와 사노비에 관한 법을 일체 혁파하고 사람을 사고 파는 일을 금지한다.

(나)
이번 단발은 위생에 이익이 되고 일을 할 때 편하기 위하여 우리 성상 폐하께서 정치 개혁과 국가의 부강함을 도모하고자 솔선하여 표준을 보이심이라. 무릇 우리 대조선국 인민은 이와 같은 성의를 본받되 의관 제도는 다음과 같이 고시함.
1. 망건은 폐지함
1. 의복 제도는 외국 제도를 채용하여도 무방함

(다)
제1조 원수부는 국방과 용병과 군사에 관한 각 항의 명령을 관장하며 특별히 세운 권한을 가지고 군부와 경외(京外)의 각 부대를 지휘 감독한다.
제2조 모든 명령은 대원수 폐하가 원수 전하를 경유하여 하달한다.
제3조 원수부는 황궁(皇宮) 내에 설치한다.

① (가) – (나) – (다)　　　② (가) – (다) – (나)
③ (나) – (가) – (다)　　　④ (나) – (다) – (가)
⑤ (다) – (나) – (가)

19. ☐☐☐   51회 34번
(가)~(다)를 발표된 순서대로 옳게 나열한 것은? [3점]

(가)
1. 문벌, 양반과 상인들의 등급을 없애고 귀천에 관계없이 인재를 선발하여 등용한다.
1. 공노비와 사노비에 관한 법을 일체 혁파하고 사람을 사고파는 일을 금지한다.

(나)
1. 청나라에 의존하는 생각을 끊어 버리고 자주 독립의 기초를 튼튼히 세운다.
1. 왕실 사무와 국정 사무는 반드시 분리시켜 서로 뒤섞지 않는다.

(다) 대군주 폐하께서 내리신 조칙에서 "짐이 신민(臣民)에 앞서 머리카락을 자르니, 너희들은 짐의 뜻을 잘 본받아 만국과 나란히 서는 대업을 이루라."라고 하셨다.

① (가) – (나) – (다)　　　② (가) – (다) – (나)
③ (나) – (가) – (다)　　　④ (나) – (다) – (가)
⑤ (다) – (나) – (가)

20. ☐☐☐   57회 31번
(가) 단체에 대한 설명으로 옳은 것은? [2점]

서울시는 고가도로 건설을 위해 독립문 이전을 결정하였습니다. 독립문은 서재필 등이 중심이 되어 창립한 ⬚(가)⬚ 이/가 왕실과 국민의 성금을 모아 세웠습니다. 중국 사신을 맞이하던 영은문 자리 부근에 있는 독립문은 이번 결정으로 원래 자리에서 약 70미터 떨어진 공터로 이전할 예정입니다.

① 만세보를 발행하여 민중 계몽에 앞장섰다.
② 고종의 강제 퇴위 반대 운동을 전개하였다.
③ 여성 권리 선언문인 여권통문을 공표하였다.
④ 독립운동 자금 마련을 위해 독립 공채를 발행하였다.
⑤ 만민 공동회를 열어 열강의 이권 침탈을 저지하였다.

21. □□□

(가) 단체의 활동으로 옳은 것은?　　　　[2점]

아들아, 제중원 의학교 1회 졸업생이 된 것을 축하한다. 백정의 아들로 태어나 차별을 극복하고 의사가 된다니 정말 자랑스럽구나.

10년 전 (가) 이/가 주관한 관민 공동회 개회식에서 당당하게 충군 애국의 뜻을 밝히신 아버지의 연설에 감명을 받아 열심히 공부할 수 있었습니다.

① 일제의 황무지 개간권 요구를 저지하였다.
② 중추원 개편을 통한 의회 설립을 추진하였다.
③ 농촌 계몽을 위한 브나로드 운동을 전개하였다.
④ 외교 활동을 펼치기 위해 구미 위원부를 설치하였다.
⑤ 여성의 평등한 권리를 주장하는 여권통문을 발표하였다.

22. □□□

(가) 단체에 대한 설명으로 옳은 것은?　　　　[1점]

> **이달의 독립운동가**
>
> ## 국권을 지키기 위해 노력한 남궁억
>
> • 생몰년: 1863~1939
>
> • 생애 및 활동
>
> 　서울 정동에서 태어났다. 동문학에서 교육을 받았다. 1896년 서재필 등과 함께 (가) 을/를 창립하여 활동하였다.
>
> 　(가) 의 의회 설립 운동이 공화제를 수립하려는 것이라는 의심을 받아 이상재 등과 함께 체포되었다. 러시아와 일본의 한국 침략을 고발하는 논설과 기사를 실은 황성신문 사장을 역임하였다. 정부는 그의 공훈을 기려 건국 훈장 독립장을 추서하였다.

① 고종의 강제 퇴위 반대 운동을 전개하였다.
② 일제가 조작한 105인 사건으로 와해되었다.
③ 영은문이 있던 자리 부근에 독립문을 건립하였다.
④ 광주 학생 항일 운동의 진상 조사단을 파견하였다.
⑤ 독립운동 자금 마련을 위해 독립 공채를 발행하였다.

PARTS

1. ☐☐☐ 3회독 Check | 34회 35번

(가)~(다)를 체결된 순서대로 옳게 나열한 것은? [2점]

> (가)
> • 대한 정부는 대일본 정부가 추천한 외국인 1명을 외교 고문으로 삼아 외부(外部)에 용빙하여 외교에 관한 주요 사무는 일체 그의 의견을 물어서 시행해야 한다.
> • 대한 정부는 외국과 조약을 체결하거나 기타 중요한 외교 안건 즉 외국인에 대한 특권 양여와 계약 등의 문제 처리에 관해서는 미리 대일본 정부와 상의해야 한다.

> (나)
> 제2조 러시아 제국 정부는 일본국이 한국에서 정치상, 군사상 및 경제상의 탁절(卓絶)한 이익을 갖는다는 것을 승인하고, 일본 제국 정부가 한국에서 필요하다고 인정하는 지도, 보호 및 감리의 조치를 취함에 있어 이를 방해하거나 간섭하지 않을 것을 약정한다.

> (다)
> 제4조 제3국의 침해나 혹은 내란으로 인하여 대한 제국 황실의 안녕과 영토 보전에 위험이 있을 경우에 대일본 제국 정부는 …… 군사 전략상 필요한 지점을 정황에 따라 차지하여 이용할 수 있다.

① (가) – (나) – (다)
② (가) – (다) – (나)
③ (나) – (가) – (다)
④ (나) – (다) – (가)
⑤ (다) – (가) – (나)

2. ☐☐☐ | 64회 35번

밑줄 그은 '전쟁' 중에 있었던 사실로 옳지 않은 것은? [3점]

① 일본이 독도를 불법적으로 편입하였다.
② 일본과 미국이 가쓰라·태프트 밀약을 맺었다.
③ 일본인 메가타가 대한 제국의 재정 고문으로 초빙되었다.
④ 대한 제국이 기유각서를 통해 일제에 사법권을 박탈당하였다.
⑤ 군사 전략상 필요한 지역을 일본에 제공하는 한일 의정서가 강요되었다.

3. ☐☐☐ | 50회 34번

다음 사건이 전개된 결과로 옳은 것은? [2점]

> ### 사건 일지
> 11월 10일 이토, 고종에게 일왕의 친서 전달
> 11월 15일 이토, 고종을 접견하고 협상 초안 제출
> 11월 16일 이토, 대한 제국 대신들에게 조약 체결 강요
> 11월 17일 일본군을 동원한 강압적 분위기 속에서 조약 체결 진행
> 11월 18일 이토, 외부인(外部印)을 탈취하여 고종의 윤허 없이 조인

① 대한국 국제가 반포되었다.
② 별기군 교관으로 일본인이 임명되었다.
③ 외교권이 박탈되고 통감부가 설치되었다.
④ 고종이 러시아 공사관으로 거처를 옮겼다.
⑤ 제물포에서 러시아 함대가 일본 해군에게 격침되었다.

4. ☐☐☐ | 34회 38번

밑줄 그은 '이 조약'의 체결에 대한 저항으로 옳지 않은 것은? [2점]

> 우리 대황제 폐하께서 강경하신 성의(聖意)로 거절하기를 그치지 않으셨으니, 이 조약이 성립되지 않는다는 것은, 생각하건대 이토 후작 스스로도 알고 간파하였을 것이다. 아, 저 개돼지만도 못한 소위 우리 정부의 대신이란 자들은 자기 일신의 영달과 이득이나 바라고 거짓 위협에 겁먹어 머뭇대거나 벌벌 떨며 나라를 팔아먹는 역적이 되는 것을 달갑게 여겨서 사천 년의 강토와 오백 년의 종묘사직을 남에게 들어 바치고, 이천만 백성을 남의 노예가 되도록 하였도다.

① 민영환, 조병세 등이 자결로써 항거하였다.
② 이상설이 매국노 처단을 요구하는 상소를 올렸다.
③ 고종이 헤이그 만국 평화 회의에 특사를 파견하였다.
④ 유생 출신 유인석이 이끄는 의병이 충주성을 점령하였다.
⑤ 나철, 오기호 등이 5적 처단을 위해 자신회를 조직하였다.

5. □□□

다음 상황 이후에 일어난 사실로 옳은 것은? [2점]

> 대한 제국이 여러 국가와 외교 관계를 단절한 것은 우리의 의사가 아니라 일본의 폭력에 의해 이루어진 것이다. 우리가 만국 평화 회의에 참석하여 이를 폭로할 수 있도록 귀국 총통 및 대표의 호의적인 중재를 부탁한다.

① 고종이 강제로 퇴위당하였다.
② 영국이 거문도를 불법으로 점령하였다.
③ 구식 군인들이 일본 공사관을 습격하였다.
④ 우정총국 개국 축하연에서 정변이 일어났다.
⑤ 일본과 미국이 가쓰라·태프트 밀약을 체결하였다.

6. □□□

(가), (나) 조약 사이의 시기에 있었던 사실로 옳은 것은? [2점]

> (가) 제2조 일본국 정부는 한국과 타국 사이에 현존하는 조약의 실행을 완수하는 책임을 지며 한국 정부는 금후 일본국 정부의 중개를 거치지 않고서는 국제적 성질을 가진 어떤 조약이나 약속을 맺지 않을 것을 약속한다.
> 제3조 일본국 정부는 그 대표자로서 한국 황제 폐하의 아래에 1명의 통감을 두되, 통감은 오로지 외교에 관한 사항을 관리하기 위하여 서울에 주재하고 직접 한국 황제 폐하를 궁중에서 알현할 권리를 가진다.
>
> (나) 제2조 한국 정부의 법령 제정 및 중요한 행정상의 처분은 미리 통감의 승인을 거친다.
> 제4조 한국 고등 관리를 임명하고 해임시키는 것은 통감의 동의에 의하여 집행한다.
> 제5조 한국 정부는 통감이 추천한 일본인을 한국 관리로 임명한다.

① 13도 창의군이 서울 진공 작전을 전개하였다.
② 관민 공동회가 개최되어 헌의 6조를 결의하였다.
③ 동학 농민군이 우금치에서 관군 및 일본군에 맞서 싸웠다.
④ 영국이 러시아를 견제하기 위해 거문도를 불법 점령하였다.
⑤ 고종이 헤이그에서 열린 만국 평화 회의에 특사를 파견하였다.

7. □□□

밑줄 그은 '의병'에 대한 설명으로 옳은 것은? [1점]

> 이곳은 의암 유인석의 위패가 모셔져 있는 충청북도 제천의 자양영당입니다. 이곳에서 유인석은 국모의 원수를 갚고 전통을 보전한다는 복수보형(復讐保形)을 기치로 8도의 유림을 모아 의병을 일으키려는 비밀 회의를 열었습니다.

① 단발령의 시행에 반발하여 봉기하였다.
② 민종식이 이끈 부대가 홍주성을 점령하였다.
③ 국제법상 교전 단체로 승인해 줄 것을 요구하였다.
④ 의병 부대가 연합하여 서울 진공 작전을 전개하였다.
⑤ 조선 총독부에 국권 반환 요구서를 제출하고자 하였다.

8. ☐☐☐ 40회 36번

(가)에 대한 설명으로 옳은 것은? [1점]

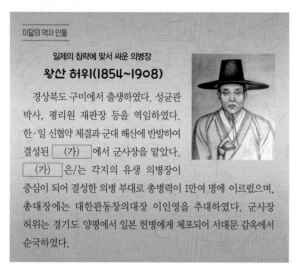

이달의 역사 인물

일제의 침략에 맞서 싸운 의병장

왕산 허위(1854~1908)

경상북도 구미에서 출생하였다. 성균관 박사, 평리원 재판장 등을 역임하였다. 한·일 신협약 체결과 군대 해산에 반발하여 결성된 (가) 에서 군사장을 맡았다. (가) 은/는 각지의 유생 의병장이 중심이 되어 결성한 의병 부대로 총병력이 1만여 명에 이르렀으며, 총대장에는 대한관동창의대장 이인영을 추대하였다. 군사장 허위는 경기도 양평에서 일본 헌병에게 체포되어 서대문 감옥에서 순국하였다.

① 봉오동 전투에서 일본군을 격퇴하였다.
② 독립 공채를 발행하여 자금을 마련하였다.
③ 고종의 해산 권고 조칙에 따라 해산하였다.
④ 양주에 집결하여 서울 진공 작전을 전개하였다.
⑤ 조선 총독부에 국권 반환 요구서를 제출하려 하였다.

9. ☐☐☐ 60회 34번

다음 가상 뉴스에서 보도하는 사건이 일어난 시기를 연표에서 옳게 고른 것은? [2점]

군대 해산에 대한 반발이 거세지고 있습니다. 오늘 시위대 대대장 박승환이 자결한 데 이어 시위대 부대원들이 해산을 거부하고 무장 봉기해 일본군과 남대문 일대에서 치열한 총격전을 벌이고 있습니다.

뉴스속보 **군대 해산에 맞서 시위대 봉기**

	1882		1894		1896		1904		1905		1910	
		(가)		(나)		(다)		(라)		(마)		
	임오 군란		갑오 개혁		아관 파천		러일 전쟁 발발		을사 늑약		국권 피탈	

① (가) ② (나) ③ (다) ④ (라) ⑤ (마)

10. ☐☐☐ 55회 35번

(가)~(다) 학생이 발표한 내용을 순서대로 옳게 나열한 것은? [2점]

주제: 항일 의병 운동의 전개

을사늑약 체결에 반대하여 최익현, 신돌석 등이 의병을 일으켰어요.

을미사변과 단발령 시행에 반발하여 유인석, 이소응 등이 유생들의 주도하에 일어났어요.

13도 창의군이 결성되어 서울 진공 작전을 펼쳤어요.

(가)   (나)   (다)

① (가) – (나) – (다)   ② (가) – (다) – (나)
③ (나) – (가) – (다)   ④ (나) – (다) – (가)
⑤ (다) – (나) – (가)

11. ☐☐☐ 57회 40번

다음 자료를 활용한 탐구 주제로 가장 적절한 것은? [1점]

송수만 등 체포 경위 보고

송수만은 보안회라는 것을 설립하여 그 회장이 됨. 종로 백목전 도가에서 날마다 회원을 모집하여 집회·논의하고 있는 자임. 오늘 경부와 순사 두 사람이 출장하여 송수만에게 공사관으로 동행하기를 요구하였음. …… 이때 회원과 인민들 약 200명 정도가 떠들썩하게 모여들어 송수만의 동행을 막음.

① 시전 상인의 상권 수호 운동
② 급진 개화파의 정치 개혁 운동
③ 백정들의 사회적 차별 철폐 운동
④ 농촌 계몽을 위한 브나로드 운동
⑤ 일본의 황무지 개간권 요구에 대한 반대 운동

□□□

밑줄 그은 '이 단체'에 대한 설명으로 옳은 것은? [2점]

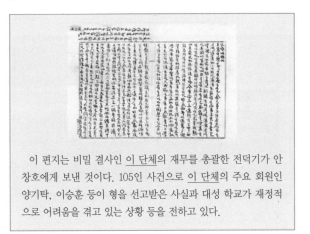

이 편지는 비밀 결사인 이 단체의 재무를 총괄한 전덕기가 안창호에게 보낸 것이다. 105인 사건으로 이 단체의 주요 회원인 양기탁, 이승훈 등이 형을 선고받은 사실과 대성 학교가 재정적으로 어려움을 겪고 있는 상황 등을 전하고 있다.

① 정우회 선언의 영향으로 결성되었다.
② 조선 혁명 선언을 활동 지침으로 삼았다.
③ 일제의 황무지 개간권 요구를 저지하였다.
④ 중추원 개편을 통해 의회 설립을 추진하였다.
⑤ 계몽 서적의 보급을 위해 태극 서관을 운영하였다.

14. □□□

(가) 단체에 대한 설명으로 옳은 것을 〈보기〉에서 고른 것은?
[3점]

이것은 평양에 있던 대성 학교의 교직원과 학생들을 촬영한 사진입니다. 이 학교는 안창호, 양기탁 등이 조직한 (가) 이/가 설립하였습니다.

→ 보기 ●
ㄱ. 태극 서관을 운영하였다.
ㄴ. 105인 사건으로 와해되었다.
ㄷ. 이륭양행에 교통국을 설치하였다.
ㄹ. 입헌 군주제 수립을 목표로 하였다.

① ㄱ, ㄴ ② ㄱ, ㄷ ③ ㄴ, ㄷ ④ ㄴ, ㄹ ⑤ ㄷ, ㄹ

13. □□□

(가) 단체의 활동으로 옳은 것은? [2점]

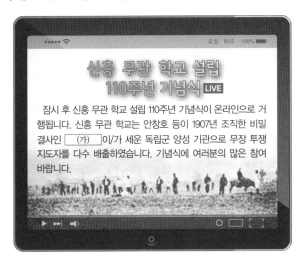

신흥 무관 학교 설립
110주년 기념식 LIVE

잠시 후 신흥 무관 학교 설립 110주년 기념식이 온라인으로 거행됩니다. 신흥 무관 학교는 안창호 등이 1907년 조직한 비밀 결사인 (가) 이/가 세운 독립군 양성 기관으로 무장 투쟁 지도자를 다수 배출하였습니다. 기념식에 여러분의 많은 참여 바랍니다.

① 한글 맞춤법 통일안을 제정하였다.
② 조선 혁명 선언을 활동 지침으로 하였다.
③ 농촌 계몽을 위한 브나로드 운동을 전개하였다.
④ 독립운동 자금을 마련하기 위해 독립 공채를 발행하였다.
⑤ 대성 학교와 오산 학교를 설립하여 민족 교육을 실시하였다.

15. □□□

다음 자료에 나타난 사업에 대한 설명으로 옳은 것은?
[1점]

한국에서 유통되는 백동화에 대한 처분안을 들어보면,
갑(甲) 구 백동화는 1개당 신화폐 2전 5리의 비율로 교환한다.
을(乙) 부정한 구 백동화는 1개당 신화폐 1전의 비율로 매수한다. 매수를 바라지 않는 것은 정부가 그것을 절단하여 소유자에게 환부한다.
병(丙) 형체와 품질이 화폐라고 인정하기 어려운 것은 정부가 매수하지 않는다.
                    ⋮
이른바 폐제(幣制) 개혁은 통화를 금절(禁絶)하여 소의 뿔을 바로잡으려다가 소를 죽이는 결과를 가져왔습니다.
                    – 「한국 폐제 개혁에 관한 진정서」 –

① 독립 협회가 반대 운동을 전개하였다.
② 재정 고문 메가타의 주도로 시행되었다.
③ 동양 척식 주식회사가 중심이 되어 실시하였다.
④ 은본위제가 본격적으로 실시되는 배경이 되었다.
⑤ 함경도 관찰사 조병식이 방곡령을 선포하는 계기가 되었다.

다음 자료에 나타난 민족 운동에 대한 설명으로 옳은 것은?

[2점]

> 우리나라가 채무를 지고 우리 백성이 채노(債奴)*가 된 것이 여러 해가 되었습니다. …… 대황제 폐하께서 진 외채가 1,300만 원이지만 채무를 청산할 방법이 없어 밤낮으로 걱정하시니, 백성된 자로서 있는 힘을 다하여 보상하려고 해도 겨를이 없습니다. …… 우리 동포는 빨리 단체를 결성하여 열성적으로 의연금을 내어 채무를 상환하고 채노에서 벗어나, 머리는 대한의 하늘을 이고, 발은 대한의 땅을 밟도록 해 주시기를 눈물을 머금고 간절히 요구합니다.
>
> *채노(債奴): 빛을 갚지 못해 노비가 된 사람

① 일제가 치안 유지법을 적용하여 탄압하였다.

② 백정에 대한 사회적 차별 철폐를 요구하였다.

③ 독립문 건립을 위한 모금 활동을 전개하였다.

④ 자작회, 토산 애용 부인회 등의 단체가 활동하였다.

⑤ 대한매일신보 등 당시 언론이 적극적으로 참여하였다.

(가)에 들어갈 민족 운동에 대한 설명으로 옳은 것은?

[2점]

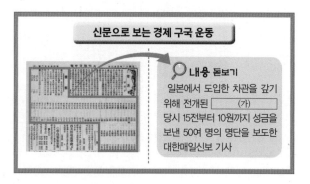

> **신문으로 보는 경제 구국 운동**
>
> 🔍 **내용 돋보기**
> 일본에서 도입한 차관을 갚기 위해 전개된 ___(가)___ 당시 15전부터 10원까지 성금을 보낸 500여 명의 명단을 보도한 대한매일신보 기사

① 회사령 폐지에 영향을 받았다.

② 김광제 등의 발의로 시작되었다.

③ 색동회가 주도적인 역할을 하였다.

④ 민족주의 계열과 사회주의 계열이 함께 준비하였다.

⑤ 중국, 프랑스 등의 노동 단체로부터 격려 전문을 받았다.

1. □□□ 3회독 Check 49회 39번

다음 퀴즈의 정답으로 옳은 것은? [1점]

> 덕원부의 관민이 힘을 합쳐 설립한 우리 나라 최초의 근대 학교로, 외국어 교육 등을 실시한 이 교육 기관은 무엇일까요?

① 동문학

② 명동 학교

③ 원산 학사

④ 서전서숙

⑤ 배재 학당

2. □□□ 37회 33번

(가) 교육 기관에 대한 설명으로 옳은 것은? [2점]

> ### 역사신문
>
> 제△△호   1886년 ○○월 ○○일
>
> #### 정부 차원의 신식 학교 건립 예정
>
> 정부는 좌원(左院)과 우원(右院)으로 구성된 신식 학교인 (가) 을/를 건립할 예정이다. 관계자의 말에 따르면, 좌원에서는 양반 출신의 젊고 유능한 관리들을 특별히 선발하여 가르치고, 우원에서는 재주가 있고 똑똑한 인재들을 뽑아 공부시키기로 방침이 정해졌다고 한다. '영재를 기른다.'라는 의미의 교명이 붙여진 이 학교는 신학문을 가르치는 곳인 만큼 여러 사람들의 기대가 크다.

① 교육 입국 조서에 근거하여 세워졌다.
② 교원 양성을 목적으로 한 사범 학교이다.
③ 전국의 부·목·군·현에 하나씩 설치되었다.
④ 미국인 헐버트, 길모어 등을 교사로 초빙하였다.
⑤ 장학 기금을 마련하기 위해 양현고를 설립하였다.

3. □□□ 33회 37번

(가) 신문에 대한 설명으로 옳은 것은? [3점]

> ### (가) 창간사
>
> 그러므로 우리 조정에서도 박문국을 설치하고 관리를 두어 외국 소식을 폭넓게 번역하고 아울러 국내 일까지 실어, 나라 안에 알리는 동시에 여러 나라에 파분(派分)하기로 했다. …… 독자들의 견문을 넓히고 여러 가지 의문점을 풀어 주며 상리(商利)에도 도움을 주고자 한다. 중국과 서양의 관보, 신보를 우편으로 교신하는 것도 이런 뜻이다.

① 의병 운동을 호의적으로 보도하였다.
② 시일야방성대곡이라는 논설을 실었다.
③ 국채 보상 운동을 적극적으로 후원하였다.
④ 정부의 지원을 받았으며 영문으로도 발행되었다.
⑤ 순 한문 신문으로 열흘마다 발행하는 것이 원칙이었다.

4. ☐☐☐

(가)에 해당하는 신문으로 옳은 것은? [1점]

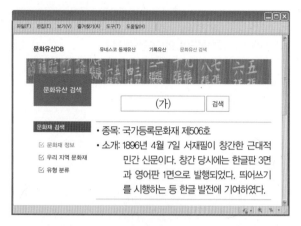

- 종목: 국가등록문화재 제506호
- 소개: 1896년 4월 7일 서재필이 창간한 근대적 민간 신문이다. 창간 당시에는 한글판 3면과 영어판 1면으로 발행되었다. 띄어쓰기를 시행하는 등 한글 발전에 기여하였다.

① 해조신문

② 제국신문

③ 한성순보

④ 독립신문

⑤ 황성신문

5. ☐☐☐

(가) 신문에 대한 설명으로 옳은 것은? [1점]

여기는 양기탁과 함께 ☐(가)☐ 을/를 창간하여 항일 언론 활동을 전개한 베델의 묘입니다. 그는 "나는 죽지만, ☐(가)☐ 은/는 영원히 살려 한국 동포를 구하시오."라는 유언을 남겼습니다.

① 최초로 상업 광고를 실었다.
② 천도교의 기관지로 발행되었다.
③ 우리나라 최초의 민간 신문이었다.
④ 국채 보상 운동의 확산에 기여하였다.
⑤ 일장기를 삭제한 손기정 사진을 게재하였다.

6. ☐☐☐

다음 기사가 보도된 이후의 사실로 옳은 것은? [2점]

역사 신문

제△△호 ○○○○년 ○○월 ○○일

전차 운행 중 사망 사고 발생

오늘 종로 거리를 달리던 전차에 다섯 살 난 아이가 치여 죽는 사고가 발생하였다. 이를 목격한 사람들이 격노하여 전차를 부수었고, 이어 달려오던 전차까지 전복시켜 파괴하고 기름을 뿌려 불태웠다. 동대문에서 성대한 개통식을 열고 전차를 운행한 지 한 달도 되지 않아 참혹한 사건이 발생한 것이다.

① 미국에 보빙사를 파견하였다.
② 베델이 대한매일신보를 창간하였다.
③ 이만손 등이 영남 만인소를 올렸다.
④ 신식 군대인 별기군(교련병대)이 창설되었다.
⑤ 통리기무아문을 설치하여 개혁을 추진하였다.

7. ☐☐☐

다음 상황 이후의 사실로 옳은 것은? [3점]

① 알렌의 건의로 광혜원이 세워졌다.
② 박문국에서 한성순보가 발행되었다.
③ 무기 제조 공장인 기기창이 설립되었다.
④ 서울과 부산을 연결하는 경부선이 개통되었다.
⑤ 우편 사무를 관장하는 우정총국이 처음 설치되었다.

8. ☐☐☐

밑줄 그은 '이곳'이 운영되던 시기에 볼 수 있는 모습으로 가장 적절한 것은? [3점]

① 배재 학당에 입학하는 학생
② 영선사 일행으로 청에 가는 생도
③ 우정총국 개국 축하연에 참석하는 외교관
④ 연무당에서 일본과 조약을 체결하는 관리
⑤ 제너럴셔먼호의 통상 요구를 거부하는 평양 관민

9. ☐☐☐

(가)~(마)에서 있었던 사실로 옳은 것은? [3점]

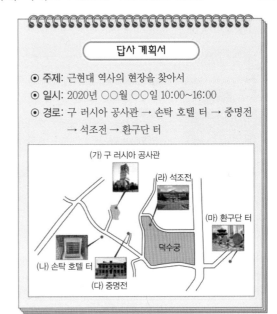

① (가) – 임오군란 때 구식 군인들의 습격이 있었다.
② (나) – 제1차 미소 공동 위원회가 개최되었다.
③ (다) – 은세계, 치악산 등의 신극이 공연되었다.
④ (라) – 일본 낭인들이 명성 황후를 시해하였다.
⑤ (마) – 대한 제국 황제 즉위식이 거행되었다.

10. ☐☐☐

(가) 인물에 대한 설명으로 옳은 것은? [3점]

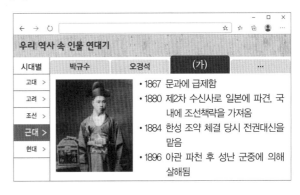

① 총리대신으로 갑오개혁을 주도하였다.
② 베델과 함께 대한매일신보를 창간하였다.
③ 서양의 과학 기술을 정리한 지구전요를 저술하였다.
④ 강화도 조약 체결의 전말을 기록한 심행일기를 남겼다.
⑤ 유학생과 기술자들을 이끄는 영선사로 청에 파견되었다.

11. □□□
48회 30번

다음 인물에 대한 설명으로 옳은 것은? [2점]

역사 인물 카드

- 생몰: 1841년~1905년
- 시호: 문익(文翼)
- 주요 활동
  - 조사 시찰단으로 일본 파견
  - 초대 주미 공사 부임
  - 호조 판서, 한성부 판윤 역임
  - 군국기무처 부총재 겸임
- 저서: 일본내무성시찰기, 미속습유 등

① 샌프란시스코에서 흥사단을 창립하였다.
② 고종의 밀지를 받아 독립 의군부를 조직하였다.
③ 조선 광문회를 조직하여 민족 고전을 간행하였다.
④ 13도 창의군을 결성하여 서울 진공 작전을 전개하였다.
⑤ 독립 협회의 제안을 받아들여 중추원 관제 개편을 추진하였다.

12. □□□
56회 37번

(가) 인물에 대한 설명으로 옳은 것은? [2점]

이곳은 최근 다시 개관한 하얼빈의 (가) 기념관입니다. (가) 동상 위의 시계는 9시 30분에 멈춰 있습니다. 이토 히로부미를 저격한 바로 그 시각입니다.

① 동양 평화론을 저술하였다.
② 친일 인사인 스티븐스를 사살하였다.
③ 5적 처단을 위해 자신회를 조직하였다.
④ 명동 성당 앞에서 이완용을 습격하였다.
⑤ 동양 척식 주식회사에 폭탄을 투척하였다.

13. □□□
34회 37번

다음 인물에 대한 설명으로 옳은 것은? [1점]

○○○ 연보

- 1871 평양 출생
- 1898 만민 공동회 간부로 활약
- 1907 국채 보상 운동 주도
       신민회 조직
- 1924 정의부 조직
- 1934 대한민국 임시 정부 국무위원으로 선임
- 1938 중국 장쑤 성에서 서거
- 1962 건국 훈장 대통령장 추서

① 조선어 학회 사건으로 구속되었다.
② 샌프란시스코에서 흥사단을 조직하였다.
③ 베델과 제휴하여 대한매일신보를 창간하였다.
④ 고종의 밀지를 받아 독립 의군부를 조직하였다.
⑤ 의열단의 활동 지침인 조선 혁명 선언을 집필하였다.

14. □□□
54회 38번

(가) 인물에 대한 설명으로 옳은 것은? [2점]

이 그림은 (가) 이/가 노동의 중요성을 강조하고 민중을 계몽하기 위해 쓴 노동야학독본에 실린 삽화입니다. 그는 처음으로 일본과 미국에 유학하고 서유견문을 집필하기도 하였습니다.

① 조선 중립화론을 주장하였다.
② 갑신정변 실패 직후 일본으로 망명하였다.
③ 미국에서 귀국하여 독립 협회를 창립하였다.
④ 배재 학당을 설립하여 근대 교육을 보급하였다.
⑤ 참정대신 자격으로 관민 공동회에서 연설하였다.

15

다음 인물의 활동으로 옳은 것은? [2점]

【이달의 독립운동가】

민족의 계몽과 독립에 헌신한
남강(南岡) ○○○

● 생몰 연대 : 1864년~1930년
● 주요 활동
  – 신민회 가입
  – 자기(磁器) 회사 설립
  – 태극 서관 경영
  – 105인 사건으로 옥고를 치름
  – 3 · 1 운동 당시 민족 대표 33인 중 기독교 측 대표로 활동
● 서훈 내용
  1962년 건국 훈장 대한민국장 추서

① 민족 교육을 위해 오산 학교를 설립하였다.
② 대한민국 임시 정부의 대통령으로 활동하였다.
③ 서유견문을 집필하여 서양 근대 문물을 소개하였다.
④ 국문 연구소를 세워 한글의 문자 체계를 정리하였다.
⑤ 헤이그에서 열린 만국 평화 회의에 특사로 파견되었다.

(가) 인물의 활동으로 옳은 것은? [2점]

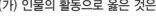

이 사당은 위정척사 운동을 주도한 (가) 의 위패를 모신 충청남도 청양의 모덕사입니다. 흥선 대원군의 하야와 고종의 친정(親政)을 요구하는 상소를 올렸던 그는 왜양일체론을 내세워 강화도 조약 체결에 반대하였습니다.

① 한국독립운동지혈사를 저술하였다.
② 봉오동 전투에서 일본군을 격파하였다.
③ 고종의 밀지를 받아 독립 의군부를 조직하였다.
④ 을사늑약 체결에 반대하여 태인에서 의병을 일으켰다.
⑤ 13도 창의군을 결성하여 서울 진공 작전을 전개하였다.

시대별/주제별로 기출학습을 끝냈다면, 2024년 이후(69회~73회)의 극최신 기출만 풀어보며
최근 시험에서 더욱 강조되는 시대별 최신경향까지 확인해봅시다!

---

1. ☐☐☐ 3회독 Check   70회 28번

(가), (나) 사이의 시기에 있었던 사실로 옳은 것은? [3점]

> (가) 순무영에서 정족산성 수성장 양헌수가 보내온 보고에 의하면, " …… 우리 군사가 잠입한 사실을 적들이 알지 못하였습니다. 오늘 저들은 우리가 지키고 있는 성을 점령할 계책으로 그 우두머리가 말을 타고 나귀를 끌고 짐바리와 술과 음식을 가지고 동문과 남문으로 나누어 들어왔습니다. 이때 우리 군사들이 좌우에 매복하였다가 일제히 총탄을 퍼부었습니다. ……"라고 하였습니다.
>
> (나) 4월 24일에 계속해서 올린 강화 진무사 정기원의 치계에, "미국 배가 다시 항구로 들어와서 광성진을 습격하여 함락하였는데, 중군 어재연이 힘껏 싸우다가 목숨을 바쳤고, 사망한 군사가 매우 많습니다. 적병은 초지포 부근에 주둔하였습니다. 장수 이렴이 밤을 이용하여 습격해서야 그들을 퇴각시켰습니다."라고 하였습니다.

① 일본 군함 운요호가 영종도를 공격하였다.
② 오페르트가 남연군 묘의 도굴을 시도하였다.
③ 마젠창과 묄렌도르프가 고문으로 파견되었다.
④ 영국군이 러시아를 견제하기 위해 거문도를 점령하였다.
⑤ 황사영이 외국 군대의 출병을 요청하는 백서를 작성하였다.

---

2. ☐☐☐   71회 32번

(가) 기구를 통해 추진된 정책으로 옳은 것은? [2점]

> 이곳은 기기창 건물 중 하나인 번사창입니다. 강화도 조약 체결 이후 정부는 국내외 정세에 대응하고 개화 정책을 총괄하기 위한 기구로 [(가)]을/를 설치하였습니다. 이 기구의 건의로 청에 파견한 영선사 일행에 유학생을 포함시켜 근대 문물을 배워 오도록 하였습니다. 이러한 노력의 영향으로 설치된 근대적 무기 공장이 바로 기기창이었습니다.

① 별기군을 창설하였다.
② 원수부를 설치하였다.
③ 대전통편을 편찬하였다.
④ 신문지법을 공포하였다.
⑤ 서당 규칙을 제정하였다.

---

3. ☐☐☐   73회 32번

다음 상황의 배경으로 가장 적절한 것은? [3점]

> ### 역사 신문
> 제△△호   ○○○○년 ○○월 ○○일
>
> **시전 상인, 외국 상인의 퇴거를 요구하다.**
>
> 며칠 전 시전 상인 수백 명이 가게 문을 닫고 외아문(통리교섭통상사무아문) 앞에서 연좌시위를 시작하였다. 시전 상인들은 몇 해 전부터 외국 상인의 한성 침투로 인해 입는 피해가 크다는 점을 주장하며 퇴거를 요구하였다. 향후 정부가 이 문제를 어떻게 해결해나갈 것인지 귀추가 주목된다.

① 동양 척식 주식회사가 설립되었다.
② 일제가 황무지 개간권을 요구하였다.
③ 조청 상민 수륙 무역 장정이 체결되었다.
④ 메가타의 주도로 화폐 정리 사업이 시행되었다.
⑤ 회사 설립을 허가제로 하는 회사령이 공포되었다.

---

4. ☐☐☐   71회 29번

(가), (나) 조약 사이의 시기에 볼 수 있는 모습으로 가장 적절한 것은? [3점]

> (가) 부산항에서 일본국 인민이 통행할 수 있는 도로 이정(里程)은 부두로부터 기산하여 조선 이법(里法)으로 동서남북 직경 10리로 정한다. 동래부는 이정 밖에 있지만 특별히 왕래할 수 있다. 일본국 인민은 마음대로 통행하며 조선 토산물과 일본국 물품을 사고팔 수 있다.
>
> (나) 통상 지역에서 조선 이법 100리 이내, 혹은 장래 양국 관원이 서로 의논하여 정하는 경계 안에서 영국 인민은 여행증명서 없이 마음대로 돌아다닐 수 있다. 여행증명서를 지닌 영국 인민은 조선 각지를 돌아다니며 통상하거나, 각종 화물을 들여와 팔거나(단, 조선 정부가 불허한 서적·인쇄물 등은 제외), 일체 토산물을 구매할 수 있다.

① 거문도를 불법으로 점거하는 영국 군인
② 남연군 묘의 도굴을 시도하는 독일 상인
③ 부산 절영도의 조차를 요구하는 러시아 공사
④ 조청 상민 수륙 무역 장정을 체결하는 청 관리
⑤ 톈진 조약에 따라 조선에서 철수하는 일본 군인

5. □□□

(가)에 들어갈 내용으로 옳은 것은? [3점]

답사 계획서

- 주제: 동학 농민군의 발자취를 따라서
- 기간: 2024년 ○○월 ○○일~○○일
- 답사 장소

지역	장소	설명
부안	백산	호남 창의 대장소(大將所)를 설치하고 4대 강령을 발표하였다.
장성	황룡 전적	(가)
공주	우금치 전적	농민군이 관군과 일본군을 상대로 격전을 벌이다 패배하였다.

① 농민군이 정부와 화약을 맺었다.
② 최제우가 혹세무민의 죄로 처형되었다.
③ 홍계훈의 관군을 상대로 농민군이 승리하였다.
④ 피신해 있던 농민군의 지도자 전봉준이 체포되었다.
⑤ 농민들이 조병갑의 탐학에 맞서 만석보를 파괴하였다.

6. □□□

밑줄 그은 '개혁'의 내용으로 옳은 것은? [2점]

어제 발행된 관보를 보았는가? 지난 8월 국모 시해 사건 이후 김홍집 내각에서 추진한 개혁의 일환으로 태양력을 시행한다더니, 그에 맞추어 연호를 새로 정하라는 조칙이 내려졌군.

그래서 내일부터 양력 1월 1일이 시작되고, 새로운 연호는 건양으로 정해졌다고 하네.

① 양전 사업을 실시하여 지계를 발급하였다.
② 지방 행정 구역을 8도에서 23부로 개편하였다.
③ 군제를 개편하여 친위대와 진위대를 설치하였다.
④ 공사 노비법을 혁파하고 과부의 재가를 허용하였다.
⑤ 교육의 기본 방향을 제시한 교육 입국 조서를 반포하였다.

7. □□□

다음 대화에 나타난 사건 이후의 사실로 옳은 것은?[3점]

며칠 전 황제 폐하께서 황태자 전하께 대리를 명하는 조칙을 내리셨다는 소식을 들었는가?

들었네. 그 다음날 일본 군대의 삼엄한 경계 속에서 양위식이 거행되어 대리가 아니라 사실상 황제께서 퇴위당하신 셈이지.

① 신식 군대인 별기군이 창설되었다.
② 묄렌도르프가 외교 고문으로 파견되었다.
③ 초대 통감으로 이토 히로부미가 부임하였다.
④ 기유각서가 체결되어 사법권을 박탈당하였다.
⑤ 관민 공동회가 개최되어 헌의 6조를 결의하였다.

8. □□□

(가)~(라)에 들어갈 내용으로 옳은 것을 <보기>에서 고른 것은? [2점]

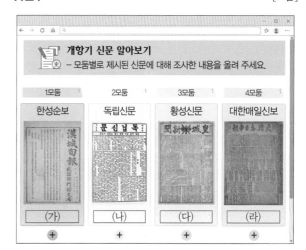

개항기 신문 알아보기
– 모둠별로 제시된 신문에 대해 조사한 내용을 올려 주세요.

1모둠	2모둠	3모둠	4모둠
한성순보	독립신문	황성신문	대한매일신보
(가)	(나)	(다)	(라)

> **보기** •

ㄱ. (가) – 정부에서 발행한 순 한문 신문이었어요.
ㄴ. (나) – 서재필의 주도로 창간되었어요.
ㄷ. (다) – 일장기를 삭제한 손기정 사진이 실렸어요.
ㄹ. (라) – 상업 광고가 처음으로 게재되었어요.

① ㄱ, ㄴ   ② ㄱ, ㄷ   ③ ㄴ, ㄷ   ④ ㄴ, ㄹ   ⑤ ㄷ, ㄹ

PART5 개항기　　달달회독! 기출 선지 싹 모음!

[해품사의 추천 회독법]
문제번호 옆 '3회독 Check'에 문제를 풀면서 정확히 알면 'O', 헷갈리면 '△', 아예 모르겠으면 'X'를 표시!

	빈출 주제 23　흥선 대원군 집권 및 개항 과정	
		3회독 Check
1	병인양요 당시 양헌수 부대가 정족산성에서 적군을 물리쳤다.	□□□
2	병인양요 당시 의궤를 비롯한 외규장각의 도서가 약탈당하였다.	□□□
3	박규수를 비롯한 평양 관민이 제너럴셔먼호를 불태웠다.	□□□
4	신미양요 당시 어재연 부대가 광성보에서 항전하였다.	□□□
5	흥선 대원군 집권 때 종로를 비롯한 전국 각지에 척화비를 건립하였다.	□□□
6	흥선 대원군 집권 때 양반에게도 군포를 징수하는 호포제를 시행하였다.	□□□
7	흥선 대원군 집권 때 환곡의 폐단을 시정하기 위해 사창제를 전국적으로 시행하였다.	□□□
8	김기수가 수신사로 일본에 파견되었다.	□□□
9	영선사 파견 이후 국내에 무기 제조 공장인 기기창이 설립되는 계기가 되었다.	□□□
10	보빙사는 전권대신 민영익과 홍영식, 서광범 등이 참여하였다.	□□□
11	조사 시찰단은 개화 반대 여론을 의식하여 암행어사의 형태로 비밀리에 파견되었다.	□□□
12	최익현은 지부복궐척화의소를 올려 왜양일체론을 주장하였다.	□□□
13	김홍집은 황준헌이 쓴 『조선책략』을 들여와 국내에 소개하였다.	□□□
14	이만손 등이 주도하여 영남 만인소를 올렸다.	□□□

	빈출 주제 24　개항기 전기의 사건 및 조약	
15	개항기에는 개화 정책 총괄 기구로 통리기무아문과 12사가 설치되었다.	□□□
16	개항기에는 5군영이 2영으로 통합되었으며, 신식 군대인 별기군이 창설되었다.	□□□
17	임오군란은 구식 군인에 대한 차별 대우가 발단이 되어 일어났다.	□□□
18	제물포 조약은 일본 경비병의 공사관 주둔을 명시하였다.	□□□
19	임오군란 이후 조선과 청나라 사이에 조청 상민 수륙 무역 장정이 체결되었다.	□□□
20	갑신정변은 우정총국 개국 축하연을 이용하여 일어났다.	□□□

21	갑신정변 이후 조선과 일본 사이에 한성 조약이 체결되는 결과를 가져왔다.	□□□
22	영국이 러시아를 견제하기 위해 거문도를 불법적으로 점령하였다	□□□
23	강화도 조약 체결의 결과 부산, 원산, 인천이 개항되었다.	□□□
24	조미 수호 통상 조약은 최혜국 대우를 최초로 규정하였다.	□□□
25	조일 통상 장정은 방곡령 시행에 대한 규정을 명시하였다.	□□□

	빈출 주제 25　동학 농민 운동~대한 제국	
26	동학교도가 교조 신원을 주장하며 삼례 집회 및 보은 집회를 개최하였다.	□□□
27	고부 농민들이 조병갑의 탐학에 맞서 만석보를 파괴하였다.	□□□
28	동학 농민군은 황토현 전투와 황룡촌 전투에서 관군에 승리하였다.	□□□
29	동학 농민군은 폐정 개혁안 실천을 위해 집강소 설치를 요구하였다.	□□□
30	동학 농민군이 정부와 전주 화약을 체결하였다.	□□□
31	공주 우금치에서 농민군이 관군과 일본군에게 패배하였다.	□□□
32	을미사변 발생 이후 고종이 러시아 공사관으로 거처를 옮겼다.	□□□
33	1차 갑오개혁을 추진하기 위해 군국기무처가 창설되었다.	□□□
34	1차 갑오개혁 때 공사 노비법을 혁파하며 신분제가 폐지되었다.	□□□
35	1차 갑오개혁 때 과거제가 폐지되었다.	□□□
36	2차 갑오개혁 때 개혁의 방향을 제시한 홍범 14조를 반포하였다.	□□□
37	2차 갑오개혁 때 교육 입국 조서 반포를 계기로 한성 사범 학교가 설립되었다.	□□□
38	2차 갑오개혁 때 지방 행정 구역을 8도에서 23부로 개편하였다.	□□□
39	을미개혁 때 건양이라는 연호를 제정하고 태양력을 채택하였다.	□□□
40	을미개혁 때 군제를 개편하여 친위대와 진위대를 설치하였다.	□□□
41	광무개혁 때 군 통수권 장악을 위해 원수부를 두었다.	□□□

42	광무개혁 때 대한국 국제가 반포되었다.	☐☐☐
43	광무개혁 때 양전 사업을 실시하여 지계를 발급하였다.	☐☐☐
44	대한 제국은 이범윤을 간도 관리사로 파견하였다.	☐☐☐
45	독립 협회는 관민 공동회를 개최하여 헌의 6조를 결의하였다.	☐☐☐
46	독립 협회는 영은문이 있던 자리 부근에 독립문을 건립하였다.	☐☐☐
47	독립 협회는 중추원 개편을 통한 의회 설립을 추진하였다.	☐☐☐

빈출 주제 26 구한말 일제의 침략 및 저항

48	러일 전쟁 당시 군사 전략상 필요한 지역을 일본에게 제공하는 한일 의정서가 강요되었다.	☐☐☐
49	러일 전쟁 당시 메가타가 대한 제국의 재정 고문으로 초빙되었다.	☐☐☐
50	을사늑약의 체결 결과 외교권이 박탈되고 통감부가 설치되었다.	☐☐☐
51	을사늑약의 체결 결과 헤이그에서 열린 만국 평화 회의에 특사가 파견되었다.	☐☐☐
52	일제는 기유각서를 체결하여 사법권을 강탈하였다.	☐☐☐
53	을미의병은 고종의 해산 권고 조칙에 따라 해산되었다.	☐☐☐
54	최익현이 을사늑약 체결에 반대하여 태인에서 의병을 일으켰다.	☐☐☐
55	정미의병은 고종의 강제 퇴위 및 군대 해산에 반발하여 결성되었다.	☐☐☐
56	정미의병은 13도 창의군을 결성하여 서울 진공 작전을 전개하였다.	☐☐☐
57	보안회는 일제의 황무지 개간권 요구를 저지시켰다.	☐☐☐
58	신민회는 대성 학교와 오산 학교를 설립하여 민족 교육을 실시하였다.	☐☐☐
59	신민회는 안창호, 양기탁, 이승훈 등이 비밀 결사로 조직하였다.	☐☐☐
60	신민회는 삼원보에 신흥 강습소를 세워 무장 투쟁을 준비하였다.	☐☐☐
61	신민회는 일제가 조작한 105인 사건으로 와해되었다.	☐☐☐
62	재정 고문 메가타의 주도로 화폐 정리 사업이 실시되었다.	☐☐☐

| 63 | 국채 보상 운동은 대구에서 시작되어 전국으로 확산되었다. | ☐☐☐ |
| 64 | 국채 보상 운동은 대한매일신보 등의 지원을 받았다. | ☐☐☐ |

빈출 주제 27 개항기의 문화 및 인물

65	함경도 덕원 지방의 관민들이 원산 학사를 설립하였다.	☐☐☐
66	정부는 근대 교육 기관인 육영 공원을 설립하였다.	☐☐☐
67	육영 공원은 헐버트, 길모어 등이 교사로 초빙되었다.	☐☐☐
68	정부는 박문국을 설치하여 한성순보를 발행하였다.	☐☐☐
69	한성주보는 상업 광고를 최초로 게재하였다.	☐☐☐
70	서재필은 독립신문을 발행하였다.	☐☐☐
71	베델이 양기탁과 함께 대한매일신보를 창간하였다.	☐☐☐
72	만세보는 천도교의 기관지로 발행되었다.	☐☐☐
73	전환국에서 백동화를 주조하였다.	☐☐☐
74	알렌의 건의로 광혜원이 건립되었다.	☐☐☐
75	노량진에서 제물포를 잇는 우리나라 최초의 철도인 경인선이 개통 되었다.	☐☐☐
76	원각사에서 은세계, 치악산 등의 신극이 공연되었다.	☐☐☐
77	김홍집은 총리대신으로 갑오개혁을 주도하였다.	☐☐☐
78	유길준은 『서유견문』을 집필하여 서양 근대 문명을 소개하였다.	☐☐☐
79	박정양은 독립 협회의 제안을 받아들여 중추원 관제 개편을 추진 하였다.	☐☐☐
80	최익현은 지부복궐척화의소를 올려 왜양일체론을 주장하였다.	☐☐☐
81	안중근은 하얼빈에서 이토 히로부미를 사살하였다.	☐☐☐

PART5

PART 6 일제 강점기

시대별 빈출 키워드 연표 ➕ **흐름강의**

27회분 기출의 시대별 고빈출 키워드를 연도별로 싹 모았습니다!
특히 빨간색 키워드는 80% 이상 출제된 최빈출 키워드입니다.

1911~1912	**1915**	**1919**
• 제1차 조선 교육령 시행(1911) • 조선 태형령(1912) • 독립 의군부 조직(1912)	• 대한 광복회 조직 • 조선 물산 공진회 개최	• 3·1 운동 • 이른바 문화 통치 시작 • 대한민국 임시 정부 조직 • 의열단 조직

1929	**1931**	**1937~1938**
• 광주 학생 항일 운동 • 원산 총파업	• 강주룡의 을밀대 고공 농성 • 만주사변 • 한인 애국단 조직	• 중일 전쟁 발발(1937) • 국가 총동원법 시행(1938) • 조선 의용대 창설(1938) • 제3차 조선 교육령 시행(1938)

⊘ 시대별 평균 출제 비중[27회분(73회~47회) 분석 기준]

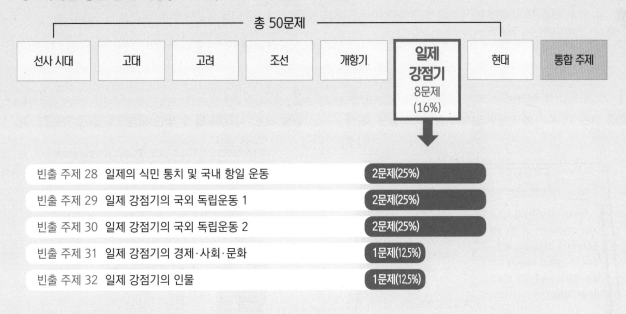

총 50문제

| 선사 시대 | 고대 | 고려 | 조선 | 개항기 | **일제 강점기** 8문제 (16%) | 현대 | 통합 주제 |

빈출 주제 28	일제의 식민 통치 및 국내 항일 운동	2문제(25%)
빈출 주제 29	일제 강점기의 국외 독립운동 1	2문제(25%)
빈출 주제 30	일제 강점기의 국외 독립운동 2	2문제(25%)
빈출 주제 31	일제 강점기의 경제·사회·문화	1문제(12.5%)
빈출 주제 32	일제 강점기의 인물	1문제(12.5%)

1920~1921

- 조선 물산 장려회 조직(1920)
- 봉오동 전투(1920)
- 훈춘 사건(1920)
- 청산리 전투(1920)
- 간도 참변(1920)
- 자유시 참변(1921)

1922~1924

- 제2차 조선 교육령 시행(1922)
- 국민 대표 회의 개최(1923)
- 민립 대학 기성회 조직(1923)
- 암태도 소작 쟁의(1923~1924)
- 경성 제국 대학 설립(1924)

1925~1927

- 박은식 대한민국 임시 정부 제2대 대통령 선출(1925)
- 이상룡 대한민국 임시 정부 초대 국무령 선출(1925)
- **미쓰야 협정(1925)**
- 6·10 만세 운동(1926)
- 정우회 선언(1926)
- 민족 유일당 운동(1926)
- 신간회·근우회 창립(1927)

1940

- 대한민국 임시 정부 충칭 정착
- 한국광복군 창설

1941~1945

- 대한민국 건국 강령 발표(1941)
- 대일 선전 포고문 발표(1941)
- 조선 사상범 예방 구금령 시행(1941)
- **조선어 학회 사건(1942)**
- 제4차 조선 교육령 시행(1943)
- 국내 진공 작전 추진(1945)

시대별로 기출문제를 풀며 문제유형과 선지에 익숙해지는 것이 풀이의 핵심입니다! 최소 3번 이상 회독하며 풀어보세요.
[해품사의 추천 회독법!]
문제번호 옆 '3회독 Check'에 문제를 풀면서 정확히 알면 'O', 헷갈리면 '△', 아예 모르겠으면 'X'를 표시!

---

1. ☐☐☐ 3회독 Check   60회 37번

밑줄 그은 '이 시기'에 시행된 일제의 정책으로 옳은 것은?
[1점]

> ### 문학으로 만나는 한국사
>
> 선생님이 사벨(환도)을 차고 교단에 오르는 나라가 있는 것을 보셨습니까? 나는 그런 나라의 백성이외다. …… 교원의 허리에서 그 장난감 칼을 떼어놓을 날은 언제일지? 숨이 막힙니다.
> — 『만세전』 —
>
> **[해설]**
> 이 소설에는 교원이 제복을 입고 칼을 차고 수업을 하던 이 시기의 모습이 담겨 있다. '만세전'은 제목에서 알 수 있듯이 3·1 운동 이전 식민지의 사회 현실을 담고 있다.

① 애국반을 조직하였다.
② 회사령을 시행하였다.
③ 치안 유지법을 제정하였다.
④ 미곡 공출제를 실시하였다.
⑤ 국가 총동원법을 공포하였다.

---

2. ☐☐☐   61회 37번

밑줄 그은 '시기'에 볼 수 있는 모습으로 옳은 것은? [1점]

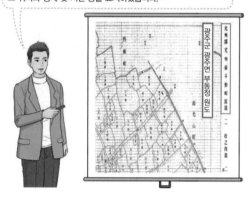

> 이것은 일제가 임시 토지 조사국을 설치하고 토지 조사 사업을 진행하던 시기에 작성한 지적 원도의 일부입니다. 토지를 측량해 그 위치와 경계 및 지번 등을 표시하였습니다.

① 경성 제국 대학에서 공부하는 학생
② 근우회의 창립 기사를 작성하는 기자
③ 보빙사 일행으로 미국에 파견되는 관리
④ 조선인에게 태형을 집행하는 헌병 경찰
⑤ 거문도를 불법 점령하고 있는 영국 해군

3. ☐☐☐ 43회 44번

다음 영화가 처음 개봉되었던 당시에 볼 수 있는 모습으로 가장 적절한 것은?　[3점]

이 사진은 나운규가 감독·주연을 맡아 제작한 영화의 장면과 제작진의 모습입니다. 단성사에서 개봉된 이 영화는 식민 지배를 받던 한국인의 고통스런 삶을 표현한 작품입니다.

① 카프(KAPF)에서 활동하는 신경향파 작가
② 원각사에서 은세계 공연을 관람하는 학생
③ 육영 공원에서 영어를 가르치는 미국인 교사
④ 전차 개통식에 참여하는 한성 전기 회사 직원
⑤ 손기정 선수의 올림픽 우승 소식을 보도하는 기자

4. ☐☐☐ 55회 43번

다음 자료를 활용한 탐구 활동으로 가장 적절한 것은?

[2점]

○ 내지(內地)는 심각한 식량 부족을 보여 매년 300만 석에서 500만 석의 외국 쌀을 수입하였다. …… 내지에서는 쌀의 증산에 많은 기대를 걸 수 없었다. 반면 조선은 관개 설비가 잘 갖춰지지 않아서 대부분의 논이 빗물에 의존하는 상태였기에, 토지 개량 사업을 시작한다면 천혜의 쌀 생산지가 될 수 있었다.

○ 대개 조선인들이 생산한 쌀을 내지로 반출할 때, 결코 자신들이 충분히 소비하고 남은 것을 수출하는 것이 아니다. 생계가 곤란하여 먹을 것을 먹지 못하고 파는 것이다. …… 만주산 잡곡의 수입이 증가하는 사실은 조선인의 생활난이 점점 심각해지고 있음을 실증하는 것이다.

① 산미 증식 계획의 실상을 파악한다.
② 화폐 정리 사업의 결과를 분석한다.
③ 보안회의 경제적 구국 운동을 조사한다.
④ 방곡령이 선포된 지역의 분포를 알아본다.
⑤ 동양 척식 주식회사의 설립 과정을 살펴본다.

5. ☐☐☐ 56회 42번

밑줄 그은 '시기'에 볼 수 있는 모습으로 옳은 것은? [2점]

사진 속 만삭의 임산부가 바로 저입니다. 일제는 중일 전쟁 이후 침략 전쟁을 확대하던 시기에 많은 여성을 전쟁터로 끌고 가 일본군 '위안부'로 삼았습니다. 저는 가까스로 연합군에 의해 구출되었지만 그곳에서 죽임을 당한 여성도 참 많았지요.

① 태형을 집행하는 헌병 경찰
② 원산 총파업에 동참하는 노동자
③ 회사령을 공포하는 총독부 관리
④ 신사 참배에 강제 동원되는 학생
⑤ 암태도 소작 쟁의에 참여하는 농민

6.　□□□　58회 37번

밑줄 그은 '시기'에 시행된 일제의 정책으로 옳은 것은?

[2점]

□□ 신문

제△△호　　　　　　　　　○○○○년 ○○월 ○○일

나가사키에 원폭 희생자 위령비 세워져

재일본 대한민국 민단 주도로 나가사키에 위령비가 세워졌다. 국민 징용령이 공포된 이후의 <u>시기</u>에 노동자 등으로 끌려갔다가 원폭으로 희생된 한국인을 추모하는 이 비의 건립은 강제 동원과 전쟁의 참상을 기억하려는 노력의 일환으로 평가된다.

① 애국반을 조직하여 한국인의 생활을 통제하였다.
② 강압적 통치를 목적으로 헌병 경찰 제도를 실시하였다.
③ 사회주의자를 탄압하기 위한 치안 유지법을 제정하였다.
④ 회사 설립 시 총독의 허가를 받도록 하는 회사령을 공포하였다.
⑤ 근대적 토지 소유권 확립을 명분으로 토지 조사 사업을 시행하였다.

7.　□□□　54회 46번

밑줄 그은 '시기'에 볼 수 있는 모습으로 적절하지 <u>않은</u> 것은?

[1점]

송탄유(松炭油) 자재 공출 명령서
일제가 태평양 전쟁으로 물자 부족에 시달리던 시기에 송탄유와 목탄의 할당량 공출을 명령한 문서

① 국민학교에서 공부하는 학생
② 징병제를 찬양하는 친일 지식인
③ 국민 징용령에 의해 끌려가는 청년
④ 황국 신민 서사를 암송하는 어린이
⑤ 조선 태형령을 관보에 게재하는 총독부 관리

8.　□□□　54회 42번

(가)~(다)를 공포된 순서대로 옳게 나열한 것은?　[2점]

(가) 총독은 문무관 어느 쪽이라도 임용될 수 있는 길을 열 것이며, 헌병에 의한 경찰 제도를 고쳐 보통 경찰관에 의한 경찰 제도로 대신할 것이다. 또한 복제를 개정하여 일반 관리와 교원의 제복과 대검(帶劍)을 폐지하고, 조선인의 임용과 대우 등도 고려한다.

(나) 제1조 경찰서장 또는 그 직무를 취급하는 자는 그 관할 구역 안의 다음 각호의 범죄를 즉결할 수 있다.
......
제2조 즉결은 정식 재판을 하지 않으며 피고인의 진술을 듣고 증빙을 취조한 후 즉시 언도해야 한다.

(다) 제1조 치안 유지법의 죄를 범한 자에 대해 형의 집행 유예 언도가 있었을 경우 또는 소추를 필요로 하지 않기 때문에 공소를 제기하지 않은 경우에는 보호 관찰 심사회의 결의에 따라 보호 관찰에 부칠 수 있다. 형의 집행을 마치거나 또는 가출옥을 허락받았을 경우도 역시 같다.

① (가) - (나) - (다)　　② (가) - (다) - (나)
③ (나) - (가) - (다)　　④ (나) - (다) - (가)
⑤ (다) - (가) - (나)

9.　□□□　59회 35번

(가) 단체에 대한 설명으로 옳은 것은?　[2점]

이것은 고종이 임병찬에게 내린 밀지의 일부입니다. 그는 이 밀지를 받고 복벽주의를 내건 　(가)　을/를 조직하였습니다.

애통하다! 일본 오랑캐가 배신하고 합병하니 종사가 폐허가 되고 국민은 노예가 되었다. …… 짐이 믿는 것은 너희들이니, 너희들은 힘써 광복하라.

① 일본 도쿄에서 독립 선언서를 발표하였다.
② 일제가 제정한 치안 유지법으로 탄압받았다.
③ 서간도에 신흥 강습소를 세워 독립군을 양성하였다.
④ 독립운동 자금을 모으기 위해 독립 공채를 발행하였다.
⑤ 조선 총독에게 제출하기 위해 국권 반환 요구서를 작성하였다.

10. ☐☐☐ 61회 38번

(가) 단체에 대한 설명으로 옳은 것은? [2점]

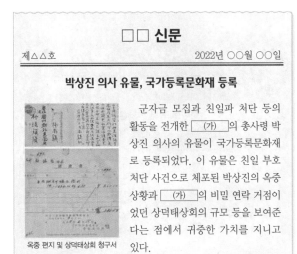

□□ 신문

제△△호   2022년 ○○월 ○○일

박상진 의사 유물, 국가등록문화재 등록

군자금 모집과 친일파 처단 등의 활동을 전개한 <u>(가)</u>의 총사령 박상진 의사의 유물이 국가등록문화재로 등록되었다. 이 유물은 친일 부호 처단 사건으로 체포된 박상진의 옥중 상황과 <u>(가)</u>의 비밀 연락 거점이었던 상덕태상회의 규모 등을 보여준다는 점에서 귀중한 가치를 지니고 있다.

옥중 편지 및 상덕태상회 청구서

① 고종 강제 퇴위 반대 운동을 전개하였다.
② 공화정체의 국민 국가 수립을 목표로 삼았다.
③ 파리 강화 회의에 독립 청원서를 제출하였다.
④ 미군과 연합하여 국내 진공 작전을 계획하였다.
⑤ 만민 공동회를 개최하여 민권 신장을 추구하였다.

11. ☐☐☐ 61회 39번

(가) 운동에 대한 설명으로 옳은 것은? [1점]

서울 앨버트 테일러 가옥 (딜쿠샤)

'딜쿠샤'가 복원되어 전시관으로 개관합니다. 많은 관람 부탁드립니다.

◉ 소개

'기쁜 마음의 궁전'을 뜻하는 딜쿠샤는 미국인 앨버트 W. 테일러가 지은 벽돌집으로, 테일러와 그의 가족이 미국으로 추방되기 전까지 거주한 곳이다.
미국 연합통신(AP)의 임시 특파원으로 활동한 테일러는 세브란스 병원에서 독립 선언서를 발견하고 외신을 통해 전 세계에 알렸으며, <u>(가)</u> 당시 일제가 자행한 제암리 학살 사건 등을 취재해 보도하였다.

■주소: 서울시 종로구 사직로 2길 17
■개관일: 2021년 ○○월 ○○일

① 신간회에서 진상 조사단을 파견하여 지원하였다.
② 순종의 인산일을 기회로 만세 운동을 전개하였다.
③ 일제가 이른바 문화 통치를 실시하는 배경이 되었다.
④ 한국인 학생과 일본인 학생 간의 충돌에서 비롯되었다.
⑤ 시위를 준비하는 과정에서 사회주의자들이 대거 검거되었다.

12. ☐☐☐ 68회 35번

다음 자료에 나타난 민족 운동에 대한 설명으로 옳지 <u>않</u>은 것은? [2점]

한국인들이 독립 선언을 하다
– 집회에 참가한 수천 명 체포 –

일본 당국은 고종의 장례식을 계기로 문제가 발생할 것으로 예상하고 많은 헌병을 서울로 집결시켰다. …… 전국의 모든 도시와 마을에서 독립을 위한 행진과 시위가 일어났다. 일본 측은 당황했지만 곧 재정비하여 강력하고 신속한 진압에 나섰다. 그 결과 수천 명의 시위대가 체포되었지만 일본 측 보고서에는 수백 명으로 기록되어 있다.

① 중국의 5·4 운동에 영향을 주었다.
② 대한민국 임시 정부 수립의 계기가 되었다.
③ 신간회에서 진상 조사단을 파견하여 지원하였다.
④ 국외로도 확산되어 필라델피아에서 한인 자유 대회가 열렸다.
⑤ 평화적 만세 운동에서 무력 투쟁 사례가 늘어나기 시작하였다.

13. ☐☐☐ 32회 43번

다음 자료에 나타난 민족 운동에 대한 설명으로 옳은 것은? [3점]

어제 오전 8시에 돈화문을 떠나기 시작한 순종 황제의 인산 행렬이 황금정 거리에까지 뻗쳤다. 대여(大轝)가 막 관수교를 지나가시며 그 뒤에 이왕 전하, 이강 공 전하가 타신 마차가 지나는 오전 8시 40분경에 그 행렬 동편에 학생 수십 인이 활판으로 인쇄한 격문 수만 매를 뿌리며 조선 독립 만세를 불렀다. 이러한 소동 중에 바람에 날리는 격문이 이왕 전하 마차 부근에까지 날렸으며, 경계하고 있던 경관과 기마 경관대는 학생들과 충돌하였다. …… 현장에서 학생 30여 명이 체포되었고 …… 시내 장사동 247번지 부근에서도 시내 남대문통 세브란스 의학 전문 학생이 격문을 뿌리다가 현장에서 4명이 체포되었다더라.

① 대한민국 임시 정부의 수립에 영향을 주었다.
② 신간회 중앙 본부가 진상 조사단을 파견하였다.
③ 민족주의 진영과 사회주의 진영이 함께 준비하였다.
④ 한국인 학생과 일본인 학생 간의 충돌이 발단이 되었다.
⑤ 일제 통치 방식이 이른바 문화 통치로 바뀌는 계기가 되었다.

14. □□□

다음 대화에 나타난 민족 운동에 대한 설명으로 옳은 것은?

[2점]

얼마 전 종로 일대에서 일어난 만세 시위 소식을 들었는가? 이날 체포된 학생들에 대한 공판이 곧 열린다더군.

융희 황제의 인산일에 학생들이 격문을 뿌리고 만세를 외친 그 사건 말씀이시죠? 사전에 권오설 선생 등이 경찰에게 체포되어서 걱정이었는데. 학생들 덕분에 시위가 가능했지요.

① 원산 총파업의 노동자들과 연대하였다.
② 치안 유지법이 제정되는 결과를 가져왔다.
③ 국민 대표 회의가 개최되는 계기가 되었다.
④ 한일 학생 간 충돌이 발단이 되어 일어났다.
⑤ 민족 협동 전선인 신간회 결성에 영향을 미쳤다.

15. □□□

(가) 단체의 활동으로 옳은 것은?

[1점]

[역사 다큐멘터리 기획안]

__(가)__ , 좌우가 힘을 합쳐 창립하다

■ 기획 의도
 일제 강점기 최대 규모의 사회단체인 (가) 에 대한 다큐멘터리를 제작하여 그 역사적 의미를 살펴본다.

■ 장면별 구성 내용
 - 정우회 선언을 작성하는 장면
 - 이상재가 회장으로 추대되는 장면
 - 전국 주요 도시에 지회가 설립되는 장면
 - 순회 강연단을 조직하고 농민 운동을 지원하는 장면

① 평양에서 자기 회사를 설립하였다.
② 2·8 독립 선언서를 작성하여 발표하였다.
③ 제국신문을 발행하여 민중 계몽에 힘썼다.
④ 어린이날을 제정하고 잡지 어린이를 간행하였다.
⑤ 광주 학생 항일 운동에 진상 조사단을 파견하였다.

16. □□□

밑줄 그은 '이 운동'에 대한 설명으로 옳은 것은?   [1점]

이것은 '학생의 날' 기념우표이다. 학생의 날은 1929년 한일 학생 간 충돌을 계기로 광주에서 일어나 전국으로 확산된 이 운동을 기리기 위해 1953년 제정되었다. 우표는 이 운동의 기념탑과 당시 학생들의 울분을 함께 형상화 하여 도안되었다. 학생의 날은 2006년부터 '학생 독립운동 기념일'로 명칭이 변경되었다.

① 조선 형평사를 중심으로 전개되었다.
② 순종의 인산일을 기회로 삼아 추진되었다.
③ 대한민국 임시 정부 수립에 영향을 주었다.
④ 국내에서 민족 유일당 운동이 시작되는 계기가 되었다.
⑤ 신간회 중앙 본부가 진상 조사단을 파견하여 지원하였다.

1. ☐☐☐ 3회독 Check `49회 41번`

(가) 지역에서 전개된 민족 운동에 대한 설명으로 옳은 것은?

[2점]

□□ 신문

제△△호   ○○○○년 ○○월 ○○일

허은 지사, 독립 유공자로 서훈

대한민국 임시 정부 초대 국무령 석주 이상룡 선생의 손부(孫婦) 허은 지사에게 건국훈장 애족장이 추서되었다. 허 지사는 (가) 의 삼원보에서 결성된 서로 군정서의 숨은 공로자였다. 그녀는 기본적인 생계 활동과 공식적인 행사 준비 외에도 서로 군정서 대원들의 군복을 제작·배급하는 등 독립운동에 힘을 보탰다. 허 지사의 회고록에는 당시의 상황이 생생하게 담겨 있다.

① 해조신문을 발간하여 국권 회복에 힘썼다.
② 신흥 강습소를 설립하여 독립군을 양성하였다.
③ 대한인 국민회를 조직하여 외교 활동을 펼쳤다.
④ 대조선 국민 군단을 창설하여 군사 훈련을 하였다.
⑤ 유학생들이 중심이 되어 2·8 독립 선언서를 발표하였다.

2. ☐☐☐ `48회 40번`

(가) 지역에서 전개된 민족 운동에 대한 설명으로 옳은 것은?

[2점]

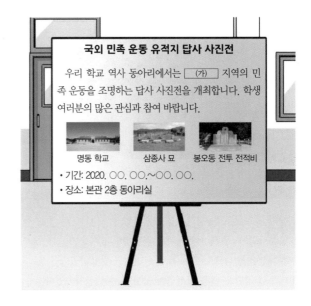

국외 민족 운동 유적지 답사 사진전

우리 학교 역사 동아리에서는 (가) 지역의 민족 운동을 조명하는 답사 사진전을 개최합니다. 학생 여러분의 많은 관심과 참여 바랍니다.

명동 학교   삼종사 묘   봉오동 전투 전적비

· 기간: 2020. ○○. ○○.~○○. ○○.
· 장소: 본관 2층 동아리실

① 권업회를 조직하여 기관지를 발행하였다.
② 중광단을 결성하여 항일 투쟁을 전개하였다.
③ 숭무 학교를 설립하여 독립군을 양성하였다.
④ 조선 독립 동맹을 창립하여 대일 항전을 준비하였다.
⑤ 조선 청년 독립단을 결성하여 2·8 독립 선언서를 배포하였다.

PART6

3. ☐☐☐ 67회 43번

밑줄 그은 '이 지역'에서 있었던 민족 운동으로 옳은 것은?

[2점]

이것은 1923년 이 지역에서 발생한 지진 당시 희생된 조선인을 위로하기 위해 세운 추도비입니다. 지진이 일어나자 "조선인이 불을 질렀다", "조선인이 공격해 온다" 등의 유언비어가 퍼졌고, 이에 현혹된 사람들이 조직한 자경단 등에 의해 수많은 조선인이 학살되었습니다.

① 한인 자치 기구인 경학사를 설립하였다.
② 민족 교육을 위해 서전서숙을 건립하였다.
③ 유학생을 중심으로 2·8 독립 선언서를 발표하였다.
④ 대조선 국민 군단을 결성하여 군사 훈련을 실시하였다.
⑤ 대한 광복군 정부를 세워 무장 독립 투쟁을 준비하였다.

4. ☐☐☐ 53회 38번

(가) 지역에서 있었던 민족 운동으로 옳은 것은?　　[2점]

이 사진은 1905년 [(가)] 의 유카탄반도로 계약 노동 이민자들을 수송했던 일포드호입니다. 주택 무료 임대, 높은 임금 등을 내건 모집 광고를 믿고 이 화물선을 탄 천여 명의 한국인들은 한 달 넘게 걸려 에네켄 농장에 도착했습니다. 이들은 광고와 달리 사실상 노예와 다름없는 생활을 하였습니다.

① 권업회의 기관지로 권업신문이 발간되었다.
② 독립군 양성을 위한 숭무 학교가 설립되었다.
③ 북로 군정서가 조직되어 무장 투쟁을 실시하였다.
④ 주권 재민을 천명한 대동단결 선언서가 작성되었다.
⑤ 유학생들이 중심이 되어 2·8 독립 선언서를 발표하였다.

5. ☐☐☐ 58회 33번

밑줄 그은 '이곳'에서 있었던 민족 운동으로 옳은 것은?

[2점]

우리 가족의 역사

할머니

옆 사진은 우리 할머니의 젊을 때 모습이에요. 할머니는 19살 때 사진만 보고 할아버지랑 결혼하기로 한 뒤 당시 포와(布哇)라고 불리던 이곳으로 가셨대요.

갤릭호

할아버지는 이미 1903년에 갤릭호를 타고 이곳으로 가서서 사탕수수 농장에서 일하고 계셨어요. 두 분은 고된 환경에서도 열심히 일해 호놀룰루에 터전을 잡으셨고 지금도 많은 친척이 살고 있어요.

① 대종교 계열의 중광단이 결성되었다.
② 권업회가 조직되어 권업신문을 창간하였다.
③ 사회주의 계열의 한인 사회당이 조직되었다.
④ 독립군 양성을 위한 신흥 무관 학교가 설립되었다.
⑤ 대조선 국민 군단이 조직되어 무장 투쟁을 준비하였다.

6. □□□

밑줄 그은 '이곳'에 해당하는 지역을 지도에서 옳게 고른 것은? [1점]

박용만은 1905년 국외로 떠난 이후 네브라스카주에서 대학을 다니며 독립군 양성 기관인 한인 소년병 학교를 창설하고, 국민개병설을 집필했습니다. 그후 이곳으로 건너와 대조선 국민군단을 조직하여 독립 전쟁을 준비했습니다.

대조선 국민군단이 사용한 건물과 군복을 입은 박용만

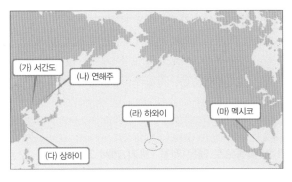

① (가) ② (나) ③ (다) ④ (라) ⑤ (마)

7. □□□

밑줄 그은 '이 지역'에서 있었던 민족 운동으로 옳은 것은? [2점]

이것은 한인 집단 거주지인 신한촌을 기념하기 위해 세운 조형물입니다. 19세기 후반 한인들의 이주가 증가하면서 건설된 신한촌은 이 지역 독립운동의 기지가 되었지만, 1937년 스탈린이 한인을 중앙아시아로 강제 이주시키면서 해체되었습니다.

① 숭무 학교를 세워 독립군을 양성하였다.
② 권업회를 창립하여 항일 신문을 발행하였다.
③ 서전서숙을 설립하여 민족 교육을 실시하였다.
④ 임병찬이 주도하여 독립 의군부를 조직하였다.
⑤ 유학생들이 중심이 되어 2·8 독립 선언서를 작성하였다.

8. □□□ [50회 35번]

(가) 인물의 활동으로 옳은 것은? [2점]

① 안중근의 하얼빈 의거를 지원하였다.
② 숭무 학교를 설립하여 독립군을 양성하였다.
③ 의열단의 활동 지침인 조선 혁명 선언을 작성하였다.
④ 대조선 국민 군단을 조직하여 무장 투쟁을 준비하였다.
⑤ 신한 청년당을 결성하고 파리 강화 회의에 참석하였다.

9. □□□ [31회 42번]

교사의 질문에 대한 답변으로 옳은 것은? [3점]

① (가) - 해조신문, 권업신문 등을 발간하였습니다.
② (가) - 독립군 양성을 위해 신흥 강습소를 세웠습니다.
③ (나) - 한인 자치 기구인 경학사를 결성하였습니다.
④ (나) - 대한인 국민회를 중심으로 외교 활동을 전개하였습니다.
⑤ (다) - 민족 교육을 위해 서전서숙, 명동 학교 등을 건립하였습니다.

10. □□□ [30회 43번]

(가)~(마) 지역에서 있었던 의거 활동으로 옳은 것은? [3점]

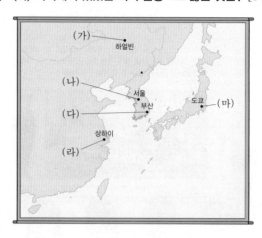

① (가) - 안중근이 이토 히로부미를 사살하였다.
② (나) - 박재혁이 경찰서에서 폭탄을 터뜨렸다.
③ (다) - 이봉창이 일왕의 행렬에 폭탄을 투척하였다.
④ (라) - 강우규가 사이토 총독 일행에게 폭탄을 던졌다.
⑤ (마) - 윤봉길이 일본군 장성과 고관들을 처단하였다.

11. □□□ [57회 37번]

(가)의 활동으로 옳은 것을 〈보기〉에서 고른 것은? [2점]

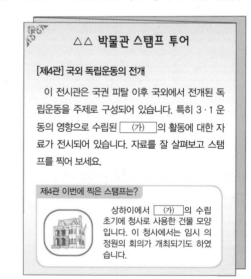

→ 보기 ←
ㄱ. 민족 교육을 위해 대성 학교를 설립하였다.
ㄴ. 광주 학생 항일 운동에 진상 조사단을 파견하였다.
ㄷ. 외교 독립 활동을 위해 구미 위원부를 설치하였다.
ㄹ. 임시 사료 편찬회를 두어 한일 관계 사료집을 간행하였다.

① ㄱ, ㄴ　② ㄱ, ㄷ　③ ㄴ, ㄷ　④ ㄴ, ㄹ　⑤ ㄷ, ㄹ

12. □□□

54회 43번

밑줄 그은 '회의'가 개최된 시기를 연표에서 옳게 고른 것은?　[2점]

이 자료는 대한민국 임시 정부가 침체에 빠지자 독립운동의 새로운 활로와 방향을 모색하기 위해 상하이에서 개최된 회의의 의사일정입니다. 국내외 각지에서 온 대표들은 대한민국 임시 정부에 대한 처리를 둘러싸고 창조파와 개조파 등으로 나뉘어져 격론을 벌였습니다.

1919	1925	1931	1935	1940	1945
	(가)	(나)	(다)	(라)	(마)
대한민국 임시 정부 수립	박은식 대통령 취임	한인 애국단 조직	한국 국민당 창당	김구 주석 취임	8·15 광복

① (가)　② (나)　③ (다)　④ (라)　⑤ (마)

13. □□□

50회 39번

(가) 인물에 대한 설명으로 옳은 것은?　[3점]

이것은 국회 의사당의 중앙홀에 있는 [(가)]의 흉상입니다. 그는 안창호, 양기탁과 함께 신민회를 조직하였고, 국권 피탈 이후에는 서간도 삼원보로 건너가 경학사와 신흥 강습소 설립을 주도하였습니다.

① 대한민국 임시 의정원의 초대 의장을 맡았다.
② 고종의 밀지를 받아 독립 의군부를 조직하였다.
③ 독립 투쟁 과정을 서술한 한국독립운동지혈사를 저술하였다.
④ 일제의 패망과 광복에 대비하여 조선 건국 동맹을 결성하였다.
⑤ 네덜란드 헤이그에서 열린 만국 평화 회의에 특사로 파견되었다.

14. □□□

51회 39번

교사의 질문에 대한 학생의 답변으로 옳은 것은?　[2점]

이 정부는 지도에 표시된 충칭으로 근거지를 옮기며 한국광복군을 창설하였습니다. 이후 이 정부가 전개한 활동에 대해 말해 볼까요?

① 청산리에서 일본군을 크게 격파하였어요.
② 해조신문을 발간하여 국권 회복에 힘썼어요.
③ 삼균주의를 기초로 하는 건국 강령을 공포하였어요.
④ 오산 학교와 대성 학교를 세워 민족 교육을 전개하였어요.
⑤ 임시 사료 편찬회를 두어 한일 관계 사료집을 간행하였어요.

15. □□□

53회 45번

다음 성명서를 발표한 이후 대한민국 임시 정부의 활동으로 옳은 것은?　[2점]

우리는 삼천만의 한국인 및 정부를 대표하여 중국, 영국, 미국, …… 기타 국가들이 일본에 대해 전쟁을 선포한 것을 삼가 축하한다. 이것은 일본을 격패(擊敗)시키고 동아시아를 재건하는 가장 유효한 수단이다. 이에 특별히 다음과 같이 성명한다.

1. 한국 전체 인민은 현재 이미 반침략 전선에 참여한 상태이며 하나의 전투 단위로서 추축국에 전쟁을 선포한다.
2. 1910년의 합병 조약 및 일체 불평등 조약이 무효임을 재차 선포한다. 아울러 반침략 국가가 한국에 지닌 합리적 기득 권익을 존중한다.
3. 왜구를 한국, 중국 및 서태평양에서 완전히 축출하기 위하여 혈전으로 최후의 승리를 거둔다.

① 충칭에서 한국광복군을 창설하였다.
② 국내 비밀 행정 조직으로 연통제를 두었다.
③ 파리 강화 회의에 독립 청원서를 제출하였다.
④ 의거 활동을 위해 한인 애국단을 조직하였다.
⑤ 미군과 연계하여 국내 진공 작전을 추진하였다.

16. ☐☐☐

(가)~(마) 지역에서 전개된 대한민국 임시 정부의 활동으로 옳은 것은? [3점]

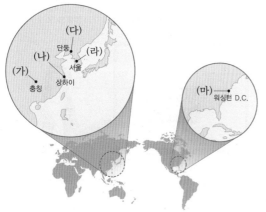

[대한민국 임시 정부의 활동 지역]

① (가) - 이륭양행에 교통국을 설치하여 국내와의 연락을 취하였다.
② (나) - 국민 대표 회의를 열어 독립운동의 방향을 논의하였다.
③ (다) - 삼균주의를 바탕으로 한 건국 강령을 발표하였다.
④ (라) - 임시 사료 편찬회를 두어 한일 관계 사료집을 간행하였다.
⑤ (마) - 의거 활동을 전개하기 위해 한인 애국단을 결성하였다.

17. ☐☐☐

다음 공보가 발표된 이후 대한민국 임시 정부의 활동으로 옳은 것은? [2점]

대한민국 임시 정부 공보 제42호

● 3월 18일 임시 의정원에서 임시 정부 대통령 이승만 각하를 임시 헌법 제21조 제14항에 의하여 탄핵하고 심판에 회부하다.
● 3월 23일 임시 의정원에서 임시 정부 대통령 이승만 각하를 심판, 면직하다.
● 3월 23일 임시 의정원에서 박은식 각하를 임시 헌법 제12조에 의하여 임시 정부 대통령으로 선거하다.

---

① 삼균주의에 바탕을 둔 건국 강령을 발표하였다.
② 무장 투쟁을 위해 육군 주만 참의부를 조직하였다.
③ 독립군 비행사 양성을 위해 한인 비행 학교를 설립하였다.
④ 국민 대표 회의를 개최하여 독립운동의 방향을 논의하였다.
⑤ 파리 강화 회의에 대표단을 파견하여 외교 활동을 전개하였다.

18. ☐☐☐

(가)~(다)를 작성된 순서대로 옳게 나열한 것은? [3점]

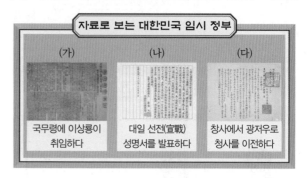

① (가) - (나) - (다) ② (가) - (다) - (나)
③ (나) - (가) - (다) ④ (나) - (다) - (가)
⑤ (다) - (가) - (나)

1. □□□ 3회독 Check　　　　　　　55회 40번

(가) 단체에 대한 설명으로 옳은 것은?　　[2점]

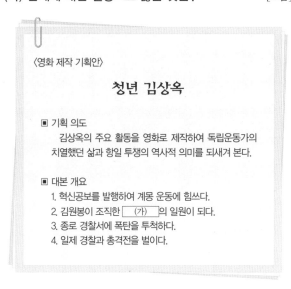

〈영화 제작 기획안〉

청년 김상옥

■ 기획 의도
　김상옥의 주요 활동을 영화로 제작하여 독립운동가의
치열했던 삶과 항일 투쟁의 역사적 의미를 되새겨 본다.

■ 대본 개요
1. 혁신공보를 발행하여 계몽 운동에 힘쓰다.
2. 김원봉이 조직한 ┌ (가) ┐의 일원이 되다.
3. 종로 경찰서에 폭탄을 투척하다.
4. 일제 경찰과 총격전을 벌이다.

① 조선 혁명 선언을 행동 강령으로 삼았다.
② 비밀 행정 조직으로 연통제를 실시하였다.
③ 고종의 밀지를 받아 결성된 비밀 단체이다.
④ 도쿄에서 일어난 이봉창 의거를 계획하였다.
⑤ 신흥 무관 학교를 세워 무장 투쟁을 준비하였다.

2. □□□　　　　　　　37회 37번

다음 사건을 일으킨 단체에 대한 설명으로 옳은 것은?

[3점]

　김익상이 일본인 노동자로 행세하며 곧바로 조선 총독부에 들어가서 2층으로 올라가 비서과와 회계과를 향하여 폭탄을 던지니, 그 소리가 천지를 뒤흔들었다. …… 그는 우리나라 사람이 하는 여관에 들어가면 반드시 수색이 있을 것이라고 여겨 일본 요리점으로 갔다. 철공(鐵工)의 옷을 사서 변장하고 열차로 평양으로 가서 며칠을 보낸 다음 다시 북경으로 향하였다.
　　　　　　　　－『기려수필』－

① 105인 사건으로 해체되었다.
② 중·일 전쟁 발발 직후에 조직되었다.
③ 조선 혁명 선언을 활동 지침으로 삼았다.
④ 파리 강화 회의에 김규식을 대표로 파견하였다.
⑤ 고종의 밀지를 받아 결성된 비밀 무장 단체였다.

3. □□□　　　　　　　60회 40번

(가) 단체에 대한 설명으로 옳은 것은?　　[2점]

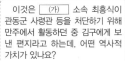

이것은 ┌ (가) ┐ 소속 최흥식이 관동군 사령관 등을 처단하기 위해 만주에서 활동하던 중 김구에게 보낸 편지라고 하는데, 어떤 역사적 가치가 있나요?

김구가 일제의 요인들을 제거하기 위해 만든 ┌ (가) ┐이/가 다양한 의거를 시도하였음을 보여주는 중요한 문서입니다. 그 가치를 인정받아 국가 등록문화재로 지정되었습니다.

곽윤(김구의 가명)

① 중일 전쟁 발발 이후에 조직되었다.
② 조선 혁명 간부 학교를 설립하였다.
③ 이봉창, 윤봉길 등이 단원으로 활동하였다.
④ 대전자령 전투에서 일본군을 상대로 승리하였다.
⑤ 일제가 조작한 105인 사건으로 조직이 해체되었다.

4. □□□　　　　　　　43회 41번

(가) 인물에 대한 설명으로 옳은 것은?　　[2점]

저는 지금 카자흐스탄 크질오르다에 있습니다. 이곳은 ┌ (가) ┐ 이/가 근무하였던 옛 고려 극장 건물입니다. 대한 독립군 총사령관이었던 그는 1937년 옛 소련의 강제 이주 정책에 의해 연해주에서 중앙아시아 지역으로 이주하였습니다. 최근 그의 유해 봉환 문제가 제기되면서 국내외 독립운동가의 예우와 선양 사업에 대한 관심이 높아지고 있습니다.

① 양기탁 등과 함께 신민회를 조직하였다.
② 광복에 대비하여 조선 건국 동맹을 결성하였다.
③ 봉오동 전투에서 일본군을 상대로 승리를 거두었다.
④ 독립군을 양성하기 위하여 신흥 강습소를 설립하였다.
⑤ 독립 투쟁 과정을 정리한 한국독립운동지혈사를 저술하였다.

PART6

5. ☐☐☐

(가) 전투에 대한 설명으로 옳은 것은? [2점]

> 이곳은 부산 해운대에 있는 '애국지사 강근호 길'입니다. 그는 1920년 10월 백운평, 어랑촌, 고동하 등지에서 일본군에 맞서 싸운 (가) 당시 북로 군정서 중대장으로 활약하였습니다.

① 중국 호로군과 협력하여 진행되었다.
② 미국 전략 정보국(OSS)의 지원을 받았다.
③ 대한민국 임시 정부 수립에 영향을 주었다.
④ 조국 광복회의 지원 아래 유격전으로 전개되었다.
⑤ 대한 독립군, 대한 국민군 등이 연합하여 참여하였다.

7. ☐☐☐

(가), (나) 사이의 시기에 있었던 사실로 옳지 <u>않은</u> 것은? [2점]

> (가) 북간도에 주둔한 아군 7백 명은 북로 사령부 소재지인 봉오동을 향해 행군하다가 적군 3백 명을 발견하였다. 아군을 지휘하는 홍범도, 최진동 두 장군은 즉시 적을 공격하여 120여 명을 살상하고 도주하는 적을 추격하였다.
> – 「독립신문」 –
>
> (나) 조선 혁명군 총사령 양세봉, 참모장 김학규 등은 병력을 이끌고 중국 의용군과 합세하였다. …… 아군은 승세를 몰아 적들을 30여 리 정도 추격한 끝에 영릉가성을 점령하였다.
> – 「광복」 –

① 자유시 참변 이후 3부가 조직되었다.
② 일본군의 보복으로 간도 참변이 발생하였다.
③ 독립군 연합 부대가 청산리에서 큰 승리를 거두었다.
④ 일제가 독립군을 탄압하고자 미쓰야 협정을 체결하였다.
⑤ 스탈린에 의해 많은 한인이 중앙아시아로 강제 이주되었다.

6. ☐☐☐

(가)~(다) 학생이 발표한 내용을 일어난 순서대로 옳게 나열한 것은? [3점]

〈1920년대 만주 지역의 독립운동〉

(가) 참의부, 정의부, 신민부 등 3부가 성립되었습니다.

(나) 대한 독립군 등이 봉오동으로 일본군을 유인하여 크게 무찔렀습니다.

(다) 북로 군정서 등이 청산리 일대에서 일본군에 대승을 거두었습니다.

① (가) – (나) – (다) ② (가) – (다) – (나)
③ (나) – (가) – (다) ④ (나) – (다) – (가)
⑤ (다) – (나) – (가)

8. ☐☐☐

밑줄 그은 '이 부대'의 활동으로 옳은 것은? [2점]

> 이 건물은 숭은문으로, 총사령 지청천이 이끈 이 부대가 길림 자위군과 연합하여 만주국 군대를 격파한 쌍성보 전투의 현장입니다.

① 동북 항일 연군으로 개편되어 유격전을 전개하였다.
② 대전자령 전투에서 일본군을 상대로 승리를 거두었다.
③ 간도 참변 이후 조직을 정비하고 자유시로 이동하였다.
④ 홍범도 부대와 연합하여 청산리에서 일본군과 교전하였다.
⑤ 조선 혁명당의 군사 조직으로 남만주 지역에서 활약하였다.

9. □□□ 28회 41번

다음 자료의 전투에 참여한 독립군 부대에 대한 설명으로 옳은 것은? [2점]

> 대전자령의 공격은 이천만 대한 인민을 위하여 원수를 갚는 것이다. 총알 한 개 한 개가 우리 조상 수천 수만의 영혼이 보우하여 주는 피의 사자이니 제군은 단군의 아들로 굳세게 용감히 모든 것을 희생하고 만대 자손을 위하여 최후까지 싸우라.
> – 지청천, 1933년 중국 대전자령 전투에 앞서서 –

① 대한민국 임시 정부의 직할 부대로 창설되었다.
② 중국 관내에서 결성된 최초의 한인 무장 부대였다.
③ 조선 혁명 간부 학교를 세워 군사력을 강화하였다.
④ 중국 호로군과 연합 작전을 통해 항일 전쟁을 전개하였다.
⑤ 러시아에 의해 무장 해제를 당하여 세력이 크게 약화되었다.

10. □□□ 51회 44번

(가) 부대의 활동으로 옳은 것은? [3점]

> ◈ 학술 대회 안내 ◈
> 우리 학회는 1929년 조직되어 남만주에서 항일 무장 투쟁을 전개하였던 (가) 을/를 조명하는 학술 대회를 개최합니다.
>
> ◆ 발표 주제 ◆
> 1. 영릉가 전투의 전개 과정
> 2. 1930년대 한중 항일 연합 작전의 성과
> 3. 총사령 양세봉에 대한 남과 북의 평가
>
> ■ 일시: 2021년 ○○월 ○○일 13:00~17:00
> ■ 장소: □□ 기념관 강당
> ■ 주최: △△ 학회

① 홍경성에서 일본군을 격퇴하였다.
② 호가장 전투에서 크게 활약하였다.
③ 대전자령 전투에서 큰 전과를 올렸다.
④ 중국 팔로군에 편제되어 항일 전선에 참여하였다.
⑤ 연합군과 함께 인도·미얀마 전선에서 활동하였다.

11. □□□ 40회 43번

(가) 부대에 대한 설명으로 옳은 것은? [2점]

> 이것은 (가) 의 총사령인 양세봉(양서봉) 장군의 흉상으로, 광복 50주년을 기념하여 중국 동북 지역에 거주하는 동포들의 모금을 통해 세워졌습니다. 양세봉 장군은 영릉가와 흥경성 전투에서 일본군을 격퇴하였습니다.

① 남만주에서 중국군과 연합 작전을 전개하였다.
② 연합군의 일원으로 인도·미얀마 전선에 파견되었다.
③ 간도 참변 이후 조직을 정비하고 자유시로 이동하였다.
④ 중국 관내(關內)에서 조직된 최초의 한인 무장 부대였다.
⑤ 홍범도 부대와 연합하여 청산리에서 일본군과 교전하였다.

12. □□□ 62회 39번

(가), (나) 인물에 대한 설명으로 옳은 것은? [3점]

> 국외 독립 전쟁을 이끈 독립운동가
> (가)
> (나)
>
> (가)
> • 생몰: 1896년~1934년
> • 대한 통의부 의군으로 활동
> • 조선 혁명군 총사령관으로 항일 투쟁 전개
> • 일제의 밀정에 의해 사망
> • 1962년 건국훈장 독립장 추서
>
> (나)
> • 생몰: 1888년~1957년
> • 신흥 무관 학교 교성 대장으로 독립군 양성
> • 한국 독립군 총사령관으로 항일 투쟁 전개
> • 한국광복군 총사령관에 취임
> • 1962년 건국훈장 대통령장 추서

① (가) – 조선 혁명 간부 학교를 설립하였다.
② (가) – 대한 광복회를 조직하여 친일파를 처단하였다.
③ (나) – 대전자령 전투에서 일본군에 대승을 거두었다.
④ (나) – 중광단을 중심으로 북로 군정서를 조직하였다.
⑤ (가), (나) – 황푸 군관 학교에 입학하여 군사 훈련을 받았다.

13.
☐☐☐

41회 42번

(가) 부대에 대한 설명으로 옳은 것은?　　　　[2점]

중국 광시성[廣西省] 구이린[桂林]에 위치한 이 건물 터는 김원봉이 조직한 　(가)　이/가 주둔했던 곳입니다. 이 부대는 중·일 전쟁 발발 직후 중국 국민당 정부의 지원을 받아 후베이성[湖北省] 우한[武漢]에서 창설되었고, 주로 일본군에 대한 심리전이나 후방 공작 활동을 전개하였습니다.

① 간도 참변 이후 조직을 정비하고 자유시로 이동하였다.
② 북만주 지역에서 활동한 한국 독립당의 산하 부대였다.
③ 남만주에서 중국군과 연합 작전으로 항일 전쟁을 벌였다.
④ 중국 관내(關內)에서 결성된 최초의 한인 군사 조직이었다.
⑤ 대한 국민회군과 연합하여 봉오동에서 일본군을 격파하였다.

14.
☐☐☐

57회 43번

(가) 군사 조직에 대한 설명으로 옳은 것은?　　　[2점]

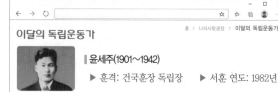

이달의 독립운동가

출 〉 나라사랑광장 〉 이달의 독립운동가

윤세주(1901~1942)
▶ 훈격: 건국훈장 독립장　▶ 서훈 연도: 1982년

공훈록(요약)

　경남 밀양 출생. 1919년 11월 만주에서 김원봉과 함께 의열단을 조직하였다. 국내에 들어온 그는 의열 투쟁을 계획하다 체포되어 수년간 옥고를 치렀다. 이후 중국 관내에서 결성된 최초의 한인 무장 조직인 　(가)　의 주요 간부로 활약하였다. 1942년 타이항산에서 전사하였다.

① 홍범도가 총사령관으로 활약하였다.
② 영릉가 전투에서 일본군을 격퇴하였다.
③ 대원 일부가 한국광복군에 합류하였다.
④ 도쿄에서 2·8 독립 선언을 계획하였다.
⑤ 상하이에서 대동단결 선언을 발표하였다.

15.
☐☐☐

60회 39번

(가) 부대에 대한 설명으로 옳은 것은?　　　　[3점]

〈 이달의 독립운동가 〉

호가장 전투에서 순국한 열사들

　중국 우한(武漢)에서 창설된 한인 무장 부대의 일부는 화북으로 이동하여 1941년 7월 타이항산에서 　(가)　을/를 결성하였다. 　(가)　의 무장선전대로 활동하던 손일봉, 최철호, 박철동, 이정순은 호가장 전투에서 다른 대원들이 포위망을 벗어날 때까지 일본군과 싸우다 장렬히 순국하였다. 정부는 이들의 공훈을 기려 1993년 애국장을 추서하였다.

손일봉 1912~1941　최철호 1915~1941　박철동 1915~1941　이정순 1918~1941

① 봉오동 전투에서 일본군을 격파하였다.
② 총사령 양세봉의 지휘 아래 활동하였다.
③ 미군과 연계하여 국내 진공 작전을 계획하였다.
④ 조선 독립 동맹 산하의 군사 조직으로 개편되었다.
⑤ 간도 참변 이후 조직을 정비하고 자유시로 이동하였다.

16.
☐☐☐

58회 38번

(가)에 대한 설명으로 옳은 것은?　　　　[2점]

이 부부의 활동에 대해 말씀해 주시겠습니까?

두 사람은 지청천을 총사령관으로 하여 충칭에서 창립된 　(가)　에서 첩보 담당 및 주석 비서로 활동하였습니다. 특히 오희영은 부모, 동생이 모두 독립운동가이기도 합니다.

오희영　신송식

① 영릉가 전투에서 일본군에게 승리하였다.
② 중국 팔로군에 편제되어 항일 전선에 참여하였다.
③ 국내 정진군을 편성하여 국내 진공 작전을 추진하였다.
④ 중국 관내(關內)에서 결성된 최초의 한인 무장 부대이다.
⑤ 간도 참변 이후 밀산에서 집결하여 자유시로 이동하였다.

17. ☐☐☐

59회 43번

(가) 부대에 대한 설명으로 옳은 것은? [2점]

> 인도 전선에서 ☐(가)☐ 이/가 활동에 나선 이래, 각 대원은 민족의 영광을 위해 빗발치는 탄환도 두려워하지 않고 온갖 고초를 겪으며 영국군의 작전에 협조하였다. ☐(가)☐ 은/는 적을 향한 육성 선전, 방송, 전단 살포, 포로 신문, 정찰, 포로 훈련 등 여러 부분에서 상당한 성과를 거두었다. 그 결과 영국군 당국은 우리를 깊이 신임하고 있으며, 한국 독립에 대해서도 동정을 아끼지 않고 있다. 충칭에 거주하고 있는 한국 청년 동지들이 인도에서의 공작에 다수 참여하기를 희망한다.
>
> — 「독립신문」 —

① 청산리에서 일본군에 맞서 대승을 거두었다.
② 미군과 연계하여 국내 진공 작전을 계획하였다.
③ 쌍성보 전투에서 한중 연합 작전을 전개하였다.
④ 중국 의용군과 연합하여 흥경성에서 승리하였다.
⑤ 동북 항일 연군으로 개편되어 유격전을 펼쳤다.

1. ☐☐☐ 3회독 Check [60회 38번]

(가) 민족 운동에 대한 설명으로 옳은 것은? [2점]

> 이것은 경성 방직 주식회사의 광목 신문 광고야. '우리가 만든 것 우리가 쓰자.'라는 문구가 인상적이야.

> 그래, 이 광고는 민족 기업을 육성해 경제적 자립을 이루려는 (가) 중에 등장했지.

① 통감부의 탄압으로 중단되었다.
② 국채 보상 기성회를 중심으로 전개되었다.
③ 자작회, 토산 애용 부인회 등이 활동하였다.
④ 한성 은행, 대한 친일 은행 등이 설립되는 계기가 되었다.
⑤ 일본, 프랑스 등지의 노동 단체로부터 격려 전문을 받았다.

2. ☐☐☐ [53회 40번]

다음 기사가 보도된 이후의 사실로 옳은 것은? [2점]

역사신문

제△△호 ○○○○년 ○○월 ○○일

조선 관세령 폐지되다

오늘 총독부가 조선 관세령 폐지를 발표하였다. 당국은 일선 융화를 위해 내린 조치라 말하지만, 앞으로 조선인들의 부담이 늘어난 것은 뻔한 이치이다. 일본산 상품이 조선에 물밀듯 밀려와 시장을 독점하여 자본과 기술에서 열세에 놓여 있는 조선의 공업을 흔적도 없게 만들 우려가 크기 때문이다. 이번 조치로 인해 조선의 제조업자들이 심각한 타격을 받을 것으로 예상된다.

① 동양 척식 주식회사가 설립되었다.
② 물산 장려 운동이 전국으로 확산되었다.
③ 메가타의 주도로 화폐 정리 사업이 실시되었다.
④ 회사 설립을 허가제로 하는 회사령이 공포되었다.
⑤ 황국 중앙 총상회의 상권 수호 운동이 전개되었다.

3. ☐☐☐ [54회 39번]

다음 기사에 보도된 민족 운동에 대한 설명으로 옳은 것은? [2점]

역사 신문

제△△호 ○○○○년 ○○월 ○○일

민대총회(民大總會) 개최, 460여 명의 대표 참석

▲ 조선 민립 대학 기성회 발기 총회

조선 민립 대학 기성회 발기 총회(민대총회)가 오후 1시부터 종로 중앙청년회관에서 열렸다. 총회에서는 사업 계획을 확정하고 '이제 우리 조선인도 생존을 위해서는 대학의 설립을 빼고는 다른 길이 없다. 만천하 동포에게 민립 대학의 설립을 제창하노니, 자매형제는 모두 와서 성원하라.'라는 요지의 발기 취지서를 발표하였다.

① 중국의 5·4 운동에 영향을 주었다.
② 사립 학교령 공포의 계기가 되었다.
③ 이상재 등이 모금 활동을 주도하였다.
④ 통감부의 방해와 탄압으로 실패하였다.
⑤ 여성 교육의 중요성을 강조한 여권통문을 발표하였다.

4. ☐☐☐ [57회 41번]

(가), (나) 발표 사이의 시기에 있었던 사실로 옳은 것은? [2점]

(가) 제1조 조선에 있어 조선인의 교육은 본령에 의한다.
　　　제9조 보통학교의 수업 연한은 4년으로 한다. 단, 지방 실정에 따라 1년을 단축할 수 있다.

(나) 제2조 총장은 조선 총독의 감독을 받아 경성 제국 대학 일반 사무를 담당하며 소속 직원을 통독(統督)한다.
　　　제4조 경성 제국 대학에 예과를 둔다.

① 육영 공원이 설립되었다.
② 국문 연구소가 설치되었다.
③ 교육 입국 조서가 반포되었다.
④ 국민 교육 헌장이 발표되었다.
⑤ 조선 민립 대학 기성회가 창립되었다.

5. □□□
37회 39번

(가), (나) 사건에 대한 설명으로 옳은 것은? [2점]

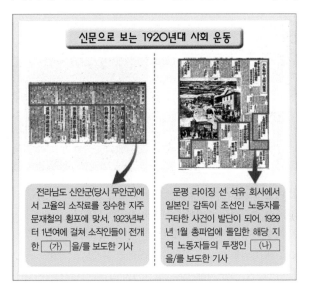

신문으로 보는 1920년대 사회 운동

전라남도 신안군(당시 무안군)에서 고을의 소작료를 징수하는 지주 문재철의 횡포에 맞서, 1923년부터 1년여에 걸쳐 소작인들이 전개한 (가) 을/를 보도한 기사

문평 라이징 선 석유 회사에서 일본인 감독이 조선인 노동자를 구타한 사건이 발단이 되어, 1929년 1월 총파업에 돌입한 해당 지역 노동자들의 투쟁인 (나) 을/를 보도한 기사

① (가) – 중국의 5·4운동에 영향을 주었다.
② (가) – 혁명적 농민 조합을 중심으로 펼쳐졌다.
③ (나) – 대한민국 임시 정부 수립의 계기가 되었다.
④ (나) – 일본, 프랑스 등지의 노동 단체로부터 격려 전문을 받았다.
⑤ (가), (나) – 일제가 이른바 문화 통치를 실시하는 배경이 되었다.

6. □□□
49회 42번

밑줄 그은 '투쟁' 이후의 사실로 옳은 것은? [2점]

최근 개통된 천사대교를 건너면 일제 강점기 대표적인 소작 쟁의가 전개된 암태도를 만날 수 있습니다. 당시 암태도의 농민들은 고을의 소작료를 징수하는 지주 문태도에 맞서 목포까지 나가 단식을 벌이는 등 약 1년에 걸친 투쟁으로 소작료를 낮추는 성과를 거두었습니다.

① 회사령이 제정되었다.
② 농광 회사가 설립되었다.
③ 토지 조사 사업이 실시되었다.
④ 조선 농민 총동맹이 결성되었다.
⑤ 함경도에서 방곡령이 선포되었다.

7. □□□
50회 40번

밑줄 그은 '이 사건' 이후의 사실로 옳은 것은? [3점]

이 사진은 을밀대 지붕 위에서 고공 농성을 벌이는 강주룡의 모습입니다. 그녀는 대공황 이후 열악해진 식민지 노동 환경에서 임금 삭감 등에 반대하며 평원 고무 공장 쟁의를 주도하였습니다. 이 사건은 자본가와 일제에 맞선 반제국주의 항일 투쟁이라는 점에서 의미가 있습니다.

① 조선 노동 총동맹과 조선 농민 총동맹이 창립되었다.
② 전국 단위의 조직인 조선 노동 공제회가 조직되었다.
③ 전시 징용 정책에 반대하여 동방 광산 광부들이 투쟁하였다.
④ 회사 설립 시 총독의 허가를 받도록 하는 회사령이 제정되었다.
⑤ 일본인 감독의 한국인 구타 사건을 계기로 원산 총파업이 일어났다.

8. □□□
47회 42번

다음 자료에 나타난 사회 운동에 대한 설명으로 옳은 것은? [2점]

어린 동무들에게

• 돋는 해와 지는 해를 반드시 보기로 합시다.
• 어른에게는 물론이고 당신들끼리도 서로 존대하기로 합시다.
• 뒷간이나 담벽에 글씨를 쓰거나 그림 같은 것을 그리지 말기로 합시다.
• 길가에서 떼를 지어놀거나 유리 같은 것을 버리지 말기로 합시다.
• 꽃이나 풀을 꺾지 말고, 동물을 사랑하기로 합시다.
• 전차나 기차에서는 어른에게 자리를 사양하기로 합시다.
• 입은 꼭 다물고 몸은 바르게 가지기로 합시다.

– 1923년 5월 1일 어린이날 기념 선전문 –

① 통감부의 탄압으로 중단되었다.
② 김광제, 서상돈 등이 주도하였다.
③ 서당 규칙을 제정하는 계기가 되었다.
④ 천도교 세력이 중심이 되어 추진하였다.
⑤ 평양에서 시작하여 전국으로 확산되었다.

9. □□□   56회 43번

(가) 단체에 대한 설명으로 옳은 것은?   [2점]

【이달의 독립운동가】

민족 독립과 여성 해방을 꿈꾼
박차정(朴次貞)
(1910~1944)

부산 동래 출신, 1927년 신간회의 자
매단체로 결성된 [(가)]의 중앙 집행
위원으로 활동하였다. 광주 학생 항일
운동에 동조하여 서울에서 시위를 주도
하였다가 불구속으로 나온 후 중국으로
망명하였다. 1938년 조선 의용대의 부
녀 복무 단장이 되어 남편 김원봉과 함께 무장 투쟁을 활발히
전개하였다. 이듬해 쿤룬산 전투에서 부상을 당해 후유증으로
순국하였다.

① 상하이에서 대동 단결 선언을 발표하였다.
② 일제의 황무지 개간권 요구를 저지하였다.
③ 여성 교육을 위해 배화 학당을 설립하였다.
④ 조선 여성의 단결과 지위 향상을 목표로 하였다.
⑤ 어린이 등의 잡지를 발간하여 소년 운동을 주도하였다.

10. □□□   52회 41번

다음 강령을 발표한 단체에 대한 설명으로 옳은 것은?

[2점]

행동 강령

1. 여성에 대한 사회적 · 법률적 일체 차별 철폐
2. 일체 봉건적 인습과 미신 타파
3. 조혼 폐지 및 결혼의 자유
4. 인신매매 및 공창 폐지
5. 농민 부인의 경제적 이익 옹호
6. 부인 노동의 임금 차별 철폐 및 산전 산후 임금 지불
7. 부인 및 소년공의 위험 노동 및 야업 폐지

① 3·1 운동에 주도적으로 참여하였다.
② 상하이에서 대동단결 선언을 발표하였다.
③ 여성 교육을 위해 이화 학당을 설립하였다.
④ 최초의 여성 권리 선언문인 여권통문을 공표하였다.
⑤ 민족주의 계열과 사회주의 계열의 여성들이 연합하였다.

11. □□□   51회 42번

밑줄 그은 '이 운동'에 대한 설명으로 옳은 것은?   [1점]

진주에 있는 이곳은 독립운동가 강상호 선생의 묘입니다. 그는
'공평은 사회의 근본이요, 애정은 인류의 본령'이라는 취지 아래 백
정에 대한 권익 보호를 목적으로 전개된 이 운동에 앞장섰습니다.

① 어린이날을 정하고 잡지 어린이를 발간하였다.
② 조선 형평사를 조직하여 사회적 차별에 맞섰다.
③ 계몽 서적의 보급을 위해 태극 서관을 설립하였다.
④ 일제가 이른바 문화 통치를 실시하는 결과를 가져왔다.
⑤ 라이징 선 석유 회사의 조선인 구타 사건을 계기로 시작되었다.

12. □□□   55회 44번

(가) 종교에 대한 설명으로 옳은 것은?   [2점]

공의 이름은 인영(寅永)인데, 뒤에 철(喆)로 고쳤다. …… 보호
조약이 체결된 뒤에 동지와 함께 오적(五賊)의 처단을 모의하였
는데, 1907년에 계획이 새어 나가 일을 그르쳤다. 뒤에 [(가)]
을/를 제창하고 교주를 자임하였는데, 이를 바탕으로 국민을 진
흥하려고 하였다. 일찍이 북간도에 가서 그의 무리와 함께 발전
을 도모하였다. …… 그의 문인(門人)들은 그를 숭상하여 오백 년
이래 다시 없는 대종사로 여겼다.

- 『유방집』 -

① 사찰령 폐지 운동을 추진하였다.
② 개벽, 신여성 등의 잡지를 발행하였다.
③ 중광단을 결성하여 무장 투쟁을 전개하였다.
④ 배재 학당을 세워 신학문 보급에 기여하였다.
⑤ 박중빈을 중심으로 새생활 운동을 추진하였다.

13. ☐☐☐
52회 40번

(가) 종교 단체의 활동으로 옳은 것은? [2점]

① 박중빈을 중심으로 새생활 운동을 펼쳤다.
② 중광단을 조직하여 무장 투쟁을 전개하였다.
③ 배재 학당을 세워 신학문 보급에 기여하였다.
④ 어린이날을 제정하고 소년 운동을 추진하였다.
⑤ 경향신문을 발행하여 민중 계몽을 위해 노력하였다.

14. ☐☐☐
61회 42번

(가)~(마)에 들어갈 내용으로 옳은 것은? [2점]

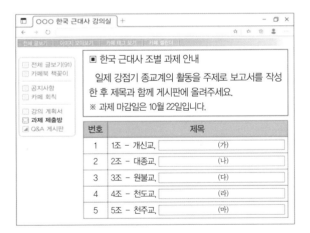

① (가) – 단군 숭배 사상을 통해 민족의식을 높이다
② (나) – 의민단을 조직하여 무장 투쟁을 전개하다
③ (다) – 간척 사업을 진행하고 새생활 운동을 펼치다
④ (라) – 배재 학당을 세워 신학문 보급에 기여하다
⑤ (마) – 어린이날을 제정하고 소년 운동을 추진하다

15. ☐☐☐
55회 42번

(가) 단체에 대한 설명으로 옳은 것은? [2점]

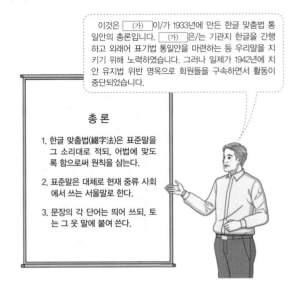

① 우리말 큰사전 편찬을 시도하였다.
② 한글 신문인 제국 신문을 간행하였다.
③ 최초로 한글에 띄어쓰기를 도입하였다.
④ 우리말 음운 연구서인 언문지를 저술하였다.
⑤ 한글 연구를 목적으로 학부 아래에 설립되었다.

(가) 단체의 활동으로 옳은 것은?   [1점]

예심 종결 결정문

주문(主文)

피고 이극로, 최현배 외 10명은 함흥 지방 법원 공판에 부친다. 피고 장지영 외 1명은 면소(免訴)한다.

이유(理由)

본 건(件)은 (가) 은/는 1919년 만세 소요 사건의 실례에 비추어 조선의 독립을 장래에 기약하는 데는 문화 운동에 의하여 민족정신의 환기와 실력 양성을 급무로 삼아서, 피고인 이극로를 중심으로 하여 문화 운동 중 그 기초적 중심이 되는 어문 운동의 방법을 취하여 그 이념으로써 지도 이념을 삼아 겉으로 문화 운동의 가면을 쓰고, 조선 독립을 목적한 실력 배양 단체로서 본 건이 검거되기까지 10여 년이나 오랫동안 조선 민족에 대하여 조선의 어문 운동을 전개해 왔다. ……

① 여유당전서 간행 사업을 계기로 조직되었다.

② 한글 맞춤법 통일안과 표준어를 제정하였다.

③ 국어의 이해 체계 확립을 위해 국문 연구소를 세웠다.

④ 개벽, 신여성 등의 잡지를 간행하여 민족의식을 높였다.

⑤ 인재 육성의 일환으로 민립 대학 설립 운동을 전개하였다.

(가) 인물에 대한 설명으로 옳은 것은?   [2점]

국어 연구에 앞장선 (가) 에 대해 알려 주세요.

호는 한힌샘으로, 독립신문사의 교보원으로 활동하였습니다. 큰 보자기에 책을 넣고 다니며 학생들에게 국어를 가르쳐 '주보따리'라는 별명을 얻었습니다.

① 국문 연구소의 연구위원으로 활동하였다.

② 조선어 학회 사건으로 구속되어 옥고를 치렀다.

③ 국권 피탈 과정을 정리한 한국통사를 집필하였다.

④ 세계지리 교과서인 사민필지를 한글로 저술하였다.

⑤ 여유당전서를 간행하고 조선학 운동을 전개하였다.

1. □□□ 3회독 Check 50회 42번

(가)에 들어갈 내용으로 옳은 것은? [1점]

브나로드 운동을 소재로 소설 상록수를 쓴 사진 속 인물에 대해 말씀해 주세요.

(가)

① 저항시 그날이 오면을 발표하였습니다.
② 근대극 형식을 도입한 토월회를 조직하였습니다.
③ 단성사에서 개봉된 영화 아리랑을 제작하였습니다.
④ 고대사 연구를 바탕으로 조선상고사를 저술하였습니다.
⑤ 일제 강점기 농촌 현실을 묘사한 소설 고향을 연재하였습니다.

2. □□□ 57회 44번

(가) 인물의 활동으로 옳은 것은? [3점]

도시샤 대학에 있는 이 시비는 민족 문학가인 (가) 을/를 기리기 위해 세워졌습니다. 비석에는 '죽는 날까지 하늘을 우러러'로 시작되는 그의 작품인 서시가 새겨져 있습니다. 북간도 출신인 그는 일본 유학 중 치안 유지법 위반 혐의로 체포되어 옥중에서 순국하였습니다.

① 조선상고사를 저술하였다.
② 소설 상록수를 신문에 연재하였다.
③ 저항시 광야, 절정 등을 발표하였다.
④ 영화 아리랑의 제작과 감독을 맡았다.
⑤ 별 헤는 밤, 참회록 등의 시를 남겼다.

3. □□□ 41회 45번

(가)에 들어갈 내용으로 가장 적절한 것은? [2점]

학술 대회 안내

우리 학회는 일제 강점기 프로 문학의 대표적 작가인 민촌 이기영 선생의 문학 세계를 조명하는 학술 대회를 개최합니다.

◆ 발표 주제 ◆

• 카프의 결성과 민촌 이기영의 문학 세계
• (가)
• 민촌 이기영의 소설을 통해 본 근대 도시의 모습
• 민촌 이기영 문학의 위상과 남북 문화 교류의 가능성 모색

■ 일시: 2018년 ○○월 ○○일 13:00~17:00
■ 장소: □□대학교 소강당
■ 주최: △△ 학회

① 황성신문에 연재된 소설의 주제와 문체
② 해에게서 소년에게에 나타난 신체시의 형식
③ 소설 고향을 통해 본 일제 강점기 농촌 현실
④ 금수회의록을 통해 본 신소설의 소재와 내용
⑤ 시 광야에 드러난 항일 정신과 작가의 독립운동

4. □□□ 51회 43번

다음 인물의 활동으로 옳은 것은? [3점]

이달의 독립운동가

민족을 이끌 초인을 염원한 ○○○

• 생몰년: 1904~1944
• 생애 및 활동
　본명은 이원록으로 경상북도 안동에서 태어났다. 1927년 조선은행 대구 지점 폭파 사건에 연루되어 옥고를 치른 그는 1932년 중국으로 건너가 김원봉이 세운 조선 혁명 군사 정치 간부 학교 제1기생으로 입교하여 독립운동에 힘썼다. 대한민국 정부는 그의 공훈을 기려 1990년 건국훈장 애국장을 추서하였다.

① 종로 경찰서에 폭탄을 투척하였다.
② 저항시 광야, 절정 등을 발표하였다.
③ 친일파 이완용을 습격하여 중상을 입혔다.
④ 영화 아리랑의 제작, 감독, 주연을 맡았다.
⑤ 조선 국혼을 강조하는 한국통사를 저술하였다.

5. ☐☐☐ 56회 41번

(가) 인물에 대한 설명으로 옳은 것은? [2점]

이곳 심우장은 (가) 이/가 조선 총독부를 마주하지 않겠다며 북향으로 지었다고 합니다. 님의 침묵 등을 지은 (가) 은/는 일제의 탄압에도 굴하지 않다가 광복 직전 이곳에서 돌아가셨습니다.

① 우리말 큰사전 편찬 사업을 추진하였다.
② 유교 개혁을 주장하는 유교 구신론을 제창하였다.
③ 월간지 유심을 발간하여 불교 개혁 운동에 힘썼다.
④ 진단 학회를 설립하여 실증주의 사학을 발전시켰다.
⑤ 독사신론을 저술하여 민족주의 사학의 기반을 마련하였다.

6. ☐☐☐ 37회 41번

(가) 인물에 대한 설명으로 옳은 것은? [3점]

〈주제: (가) 의 저술 활동과 사상〉

조선상고사에서 역사를 '아(我)와 비아(非我)의 투쟁'으로 정의하였습니다.

이순신전과 을지문덕전 등을 집필하여 애국심을 고취하고자 하였습니다.

① 여유당전서를 간행하고 조선학 운동을 전개하였다.
② 서유견문을 집필하여 서양 근대 문명을 소개하였다.
③ 한국독립운동지혈사에서 독립 투쟁 과정을 서술하였다.
④ 독사신론을 발표하여 민족을 역사 서술의 중심에 두었다.
⑤ 조선사회경제사에서 식민 사학의 정체성 이론을 반박하였다.

7. ☐☐☐ 55회 38번

다음 인물에 대한 설명으로 옳은 것은? [2점]

이달의 역사 인물

혼이 보존되면 국가는 부활할 것이다

○○○ (1859~1925)

국혼을 강조하며 민족의식을 고취한 역사학자이자 독립운동가이다. 일찍부터 민족 교육의 중요성을 인식하여 서우학회에서 애국 계몽 운동을 펼쳤으며, 국권 피탈 과정을 정리한 『한국통사』를 저술하였다. 1925년에는 대한민국 임시 정부 제2대 대통령에 취임하였다. 정부에서는 그의 공훈을 기려 건국훈장 대통령장을 추서하였다.

① 진단 학회를 창립하고 진단 학보를 발행하였다.
② 여유당전서를 간행하고 조선학 운동을 전개하였다.
③ 헤이그에서 열린 만국 평화 회의에 특사로 파견되었다.
④ 평양에서 조선 물산 장려회 발기인 대회를 개최하였다.
⑤ 실천적인 유교 정신을 강조하는 유교구신론을 저술하였다.

8. ☐☐☐ 46회 40번

(가)~(마)에 들어갈 내용으로 옳은 것은? [2점]

〈수행 평가 보고서〉

1. 주제: 민족 문화 수호를 위한 노력

2. 내용: 일제의 역사 왜곡과 동화(同化) 정책에 맞서 우리의 말과 역사를 지키고자 헌신한 인물들의 활동에 대하여 조사하였다.

인물	활동
신채호	(가)
백남운	(나)
정인보	(다)
이윤재	(라)
최현배	(마)

① (가) – 잡지 한글의 간행을 주도하였다.
② (나) – 한글 맞춤법 통일안 제정에 참여하였다.
③ (다) – 민족의 얼을 강조하고 조선학 운동을 추진하였다.
④ (라) – 애국심 고취를 위해 을지문덕전을 집필하였다.
⑤ (마) – 조선사회경제사에서 식민 사학의 정체성론을 반박하였다.

☐☐☐

다음 인물에 대한 설명으로 옳은 것은? [3점]

○○○ 연보

• 1919년   의열단 조직
• 1932년   조선 혁명 간부 학교 설립
• 1935년   민족 혁명당 조직
• 1937년   조선 민족 전선 연맹 결성
• 1938년   조선 의용대 창설
• 1944년   대한민국 임시 정부 군무부장

① 대조선 국민 군단을 조직하였다.
② 한국광복군 부사령관으로 활약하였다.
③ 하얼빈역에서 이토 히로부미를 사살하였다.
④ 한국 독립군을 이끌고 쌍성보 전투에서 승리하였다.
⑤ 일제의 패망과 광복에 대비하여 조선 건국 동맹을 결성하였다.

10. ☐☐☐

밑줄 그은 '그'의 활동으로 옳은 것은? [2점]

저는 지금 전라남도 보성군에 와 있습니다. 이 기념관은 오기호 등과 함께 대종교를 창시하고 일생을 독립운동에 바친 그를 기리기 위해 조성되었습니다. 이곳에는 그의 호를 딴 홍암사라는 사당이 있습니다.

① 5적 처단을 위해 자신회를 조직하였다.
② 명동 성당 앞에서 이완용을 습격하였다.
③ 하얼빈에서 이토 히로부미를 사살하였다.
④ 타이완에서 일본 육군 대장을 저격하였다.
⑤ 동양 척식 주식회사에 폭탄을 투척하였다.

11. ☐☐☐

(가) 인물에 대한 설명으로 옳은 것은? [3점]

여행권(여권)을 통해 본 독립운동가의 삶

위 자료들은 독립운동가 (가) 이/가 사용한 여행권으로 미국, 중국, 멕시코 등 많은 국가들을 방문한 기록이 남아 있다. (가) 은/는 여러 국가들을 이동하면서 공립 협회, 대한인 국민회, 흥사단 등을 조직하는 데 주도적인 역할을 담당하였다. 1937년 동우회 사건으로 옥고를 치른 후 지병이 악화되어 이듬해 사망하였다.

① 일본의 침략 과정을 담은 한국통사를 저술하였다.
② 조선학 운동을 주도하여 여유당전서를 간행하였다.
③ 백산 상회를 설립하여 독립운동 자금을 마련하였다.
④ 친일 인사 스티븐스를 샌프란시스코에서 사살하였다.
⑤ 대한민국 임시 정부에서 내무총장 겸 국무총리 대리로 취임하였다.

12. ☐☐☐

(가) 인물에 대한 설명으로 옳은 것은? [2점]

연해주 우수리스크에 있는 (가) 의 유허비를 관리하기 위해 현지 교민들이 나섰습니다. 이 비에는 헤이그 특사로 파견되었던 (가) 이/가 연해주에서 성명회와 권업회를 조직하여 독립운동을 이끈 사실 등이 기록되어 있습니다.

연해주 교민들, (가) 유허비 지킴이로 나서

① 대한 광복군 정부 수립을 주도하였다.
② 이토 히로부미를 하얼빈에서 사살하였다.
③ 의열단을 조직하여 단장으로 활동하였다.
④ 숭무 학교를 설립하여 독립군을 양성하였다.
⑤ 일본의 침략 과정을 서술한 한국통사를 저술하였다.

13. ☐☐☐

50회 45번

(가) 인물의 활동으로 옳은 것은? [2점]

 이 문서는 (가) 이/가 마련한 대한민국 임시 정부 건국 강령 초안이다. 건국 강령은 민족 운동의 방향과 광복 후 국가 건설의 지향을 담은 것으로 대한민국 임시 정부 임시 헌장의 이론적 기초가 되었다. 이 초안에는 (가) 이/가 고심하여 수정한 흔적이 그대로 남아 있어 역사적 가치가 높다.

① 대성 학교를 세우고 흥사단을 창립하였다.
② 대한 광복회를 조직하여 친일파를 처단하였다.
③ 조선 혁명 간부 학교를 세워 독립군을 양성하였다.
④ 삼균주의를 제창하여 정치·경제·교육의 균등을 강조하였다.
⑤ 조선사회경제사에서 식민주의 사학의 정체성 이론을 반박하였다.

시대별/주제별로 기출학습을 끝냈다면, 2024년 이후(69회~73회)의 극최신 기출만 풀어보며
최근 시험에서 더욱 강조되는 시대별 최신경향까지 확인해봅시다!

1. □□□ 3회독 Check   69회 37번

(가)~(다)를 발표된 순서대로 옳게 나열한 것은? [3점]

(가) 우리들 민중의 통곡과 복상이 결코 이척[순종]의 죽음에
있지 않다는 것을 민중 각자의 마음속에 그것을 명백히 말
해주고 있다. 우리들의 비애와 통렬한 애도는 경술년 8월
29일 이래 쌓이고 쌓인 슬픔이다. …… 금일의 통곡·복상
의 충성과 의분을 돌려 우리들의 해방 투쟁에 바치자!

(나) 조선 민족의 정치적 의식이 발달함에 따라 민족적 중심 단
결을 요구하는 시기를 맞이하여 민족주의를 표방한 신간회
가 발기인의 연명으로 3개 조의 강령을 발표하였다. ……
1. 우리는 정치적·경제적 각성을 촉진함
1. 우리는 단결을 공고히 함
1. 우리는 기회주의를 일체 부인함

(다) 우리 2천만 생령(生靈)을 사랑하고 조국을 사랑하는 광주
학생 남녀 수십 명이 중상을 입었다. 고뇌하는 청년 학생
2백 명이 불법으로 철창 속에 갇혀 있다. …… 우리들은 광
주 학생의 석방을 요구하는 동시에 참을 수 없는 피눈물로
시위 대열에 나가는 것이다.

① (가) - (나) - (다)   ② (가) - (다) - (나)
③ (나) - (가) - (다)   ④ (나) - (다) - (가)
⑤ (다) - (나) - (가)

2. □□□   72회 37번

(가) 부대에 대한 설명으로 옳은 것은? [3점]

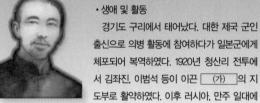

이달의 독립운동가

노은(盧隱) 김규식

• 생몰년: 1882~1931
• 생애 및 활동
　경기도 구리에서 태어났다. 대한 제국 군인
출신으로 의병 활동에 참여하다가 일본군에게
체포되어 복역하였다. 1920년 청산리 전투에
서 김좌진, 이범석 등이 이끈 [(가)]의 지
도부로 활약하였다. 이후 러시아, 만주 일대에
서 독립 운동을 계속하다가 1931년에 순국하였다. 1963년 건국훈장 독
립장이 추서되었다.

① 영릉가에서 일본군에 승리를 거두었다.
② 미국과 연계하여 국내 진공 작전을 계획하였다.
③ 중국 팔로군과 함께 호가장 전투에서 활약하였다.
④ 동북 항일 연군으로 개편되어 유격전을 전개하였다.
⑤ 중광단을 중심으로 조직되어 항일 독립 전쟁에 참여하였다.

PART6

3. □□□   70회 38번

(가)~(다)를 일어난 순서대로 옳게 나열한 것은? [2점]

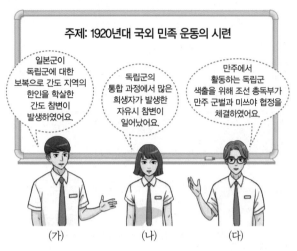

주제: 1920년대 국외 민족 운동의 시련

일본군이 독립군에 대한 보복으로 간도 지역의 한인을 학살한 간도 참변이 발생하였어요.

독립군의 통합 과정에서 많은 희생자가 발생한 자유시 참변이 일어났어요.

만주에서 활동하는 독립군 색출을 위해 조선 총독부가 만주 군벌과 미쓰야 협정을 체결하였어요.

(가)   (나)   (다)

① (가) – (나) – (다)   ② (가) – (다) – (나)
③ (나) – (가) – (다)   ④ (나) – (다) – (가)
⑤ (다) – (가) – (나)

4. □□□   71회 40번

다음 자료가 발표된 시기를 연표에서 옳게 고른 것은?

[2점]

대학을 세운다는 일은 극히 거창하여 여간 몇 사람의 힘으로는 도저히 성취할 바가 아니므로 금일까지 실지의 운동이 일어나지 못하였던 것이라. 그러나 일이 거창하고 어렵다고 시작을 아니하면 언제까지든지 조선 사람의 대학이라는 것은 생겨볼 수가 없다. 그러므로 이번에 조선 전도의 다수한 유지를 망라하여 민중적 운동으로 될 수 있는 대로 많은 사람의 힘을 합하여 민립 대학 한 곳을 세워 보고자 이상재, 이승훈 등의 주창으로 수일 전에 민립 대학 기성 준비회를 조직하고 집행위원을 선정하였는데, 장차 각 부·군에서 다수한 발기인의 참가를 구하여 경성에서 발기회를 열고 실행 방법을 결정할 터이다.

1895	1911	1919	1924	1938	1942
(가)	(나)	(다)	(라)	(마)	
한성 사범 학교 설립	제1차 조선 교육령	3·1 운동	경성 제국 대학 개교	제3차 조선 교육령	조선어 학회 사건

① (가)   ② (나)   ③ (다)   ④ (라)   ⑤ (마)

5. □□□   71회 41번

(가) 사건 이후에 전개된 사실로 옳은 것은? [3점]

〈탐구 활동 보고서〉

○학년 ○○반 이름: ○○○

◉ 주제: (가) 에 대한 국외 반응

◉ 탐구 목적
라이징 선 석유 주식회사의 문평 공장에서 일본인 감독이 조선인 노동자를 구타한 일이 발단이 되어 일어난 일제 강점기 최대 규모의 노동 운동에 대한 국외 반응을 당시 자료를 통해 살펴본다.

◉ 자료 및 해설

이것은 재일본노총에서 (가) 을/를 조사하기 위해 변호사를 파견한다는 당시 신문 기사이다. 기사에 보도된 일본의 조선인 노동 단체뿐 아니라 중국 지역의 여러 노동 단체도 격려와 후원을 하였다.

① 동양 척식 주식회사가 설립되었다.
② 강주룡이 을밀대 지붕에서 고공 농성을 벌였다.
③ 황실의 지원을 받아 대한 천일 은행이 창립되었다.
④ 전국 단위의 조직인 조선 노농 총동맹이 조직되었다.
⑤ 고율의 소작료에 반발하여 암태도 소작 쟁의가 발생하였다.

6. □□□

(가)~(마)에 들어갈 내용으로 적절하지 <u>않은</u> 것은? [3점]

일제 강점기 대중문화 탐구 안내

일제 강점기에는 매체의 발달과 함께 대중문화가 유행하였습니다. 이 시기 대중문화는 다양한 측면에서 식민지 조선인의 일상에 영향을 미쳤습니다. 그러나 일제는 식민 지배를 합리화하기 위한 선전 도구로 대중문화를 이용하기도 하였습니다.

모둠별로 담당한 주제를 탐구하여 보고서로 제출하세요.
※ 과제 마감일은 2월 16일입니다.

모둠	문화 영역	주제
1	가요	(가)
2	영화	(나)
3	방송	(다)
4	소비	(라)
5	잡지	(마)

---

① (가) – 아침 이슬, 건전 가요에서 금지곡으로 지정되다
② (나) – 병정님, 조선인에 대한 징병제 실시를 미화하다
③ (다) – 경성 방송국, 우리말 방송에 검열하여 송출하다
④ (라) – 미쓰코시 백화점, 자본주의적 소비문화가 이식되다
⑤ (마) – 신여성, 여권 신장 등의 내용으로 여성을 계몽하다

---

7. □□□

다음 가상 인터뷰의 주인공에 대한 설명으로 옳은 것은? [2점]

며칠 전 경성에서 조선사회경제사 출판 축하회가 있었습니다. 저자로서 책에 대한 소개를 부탁드립니다.

저는 우리 역사의 전개 과정을 세계사의 보편적인 발전 법칙에 따라 네 단계로 나누어 파악하였습니다. 이 책에서는 그중 원시 씨족 사회와 삼국 정립기의 노예제 사회에 대해 서술하였습니다.

① 진단 학회를 조직하였다.
② 한국독립운동지혈사를 저술하였다.
③ 식민 사학의 정체성론을 반박하였다.
④ 우리말 큰사전 편찬 사업을 추진하였다.
⑤ 민족의 얼을 강조하고 조선학 운동을 주도하였다.

---

8. □□□

㉠~㉤에 대한 설명으로 옳지 <u>않은</u> 것은? [2점]

단재 신채호 연보

1880년	충청도 회덕에서 출생
1898년	성균관에 입학
1907년	㉠ 신민회 활동에 참여하고 대한매일신보 필진으로 근무
1919년	상하이로 가서 ㉡ 대한민국 임시 정부 수립에 참여
1923년	㉢ 조선 혁명 선언 작성
1927년	무정부주의 동방 연맹 창립 대회에 참가
1928년	타이완 지룽에서 체포됨
1931년	『㉣ 조선상고사』가 조선일보에 연재됨
1936년	㉤ 뤼순 감옥에서 사망

---

① ㉠ – 광주 학생 항일 운동에 진상 조사단을 파견하였다.
② ㉡ – 이륭양행에 교통국을 설치하여 국내와 연락을 취하였다.
③ ㉢ – 의열단이 활동 지침으로 삼았다.
④ ㉣ – 역사를 아와 비아의 투쟁으로 정의하였다.
⑤ ㉤ – 안중근 의사가 순국한 곳이다.

빈출 주제 28 일제의 식민 통치 및 국내 항일 운동

3회독 Check

1	김원봉은 의열단을 조직하여 단장으로 활동하였다.	☐☐☐
2	단원인 나석주는 동양 척식 주식회사에 폭탄을 투척하였다.	☐☐☐
3	의열단은 조선 혁명 선언을 활동 지침으로 삼았다.	☐☐☐
4	한인 애국단은 김구를 단장으로 상하이에서 조직되었다.	☐☐☐
5	이봉창은 도쿄에서 일왕이 탄 마차를 향해 폭탄을 던졌다.	☐☐☐
6	한인 애국단은 훙커우 공원에서 일어난 윤봉길 의거를 계획하였다.	☐☐☐
7	대한 독립군은 봉오동 전투에서 일본군을 격퇴하였다.	☐☐☐
8	청산리 전투 이후 일본군의 보복으로 간도 참변이 발생하였다.	☐☐☐
9	간도 참변 이후 조직을 정비하고 자유시로 이동하였다.	☐☐☐
10	만주 군벌과 일제 사이에 미쓰야 협정을 체결하였다.	☐☐☐
11	한국 독립군은 쌍성보 전투 및 대전자령 전투에서 일본군을 상대로 승리를 거두었다.	☐☐☐
12	조선 혁명군은 영릉가 및 흥경성에서 일본군에게 승리를 거두었다.	☐☐☐
13	조선 의용대의 대원 일부는 한국광복군에 합류하였다.	☐☐☐
14	조선 의용대는 중국 관내(關內)에서 결성된 최초의 한인 무장 부대이다.	☐☐☐
15	한국광복군은 영국군의 요청으로 인도·미얀마 전선에 투입되었다.	☐☐☐
16	한국광복군은 미국과 연계하여 국내 진공 작전을 전개하였다.	☐☐☐

빈출 주제 31 일제 강점기의 경제·사회·문화

17	물산 장려 운동 때 자작회, 토산 애용 부인회 등의 단체가 활동하였다.	☐☐☐
18	이상재 등의 주도로 민립 대학 설립 운동을 전개하였다.	☐☐☐
19	동아일보는 농촌 계몽을 위한 브나로드 운동을 전개하였다.	☐☐☐
20	지주 문재철의 고율의 소작료에 반발하여 암태도 소작 쟁의가 발생하였다.	☐☐☐
21	원산 총파업은 라이징 선 석유 회사의 한국인 구타 사건을 계기로 시작되었다.	☐☐☐
22	원산 총파업은 일본, 중국, 프랑스 등의 노동 단체로부터 격려 전문을 받았다.	☐☐☐
23	강주룡은 평양의 을밀대 지붕에서 고공 농성을 벌였다.	☐☐☐
24	천도교는 만세보를 발행하여 민중 계몽에 힘썼다.	☐☐☐
25	천도교 소년회는 어린이날을 제정하고 소년 운동을 선개하였다.	☐☐☐
26	근우회는 민족주의 계열과 사회주의 계열의 여성들이 연합하였다.	☐☐☐
27	형평 운동은 백정에 대한 사회적 차별 철폐를 목적으로 하였다.	☐☐☐
28	천도교는 개벽, 신여성 등의 잡지를 발간하였다.	☐☐☐
29	대종교는 단군 숭배 사상을 통해 민족 의식을 고취하였다.	☐☐☐
30	대종교는 중광단을 결성하여 항일 무장 투쟁을 전개하였다.	☐☐☐
31	한용운은 일제의 통제에 맞서 사찰령 폐지 운동을 벌였다.	☐☐☐
32	원불교는 박중빈을 중심으로 새생활 운동을 전개하였다.	☐☐☐
33	천주교는 의민단을 조직하여 항일 무장 투쟁을 전개하였다.	☐☐☐
34	조선어 학회는 우리말 큰 사전 편찬 사업을 추진하였다.	☐☐☐
35	조선어 학회는 한글 맞춤법 통일안을 제정하였다.	☐☐☐

빈출 주제 32 일제 강점기의 인물

36	심훈은 소설 상록수를 신문에 연재하였다.	☐☐☐
37	윤동주는 별 헤는 밤, 참회록 등의 시를 남겼다.	☐☐☐
38	이기영은 일제 강점기 농촌 현실을 묘사한 소설 고향을 연재하였다.	☐☐☐
39	이육사는 광야, 절정 등의 저항시를 발표하였다.	☐☐☐
40	한용운은 조선 불교 유신론을 저술하였다.	☐☐☐
41	신채호는 민족을 역사 서술의 중심에 둔 독사신론을 발표하였다.	☐☐☐
42	박은식은 국권 피탈 과정을 정리한 한국통사를 저술하였다.	☐☐☐
43	박은식은 실천적인 유교 정신을 강조하는 유교 구신론을 저술하였다.	☐☐☐
44	정인보는 여유당전서를 간행하고 조선학 운동을 전개하였다.	☐☐☐
45	백남운은 조선사회경제사를 통해 식민 사회의 정체성론을 반박하였다.	☐☐☐
46	이병도와 손진태는 진단 학회를 조직하여 실증주의 사학을 발전시켰다.	☐☐☐
47	강우규는 서울역에서 신임 총독의 마차에 폭탄을 투척하였다.	☐☐☐
48	김원봉은 조선 혁명 간부 학교를 세워 독립군을 양성하였다.	☐☐☐
49	안창호는 샌프란시스코에서 흥사단을 창설하였다.	☐☐☐
50	이동휘와 이상설은 대한 광복군 정부의 수립을 주도하였다.	☐☐☐

PART6

PART 7 현대

시대별 빈출 키워드 연표 + 흐름강의

27회분 기출의 시대별 고빈출 키워드를 연도별로 싹 모았습니다!
특히 빨간색 키워드는 80% 이상 출제된 최빈출 키워드입니다.

1945~1946

- 광복(1945)
- 조선 건국 준비 위원회 조직(1945)
- 모스크바 3국 외상 회의 개최(1945)
- 제1차 미소 공동 위원회 개최(1946)
- 이승만의 정읍 발언(1946)
- 좌우 합작 위원회 조직 및 좌우 합작 7원칙 발표(1946)

1947~1948

- 제2차 미소 공동 위원회 개최(1947)
- 유엔 한국 임시 위원단의 선거 의결(1947)
- 남북 협상 추진(1948)
- 제주 4·3 사건(1948)
- 5·10 총선거(1948)
- 대한민국 정부 수립(1948)
- 여수·순천 10·19 사건(1948)

1950~1953

- 애치슨 선언 발표(1950)
- 6·25 전쟁(1950~1953)
- 부산 정치 파동과 발췌 개헌(1952)
- 한·미 상호 방위 조약 체결(1953)

1980

- 5·18 광주 민주화 운동
- 제8차 개헌

1987

- 6월 민주 항쟁
- 제9차 개헌

1988~1992

- 서울 올림픽 개최(1988)
- 민족 자존과 통일 번영을 위한 7·7 선언(1988)
- 남북한 유엔 동시 가입(1991)
- 남북 기본 합의서(1991)
- 한반도 비핵화 공동 선언(1991)

⊘ **시대별 평균 출제 비중**[27회분(73회~47회) 분석 기준]

총 50문제

| 선사 시대 | 고대 | 고려 | 조선 | 개항기 | 일제 강점기 | 현대 5문제 (10%) | 통합 주제 |

빈출 주제 33 대한민국 정부 수립 과정 및 6·25 전쟁 | 2문제(40%)
빈출 주제 34 이승만~전두환 정부 | 2문제(40%)
빈출 주제 35 노태우~문재인 정부 및 현대의 인물 | 1문제(20%)

1954~1960

- 사사오입 개헌(1954)
- 진보당 사건(1958)
- 대구 2·28 민주화 운동(1960)
- 3·15 부정 선거(1960)
- 4·19 혁명(1960)

1961~1972

- 6·3 시위 발생 및 한·일 기본 조약 체결(1964~1965)
- 3선 개헌(1969)
- 경부 고속 도로 개통 및 새마을 운동(1970)
- 전태일 분신 자살 사건(1970)
- 광주 대단지 사건(1971)
- 7·4 남북 공동 성명 발표 및 남북 조절 위원회 설치(1972)
- 유신 헌법 발표 및 통일 주체 국민 회의 설치(1972)

1973~1979

- 개헌 청원 100만인 서명 운동(1973)
- 제1차 석유 파동(1973)
- 포항 제철소 1기 설비 준공(1973)
- 인민 혁명당 재건위 사건(1974)
- 3·1 민주 구국 선언(1976)
- 100억 달러 수출 달성(1977)
- 제2차 석유 파동(1978)
- 부·마 민주 항쟁(1979)

1993~1997

- 금융 실명제 실시(1993)
- 삼풍 백화점 붕괴 사고(1995)
- 경제 협력 개발 기구(OECD) 가입(1996)
- 국제 통화 기금(IMF) 구제 금융 요청(1997)

1998~2002

- 개성 공단 설치 합의(2000)
- 국민 기초 생활 보장법(2000)
- 최초 남북 정상 회담 개최 및 6·15 남북 공동 선언 발표(2000)
- 부산 아시안 게임 및 한·일 월드컵 개최(2002)

2003~2007

- 개성 공단 착공식 개최(2003)
- 아시아·태평양 경제 협력체(APEC) 정상 회의 부산 개최(2005)
- 제2차 남북 정상 회담 개최 및 10·4 남북 정상 선언 발표(2007)

빈출 주제 **33**   **대한민국 정부 수립 과정 및 6·25 전쟁**   키워드해설편 p.190

시대별로 기출문제를 풀며 문제유형과 선지에 익숙해지는 것이 풀이의 핵심입니다! 최소 3번 이상 회독하며 풀어보세요.

[해풀사의 추천 회독법]
문제번호 옆 '3회독 Check'에 문제를 풀면서 정확히 알면 'O', 헷갈리면 '△', 아예 모르겠으면 'X'를 표시!

1. ☐☐☐ 3회독 Check   51회 46번

다음 기자 회견의 배경으로 가장 적절한 것은?   [2점]

> 군정 장관 아놀드 소장은 12월 29일 오전 10시 30분 군정청 제1회의실에서 신문 기자단과 회견하고 신탁 통치에 관한 질문에 대략 다음과 같은 견해를 표명하고 일문일답을 하였다. "…… 신탁 통치는 조선 임시 민주 정부를 수립코자 함이 목적일 것이다. 우선 조선인이 당면한 경제 산업에 있어 유의하여 신탁 관리 문제로 모든 기관이 중지 상태로 들어가지 않기를 요망한다. 현 단계에 이르러 진실한 냉정이 필요할 것이다. 4개국을 믿고 있는 중에 직무에 충실하여야 한다."

① 좌우 합작 7원칙이 발표되었다.
② 제1차 미소 공동 위원회가 결렬되었다.
③ 모스크바 삼국 외상 회의가 개최되었다.
④ 반민족 행위 특별 조사 위원회가 구성되었다.
⑤ 유엔 소총회에서 남한만의 단독 총선거가 결의되었다.

2. ☐☐☐   60회 41번

(가), (나) 사이의 시기에 있었던 사실로 옳은 것은? [2점]

(가)	(나)
□□ 일보 제△△호 ○○○○년 ○○월 ○○일 **하지 중장, 특별 성명 발표** 오늘 오전 조선 주둔 미군 최고 사령관 하지 중장은 미소 공동 위원회 무기 휴회에 관한 중대 성명서를 발표하였다. 이는 덕수궁 석조전에서의 역사적인 개막 이후 49일 만의 일이다.	□□ 일보 제△△호 ○○○○년 ○○월 ○○일 **제2차 미소 공동 위원회 개막** 미소 공동 위원회는 제1차 회의가 무기 휴회된 지 만 1년 16일 만인 오늘 오후 2시 정각에 시내 덕수궁 석조전에서 고대하던 제2차 회의의 역사적 막을 열었다.

① 여수·순천 10·19 사건이 일어났다.
② 모스크바 3국 외상 회의가 개최되었다.
③ 반민족 행위 특별 조사 위원회가 출범하였다.
④ 좌우 합작 위원회가 좌우 합작 7원칙을 발표하였다.
⑤ 유엔 총회에서 인구 비례에 의한 남북 총선거가 의결되었다.

3. ☐☐☐   48회 47번

(가), (나) 사이의 시기에 있었던 사실로 옳은 것은? [3점]

> (가) 1. 조선의 민주 독립을 보장한 3상 회의 결정에 의하여 남북을 통한 좌우 합작으로 민주주의 임시 정부를 수립할 것.
> 3. 토지 개혁에 있어 몰수, 유조건 몰수, 체감 매상 등으로 토지를 농민에게 무상으로 나누어 주며 시가지의 기지와 큰 건물을 적정 처리하며 중요 산업을 국유화하며 …… 민주주의 건국 과업 완수에 매진할 것.
>
> (나) 3. 외국 군대가 철퇴한 이후 하기(下記) 제 정당·단체들의 공동 명의로써 전 조선 정치 회의를 소집하여 조선 인민의 각층 각계를 대표하는 민주주의 임시 정부가 즉시 수립될 것이며 국가의 일체 정권은 정치, 경제, 문화생활의 일체 책임을 갖게 될 것이다.

① 유상 매수, 유상 분배 원칙의 농지 개혁법이 제정되었다.
② 남한만의 단독 정부 수립을 주장한 정읍 발언이 제기되었다.
③ 유엔 총회에서 인구 비례에 의한 남북 총선거가 의결되었다.
④ 여운형이 중심이 되어 조선 건국 준비 위원회를 조직하였다.
⑤ 국가 보안법 개정안을 통과시킨 이른바 보안법 파동이 발생하였다.

4. ☐☐☐   55회 46번

(가), (나) 발표 사이의 시기에 있었던 사실로 옳은 것은?   [2점]

> (가) 우리는 다음 달에 입국할 유엔 한국 임시 위원단을 환영하는 동시에, 그들로 하여금 우리가 원하는 자주 독립의 통일 정부를 수립하는 임무를 완수하도록 최선을 다하여야 할 것이다. 우리는 어떠한 경우든지 단독 정부는 절대 반대할 것이다.
>
> (나) 올해 10월 19일 제주도 사건 진압 차 출동하려던 여수 제14연대 소속 3명의 장교 및 40여 명의 하사관들은 각 대대장의 결사적 제지에도 불구하고 남로당 계열 분자 지도하에 반란을 일으켰다. 동월 20일 8시 여수를 점령하는 한편, 좌익 단체 및 학생들을 인민군으로 편성하여 동일 8시 순천을 점령하였다.

① 제1차 미소 공동 위원회가 결렬되었다.
② 모스크바 삼국 외상 회의가 개최되었다.
③ 좌우 합작 위원회에서 좌우 합작 7원칙이 발표되었다.
④ 유상 매수, 유상 분배 원칙의 농지 개혁법이 시행되었다.
⑤ 우리나라 최초의 보통 선거인 5·10 총선거가 실시되었다.

5. ☐☐☐ 65회 45번

다음 총선거에 대한 설명으로 옳은 것을 〈보기〉에서 고른 것은? [3점]

→ 보기 •

ㄱ. 좌우 합작 위원회가 주도하였다.

ㄴ. 장면 정부가 수립되는 계기가 되었다.

ㄷ. 제주도에서 무효 처리된 선거구가 있었다.

ㄹ. 제헌 국회의원을 선출하기 위해 실시되었다.

① ㄱ, ㄴ   ② ㄱ, ㄷ   ③ ㄴ, ㄷ   ④ ㄴ, ㄹ   ⑤ ㄷ, ㄹ

6. ☐☐☐ 63회 41번

밑줄 그은 '국회'에 대한 설명으로 옳지 <u>않은</u> 것은? [3점]

이 우표는 우리나라 최초로 실시된 총선거를 기념하기 위해 발행되었습니다. 보통 · 직접 · 평등 · 비밀 선거 원칙에 따라 치른 이 선거를 통해 구성된 국회에서 활동한 의원의 임기는 2년이었습니다.

① 반민족 행위 처벌법을 제정하였다.

② 의원들의 선거로 대통령을 선출하였다.

③ 민의원과 참의원의 양원제로 운영되었다.

④ 일부 지역의 국회의원이 선출되지 못한 채 출범하였다.

⑤ 일제가 남긴 재산 처리를 위한 귀속 재산 처리법을 만들었다.

7. ☐☐☐ 53회 46번

(가) 사건에 대한 설명으로 옳은 것은? [2점]

제주도에서 발생한 [(가)] 당시 토벌대는 남한만의 단독 선거에 반대하는 세력을 진압한다는 명분으로 초토화 작전을 벌였고, 이 과정에서 무고한 사람들이 희생되었습니다. 법원은 오늘 이 사건으로 억울한 옥살이를 했던 피해자 335명에 대해서, 재심을 통해 무죄 판결을 내렸습니다.

[(가)] 옥살이 335명, 70여 년 만에 재심에서 무죄

① 허정 과도 내각이 성립되는 배경이 되었다.

② 전개 과정에서 3 · 1 민주 구국 선언이 발표되었다.

③ 희생자들의 명예 회복을 위해 특별법이 제정되었다.

④ 귀속 재산 처리를 위한 신한 공사 설립의 계기가 되었다.

⑤ 관련 기록물이 유네스코 세계 기록 유산으로 등재되었다.

8. ☐☐☐ 59회 44번

밑줄 그은 '이 전쟁' 중에 있었던 사실로 옳은 것은? [3점]

노래로 읽는 한국사

이별의 부산 정거장

보슬비가 소리도 없이
이별 슬픈 부산 정거장
잘 가세요 잘 있어요
눈물의 기적이 운다
한 많은 피난살이 설움도 많아
그래도 잊지 못할 판잣집이여
경상도 사투리의 아가씨가 슬피 우네
이별의 부산 정거장

[해설]

이 곡은 <u>이 전쟁</u>의 정전 협정이 체결된 이듬해에 발표된 노래로, 낯선 부산에서의 판잣집 피란살이를 마치고 서울로 떠나는 피란민의 심정을 애절하게 묘사하였습니다. 피란살이는 힘들었지만 부산에서 만난 사람들과의 인연이 힘이 되었다는 가사를 담고 있습니다.

① 한미 상호 방위 조약이 체결되었다.

② 반민족 행위 특별 조사 위원회가 해체되었다.

③ 통일 주체 국민 회의에서 대통령이 선출되었다.

④ 비상 계엄이 선포된 가운데 발췌 개헌안이 통과되었다.

⑤ 국가보안법 개정안을 통과시킨 이른바 보안법 파동이 일어났다.

9. □□□   61회 46번

(가) 전쟁 중에 있었던 사실로 옳지 않은 것은? [1점]

대성동 마을은 경기도 파주시에 있으며, 군사 분계선 남쪽 비무장 지대에 위치한 민간인 마을입니다.

[가] 의 정전 협정 체결 직후 비무장 지대에 남북이 민간인 마을을 하나씩만 남긴다는 후속 합의에 따라 마을로 조성되었습니다.

'자유의 마을'로 불리는 대성동 마을은 유엔군 사령부의 관할 지역으로, 외부인은 허락 없이 들어가지 못합니다.

① 애치슨 선언이 발표되었다.
② 부산이 임시 수도로 정해졌다.
③ 흥남 철수 작전이 전개되었다.
④ 인천 상륙 작전 이후 서울을 수복하였다.
⑤ 국회에서 국민 방위군 사건이 폭로되었다.

10. □□□   55회 47번

교사의 질문에 대한 학생의 답변으로 옳은 것을 〈보기〉에서 고른 것은? [2점]

이것은 국군과 유엔군이 인천 상륙 작전 이후 10여 일 만에 서울을 수복한 사실을 알리는 전단지입니다. 뒷면에는 맥아더 장군이 서울을 탈환하여 적의 보급선을 끊었으며, 앞으로 힘을 합쳐 공산군을 끝까지 몰아내자는 내용이 있습니다. 이 서울 수복 이후에 있었던 사실을 말해 볼까요?

▶ 보기 ◀

ㄱ. 애치슨 선언이 발표됐어요.
ㄴ. 흥남 철수 작전이 전개됐어요.
ㄷ. 소련의 제안으로 정전 회담이 개최됐어요.
ㄹ. 국군이 다부동 전투에서 북한군의 공세를 방어했어요.

① ㄱ, ㄴ ② ㄱ, ㄷ ③ ㄴ, ㄷ ④ ㄴ, ㄹ ⑤ ㄷ, ㄹ

11. □□□   51회 47번

(가), (나) 사이의 시기에 있었던 사실로 옳은 것은? [2점]

(가) 북한군의 공격에 밀려 낙동강 방어선으로 후퇴한 제1사단은 다부동 일대에서 북한군 제2군단의 공세에 맞서 8월 3일부터 9월 2일까지 치열한 전투를 벌였다. 이 전투에서 제1사단 12연대는 특공대를 편성, 적 전차 4대를 파괴하는 등 중요한 역할을 수행하며 전투를 승리로 이끌었다.

(나) 개성에서 열린 첫 정전 회담에서 UN군 대표단은 어떠한 정치적 또는 경제적 문제의 논의를 단호히 거부하는 동시에 침략 재발의 방지를 보장하는 화평만이 전쟁을 종식시킬 수 있다고 공산군 대표단에게 경고하였다.

① 애치슨 선언이 발표되었다.
② 흥남 철수 작전이 전개되었다.
③ 여수·순천 10·19 사건이 일어났다.
④ 한미 상호 방위 조약이 체결되었다.
⑤ 부산에서 발췌 개헌안이 통과되었다.

12. □□□   31회 48번

(가)~(라)를 일어난 순서대로 옳게 나열한 것은? [3점]

6·25 전쟁의 기록

(가) 스트러블 해군 제독의 지휘 아래 8개국 261척의 함정 등 대규모 선단이 집결하였다. 새벽 5시부터 상륙 부대가 배 20척에 나누어 타고 인천 상륙을 감행하였다.

(나) 북한군의 진격로를 차단하기 위해 한강 인도교와 한강 철교가 폭파되었다. 이로 인해 당시 한강 이북에 있던 각 부대의 퇴로와 서울 시민들의 피난길이 막혔다.

(다) 중국군의 이른바 신정 공세로 인해 국군과 유엔군은 서울을 빼앗기고 평택–삼척선으로 후퇴하여 그곳에 새로운 방어선을 구축하였다.

(라) 유엔군 사령관 리지웨이는 소련의 제의를 받아들여 북한과 중국에 휴전 회담을 제안하였다. 이것이 수용되어 개성에서 제1차 휴전 회담이 열렸다.

① (가) – (나) – (다) – (라)
② (가) – (나) – (라) – (다)
③ (나) – (가) – (다) – (라)
④ (나) – (가) – (라) – (다)
⑤ (다) – (가) – (나) – (라)

1. ☐☐☐ 3회독 Check

56회 47번

(가)에 들어갈 내용으로 옳은 것은? [2점]

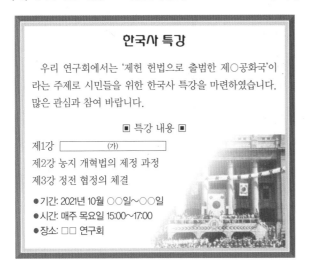

① 삼청 교육대의 설치
② 새마을 운동의 추진
③ 한일 기본 조약의 비준
④ 지방 자치제의 전면 실시
⑤ 반민족 행위 처벌법의 제정

2. ☐☐☐

53회 47번

다음 뉴스가 보도된 정부 시기의 사실로 옳지 <u>않은</u> 것은? [3점]

① 평화 통일론을 주장한 진보당의 조봉암을 제거하였다.
② 인민 혁명당 재건위 사건을 조작해 관련자를 탄압하였다.
③ 정부에 비판적인 경향신문을 폐간하는 등 언론을 통제하였다.
④ 여당 부통령 후보 당선을 위해 3·15 부정 선거를 자행하였다.
⑤ 반민 특위를 이끌던 국회 의원들에게 간첩 혐의를 씌워 체포하였다.

3. ☐☐☐

58회 41번

밑줄 그은 '선거' 이후의 사실로 옳은 것은? [3점]

① 국회에서 국민 방위군 사건이 폭로되었다.
② 평화 통일론을 내세우던 진보당이 해체되었다.
③ 경찰이 반민족 행위 특별 조사 위원회를 습격하였다.
④ 조선 건국 준비 위원회 지부가 인민 위원회로 개편되었다.
⑤ 초대 대통령에 한해 중임 제한을 폐지하는 개헌안이 통과되었다.

4. □□□ 26회 46번
다음과 같이 국회가 구성되었던 시기의 사실로 옳은 것은? [2점]

민의원
- 총 의석수 233석
- 헌정 동지회 1석
- 통일당 1석
- 한국 사회당 1석
- 자유당 2석
- 사회 대중당 4석
- 무소속 49석
- 민주당 175석

참의원
- 총 의석수 58석
- 혁신동지총연맹 1석
- 한국 사회당 1석
- 사회 대중당 1석
- 자유당 4석
- 무소속 20석
- 민주당 31석

① 내각 책임제와 지방 자치제가 실시되었다.
② 베트남 파병과 한·일 국교 정상화가 이루어졌다.
③ 반민족 행위자 처벌법과 농지 개혁법이 공포되었다.
④ 노후 생활 안정을 위해 국민 연금 제도가 도입되었다.
⑤ 금융 실명 거래에 관한 법률과 공직자 윤리법이 제정되었다.

5. □□□ 58회 42번
밑줄 그은 '집회'가 열린 시기를 연표에서 옳게 고른 것은? [2점]

이 사진은 남북 학생 회담을 요구하는 **집회** 장면입니다. 당시 대학생들은 판문점에서 만나자는 구호를 외치며 협상을 통한 자주적인 통일을 주장하였으나, 정부는 남북 총선거에 의한 평화 통일 정책을 제시하였습니다.

1948	1952	1960	1964	1972	1979
	(가)	(나)	(다)	(라)	(마)
대한민국 정부 수립	발췌 개헌	4·19 혁명	6·3 시위	10월 유신	부마 민주 항쟁

① (가)   ② (나)   ③ (다)   ④ (라)   ⑤ (마)

6. □□□ 42회 48번
(가) 정부 시기의 사실로 옳은 것은? [3점]

사형 집행 소식에 오열하는 유가족

지난 2007년 1월, 서울중앙지방법원은 '인민혁명당 재건위 사건'에 연루되어 사형당한 8인에게 무죄를 선고하였다. '인민혁명당 재건위 사건'은 (가) 정부 시기 국가 전복을 계획했다는 혐의로 국가보안법 및 긴급 조치 제4호에 따라 서도원·도예종·여정남을 포함한 다수 인사들을 체포하여 사형·무기 징역 등을 선고한 사건이다. 특히 판결 확정 후 18시간 만인 다음 날 새벽, 형 선고 통지서가 도착하기도 전에 사형수에 대한 형이 집행되었다. 당시 국제법학자협회는 사형이 집행된 4월 9일을 '사법 역사상 암흑의 날'로 선포하였다.

① 한미 상호 방위 조약을 체결하였다.
② YH 무역 노동자들의 농성을 강경 진압하였다.
③ 대통령 긴급 명령으로 금융 실명제를 시행하였다.
④ 사회 정화를 명분으로 삼청 교육대를 설치하였다.
⑤ 평화 통일론을 주장한 진보당의 조봉암을 제거하였다.

7. □□□ 48회 46번
다음 기념사를 발표한 정부 시기에 있었던 사실로 옳은 것은? [2점]

오늘 국민 교육 헌장 선포 1주년에 즈음하여, 나는 온 국민과 더불어 뜻깊은 이날을 경축하면서 헌장 이념의 구현을 위한 우리들의 결의를 새로이 하게 된 것을 매우 기쁘게 생각하는 바입니다. 국민 교육 헌장은 우리 민족이 지녀야 할 시대적 사명감과 윤리관을 정립한 역사적 장전이며, 조국 근대화의 물량적 성장을 보완, 촉진시켜 나갈 정신적 지표이며, 국가의 백년대계를 기약하는 국민 교육의 실천 지침인 것입니다.

① 국민학교라는 명칭을 초등학교로 변경하였다.
② 과외 전면 금지와 대학 졸업 정원제를 시행하였다.
③ 문맹국민 완전퇴치 5개년 계획을 수립하여 추진하였다.
④ 미국에서 시행되고 있던 6-3-3 학제를 처음 도입하였다.
⑤ 중학교 입시 제도를 폐지하고 무시험 추첨제를 실시하였다.

8. ☐☐☐

(가) 정부 시기의 경제 상황으로 옳은 것은? [1점]

① 한미 자유 무역 협정(FTA)이 체결되었다.
② 저유가·저금리·저달러의 3저 호황이 있었다.
③ 원조 물자를 가공하는 삼백 산업이 발달하였다.
④ 대통령 긴급 명령으로 금융 실명제가 실시되었다.
⑤ 농촌의 근대화를 표방한 새마을 운동이 전개되었다.

10. ☐☐☐

다음 뉴스가 보도된 정부 시기의 사실로 옳은 것은?[2점]

① 양성 평등의 실현을 위해 호주제를 폐지하였다.
② 교육의 지표를 제시한 국민 교육 헌장을 선포하였다.
③ 사회 통합을 위한 다문화 가족 지원법을 시행하였다.
④ 공직자 윤리법을 개정하여 재산 등록을 의무화하였다.
⑤ 언론의 통폐합이 단행되고 언론 기본법을 제정하였다.

9. ☐☐☐

(가), (나) 문서가 작성된 사이의 시기에 있었던 사실로 옳은 것은? [3점]

> (가)
> 1. 무상 원조에 대해 한국 측은 3억 5천만 달러, 일본 측은 2억 5천만 달러를 주장한 바 3억 달러를 10년에 걸쳐 공여하는 조건으로 양측 수뇌에게 건의함
> ⋮
> 3. 수출입 은행 차관에 대해 …… 양측 합의에 따라 국교 정상화 이전이라도 협력하도록 추진할 것을 양측 수뇌에게 건의함
>
> (나)
> 제1조 양 체약 당사국 간에 외교 및 영사 관계를 수립한다.
> 제2조 1910년 8월 22일 및 그 이전에 대한 제국과 일본 제국 간에 체결된 모든 조약 및 협정이 이미 무효임을 확인한다.
> ⋮

① 한미 상호 방위 조약이 체결되었다.
② 6·3 시위가 전개되고 비상계엄령이 선포되었다.
③ 경찰이 반민족 행위 특별 조사 위원회를 습격하였다.
④ 평화 통일론을 주장한 진보당의 조봉암이 구속되었다.
⑤ 유상 매수, 유상 분배 원칙의 농지 개혁법이 제정되었다.

11. ☐☐☐

다음 기사의 사건이 일어난 정부 시기의 통일 정책으로 옳은 것은? [2점]

> ### □□ 신문
> 제△△호   ○○○○년 ○○월 ○○일
>
> #### 광주 대단지 주민 5만여 명, 대규모 시위
>
>
> 지난 10일, 경기도 광주시 중부면 광주 대단지에서 5만여 명의 주민들이 차량을 탈취하여 대규모 시위를 벌였다. 이번 시위는 서울 도심을 정비하기 위하여 10만여 명의 주민들을 경기도 광주로 이주시키는 과정에서 발생하였다. 서울시가 처음 내건 이주 조건과 달리, 상하수도나 교통 등 기반 시설이 갖추어지지 않은 채 강제로 이주시켰기 때문이다. 시위 과정에서 관공서와 주유소 등이 불에 탔고, 주민과 경찰 다수가 부상을 입었으며, 일부 주민들이 구속되었다.

① 남북한이 유엔에 동시 가입하였다.
② 10·4 남북 공동 선언을 발표하였다.
③ 남북한이 한반도 비핵화 공동 선언에 서명하였다.
④ 남북 조절 위원회를 설치하여 통일 방안을 논의하였다.
⑤ 남북한의 교류 협력을 위한 개성 공업 지구 건설에 착수하였다.

12. □□□　　　　　　　55회 48번

밑줄 그은 '선거' 이후의 사실로 옳은 것은?　[3점]

① 정부 형태가 내각 책임제로 바뀌었다.
② 평화 통일을 주장한 진보당의 조봉암이 처형되었다.
③ 대통령의 3선 연임을 허용하는 개헌안이 통과되었다.
④ 한일 국교 정상화에 반대하는 6·3 시위가 전개되었다.
⑤ 국회 해산과 헌법의 일부 효력 정지를 담은 유신이 선포되었다.

13. □□□　　　　　　　52회 48번

(가) 정부 시기에 볼 수 있는 모습으로 적절한 것은?

[2점]

① 7·4 남북 공동 성명 발표를 취재하는 기자
② 개성 공단 착공식에 참석하고 있는 정부 관료
③ 금강호를 타고 금강산 관광을 떠나는 단체 여행객
④ 한반도 비핵화 공동 선언문을 발표하는 외교부 당국자
⑤ 최초의 이산가족 상봉 행사에 참여하는 남북 고향 방문단

14. □□□　　　　　　　60회 47번

밑줄 그은 '이 정부' 시기에 있었던 사실로 옳지 않은 것은?

[2점]

① 서울 올림픽이 개최되었다.
② 야간 통행 금지가 해제되었다.
③ 박종철 고문치사 사건이 발생하였다.
④ 프로 야구가 6개 구단으로 출범하였다.
⑤ 남북 이산가족 고향 방문이 최초로 이루어졌다.

15. ☐☐☐

57회 48번

(가) 민주화 운동에 대한 설명으로 옳은 것은? [1점]

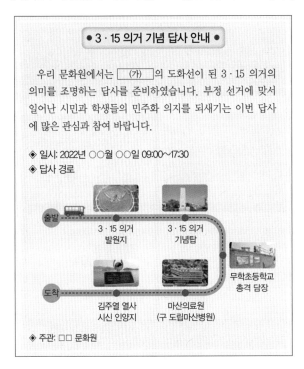

● 3·15 의거 기념 답사 안내 ●

우리 문화원에서는 (가) 의 도화선이 된 3·15 의거의 의미를 조명하는 답사를 준비하였습니다. 부정 선거에 맞서 일어난 시민과 학생들의 민주화 의지를 되새기는 이번 답사에 많은 관심과 참여 바랍니다.

◆ 일시: 2022년 ○○월 ○○일 09:00~17:30
◆ 답사 경로

출발 → 3·15 의거 발원지 → 3·15 의거 기념탑 → 무학초등학교 총격 담장
도착 ← 김주열 열사 시신 인양지 ← 마산의료원 (구 도립마산병원)

◆ 주관: □□ 문화원

① 3선 개헌 반대 범국민 투쟁 위원회가 주도하였다.
② 이승만이 대통령직에서 물러나는 결과를 가져왔다.
③ 신군부의 비상계엄 확대와 무력 진압에 저항하였다.
④ 관련 기록물이 유네스코 세계 기록 유산으로 등재되었다.
⑤ 4·13 호헌 조치에 반발하며 호헌 철폐 등의 구호를 내세웠다.

16. ☐☐☐

60회 43번

(가) 민주화 운동에 대한 설명으로 옳은 것은? [2점]

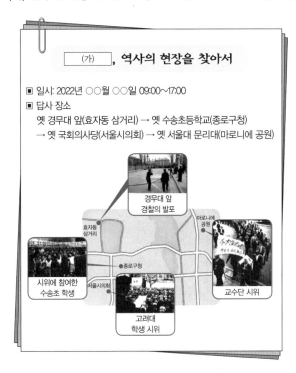

(가) , 역사의 현장을 찾아서

■ 일시: 2022년 ○○월 ○○일 09:00~17:00
■ 답사 장소
옛 경무대 앞(효자동 삼거리) → 옛 수송초등학교(종로구청) → 옛 국회의사당(서울시의회) → 옛 서울대 문리대(마로니에 공원)

경무대 앞 경찰의 발포
시위에 참여한 수송초 학생
고려대 학생 시위
교수단 시위

① 장면 내각이 출범하는 배경이 되었다.
② 유신 체제가 붕괴되는 결과를 가져왔다.
③ 한일 국교 정상화에 반대하여 일어났다.
④ 신군부의 비상계엄 확대가 원인이 되었다.
⑤ 호헌 철폐와 독재 타도 등의 구호를 내세웠다.

PART7

17. □□□
61회 48번

다음 자료에 나타난 민주화 운동에 대한 설명으로 옳은 것은? [2점]

> **전국의 언론인 여러분!**
>
> 지금 광주에서는 젊은 대학생들과 시민들이 피를 흘리며 싸우고 있습니다. 대학생들의 평화적 시위를 질서 유지, 진압이라는 명목 아래 저 잔인한 공수 부대를 투입하여 시민과 학생을 무차별 살육하였고 더군다나 발포 명령까지 내렸던 것입니다. …… 그러나 일부 언론은 순수한 광주 시민의 의거를 불순배의 선동이니, 폭도의 소행이니, 난동이니 하여 몰아부치고만 있습니다. …… 이번 광주 의거를 몇십 년 뒤의 '사건 비화'나 '남기고 싶은 이야기'들로 만들기 않기 위해, 사실 그대로 보도하여 주시기를 수많은 사망자의 피맺힌 원혼과 광주 시민의 이름으로 간절히, 간절히 촉구하는 바입니다.

① 허정 과도 정부가 출범하는 계기가 되었다.
② 굴욕적인 한일 국교 정상화에 반대하였다.
③ 호헌 철폐, 독재 타도 등의 구호를 외쳤다.
④ 3·15 부정 선거에 항의하며 시위가 시작되었다.
⑤ 관련 기록물이 유네스코 세계 기록 유산으로 등재되었다.

18. □□□
62회 46번

(가) 민주화 운동에 대한 설명으로 옳은 것은? [1점]

> 이 곡은 (가) 기념식에서 제창하는 노래입니다. (가) 당시 계엄군에 맞서 시민군으로 활동하다 희생된 윤상원과 광주에서 야학을 운영하다 사망한 박기순의 영혼 결혼식에 헌정된 노래입니다. 여러 나라에서 민주화를 염원하는 사람들이 이 곡을 함께 부르고 있습니다.

① 시위 도중 대학생 이한열이 희생되었다.
② 경무대로 향하던 시위대가 경찰의 총격을 받았다.
③ 박종철 고문치사 사건의 진상 규명을 요구하였다.
④ 신군부의 비상계엄 확대와 무력 진압에 저항하였다.
⑤ 3·1 민주 구국 선언을 통해 긴급 조치 철폐 등을 주장하였다.

19. □□□
53회 49번

(가) 민주화 운동에 대한 설명으로 옳은 것은? [1점]

① 유신 체제가 붕괴되는 계기가 되었다.
② 굴욕적인 한일 국교 정상화에 반대하였다.
③ 양원제 국회가 출현하는 결과를 가져왔다.
④ 신군부의 비상계엄 확대가 원인이 되었다.
⑤ 호헌 철폐와 독재 타도 등의 구호를 내세웠다.

20. □□□   [49회 49번]

다음 기사에 보도된 민주화 운동의 결과로 옳은 것은?

[2점]

① 국가 보위 비상 대책 위원회가 설치되었다.

② 신군부가 비상계엄을 전국으로 확대하였다.

③ 5년 단임의 대통령 직선제 개헌이 이루어졌다.

④ 허정을 수반으로 하는 과도 정부가 수립되었다.

⑤ 조봉암이 혁신 세력을 규합하여 진보당을 창당하였다.

21. □□□   [46회 48번]

(가) 민주화 운동에 대한 설명으로 옳은 것은?   [2점]

이것은 부산과 마산 지역의 시민과 학생들이 일으킨 (가) 을/를 기념하는 탑입니다. 야당 총재의 국회의원직 제명으로 촉발된 (가) 은/는 민주화에 기여한 점을 인정받아 2019년에 국가 기념일로 지정되었습니다.

① 유신 체제가 붕괴되는 배경이 되었다.

② 시민군을 조직하여 계엄군에 대항하였다.

③ 허정 과도 정부가 구성되는 결과를 가져왔다.

④ 관련 기록물이 유네스코 세계 기록 유산으로 등재되었다.

⑤ 대통령 하야를 요구하는 대학 교수단의 시위 행진이 있었다.

22. □□□   [59회 46번]

밑줄 그은 '이 정권' 시기에 있었던 사실로 옳지 않은 것은?

[2점]

① 신민당사에서 YH 무역 노동자들이 농성을 하였다.

② 민주 회복을 위한 개헌 청원 백만인 서명 운동이 전개되었다.

③ 호헌 철폐, 독재 타도를 내세운 6·10 국민 대회가 개최되었다.

④ 야당 총재의 국회의원직 제명을 계기로 민주 항쟁이 일어났다.

⑤ 긴급 조치 철폐를 요구하는 3·1 민주 구국 선언이 발표되었다.

23. □□□   [60회 42번]

다음 사건이 일어난 시기를 연표에서 옳게 고른 것은?

[2점]

이날 본회의는 하오 8시 정각에 개의되어 전원 위원회의 '발췌 조항 전원 합의' 보고를 접수한 후 김종순 의원의 각 조항 설명이 있은 다음, 질의도 대체 토의도 아무것도 없이 …… 표결은 기립 표결로 작정하여 재석 166인 중 163표로써 실로 역사적인 결정을 보았다. 표결이 끝나자 신익희 임시 의장은 정중 침통한 태도로써 "본 헌법 개정안은 헌법 제98조 제3항에 의하여 결정된 것을 선포한다."라고 최후의 봉을 힘있게 3타 하였으며 그 음성은 몹시도 떨렸다.

1948	1953	1959	1964	1976	1987
(가)	(나)	(다)	(라)	(마)	
5·10 총선거	정전 협정 체결	경향신문 폐간	6·3 시위	3·1 민주 구국 선언	6·29 민주화 선언

① (가)   ② (나)   ③ (다)   ④ (라)   ⑤ (마)

24. ☐☐☐ 29회 49번

다음과 같은 헌법 개정의 결과로 옳은 것은? [2점]

> 개헌안에 대한 국회 표결 결과, 재적 의원 203명, 재석 의원 202명, 찬성 135표, 반대 60표, 기권 7표였다. 이것은 헌법 개정에 필요한 의결 정족수(재적 의원의 3분의 2 이상)인 136표에 1표가 부족한 135표 찬성이므로 부결된 것이었다. 그러나 자유당 간부회는 재적 의원 203명의 3분의 2는 135.333…이므로 이를 사사오입하면 135명이 개헌 정족수가 된다고 주장하였다. 이들은 이 주장을 자유당 의원 총회에서 채택하고, 국회에서 야당 의원들이 퇴장한 가운데 '번복 가결 동의안'을 상정하여 통과시켰다.

① 국회의원의 임기가 6년으로 정해졌다.
② 정부 형태가 내각 책임제로 바뀌게 되었다.
③ 초대 대통령에 한해 중임 제한이 철폐되었다.
④ 대통령이 국회의원의 3분의 1을 추천하게 되었다.
⑤ 임기 7년 단임의 대통령 간접 선거를 실시하게 되었다.

25. ☐☐☐ 62회 44번

밑줄 그은 '개헌안'이 발표된 이후의 사실로 옳은 것은?
[3점]

① 반민족 행위 처벌법이 제정되었다.
② 제2차 미소 공동 위원회가 결렬되었다.
③ 국회가 민의원과 참의원의 양원제로 운영되었다.
④ 평화 통일론을 주장한 진보당의 조봉암이 구속되었다.
⑤ 유상 매수, 유상 분배 원칙의 농지 개혁법이 제정되었다.

26. ☐☐☐ 40회 47번

(가)~(라)의 헌법을 공포된 순서대로 옳게 나열한 것은?
[3점]

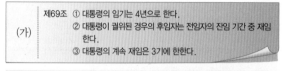
(가) 제69조 ① 대통령의 임기는 4년으로 한다.
② 대통령이 궐위된 경우의 후임자는 전임자의 잔임 기간 중 재임한다.
③ 대통령의 계속 재임은 3기에 한한다.

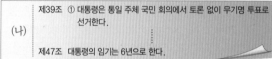
(나) 제39조 ① 대통령은 통일 주체 국민 회의에서 토론 없이 무기명 투표로 선거한다.
제47조 대통령의 임기는 6년으로 한다.

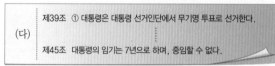
(다) 제39조 ① 대통령은 대통령 선거인단에서 무기명 투표로 선거한다.
제45조 대통령의 임기는 7년으로 하며, 중임할 수 없다.

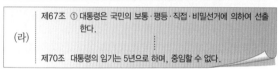
(라) 제67조 ① 대통령은 국민의 보통·평등·직접·비밀선거에 의하여 선출한다.
제70조 대통령의 임기는 5년으로 하며, 중임할 수 없다.

① (가) – (나) – (다) – (라)   ② (가) – (다) – (라) – (나)
③ (나) – (가) – (라) – (다)   ④ (나) – (라) – (가) – (다)
⑤ (다) – (라) – (나) – (가)

27. ☐☐☐ 30회 47번

(가)~(마) 헌법의 내용으로 옳은 것은? [2점]

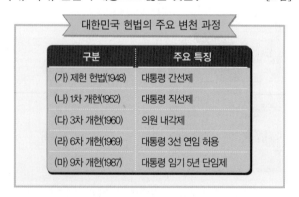

대한민국 헌법의 주요 변천 과정	
구분	주요 특징
(가) 제헌 헌법(1948)	대통령 간선제
(나) 1차 개헌(1952)	대통령 직선제
(다) 3차 개헌(1960)	의원 내각제
(라) 6차 개헌(1969)	대통령 3선 연임 허용
(마) 9차 개헌(1987)	대통령 임기 5년 단임제

① (가) – 대통령을 통일 주체 국민 회의에서 선출하였다.
② (나) – 대통령의 임기를 7년 단임제로 하였다.
③ (다) – 민의원과 참의원의 양원제 국회를 운영하였다.
④ (라) – 대통령 선출 방식으로 간선제를 채택하였다.
⑤ (마) – 개헌 당시 대통령에 한해 중임 제한을 적용하지 않았다.

1. □□□ 3회독 Check   48회 50번

다음 정부 시기의 통일 노력으로 옳은 것은?   [2점]

① 남북 조절 위원회를 설치하였다.
② 개성 공업 지구 조성에 합의하였다.
③ 10·4 남북 공동 선언을 발표하였다.
④ 금강산 해로 관광 사업을 시작하였다.
⑤ 한반도 비핵화 공동 선언에 서명하였다.

2. □□□   63회 50번

다음 선언을 발표한 정부의 통일 노력으로 옳은 것은?
   [3점]

> 나는 오늘 온 겨레의 염원인 조국의 평화적 통일을 실현해 나
> 가기 위한 새 공화국의 정책을 밝히려 합니다. 우리 민족이 남북
> 분단의 고통을 겪어온 지 반세기가 가까워 옵니다. …… 민족자
> 존과 통일 번영의 새 시대를 열어나갈 것임을 약속하면서 다음
> 과 같은 정책을 추진해 나갈 것을 내외에 선언합니다.
> ……
> 셋째, 남북 간 교역의 문호를 개방하고 남북 간 교역을 민족 내
> 부 교역으로 간주한다.
> ……
> 여섯째, 한반도의 평화를 정착시킬 여건을 조성하기 위하여 북
> 한이 미국, 일본 등 우리 우방과의 관계를 개선하는 데 협조할
> 용의가 있으며 또한 우리는 소련, 중국을 비롯한 사회주의 국가
> 들과의 관계 개선을 추구한다.

① 남북 조절 위원회를 구성하였다.
② 개성 공업 지구 건설에 합의하였다.
③ 10·4 남북 정상 선언을 발표하였다.
④ 남북한이 국제 연합(UN)에 동시 가입하였다.
⑤ 남북 이산가족 고향 방문을 최초로 실현하였다.

3. □□□   56회 49번

다음 담화문을 발표한 정부 시기의 경제 상황으로 옳은
것은?   [1점]

> 헌법 제76조 제1항의 규정에 의거하여 「금융실명거래 및 비
> 밀보장에 관한 대통령 긴급재정경제명령」을 반포합니다. ……
> 금융 실명제 없이는 건강한 민주주의도, 활력이 넘치는 자본주
> 의도 꽃피울 수가 없습니다. 정치와 경제의 선진화를 이룩할
> 수가 없습니다. 금융 실명제는 '신한국'의 건설을 위해서 그 어
> 느 것보다도 중요한 제도 개혁입니다.

① 경부 고속 도로를 준공하였다.
② 제1차 경제 개발 5개년 계획이 추진되었다.
③ 경제 협력 개발 기구(OECD)에 가입하였다.
④ 미국과 자유 무역 협정(FTA)을 체결하였다.
⑤ 귀속 재산 처리를 위해 신한 공사가 설립되었다.

4. □□□   61회 49번

다음 연설이 있었던 정부 시기의 경제 상황으로 옳은 것은?
   [2점]

> 오늘 우리나라는 OECD 회원국이 되게
> 되었습니다. …… 한국은 수많은 어려움이
> 있었음에도 시장 경제 체제의 장점을 살리
> 는 경제 개발 전략을 추진해 왔습니다. 이
> 를 통해 폐허 속에서 한 세대 만에 세계 10위
> 권의 경제 규모를 가진 나라로 성장하였습
> 니다.

① 처음으로 수출액 100억 달러가 달성되었다.
② 대통령 긴급 명령으로 금융 실명제가 실시되었다.
③ 개성 공단 건설을 통해 남북 간 경제 교류가 이루어졌다.
④ 한국과 미국 사이에 자유 무역 협정(FTA)이 체결되었다.
⑤ 경제적 취약 계층을 위한 국민 기초 생활 보장법이 시행되
었다.

PART7

5. □□□
54회 48번

다음 뉴스가 보도된 정부 시기에 있었던 사실로 옳은 것은?

[2점]

오늘 옛 조선 총독부 건물의 철거가 시작되었습니다. 대통령은 50주년 광복절 경축사에서 옛 조선 총독부 건물의 철거는 식민지 잔재를 청산하고 민족정기를 회복하는 역사적 작업의 시작이라고 밝혔습니다.

오욕의 첨탑 철거

① 경제 협력 개발 기구(OECD)에 가입하였다.
② 칠레와 자유 무역 협정(FTA)을 체결하였다.
③ 양성평등의 실현을 위해 호주제가 폐지되었다.
④ 5년 단임의 대통령 직선제 개헌안이 통과되었다.
⑤ 굴욕적인 대일 외교에 반대하는 6·3 시위가 일어났다.

6. □□□
53회 50번

(가)에 들어갈 내용으로 옳은 것은?

[2점]

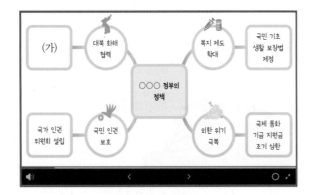

(가) / 대북 화해 협력 / 복지 제도 확대 / 국민 기초 생활 보장법 제정 / ○○○ 정부의 정책 / 국가 인권 위원회 설립 / 국민 인권 보호 / 외환 위기 극복 / 국제 통화 기금 지원금 조기 상환

① 남북한 유엔 동시 가입
② 7·4 남북 공동 성명 발표
③ 한반도 비핵화 공동 선언 서명
④ 최초의 이산가족 고향 방문 실현
⑤ 남북한 교류 협력을 위한 개성 공단 조성 합의

7. □□□
59회 50번

다음 연설이 있었던 정부의 통일 노력으로 옳은 것은?

[2점]

저는 지난 6월 13일 역사적인 평양 방문을 이룩했습니다. 평양을 방문할 때 저는 참으로 만감이 교차하였습니다. 분단된 조국의 땅을 처음으로 가게 된 감회도 컸고, 또 과연 이 회담에서 성공을 거둘 수 있을지 많은 염려도 갖고 북한을 방문했던 것입니다. …… 지난 6월의 평양 회담 이후 우리 한국은 두 가지를 당면 목표로 추진하고 있습니다. 첫째는 남북 간의 긴장을 완화시키는 것입니다. …… 두 번째 당면 목표는 50년간의 단절과 불신과 적대로부터, 다시 교류와 신뢰와 동족애를 회복하는 것입니다.

－「○○○ 대통령 스웨덴 의회 연설」－

① 남북 조절 위원회를 구성하였다.
② 남북한이 유엔에 동시 가입하였다.
③ 판문점에서 남북 정상 회담을 개최하였다.
④ 남북한 교류 협력을 위한 개성 공단 조성에 합의하였다.
⑤ 남북 이산가족 고향 방문단의 교환 방문을 최초로 실현하였다.

8. □□□
50회 48번

밑줄 그은 '정부' 시기의 사실로 옳은 것은?

[3점]

대통령은 신년사에서 월드컵과 부산 아시안 게임 개최로 국운 융성의 한 해를 만들자고 강조하며, 공명한 대통령 선거와 지방 자치 선거에 최선을 다하겠다고 밝혔습니다. 아울러 정부도 경제적 정의 실현과 사회 안전망을 강화하여 중산층과 서민 생활 안정에 노력하겠다고 발표했습니다.

대통령, 공명 선거와 사회 정책 방향 제시

① 호주제가 폐지되었다.
② 대학 졸업 정원제가 시행되었다.
③ 노인 장기 요양 보험법이 제정되었다.
④ 국민 기초 생활 보장법이 실시되었다.
⑤ 중학교 무시험 진학 제도가 시작되었다.

9. ☐☐☐ 57회 50번

(가) 정부의 통일 노력으로 옳은 것은? [2점]

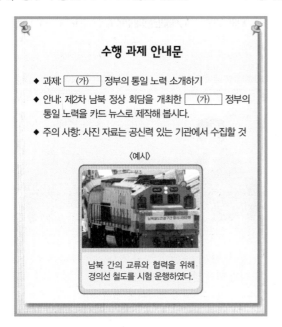

① 남북 기본 합의서를 채택하였다.
② 남북한이 유엔에 동시 가입하였다.
③ 10·4 남북 공동 선언을 발표하였다.
④ 남북 조절 위원회를 운영하기로 합의하였다.
⑤ 남북 이산가족 고향 방문단의 교환 방문을 최초로 성사하였다.

10. ☐☐☐ 54회 49번

(가) 정부 시기에 있었던 사실로 옳은 것은? [3점]

① 전국 민주 노동조합 총연맹이 창립되었다.
② 국제 통화 기금(IMF)의 채무를 조기 상환하였다.
③ 경제 정의 실천 시민 연합 창립 대회가 개최되었다.
④ 중학교 입시 제도를 폐지하고 무시험 추첨제를 실시하였다.
⑤ 진실·화해를 위한 과거사 정리 위원회가 처음으로 출범하였다.

11. ☐☐☐ 62회 47번

(가), (나) 사이의 시기에 있었던 사실로 옳은 것은? [2점]

> (가) 2. 남과 북은 나라의 통일을 위한 남측의 연합제 안과 북측의 낮은 단계의 연방제 안이 서로 공통성이 있다고 인정하고, 앞으로 이 방향에서 통일을 지향시켜 나가기로 하였다.
> – 「6·15 남북 공동 선언」 –

> (나) 4. 남과 북은 현 정전 체제를 종식시키고 항구적인 평화 체제를 구축해 나가야 한다는 데 인식을 같이하고 직접 관련된 3자 또는 4자 정상들이 한반도 지역에서 만나 종전을 선언하는 문제를 추진하기 위해 협력해 나가기로 하였다.
> – 「10·4 남북 정상 선언」 –

① 남북 조절 위원회가 구성되었다.
② 7·4 남북 공동 성명이 발표되었다.
③ 개성 공업 지구 건설이 착공되었다.
④ 남북한 비핵화 공동 선언이 채택되었다.
⑤ 남북 이산가족 고향 방문단의 교환 방문이 최초로 성사되었다.

12. ☐☐☐ 54회 50번

(가)~(다) 학생이 발표한 내용을 일어난 순서대로 옳게 나열한 것은? [2점]

① (가) – (나) – (다)　　② (가) – (다) – (나)
③ (나) – (가) – (다)　　④ (나) – (다) – (가)
⑤ (다) – (가) – (나)

13. ☐☐☐

(가)~(다) 학생이 발표한 내용을 일어난 순서대로 옳게 나열한 것은? [1점]

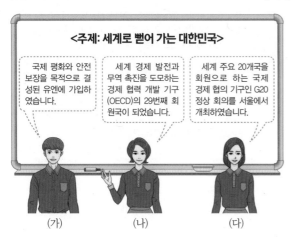

① (가) – (나) – (다)
② (가) – (다) – (나)
③ (나) – (가) – (다)
④ (나) – (다) – (가)
⑤ (다) – (가) – (나)

14. ☐☐☐

(가), (나) 인물에 대한 설명으로 옳은 것을 <보기>에서 고른 것은? [2점]

➡ 보기 ●

ㄱ. (가) – 상하이에서 한인 애국단을 조직하였다.
ㄴ. (가) – 조선 혁명 간부 학교를 세워 독립군을 양성하였다.
ㄷ. (나) – 조선 건국 준비 위원회의 활동을 주도하였다.
ㄹ. (나) – 미국에서 귀국하여 독립 촉성 중앙 협의회를 이끌었다.

① ㄱ, ㄴ ② ㄱ, ㄷ ③ ㄴ, ㄷ ④ ㄴ, ㄹ ⑤ ㄷ, ㄹ

15. ☐☐☐

다음 가상 인터뷰의 주인공에 대한 설명으로 옳은 것은? [3점]

① 좌우 합작 위원회의 주축이 되었다.
② 김규식과 함께 남북 협상에 참여하였다.
③ 재미 한인을 중심으로 흥사단을 설립하였다.
④ 정읍에서 남한만의 단독 정부 수립을 주장하였다.
⑤ 중국 국민당과 협력하여 조선 의용대를 창설하였다.

16. ☐☐☐

다음 인물에 대한 설명으로 옳은 것은? [3점]

① 의열단을 조직하여 단장으로 활동하였다.
② 재미 한인을 중심으로 흥사단을 창립하였다.
③ 신흥 강습소를 설립하여 독립군을 양성하였다.
④ 민족 자주 연맹을 이끌고 남북 협상에 참여하였다.
⑤ 일제의 패망과 건국에 대비하여 조선 건국 동맹을 결성하였다.

17. □□□

68회 50번

다음 사건의 영향을 받아 발생한 사실로 옳은 것은? [2점]

① 신한 공사가 설립되어 귀속 재산을 관리하였다.

② 부산에서 조선 방직의 총파업 사건이 발생하였다.

③ 경제 자립을 목표로 제1차 경제 개발 5개년 계획이 추진되었다.

④ 미국에서 들여온 원조 물자를 기반으로 삼백 산업이 발달하였다.

⑤ 평화 시장 노동자들을 중심으로 한 청계 피복 노동 조합이 결성되었다.

시대별/주제별로 기출학습을 끝냈다면, 2024년 이후(69회~73회)의 극최신 기출만 풀어보며
최근 시험에서 더욱 강조되는 시대별 최신경향까지 확인해봅시다!

---

1. ☐☐☐ 3회독 Check   71회 47번

밑줄 그은 '총선거'에 대한 설명으로 옳은 것은?   [1점]

공보물로 본 우리나라 선거의 역사

[해설] 이것은 유엔 한국 임시 위원단의 감시하에 우리나라 최초로 실시된 <u>총선거</u>에 출마한 장면 후보자의 선거 공보이다. 후보자의 사진, 약력, 선거 구호 등이 보이고, 특히 자세한 투표 안내가 눈에 띈다.

① 5·16 군사 정변 이후에 실시되었다.
② 제헌 국회의원을 선출하기 위해 시행되었다.
③ 통일 주체 국민 회의 대의원이 투표에 참여하였다.
④ 민의원, 참의원으로 구성된 양원제 국회가 탄생하였다.
⑤ 신한 민주당이 창당 한 달 만에 제1야당이 되는 결과를 가져왔다.

---

2. ☐☐☐   70회 45번

(가), (나) 헌법에 대한 설명으로 옳은 것은?   [2점]

(가)	제39조 ① 대통령은 통일 주체 국민 회의에서 토론 없이 무기명 투표로 선거한다. 제47조 대통령의 임기는 6년으로 한다. 제59조 ① 대통령은 국회를 해산할 수 있다.
(나)	제39조 ① 대통령은 대통령 선거인단에서 무기명 투표로 선거한다. ③ 대통령 선거인단에서 재적 대통령 선거인 과반수의 찬성을 얻은 자를 대통령 당선자로 한다. 제45조 대통령의 임기는 7년으로 하며, 중임할 수 없다.

① (가) – 6·25 전쟁 중 부산에서 공포되었다.
② (가) – 대통령의 국회의원 1/3 추천 조항을 담고 있다.
③ (나) – 호헌 동지회 결성의 배경이 되었다.
④ (나) – 3·1 민주 구국 선언에 영향을 주었다.
⑤ (가), (나) – 6월 민주 항쟁 이후에 제정되었다.

---

3. ☐☐☐   69회 50번

다음 뉴스가 보도된 정부 시기에 있었던 사실로 옳은 것은?   [3점]

오늘 수방사령관과 특전사령관이 해임되었습니다. 지난달 육군참모총장과 기무사령관이 교체된 이후 불과 한 달여 만에 단행된 인사 조치입니다. 군 내부의 사조직을 해체하려는 문민정부의 의지가 반영된 것으로 보입니다.

① 굴욕적인 대일 외교에 반대하는 6·3 시위가 일어났다.
② 북방 외교를 추진하여 사회주의 국가인 소련과 수교하였다.
③ 통일 방안을 논의하기 위해 남북 조절 위원회를 설치하였다.
④ 경제적 취약 계층을 위한 국민 기초 생활 보장법을 시행하였다.
⑤ 역사 바로 세우기를 내세우며 옛 조선 총독부 건물을 철거하였다.

4. ☐☐☐

73회 50번

(가), (나) 사이의 시기에 있었던 사실로 옳은 것은? [3점]

> (가) 1. 남과 북은 6·15 공동 선언을 고수하고 적극 구현해 나간다.
>
> ⋮
>
> 3. 남과 북은 군사적 적대 관계를 종식하고 한반도에서 긴장 완화와 평화를 보장하기 위해 긴밀히 협력하기로 하였다.
>
> — 「10·4 남북 정상 선언」 —

> (나) 1. 남과 북은 남북 관계의 전면적이며 획기적인 개선과 발전을 이룩하여 공동 번영과 자주 통일의 미래를 앞당겨 나갈 것이다.
>
> ⋮
>
> 3. 남과 북은 항구적이며 공고한 평화 체제를 구축하기 위해 적극 협력해 나갈 것이다.
>
> — 「한반도의 평화와 번영, 통일을 위한 판문점 선언」 —

① 7·4 남북 공동 성명이 발표되었다.

② 개성 공업 지구 조성이 합의되었다.

③ 남북한이 국제 연합(UN)에 동시 가입하였다.

④ 남북 이산가족 고향 방문단의 교환이 최초로 실현되었다.

⑤ 평창 동계 올림픽 개막식에서 남북 선수단이 공동 입장하였다.

달달회독! 기출 선지 싹 모음!

[해품사의 추천 회독법!]
문제번호 옆 '3회독 Check'에 문제를 풀면서 정확히 알면 '○', 헷갈리면 '△', 아예 모르겠으면 'X'를 표시!

빈출 주제 33 대한민국 정부 수립 과정 및 6·25 전쟁

3회독 Check

번호	내용
1	여운형은 광복 직전에 조선 건국 동맹을 결성하였다.
2	조선 건국 준비 위원회에서 조선 인민 공화국을 선포하였다.
3	덕수궁 석조전에서 제1차 미소 공동 위원회가 개최되었다.
4	이승만이 정읍 발언을 통해 남한만의 단독 정부 수립을 주장하였다.
5	여운형, 김규식 등이 조직한 좌우 합작 위원회는 좌우 합작 7원칙을 발표하였다.
6	유엔 총회에서 인구 비례에 의한 남북 총선거가 의결되었다.
7	김구, 김규식 등이 남북 협상에 참여하였다.
8	우리나라 최초의 보통 선거인 5·10 총선거가 실시되었다.
9	미군정 시기에는 귀속 재산 처리를 위해 신한 공사가 설립되었다.
10	제헌 국회는 간선제를 통해 국회의원들이 대통령을 선출하였다.
11	제헌 국회는 친일파 처벌을 위한 반민족 행위 특별 조사 위원회를 설치하였다.
12	제헌 국회는 유상 매수, 유상 분배를 규정한 농지 개혁법을 제정하였다.
13	제헌 국회는 일제가 남긴 재산 처리를 위한 귀속 재산 처리법을 제정하였다.
14	제주 4·3 사건 이후 희생자들의 명예 회복을 위한 특별법이 제정되었다.
15	6·25 전쟁 당시 부산이 임시 수도로 정해졌다.
16	6·25 전쟁 당시 비상계엄이 선포된 가운데 발췌 개헌이 통과되었다.
17	6·25 전쟁 당시 유엔군이 인천 상륙 작전을 전개하였다.
18	6·25 전쟁 당시 흥남에서 대규모 철수 작전이 전개되었다.

빈출 주제 34 이승만~전두환 정부

번호	내용
19	이승만 정부 때 국회 프락치 사건을 계기로 반민족 행위 특별 조사 위원회가 해체되었다.
20	이승만 정부 때 평화 통일론을 주장한 진보당의 조봉암이 처형되었다.
21	이승만 정부 때 원조 물자를 가공하는 삼백 산업이 발달하였다.
22	장면 내각 때 민의원과 참의원으로 구성된 양원제를 운영하였다.
23	박정희 정부 때 농촌의 근대화를 표방한 새마을 운동이 전개되었다.
24	유신 헌법 시행 이후의 박정희 정부 때 통일 주체 국민 회의에서 대통령이 선출되었다.
25	박정희 정부 때 제3차 경제 개발 5개년 계획을 추진하며 포항 제철을 준공하였다.
26	박정희 정부 때 7·4 남북 공동 성명을 실천하기 위해 남북 조절 위원회를 구성하였다.
27	박정희 정부 때 굴욕적인 한·일 국교 정상화에 반대하는 6·3 시위가 일어났다.
28	전두환 정부 때 남북 이산가족 고향 방문단의 교환을 최초로 실현하였다.
29	전두환 정부 때 사회 정화를 명분으로 삼청 교육대가 설치되었다.
30	전두환 정부 때 저유가·저금리·저달러의 3저 호황이 있었다.
31	4·19 혁명의 결과 대통령이 하야하여 미국으로 망명하는 결과를 가져왔다.
32	4·19 혁명의 결과 대통령 중심제에서 의원 내각제로 바뀌는 계기가 되었다.
33	6월 민주 항쟁 때 호헌 철폐, 독재 타도 등의 구호를 내세웠다.
34	5·18 광주 민주화 운동의 관련 기록물은 유네스코 세계 기록 유산으로 등재되었다.
35	5·18 광주 민주화 운동은 신군부의 비상계엄 확대와 무력 진압에 저항한 운동이다.

빈출 주제 35 노태우~문재인 정부 및 현대의 인물

36	김영삼 정부 때 경제 협력 개발 기구(OECD) 회원국이 되었다.	☐☐☐
37	김영삼 정부 때 대통령 긴급 명령으로 금융 실명제를 실시하였다.	☐☐☐
38	김영삼 정부 때 역사 바로 세우기를 내세우며 옛 조선 총독부 건물을 철거하였다.	☐☐☐
39	김대중 정부 때 경제적 취약 계층을 위한 국민 기초 생활 보장법을 시행하였다.	☐☐☐
40	김대중 정부 때 국제 통화 기금(IMF)의 구제 금융 지원금을 조기 상환하였다.	☐☐☐
41	김대중 정부 때 외환 위기 극복을 위한 금 모으기 운동이 전개되었다.	☐☐☐
42	김대중 정부 때 남북 교류 협력을 위한 개성 공업 지구 조성에 합의하였다.	☐☐☐
43	김대중 정부 때 6·15 남북 공동 선언을 채택하였다.	☐☐☐
44	노무현 정부 때 남북 경제 협력을 위한 개성 공업 지구가 조성되었다.	☐☐☐
45	노무현 정부 때 남북 관계 발전과 평화 번영을 위한 10·4 남북 정상 선언에 서명하였다.	☐☐☐
46	노무현 정부 때 양성 평등의 실현을 위해 호주제가 폐지되고 가족 관계 등록부를 신설하였다.	☐☐☐
47	노무현 정부 때 진실·화해를 위한 과거사 정리 위원회가 출범하였다.	☐☐☐
48	이명박 정부 때 G20 정상 회의를 서울에서 개최하였다.	☐☐☐
49	박근혜 정부 때 중국과 자유 무역 협정(FTA)을 체결하였다.	☐☐☐
50	문재인 정부 때 판문점에서 남북 정상 회담을 개최하였다.	☐☐☐
51	문재인 정부 때 평창 동계 올림픽에 남북 단일 팀이 참가하였다.	☐☐☐

PART7

이기고 싶다면,
더 필요한 사람이 되세요. 탓 그만하고.

#가치를높이는것 #결과가근거를만든다

PART 8 통합 주제

✓ 시대별 평균 출제 비중 [27회분(73회~47회) 분석 기준]

── 총 50문제 ──

선사 시대	고대	고려	조선	개항기	일제 강점기	현대	**통합 주제**

시대별 한마디

특수 주제 및 시대 통합형 유형은 심화편 개편 이후 출제 비중이 높아진 파트로, 앞서 다룬 각 시대별 유형과 달리 대체로 여러 시대를 복합적으로 파악하는 문제가 주로 출제됩니다. 특히 최근 회차에는 다양한 주제를 바탕으로 여러 시대를 아우르는 문제의 출제 빈도가 증가하였기 때문에, 개편 이후 한능검의 난도가 상승하는 주요한 원인이 되었습니다. 이 유형의 경우 회차마다 편차는 다르지만, 최소 1문제에서 넓게는 5문제까지 출제된 사례가 있습니다. 또한 이 유형은 앞서 다룬 파트의 내용을 종합하여 출제하기 때문에, 기존에 풀이한 내용을 복습하는 것이 상당히 중요합니다.

시대별로 기출문제를 풀며 문제유형과 선지에 익숙해지는 것이 풀이의 핵심입니다! 최소 3번 이상 회독하며 풀어보세요.

[해품사의 추천 회독법!]
문제번호 옆 '3회독 Check'에 문제를 풀면서 정확히 알면 'O', 헷갈리면 '△', 아예 모르겠으면 'X'를 표시!

1. ☐☐☐ 3회독 Check | 30회 41번

(가)에 들어갈 내용으로 적절한 것은? [2점]

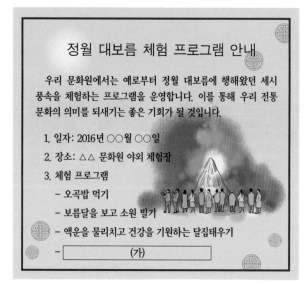

정월 대보름 체험 프로그램 안내

우리 문화원에서는 예로부터 정월 대보름에 행해왔던 세시 풍속을 체험하는 프로그램을 운영합니다. 이를 통해 우리 전통 문화의 의미를 되새기는 좋은 기회가 될 것입니다.

1. 일자: 2016년 ○○월 ○○일
2. 장소: △△ 문화원 야외 체험장
3. 체험 프로그램
   - 오곡밥 먹기
   - 보름달을 보고 소원 빌기
   - 액운을 물리치고 건강을 기원하는 달집태우기
   - [(가)]

① 팥죽 쑤어 먹고 문에 뿌리기
② 어른에게 세배하고 떡국 먹기
③ 햇곡식을 빻아 송편 빚어 먹기
④ 진달래 꽃으로 화전 부쳐 먹기
⑤ 부스럼 예방을 위해 부럼 깨물기

2. ☐☐☐ | 58회 48번

다음 세시 풍속에 대한 탐구 활동으로 가장 적절한 것은? [2점]

이달의 세시 풍속

푸른 새잎을 밟는 날, 답청절(踏靑節)

강남 갔던 제비가 돌아온다는 중삼일(重三日)은 본격적인 봄의 시작을 알리는 날이다. 이날에는 들에 나가 푸른 새잎을 밟는 풍습이 있어 답청절이라고 부른다. 답청의 풍습은 신윤복의 〈연소답청(年少踏靑)〉에 잘 나타나 있다.

◆ 날짜: 음력 3월 3일
◆ 음식: 화전, 쑥떡
◆ 풍속: 노랑나비 날리기, 활쏘기

① 칠석날의 전설을 검색한다.
② 한식날의 의미를 파악한다.
③ 삼짇날의 유래를 알아본다.
④ 동짓날에 먹는 음식을 조사한다.
⑤ 단오날에 즐기는 민속놀이를 찾아본다.

3.
☐☐☐ 35회 20번

(가)에 행해지던 풍습으로 가장 적절한 것은? [1점]

> 우리나라의 세시 풍속
>
> ### 조상에 제사 지내고 성묘하는 날, (가)
>
> **1. 문헌 자료**
>   병조에서 아뢰기를, "동지로부터 105일이 지나면, 세찬 바람과 심한 비가 있으니 (가) (이)라 부른다고 합니다. …… 원컨대, 지금부터 (가) 에는 밤낮으로 불과 연기를 일절 금지하고, 관리들이 순찰하게 하옵소서."라고 하였다.
>
> — 『세종실록』 —
>
> **2. 관련 행사**
>   '손 없는 날' 또는 '귀신이 꼼짝 않는 날'로 여겨 산소에 손을 대도 탈이 없다고 한다. 그래서 산소에 잔디를 새로 입히는 개사초(改莎草)를 하거나, 비석 또는 상석을 세우거나 이장을 하였다.

① 진달래꽃으로 화전 부치기
② 새알심을 넣어 팥죽 만들기
③ 창포를 삶은 물로 머리 감기
④ 불을 사용하지 않고 찬 음식 먹기
⑤ 부스럼을 예방하기 위한 부럼 깨기

4.
☐☐☐ 56회 34번

(가)에 들어갈 세시 풍속으로 옳은 것은? [1점]

> (가) 에 대해 검색해 줘.
>
> **검색 결과입니다.**
>
> **1. 개관**
>   음력 5월 5일로 수릿날이라고도 한다. 1년 중 양기가 가장 왕성한 날이라 여겼다. 무더위를 잘 견디라는 의미로 왕이 이날 신하들에게 부채를 선물하였다는 기록이 있다.
>
> **2. 관련 풍습**
> • 씨름, 그네뛰기
> • 수리취떡 만들어 먹기
> • 창포물에 머리 감기

① 한식   ② 백중   ③ 추석
④ 단오   ⑤ 정월 대보름

5.
☐☐☐ 45회 30번

(가)에 들어갈 세시 풍속으로 옳은 것은? [2점]

> 세시 풍속
>
> ### 액운 쫓고 더위 쫓는, (가)
>
> (가) 은/는 음력 6월 보름날로 이날 동쪽으로 흐르는 물에 머리를 감으면 나쁜 기운이 날아가고, 더위를 타지 않는다고 합니다. 이날을 앞두고 다채로운 행사를 마련하였으니 시민 여러분의 많은 참여 바랍니다.
>
> 일시 2019년 ○○월 ○○일 10:00~17:00
> 장소 △△문화원 야외 체험장
>
> 체험 프로그램
> ❀ 탁족 놀이 – 시원한 물에 발 담가 더위 쫓기
> ❀ 햇밀로 구슬 모양의 오색면 만들기 – 오색면을 색실에 꿰어서 허리에 매달아 액운 막기
> ❀ 수단 만들기 – 찹쌀가루, 밀가루로 경단을 만들어 얼음 꿀물에 넣어 먹기

① 동지   ② 한식   ③ 칠석   ④ 유두   ⑤ 삼짇날

6.
☐☐☐ 60회 50번

밑줄 그은 '이날'에 해당하는 세시 풍속으로 옳은 것은? [1점]

> 이곳은 남원 광한루원의 오작교입니다. 조선 시대 남원 부사 장의국이 헤어져 있던 견우와 직녀가 오작교에서 만난다는 전설을 형상화하여 만들었습니다. 음력 7월 7일인 이날에는 여인들이 별을 보며 바느질 솜씨가 좋아지기를 비는 풍속이 있었습니다.

① 단오   ② 칠석   ③ 백중   ④ 동지   ⑤ 한식

PART 8

7.

28회 18번

(가) 세시 풍속에 해당하는 속담으로 적절한 것은? [1점]

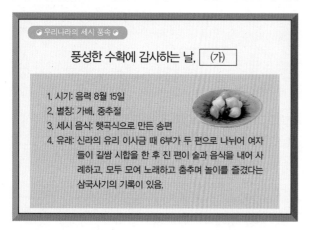

① 입춘 거꾸로 붙였나.
② 우수 경칩에 대동강 물이 풀린다.
③ 옷은 시집올 때처럼 음식은 한가위처럼.
④ 게으른 선비 설날에 다락에 올라가서 글 읽는다.
⑤ 정월 보름달을 먼저 보는 사람은 복을 많이 받는다.

8. □□□

37회 23번

(가)에 들어갈 세시 풍속으로 옳은 것은? [1점]

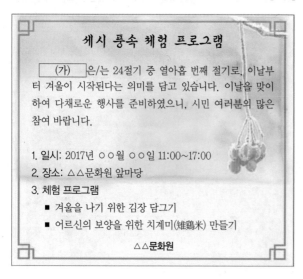

① 단오   ② 입동   ③ 칠석   ④ 대보름   ⑤ 한가위

9. □□□

26회 15번

(가)에 들어갈 내용으로 가장 적절한 것은? [1점]

> **이달의 전통 문화 체험**
>
> ## 액운을 물리치는 작은 설
>
> 일자: 12월 22일
> 장 소: △△문화센터
>
> **작은 설 체험 활동**
> – 새해 달력 만들기
> – 버선 모양 복주머니 만들기
> – 장수와 복을 기원하는 부적 찍기
> – ____(가)____

① 새알심 넣어 팥죽 만들기
② 창포 삶은 물에 머리 감기
③ 소원 성취를 기원하는 달맞이하기
④ 부스럼을 예방하기 위한 부럼 깨기
⑤ 웃어른에게 세배를 하고 덕담 주고받기

1. ☐☐☐ 3회독 Check   66회 48번

(가)에 들어갈 내용으로 가장 적절한 것은?   [2점]

저는 지금 ○○시에 있는 경포대에 와 있습니다. 관동팔경 중 하나인 경포대 안에는 숙종이 직접 지은 시를 비롯하여 많은 명사의 글이 걸려있습니다. 이 지역에서 가 볼 만한 곳을 대화창에 올려 주세요.

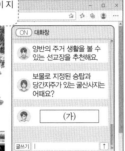

ON 대화창
양반의 주거 생활을 볼 수 있는 선교장을 추천해요.
보물로 지정된 승탑과 당간지주가 있는 굴산사지는 어때요?

(가)

① 율곡 이이가 태어난 오죽헌을 추천해요.
② 무령왕릉이 있는 송산리 고분군을 추천해요.
③ 어재연 부대가 항전했던 광성보에 가 보세요.
④ 팔만대장경판이 보관된 해인사를 방문해 보세요.
⑤ 삼별초가 활동한 항파두리 항몽 유적에 가 보세요.

2. ☐☐☐   28회 32번

(가)에 들어갈 답변으로 옳은 것은?   [1점]

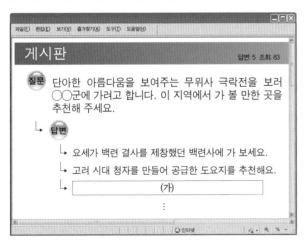

파일(F) 편집(E) 보기(V) 즐겨찾기(A) 도구(T) 도움말(H)

게시판   답변: 5 조회: 63

질문 단아한 아름다움을 보여주는 무위사 극락전을 보러 ○○군에 가려고 합니다. 이 지역에서 가 볼 만한 곳을 추천해 주세요.

┗ 답변
  ┗ 요세가 백련 결사를 제창했던 백련사에 가 보세요.
  ┗ 고려 시대 청자를 만들어 공급한 도요지를 추천해요.
  ┗ (가)
  ⋮

◎ 인터넷

① 율곡 이이가 태어난 오죽헌에 가 보세요.
② 정약용이 유배 생활을 했던 다산 초당을 추천해요.
③ 퇴계 이황의 학덕을 기리는 도산 서원을 추천해요.
④ 팔만대장경판을 보관하고 있는 해인사를 추천해요.
⑤ 대가야의 위용을 보여주는 지산동 고분군에 가 보세요.

3. ☐☐☐   42회 19번

(가) 지역에서 있었던 사실로 옳은 것은?   [2점]

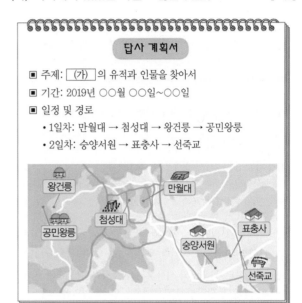

답사 계획서

■ 주제: (가) 의 유적과 인물을 찾아서
■ 기간: 2019년 ○○월 ○○일~○○일
■ 일정 및 경로
  • 1일차: 만월대 → 첨성대 → 왕건릉 → 공민왕릉
  • 2일차: 숭양서원 → 표충사 → 선죽교

왕건릉   만월대
공민왕릉   첨성대   표충사
         숭양서원
              선죽교

① 인조가 피신하여 청군에 항전하였다.
② 제1차 미소 공동 위원회가 개최되었다.
③ 오페르트가 남연군 묘 도굴을 시도하였다.
④ 만적을 비롯한 노비들이 신분 해방을 도모하였다.
⑤ 현존 최고(最古)의 금속 활자본인 직지심체요절이 간행되었다.

PART8

4. ☐☐☐ 71회 45번

다음 안내에 따라 학생이 발표한 내용으로 가장 적절한 것은? [3점]

> 학생 여러분, 이번 시간에는 우리 고장의 유적과 기념물을 조사해서 발표하는 활동을 하겠습니다. 우리 고장은 금강 중류에 위치한 유서 깊은 도시입니다. 남한에서 최초로 발굴된 구석기 유적이 있어 선사 시대부터 우리 고장에 사람이 살았던 것을 알 수 있습니다. 또한, 삼국이 상호 경쟁하던 시기에는 백제의 수도로서 백제 중흥을 위한 노력이 전개되었던 곳으로 백제 고분을 통해 당시의 문화를 엿볼 수 있습니다. 고려 시대에는 최승로의 건의에 따라 설치된 12목 중의 하나였고, 이후 조선 시대에도 감영이 있어 지역의 중심지 역할을 하였습니다. 그리고 근대에는 동학 농민군이 관군과 일본군에 맞서 치열한 전투를 전개하는 등 외세를 물리치기 위한 민족 운동이 펼쳐지기도 하였습니다.
> 그럼, 모둠별로 우리 고장의 다양한 유적과 기념물에 대해 조사한 후 알게 된 내용을 발표해 봅시다.

① 갑 – 수양개 유적을 조사하여 우리 고장에 살던 구석기인들이 다양한 기법으로 석기를 제작했음을 알 수 있었습니다.

② 을 – 송산리 고분군의 벽돌무덤을 조사하여 무령왕이 중국 남조, 왜 등과 활발하게 교류했음을 알 수 있었습니다.

③ 병 – 만인의총을 조사하여 정유재란 당시 우리 고장의 백성들이 조명 연합군과 함께 결사 항전했음을 알 수 있었습니다.

④ 정 – 만석보 유지비를 조사하여 우리 고장 농민들이 군수 조병갑의 수탈에 저항하여 봉기했음을 알 수 있었습니다.

⑤ 무 – 아우내 3·1 운동 독립 사적지를 조사하여 유관순이 우리 고장에서 만세 시위를 주도했음을 알 수 있었습니다.

5. ☐☐☐ 58회 49번

다음 지역에서 있었던 사실로 옳은 것은? [3점]

> ## 답사 보고서
>
> ◆ 주제: 우리 고장의 역사
>
> ◆ 날짜: 2022년 ○○월 ○○일
>
> ◆ 개관
> 　금성산과 영산강을 끼고 있는 우리 고장은 삼한 시대부터 마한의 주요 지역 가운데 하나로 발전하였고, 후삼국 시대에는 격전지였으며, 임진왜란과 일제 강점기에는 항일의 의기가 드높았던 지역이다. '전라도'라는 이름은 전주와 우리 고장의 앞 글자를 딴 것이다.
>
> ◆ 목차
> 1. 마한 세력의 성장, 반남면 고분군
> 2. □□목(牧)의 관아 부속 건물
> 3. 광주 학생 항일 운동의 도화선, □□역

① 인조가 피신하여 청군과 항전하였다.

② 유생 출신 유인석이 의병을 일으켰다.

③ 정문부가 왜군에 맞서 북관 대첩을 이끌었다.

④ 김광제 등을 중심으로 국채 보상 운동이 시작되었다.

⑤ 왕건이 후백제를 배후에서 견제하기 위해 차지하였다.

6. □□□

(가) 지역에서 있었던 사실로 옳은 것은?   [2점]

답사 보고서

이름 ○○○

■ 주제: ☐ (가) ☐ 시/군의 불교 유적을 찾아서
■ 날짜: 2016년 △△월 △△일
■ 답사지: 관촉사, 개태사지

1. 관촉사

  1) 관촉사 석조 미륵보살 입상

  고려 시대에 조성된 가장 큰 석조 불상으로 흔히 '은진 미륵'이라 불린다. 고려 초 유행하던 불상 양식을 대표하는 작품이다.

① 주세붕이 백운동 서원을 설립하였다.
② 박상진의 주도로 대한 광복회가 결성되었다.
③ 백제와 신라 사이에 황산벌 전투가 벌어졌다.
④ 최무선이 화포를 사용하여 왜구를 격퇴하였다.
⑤ 남북한 경제 협력 사업의 일환으로 공단이 건설되었다.

7. □□□

(가) 지역에서 있었던 사실로 옳은 것은?   [2점]

답사 계획서

◆ 주제: ☐ (가) ☐ 의 역사와 인물을 찾아서
◆ 일시: 2019년 ○○월 ○○일 09:00~17:00
◆ 경로: 2·28 기념 중앙 공원 → 경상 감영 공원 → 달성 공원 내 최제우 동상 → 민족 저항 시인 이상화 고택

① 인조가 피신하여 청군에 항전하였다.
② 오페르트가 남연군 묘 도굴을 시도하였다.
③ 정약용이 유배 중에 경세유표를 저술하였다.
④ 김광제 등의 발의로 국채 보상 운동이 일어났다.
⑤ 노동자 강주룡이 을밀대 지붕에서 고공 농성을 벌였다.

8. □□□

52회 39번

다음 지역에서 있었던 사실로 옳은 것은?　　　[3점]

○○시 역사 여행

출발
신석기 문화
동삼동 패총 전시관

정발의 충절
정공단

도착
임시 수도 대통령 관저
임시 수도 기념관

안희제와 백산 상회
백산 기념관

① 2·28 민주 운동이 시작되었다.
② 제2차 미소 공동 위원회가 개최되었다.
③ 강주룡이 을밀대 지붕에서 고공 농성을 전개하였다.
④ 박재혁이 경찰서에서 폭탄을 투척하는 의거를 일으켰다.
⑤ 지주 문재철의 횡포에 맞서 농민들이 소작 쟁의를 벌였다.

9. □□□

56회 4번

밑줄 그은 '이 지역'에서 볼 수 있는 문화유산으로 옳지 않은 것은?　　　[2점]

안녕!

나는 지금 왕릉사 터에 와 있어. 이곳은 금, 은, 동으로 만든 사리기가 출토되어 유명해졌대. 사리기 표면에는 위덕왕이 죽은 왕자를 위해 절을 세웠다는 이야기가 새겨져 있어. 성왕이 도읍으로 정한 이 지역에는 다른 문화유산도 많아. 다음에 꼭 같이 와보자!

2021년 10월

왕흥사지 사리기

①
정림사지 오층 석탑

②
능산리 고분군

③
관촉사 석조 미륵보살 입상

④
관북리 유적

⑤
부소산성

10. ☐☐☐

(가) 지역에 대한 탐구 활동으로 가장 적절한 것은? [2점]

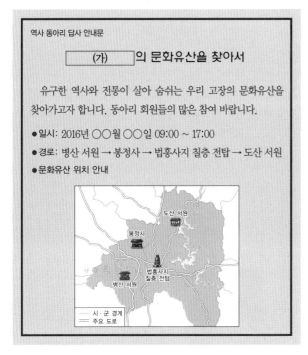

역사 동아리 답사 안내문

☐☐(가)☐☐의 문화유산을 찾아서

유구한 역사와 전통이 살아 숨쉬는 우리 고장의 문화유산을 찾아가고자 합니다. 동아리 회원들의 많은 참여 바랍니다.

● 일시: 2016년 ○○월 ○○일 09:00 ~ 17:00
● 경로: 병산 서원 → 봉정사 → 법흥사지 칠층 전탑 → 도산 서원
● 문화유산 위치 안내

① 대몽 항쟁을 펼친 삼별초의 근거지를 파악한다.
② 홍건적의 침략 당시 공민왕이 피란한 지역을 찾아본다.
③ 인조가 피신하여 청군과 항전을 벌인 장소를 알아본다.
④ 양헌수가 이끈 부대가 프랑스군을 격퇴한 곳을 조사한다.
⑤ 북로 군정서군이 일본군에 대승을 거둔 전적지를 검색한다.

11. ☐☐☐

(가) 지역에서 있었던 사실로 옳은 것은? [1점]

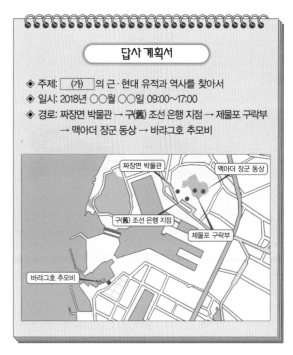

답사 계획서

◆ 주제: ☐(가)☐의 근·현대 유적과 역사를 찾아서
◆ 일시: 2018년 ○○월 ○○일 09:00~17:00
◆ 경로: 짜장면 박물관 → 구(舊) 조선 은행 지점 → 제물포 구락부
→ 맥아더 장군 동상 → 바랴그호 추모비

① 개항 이후 조계가 설정되었다.
② 제1차 미소 공동 위원회가 개최되었다.
③ 일본과의 무역을 위한 왜관이 설치되었다.
④ 강우규가 사이토 총독에게 폭탄을 투척하였다.
⑤ 영국군이 러시아 견제를 빌미로 불법 점령하였다.

다음 답사 지역에 대한 탐구 활동으로 가장 적절한 것은?
[2점]

① 김헌창이 반란을 일으킨 근거지를 검색한다.
② 성왕이 새롭게 도읍지로 삼은 지역을 파악한다.
③ 동학 농민군이 정부와 화약을 체결한 장소를 알아본다.
④ 강우규가 총독 사이토에게 폭탄을 투척한 곳을 찾아본다.
⑤ 신립이 배수의 진을 치고 왜군과 맞선 격전지를 조사한다.

(가) 지역에 대한 탐구 활동으로 가장 적절한 것은? [2점]

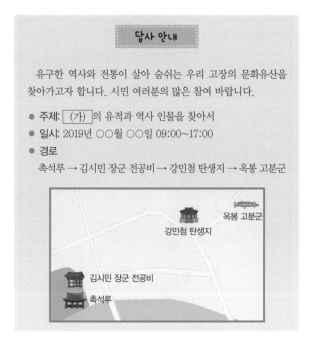

① 김만덕의 빈민 구제 활동에 대해 알아본다.
② 정묘호란에서 정봉수의 활약상을 살펴본다.
③ 정약전이 자산어보를 저술한 곳을 검색한다.
④ 신립이 배수의 진을 치고 싸운 장소를 찾아본다.
⑤ 유계춘이 백낙신의 수탈에 맞서 봉기한 지역을 조사한다.

14. ☐☐☐

다음 지역에서 있었던 사실로 옳은 것은? [1점]

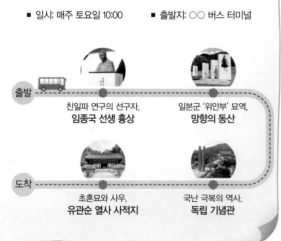

○○시 근현대 역사 투어

- 일시: 매주 토요일 10:00
- 출발지: ○○ 버스 터미널

출발
친일파 연구의 선구자,
임종국 선생 흉상

일본군 '위안부' 묘역,
망향의 동산

도착
초혼묘와 사우,
유관순 열사 사적지

국난 극복의 역사,
독립 기념관

① 4·3 사건으로 많은 주민이 희생되었다.
② 오페르트가 남연군 묘 도굴을 시도하였다.
③ 아우내 장터에서 독립 만세 운동이 일어났다.
④ 강우규가 사이토 총독에게 폭탄을 투척하였다.
⑤ 지주 문재철의 횡포에 맞서 소작 쟁의가 발생하였다.

15. ☐☐☐

다음 지역에서 있었던 사실로 옳은 것은? [3점]

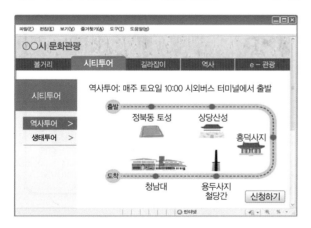

○○시 문화관광

| 볼거리 | 시티투어 | 길라잡이 | 역사 | e - 관광 |

시티투어

역사투어 >
생태투어 >

역사투어: 매주 토요일 10:00 시외버스 터미널에서 출발

출발
정북동 토성 · 상당산성 · 흥덕사지

도착
청남대 · 용두사지 철당간

신청하기

① 유형원이 반계수록을 저술하였다.
② 안승을 왕으로 하는 보덕국이 세워졌다.
③ 금속 활자로 직지심체요절이 간행되었다.
④ 백제와 신라 사이에 황산벌 전투가 벌어졌다.
⑤ 전태일이 근로 기준법 준수를 외치며 분신하였다.

16. ☐☐☐

(가) 지역에서 있었던 사실로 옳은 것은? [2점]

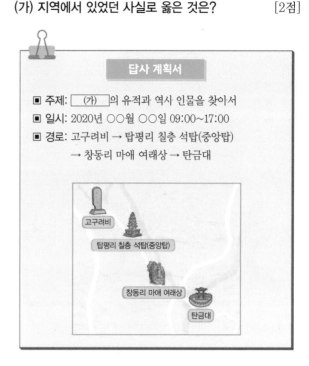

답사 계획서

- 주제: (가) 의 유적과 역사 인물을 찾아서
- 일시: 2020년 ○○월 ○○일 09:00~17:00
- 경로: 고구려비 → 탑평리 칠층 석탑(중앙탑)
  → 창동리 마애 여래상 → 탄금대

고구려비
탑평리 칠층 석탑(중앙탑)
창동리 마애 여래상
탄금대

① 직지심체요절이 금속 활자로 간행되었다.
② 오페르트가 남연군 묘 도굴을 시도하였다.
③ 신립이 배수의 진을 치고 왜군에 항전하였다.
④ 명 신종의 제사를 지내는 만동묘가 건립되었다.
⑤ 만적을 비롯한 노비들이 신분 해방을 도모하였다.

17. □□□

(가) 지역에서 있었던 사실로 옳지 <u>않은</u> 것은?　　[3점]

① 제1차 미소 공동 위원회가 개최되었다.
② 안창호가 민족 교육을 위해 대성 학교를 설립하였다.
③ 고무 공장 노동자 강주룡이 노동 쟁의를 전개하였다.
④ 미국 상선 제너럴셔먼호가 관민들에 의해 불태워졌다.
⑤ 조만식 등을 중심으로 조선 물산 장려회가 결성되었다.

18. □□□

(가)~(마) 지역에 대한 탐구 주제로 가장 적절한 것은?

[3점]

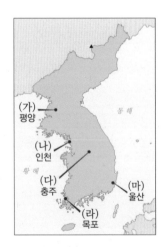

① (가) – 반구대 암각화로 보는 선사 시대 생활
② (나) – 고액 소작료에 반발한 암태도 소작 쟁의
③ (다) – 신립 장군이 배수의 진을 친 탄금대 전투
④ (라) – 신미양요의 발단이 된 제너럴셔먼호 사건
⑤ (마) – 벽란도에서 이루어진 고려와 송의 국제 무역

19. □□□

(가)~(마) 지역에 있었던 역사적 사실로 옳지 <u>않은</u> 것은?

[2점]

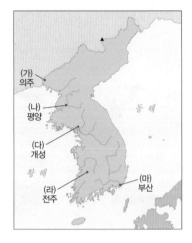

① (가) – 만상이 근거지로 삼아 청과의 무역을 전개하였다.
② (나) – 나석주가 조선 식산 은행에 폭탄을 투척하였다.
③ (다) – 만적을 비롯한 노비들이 신분 해방을 도모하였다.
④ (라) – 동학 농민군이 정부와 화해하는 약조를 맺었다.
⑤ (마) – 임진왜란 중 부사 송상현과 첨사 정발이 순절하였다.

20. □□□

다음 지역에 대한 탐구 활동으로 가장 적절한 것은?[2점]

① 대몽 항쟁기에 조성된 왕릉을 조사한다.
② 김만덕의 빈민 구제 활동에 대해 알아본다.
③ 정약전이 자산어보를 저술한 곳을 검색한다.
④ 지증왕이 이사부를 보내 복속한 지역과 부속 도서를 찾아본다.
⑤ 러시아의 남하를 견제하기 위하여 영국군이 점령한 장소를 살펴본다.

21. ☐☐☐　　　47회 32번

다음 답사가 이루어진 지역을 지도에서 옳게 찾은 것은?

[1점]

〈답사 안내〉

역사의 현장을 찾아서

우리 문화원에서는 현장 답사를 통해 우리 지역의 역사를 알아보는 시간을 마련하였습니다.

◈ 일자: 2020년 ○○월 ○○일
◈ 답사 장소

답사지	소　개
영국군 묘지	러시아 견제를 구실로 무단 점령한 영국군의 묘지. 한 무덤의 비문에는 "1886년 3월 알바트로스호의 수병 2명이 폭발 사고로 죽다." 라고 기록되어 있음.
임병찬 순지비	고종의 밀지를 받아 독립 의군부를 조직한 독립운동가 임병찬이 유배되어 순국한 것을 기리기 위해 세운 비.

① (가)　　② (나)　　③ (다)　　④ (라)　　⑤ (마)

22. ☐☐☐　　　58회 50번

(가) 섬에 대한 설명으로 옳지 않은 것은?　　[1점]

> 1946년 1월에 작성된 연합국 최고 사령부 문서에는 제주도, 울릉도, [(가)] 이/가 우리 영토로 표시되어 있습니다. [(가)] 은/는 우리나라 동쪽 끝에 있는 섬입니다.

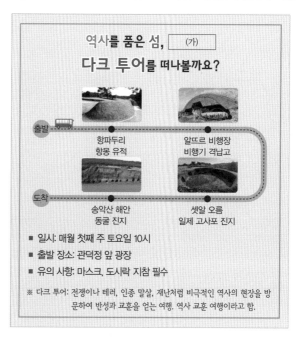

① 안용복이 일본에 건너가 우리 영토임을 주장하였다.
② 영국군이 러시아를 견제하기 위해 불법 점령하였다.
③ 러일 전쟁 때 일본이 불법으로 자국 영토로 편입하였다.
④ 대한 제국이 칙령을 통해 울릉 군수가 관할하도록 하였다.
⑤ 1877년 태정관 문서에 일본과는 무관한 지역임이 명시되었다.

23. ☐☐☐　　　59회 42번

(가) 지역에 대한 탐구 활동으로 가장 적절한 것은? [1점]

역사를 품은 섬, [(가)]

다크 투어를 떠나볼까요?

출발 — 항파두리 항몽 유적 — 알뜨르 비행장 비행기 격납고
도착 — 송악산 해안 동굴 진지 — 셋알 오름 일제 고사포 진지

■ 일시: 매월 첫째 주 토요일 10시
■ 출발 장소: 관덕정 앞 광장
■ 유의 사항: 마스크, 도시락 지참 필수

※ 다크 투어: 전쟁이나 테러, 인종 말살, 재난처럼 비극적인 역사의 현장을 방문하여 반성과 교훈을 얻는 여행. 역사 교훈 여행이라고 함.

① 정약전이 자산어보를 저술한 곳을 알아본다.
② 프랑스군이 외규장각 도서를 약탈한 장소를 살펴본다.
③ 지주 문재철에 맞서 소작 쟁의가 일어난 곳을 찾아본다.
④ 4·3 사건으로 많은 주민이 희생된 주요 장소를 조사한다.
⑤ 러시아가 저탄소 설치를 위해 조차를 요구한 곳을 검색한다.

24. □□□

(가)~(마)에 대한 설명으로 옳은 것은?

[2점]

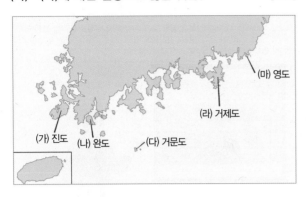

① (가) – 영국이 러시아의 남하를 구실로 불법 점령하였다.

② (나) – 통일 신라 때 장보고가 청해진을 설치하였다.

③ (다) – 6·25 전쟁 때 포로 수용소가 설치되었다.

④ (라) – 러시아가 저탄소 설치를 명분으로 조차를 요구하였다.

⑤ (마) – 삼별초가 용장성을 쌓고 몽골에 대항하였다.

1.
☐☐☐ 3회독 Check   48회 37번

(가), (나) 인물에 대한 설명으로 옳은 것을 〈보기〉에서 고른 것은?   [3점]

한국의 독립을 도운 외국인

(가)

(나)

(가)
- 미국인
- 세계지리 교과서인 『사민필지』를 한글로 저술함
- 을사늑약 직후 고종의 친서를 미국 정부에 전달함
- 1950년 건국훈장 독립장 추서

(나)
- 아일랜드계 영국인
- 김구 등이 상하이로 갈 수 있도록 도움
- 독립운동을 지원하다가 일제에 의해 내란죄로 체포됨
- 1963년 건국훈장 독립장 추서

> **보기**
> ㄱ. (가) – 육영 공원에서 학생들에게 영어를 가르쳤다.
> ㄴ. (가) – 최초의 서양식 병원인 광혜원 설립을 주관하였다.
> ㄷ. (나) – 중국 안동에서 무역 회사인 이륭양행을 운영하였다.
> ㄹ. (나) – 이화 학당을 설립하여 근대적 여성 교육에 기여하였다.

① ㄱ, ㄴ   ② ㄱ, ㄷ   ③ ㄴ, ㄷ   ④ ㄴ, ㄹ   ⑤ ㄷ, ㄹ

2.
☐☐☐   48회 39번

(가) 인물의 활동으로 옳은 것은?   [3점]

이곳은 경상북도 영양군에 있는 독립운동가 (가) 의 옛 거처입니다. (가) 은/는 조선 총독 암살을 기도하였고, 국제 연맹 조사단에 강력한 독립 의지를 표명하는 혈서를 전달하고자 시도하였습니다. 이후 만주국 주재 일본 대사 암살 계획이 발각되어 체포된 뒤 순국하였습니다.

① 동양 척식 주식회사에 폭탄을 투척하였다.
② 하얼빈역에서 이토 히로부미를 사살하였다.
③ 명동 성당 앞에서 이완용을 습격하여 중상을 입혔다.
④ 간도에서 여자 권학회를 조직하여 계몽활동에 힘썼다.
⑤ 평양 을밀대 지붕에서 임금 삭감에 저항하여 농성을 벌였다.

PART8

3. □□□ 60회 49번

(가)~(마)에 들어갈 내용으로 옳지 않은 것은? [2점]

우리 역사 속의 여성들

<차례>

- 선덕 여왕, 우리나라 최초의 여왕 ············ 3
  - (가)
- 이빙허각, 살림을 학문화한 실학자 ············ 9
  - (나)
- 김만덕, 제주의 거상이자 자선가 ············ 15
  - (다)
- 남자현, 의열 투쟁을 전개한 독립운동가 ············ 21
  - (라)
- 강주룡, 일제 강점기의 노동 운동가 ············ 27
  - (마)

① (가) – 첨성대와 황룡사 구층 목탑을 세우다

② (나) – 가정 생활의 지혜를 담은 규합총서를 저술하다

③ (다) – 재산을 기부하여 흉년에 굶주린 백성들을 구제하다

④ (라) – 한국광복군의 기관지 광복을 발행하다

⑤ (마) – 임금 삭감에 저항하여 을밀대 지붕에서 농성하다

키워드해설편 p.225

1. ☐☐☐ 3회독 Check | 58회 46번 |

㉠~㉤에 대한 학생들의 의견으로 적절하지 않은 것은?

[2점]

> 🔍 **역사** 돋보기 **역사 속 왕의 호칭**
>
> 왕이 세상을 떠난 뒤 그 이름을 높여 부르는 호칭을 묘호라고 한다. 원칙적으로 나라를 세운 왕은 '조'를, 그 나머지는 '종'을 붙였다.
>
> 우리나라 역사에서 처음으로 묘호를 쓴 왕은 신라의 ㉠태종 무열왕이다. 고려 시대는 ㉡태조만 조의 묘호가 붙여졌지만, 조선 시대에는 다양한 이유로 ㉢정조처럼 조를 붙인 왕이 여럿 있었다.
>
> 그러나 고려 후기에는 ㉣충렬왕처럼 조, 종을 붙이지 못한 왕들이 있었으며, 조선 시대에는 연산군, ㉤광해군처럼 묘호를 받지 못하고 군으로 격하되어 불린 경우도 있었다.

① 갑: ㉠ – 백제를 멸망시키고 통일의 기초를 마련했어요.
② 을: ㉡ – 고려 건국의 위업을 이루었어요.
③ 병: ㉢ – 탕평책 등 여러 개혁으로 통치 체제를 재정비했어요.
④ 정: ㉣ – 원 황실의 부마가 되었어요.
⑤ 무: ㉤ – 중종반정으로 폐위되었어요.

[2~3] 다음 자료를 읽고 물음에 답하시오.

> (가) 처음으로 독서삼품을 정하여 관리를 선발하였다. 춘추좌씨전, 예기, 문선을 읽고 그 뜻에 능통하면서 아울러 논어와 효경에 밝은 자를 상품(上品)으로, 곡례와 논어, 효경을 읽은 자를 중품(中品)으로, 곡례와 효경을 읽은 자를 하품(下品)으로 하였다.
>
> (나) 쌍기가 의견을 올리니 처음으로 ㉠ 이 제도를 마련하여 시행하였다. 시·부·송 및 시무책으로 시험하여 진사를 뽑았으며, 겸하여 명경업·의업·복업 등도 뽑았다.
>
> (다) 조광조가 아뢰기를, "중앙에서는 홍문관·육경·대간, 지방에서는 감사와 수령이 천거한 사람들을 대궐에 모아 시험을 치르면 많은 인재를 얻을 수 있을 것입니다. ㉡ 이 제도는 한(漢)에서 시행한 현량방정과의 뜻을 이은 것입니다."라고 하였다.
>
> (라) 제4조 의정부 및 각 부 판임관을 임명할 시에는 각기 관하 학도 및 외국 유학생 졸업자 중에서 시험을 거쳐 해당 주무 장관이 전권으로 임명한다. 단, 졸업자가 없을 시에는 문필과 산술이 있고 시무에 통달한 자로 시험을 거쳐서 임명한다.

2. ☐☐☐ | 62회 49번 |

(가)~(라)를 활용한 탐구 활동으로 적절한 것을 〈보기〉에서 고른 것은?

[2점]

> ➤➤ **보기** ◆
>
> ㄱ. (가) – 최승로의 시무 28조를 받아들여 달라진 제도를 살펴본다.
> ㄴ. (나) – 광종이 왕권 강화를 위해 추진한 정책에 대해 알아본다.
> ㄷ. (다) – 중종 때 사림파 언관들이 제기한 주장을 조사해 본다.
> ㄹ. (라) – 임술 농민 봉기를 수습하기 위한 정부의 대책을 파악한다.

① ㄱ, ㄴ　② ㄱ, ㄷ　③ ㄴ, ㄷ　④ ㄴ, ㄹ　⑤ ㄷ, ㄹ

3. ☐☐☐

밑줄 그은 ㉠, ㉡에 대한 설명으로 옳은 것은? [3점]

① ㉠ - 역분전이 제정되는 결과를 가져왔다.

② ㉠ - 지공거와 합격자 사이에 좌주와 문생 관계가 형성되었다.

③ ㉡ - 제술과, 명경과, 잡과, 승과로 구성되었다.

④ ㉡ - 성균관에서 보는 관시, 한성부에서 보는 한성시, 각 지방에서 보는 향시로 나뉘었다.

⑤ ㉠, ㉡ - 홍범 14조 반포를 계기로 시행되었다.

4. ☐☐☐

㉠~㉤에 대한 탐구 활동으로 적절하지 않은 것은? [2점]

🔍 역사 돋보기 **조선이 만난 이방인**

조선 전기에는 외부 세계와의 관계가 중국과 일본을 중심으로 류큐 등의 아시아 국가에 주로 국한되어 있었다. ㉠조선인의 외부에 대한 인식은 이들 국가에 집중되어 있었고, 조선은 중국을 비롯한 주변 국가 이외의 세계에서는 낯선 존재였다.

조선 후기에 들어 지리 지식의 확대와 더불어 조선인의 외부 세계에 대한 인식이 점차 넓어져 갔다. 조선과 서양인의 만남은 크게 네 가지로 나누어 볼 수 있다. 첫째, 중국과 일본을 오가던 ㉡서양 선박이 난파하여 조선에 표착한 경우이다. 둘째, 크리스트교 선교를 목적으로 ㉢선교사가 직접 조선에 파견되는 경우이다. 셋째, 서양인이 ㉣조선의 해안 측량을 목적으로 해안을 탐사하는 과정에서 접촉한 경우이다. 넷째, 조선과의 ㉤교역을 목적으로 서양의 상선이 접근하는 경우이다.

① ㉠ - 해동제국기의 작성 목적을 파악한다.

② ㉡ - 하멜표류기의 내용을 분석한다.

③ ㉢ - 프랑스 파리 외방 선교회의 활동을 알아본다.

④ ㉣ - 혼일강리역대국도지도가 제작된 과정을 조사한다.

⑤ ㉤ - 제너럴셔먼호 사건 관련 자료를 찾아본다.

5. ☐☐☐

(가) 신분에 대한 설명으로 옳은 것은? [2점]

나는 방호별감 김윤후입니다. 몽골군의 침입에 맞서 충주 산성을 방어할 때 (가) 의 신분 문서를 불태워 그들의 사기를 높였습니다.

나는 군국기무처의 총재 김홍집입니다. 신분 차별 폐지에 대한 요구를 수용하여 (가) 에 관한 법을 폐지하였습니다.

① 신라에서 승진에 제한을 받았으며, 득난이라고도 불렸다.

② 고려 시대에 향, 부곡, 소에 거주하였으며, 과중한 세금을 부담하였다.

③ 조선 시대에 봉수, 역졸의 업무를 주로 담당하였다.

④ 조선 후기에 통청 운동으로 청요직 진출을 시도하였다.

⑤ 조선 순조 때 궁방과 중앙 관서에 소속된 6만여 명이 해방되었다.

6. ☐☐☐

(가)~(라) 승려에 대한 설명으로 옳은 것은? [3점]

○ (가) 은/는 화엄 사상의 요지를 정리한 「화엄일승법계도」를 저술하였다. 또한 부석사를 비롯한 여러 사원을 건립하였고, 현세의 고난에서 구제받고자 하는 관음 신앙을 강조하였다.

○ (나) 은/는 귀법사의 주지로서, 왕명에 따라 민중을 교화하고 불법을 널리 펴기 위해 노력하였다. 또한 향가인 「보현십원가」 11수를 지어 화엄 사상을 대중에게 전파하였다.

○ (다) 은/는 문종의 아들로 태어나 11세에 출가하였다. 31세에 송으로 건너가 고승들과 불법을 토론하고 불교 서적을 수집하여 귀국하였다. 국청사를 중심으로 천태종을 창시하였으며, 교선 통합을 사상적으로 뒷받침하기 위해 교관겸수를 제창하였다.

○ (라) 은/는 12세에 출가하였다. 수행상의 제약을 넘어서기 위해서는 천태의 교리에 의지해야 한다는 깨달음을 얻었다. 법화 신앙을 바탕으로 강진 만덕사에서 백련 결사를 결성하였다.

① (가) - 심성의 도야를 강조한 유불 일치설을 주장하였다.

② (나) - 정혜쌍수와 돈오점수를 수행 방법으로 제시하였다.

③ (다) - 불교 경전에 대한 주석서를 모아 교장을 편찬하였다.

④ (라) - 9산 선문 중 하나인 가지산문을 개창하였다.

⑤ (가)~(라) - 승과에 합격하고 왕사에 임명되었다.

[7~8] 다음 자료를 읽고 물음에 답하시오.

(가) 제6도 심통성정도(心統性情圖) 중에서 하도(下圖)는 이(理)와 기(氣)를 합하여 말한 것이니, …… 예를 들면 사단(四端)의 정은 이가 발하고 기가 따르니, 본래 순선(純善)하여 악이 없으나, 반드시 이의 발함이 온전하게 이루어지기 전에 기에 가려진 연후에야 선하지 않게 됩니다. 칠정(七情)은 기가 발하고 이가 그것에 타는 것이니, 역시 선하지 않음이 없으나, 만약 기가 발하는 것이 절도에 맞지 않으면 그 이를 멸하게 되어 악이 됩니다.

(나) 유·불·도 삼교(三敎)는 각자 업(業)으로 삼아 수행하는 바가 있으니, 섞어서 하나로 할 수는 없습니다. 부처의 가르침을 행하는 것은 수신(修身)의 근본이요, 유교의 가르침을 행하는 것은 나라를 다스리는 근원이니, 수신은 다음 생을 위한 바탕이 되고, 나라를 다스리는 것은 곧 오늘날에 힘쓸 일입니다. 오늘날은 지극히 가깝고 다음 생은 지극히 먼 것인데, 가까운 것을 버리고 먼 것을 구한다면 이는 잘못된 것이 아니겠습니까.

(다) 저 불씨(佛氏)는 사람이 사악한지 정의로운지 올바른지 그른지는 가리지 않고 말하기를, "우리 부처에게 오는 자는 화를 면하고 복을 얻을 수 있다."라고 한다. 이것은 비록 열 가지의 큰 죄악을 지은 사람일지라도 부처에게 귀의하면 화를 면하게 되고, 아무리 도가 높은 선비일지라도 부처에게 귀의하지 않으면 화를 면할 수 없다는 말이다. 가령 그 말이 거짓이 아니라 할지라도 모두 사사로운 마음에서 나온 것이요, 올바른 도리가 아니므로 징계해야 할 것이다.

(라) 유교계에 3대 문제가 있는지라. 그 문제에 관해 개량하고 구신(求新)하지 않으면 우리 유교는 결코 흥왕할 수 없으리라. …… 소위 3대 문제는 무엇인가. 하나는 유교파의 정신이 오로지 제왕 측에 있고 인민 사회에 보급할 정신이 부족한 것이다. 하나는 열국을 돌아다니면서 천하를 바꾸려는 주의를 따르지 않고, "내가 학생을 구하는 것이 아니라, 학생이 나를 찾아야 한다."라는 주의를 고수한 것이다. 하나는 우리 한국의 유가는 간단하고 절실한 가르침을 요구하지 않고 지리하고 한만(汗漫)한 공부만 해 온 것이다.

---

7. ☐☐☐　　　　　　　　　　　　　57회 35번

(가)~(라)를 작성된 순서대로 옳게 나열한 것은?　[2점]

① (가) – (나) – (다) – (라)
② (가) – (나) – (라) – (다)
③ (나) – (가) – (라) – (다)
④ (나) – (다) – (가) – (라)
⑤ (다) – (라) – (나) – (가)

8. ☐☐☐　　　　　　　　　　　　　57회 36번

(가)~(라)를 작성한 인물에 대해 탐구한 내용으로 적절한 것을 〈보기〉에서 고른 것은?　[3점]

─── ▶ 보기 ◀───
ㄱ. (가) – 자유롭고 독창적으로 경서를 해석해 사서(四書)에 대한 주자의 해석을 반박하고, 노장사상 등을 도입해 유학의 실리적 측면을 강화하려고 하였다.
ㄴ. (나) – 예기(禮記) 중 월령(月令)에 근거하여 불교 행사를 줄이고 정사를 행하도록 촉구하며 불교적 관행에 젖은 군주를 유교적 규범을 실천하는 군주로 변화시키고자 하였다.
ㄷ. (다) – 기대승과의 논쟁을 통해 성리학의 이해를 심화하였으며, 그의 사상은 제자에 의해 일본으로 전해져 일본 유학의 발전에 영향을 주었다.
ㄹ. (라) – 양명학을 통해서 기존의 유학을 개선하려 하였고, 실학의 실천 정신을 받아들여 구국 운동을 실행하는 데 관심을 기울였다.

① ㄱ, ㄴ　② ㄱ, ㄷ　③ ㄴ, ㄷ　④ ㄴ, ㄹ　⑤ ㄷ, ㄹ

PART 8

9. ☐☐☐ 60회 27번

(가)~(라) 교육 기관에 대한 설명으로 옳은 것만을 〈보기〉에서 고른 것은? [3점]

> (가) 학생의 재학 연한은 9년으로 하되 우둔하여 깨우치지 못하는 자는 퇴학시키고, 재주와 기량은 있으나 아직 미숙한 자는 9년이 넘더라도 재학을 허락하였다. 관등이 대나마, 나마에 이르면 졸업하였다.
>
> (나) 7재를 두었는데, 주역을 공부하는 여택재, 상서를 공부하는 대빙재, 모시(毛詩)를 공부하는 경덕재, 주례를 공부하는 구인재, 대례(戴禮)를 공부하는 복응재, 춘추를 공부하는 양정재, 무학을 공부하는 강예재이다.
>
> (다) 입학생은 생원·진사인 상재생과 유학(幼學) 중에서 선발된 기재생으로 구분되었다. 이들은 동재와 서재에 기숙하면서 공부하였으며, 아침·저녁 식당에 들어가 서명하면 원점 1점을 얻었다. 원점 300점을 얻으면 관시(館試)에 응시할 수 있었다.
>
> (라) 좌원과 우원을 두었는데, 좌원에는 젊은 현직 관리를, 우원에는 관직에 나아가지 않은 명문가 자제들을 입학시켰다. 외국인 3명을 교사로 초빙하였으며, 학생들은 졸업할 때까지 공원(公院)에서 학습에 전념하도록 하였다.

▶ 보기 ◀

ㄱ. (가) – 신문왕이 인재 양성을 위해 설치하였다.
ㄴ. (나) – 전국의 부·목·군·현에 하나씩 설립되었다.
ㄷ. (다) – 공자 등 성현을 기리는 석전대제를 거행하였다.
ㄹ. (라) – 교육 입국 조서 반포를 계기로 세워졌다.

① ㄱ, ㄴ ② ㄱ, ㄷ ③ ㄴ, ㄷ ④ ㄴ, ㄹ ⑤ ㄷ, ㄹ

10. ☐☐☐ 60회 46번

(가)~(마)에 대한 설명으로 옳지 <u>않은</u> 것은? [3점]

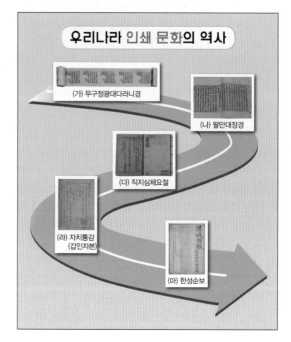

우리나라 인쇄 문화의 역사
(가) 무구정광대다라니경
(나) 팔만대장경
(다) 직지심체요절
(라) 자치통감 (갑인자본)
(마) 한성순보

① (가) – 주자소를 설치하여 인쇄하였다.
② (나) – 대장도감에서 판각한 목판으로 찍었다.
③ (다) – 청주 흥덕사에서 금속 활자로 간행하였다.
④ (라) – 이천, 장영실 등이 제작한 활자로 인쇄하였다.
⑤ (마) – 납으로 만든 활자를 사용해 박문국에서 발행하였다.

[11~12] 다음 자료를 읽고 물음에 답하시오.

(가) 우리 해동의 삼국도 역사가 오래되었으니 마땅히 책을 써야 합니다. 그러므로 폐하께서 이 늙은 신하에게 편찬하도록 하셨습니다. 폐하께서 이르시기를, "삼국은 중국과 통교하였으므로 『후한서』나 『신당서』에 모두 삼국의 열전이 있지만, 상세히 실리지 않았다. 우리의 옛 기록은 빠진 사실이 많아 후세에 교훈을 주기 어렵다. 그러므로 뛰어난 역사서를 완성하여 물려주고 싶다."라고 하셨습니다.

(나) 삼가 삼국 이후의 여러 역사서를 모으고 중국의 역사서에서 가려내어 연도에 따라 사실을 기록하였습니다. 범례는 『자치통감』에 의거하였고, 『자치통감강목』의 취지에 따라 번잡한 것은 줄이고 요령만 남겨두도록 힘썼습니다. 삼국이 서로 대치한 때는 삼국기라고 하였고, 신라가 통합한 시대는 신라기라고 하였으며, 고려 시대는 고려기라 하였고, 삼한 이전은 외기라고 하였습니다.

(다) 옛 성인은 예악으로 나라를 일으켰고 인의로 가르침을 폈으니 괴력난신은 말하지 않았다. 그러나 제왕이 일어날 때는 반드시 보통 사람과 다른 점이 있었고, 그러한 후에야 제왕의 지위를 얻고 대업을 이루었다. …… 그러므로 삼국의 시조가 모두 신이한 데서 나왔다고 해서 무엇이 괴이하다고 하겠는가. 이것이 책 머리편에 기이편이 실린 까닭이다.

(라) 옛날에 고씨가 북쪽에 살면서 고구려라 하였고, 부여씨가 서남쪽에 살면서 백제라 하였으며, 박·석·김씨가 동남쪽에 살면서 신라라고 하였으니, 이것이 삼국이다. 그러니 마땅히 삼국사가 있어야 할 것이다. …… 부여씨가 망하고 고씨가 망하니 김씨가 그 남쪽 땅을 차지하고 대씨가 그 북쪽 땅을 차지하여 발해라 하였다. 이것을 남북국이라 한다. 그러니 마땅히 남북국사가 있어야 한다.

11. □□□　　　61회 29번

(가)~(라) 역사서를 편찬한 순서대로 옳게 나열한 것은?
[3점]

① (가) – (나) – (다) – (라)　② (가) – (다) – (나) – (라)
③ (나) – (가) – (라) – (다)　④ (나) – (다) – (가) – (라)
⑤ (다) – (라) – (나) – (가)

12. □□□　　　61회 30번

(가)~(라) 역사서에 대한 설명으로 옳은 것을 〈보기〉에서 고른 것은?
[2점]

> ★ 보기 ◆
>
> ㄱ. (가) – 유교 사관에 입각하여 기전체 형식으로 저술하였다.
> ㄴ. (나) – 사초와 시정기를 바탕으로 실록청에서 편찬하였다.
> ㄷ. (다) – 불교사를 중심으로 민간 설화 등을 수록하였다.
> ㄹ. (라) – 고조선부터 고려까지의 역사를 편년체로 정리하였다.

① ㄱ, ㄴ　② ㄱ, ㄷ　③ ㄴ, ㄷ　④ ㄴ, ㄹ　⑤ ㄷ, ㄹ

13. □□□
41회 20번

(가)~(마)에 대한 탐구 활동으로 적절하지 <u>않은</u> 것은?

[3점]

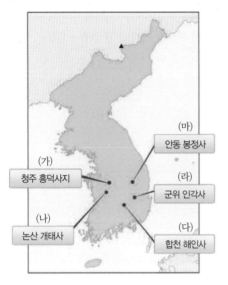

(마) 안동 봉정사

(가) 청주 흥덕사지

(라) 군위 인각사

(나) 논산 개태사

(다) 합천 해인사

① (가) - 직지심체요절의 인쇄 과정을 파악한다.

② (나) - 팔상전에 나타난 목탑 양식의 특징을 찾아본다.

③ (다) - 팔만대장경판의 보존 방식에 대해 조사한다.

④ (라) - 일연이 삼국유사를 집필한 경위를 알아본다.

⑤ (마) - 주심포 양식 건축물의 구조와 특징을 분석한다.

14. □□□
56회 6번

다음 특별전에 전시될 자료로 적절하지 <u>않은</u> 것은? [1점]

우리 선조들은 하늘의 움직임이 세상의 이치와 연결된다고 생각해 천문 현상을 면밀히 관측하였습니다. 덕흥리 고분의 별자리 벽화는 이러한 측면을 잘 보여줍니다.

①
거중기

②
금동 천문도

③
혼천의

④
칠정산 내편

⑤
천상열차분야지도

15. □□□　　　　　　　　　　　　　60회 22번

(가)~(마)에 대한 설명으로 옳지 <u>않은</u> 것은?　　[2점]

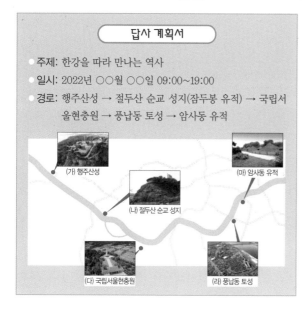

① (가) - 정봉수가 후금군을 맞아 큰 성과를 거둔 곳이다.
② (나) - 병인박해 때 많은 천주교 신자가 처형된 장소이다.
③ (다) - 6·25 전쟁 이후 조성된 국군 묘지에서 시작되었다.
④ (라) - 판축 기법을 활용하여 성벽을 쌓은 백제 토성이다.
⑤ (마) - 갈돌과 갈판 등이 출토된 신석기 시대 유적이다.

16. □□□　　　　　　　　　　　　　42회 32번

(가)~(마)에 들어갈 내용으로 적절한 것은?　　[2점]

〈한국사 시민 강좌〉

인물로 보는 우리 역사

우리 학회에서는 격동의 시대를 살았던 인물들의 삶을 살펴보는 자리를 마련하였습니다. 많은 관심과 참여 바랍니다.

강좌 순서	인 물	주 제
제1강	최익현	(가)
제2강	김옥균	(나)
제3강	전봉준	(다)
제4강	김홍집	(라)
제5강	홍범도	(마)

• 일시: 2019년 ○○월 ○○일~○○월 ○○일 14시
• 장소: □□대학교 대강당
• 주관: △△학회

① (가) - 반침략 기치를 들고 우금치 전투에 참여하다
② (나) - 군국기무처의 총재로 개혁을 주도하다
③ (다) - 입헌 군주제를 꿈꾸며 갑신정변을 일으키다
④ (라) - 을사늑약에 반대하여 항일 의병을 이끌다
⑤ (마) - 평민 의병장에서 대한 독립군 사령관으로 활약하다

17. □□□

(가), (나)에 들어갈 내용으로 옳은 것을 <보기>에서 고른 것은?　[3점]

선비 정신으로 나라를 지킨 독립운동가

허위(1855~1908)
- 단발령 반대 의병에 참여
- 평리원 재판장 역임
- (가)
- 1962년 건국훈장 대한민국장 추서

김창숙(1879~1962)
- 을사늑약 체결 반대 상소
- 파리 장서 운동 주도
- (나)
- 1962년 건국훈장 대한민국장 추서

→ 보기 •

ㄱ. (가) – 관군에게 체포되어 쓰시마섬에서 순국
ㄴ. (가) – 13도 창의군을 이끌고 서울 진공 작전 전개
ㄷ. (나) – 일본의 침략 과정을 서술한 한국통사 저술
ㄹ. (나) – 동양 척식 주식회사에 폭탄을 투척한 나석주 의거 지원

① ㄱ, ㄴ　　② ㄱ, ㄷ　　③ ㄴ, ㄷ
④ ㄴ, ㄹ　　⑤ ㄷ, ㄹ

"기출 분석 좋은"
시대에듀# 자격증수험서

2025 최신간 기분좋은
#해품사 한능검 [심화(1·2·3급)]
시대별 기출회독 600제 + 기출선지

2025 최신간 기분좋은
해품사 한능검 #기출은 해품사
회차별 기출 500제 + 분석해설 [심화]

2025 최신간 기분좋은
해품사 한능검 [심화]
#해품사 단기기본서 + 기특강의

2025 최신간 기분좋은
KBS한국어능력시험
#반반끝 단기기본서 + 공식기출 3회

최신간 기분좋은
오늘 NCS 완료 시즌1
#오N완 #NCS루틴 #100%새문항

2025 최신간 기분좋은
#초초초 지게차운전기능사
필기

2025 최신간 기분좋은
#초초초 굴착기(굴삭기)운전기능사
필기

시대에듀# 블루스마일과 함께 빠르고 기분 좋게 합격하세요!

한능검 전문 유튜브 채널 "해품사의 한방 한능검 연구소"

✓ 한능검 매 시험 직접 응시, 총 20회 만점 받은 #프로만점러!
✓ 전 회차 기출분석 + 최신 이슈 분석으로 진짜 나올 내용만 적중하는 #한능검 예언가!
✓ 연세대 역사교육대학원에서 역사를 연구하는 #찐 사학도!
✓ 각종 한능검 꿀팁강의부터 기본 개념강의까지 폭넓은 강의를 선사하는 #족집게 과외쌤!

"기출 분석 좋은"

모든 시험은 기출이 가장 중요하다는
그 단순하고 중요한 진리에 집중합니다.

기출분석이 좋은 기출

☑ 시험 D-4주부터 매주 수요일! 해품사
　 한능검 수요스터디 진행(유튜브)
☑ HAI한국사 앱(App)＆실시간 오픈채팅
☑ 시대별 최빈출 선지 모음 PDF
☑ [특별제공] 시대흐름 빈출키워드 연표
　 (브로마이드)＆연표해설 무료강의

해품사 한능검, 기출은 해품사!

키워드해설편

한국사능력검정시험 [심화(1·2·3급)]

시대별 기출회독
600제 + 기출선지

27회분(73～47회) 기출분석 후 시대별·주제별 빈출 600제+기출선지 수록

시대에듀 #

# #
기존을 뛰어넘다, 본질을 끌어올리다
콘텐츠의 정확성과 견고함을 기반으로, 자격증수험서의 본질인 합격에 집중하는
시대에듀의 퀄리티 끌어올림# 브랜드입니다.

# #
수험생의 #니즈에 집중하다
수험생의 #말과 #마음이 자격증수험서의 본질임에 집중하여,
든든한 안심과 합격을 제공하고자 하는 시대에듀#의 아이덴티티를 담았습니다.

한눈에 보는 정답표

PART1 선사 시대

| 1 ⑤ | 2 ② | 3 ① | 4 ② | 5 ① | 6 ③ |

| 1 ⑤ | 2 ⑤ | 3 ② | 4 ① | 5 ③ | 6 ① |
| 7 ② | 8 ④ | 9 ① | 10 ② | 11 ④ | |

| 1 ③ | 2 ③ | 3 ③ | 4 ③ |

PART2 고대

1 ②	2 ①	3 ④	4 ③	5 ②	6 ⑤
7 ①	8 ②	9 ③	10 ③	11 ②	12 ②
13 ⑤	14 ④	15 ⑤	16 ①	17 ①	

| 1 ④ | 2 ③ | 3 ① | 4 ② | 5 ③ | 6 ④ |
| 7 ⑤ | 8 ② | | | | |

1 ④	2 ④	3 ②	4 ④	5 ⑤	6 ⑤
7 ④	8 ①	9 ②	10 ①	11 ④	12 ①
13 ③					

| 1 ⑤ | 2 ② | 3 ⑤ | 4 ③ | 5 ⑤ | 6 ④ |
| 7 ② | 8 ④ | 9 ⑤ | 10 ② | 11 ① | |

1 ②	2 ④	3 ④	4 ②	5 ③	6 ④
7 ①	8 ①	9 ②	10 ①	11 ①	12 ③
13 ⑤	14 ①	15 ⑤	16 ④	17 ②	18 ①
19 ③	20 ④	21 ⑤			

| 1 ⑤ | 2 ⑤ | 3 ① | 4 ⑤ | 5 ③ | 6 ④ |
| 7 ② | 8 ④ | 9 ⑤ | | | |

PART3 고려

1 ②	2 ①	3 ②	4 ②	5 ④	6 ③
7 ④	8 ②	9 ③	10 ④	11 ④	12 ②
13 ⑤	14 ⑤	15 ①	16 ⑤	17 ③	

| 1 ① | 2 ③ | 3 ① | 4 ② | 5 ④ | 6 ④ |
| 7 ⑤ | 8 ① | 9 ④ | 10 ④ | | |

| 1 ③ | 2 ⑤ | 3 ③ | 4 ② | 5 ① | 6 ② |
| 7 ① | 8 ② | 9 ③ | | | |

1 ①	2 ②	3 ④	4 ②	5 ④	6 ③
7 ④	8 ④	9 ①	10 ②	11 ③	12 ①
13 ⑤					

1 ①	2 ⑤	3 ⑤	4 ③	5 ⑤	6 ④
7 ④	8 ②	9 ①	10 ④	11 ②	12 ①
13 ③	14 ③	15 ④			

1 ①	2 ①	3 ⑤	4 ③	5 ②	6 ①
7 ③	8 ①	9 ②	10 ①	11 ①	12 ②
13 ⑤	14 ⑤	15 ③	16 ②	17 ③	

| 1 ④ | 2 ③ | 3 ④ | 4 ④ | 5 ④ | 6 ③ |
| 7 ① | 8 ③ | | | | |

PART4 조선

PART5 개항기

PART6 일제 강점기

빈출 주제 28 일제의 식민 통치 및 국내 항일 운동 기출회독편 p.164

1 ②	2 ④	3 ①	4 ①	5 ④	6 ①
7 ⑤	8 ③	9 ⑤	10 ②	11 ③	12 ③
13 ③	14 ⑤	15 ⑤	16 ⑤		

빈출 주제 29 일제 강점기의 국외 독립운동 1 기출회독편 p.169

1 ②	2 ②	3 ③	4 ②	5 ⑤	6 ④
7 ②	8 ①	9 ②	10 ①	11 ⑤	12 ①
13 ①	14 ③	15 ⑤	16 ②	17 ①	18 ②

빈출 주제 30 일제 강점기의 국외 독립운동 2 기출회독편 p.175

1 ①	2 ③	3 ③	4 ③	5 ⑤	6 ④
7 ⑤	8 ②	9 ④	10 ①	11 ①	12 ③
13 ④	14 ②	15 ④	16 ③	17 ②	

빈출 주제 31 일제 강점기의 경제·사회·문화 기출회독편 p.180

1 ③	2 ②	3 ③	4 ⑤	5 ④	6 ④
7 ③	8 ④	9 ④	10 ⑤	11 ②	12 ③
13 ④	14 ③	15 ①	16 ②	17 ①	

빈출 주제 32 일제 강점기의 인물 기출회독편 p.185

1 ①	2 ⑤	3 ③	4 ②	5 ③	6 ④
7 ⑤	8 ③	9 ②	10 ①	11 ⑤	12 ①
13 ④					

[PART6 일제 강점기] 요즘엔 이렇게 출제! 극최신 기출 기출회독편 p.189

1 ①	2 ⑤	3 ①	4 ③	5 ②	6 ①
7 ③	8 ①				

PART7 현대

빈출 주제 33 대한민국 정부 수립 과정 및 6·25 전쟁 기출회독편 p.196

1 ③	2 ④	3 ③	4 ⑤	5 ⑤	6 ③
7 ③	8 ④	9 ①	10 ①	11 ②	12 ③

빈출 주제 34 이승만~전두환 정부 기출회독편 p.199

1 ⑤	2 ②	3 ②	4 ①	5 ⑤	6 ②
7 ⑤	8 ⑤	9 ②	10 ②	11 ④	12 ⑤
13 ⑤	14 ①	15 ②	16 ①	17 ⑤	18 ④
19 ⑤	20 ③	21 ①	22 ③	23 ①	24 ③
25 ③	26 ①	27 ③			

빈출 주제 35 노태우~문재인 정부 및 현대의 인물 기출회독편 p.207

1 ⑤	2 ④	3 ③	4 ②	5 ①	6 ⑤
7 ④	8 ④	9 ①	10 ⑤	11 ③	12 ③
13 ①	14 ②	15 ①	16 ④	17 ⑤	

[PART7 현대] 요즘엔 이렇게 출제! 극최신 기출 기출회독편 p.212

1 ②	2 ②	3 ⑤	4 ⑤

PART8 통합 주제

빈출 주제 36 세시 풍속 기출회독편 p.218

1 ⑤	2 ③	3 ④	4 ④	5 ④	6 ②
7 ③	8 ②	9 ①			

빈출 주제 37 지역사 기출회독편 p.221

1 ①	2 ②	3 ④	4 ②	5 ⑤	6 ③
7 ④	8 ④	9 ③	10 ②	11 ①	12 ③
13 ⑤	14 ③	15 ③	16 ③	17 ①	18 ③
19 ②	20 ①	21 ③	22 ②	23 ④	24 ②

빈출 주제 38 외국인과 여성 위인 기출회독편 p.231

1 ②	2 ④	3 ④

빈출 주제 39 시대 통합사 기출회독편 p.233

1 ⑤	2 ③	3 ②	4 ④	5 ⑤	6 ③
7 ④	8 ④	9 ②	10 ①	11 ②	12 ②
13 ②	14 ①	15 ①	16 ⑤	17 ④	

해품사 한능검, 기출은 해품사!

한국사능력검정시험
[심화(1·2·3급)]

키워드해설편

시대에듀

시대별 기출회독 600제+기출선지의 특별한 구성

단순한 분류가 아니다!

1 27회분 기출을 총분석한 시대별 빈출 주제&키워드 구성!

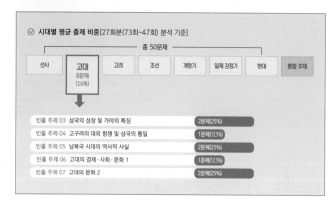

✓ 27회분 기출을 총분석하여 각 시대별 에서 가장 중요한 빈출 주제로만 구성

각 문제는 이 주제에서 가장 많이 출제된 키워드로 구성하였습니다.

문제별 키워드 분류표

문제	키워드		출제 빈도(27회분 中)
1	소수림왕	➡	4번 출제
2	광개토 대왕	➡	2번 출제
3	장수왕	➡	9번 출제
4	근초고왕	➡	5번 출제
5	무령왕	➡	3번 출제
6	성왕	➡	8번 출제
7	무왕	➡	1번 출제
8	지증왕	➡	2번 출제
9	법흥왕	➡	2번 출제

✓ 빈출 주제 내에서도 출제 빈도가 높은 키워드로 구성한 문제!

1. ②   고구려 소수림왕 | 난이도 ●○○

문제 키워드 추출

✓ 불교 수용, 전진에 사신 파견 _ 고구려 소수림왕 때 중국 의 국가 중 전진과 교류하며 승려인 순도를 통해 불교를 공인받음

문제에서 불교를 수용한 고구려 왕을 언급하였으므로 이를 바탕으로 소수림왕을 유추할 수 있습니다. 따라서 태학 설립 이 언급된 2번 선지가 정답입니다!

✓ 문제별 세부 키워드와 난이도 표시
✓ 문제별 키워드 추출을 통한 명쾌한 해설!

반복 또 반복!

2   손쉽게 회독을 도와주는 구성

빈출 주제 01   선사 시대의 생활상

시대별로 기출문제를 풀며 문제유형과 선지에 익숙해지는 것이 풀이의 핵심입니다. 최소 3번 이상 회독하며
[해품사의 추천 회독법]
문제번호 옆 '3회독 Check'에 문제를 풀면서 정확히 알면 'O', 헷갈리면 '△', 아예 모르겠으면 'X'를 표

1. ☐☐☐ 3회독 Check   [53회 1번]   **2.** ☐☐☐

(가) 시대의 생활 모습으로 옳은 것은?   [1점]   (가) 시대의 생활 모습으

PART1 선사 시대   달달회독! 기출 선지 싹 □

[해품사의 추천 회독법]
문제번호 옆 '3회독 Check'에 문제를 풀면서 정확히 알면 'O', 헷갈리면 '△', 아예 모르겠으면 'X'를 표시!

	빈출 주제 01 선사 시대의 생활상	3회독 Check		빈출 주제 01
1	구석기 시대에는 주로 동굴이나 바위 그늘에서 살았다.	☐☐☐	13	고조선은 연의 장수
	구석기 시대에는 주먹도끼 찍개 등이 떼석기를		14	고조선은 사회 질서 를 만들었다.

✓ 문제별 3회독이 가능한
  3회독 Check 표 수록

✓ PART 끝에는 빈출 주제별 중요 기출 선지
  를 모아 다시 한번 3회독!

중요한 건 한 번 데!

3   시대별 빈출 키워드 연표로 완벽한 마무리

✓ PART 앞에 제시된 시대별 빈출 키워
  드 연표를 모아 모아 브로마이드로
  제공합니다! 한눈에 시대 흐름을 파
  악하고 해품사의 흐름강의도 수강하
  세요!

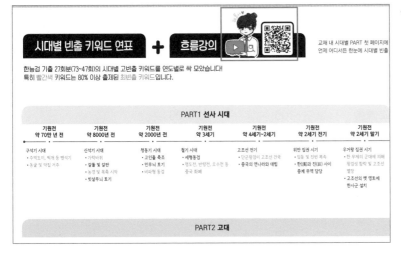

시대별 빈출 키워드 연표   +   흐름강의

한능검 기출 27회분(73~47회)의 시대별 고빈출 키워드를 연도별로 싹 모았습니다!
특히 빨간색 키워드는 80% 이상 출제된 최빈출 키워드입니다.

교재 내 시대별 PART 첫 페이지에
언제 어디서든 한눈에 시대별 빈출

PART1 선사 시대

기원전 약 70만 년 전	기원전 약 8000년 전	기원전 약 2000년 전	기원전 약 3세기	기원전 약 4세기~2세기	기원전 약 2세기 전기	기원전 약 2세기 말기

구석기 시대
• 주먹도끼, 찍개 등 뗀석기
• 동굴 및 막집 거주
	신석기 시대
	• 가락바퀴
	• 갈돌 및 갈판
	• 농경 및 목축 시작
	• 빗살무늬 토기
		청동기 시대
		• 고인돌 축조
		• 민무늬 토기
		• 비파형 동검
			철기 시대
			• 세형동검
			• 명도전, 반량전, 오수전 등
			  중국 화폐
				고조선 전기
				• 단군왕검이 고조선 건국
				• 중국의 연나라와 대립
					위만 집권 시기
					• 임둔 및 진번 복속
					• 한(漢)과 진(辰) 사이
					  중계 무역 담당
						우거왕 집권 시기
						• 한 무제의 군대에 의해
						  왕검성 함락 및 고조선
						  멸망
						• 고조선의 옛 영토에
						  한사군 설치

PART2 고대

[Special 특별제공!]
시대별 빈출 키워드 연표 브로마이드 ·········· 교재 맨 앞
달달회독 기출 선지 싹 모음! PDF ·········· 시대에듀 홈페이지 〉학습자료실

이기고 싶다면,
더 필요한 사람이 되세요. 탓 그만하고.

#가치를높이는것 #결과가근거를만든다

PART 1

선사 시대

각 문제는 이 주제에서 가장 많이
출제된 키워드로 구성하였습니다.

문제별 키워드 분류표

문제	키워드		출제 빈도(27회분 中)
1~2	구석기 시대	➡	9번 출제
3~4	신석기 시대	➡	8번 출제
5~6	청동기 시대	➡	9번 출제

해품사의 키워드 분석팁!

문제 1~2	구석기 시대

구석기 시대는 한능검에서 사실상 첫 문제로 출제되는 선사 시
대 생활상 유형의 범위에서도 가장 이른 시기에 해당합니다. 이
유형은 문제 키워드로 주로 주먹도끼, 찍개 등의 '뗀석기'를 제
시하며, 정답 키워드로 '동굴 및 막집(또는 바위 그늘)에서 거
주'하였다는 사실을 언급할 가능성이 가장 높습니다!

1. ⑤

구석기 시대의 생활상 | 난이도 ●○○

문제 키워드 추출

✓ 뗀석기 _ 구석기 시대의 대표적인 유물

문제에서 찍개, 찌르개 등 뗀석기를 처음 사용하였다는 키워
드가 제시되었으므로, 동굴 및 강가의 막집에서 거주하였다
는 사실을 언급한 5번 선지가 정답입니다!

① 신석기 시대에는 가락바퀴와 뼈바늘을 이용하여 옷이나 그
물을 만들었다.
② 청동기 시대에는 반달 돌칼을 이용하여 곡식을 수확하였다.
③ 청동기 시대에는 계급이 발생하였으며, 지배층의 무덤으로
고인돌을 제작하였다.
④ 초기 철기 시대에는 거푸집을 이용하여 세형동검을 제작하
였다.
⑤ 구석기 시대에는 주변의 동굴 또는 바위 그늘에 거주하거나
막집을 따로 지어 살았다. ★ 대표 선지!

2. ②

구석기 시대의 생활상 | 난이도 ●○○

문제 키워드 추출

✓ 주먹도끼 _ 구석기 시대의 대표적인 유물
✓ 공주 석장리 _ 구석기 시대의 대표적인 유적지

문제에서 주먹도끼라는 도구와 공주 석장리라는 유적지 키
워드가 언급되었으므로, 동굴 및 강가의 막집에서 거주하였
다는 사실을 언급한 2번 선지가 정답입니다!

① 청동기 시대에는 반달 돌칼을 이용하여 곡식을 수확하였다.
② 구석기 시대에는 주변의 동굴 또는 바위 그늘에 거주하거나
막집을 따로 지어 살았다.
③ 철기 시대에는 명도전, 반량전 등 중국 화폐를 사용하여 중
국과 교류하였다.
④ 신석기 시대에는 빗살무늬 토기를 만들어 식량을 저장하
였다.
⑤ 신석기 시대에는 가락바퀴와 뼈바늘을 이용하여 옷이나 그
물을 만들었다.

해품사의 키워드 분석팁!

문제 3~4	신석기 시대

신석기 시대는 선사 시대 생활상 유형의 범위에서 유물 관련 키
워드가 가장 다양하게 언급되는 편입니다. 이 유형은 문제 및
정답 키워드로 '농경 및 목축 생활의 시작', '가락바퀴', '갈돌 및
갈판', '빗살무늬 토기' 등이 주로 언급됩니다!

3. ①

신석기 시대의 생활상 | 난이도 ●○○

문제 키워드 추출

✓ 빗살무늬 토기, 갈돌, 갈판 _ 신석기 시대의 대표적인 유물
✓ 정착 생활과 농경이 시작 _ 신석기 시대의 생활 방식 변화

문제에서 빗살무늬 토기, 갈돌과 갈판이라는 도구, 정착 생활
과 농경이 시작되었다는 생활상 키워드가 언급되었으므로,
가락바퀴를 통해 의류를 제작하였다는 사실을 언급한 1번
선지가 정답입니다!

① 신석기 시대에는 가락바퀴와 뼈바늘을 이용하여 옷이나 그물을 만들었다. ★ 대표 선지!
② 철기 시대에는 명도전, 반량전 등 중국 화폐를 사용하여 중국과 교류하였다.
③ 청동기 시대에는 의례 도구로 청동 거울, 청동 방울 등을 사용하였다.
④ 초기 철기 시대에는 거푸집을 이용하여 세형동검을 제작하였다.
⑤ 청동기 시대에는 계급이 발생하였으며, 지배층의 무덤으로 고인돌을 제작하였다.

4. ② 신석기 시대의 생활상 | 난이도 ●○○

문제 키워드 추출

✓ 이른 민무늬 토기 _ 신석기 시대의 대표적인 토기
✓ 농경과 정착 생활이 시작 _ 신석기 시대의 생활 방식 변화

문제에서 이른 민무늬 토기라는 유물과 농경과 정착 생활이 시작되었다는 생활상 키워드가 언급되었으므로, 가락바퀴를 통해 의류를 제작하였다는 사실을 언급한 2번 선지가 정답입니다!

① 구석기 시대에는 주변의 동굴 또는 바위 그늘에 거주하거나 막집을 따로 지어 살았다.
② 신석기 시대에는 가락바퀴와 뼈바늘을 이용하여 옷이나 그물을 만들었다.
③ 철기 시대에는 명도전, 반량전 등 중국 화폐를 사용하여 중국과 교류하였다.
④ 철기 시대에는 쟁기, 쇠스랑 등 철제 농기구를 사용하여 보다 효율적으로 농사를 지었다.
⑤ 청동기 시대에는 의례 도구로 청동 거울, 청동 방울 등을 사용하였다.

해품사의 키워드 분석팁!

문제 5~6	청동기 시대

청동기 시대는 선사 시대 생활상 유형의 범위에서 사실상 사유 재산 및 계급과 관련된 키워드가 주로 언급된다는 특징이 있습니다. 이 유형은 문제 및 정답 키워드로 '고인돌', '반달 돌칼', '비파형 동검', '민무늬 토기 및 미송리식 토기' 등이 주로 언급됩니다!

5. ① 청동기 시대의 생활상 | 난이도 ●○○

문제 키워드 추출

✓ 사유 재산과 계급이 발생 _ 청동기 시대의 생활 방식 변화
✓ 민무늬 토기, 비파형 동검 _ 청동기 시대의 대표적인 유물
✓ 고인돌 _ 청동기 시대에 조성된 지배층의 무덤

문제에서 사유 재산과 계급이 발생하였다는 생활상 키워드와 민무늬 토기, 비파형 동검이라는 유물이 언급되었으므로, 반달 돌칼을 통해 벼를 수확하였다는 사실을 언급한 1번 선지가 정답입니다!

① 청동기 시대에는 반달 돌칼을 이용하여 곡식을 수확하였다. ★ 대표 선지!
② 구석기 시대에는 주변의 동굴 또는 바위 그늘에 거주하거나 막집을 따로 지어 살았다.
③ 소를 이용한 깊이갈이는 고려 시대에 이르러서야 일반화되었다.
④ 철기 시대에는 쟁기, 쇠스랑 등 철제 농기구를 사용하여 보다 효율적으로 농사를 지었다.
⑤ 신석기 시대에는 가락바퀴와 뼈바늘을 이용하여 옷이나 그물을 만들었다.

6. ③ 청동기 시대의 생활상 | 난이도 ●○○

문제 키워드 추출

✓ 고인돌 _ 청동기 시대에 조성된 지배층의 무덤

문제에서 고인돌이라는 지배층의 무덤이 언급되었으므로, 반달 돌칼을 통해 벼를 수확하였다는 사실을 언급한 3번 선지가 정답입니다!

① 소를 이용한 깊이갈이(우경)에 대한 기록은 신라 지증왕 때 처음으로 등장한다.
② 구석기 시대에는 주변의 동굴 또는 바위 그늘에 거주하거나 막집을 따로 지어 살았다.
③ 청동기 시대에는 반달 돌칼을 이용하여 곡식을 수확하였다.
④ 신석기 시대에는 빗살무늬 토기를 만들어 식량을 저장하였다.
⑤ 구석기 시대에는 주먹도끼, 찍개 등 뗀석기를 제작하여 사용하였다.

각 문제는 이 주제에서 가장 많이
출제된 키워드로 구성하였습니다.

문제별 키워드 분류표

문제	키워드	출제 빈도(27회분 中)
1~3	고조선	➡ 9번 출제
4~5	부여	➡ 8번 출제
6	고구려	➡ 3번 출제
7	옥저	➡ 3번 출제
8	동예	➡ 7번 출제
9	삼한	➡ 7번 출제
10~11	고대 철기 국가 통합형	➡ 6번 출제

해품사의 키워드 분석팁!

문제 1~3	고조선

고조선은 우리나라 최초의 국가로, 한능검에서는 크게 고조선과
관련된 전반적인 사실형 유형 또는 흐름형 유형으로 나눠 출제
합니다. 사실형 유형을 출제할 경우 관직, 제도, 외교 관련 키워
드를 주로 언급하며, 흐름형 유형을 출제할 경우 위만 및 우거왕
이 집권한 시기의 역사적 사실을 구별하는 것이 중요합니다!

1. ⑤   고조선의 역사적 사실 | 난이도 ●●○

문제 키워드 추출

✓ 우거 _ 고조선의 마지막 왕
✓ 상, 장군 _ 고조선의 대표적인 관직

문제에서 우거왕과 상, 장군 등의 관직 키워드를 언급하였으
므로, 진번과 임둔을 복속시켰다는 대외 활동 키워드와 범금
8조라는 사회 제도를 언급한 ㄷ 선지와 ㄹ 선지를 골라야 합
니다!

ㄱ. 백제 무령왕은 지방의 22담로에 왕족을 파견하여 관리하
   였다.
ㄴ. 고구려 고국천왕은 춘대추납 형식의 빈민 구제 제도인 진대
   법을 실시하였다.
ⓒ. 위만이 집권한 당시의 고조선은 한반도 북부의 임둔국과 진
   번국을 복속하여 영토를 확장시켰다.

ⓔ. 고조선에는 사회 질서의 유지를 위해 다양한 범죄에 대한
   형벌을 규정한 범금 8조라는 제도가 존재하였다.
                                              ★ 대표 선지!

2. ⑤   고조선의 역사적 사실 | 난이도 ●●●

문제 키워드 추출

✓ 우거왕 _ 고조선의 마지막 왕
✓ 현도군, 낙랑군 _ 중국의 한 무제가 고조선의 옛 영토에
   설치한 한사군

문제에서 우거왕 및 한사군의 키워드가 언급되었으므로, 고
조선의 대표적인 관직인 상, 대부, 장군 등을 언급한 5번 선
지를 골라야 합니다! 선지에서 고대 철기 국가와 관련된 사
례와 혼동하지 않도록 주의할 필요가 있습니다!

① 고구려는 매년 10월에 동맹이라는 제천 행사를 열었다.
② 삼한은 큰 읍락을 다스리는 군장에게는 신지, 작은 읍락을
   다스리는 군장에게는 읍차라는 칭호를 부여하였다.
③ 부여에는 도둑질한 자에게 12배로 배상하게 하는 풍습인 1
   책 12법이 존재하였다.
④ 동예에는 다른 부족의 영역을 침범할 경우 소나 말로 배상
   하는 풍습인 책화가 존재하였다.
⑤ 고조선에는 왕 아래에 상, 대부, 장군 등의 관직이 존재하
   였다.

3. ②   위만의 업적 | 난이도 ●●●

문제 키워드 추출

✓ (가)도 망명 _ 위만은 고조선으로 망명함
✓ 상투를 틀고 오랑캐의 복장을 함 _ 위만이 망명할 당시의
   모습

문제에서 고조선으로 망명하였다는 사실을 파악하여 위만
을 추론할 수 있습니다. 위만은 정변을 일으켜 준왕을 몰아
내고 왕이 된 이후 진번과 임둔을 복속하고 한(漢)과 진(辰)
사이에서 중계 무역을 담당하였으므로 ㄱ 선지와 ㄷ 선지를
골라야 합니다. 위만 집권 시기와 우거왕 집권 시기를 혼동
하지 않도록 주의해야 합니다!

ㄱ. 위만은 정변을 일으켜 준왕을 몰아내고 왕에 즉위하였다.

ㄴ. 우거왕이 집권한 당시의 고조선은 중국의 한 무제가 파견한 군대에 맞서 싸웠다.

ㄷ. 위만이 집권한 당시의 고조선은 한반도 북부의 임둔국과 진번국을 복속하여 영토를 확장시켰다. ★ 대표 선지!

ㄹ. 고조선 전기에 연의 장수 진개의 공격을 받아 영토를 일시적으로 상실하였다.

해품사의 키워드 분석팁!

| 문제 4~5 | 부여 |

부여는 고대 철기 국가 유형에서 가장 출제율이 높은 국가에 해당됩니다. 특히 한능검에서 부여를 출제할 경우, 제천 행사인 영고와 지방 행정 구역인 사출도를 언급한 사례가 가장 많습니다!

4. ①
부여의 역사적 사실 | 난이도 ●○○

문제 키워드 추출

✓ 사출도 _ 부여의 지방 행정 구역
✓ 순장 _ 부여의 대표적인 장례 풍습

문제에서 쑹화강 유역, 사출도, 순장이 언급되었으므로, 부여의 제천 행사인 영고가 언급된 1번 선지를 골라야 합니다!

① 부여는 매년 12월에 하늘에 제사를 지내고 음주가무를 즐기는 제천 행사인 영고를 열었다.

② 삼한은 큰 읍락을 다스리는 군장에게는 신지, 작은 읍락을 다스리는 군장에게는 읍차라는 칭호를 부여하였다.

③ 삼한에는 제사장인 천군이 다스리는 신성 지역인 소도가 존재하였다.

④ 고구려에는 상가, 사자, 대로, 조의, 선인, 패자 등의 관직이 있었다.

⑤ 동예에는 다른 부족의 영역을 침범할 경우 소나 말로 배상하는 풍습인 책화가 존재하였다.

5. ③
부여의 역사적 사실 | 난이도 ●○○

문제 키워드 추출

✓ 영고 _ 부여의 제천 행사

문제에서 영고가 언급되었으므로, 부여의 지방 행정 구역과 관련된 사출도가 언급된 3번 선지를 골라야 합니다!

① 삼한에는 제사장인 천군이 다스리는 신성 지역인 소도가 존재하였다.

② 옥저에서는 여자의 나이가 열 살이 되기 전 혼인을 약속한 뒤 신랑 집에서 기르다가, 여자가 장성하면 집으로 돌아간 뒤 신랑 집에서 돈을 지불하고 다시 데려와 아내로 삼는 혼인 풍습인 민며느리제가 유행하였다.

③ 부여에는 왕 아래에 가축의 이름을 딴 관직인 마가·우가·저가·구가 등의 가(加)들이 있었으며, 이들은 저마다 따로 지방 관할 구획인 사출도를 다스렸다. ★ 대표 선지!

④ 동예의 특산물로는 단궁(짧은 활), 과하마(키가 작은 조랑말), 반어피(바다가죽 표범)가 유명하였다.

⑤ 고구려에는 상가, 대로, 패자, 사자, 조의, 선인 등의 관직이 있었다.

해품사의 키워드 분석팁!

| 문제 6 | 고구려 |

고구려 전기의 역사적 사실은 다른 고대 철기 국가와 연계하여 출제할 수 있습니다. 그러나 다른 국가에 비해서 출제율은 낮은 편입니다. 고구려 전기의 역사적 사실 유형은 주로 특정 지배층 또는 관직 및 관등 키워드가 언급되거나, 부경, 태학 등 건축물과 교육 기관 관련 사례가 언급될 수 있습니다!

6. ①
고구려의 역사적 사실 | 난이도 ●○○

문제 키워드 추출

✓ 사자, 조의, 선인 _ 고구려의 관직 및 관등
✓ 제가들이 모여 회의 _ 고구려의 귀족 회의인 제가 회의

문제에서 사자, 조의, 선인 등의 관직 및 관등과 제가 회의가 언급되었으므로, 고구려의 창고인 부경이 언급된 1번을 골라야 합니다!

① 고구려에서는 집집마다 부경이라는 창고를 두고 곡식을 저장하였다.

② 부여는 매년 12월에 하늘에 제사를 지내고 음주가무를 즐기는 제천 행사인 영고를 열었다.

③ 옥저에서는 여자의 나이가 열 살이 되기 전 혼인을 약속한 뒤 신랑 집에서 기르다가, 여자가 장성하면 집으로 돌아간 뒤 신랑 집에서 돈을 지불하고 다시 데려와 아내로 삼는 혼인 풍습인 민며느리제가 유행하였다.

④ 동예에는 다른 부족의 영역을 침범할 경우 소나 말로 배상하는 풍습인 책화가 존재하였다.

⑤ 삼한에는 제사장인 천군이 다스리는 신성 지역인 소도가 존재하였다.

해품사의 키워드 분석팁!

문제 7	옥저

옥저는 고구려와 더불어 출제 비율이 높지 않은 대표적인 고대 철기 국가입니다. 특히 옥저와 동예에는 공통적으로 읍군 및 삼로라는 군장이 존재하였으므로 다른 결정적인 키워드로 구별할 필요가 있습니다. 옥저와 관련된 대표적인 키워드로는 가족 공동 묘와 민며느리제가 있습니다!

7. ②   옥저의 역사적 사실 | 난이도 ●○○

문제 키워드 추출

✓ 삼로 _ 옥저 및 동예의 군장
✓ 온 집 식구를 하나의 곽 속에 넣어둠 _ 옥저의 장례 풍습인 가족 공동 묘

문제에서 삼로라는 군장 및 가족 공동 묘가 언급되었으므로, 옥저의 대표적인 혼인 풍습인 민며느리제를 언급한 2번 선지를 골라야 합니다!

① 삼한에는 제사장인 천군이 다스리는 신성 지역인 소도가 존재하였다.
② 옥저에서는 여자의 나이가 열 살이 되기 전 혼인을 약속한 뒤 신랑 집에서 기르다가, 여자가 장성하면 집으로 돌아간 뒤 신랑 집에서 돈을 지불하고 다시 데려와 아내로 삼는 혼인 풍습인 민며느리제가 유행하였다. ★ 대표 선지!
③ 고조선에는 사회 질서의 유지를 위해 다양한 범죄에 대한 형벌을 규정한 범금 8조라는 제도가 존재하였다.
④ 부여에서는 가축의 이름을 딴 마가·우가·저가·구가 등의 관리들이 각자 지방 관할 구획인 사출도를 다스렸다.
⑤ 백제에서는 귀족들이 부여 호암리에 위치한 정사암에 모여 재상 선출 등 국가의 주요 사항을 논의하였다.

해품사의 키워드 분석팁!

문제 8	동예

동예는 고대 철기 국가 중 특산물이 핵심 키워드로 가장 많이 언급되는 국가입니다. 특히 옥저와 동예에는 공통적으로 읍군 및 삼로라는 군장이 존재하였으므로 다른 결정적인 키워드로 구별할 필요가 있습니다. 동예와 관련된 대표적인 키워드로는 제천 행사인 무천과 풍습인 책화가 있습니다!

문제 키워드 추출

✓ 읍군, 삼로 _ 옥저 및 동예의 군장
✓ 단궁, 과하마, 반어피 _ 동예의 대표 특산물
✓ 책화 _ 동예의 풍습

문제에서 단궁, 과하마, 반어피라는 특산물과 책화라는 풍습이 언급되었으므로, 무천이라는 동예의 제천 행사를 언급한 4번이 정답입니다!

① 삼한에는 제사장인 천군이 다스리는 신성 지역인 소도가 존재하였다.
② 포상 8국의 난은 경상남도 해안 지방에 위치한 8개의 소국이 가야를 공격한 사건이다.
③ 김알지 설화는 신라 경주 김씨의 시조인 김알지와 관련된 설화이다.
④ 동예에서는 매년 10월에 밤낮없이 술을 마시며 노래를 부르는 제천 행사인 무천을 열었다. ★ 대표 선지!
⑤ 부여에서는 가축의 이름을 딴 마가·우가·저가·구가 등의 관리들이 각자 지방 관할 구획인 사출도를 다스렸다.

해품사의 키워드 분석팁!

문제 9	삼한

삼한은 고대 철기 국가 중 유일하게 제정 분리 사회를 유지한 국가입니다. 그러므로 신성 지역인 소도와 제사장인 천군이 자주 언급됩니다. 이 외에도 삼한과 관련된 대표적인 키워드로는 계절제(5월 및 10월 개최)와 신지 및 읍차 등의 지배자가 있습니다!

9. ①   삼한의 역사적 사실 | 난이도 ●○○

문제 키워드 추출

✓ 5월과 10월에 제천 행사를 지냄 _ 삼한의 계절제
✓ 신지, 읍차 _ 삼한의 지배자

문제에서 5월과 10월에 지낸 계절제와 신지, 읍차 등의 지배자가 언급되었으므로, 삼한의 신성 지역인 소도가 언급된 1번을 골라야 합니다!

① 삼한에는 제사장인 천군이 다스리는 신성 지역인 소도가 존재하였다. ★ 대표 선지!

② 고조선 전기에 연의 장수 진개의 공격을 받아 영토를 일시적으로 상실하였다.

③ 옥저에서는 여자의 나이가 열 살이 되기 전에 혼인을 약속한 뒤 신랑 집에서 기르다가, 여자가 장성하면 집으로 돌아간 뒤 신랑 집에서 돈을 지불하고 다시 데려와 아내로 삼는 혼인 풍습인 민며느리제가 유행하였다.

④ 부여에서는 가축의 이름을 딴 마가·우가·저가·구가 등의 관리들이 각자 지방 관할 구획인 사출도를 다스렸다.

⑤ 동예의 특산물로는 단궁(짧은 활), 과하마(키가 작은 조랑말), 반어피(바다가죽 표범)가 유명하였다.

해품사의 키워드 분석팁!

문제 10~11	고대 철기 국가 통합형

한능검에서 고대 철기 국가 유형을 어렵게 출제하기 위해 종종 두 개 이상의 국가를 동시에 연계하여 출제하는 경향이 확인됩니다. 단, 이와 같이 출제되더라도 기본적으로 언급되는 키워드가 다르지는 않기 때문에 핵심에 집중하는 것이 중요합니다.

10. ②　　옥저와 삼한의 역사적 사실 | 난이도 ●●○

문제 키워드 추출

✓ (가) 여자의 나이가 열 살이 되기 전에 혼인을 약속하고, 신랑 집에서 맞이하여 장성할 때까지 기름 _ 옥저의 민며느리제

✓ (나) 신지, 읍차 _ 삼한의 지배층

① 삼한에는 제사장인 천군이 다스리는 신성 지역인 소도가 존재하였다.

② 옥저와 동예는 왕이 따로 존재하지 않기 때문에 각자 마을 단위의 지배자에게 읍군 또는 삼로라는 칭호를 부여하였다.

③ 부여에서는 가축의 이름을 딴 마가·우가·저가·구가 등의 관리들이 각자 지방 관할 구획인 사출도를 다스렸다.

④ 동예의 특산물로는 단궁(짧은 활), 과하마(키가 작은 조랑말), 반어피(바다가죽 표범)가 유명하였다.

⑤ 우거왕이 집권한 당시의 고조선은 중국의 한 무제가 파견한 군대에 맞서 싸웠으나 지배층의 내분으로 멸망하였다.

11. ④　　고대 철기 국가의 제천 행사 | 난이도 ●●○

ㄱ. 동예는 매년 10월에 밤낮없이 술을 마시며 노래를 부르는 제천 행사인 무천을 열었다.

ㄴ. 고구려는 매년 10월에 동맹이라는 제천 행사를 즐겼다.

ㄷ. 부여는 매년 12월에 하늘에 제사를 지내고 음주가무를 즐기는 제천 행사인 영고를 열었다.

ㄹ. 삼한은 매년 5월에 풍년을 기원하기 위한 목적으로 제사를 지내고, 매년 10월에는 한 해의 농사 결과에 감사하는 목적으로 제사를 지냈다(계절제).

1. ③   청동기 시대의 생활상 | 난이도 ●○○

문제 키워드 추출

✓ 사유 재산과 계급이 발생 _ 청동기 시대의 생활 방식 변화
✓ 문제에 제시된 사진 _ 청동기 시대의 무기인 비파형 동검

문제에서 사유 재산과 계급이 발생하였다는 생활상 키워드 및 비파형 동검이라는 유물 사진이 제시되었으므로, 지배층의 무덤으로 고인돌 축조를 언급한 3번 선지가 정답입니다. 최근 기출 경향에서는 유물의 사진만 보고서도 각 선사 시대의 생활상을 정확히 파악하는 것이 필수적입니다!

① 철기 시대 이후부터 철로 제작한 칼, 창, 화살촉 등을 활용하여 정복 활동이 이루어졌다.
② 철기 시대에는 명도전, 반량전 등 중국 화폐를 사용하여 중국과 교류하였다.
③ 청동기 시대에는 계급이 발생하였으며, 지배층의 무덤으로 고인돌을 제작하였다.
④ 구석기 시대에는 주변의 동굴 또는 바위 그늘에 거주하거나 막집을 따로 지어 살았다.
⑤ 신석기 시대에는 가락바퀴와 뼈바늘을 이용하여 옷이나 그물을 만들었다.

2. ③   고조선의 역사적 사실 | 난이도 ●○○

문제 키워드 추출

✓ 한 무제의 침략에 맞서 싸움 _ 고조선은 말기에 중국 한 무제가 이끄는 군대의 침략을 받았음
✓ 상, 대부, 장군 등의 관직 _ 고조선의 대표 관직
✓ 범금 8조 _ 고조선의 법률

문제에서 상, 대부, 장군 등의 관직과 범금 8조라는 법률이 언급되었으므로, 고조선의 수도인 왕검성이 언급된 3번이 정답입니다. 최근 기출 경향에서는 이전보다 고조선과 관련된 다양한 키워드를 암기해야 수월하게 문제 풀이가 가능합니다!

① 임신서기석은 신라의 두 화랑이 유교 경전 학습을 맹세한 내용을 담은 비석이다.
② 칠지도는 백제와 일본의 교류를 보여 주는 유물이다.
③ 왕검성은 고조선의 수도로, 이곳에서 우거왕은 한 무제의 군대에 맞서 항전하였다.
④ 고구려는 매년 10월에 동맹이라는 제천 행사를 열었다.
⑤ 화백 회의는 신라의 귀족 회의로, 이 회의에서 국가의 중요한 일을 의논하였다.

3. ③   동예와 삼한의 역사적 사실 | 난이도 ●●○

문제 키워드 추출

✓ (가) 무천 _ 동예의 제천 행사
✓ (나) 해마다 5월이면 씨뿌리기를 마치고 귀신에게 제사를 지냄 _ 삼한의 계절제
✓ (나) 천군 _ 삼한의 제사장

(가)는 무천이라는 제천 행사를 통해 동예임을 추론할 수 있고, (나)는 제천 행사인 계절제와 제사장인 천군을 통해 삼한을 추론할 수 있습니다. 최근 기출 경향에서는 고대 철기 국가를 출제할 때 두 국가 이상을 동시에 파악하는 유형의 출제 비중이 증가하였습니다!

ㄱ. 옥저에서는 여자의 나이가 열 살이 되기 전 혼인을 약속한 뒤 신랑 집에서 기르다가, 여자가 장성하면 집으로 돌아간 뒤 신랑 집에서 돈을 지불하고 다시 데려와 아내로 삼는 혼인 풍습인 민며느리제가 유행하였다.
ㄴ. 동예에는 다른 부족의 영역을 침범할 경우 소나 말로 배상하는 풍습인 책화가 존재하였다.
ㄷ. 삼한은 큰 읍락을 다스리는 군상에게는 신지, 작은 읍락을 다스리는 군장에게는 읍차라는 칭호를 부여하였다.
ㄹ. 부여에서는 가축의 이름을 딴 마가·우가·저가·구가 등의 관리들이 각자 지방 관할 구획인 사출도를 다스렸다.

4. ③   동예의 역사적 사실 | 난이도 ●○○

문제 키워드 추출

✓ 단궁, 과하마, 반어피 _ 동예의 대표 특산물

문제에서 단궁, 과하마, 반어피라는 특산물이 언급되었으므로, 동예와 관련된 제천 행사인 무천이 언급된 3번이 정답입니다. 최근 기출 경향에서는 고대 철기 국가를 출제할 때 두 국가 이상을 동시에 제시하기도 합니다!

① 삼한은 큰 읍락을 다스리는 군장에게는 신지, 작은 읍락을 다스리는 군장에게는 읍차라는 칭호를 부여하였다.
② 옥저에서는 혼인 풍습인 민며느리제가 유행하였다.
③ 동예는 매년 10월에 밤낮없이 술을 마시며 노래를 부르는 제천 행사인 무천을 열었다.
④ 부여에서는 가축의 이름을 딴 마가·우가·저가·구가 등의 관리들이 각자 지방 관할 구획인 사출도를 다스렸다.
⑤ 고구려에서는 제가 회의에서 나라의 중대사를 결정하였다.

PART **2** 고대

각 문제는 이 주제에서 가장 많이
출제된 키워드로 구성하였습니다.

문제별 키워드 분류표

문제	키워드		출제 빈도(27회분 中)
1	소수림왕	➡	4번 출제
2	광개토 대왕	➡	2번 출제
3	장수왕	➡	9번 출제
4	근초고왕	➡	5번 출제
5	무령왕	➡	3번 출제
6	성왕	➡	8번 출제
7	무왕	➡	1번 출제
8	지증왕	➡	2번 출제
9	법흥왕	➡	2번 출제
10	진흥왕	➡	4번 출제
11	문무왕	➡	1번 출제
12~14	삼국의 대립	➡	8번 출제
15~17	가야	➡	9번 출제

해품사의 키워드 분석팁!

문제 1	소수림왕

소수림왕은 고구려의 본격적인 성장을 이끈 왕으로서 출제율이 높은 편입니다. 소수림왕에 대한 문제 및 정답 키워드로는 '불교 수용', '태학 설립', '율령 반포' 등이 주로 제시됩니다. 이를 쉽게 암기하기 위해 국가의 부흥을 위해 몸을 열심히 불태웠다고 연상하는 것을 권장합니다.

1. ②　　　　고구려 소수림왕 | 난이도 ●○○

문제 키워드 추출

✔ 불교 수용, 전진에 사신 파견 _ 고구려 소수림왕 때 중국의 국가 중 전진과 교류하며 승려인 순도를 통해 불교를 공인받음

문제에서 불교를 수용한 고구려 왕을 언급하였으므로 이를 바탕으로 소수림왕을 유추할 수 있습니다. 따라서 태학 설립이 언급된 2번 선지가 정답입니다!

① 고구려 장수왕은 남진 정책을 추진하기 위해 평양으로 천도하였다.
②고구려 소수림왕 때 국립 교육 기관인 태학을 설립하여 인재를 양성하였다. ★ 대표 선지!
③ 고구려 미천왕 때 요동 지역에 위치한 서안평을 점령하고, 한사군 중 하나인 낙랑군을 축출하였다.
④ 연가는 고구려 안원왕 때 사용된 연호로 추정하고 있다.
⑤ 고구려 광개토 대왕은 신라 내물왕의 요청으로 신라에 침입한 왜를 격퇴하였다.

해품사의 키워드 분석팁!

문제 2	광개토 대왕

광개토 대왕은 소수림왕 이후에 고구려의 발전을 이끈 대표적인 왕으로, 주로 '군대 파견을 통한 신라 내물왕 구원' 및 '영락 연호 사용'을 빈출 키워드로 언급합니다!

2. ①　　　　고구려 광개토 대왕 | 난이도 ●○○

문제 키워드 추출

✔ 신라에 침입한 왜를 격퇴함 _ 고구려 광개토 대왕 때 외교 활동 사례
✔ 후연을 공격함 _ 고구려 광개토 대왕 때 중국의 5호 16국 중 하나를 정벌한 사례

문제에서 신라에 침입한 왜 격퇴 및 후연 격파가 언급되었으므로, 광개토 대왕이 사용한 우리나라 최초의 연호가 언급된 1번 선지가 정답입니다!

①고구려 광개토 대왕은 우리나라 역사상 최초로 독자적인 연호인 영락을 사용하였다. ★ 대표 선지!
② 고구려 소수림왕 때 국립 교육 기관인 태학을 설립하여 인재를 양성하였다.
③ 고구려 미천왕 때 요동 지역에 위치한 서안평을 점령하고, 한사군 중 하나인 낙랑군을 축출하였다.
④ 고구려 고국천왕 때 흉년 또는 춘궁기에 곡식을 빌려주고 가을에 갚는 방식의 빈민 구제 제도인 진대법을 실시하였다.
⑤ 고구려 영류왕 때 당의 침략에 대비하기 위해 부여성~비사성에 이르는 천리장성 축조를 시작하였다(보장왕 때 완성).

문제 3	장수왕

장수왕은 고구려의 전성기를 이끈 왕으로, 고구려의 왕 중에서 출제율이 가장 높습니다. 장수왕에 대한 문제 및 정답 키워드로는 '평양 천도', '한성 함락 및 백제 개로왕 전사' 등이 주로 제시됩니다. 특히 장수왕 관련 고난도 유형을 출제할 때 평양 천도 → 나·제 동맹 최초 체결 → 한성 함락 및 백제 개로왕 전사 → 나·제 결혼 동맹 흐름을 연계할 수 있습니다.

3. ④ 고구려 장수왕 | 난이도 ●●○

문제 키워드 추출

- ✓ 거련 _ 고구려 장수왕의 이름
- ✓ 도읍을 국내성에서 평양으로 옮김 _ 고구려 장수왕의 평양 천도

문제에서 거련 및 평양 천도가 언급되었으므로, 장수왕이 추진한 남진 정책의 일환인 한성 함락 및 개로왕의 전사가 언급된 4번 선지가 정답입니다!

---

① 고구려 영양왕 때 을지문덕은 중국의 수 양제가 파견한 군대를 살수에서 물리쳤다(살수 대첩).
② 고구려 미천왕 때 요동 지역에 위치한 서안평을 점령하고, 한사군 중 하나인 낙랑군을 축출하였다.
③ 고구려 소수림왕 때 중국의 5호 16국 중 하나인 전진이 사신과 승려 순도를 파견하여 불상과 경전을 전달하였다.
④ 고구려 장수왕은 남진 정책의 일환으로 백제의 한성을 공격한 뒤 개로왕을 전사시켰다. ★ 대표 선지!
⑤ 고구려 영류왕 때 당의 침략에 대비하기 위해 부여성~비사성에 이르는 천리장성 축조를 시작하였다(보장왕 때 완성).

문제 4	근초고왕

근초고왕은 백제의 전성기를 이끈 왕으로서, 평양성 공격 및 고구려 고국원왕 전사 관련 사료가 자주 언급됩니다. 이 왕의 경우 직접적인 왕 업적 유형보다는 다른 왕의 업적 사례를 연계하여 흐름형 유형으로 제시될 가능성이 높습니다.

4. ③ 백제 근초고왕의 평양성 공격 | 난이도 ●●○

문제 키워드 추출

문제에 제시된 사건(백제 13대 근초고왕, 평양성 공격 및 고구려 고국원왕의 전사, 371)
✓ 고구려를 침범하여 평양성 공격, 고구려왕 죽음 _ 백제 근초고왕의 평양성 공격에 의해 고구려의 고국원왕이 사망함

① 고구려 유리왕은 1세기에 국내성으로 천도하였다.(이전)
② 고구려 미천왕 때인 313년에 한사군 중 하나인 낙랑군을 축출하였다.(이전)
③ 고구려 소수림왕은 고국원왕 이후에 즉위하여 불교 공인, 율령 반포, 태학 설립 등 국가를 정비하였다.(이후)
④ 고구려 고국천왕 때인 2세기에 흉년 또는 춘궁기에 곡식을 빌려주고 가을에 갚는 방식의 빈민 구제 제도인 진대법을 실시하였다.(이전)
⑤ 고구려 동천왕 때인 3세기에 위나라 관구검의 공격을 받아 환도산성이 함락되었다.(이전)

문제 5	무령왕

무령왕은 백제의 수도가 웅진일 때 활동한 대표적인 왕으로서, 문제 및 정답 키워드로 '무령왕릉', '22담로에 왕족 파견' 등이 주로 제시됩니다. 특히 최근 기출 경향에서는 무령왕릉과 연계된 역사적 사실인 중국 남조의 양나라와 교류하였다는 사실이 주로 언급됩니다.

5. ② 백제 무령왕 | 난이도 ●○○

문제 키워드 추출

- ✓ 22담로에 왕족을 파견함 _ 백제 무령왕 때 시행한 대표적인 정책
- ✓ 피장자와 축조 연대가 확인된 유일한 백제 왕릉 _ 무령왕릉의 의의

22담로에 왕족이 파견되었다는 사실과 무령왕릉의 의의가 언급되었으므로, 무령왕릉의 양식에 영향을 준 중국 남조의 양나라와 교류하였다는 사실이 언급된 2번이 정답입니다!

---

① 백제 무왕은 전라북도 익산에 미륵사를 창건하였다.
② 백제 무령왕의 무덤인 무령왕릉은 중국 남조 양나라의 영향을 받아 벽돌무덤 양식으로 축조되었다. ★ 대표 선지!
③ 백제 근초고왕은 고흥으로 하여금 역사서인 『서기』를 편찬하게 하였다.
④ 백제 침류왕 때 중국의 동진에서 온 승려인 마라난타를 통해 불교를 수용하였다.
⑤ 백제 성왕은 백제의 중흥을 위해 수도를 웅진에서 사비로 옮기고 국호를 남부여로 개칭하였다.

해품사의 키워드 분석팁!

문제 6	성왕

성왕은 백제의 수도가 사비일 때 활동한 대표적인 왕으로서, 백제의 왕 중에서 출제율이 가장 높습니다. 성왕과 관련된 문제 및 정답 키워드로는 주로 '사비 천도 및 남부여 국호 사용', '한강 하류 지역 일시적 회복', '관산성 전투에서 전사함' 등이 언급됩니다. 특히 관산성 인근 지역인 구천(狗川)이 언급될 가능성이 높습니다.

6. ⑤   백제 성왕 | 난이도 ●●○

문제 키워드 추출

✔ 관산성에서 전사 _ 백제 성왕의 사망 과정

백제 성왕이 사망하게 된 과정과 관련된 관산성 전투를 언급하였으므로, 백제 성왕 때 신라 진흥왕과 연합하여 한강 하류 지역을 일시적으로 회복한 사실을 언급한 5번이 정답입니다!

① 백제 무왕은 전라북도 익산에 미륵사를 창건하였다.
② 백제 침류왕 때 중국의 동진에서 온 승려인 마라난타를 통해 불교를 수용하였다.
③ 백제 의자왕은 윤충이라는 장수를 보내 신라의 대야성을 함락시켰으며, 이때 김춘추의 가족들이 살해되었다.
④ 백제 근초고왕은 고흥으로 하여금 역사서인 『서기』를 편찬하게 하였다.
⑤ 백제 성왕은 신라 진흥왕과 연합하여 고구려를 공격한 뒤, 일시적으로 한강 하류 지역을 회복하였다. ★ 대표 선지!

해품사의 키워드 분석팁!

문제 7	무왕

무왕은 백제 말기에 재위한 대표적인 왕으로, 직접적인 출제율은 높지 않으나 익산에 미륵사를 창건하였다는 선지가 기출에서 자주 언급됩니다.

7. ①   백제 무왕 때 삼국의 상황 | 난이도 ●●●

문제 키워드 추출

✔ 미륵사 창건 _ 백제 무왕 때 익산에 건립된 사찰

백제 무왕(600~641)은 7세기에 재위한 왕이기 때문에, 비슷한 시기에 재위한 고구려 영양왕과 관련된 사실을 언급한 1번 선지가 정답입니다. 특히 3번 선지의 경우 아들인 의자왕이라는 키워드를 통해 이후 시기의 사례로 유추하여 소거할 필요가 있습니다!

① 고구려 영양왕 때 을지문덕이 살수에서 수 양제의 대군을 물리쳤다(살수 대첩, 612).
② 백제 근초고왕은 4세기에 고흥으로 하여금 역사서인 『서기』를 편찬하게 하였다.(이전)
③ 백제의 계백은 660년에 논산 지역의 황산벌에서 나·당 연합군에 맞서 항전하다가 끝내 사망하였다.(이후)
④ 신라 지증왕 때인 6세기에 이사부를 파견하여 현재의 울릉도인 우산국을 신라의 영토로 복속하였다.(이전)
⑤ 신라 문무왕 때 매소성 전투(675) 및 기벌포 전투(676)를 통해 나·당 전쟁에서 승리하였다.(이후)

해품사의 키워드 분석팁!

문제 8	지증왕

지증왕은 신라의 본격적인 성장을 이끈 왕으로서, 문제 및 정답 키워드로는 주로 '동시전 설치', '신라 국호 및 왕 호칭 사용', '이사부의 우산국 정벌' 등이 언급됩니다.

8. ② 신라 지증왕 | 난이도 ●●○

문제 키워드 추출

✔ 신(新)은 '덕업이 날로 새로워진다', 라(羅)는 '사방(四方)을 망라한다' _ 신라 지증왕 때 국호를 정비한 사례
✔ 신라국왕 _ 신라 지증왕 때 왕이라는 호칭을 최초로 사용함

문제에서 신라 국호와 왕 호칭을 사용하였다고 언급되었으므로, 신라 지증왕 때의 대외 정벌 사례인 이사부의 우산국 정벌을 언급한 2번 선지가 정답입니다!

① 신라 법흥왕 때 군사에 대한 사무를 관장하는 관청인 병부 및 최고 관등인 상대등을 설치하였다.
② 신라 지증왕 때 이사부를 파견하여 현재의 울릉도인 우산국을 신라의 영토로 복속하였다. ★ 대표 선지!
③ 신라 진흥왕 때 이사부와 사다함을 파견하여 대가야를 정복하였다.
④ 통일 신라 신문왕 때 국립 교육 기관인 국학이 설립되었다.
⑤ 신라 선덕 여왕 때 자장이 나라를 지키기 위한 목적으로 황룡사 9층 목탑의 건립을 건의하였다.

해품사의 키워드 분석팁!

문제 9	법흥왕

법흥왕은 신라의 여러 제도를 정비한 대표적인 왕으로서, 문제 및 정답 키워드로는 주로 '건원 연호 사용', '골품제 정비 및 상대등 설치', '병부 설치', '이차돈의 순교를 계기로 불교 공인' 등이 언급됩니다.

9. ③ 신라 법흥왕 | 난이도 ●●○

문제 키워드 추출

✔ 병부를 설치함 _ 신라 법흥왕 때 설치된 군사 업무 담당 관청
✔ 율령을 반포함 _ 신라 법흥왕 때 법을 정비한 사례

문제에서 병부 설치와 율령 반포가 언급되었으므로, 신라 법흥왕이 재위할 당시 이차돈의 순교를 계기로 불교를 공인한 사실을 언급한 3번 선지가 정답입니다!

① 신라 지증왕 때 이사부를 파견하여 현재의 울릉도인 우산국을 신라의 영토로 복속하였다.
② 통일 신라 신문왕 때 귀족들에게 관료전을 지급하고 기존의 귀족들의 경제 기반이었던 녹읍을 폐지하였다.
③ 신라 법흥왕 때 이차돈의 순교를 계기로 불교가 공인되었다. ★ 대표 선지!
④ 통일 신라 원성왕 때 유교 경전의 독해 능력에 따라 3등급으로 나눠 관리를 선발하는 제도인 독서삼품과를 시행하였다.
⑤ 신라 진흥왕 때 거칠부에게 명령하여 역사서인 『국사』를 편찬하였다.

해품사의 키워드 분석팁!

문제 10	진흥왕

진흥왕은 신라의 전성기를 이끈 왕으로서, 신라의 왕 중에서 출제율이 가장 높습니다. 진흥왕에 대한 문제 및 정답 키워드로는 주로 '거칠부의 『국사』 편찬', '순수비 건립', '대가야 정복', '화랑도 정비' 등이 언급됩니다. 특히 진흥왕 때 건립된 황룡사와 선덕 여왕 때 건립된 황룡사 9층 목탑을 혼동하지 않도록 주의할 필요가 있습니다.

10. ③ 신라 진흥왕 | 난이도 ●○○

문제 키워드 추출

✔ 거칠부의 국사 편찬 _ 신라 진흥왕 때 편찬된 역사서
✔ 황룡사 완공 _ 신라 진흥왕 때 건립된 사찰

문제에서 거칠부의 『국사』 편찬과 황룡사 완공이 언급되었으므로, 신라 진흥왕이 영토를 확장하며 자신이 새로 획득한 영토에 다양한 순수비를 세웠다는 사실을 언급한 3번이 정답입니다!

① 통일 신라 경덕왕 때 불교 관련 문화유산인 불국사와 석굴암이 건립되었으며, 특히 불국사 내부에는 불국사 삼층 석탑(석가탑)이 건립되었다.
② 신라 선덕 여왕 때 천체 관측을 목적으로 첨성대를 건립하였다.
③ 신라 진흥왕 때 영토 확장 정책을 시행한 결과 서울의 북한산 순수비를 비롯하여 자신이 정복한 지역에 다양한 순수비를 건립하였다. ★ 대표 선지!
④ 신라 법흥왕 때 금관가야의 마지막 왕족인 김구해가 신라에 항복하면서 금관가야는 멸망하였다.
⑤ 신라 지증왕 때 기존의 시장을 개편하여 동시를 개설한 뒤, 이를 감독하는 관청인 동시전을 설치하였다.

문제 11	문무왕

문무왕은 삼국을 통일한 신라의 왕으로, 왕 업적 유형보다는 삼국의 통일 과정 유형에서 언급될 가능성이 더욱 높습니다.

11. ②
신라 문무왕 | 난이도 ●●○

문제 키워드 추출

✓ 감은사지 _ 문무왕의 업적을 기리기 위해 아들인 신문왕이 건립한 사찰의 터
✓ 대왕암 _ 신라 문무왕의 무덤

문제에서 감은사지와 대왕암이 언급되었으므로, 문무왕 때 지방관을 감찰하기 위한 목적으로 파견된 외사정을 언급한 2번 선지가 정답입니다!

① 신라 진흥왕 때 청소년 수양단체인 화랑도를 국가 조직으로 개편하였다. 이들은 삼국 통일의 주역으로 활동하였다.
②신라 문무왕은 지방에 대한 감찰 및 행정에 대한 통제를 위해 지방에 일종의 외관직인 외사정을 파견하였다.
★ 대표 선지
③ 신라 법흥왕 때 이차돈의 순교를 계기로 불교가 공인되었다.
④ 통일 신라 원성왕 때 유교 경전의 독해 능력에 따라 3등급으로 나눠 관리를 선발하는 제도인 독서삼품과를 시행하였다.
⑤ 신라 선덕 여왕 때 자장의 건의에 따라 황룡사 9층 목탑을 건립하였다.

문제 12~14	삼국의 대립

삼국의 성장 유형을 어렵게 출제할 경우, 단독 왕 업적 유형이 아닌 삼국의 대립 사례를 파악하는 흐름형 유형을 제시합니다. 이때 삼국의 대표 왕의 재위 시기 또는 대립한 전투 사례를 정확히 기억할 필요가 있습니다.

12. ②
나·제 결혼 동맹 | 난이도 ●●●

문제 키워드 추출

문제에 제시된 사건(백제 24대 동성왕 및 신라 21대 소지왕, 나·제 결혼 동맹, 493)
✓ 백제의 동성왕이 혼인을 청함, 이벌찬 비지의 딸을 보냄 _ 백제의 동성왕은 신라 귀족의 딸과 결혼하여 동맹을 강화함

장수왕의 한성 함락과 백제 개로왕 살해 이후 백제와 신라는 결혼 동맹을 채결하였기 때문에, 이와 관련된 흐름을 연결할 수 있는 2번 선지가 정답입니다!

① 신라 법흥왕 때인 532년에 금관가야의 마지막 왕족인 김구해가 신라에 항복하였다.(이후)
②신라 장수왕 때인 475년에 백제의 한성을 공격하여 함락시킨 뒤 백제의 개로왕을 전사시켰다.
③ 신라의 김유신은 선덕 여왕 때인 647년에 여성이 왕이 된 것에 불만을 품고 반란을 주도한 비담과 염종의 난을 진압하였다.(이후)
④ 고구려 영양왕 때인 590년에 온달을 보내 신라의 아차산성을 공격하였다.(이후)
⑤ 신라 진덕여왕 때인 648년에 김춘추가 당나라로 넘어가 당태종과 군사 동맹을 성사시켰다.(이후)

13. ⑤
나·제 결혼 동맹과 관산성 전투 | 난이도 ●●○

문제 키워드 추출

(가) 사건(백제 24대 동성왕 및 신라 21대 소지왕, 나·제 결혼 동맹, 493)
✓ 백제왕 모대가 혼인을 청함, 신라 왕은 이벌찬 비지의 딸을 보냄 _ 백제의 동성왕은 신라 귀족의 딸과 결혼하여 동맹을 강화함

(나) 사건(백제 26대 성왕, 관산성 전투, 554)
✓ 왕이 직접 구천(狗川)에 이름, 신라 복병과 싸우다 살해됨, 시호를 성(聖)이라 함 _ 백제 성왕은 관산성 전투에서 신라의 군대에 의해 사망함

백제 성왕은 진흥왕의 배신으로 인해 기존에 수복한 한강 하류 지역을 빼앗겼으며, 이를 복수하기 위한 목적으로 관산성을 습격하였기 때문에, 이와 관련된 흐름을 연계한 5번 선지가 정답입니다!

① 고구려 미천왕 때인 313년에 한사군 중 하나인 낙랑군을 축출하였다.(이전)

② 백제 침류왕 때인 384년에 중국의 동진에서 온 승려인 마라난타를 통해 불교를 수용하였다.(이전)

③ 고구려 광개토 대왕은 400년에 신라 내물왕의 요청으로 신라에 침입한 왜를 격퇴하였다.(이전)

④ 고구려 태조왕 때인 1세기에 동옥저를 복속시켰다.(이전)

⑤ 백제 성왕은 신라 진흥왕과 연합하여 고구려를 공격한 뒤, 일시적으로 한강 하류 지역을 회복하였다.

14. ④　　삼국의 대립 과정 | 난이도 ●●●

문제 키워드 추출

(가) 사건(고구려 26대 영양왕, 아차산성 전투, 590)
✓ 온달 _ 고구려 영양왕 때 신라의 아차산성을 공격한 장수

(나) 사건(백제 13대 근초고왕, 평양성 공격 및 고구려 고국원왕 전사, 371)
✓ 백제 왕이 평양성을 공격, 왕이 화살에 맞아 서거함 _ 백제 근초고왕의 평양성 공격에 의해 고구려의 고국원왕이 사망함

(다) 사건(고구려 20대 장수왕, 한성 함락 및 백제 개로왕 사망, 475)
✓ 왕이 백제를 침략하여 한성을 함락함, 백제 왕 부여경을 죽임 _ 고구려 장수왕의 한성 함락 이후 백제 개로왕이 사망함

삼국의 대립 과정은 백제 근초고왕의 평양성 공격(나-371) → 고구려 장수왕의 한성 함락(다-475) → 고구려 온달의 아차산성 공격(가-590) 순으로 발생하였습니다.

해품사의 키워드 분석팁!

문제 15~17	가야

가야는 고대 단원에서 단독 국가 유형으로 자주 출제됩니다. 가야와 관련된 대표적인 키워드로는 '김수로왕', '철의 생산량이 높음(덩이쇠 화폐 사용)', '김해 대성동 및 고령 지산동 고분', '신라에 의해 멸망' 등이 있습니다.

15. ⑤　　금관가야 | 난이도 ●○○

문제 키워드 추출

✓ 김해 대성동 고분 _ 금관가야와 관련된 대표적인 고분
✓ 김수로왕 _ 금관가야를 건국한 왕

문제에서 김해 대성동 고분과 김수로왕이 언급되었으므로, 가야의 철 생산량과 관련된 사례를 언급한 5번이 정답입니다!

① 신라는 골품에 따라 개인의 사회 활동과 정치 활동의 범위를 엄격히 제한하였다.

② 신라는 진골 귀족으로 구성된 귀족 회의인 화백 회의를 만장일치제로 운영하였다.

③ 부여에서는 가축의 이름을 딴 마가·우가·저가·구가 등의 관리들이 각자 지방 관할 구획인 사출도를 다스렸다.

④ 신라 초기에는 박, 석, 김의 3성이 교대로 왕위를 계승하였다.

⑤ 가야는 철을 많이 생산하였기 때문에 덩이쇠를 화폐로 사용하였으며, 낙랑 및 왜 등 주변 국가에 철을 수출하기도 하였다. ★ 대표 선지!

16. ①　　금관가야 | 난이도 ●●○

문제 키워드 추출

✓ 수로왕릉 _ 금관가야를 건국한 김수로왕의 무덤
✓ 대성동 고분군 _ 금관가야와 관련된 대표적인 고분

문제에서 수로왕릉과 김해 대성동 고분군이 언급되었으므로, 가야가 가공한 철(덩이쇠)을 화폐로 사용하였다는 사례를 언급한 1번이 정답입니다!

① 가야는 철을 많이 생산하였기 때문에 덩이쇠를 화폐로 사용하였으며, 낙랑 및 왜 등 주변 국가에 철을 수출하기도 하였다.

② 고조선은 중국 한 무제의 공격으로 멸망하였으며, 이후 고조선의 옛 영토에는 한사군이 설치되었다.

③ 옥저에서는 여자의 나이가 열 살이 되기 전 혼인을 약속한 뒤 신랑 집에서 기르다가, 여자가 장성하면 집으로 돌아간 뒤 신랑 집에서 돈을 지불하고 다시 데려와 아내로 삼는 혼인 풍습인 민며느리제가 유행하였다.

④ 신라는 골품에 따라 개인의 사회 활동과 정치 활동의 범위를 엄격히 제한하였다.

⑤ 고구려 고국천왕 때 흉년 또는 춘궁기에 곡식을 빌려주고 가을에 갚는 방식의 빈민 구제 제도인 진대법을 실시하였다.

17. ① 　　　　　　　　　금관가야 | 난이도 ●●○

문제 키워드 추출

✓ 수로왕 _ 금관가야를 건국한 왕

문제에서 수로왕을 언급하였으므로, 금관가야가 신라 법흥왕 때 복속되었다는 사실을 언급한 1번이 정답입니다!

① 신라 법흥왕 때 금관가야의 마지막 왕족인 김구해가 신라에 항복하면서 금관가야는 멸망하였다.

② 발해는 국립 교육 기관으로 주자감을 설치하여 유학 교육을 실시하였다.

③ 백제 무령왕은 지방의 22담로에 왕족을 파견하여 관리하였다.

④ 신라는 진골 귀족으로 구성된 귀족 회의인 화백 회의에서 국가의 중대사를 논의하였다.

⑤ 동예의 특산물로는 단궁(짧은 활), 과하마(키가 작은 조랑말), 반어피(바다가죽 표범)가 유명하였다.

각 문제는 이 주제에서 가장 많이
출제된 키워드로 구성하였습니다.

문제별 키워드 분류표

문제	키워드		출제 빈도(27회분 中)
1	살수 대첩과 안시성 전투	➡	4번 출제
2~3	연개소문	➡	2번 출제
4~8	삼국의 통일 과정	➡	21번 출제

해품사의 키워드 분석팁!

문제 1	살수 대첩과 안시성 전투

살수 대첩과 안시성 전투는 고구려가 각자 수나라와 당나라의
침략을 방어한 전투 사례입니다. 이 유형의 경우 사실형 유형보
다는 주로 다른 사건을 연계하여 연표나 두 시기 사이 유형 등
흐름형 유형으로 출제될 가능성이 더 높습니다.

1. ④   백암성 전투와 안시성 전투 | 난이도 ●●○

문제 키워드 추출

문제에 제시된 사건(고구려 28대 보장왕, 백암성 전투와 안시
성 전투, 645)
✓ 당의 황제, 안시성 _ 고구려는 백암성 함락 이후 안시성에
서 당 태종이 이끄는 군대의 침략을 물리침

백암성 전투와 안시성 전투는 645년에 발생하였기 때문에,
흐름상 연개소문의 정변을 계기로 보장왕이 즉위한 시점 이
후인 4번이 정답입니다!

해품사의 키워드 분석팁!

문제 2~3	연개소문

연개소문은 고구려 말기에 활동한 장군이자 정치가로, 주로 흐
름형 유형에서 연개소문이 일으킨 정변을 제시할 가능성이 높
습니다. 또한 연개소문이 천리장성 축조를 감독하였다는 사실
을 연계하여 인물형 유형으로 출제할 수도 있습니다.

2. ③   연개소문의 정변 | 난이도 ●●○

문제 키워드 추출

문제에 제시된 사건(고구려 27대 영류왕, 연개소문의 정변,
642)
✓ 연개소문은 왕제(王弟)의 아들인 장(臧)을 세워 왕으로 삼
고 스스로 막리지가 됨 _ 연개소문은 정변을 일으켜 영류
왕을 시해하고 보장왕을 세운 뒤 스스로 대막리지에 오름

안시성 전투는 645년에 발생하였기 때문에, 흐름상 연개소
문의 정변을 명분으로 발생한 안시성 전투 이전 시점인 3번
이 정답입니다!

3. ①   연개소문 | 난이도 ●●○

문제 키워드 추출

✓ 영류왕을 시해하고 대막리지가 되어 권력을 장악함 _ 연
개소문의 정변

문제에서 연개소문의 정변을 언급하였으며 연개소문은 당
나라에 적대적인 입장을 가졌기 때문에, 천리장성 축조 감독
을 언급한 1번이 정답입니다!

① 고구려는 당나라의 침입에 대비하기 위해 천리장성을 축조
하였는데, 이때 연개소문이 천리장성의 성곽 축조를 감독하
였다. ★ 대표 선지!
② 고구려 영양왕 때 을지문덕은 중국의 수 양제가 파견한 군
대를 살수 대첩을 통해 방어하였다.
③ 발해 무왕 때 장문휴는 중국의 산둥 반도에 위치한 등주를
선제공격하였다.
④ 신라의 김유신은 황산벌 전투에서 계백이 이끄는 백제군을
물리쳤다.
⑤ 고구려의 유민인 검모잠은 안승을 왕으로 추대하고, 부흥
운동을 전개하였다.

문제 4~8	삼국의 통일 과정

삼국의 통일 과정은 고대 파트의 대표적인 빈출 주제이나, 동시에 사실상 흐름형 유형으로 출제되기 때문에 대부분의 수험생이 체감상 고난도 유형으로 인식합니다. 이 유형의 경우 기본적으로 대야성 전투 → 나·당 동맹 체결 → 백제의 멸망 → 백제 부흥 운동 → 고구려의 멸망 → 고구려 부흥 운동 → 나·당 전쟁(매소성 전투와 기벌포 전투)의 흐름 파악이 필수적입니다.

4. ②　　　　대야성 전투와 황산벌 전투 | 난이도 ●●○

문제 키워드 추출

(가) 사건(백제 31대 의자왕, 대야성 전투, 642)
✓ 대야성을 함락함 _ 백제 의자왕 때 장군 윤충을 파견하여 신라의 대야성을 함락함

(나) 사건(백제 31대 의자왕, 황산벌 전투, 660)
✓ 김유신, 황산 벌판, 계백 _ 황산벌 전투 당시 대립한 신라의 장수 및 백제의 장수

대야성 전투를 계기로 김춘추가 당나라에 파견되어 당 태종과 군사 동맹을 체결하였기 때문에, 이와 관련된 흐름을 연계할 수 있는 2번 선지가 정답입니다!

① 신라는 고구려 부흥 운동을 지원하기 위해 674년에 전라북도 익산에 보덕국을 건립한 뒤 안승을 왕으로 책봉하였다.(이후)
② 신라 진덕여왕 때인 648년에 김춘추가 당나라로 넘어가 당 태종과 군사 동맹을 성사시켰다.
③ 고구려 영양왕 때인 612년에 을지문덕은 중국의 수 양제가 파견한 대군을 살수에서 격퇴하였다.(이전)
④ 신라 문무왕 때 매소성 전투(675) 및 기벌포 전투(676)를 통해 나·당 전쟁에서 승리하였다.(이후)
⑤ 백제 멸망 이후 복신과 도침은 주류성에서 백제 부흥 운동을 주도하였다.(이후)

5. ③　　　　웅진도독부 설치와 백강 전투 | 난이도 ●●●

문제 키워드 추출

(가) 사건(백제의 멸망, 웅진도독부 설치, 660)
✓ 웅진도독 _ 백제 멸망 이후 당나라가 백제의 옛 영토에 설치한 군정기관의 담당자

(나) 사건(백제 부흥 운동, 백강 전투, 663)
✓ 백강, 왜의 군사 _ 백제 부흥군은 백강에서 왜의 군대와 연합함

백제가 멸망한 직후 복신, 도침, 흑치상지 등이 백제 부흥 운동을 주도하였기 때문에, 흐름상 3번 선지가 정답입니다! 황산벌 전투 이후 백제가 멸망한 뒤 웅진도독부가 설치되었다는 흐름을 파악하는 것이 중요합니다!

① 신라 문무왕 때 매소성 전투(675) 및 기벌포 전투(676)를 통해 나·당 전쟁에서 승리하였다.(이후)
② 백제 의자왕은 642년에 윤충이라는 장수를 보내 신라의 대야성을 함락시켰으며, 이때 김춘추의 가족들이 살해되었다.(이전)
③ 백제 멸망 이후 복신과 도침은 왕자인 부여풍을 왕으로 추대하고, 주류성에서 백제 부흥 운동을 주도하였다.
④ 백제의 계백은 660년에 논산 지역의 황산벌에서 나·당 연합군에 맞서 항전하다가 끝내 사망하였다.(이전)
⑤ 신라는 고구려 부흥 운동을 지원하기 위해 674년에 전라북도 익산에 보덕국을 건립한 뒤 안승을 왕으로 책봉하였다.(이후)

6. ④　　　　고구려 부흥 운동 | 난이도 ●○○

문제 키워드 추출

문제에 제시된 사건(고구려 부흥 운동, 검모잠의 안승 왕 추대, 670)
✓ 검모잠, 안승 _ 고구려 멸망 이후 고구려 부흥 운동을 주도한 대표적인 인물들

백제가 멸망한 이후 고구려가 멸망하였기 때문에, 흐름상 사비성이 함락된 이후인 4번이 정답입니다!

7. ⑤

황산벌 전투와 기별포 전투 | 난이도 ● ● ○

문제 키워드 추출

(가) 사건(백제 31대 의자왕, 황산벌 전투, 660)
✓ **계백** _ 황산벌 전투 당시 신라의 군대에 맞서 싸운 백제의 장수

(나) 사건(신라 30대 문무왕, 기별포 전투, 676)
✓ **기별포** _ 나·당 전쟁 당시 신라의 수군이 당나라에게 승리한 전투 지역

백제가 멸망한 이후 고구려가 멸망하였기 때문에, 흐름상 백제 멸망 이후 발생한 고구려 부흥 운동을 다룬 5번 선지가 정답입니다!

① 통일 신라 신문왕은 681년에 장인인 김흠돌이 일으킨 반란을 진압하는 동시에 일부 귀족 세력을 숙청하였다.(이후)
② 백제 의자왕은 642년에 윤충이라는 장수를 보내 신라의 대야성을 함락시켰으며, 이때 김춘추의 가족들이 살해되었다.(이전)
③ 고구려 영양왕 때인 612년에 을지문덕은 중국의 수 양제가 파견한 대군을 살수에서 격퇴하였다.(이전)
④ 고구려 출신의 대조영은 698년에 유민들을 이끌고 동모산에서 발해를 건국하였다.(이후)
⑤ 고구려 멸망 이후 검모잠은 고구려 유민들을 모은 후 왕족인 안승을 고구려의 왕으로 옹립하고 고구려 부흥 운동을 전개하였다. ★ **대표 선지!**

8. ②

삼국의 통일 과정 | 난이도 ● ○ ○

문제 키워드 추출

(가) 사건(백제 31대 의자왕, 황산벌 전투, 660)
✓ **계백** _ 황산벌 전투 당시 신라의 군대에 맞서 싸운 백제의 장수

(나) 사건(백제 부흥 운동, 백강 전투, 663)
✓ **백강, 왜의 군사** _ 백제 부흥군은 백강에서 왜의 군대와 연합함

(다) 사건(신라 30대 문무왕, 매소성 전투, 675)
✓ **매소성** _ 나·당 전쟁 당시 신라 육군이 당나라에 승리한 전투 지역

(라) 사건(고구려 부흥 운동, 검모잠의 안승 왕 추대, 670)
✓ **검모잠, 안승** _ 고구려 멸망 이후 고구려 부흥 운동을 주도한 대표적인 인물들

삼국 통일 과정의 흐름은 황산벌 전투(가-660) → 백강 전투(나-663) → 고구려 부흥 운동(라-670) → 매소성 전투(다-675) 순으로 발생하였습니다.

각 문제는 이 주제에서 가장 많이
출제된 키워드로 구성하였습니다.

문제별 키워드 분류표

문제	키워드	출제 빈도(27회분 中)
1	신문왕	➡ 9번 출제
2	진성 여왕	➡ 2번 출제
3~7	통일 신라 하대의 사회상	➡ 15번 출제
8~13	발해	➡ 27번 출제

해품사의 키워드 분석팁!

문제 1	신문왕

신문왕은 통일 신라에 재위한 왕 중 출제율이 가장 높은 대표적인 왕입니다. 신문왕에 대한 문제 및 정답 키워드로는 '감은사설치', '관료전 지급 및 녹읍 폐지', '국학 설치', '9주 5소경 정비', '9서당 10정 편성' 등이 언급됩니다. 그러므로 신문왕 키워드는 9(구)를 연상할 수 있는 키워드가 많다고 기억하는 것을 권장합니다.

1. ④

신문왕 | 난이도 ●○○

문제 키워드 추출

- ✓ 김흠돌의 난 _ 신문왕이 재위할 때 발생한 대표적인 반란
- ✓ 감은사 _ 문무왕의 업적을 기리기 위해 아들인 신문왕이 건립한 사찰
- ✓ 9주 _ 신문왕이 재위할 때 정비한 행정 구역

문제에서 김흠돌의 난, 감은사, 9주 등의 키워드가 언급되었으므로, 신문왕 때 시행한 개혁과 관련된 사례를 다룬 4번 선지가 정답입니다!

① 신라 진흥왕 때 거칠부에게 명령하여 역사서인 『국사』를 편찬하였다.
② 신라 지증왕 때 이사부를 파견하여 현재의 울릉도인 우산국을 신라의 영토로 복속하였다.
③ 신라 법흥왕은 건원이라는 독자적인 연호를 사용하였다.
★ 대표 선지!
④ 통일 신라 신문왕 때 귀족들에게 관료전을 지급하고 기존의 귀족들의 경제 기반이었던 녹읍을 폐지하였다.

⑤ 통일 신라 원성왕 때 유교 경전의 독해 능력에 따라 3등급으로 나눠 관리를 선발하는 제도인 독서삼품과를 시행하였다.

해품사의 키워드 분석팁!

문제 2	진성 여왕

진성 여왕은 통일 신라 하대에 재위한 대표적인 왕입니다. 진성 여왕은 직접적인 왕 업적 유형보다는 통일 신라 하대 사회상 유형의 대표 키워드로 언급된 사례가 더 많습니다. 만약 왕 업적 유형으로 출제될 경우 문제 및 정답 키워드로 '『삼대목』 편찬', '원종과 애노의 난 및 적고적의 난', '최치원의 시무 10여 조 건의' 등을 언급합니다.

2. ④

진성 여왕 | 난이도 ●○○

문제 키워드 추출

- ✓ 삼대목 _ 진성 여왕이 재위할 당시 각간 위홍과 대구화상이 편찬한 향가집
- ✓ 원종과 애노, 적고적 _ 진성 여왕이 재위할 당시 반란을 일으킨 대표적인 인물과 세력

문제에서 『삼대목』, 원종과 애노의 난과 적고적의 난이 언급되었으므로, 진성 여왕이 재위할 당시 시무 10여 조라는 정치 개혁안을 건의한 최치원이 언급된 4번 선지가 정답입니다!

① 통일 신라 신문왕은 김흠돌이 일으킨 반란을 진압하는 동시에 일부 귀족 세력을 숙청하였다.
② 고려 목종 때 강조가 정변을 일으켜 김치양 일파를 제거하는 동시에 목종을 폐위시키고 현종을 즉위시켰다.
③ 신라 진흥왕 때 거칠부에게 명령하여 역사서인 『국사』를 편찬하였다.
④ 통일 신라의 최치원은 진성 여왕에게 정치 개혁안인 시무 10여 조를 건의하였다. ★ 대표 선지!
⑤ 백제 멸망 이후 복신과 도침은 주류성에서 백제 부흥 운동을 주도하였다.

문제 3~7   통일 신라 하대의 사회상

통일 신라 하대의 사회상 유형은 고대 시대에서 출제율이 높은 대표적인 사회상 및 생활상 파트입니다. 통일 신라 하대는 일반적으로 '혜공왕이 피살된 이후 왕위 쟁탈전이 심화된 시기'를 의미하며, 크게 통일 신라 하대와 관련된 역사적 사실을 출제하거나, 반란 사례와 관련된 흐름형 유형을 출제합니다. 역사적 사실 유형의 경우 장보고, 최치원 등의 인물 키워드, 진성 여왕과 관련된 사실, 선종과 9산 선문 등 불교 종파 관련 키워드가 주로 언급되며, 반란 관련 흐름형 유형의 경우 '김헌창의 난 → 장보고의 난 → 원종과 애노의 난 → 적고적의 난' 순서 파악이 필수적입니다.

3. ②
통일 신라 하대의 사회상 | 난이도 ●○○

문제 키워드 추출

✓ 진성 여왕, 최치원 _ 통일 신라 하대 때 활동한 대표적인 왕과 인물

문제에서 진성 여왕과 최치원이 언급되었으므로, 진성 여왕이 재위할 때 발생한 대표적인 반란인 원종과 애노의 난이 언급된 2번 선지가 정답입니다!

① 고려 성종 때 기존의 흑창을 확대 및 개편하여 곡식 보관량을 증가시키고 지방까지 확대한 구호기관인 의창을 설치하였다.
② 통일 신라 하대의 진성 여왕 때 중앙 집권의 약화 및 조세 수탈의 심화로 인해 원종과 애노의 난 및 적고적의 난 등의 민란이 발생하였다. ★ 대표 선지!
③ 백제 멸망 이후 복신과 도침은 주류성에서 백제 부흥 운동을 주도하였다.
④ 고려 인종 때 묘청 등은 서경 천도 운동을 추진하며 칭제 건원과 금국 정벌을 주장하였다.
⑤ 고려 고종 때 부처의 힘으로 몽골의 침략을 방어할 것을 염원하며 팔만대장경을 조판하였다.

4. ④
통일 신라 하대의 사회상 | 난이도 ●●○

문제 키워드 추출

✓ 선종 _ 통일 신라 하대 때 유행한 불교 종파

문제에서 통일 신라 하대에 유행한 불교 종파인 선종이 언급되었으므로, 통일 신라 하대의 대표적인 왕인 진성 여왕이 재위할 당시 시무 10여 조라는 정치 개혁안을 건의한 최치원이 언급된 4번 선지가 정답입니다!

① 삼국 시대 진평왕 때 원광은 사군이충, 사친이효, 교우이신, 임전무퇴, 살생유택으로 구성된 세속 5계라는 화랑의 규율을 제시하였다.
② 김대문은 약 7~8세기에 활동한 문장가로, 화랑의 업적에 대해 다룬 전기인 『화랑세기』와 승려들의 전기를 다룬 『고승전』을 저술하였다.
③ 통일 신라 중대 경덕왕 때 김대성이 불교 관련 문화유산인 불국사와 석굴암을 조성하였으며, 이들은 공통적으로 세계 문화유산으로 등재되었다.
④ 통일 신라 하대의 최치원은 진성 여왕에게 정치 개혁안인 시무 10여 조를 건의하였다.
⑤ 삼국 시대 신라 선덕 여왕 때 자장이 나라를 지키기 위한 목적으로 황룡사 9층 목탑의 건립을 건의하였다.

5. ⑤
통일 신라 하대의 사회상 | 난이도 ●●○

문제 키워드 추출

문제에 제시된 사건(통일 신라 36대 혜공왕, 혜공왕 피살, 780)

✓ 혜공왕 _ 통일 신라 중대의 마지막 왕
✓ 김양상, 김경신 _ 혜공왕 이후에 즉위한 선덕왕(김양상)과 원성왕(김경신), 통일 신라 하대에 재위한 대표적인 왕

문제에서 통일 신라 중대의 마지막 왕인 혜공왕과 더불어 혜공왕 이후에 즉위한 통일 신라 하대의 대표적인 왕인 선덕왕이 언급되었으므로, 통일 신라 하대의 대표 인물인 최치원이 언급된 5번이 정답입니다!

① 김춘추는 7세기에 진골 귀족 출신으로는 최초로 왕에 즉위하였다.(이전)
② 통일 신라 신문왕은 681년 김흠돌이 일으킨 반란을 진압하는 동시에 일부 귀족 세력을 숙청하였다.(이전)
③ 신라 법흥왕 때 이차돈의 순교를 계기로 불교가 공인되었다.(이전)
④ 신라 선덕 여왕 때 자장의 건의로 황룡사 9층 목탑을 건립하였다.(이전)
⑤ 통일 신라의 최치원은 진성 여왕에게 정치 개혁안인 시무 10여 조를 건의하였다.(이후)

6. ⑤　　　　　　　**원성왕의 즉위와 원종과 애노의 난 | 난이도 ●●●**

문제 키워드 추출

(가) 사건(통일 신라 38대 원성왕, 원성왕의 즉위, 785)
✓ 김주원을 옹립, 김경신이 왕위를 계승 _ 선덕왕 사망 후 원성왕(김경신)이 즉위함(785)

(나) 사건(통일 신라 51대 진성 여왕, 원종과 애노의 난, 889)
✓ 원종과 애노 _ 진성 여왕이 재위할 당시 반란을 일으킨 대표적인 인물들

문제의 (가) 시기에서 원성왕(김경신)의 즉위가 언급되었기 때문에, 아버지인 김주원이 왕이 되지 못한 것을 명분으로 반란을 주도한 김헌창이 언급된 5번 선지가 정답입니다.

---

① 고려 태조 왕건 때 관리의 규범을 제시한 『정계』 및 『계백료서』가 반포되었다.(이후)

② 통일 신라 신문왕 때 귀족들에게 관료전을 지급하고 기존의 귀족들의 경제 기반이었던 녹읍을 폐지하였다.(이전)

③ 조선 시대에는 최고 관립 교육 기관으로 성균관이 운영되었다.(이후)

④ 고려 현종 때 거란의 침략을 방어하기 위한 염원을 담아 초조대장경을 조판하였다.(이후)

⑤ 통일 신라 헌덕왕 때 김헌창은 아버지인 김수원이 왕이 되지 못한 것에 불만을 품고 반란을 일으켰다. ★ 대표 선지!

---

7. ④　　　　　　　**통일 신라 하대의 반란 사례 | 난이도 ●●○**

문제 키워드 추출

(가) 사건(통일 신라 51대 진성 여왕, 적고적의 난, 896)
✓ 적고적 _ 통일 신라의 진성 여왕이 재위한 당시에 반란을 일으킨 세력, 붉은 바지를 입은 도적들

(나) 사건(통일 신라 41대 헌덕왕, 김헌창의 난, 822)
✓ 웅천주 도독 헌창 _ 아버지인 김주원이 왕이 되지 못한 것에 불만을 품고 반란을 일으킴

(다) 사건(통일 신라 44대 민애왕, 김우징의 난, 838)
✓ 아찬 우징 _ 통일 신라 45대 신무왕
✓ 청해진 대사 궁복 _ 통일 신라 하대에 활동한 군인인 장보고, 완도에 청해진을 설치하여 동아시아의 해상 무역을 장악함

통일 신라 하대에 발생한 반란의 흐름은 김헌창의 난(나-헌덕왕, 822) → 김우징의 난(다-민애왕, 838) → 적고적의 난(가-진성 여왕, 896) 순으로 발생하였습니다.

해품사의 키워드 분석팁!

문제 8~13	발해

발해는 고대 시대 파트에서 사실상 단독 유형으로 거의 매번 출제되는 대표적인 빈출 국가입니다. 발해 유형은 크게 전반적인 사실 유형, 왕 업적 유형, 문화유산 파트 유형으로 나눠 공략할 필요가 있습니다. 전반적인 사실 유형의 경우 건국 과정(대조영이 동모산에서 건국함), 기구(주자감, 중정대, 문적원), 대외 관계(거란도, 영주도, 신라도 등을 통해 교류), 제도(3성 6부제, 5경 15부 62주), 특산물(솔빈부의 말) 등 국가 관련 키워드 암기가 필수적입니다. 왕 업적 유형의 경우 무왕(인안, 장문휴의 등주 공격), 문왕(대흥, 상경 용천부 천도), 선왕(해동성국, 5경 15부 62주)의 대표 키워드 구별이 중요합니다. 문화유산 유형의 경우 영광탑과 이불병좌상을 비롯한 대표 문화유산을 일부 암기하는 것을 권장합니다.

---

8. ①　　　　　　　**발해의 특징 | 난이도 ●○○**

문제 키워드 추출

✓ 선조성, 중대성, 정당성 _ 발해의 중앙 통치 조직, 3성

문제에서 발해의 중앙 통치 조직인 3성 6부의 3성이 언급되었으므로, 발해의 대표적인 국립 교육 기관을 언급한 1번 선지가 정답입니다!

---

① 발해는 국립 교육 기관으로 주자감을 설치하여 유학 교육을 실시하였다. ★ 대표 선지!

② 고구려 광개토 대왕은 신라 내물왕의 요청으로 신라에 침입한 왜를 격퇴하였다.

③ 통일 신라 신문왕 때 군사 조직으로 9서당 10정을 운영하였다.

④ 신라 진흥왕은 개국, 대창(태창) 등의 독자적인 연호를 사용하였다.

⑤ 백제에서는 왕족인 부여씨와 함께 백씨, 해씨 등 8성의 귀족이 지배층을 구성하였다.

---

9. ①　　　　　　　**발해의 특징 | 난이도 ●●○**

문제 키워드 추출

✓ 고구려를 계승 _ 발해는 고구려를 계승함

문제에서 고구려를 계승한 국가라는 키워드를 통해 발해를 떠올릴 수 있어야 합니다. 따라서 발해와 관련된 대표적인 감찰 기구가 언급된 1번 선지가 정답입니다!

① 발해는 관리 감찰 기구로 중정대를 두어 운영하였다.
② 신라 법흥왕은 건원이라는 독자적인 연호를 사용하였다.
③ 통일 신라 신문왕 때 군사 조직으로 9서당 10정을 운영하였다.
④ 신라는 골품에 따라 개인의 사회 활동과 정치 활동의 범위를 엄격히 제한하였다.
⑤ 통일 신라는 지방의 세력을 견제하기 위해 중앙 정부에서 각 지방의 자제를 볼모로 잡은 상수리 제도를 운영하였다.

③ 고구려 광개토 대왕은 신라 내물왕의 요청으로 신라에 침입한 왜를 격퇴하였다.
④ 발해 문왕 때 국가의 체제 정비를 위해 중경 현덕부에서 상경 용천부로 천도를 단행하였다. ★ 대표 선지!
⑤ 발해 선왕 때 5경 15부 62주의 지방 통치 제도를 정비하였다.

10. ①
발해 무왕 | 난이도 ●●○

문제 키워드 추출

✓ 흑수 말갈 정벌 _ 발해 무왕이 재위할 때 발생한 대외 정벌 사례
✓ 당에 원수를 짐 _ 발해 무왕이 재위할 당시에는 당나라와 적대적인 관계를 유지하였음

문제에서 발해 무왕이 재위할 당시의 외교와 관련된 상황을 언급하였으므로, 발해 무왕 때 당나라를 공격한 사례를 언급한 1번 선지가 정답입니다!

① 발해 무왕은 장문휴를 파견하여 당의 등주(산둥 반도)를 선제 공격하였다. ★ 대표 선지!
② 통일 신라 신문왕 때 군사 조직으로 9서당 10정을 운영하였다.
③ 백제 성왕은 백제의 중흥을 위해 웅진에서 사비로 도읍을 옮기고 국호를 남부여로 개칭하였다.
④ 신라 문무왕은 지방에 대한 감찰 및 행정에 대한 통제를 위해 지방에 일종의 외관직인 외사정을 파견하기 시작하였다.
⑤ 고구려 유민 출신인 대조영은 만주에 위치한 지린성 동모산에서 발해를 건국하였다.

11. ④
발해 문왕 | 난이도 ●●○

문제 키워드 추출

✓ 대흥 _ 발해 문왕의 연호
✓ 정효 공주 _ 발해 문왕의 넷째 딸

문제에서 발해 문왕의 연호 및 가족 키워드가 언급되었으므로, 발해 문왕의 천도 정책이 언급된 4번 선지가 정답입니다!

① 고구려 장수왕 때 북연의 마지막 왕인 풍홍이 장수왕에게 망명을 요청하였고, 장수왕은 이를 수용하였다.
② 고구려 유민 출신인 대조영은 만주에 위치한 지린성 동모산에서 발해를 건국하였다.

12. ①
발해의 특징 | 난이도 ●○○

문제 키워드 추출

✓ 해동성국 _ 발해 선왕 이후(9세기) 발해의 별명, 동쪽의 융성한 나라
✓ 영광탑, 정효 공주 묘, 석등 _ 발해의 대표적인 문화유산 사례

① 발해는 관리 감찰 기구로 중정대를 두어 운영하였다.
② 통일 신라 신문왕 때 군사 조직으로 9서당 10정을 운영하였다.
③ 백제에서는 최고 관등인 좌평을 두어 국정의 주요 사항을 논의하였다.
④ 통일 신라는 지방의 세력을 견제하기 위해 중앙 정부에서 각 지방의 자제를 볼모로 잡은 상수리 제도를 운영하였다.
⑤ 백제에서는 왕족인 부여씨와 함께 백씨, 해씨 등 8성의 귀족이 지배층을 구성하였다.

13. ③
발해의 특징 | 난이도 ●●○

문제 키워드 추출

✓ 문제에 제시된 사진 _ 발해의 대표적 불상인 이불병좌상
✓ 5경 _ 발해의 행정 구역

문제에서 이불병좌상과 5경이 제시되었으므로, 발해가 거란도, 영주도, 신라도 등을 통해 주변 국가와 교류한 사실을 언급한 3번 선지가 정답입니다!

① 칠지도는 백제 근초고왕 때 왜왕에게 하사한 것으로 추정되는 칼로, 백제와 일본의 교류를 보여주는 사례이다.
② 고려 시대에는 응양군 및 용호군으로 구성된 2군을 비롯하여 6위로 구성된 중앙군을 운영하였다.
③ 발해는 거란도, 영주도, 신라도 등 다양한 교역로를 통해 동아시아의 국가들과 교류하였다.
④ 궁예는 후고구려의 최고 중앙 관서로 광평성이라는 기구를 설치하였다.
⑤ 통일 신라 신문왕 때 전국을 9개의 주로 구분한 뒤, 특별 행정 구역인 5소경을 설치하였다.

각 문제는 이 주제에서 가장 많이 출제된 키워드로 구성하였습니다.

문제별 키워드 분류표

문제	키워드		출제 빈도(27회분 中)
1~3	고대의 경제	➡	9번 출제
4~7	고대의 사회	➡	8번 출제
8~11	고대의 고분과 비석	➡	7번 출제

해품사의 키워드 분석팁!

문제 1~3	고대의 경제

고대의 경제 유형은 사실상 통일 신라의 경제 상황을 파악하는 유형이 출제될 가능성이 제일 높습니다. 통일 신라의 경제 관련 키워드로는 대표적으로 무역항(당항성, 울산항), 외교(당나라 내 법화원 설치, 장보고의 청해진 설치), 시장(동시, 서시, 남시), 민정 문서(촌락 문서) 등이 있습니다.

1. ⑤　　통일 신라의 경제 상황 | 난이도 ●○○

문제 키워드 추출

✓ 장보고 _ 통일 신라 하대에 활동한 대표적인 인물, 완도에 해상 무역 기지인 청해진을 설치함

문제에서 통일 신라 때 활동한 대표적인 인물인 장보고를 언급하였으므로, 울산항 등 통일 신라의 대표적인 국제 무역항을 언급한 5번 선지가 정답입니다!

① 고려 숙종 때 삼한통보, 해동통보, 활구(은병) 등 다양한 화폐를 주조하였다.
② 가야는 철을 많이 생산하였기 때문에 덩이쇠를 화폐로 사용하였으며, 낙랑 및 왜 등 주변 국가에 철을 수출하기도 하였다.
③ 고구려는 집집마다 부경이라는 창고를 두고 곡식을 저장하였다.
④ 조선 후기에는 광산 개발이 활성화되며 설점수세제를 시행하여 민간의 광산 개발을 허용하였다.
⑤ 통일 신라는 당항성, 울산항 등을 통해 당나라 및 아라비아 상인 등 여러 국가와 교류하였다. ★ 대표 선지!

2. ②　　통일 신라의 경제 상황 | 난이도 ●○○

문제 키워드 추출

✓ 9주 5소경 _ 통일 신라 신문왕 때 정비된 지방 행정 제도

문제에서 통일 신라의 지방 행정 제도인 9주 5소경이 언급되었으므로, 통일 신라의 행정 문서인 민정 문서(촌락 문서)가 언급된 2번 선지가 정답입니다!

① 고려 시대에 예성강 하구의 벽란도가 국제 무역항으로 번성하였다.
② 통일 신라는 조세 수취와 노동력 동원에 활용할 목적으로 민정 문서(촌락 문서)를 작성하였다.
③ 가야는 철을 많이 생산하였기 때문에 덩이쇠를 화폐로 사용하였으며, 낙랑 및 왜 등 주변 국가에 철을 수출하기도 하였다.
④ 소를 이용한 깊이갈이(우경)에 대한 기록은 신라 지증왕 때 처음으로 등장한다.
⑤ 백제는 수도에 도시부라는 행정 관청을 설치하여 시장을 관리하였다.

3. ⑤　　발해의 경제 상황 | 난이도 ●○○

문제 키워드 추출

✓ 솔빈부의 말 _ 발해의 대표적인 특산물
✓ 5경 _ 발해의 행정 구역

문제에서 발해의 특산물인 솔빈부의 말이 언급되었으므로, 발해가 거란도, 영주도, 신라도 등을 통해 주변 국가와 교류한 사실을 언급한 5번 선지가 정답입니다!

① 고려 시대에 예성강 하구의 벽란도가 국제 무역항으로 번성하였다.
② 조선 후기에는 외국으로부터 감자, 고구마 등의 구황 작물이 전래되었다.
③ 고려 숙종 때 삼한통보, 해동통보, 활구(은병) 등 다양한 화폐를 주조하였다.
④ 신라 지증왕 때 기존의 시장을 개편하여 동시를 개설한 뒤, 이를 감독하는 관청인 동시전을 설치하였다.
⑤ 발해는 거란도, 영주도, 신라도 등 다양한 교역로를 통해 동아시아의 국가들과 교류하였다. ★ 대표 선지!

고대의 사회 유형은 삼국(고구려, 백제, 신라)과 통일 신라의 전반적인 사실에 대해 파악하는 문제가 출제됩니다. 이 유형은 각 국가의 수도, 교육 기관 및 건축물, 지배층(또는 관직)과 귀족 회의, 제도와 관련된 전반적인 키워드를 암기하는 것이 중요합니다.

4. ③   고구려의 사회 | 난이도 ●○○

문제 키워드 추출

- ✔ 경당 _ 고구려의 미성년 학교
- ✔ 제가 회의 _ 고구려의 귀족 회의

문제에서 경당과 제가 회의가 언급되었으므로, 고구려의 고국천왕 때 시행한 빈민 구제 제도를 언급한 3번 선지가 정답입니다!

① 고조선 전기에는 연의 장수 진개의 공격을 받아 영토를 일시적으로 상실하였다.
② 신라는 골품에 따라 개인의 사회 활동과 정치 활동의 범위를 엄격히 제한하였다.
③ 고구려 고국천왕 때 흉년 또는 춘궁기에 곡식을 빌려주고 가을에 갚는 방식의 빈민 구제 제도인 진대법을 실시하였다. ★ 대표 선지!
④ 고조선에는 사회 질서의 유지를 위해 다양한 범죄에 대한 형벌을 규정한 범금 8조라는 제도가 존재하였다.
⑤ 백제에서는 왕족인 부여씨와 함께 백씨, 해씨 등 8성의 귀족이 지배층을 구성하였다.

5. ⑤   백제의 사회 | 난이도 ●●○

문제 키워드 추출

- ✔ 좌평 _ 백제의 최고 관등
- ✔ 웅진성 _ 백제의 대표적인 성

문제에서 백제의 관등 및 대표적인 성(城)이 언급되었으므로, 백제의 지배층과 관련된 키워드가 언급된 5번 선지가 정답입니다!

① 신라는 골품에 따라 개인의 사회 활동과 정치 활동의 범위를 엄격히 제한하였다.
② 고구려는 제가 회의에서 국정의 주요 사항을 심의 및 의결하였다.
③ 고구려는 큰 성에 욕살, 작은 성에 처려근지라는 지방관을 각각 파견하였다.
④ 통일 신라 신문왕 때 위화부(인사 기구), 사정부(감찰 기구), 영객부(사신 접대) 등 중앙 행정 기구인 14부를 완성하였다.
⑤ 백제에서는 왕족인 부여씨와 함께 백씨, 해씨 등 8성의 귀족이 지배층을 구성하였다. ★ 대표 선지!

6. ④   신라의 골품제 | 난이도 ●●○

문제 키워드 추출

- ✔ 대아찬, 6두품 _ 신라 골품제의 관등 및 두품

문제에서 신라의 골품제와 관련된 계급과 등급이 언급되었으므로, 골품제의 등급에 따라 일상생활을 규제하였다는 사실을 언급한 4번 선지가 정답입니다!

① 신라에는 본래 유능한 인재의 선발 및 양성을 위해 예절과 무술을 연마하는 청소년 단체인 원화(源花)가 존재하였으며, 이 단체의 역할은 이후 화랑도로 계승되었다.
② 고구려 고국천왕 때 흉년 또는 춘궁기에 곡식을 빌려주고 가을에 갚는 방식의 빈민 구제 제도인 진대법을 실시하였다.
③ 조선 성종 때 금고법을 제정하여 첩의 자식인 서얼에 대한 관직 진출을 법으로 제한하였다.
④ 신라는 골품에 따라 개인의 사회 활동과 정치 활동의 범위를 엄격히 제한하였다. ★ 대표 선지!
⑤ 고려 시대에 문무 5품 이상의 관리의 자손을 별도의 시험 없이 특별히 관리로 채용하는 음서 제도를 시행하였다.

7. ②   통일 신라의 사회 | 난이도 ●●○

문제 키워드 추출

- ✔ 문제에 제시된 지도 _ 통일 신라 신문왕 때 정비된 지방 행정 제도인 9주 5소경

문제에서 통일 신라의 지방 행정 제도와 관련된 지도를 제시하였으므로, 통일 신라의 군사 조직인 9서당 10정과 통일 신라의 제도인 상수리 제도를 언급한 ㄱ, ㄷ 선지를 골라야 합니다!

ㄱ. 통일 신라 신문왕 때 군사 조직으로 9서당 10정을 운영하였다. ★ 대표 선지!

ㄴ. 고구려는 큰 성에 욕살, 작은 성에 처려근지라는 지방관을 각각 파견하였다.

ㄷ. 통일 신라는 지방의 세력을 견제하기 위해 중앙 정부에서 각 지방의 자제를 볼모로 잡은 상수리 제도를 운영하였다.

ㄹ. 고려 시대에는 5도에는 안찰사, 양계에는 병마사라는 지방관을 파견하여 관리하였다.

해품사의 키워드 분석팁!

문제 8~11	고대의 고분과 비석

고대의 고분과 비석 유형은 심화편 개편 이후를 기준으로 특정 고분 또는 비석을 단독으로 출제하는 사례보다, 다음 주제에서 다룰 고대의 불상, 탑 등과 연계하여 여러 문화유산을 종합적으로 파악하는 방식으로 출제된 사례가 더 많습니다. 특히 고분의 경우 백제의 무령왕릉이 가장 많이 출제되었으며, 비석의 경우 신라의 진흥왕 순수비가 가장 많이 출제되었습니다.

8. ④   돌무지덧널무덤과 굴식 돌방무덤 | 난이도 ●●●

문제 키워드 추출

(가) 무덤: 돌무지덧널무덤
✓ 나무로 덧널을 만들고 그 뒤에 돌을 쌓은 후 흙을 덮음 _ 돌무지덧널무덤의 구조

(나) 무덤: 굴식 돌방무덤
✓ 돌로 널길과 널방을 만들고 그 위에 흙을 덮은 무덤 _ 굴식 돌방무덤의 구조

문제에서 돌무지덧널무덤과 굴식 돌방무덤이 제시되었으며, 특히 고구려 후기에 제작된 굴식 돌방무덤 중 일부 사례의 경우에는 무덤 내부의 천장과 벽에 벽화가 남아있기 때문에 4번 선지가 정답입니다!

① 고구려의 굴식 돌방무덤은 한 벽의 중간 지점에서 인접 벽의 중간 점을 기다란 돌로 덮어 모서리를 줄여 나가는 방식의 모줄임 천장 구조로 되어 있다.

② 통일 신라의 굴식 돌방무덤은 무덤의 둘레돌에 12가지 동물을 상징하는 12지 신상을 새겼다.

③ 신라의 돌무지덧널무덤의 대표적인 사례로는 천마총, 황남대총 등이 있다.

④ 고구려의 굴식 돌방무덤 중 평양 강서대묘 등 일부 사례에는 내부의 천장과 벽에 당시의 생활상 또는 사신도 등의 벽화를 남겼다. ★ 대표 선지!

⑤ 백제의 무령왕릉은 중국 남조의 양나라 영향을 받아 벽돌무덤 양식으로 축조되었다.

9. ⑤   백제 무령왕릉 | 난이도 ●●○

문제 키워드 추출

✓ 백제의 고분 중 피장자와 축조 연대가 확인되는 유일한 무덤 _ 백제 무령왕릉의 의의

문제에서 백제의 무령왕릉의 의의와 관련된 키워드를 제시하였으므로, 백제 무령왕릉의 축조 양식에 영향을 준 국가 키워드가 언급된 5번 선지가 정답입니다!

① 서울 석촌동 고분군에는 고구려 초기의 무덤 양식의 영향을 받아 축조된 백제의 돌무지무덤이 존재한다.

② 신라의 돌무지덧널무덤은 나무로 덧널을 만들고 그 위에 돌을 쌓은 후 흙을 덮는 구조로 이루어졌다.

③ 백제의 능산리 절터에서는 불교와 도교 양식이 결합된 문화유산인 백제 금동 대향로가 출토되었다.

④ 통일 신라의 굴식 돌방무덤은 무덤의 둘레돌에 12가지 동물을 상징하는 12지 신상을 새겼다.

⑤ 백제의 무령왕릉은 중국 남조의 양나라 영향을 받아 벽돌무덤 양식으로 축조되었다. ★ 대표 선지!

10. ②   신라 진흥왕 순수비 | 난이도 ●●●

문제 키워드 추출

✓ 진흥왕 대의 영토 확장을 보여줌 _ 신라 진흥왕 순수비의 의의

✓ 김정희에 의해 고증됨 _ 조선 후기의 학자인 김정희는 『금석과안록』을 통해 북한산 순수비가 진흥왕 순수비임을 고증함

문제에서 진흥왕 대의 영토 확장과 김정희의 북한산 순수비 고증 키워드를 제시하였으므로, 서울에 위치한 북한산 순수비가 제시된 2번 선지가 정답입니다. 이 유형의 경우 비석의 외관보다 비석이 위치한 지역을 정확히 구별하는 것이 더욱 중요합니다!

① (가) 고구려 광개토 대왕릉비

② (나) 신라 북한산 순수비 ★ 대표 선지!

③ (다) 백제 사택지적비

④ (라) 고구려 충주 고구려비

⑤ (마) 신라 단양 적성비

환도산성은 고구려 동천왕 때 중국의 위나라의 장수인 관구검의 공격을 받아 함락된 성(城)입니다. 특히 이 문제의 경우 고구려의 첫 번째 수도인 졸본과 두 번째 수도인 국내성을 혼동하기 쉬웠습니다!

① 고구려 동천왕 때 위나라 관구검의 공격을 받아 환도산성이 함락되었다.

② 고구려 동명성왕은 부여에서 남하하여 졸본을 첫 번째 수도로 삼았다. 이후 유리왕에 이르러서야 수도를 국내성으로 옮겼다.

③ 백제의 무령왕릉 내부에는 도교 양식을 반영하여 피장자의 안녕을 빌어주는 기록이 새겨진 지석과 석수가 출토되었다.

④ 고구려의 광개토 대왕릉비는 금관가야를 공격한 사실을 기록하였으며, 신라의 진흥왕 순수비는 자신이 확장한 영토를 순수한 이후 세운 비석이다.

⑤ 장군총은 고구려 초기에 조성된 대표적인 적석총(돌무지무덤)의 사례이다.

각 문제는 이 주제에서 가장 많이
출제된 키워드로 구성하였습니다.

문제별 키워드 분류표

문제	키워드		출제 빈도(27회분 中)
1~4	고대의 불상	➡	6번 출제
5~9	고대의 탑	➡	7번 출제
10~12	고대의 유물	➡	4번 출제
13~14	의상과 원효	➡	8번 출제
15~17	그 외 고대의 승려	➡	2번 출제
18~19	최치원과 장보고	➡	5번 출제
20~21	그 외 고대의 인물	➡	3번 출제

해품사의 키워드 분석팁!

문제 1~4	고대의 불상

고대의 불상은 대표적으로 고구려의 금동 연가 7년명 여래 입
상, 백제의 서산 용현리 마애여래 삼존상, 삼국 시대의 금동 미
륵 보살 반가 사유상, 통일 신라의 석굴암 본존불이 출제될 수
있습니다. 고대의 불상 유형은 각 불상을 제작한 국가, 특징, 의
의를 구별하는 것이 중요합니다.

1. ②
금동 연가 7년명 여래 입상 | 난이도 ●●○

문제 키워드 추출

✓ 고구려의 승려들이 만들어 유포한 천불(千佛) 중 하나 _
  금동 연가 7년명 여래 입상을 만든 국가
✓ 연가(延嘉) _ 금동 연가 7년명 여래 입상에 새겨진 연호

문제에서 금동 연가 7년명 여래 입상을 제작한 국가와 금동
연가 7년명 여래 입상에 새겨진 연호가 언급되었으므로, 2번
선지가 정답입니다!

① 금동관음보살 좌상(고려 말기~조선 전기)
② 금동 연가 7년명 여래 입상(고구려) ★ 대표 선지!
③ 이불병좌상(발해)
④ 경주 구황동 금제여래 좌상(통일 신라)
⑤ 금동 미륵보살 반가 사유상(삼국 시대)

2. ④
서산 용현리 마애여래 삼존상 | 난이도 ●○○

문제 키워드 추출

✓ 백제의 미소 _ 서산 용현리 마애여래 삼존상의 별명

문제에서 서산 용현리 마애여래 삼존상의 별명인 백제의 미
소가 언급되었으므로, 4번 선지가 정답입니다!

① 안동 이천동 마애여래 입상(고려)
② 경주 남산 칠불암 마애불상군(통일 신라)
③ 영암 월출산 마애여래 좌상(통일 신라 또는 고려)
④ 서산 용현리 마애여래 삼존상(백제) ★ 대표 선지!
⑤ 파주 용미리 마애이불 입상(고려)

3. ③
신라의 문화유산 | 난이도 ●○○

문제 키워드 추출

✓ 경주 _ 신라의 수도
✓ 첨성대, 포석정 _ 신라의 대표적인 문화유산 사례

문제에서 신라의 수도와 신라의 대표적인 문화유산인 첨성대
와 포석정이 언급되었으므로, 신라의 대표적인 불상 사례인
석굴암 본존불이 언급된 3번 선지가 정답입니다!

① 철제 판갑옷(가야)
② 이불병좌상(발해)
③ 석굴암 본존불(통일 신라) ★ 대표 선지!
④ 금동 대향로(백제)
⑤ 월정사 팔각 구층 석탑(고려)

4. ②
금동 미륵 보살 반가 사유상 | 난이도 ●●○

문제 키워드 추출

✓ 깊은 생각에 빠져 있는 모습 _ 금동 미륵 보살 반가 사유
  상의 자세
✓ 매우 닮은 일본 교토 고류사의 불상 _ 금동 미륵 보살 반
  가 사유상은 일본 고대의 불교 문화에 영향을 줌

문제에서 금동 미륵 보살 반가 사유상의 자세 및 불교 문화의 영향 관련 키워드를 제시하였기 때문에, 2번 선지가 정답입니다!

① 경주 구황동 금제여래 입상(통일 신라)
② 금동 미륵 보살 반가 사유상(삼국 시대)
③ 이불병좌상(발해)
④ 금동 연가 7년명 여래 입상(고구려)
⑤ 하남 하사창동 철조 석가여래 좌상(고려)

해품사의 키워드 분석팁!

| 문제 5~9 | 고대의 탑 |

고대의 탑은 대표적으로 백제의 미륵사지 석탑, 신라의 분황사 모전 석탑, 감은사지 삼층 석탑, 불국사 삼층 석탑(석가탑), 쌍봉사 철감선사탑이 출제될 수 있습니다. 고대의 탑 유형은 각 탑을 제작한 국가, 지역, 특징, 의의를 구별하는 것이 중요합니다. 특히 불국사 삼층 석탑의 보수 과정에서 발견된 현존하는 가장 오래된 목판 인쇄물인 『무구정광대다라니경』과 현존하는 가장 오래된 금속 활자본인 『직지심체요절』을 혼동하지 않도록 주의할 필요가 있습니다.

5. ③   미륵사지 석탑 | 난이도 ●●○

문제 키워드 추출

✓ 전라북도 익산시 _ 미륵사지 석탑이 위치한 지역
✓ 사리봉영기 _ 미륵사지 석탑을 해체하는 과정에서 발견된 문화유산

문제에서 미륵사지 석탑이 위치한 지역과 출토 문화유산을 언급하였기 때문에, 3번 선지가 정답입니다!

① 부여 정림사지 오층 석탑(백제)
② 불국사 다보탑(통일 신라)
③ 미륵사지 석탑(백제) ★ 대표 선지!
④ 영광탑(발해)
⑤ 익산 왕궁리 오층 석탑(고려)

6. ④   분황사 모전 석탑 | 난이도 ●●●

문제 키워드 추출

✓ 현재 남아 있는 신라 석탑 중 가장 오래된 것 _ 분황사 모전 석탑의 의의
✓ 선덕 여왕 3년에 건립 _ 분황사 모전 석탑의 제작 시기

문제에서 분황사 모전 석탑의 의의와 제작 시기를 언급하였기 때문에, 4번 선지가 정답입니다!

① 영광탑(발해)
② 부여 정림사지 오층 석탑(백제)
③ 제천 장락동 칠층 모전 석탑(통일 신라)
④ 분황사 모전 석탑(신라)
⑤ 불국사 다보탑(통일 신라)

7. ①   감은사지 삼층 석탑 | 난이도 ●●●

문제 키워드 추출

✓ 신문왕 2년 _ 감은사지 삼층 석탑의 제작 시기
✓ 삼국 통일 이후 조성된 석탑 양식의 전형 _ 감은사지 삼층 석탑은 통일 신라 시기에 조성됨

문제에서 감은사지 삼층 석탑의 제작 시기를 언급하였기 때문에, 1번 선지가 정답입니다!

① 감은사지 삼층 석탑(통일 신라)
② 불국사 다보탑(통일 신라)
③ 분황사 모전 석탑(신라)
④ 평창 월정사 팔각 구층 석탑(고려)
⑤ 미륵사지 석탑(백제)

8. ①   불국사 삼층 석탑 | 난이도 ●●○

문제 키워드 추출

✓ 경주 불국사 _ 불국사 삼층 석탑(석가탑)이 위치한 곳
✓ 무구정광대다라니경 _ 불국사 삼층 석탑의 보수 과정에서 발견된 현존하는 가장 오래된 목판 인쇄물

문제에서 불국사 삼층 석탑의 장소와 관련 문화유산 키워드를 언급하였기 때문에, 1번 선지가 정답입니다!

① 불국사 삼층 석탑(통일 신라) ★ 대표 선지!
② 부여 정림사지 오층 석탑(백제)
③ 미륵사지 석탑(백제)
④ 구례 화엄사 사사자 삼층 석탑(통일 신라)
⑤ 월정사 팔각 구층 석탑(고려)

① 호우명 그릇(고구려) ★ 대표 선지!
② 무령왕릉 진묘수(백제)
③ 칠지도(백제)
④ 금동 연가 7년명 여래 입상(고구려)
⑤ 기마인물형 토기(신라)

9. ② 신라의 문화유산 | 난이도 ●●○

자장은 신라의 선덕 여왕에게 황룡사 9층 목탑의 건립을 건의하였기 때문에, 선덕 여왕 때 천체 관측을 목적으로 건립한 문화유산인 첨성대에 대한 설명이 아니므로 2번 선지가 정답입니다!

① 천마도는 천마총 내부에서 발견된 말 안장에 그려진 그림이다.
② 신라 선덕 여왕 때 자장이 나라를 지키기 위한 목적으로 황룡사 9층 목탑의 건립을 건의하였다.
③ 동궁과 월지 내부에서 발견된 주사위인 주령구는 귀족들의 놀이에 활용되었다.
④ 분황사 모전 석탑은 돌을 벽돌 모양으로 다듬어 쌓아 올린 탑이다.
⑤ 무구정광대다라니경은 불국사 내부의 3층 석탑(석가탑)에서 발견된 현존하는 가장 오래된 목판 인쇄물이다.

11. ① 백제 금동 대향로 | 난이도 ●●●

문제 키워드 추출

✓ 부여 능산리 절터 _ 백제 금동 대향로가 출토된 장소
✓ 도교와 불교의 요소가 복합적으로 표현됨 _ 백제 금동 대향로는 다양한 종교 요소를 표현함

문제에서 백제 금동 대향로가 출토된 장소와 백제 금동 대향로와 관련된 종교적 요소를 언급하였기 때문에, 1번 선지가 정답입니다!

① 금동 대향로(백제) ★ 대표 선지!
② 도기 기마인물형 뿔잔(가야)
③ 무령왕릉 진묘수(백제)
④ 정혜 공주 묘 돌사자상(발해)
⑤ 황남대총 북분 금관(신라)

12. ③ 신라의 문화유산 | 난이도 ●●●

문제 키워드 추출

✓ 천마총, 돌무지덧널무덤 _ 신라의 대표적인 고분 및 고분 양식

문제에서 신라의 대표적인 고분 및 고분 양식과 관련된 키워드를 언급하였기 때문에, 신라의 대표적인 금관을 언급한 사례인 3번 선지가 정답입니다!

① 청동 은입사 포류수금문 정병(고려)
② 금동 연가 7년명 여래 입상(고구려)
③ 천마총 금관(신라)
④ 이불병좌상(발해)
⑤ 금동 대향로(백제)

해품사의 키워드 분석팁!

문제 10~12	고대의 유물

고대의 유물은 대표적으로 고구려의 호우명 그릇, 백제의 금동 대향로, 신라의 천마도와 황남대총 금관이 있습니다. 고대 시대의 유물 유형은 각 문화유산의 특징과 의의를 정확히 구별하는 것이 중요하며, 대체로 앞의 주제에서 다뤘던 고분 유형과 연계하여 출제될 가능성이 높습니다.

10. ① 호우명 그릇 | 난이도 ●●●

문제 키워드 추출

✓ 경주 호우총 _ 호우명 그릇이 출토된 장소
✓ 신라와 고구려 사이의 정치적 관계를 살펴볼 수 있는 유물 _ 호우명 그릇의 의의

문제에서 호우명 그릇이 출토된 장소와 의의를 언급하였기 때문에, 1번 선지가 정답입니다!

해품사의 키워드 분석팁!

| 문제 13~14 | 의상과 원효 |

고대의 승려는 주로 의상과 원효가 출제될 가능성이 높습니다. 의상의 경우 '부석사, 낙산사' 등 사찰 관련 키워드나 '화엄일승법계도'가 언급될 가능성이 높습니다. 원효의 경우 '무애가, 아미타 신앙' 등 불교 대중화 관련 키워드나 '금강삼매경론, 대승기신론소, 십문화쟁론' 등 서적 관련 키워드가 언급될 가능성이 높습니다.

13. ⑤   의상 | 난이도 ●●○

문제 키워드 추출

✔ 부석사 _ 의상이 창건한 사찰
✔ 당에서 유학 _ 의상은 당나라에 유학하며 화엄학을 공부하고 귀국함

문제에서 의상이 창건한 사찰과 활동 사례를 언급하였기 때문에, 의상이 화엄 사상을 정리한 그림시를 다룬 키워드가 언급된 5번 선지가 정답입니다!

① 신라의 원효는 불교 대중화를 위해 불교 교리를 담은 노래인 무애가를 지었다.
② 신라의 원광은 사군이충, 사친이효, 교우이신, 임전무퇴, 살생유택으로 구성된 세속 5계라는 화랑의 규율을 제시하였다.
③ 신라의 혜초는 고대 인도 및 중앙아시아의 국가들을 답사한 뒤 기행문인 『왕오천축국전』을 저술하였다.
④ 고려의 각훈은 삼국 시대부터 고려 시대까지의 승려들의 전기를 정리한 『해동고승전』을 저술하였다.
⑤ 의상은 당에서 화엄학을 공부한 뒤 『화엄일승법계도』라는 그림시를 지어 화엄 사상을 정리하였다. ★ 대표 선지!

14. ①   원효 | 난이도 ●●○

문제 키워드 추출

✔ 금강삼매경론, 대승기신론소 _ 원효가 저술한 불교 관련 대표 저서
✔ 무애가, 불교 대중화 _ 원효는 불교 대중화를 위해 활동한 대표적인 승려임

문제에서 원효의 불교 관련 저서와 불교 대중화 관련 키워드를 언급하였기 때문에, 원효가 주장한 대표적인 사상 관련 키워드가 언급된 1번 선지가 정답입니다!

① 신라의 원효는 다양한 불교 종파의 갈등을 해소하고 불교의 대중화에 기여하기 위해 일심 사상과 화쟁 사상을 주장하였다. ★ 대표 선지!
② 신라의 혜초는 고대 인도 및 중앙아시아의 국가들을 답사한 뒤 기행문인 『왕오천축국전』을 저술하였다.
③ 신라 선덕 여왕 때 자장은 나라를 지키기 위한 목적으로 황룡사 9층 목탑의 건립을 건의하였다.
④ 신라의 원광은 진평왕의 왕명으로 수나라에 군사를 요청하는 글(걸사표)을 작성하였다.
⑤ 고려의 각훈은 삼국 시대부터 고려 시대까지의 승려들의 전기를 정리한 『해동고승전』을 저술하였다.

해품사의 키워드 분석팁!

| 문제 15~17 | 그 외 고대의 승려 |

의상과 원효를 제외한 대표적인 고대의 승려는 원광, 자장, 혜초가 있습니다. 혜초의 경우 주로 중앙아시아 국가를 기행한 뒤 저술한 기행문인 '왕오천축국전'을 핵심 키워드로 제시합니다. 원광의 경우 주로 진평왕의 왕명으로 수나라에 군사를 요청하기 위해 작성한 '걸사표'와 화랑도의 규율을 제시한 '세속 5계'를 핵심 키워드로 제시합니다. 자장의 경우 '선덕 여왕에게 황룡사 구층 목탑의 건립을 건의'하였다는 사실을 핵심 키워드로 제시합니다.

15. ④   혜초 | 난이도 ●●○

문제 키워드 추출

✔ 인도와 중앙아시아 _ 혜초는 고대의 인도와 중앙아시아를 기행함

문제에서 고대의 인도와 중앙아시아를 기행한 인물을 언급하였기 때문에, 혜초가 고대의 인도와 중앙아시아를 기행한 뒤 저술한 기행문을 언급한 4번 선지가 정답입니다!

① 통일 신라 진성 여왕 때 각간 위홍과 승려인 대구화상은 일종의 향가 모음집인 『삼대목』을 편찬하였다.
② 신라의 원광은 사군이충, 사친이효, 교우이신, 임전무퇴, 살생유택으로 구성된 세속 5계라는 화랑의 규율을 제시하였다.
③ 신라의 원효는 불교 대중화를 위해 불교 교리를 담은 노래인 무애가를 지었다.
④ 신라의 혜초는 고대 인도 및 중앙아시아의 국가들을 답사한 뒤 기행문인 『왕오천축국전』을 저술하였다. ★ 대표 선지!
⑤ 신라의 의상은 당에서 화엄학을 공부한 뒤 국내에 귀국하여 『화엄일승법계도』라는 그림시를 지어 화엄 사상을 정리하였다.

16. ④

문제 키워드 추출

✓ 걸사표 _ 원광이 진평왕의 왕명으로 수나라에 군대를 요청하기 위해 작성한 글

문제에서 원광이 작성한 걸사표를 언급하였기 때문에, 원광이 화랑도의 규율을 제시한 세속 5계가 언급된 4번 선지가 정답입니다!

① 신라의 혜초는 고대 인도 및 중앙아시아의 국가들을 답사한 뒤 기행문인 『왕오천축국전』을 저술하였다.

② 신라 선덕 여왕 때 자장은 나라를 지키기 위한 목적으로 황룡사 9층 목탑의 건립을 건의하였다.

③ 신라의 원효는 불교 대중화를 위해 불교 교리를 담은 노래인 무애가를 지었다.

④ 신라의 원광은 사군이충, 사친이효, 교우이신, 임전무퇴, 살생유택으로 구성된 세속 5계라는 화랑의 규율을 제시하였다. ★ 대표 선지!

⑤ 통일 신라의 도선은 풍수지리 사상을 바탕으로 한 지리도참서인 『송악명당기』를 저술하였다.

17. ②

신라의 자장은 선덕 여왕에게 황룡사 구층 목탑의 건립을 건의하였기 때문에, 2번 선지가 정답입니다!

① 통일 신라의 도선은 풍수지리 사상을 국내에 전래하였다.

② 신라 선덕 여왕 때 자장은 나라를 지키기 위한 목적으로 황룡사 9층 목탑의 건립을 건의하였다.

③ 신라의 의상은 당나라에서 귀국한 이후 왕명을 받아 경상북도 영주에 부석사라는 사찰을 창건하였다.

④ 신라의 원광은 사군이충, 사친이효, 교우이신, 임전무퇴, 살생유택으로 구성된 세속 5계라는 화랑의 규율을 제시하였다.

⑤ 신라의 원효는 대승불교의 개론서인 『대승기신론』에 대한 주석을 단 불교 서적인 『대승기신론소』를 저술하였다.

해품사의 키워드 분석팁!

문제 18~19   최치원과 장보고

최치원과 장보고는 출제율이 매우 높은 고대의 대표적인 인물들입니다. 최치원과 관련된 대표적인 키워드는 '계원필경, 격황소서(토황소격문)', '빈공과 급제', '진성 여왕에게 시무 10여 조 건의', '6두품 출신' 등이 있으며, 장보고와 관련된 대표적인 키워드는 '법화원 창건', '청해진 설치', '문성왕 때 반란 주도' 등이 있습니다. 특히 두 인물은 통일 신라 하대의 사회상 유형과 관련된 대표적인 키워드로도 언급될 수 있습니다.

18. ②

문제 키워드 추출

✓ 빈공과 급제 _ 최치원은 당나라의 과거에 급제함
✓ 격황소서 _ 최치원이 황소의 난을 진압하기 위한 목적으로 작성한 글

문제에서 최치원의 활동과 관련된 사례인 빈공과 급제와 격황소서를 언급하였기 때문에, 통일 신라 하대의 대표적인 왕인 진성 여왕이 재위할 당시 시무 10여 조라는 정치 개혁안을 긴의한 사례를 언급한 2번 선지가 정답입니다!

① 신라 진덕여왕 때 김춘추가 당나라로 넘어가 당 태종과 군사 동맹을 성사시켰다.

② 통일 신라의 최치원은 진성 여왕에게 정치 개혁안인 시무 10여 조를 건의하였다. ★ 대표 선지!

③ 신라의 강수는 당나라에 붙잡힌 김인문을 석방시킬 것을 요구하는 외교 문서(청방인문표)를 작성하였다.

④ 김대문은 진골 귀족 출신의 문장가로, 화랑의 행적에 대해 다룬 전기인 『화랑세기』와 승려들의 전기를 다룬 『고승전』을 저술하였다.

⑤ 신라의 설총은 한자의 음과 훈을 빌려 우리말을 표기할 수 있는 표기법인 이두를 체계화하였다.

19. ③

문제 키워드 추출

✓ 법화원 _ 장보고가 중국의 산둥 반도에 창건한 사찰

문제에서 장보고가 창건한 사찰인 법화원을 언급하였기 때문에, 장보고가 완도에 설치한 해상 무역 기지인 청해진을 언급한 3번 선지가 정답입니다!

① 신라의 혜초는 고대 인도 및 중앙아시아의 국가들을 답사한 뒤 기행문인 『왕오천축국전』을 저술하였다.

② 통일 신라의 최치원은 진성 여왕에게 정치 개혁안인 시무 10여 조를 건의하였다.

③ 통일 신라 하대에는 장보고는 청해진이라는 해상 무역 기지를 설치하여 동아시아의 해상 무역을 장악하였다.

④ 통일 신라 하대에는 참선과 수행을 중시하는 선종이라는 불교 종파가 새로 유행하였으며, 선종 불교 집단인 9산 선문의 다양한 승려들이 여러 불교 종파를 창시하였다. 그중 가지산문은 체징이 개창하였다.

⑤ 신라의 설총은 한자의 음과 훈을 빌려 우리말을 표기할 수 있는 표기법인 이두를 체계화하였다.

⑤ 백제의 흑치상지는 임존성에서 백제 부흥 운동을 주도하며 당나라의 소정방이 이끄는 당군을 격퇴하였다.

21. ⑤   설총 | 난이도 ●●●

문제 키워드 추출

✔ 아버지는 원효 _ 설총의 아버지
✔ 화왕계 _ 설총이 간신과 충신을 각자 장미와 할미꽃에 비유하여 저술한 창작 설화

문제에서 설총의 가계와 화왕계와 관련된 키워드를 언급하였기 때문에, 설총이 체계화한 이두를 언급한 5번 선지가 정답입니다!

---

① 김대문은 진골 귀족 출신의 문장가로, 화랑의 행적에 대해 다룬 전기인 『화랑세기』와 승려들의 전기를 다룬 『고승전』을 저술하였다.

② 신라의 강수는 당나라에 붙잡힌 김인문을 석방시킬 것을 요구하는 외교 문서(청방인문표)를 작성하였다.

③ 신라의 혜초는 고대 인도 및 중앙아시아의 국가들을 답사한 뒤 기행문인 『왕오천축국전』을 저술하였다.

④ 고려의 각훈은 삼국 시대부터 고려 시대까지의 승려들의 전기를 정리한 『해동고승전』을 저술하였다.

⑤ 신라의 설총은 한자의 음과 훈을 빌려 우리말을 표기할 수 있는 표기법인 이두를 체계화하였다. ★ 대표 선지!

해품사의 키워드 분석팁!

문제 20~21	그 외 고대의 인물

의상과 원효를 제외한 대표적인 고대 시대의 인물은 김유신, 설총이 있습니다. 김유신의 경우 주로 '금관가야 왕족의 후손', '비담과 염종의 난 진압', '황산벌 전투 승리', '흥무대왕' 등을 핵심 키워드로 제시합니다. 설총의 경우 '원효의 아들', '이두 체계화', '화왕계 진상' 등을 핵심 키워드로 제시합니다.

20. ④   김유신 | 난이도 ●●○

문제 키워드 추출

✔ 수로왕의 12대손 _ 김유신은 금관가야 왕족 출신의 인물임
✔ 비담과 염종의 반란 진압 _ 김유신은 선덕 여왕 때 발생한 반란을 진압함

문제에서 김유신의 가계와 대표 활동 사례를 언급하였기 때문에, 황산벌 전투를 승리로 이끌었다는 사례가 언급된 4번 선지가 정답입니다. 특히 문제에서 삼국 통일에 기여하였다는 사실을 연계하는 것이 중요하였습니다. 또한 문제에 제시된 생몰 연도를 통해 어색한 선지를 소거하는 전략을 활용할 수 있습니다!

---

① 매소성 전투는 675년에 발생하였기 때문에, 시기상 일치하지 않는다.

② 관산성 전투는 554년에 발생하였기 때문에, 시기상 일치하지 않는다.

③ 신라 진덕여왕 때 김춘추가 당나라로 넘어가 당 태종과 군사 동맹을 성사시켰다.

④ 신라의 김유신은 황산벌 전투에서 계백이 이끄는 백제군을 물리쳤다. ★ 대표 선지!

1. ⑤　　신라 진흥왕 | 난이도 ●●○

문제 키워드 추출

✔ 김정희가 금석과안록에서 이 왕이 건립한 순수비임을 고증함 _ 김정희는 진흥왕 순수비를 고증함

문제에서 진흥왕 순수비를 언급하였기 때문에, 진흥왕 때 편찬된 역사서 키워드를 언급한 5번 선지가 정답입니다. 최근 기출 경향에서는 비석을 단독 문제로 제시하는 것보다 다른 주제와 연계하여 언급될 가능성이 높습니다!

① 통일 신라 신문왕 때 귀족들에게 관료전을 지급하고 기존의 귀족들의 경제 기반이었던 녹읍을 폐지하였다.
② 통일 신라 원성왕 때 유교 경전의 독해 능력에 따라 3등급으로 나눠 관리를 선발하는 제도인 독서삼품과를 시행하였다.
③ 신라 법흥왕 때 이차돈의 순교를 계기로 불교가 공인되었다.
④ 신라 문무왕은 지방에 대한 감찰 및 행정에 대한 통제를 위해 지방에 일종의 외관직인 외사정을 파견하였다.
⑤ 신라 진흥왕 때 거칠부에게 명령하여 역사서인 『국사』를 편찬하였다.

2. ⑤　　백제의 성장과 발전 | 난이도 ●●●

문제 키워드 추출

(가) 백제 26대 성왕
✔ 도읍을 사비로 옮기고, 국호를 남부여라고 함 _ 성왕의 백제 중흥 정책

(나) 백제 15대 침류왕
✔ 동진에서 온 마라난타를 통해 불교를 수용 _ 백제 침류왕 때 중국의 동진으로부터 불교를 수용한 사례

(다) 백제 13대 근초고왕
✔ 고구려의 평양성을 공격 _ 백제 근초고왕 때 고구려의 평양성을 공격하여 고국원왕을 전사시킴

백제의 성장과 발전은 평양성 공격(다-근초고왕) → 불교 수용(나-침류왕) → 사비 천도 및 남부여 국호 사용(가-성왕) 순으로 발생하였습니다. 최근 기출 경향에서는 단순히 하나의 왕 업적만 파악하는 것이 아닌 여러 왕의 업적을 동시에 파악해야 풀 수 있는 유형들이 점차 출제되고 있습니다.

3. ①　　금관가야 | 난이도 ●●○

문제 키워드 추출

✔ 수로왕 _ 금관가야를 건국한 왕

문제에서 수로왕을 언급하였으므로, 금관가야가 신라 법흥왕 때 복속되었다는 사실을 언급한 1번이 정답입니다. 가야 유형은 최근 기출에서도 새로운 키워드가 언급된 사례가 거의 없기 때문에, 기존 기출에서 언급된 가야 관련 빈출 키워드를 중심으로 암기하는 것을 권장합니다!

① 신라 법흥왕 때 금관가야의 마지막 왕족인 김구해가 신라에 항복하면서 금관가야는 멸망하였다.
② 고구려에는 여성의 집에 서옥이라는 집을 지어 남성을 머무르게 한 뒤, 여성이 아이를 가지면 남성의 집으로 가서 가정을 이루는 혼인 풍습이 존재하였다.
③ 백제에서는 최고 관등인 좌평을 두어 국정의 주요 사항을 논의하였다.
④ 신라는 귀족 회의인 화백 회의를 만장일치제로 운영하였다.
⑤ 백제 무령왕은 지방의 22담로에 왕족을 파견하여 관리하였다.

4. ⑤　　신라의 특징 | 난이도 ●●●

문제 키워드 추출

✔ 원화(源花) _ 화랑의 기원이 된 청소년 수양 단체
✔ 국선(國仙) _ 화랑의 지도자

문제에서 화랑도와 관련된 전반적인 키워드를 제시하였으므로, 화랑도를 운영한 신라와 관련된 제도를 언급한 5번 선지가 정답입니다. 최근 기출 경향에서는 특정 개념에 대해 깊게 출제하는 사례가 종종 출제됩니다!

① 고구려는 국립 교육 기관인 태학과 미성년 학교인 경당을 운영하였다.
② 조선 시대에는 도성 내 거주하는 병든 사람을 치료하고 유랑민을 구휼하기 위해 활인서를 두었다.
③ 백제의 귀족들은 정사암에 모여 귀족 회의를 개최하였다.
④ 고려 시대에는 도병마사에서 국방 및 군사 문제 등을 논의하였다.
⑤ 신라는 골품에 따라 개인의 사회 활동과 정치 활동의 범위를 엄격히 제한하였다.

5. ③　　살수 대첩과 안시성 전투 | 난이도 ●●○

문제 키워드 추출

(가) 사건(고구려 26대 영양왕, 살수 대첩, 612)
- ✓ 을지문덕 _ 수의 고구려 침략에 맞서 살수 대첩에서 활약한 인물

(나) 사건(고구려 28대 보장왕, 안시성 전투, 645)
- ✓ 안시성 _ 당의 고구려 침략 당시 전투가 벌어진 장소

당나라는 연개소문의 정변을 명분으로 고구려를 침략하였기 때문에, 이와 관련된 흐름을 연계할 수 있는 3번 선지가 정답입니다. 고구려의 대외 항쟁 유형은 최근 기출 경향에서도 출제율이 높은 편은 아니지만, 살수 대첩 → 천리장성 축조 시작 → 연개소문의 정변 → 안시성 전투의 흐름 파악은 필수적입니다!

---

① 고구려 동천왕 때인 3세기에 위나라 관구검의 공격을 받아 환도산성이 함락되었다.(이전)
② 백제의 계백은 660년에 논산 지역의 황산벌에서 신라군에 맞서 항전하다가 끝내 사망하였다.(이후)
③ 연개소문은 642년에 정변을 일으켜 영류왕을 제거한 뒤, 보장왕을 즉위시키고 스스로 대막리지에 올랐다.
④ 고구려 광개토 대왕은 400년에 신라 내물왕의 요청으로 신라에 침입한 왜를 격퇴하였다.(이전)
⑤ 고구려 미천왕 때인 313년에 한사군 중 하나인 낙랑군을 축출하였다.(이전)

6. ④　　삼국의 통일 과정 | 난이도 ●●○

문제 키워드 추출

(가) 사건(신라 30대 문무왕, 기벌포 전투, 676)
- ✓ 기벌포 _ 나·당 전쟁 당시 신라의 수군이 당나라에게 승리한 전투 지역

(나) 사건(백제 부흥 운동, 660~663)
- ✓ 흑치상지 _ 백제 멸망 이후 임존성에서 백제 부흥 운동을 주도한 인물

(다) 사건(고구려 부흥 운동, 668~674)
- ✓ 검모잠, 안승 _ 고구려 멸망 이후 고구려 부흥 운동을 주도한 대표적인 인물들

삼국의 통일 과정은 백제의 멸망(660) → 백제 부흥 운동(나-흑치상지) → 고구려의 멸망(668) → 고구려 부흥 운동(다-검모잠, 안승) → 나·당 전쟁(가-기벌포 전투) 순으로 발생하였습니다.

7. ②　　통일 신라의 경제 상황 | 난이도 ●●○

문제 키워드 추출

- ✓ 도다이사 쇼소인 _ 통일 신라의 민정 문서(촌락 문서)가 발견된 장소
- ✓ 5소경, 서원경 _ 통일 신라의 지방 행정 제도

문제에서 통일 신라의 민정 문서(촌락 문서)와 지방 행정 제도가 언급되었기 때문에, 통일 신라 때 설치된 시장 키워드가 언급된 2번 선지가 정답입니다. 서시 및 남시는 최근 기출에서 처음 언급된 통일 신라의 경제 상황과 관련된 키워드로, 전체 범위를 학습하였다는 가정하에 선지 소거를 통한 접근도 필요합니다!

---

① 조선 전기에 여진을 회유하기 위해 경성과 경원에 무역소를 설치하였다.
② 통일 신라 효소왕 때 경주에 서시와 남시를 설치하여 시장을 확대하였다.
③ 고려 숙종 때 주전도감을 설치하고 삼한통보, 해동통보, 활구(은병) 등 다양한 화폐를 주조하였다.
④ 조선 후기에는 매점매석을 통해 이익을 얻은 도고가 출현하였다.
⑤ 조선 후기에는 외국으로부터 감자, 고구마 등의 구황 작물이 전래되었다.

8. ④　　발해 | 난이도 ●●○

문제 키워드 추출

- ✓ 대조영 _ 고구려 유민 출신으로 발해를 건국한 인물
- ✓ 북국 _ 남북국 시대의 발해를 일컫는 말

문제에서 발해를 건국한 대조영과 북국이라는 키워드가 언급되었기 때문에, 발해의 대표적인 기구가 언급된 4번 선지가 정답입니다. 문적원은 최근 기출에서 처음 언급된 키워드로, 고대에서도 충분히 새로운 선지가 정답으로 언급될 가능성이 있다는 것을 염두에 두어야 합니다!

---

① 백제의 귀족들은 정사암에 모여 국가의 주요 사항을 논의하였다.
② 고구려는 큰 성에 욕살, 작은 성에 처려근지라는 지방관을 각각 파견하였다.
③ 고려 시대에는 도병마사에서 국방 및 군사 문제 등을 논의하였다.
④ 발해는 책·문서 관리와 비문·묘지·외교 문서 작성 등의 업무를 담당하는 기구로 문적원을 두었다.
⑤ 신라는 골품에 따라 개인의 사회 활동과 정치 활동의 범위를 엄격히 제한하였다.

9. ⑤

통일 신라 하대에 유행한 선종의 영향으로 다양한 승탑이 지어졌기 때문에, 이와 관련된 내용을 연결할 수 있는 5번 선지가 정답입니다. 최근 기출 경향에서는 여러 문화유산의 특징을 동시에 파악하는 유형을 다양한 방식으로 출제합니다!

---

① 무구정광대다라니경은 통일 신라 때 지어진 불국사 3층 석탑(석가탑)에서 발견된 것으로, 현존하는 가장 오래된 목판 인쇄물이다.

② 나·당 연합군에 의해 백제가 함락된 뒤 당의 소정방의 명으로 글을 새긴 탑은 부여 정림사지 5층 석탑이다.

③ 신라 선덕 여왕 때 자장이 나라를 지키기 위한 목적으로 황룡사 9층 목탑의 건립을 건의하였다.

④ 신라 분황사 모전 석탑은 돌을 벽돌 모양으로 다듬어 쌓아 올린 탑이다.

⑤ 통일 신라 하대에는 선종이 널리 퍼지면서 승려의 사리를 보관하는 승탑이 유행하였다. 화순 쌍봉사 철감선사탑은 철감선사 도윤의 승탑으로, 전체 평면이 팔각을 이루는 팔각 원당형 구조로 이루어졌다.

PART 3 고려

각 문제는 이 주제에서 가장 많이
출제된 키워드로 구성하였습니다.

문제별 키워드 분류표

문제	키워드	출제 빈도(27회분 中)
1~2	견훤	➡ 6번 출제
3~4	궁예	➡ 7번 출제
5~6	후삼국의 통일 과정	➡ 5번 출제
7~8	왕건	➡ 8번 출제
9	광종	➡ 5번 출제
10	고려 성종	➡ 8번 출제
11	고려 전기의 왕 흐름	➡ 3번 출제
12	도병마사	➡ 2번 출제
13	어사대	➡ 4번 출제
14~15	그 외 고려 시대의 중앙 정치 제도	➡ 2번 출제
16~17	고려 시대의 지방 행정 제도와 군사 제도	➡ 2번 출제

해품사의 키워드 분석팁!

문제 1~2	견훤

견훤은 후백제를 건국한 후삼국 시대의 대표적인 인물입니다.
견훤에 대한 문제 및 정답 키워드로는 주로 '완산주에서 후백제
건국', '경애왕 피살', '공산 전투 승리 및 고창 전투 패배', '신검
에 의해 금산사 유폐', '후당 및 오월에 사신 파견' 등이 언급됩
니다.

1. ②
견훤 | 난이도 ●○○

문제 키워드 추출

✓ 완산주 _ 견훤이 후백제를 건국한 지역, 현재의 전주 지역
에 해당함

문제에서 견훤이 후백제를 건국한 지역인 완산주가 언급되
었으므로, 견훤의 외교 정책인 후당과 오월에 사신을 파견하
였다는 사실을 다룬 ㄱ 선지와 경애왕 피살을 다룬 ㄷ 선지
를 고를 필요가 있습니다!

(ㄱ) 후백제를 건국한 견훤은 중국과의 외교를 수행하여 당시 중
　　국의 5대 10국의 국가 중 일부인 후당과 오월에 사신을 파
　　견하여 교류하였다. ★ 대표 선지!

ㄴ. 궁예는 최고 중앙 관서로 광평성이라는 기구를 설치하였다.

(ㄷ) 후백제의 견훤은 신라의 경주 내에 위치한 포석정을 습격하
　　여 연회를 즐기던 경애왕을 피살시킨 뒤 경순왕을 즉위시
　　켰다.

ㄹ. 고려의 왕건은 신하들의 예절을 밝히기 위한 목적으로 『정
　　계』와 『계백료서』를 직접 저술하여 반포하였다.

2. ①
견훤 | 난이도 ●○○

문제 키워드 추출

✓ 완산주 _ 견훤이 후백제를 건국한 지역, 현재의 전주 지역
에 해당됨

문제에서 견훤이 후백제를 건국한 완산주가 언급되었으므
로, 견훤이 이끈 후백제의 군대가 고려의 군대에 승리한 전
투 사례인 공산 전투를 언급한 1번 선지가 정답입니다!

① 후백제의 견훤은 고려와의 전투 중 공산 전투에서 승리하였
　고, 고창 전투에서 패배하였다.

② 고려의 왕건은 자신의 성씨(姓氏)를 하사하는 사성 정책을
　실시하였는데, 대표적으로 지방의 유력한 호족이나 발해 유
　민 중 왕족에게 왕씨 성을 하사하였다.

③ 고려의 충목왕은 불법 토지 등의 문제를 해결하기 위한 폐
　정 개혁 기관인 정치도감을 설치하였다.

④ 통일 신라 하대에 장보고는 청해진이라는 해상 무역 기지를
　설치하여 동아시아의 해상 무역을 장악하였다.

⑤ 후고구려의 궁예는 최고 중앙 관서로 광평성이라는 기구를
　설치하고, 소속 관원으로 광치나·서사 등을 두었다.

해품사의 키워드 분석팁!

문제 3~4	궁예

궁예는 후고구려를 건국한 후삼국 시대의 대표적인 인물입니
다. 궁예는 문제 및 정답 키워드로 주로 '신라 왕족 출신', '양길
의 휘하에서 성장', '광평성 체제 정비', '미륵불 자처', '마진과
태봉(국호)', '송악과 철원(수도)', '무태(연호)' 등을 언급합니다.

3. ②

문제 키워드 추출

- ✓ 신라 왕족 출신 _ 궁예의 출신 신분
- ✓ 양길 _ 궁예는 강원도 지역 출신의 호족인 양길의 휘하에서 성장함
- ✓ 송악, 마진 _ 후고구려의 수도, 국호

문제에서 궁예의 출신 신분과 성장 과정, 후고구려와 관련된 전반적인 사실을 언급하였으므로, 후고구려의 최고 중앙 관서가 언급된 2번 선지가 정답입니다!

① 후백제를 건국한 견훤은 중국과의 외교를 수행하여 당시 중국의 5대 10국의 국가 중 일부인 후당과 오월에 사신을 파견하여 교류하였다.
② 후고구려의 궁예는 최고 중앙 관서로 광평성이라는 기구를 설치하였다. ★ 대표 선지!
③ 통일 신라 하대에 장보고는 청해진이라는 해상 무역 기지를 설치하여 동아시아의 해상 무역을 장악하였다.
④ 고려의 왕건은 일리천 전투에서 후백제의 신검이 이끄는 군대에 승리하였다.
⑤ 후백제의 견훤은 신라의 경주 내에 위치한 포석정을 습격하여 연회를 즐기던 경애왕을 피살시킨 뒤 경순왕을 즉위시켰다.

4. ②

문제 키워드 추출

- ✓ 신라 왕족 출신 _ 궁예의 출신 신분
- ✓ 태봉, 철원 _ 후고구려의 국호, 수도

문제에서 궁예의 출신 신분과 후고구려와 관련된 전반적인 사실을 언급하였으므로, 궁예가 정권 말기에 미륵불을 자처한 사실을 다룬 2번 선지가 정답입니다!

① 고려의 왕건은 발해를 멸망시킨 거란을 적대시하여 거란에서 보낸 낙타를 굶겨 죽였다(만부교 사건).
② 후고구려의 궁예는 왕권을 강화하기 위해 스스로 미륵불이라고 자처하며 독재를 일삼다가 왕건에 의해 축출되었다.
③ 후백제의 견훤은 신라의 경주 내에 위치한 포석정을 습격하여 연회를 즐기던 경애왕을 피살시킨 뒤 경순왕을 즉위시켰다.
④ 고려의 광종은 왕권 강화 및 호족의 경제적 기반 약화와 국가의 재정 확보를 위한 목적으로 억울하게 노비가 된 자들을 양인으로 해방시키는 정책인 노비안검법을 실시하였다.
⑤ 통일 신라 하대에 장보고는 청해진이라는 해상 무역 기지를 설치하여 동아시아의 해상 무역을 장악하였다.

해품사의 키워드 분석팁!

문제 5~6	후삼국의 통일 과정

후삼국의 통일 과정 유형은 흐름형 유형으로 출제되나, 삼국의 통일 과정 유형보다는 빈출도가 낮으며, 비교적 쉽게 공략할 수 있습니다. 이 유형의 경우 기본적으로 고려 건국 → 경애왕 피살 → 공산 전투 → 고창 전투 → 견훤의 금산사 유폐 및 고려 귀순 → 통일 신라의 멸망(김부의 경주 사심관 임명) → 일리천 전투의 흐름 파악이 필수적입니다.

5. ④

문제 키워드 추출

(가) 사건(고려 초대 왕건, 고려 건국, 918)
- ✓ 궁예가 미복(微服) 차림으로 북문을 빠져나감 _ 왕건을 중심으로 정변을 일으켜 궁예를 축출함

(나) 사건(고려 초대 왕건, 견훤의 고려 귀순, 935)
- ✓ 견훤이 나주로 달아나 입조를 요청함 _ 견훤은 금산사에서 몰래 탈출하여 고려에 귀순함

문제에서 고려 건국 및 견훤의 고려 귀순과 관련된 흐름이 언급되었으므로, 고려의 왕건과 후백제의 견훤 사이의 대표적인 전투 사례를 다룬 4번 선지가 정답입니다!

① 견훤은 900년에 현재의 전주 지역에 위치하였던 완산주에서 후백제를 건국하였다.(이전)
② 통일 신라 신문왕은 681년에 김흠돌이 일으킨 반란을 진압하는 동시에 일부 귀족 세력을 숙청하였다.(이전)
③ 통일 신라 하대인 828년에 장보고가 청해진이라는 해상 무역 기지를 설치하여 동아시아의 해상 무역을 장악하였다.(이전)
④ 고려는 927년에 공산 전투에서 견훤이 이끄는 후백제의 군대에 패배하였으며, 당시 고려의 장수인 신숭겸이 전사하였다. ★ 대표 선지!
⑤ 고려의 왕건은 936년에 일리천 전투에서 후백제의 신검이 이끄는 군대에 승리하였다.(이후)

6. ③
후삼국의 통일 과정 | 난이도 ●●●

문제 키워드 추출

(가) 사건(고려 초대 왕건, 고창 전투, 930)
- ✔ 고창군(현 안동) _ 고려의 왕건이 후백제의 견훤과의 전투에서 승리한 고창 전투와 관련된 지역

(나) 사건(고려 초대 왕건, 공산 전투, 927)
- ✔ 대구 공산(현 팔공산) _ 고려의 왕건이 후백제의 견훤과의 전투에서 패배한 공산 전투와 관련된 지역

(다) 사건(통일 신라 56대 경순왕, 통일 신라 멸망, 935)
- ✔ 신라국을 폐하여 경주라 하고, 그 지역을 김부에게 식읍으로 하사함 _ 통일 신라 멸망 이후 경순왕(김부)은 경주의 사심관으로 임명됨

(라) 사건(고려 초대 왕건, 일리천 전투, 936)
- ✔ 일리천 _ 고려의 왕건이 후백제의 신검과의 전투에서 승리한 일리천 전투와 관련된 지역

후삼국의 통일 과정의 흐름은 공산 전투(나-927) → 고창 전투(가-930) → 통일 신라 멸망(다-935) → 일리천 전투(라-936) 순으로 발생하였습니다.

해품사의 키워드 분석팁!

문제 7~8	왕건

왕건은 후삼국의 통일을 완성한 고려의 초대 왕으로, 크게 후삼국 시대의 인물 유형과 고려 전기의 왕 업적 유형으로 나눠 공략할 필요가 있습니다. 후삼국 시대의 인물 유형의 키워드 사례로는 '고려 건국', '공산 전투 패배 및 고창 전투 승리', '일리천 전투 승리', '후삼국 통일 완성'이 있으며, 고려 전기의 왕 업적 유형의 키워드 사례로는 '기인 제도 및 사심관 제도 실시', '역분전 지급', '북진 정책 추진', '『정계』 및 『계백료서』 저술', '천수 연호 사용', '훈요 10조', '흑창 설치' 등이 있습니다.

---

7. ④
왕건 | 난이도 ●○○

문제 키워드 추출

- ✔ 고창 전투에서 (가)을/를 도와 견훤에 맞서 싸움 _ 고려의 왕건은 고창 전투에서 후백제 견훤의 군대에 승리함

문제에서 고창 전투에서 견훤과 맞서 싸운 왕건을 언급하였으므로, 왕건이 관리들이 지켜야 할 규범을 제시할 목적으로 저술한 『정계』와 『계백료서』를 언급한 4번 선지가 정답입니다!

---

① 후백제의 견훤은 신라의 경주 내에 위치한 포석정을 습격하여 연회를 즐기던 경애왕을 피살시킨 뒤 경순왕을 즉위시켰다.

② 고려 예종 때 관학 진흥을 위해 국자감 내에 장학 재단인 양현고와 전문 강좌인 7재를 마련하였다.

③ 궁예는 국호를 후고구려에서 마진으로 바꾸고, 무태라는 연호를 사용하였다.

④ 고려 왕건 때 관리의 규범을 제시할 목적으로 『정계』 및 『계백료서』가 반포되었다. ★ 대표 선지!

⑤ 고려의 광종은 후주와 사신을 교환하였으며, 특히 후주 출신의 쌍기는 고려에 귀화하여 과거제를 건의하였다.

---

8. ②
왕건 | 난이도 ●○○

문제 키워드 추출

- ✔ 정계와 계백료서 _ 왕건이 관리들이 지켜야 할 규범을 제시할 목적으로 저술한 책
- ✔ 훈요 10조 _ 왕건이 후대의 왕에게 남긴 열 가지 유언

문제에서 『정계』와 『계백료서』, 훈요 10조가 언급되었으므로, 왕건의 북진 정책과 관련된 사례를 언급한 2번 선지가 정답입니다!

---

① 고려 성종 때 지방 행정 조직으로 12목을 설치하고 지방관을 파견하였다.

② 고려 왕건 때 서경(평양)을 북진 정책의 기지로 삼아, 영토를 일부 확장하였다.

③ 고려 예종 때 관학 진흥을 위해 국자감 내에 장학 재단인 양현고와 전문 강좌인 7재를 마련하였다.

④ 고려 광종 때 쌍기의 건의로 관리 임용 제도인 과거제가 시행되었다.

⑤ 고려의 광종은 왕권 강화 및 호족의 경제적 기반 약화와 국가의 재정 확보를 위한 목적으로 억울하게 노비가 된 자들을 양인으로 해방시키는 정책인 노비안검법을 실시하였다.

46 시대별 기출회독 600제+기출선지_PART3 고려

광종은 고려 전기에 왕권 강화와 관련된 다양한 정책을 실시한 대표적인 왕으로서 문제 및 정답 키워드로 '쌍기의 건의로 과거제 실시', '관리의 공복 제정', '광덕 및 준풍 연호 사용', '노비안검법 실시' 등이 있습니다.

9. ③
광종 | 난이도 ●○○

문제 키워드 추출

✓ 광덕 _ 광종 때 사용된 대표적인 연호
✓ 백관의 공복을 정함 _ 광종 때 관리들의 위계질서를 확립하기 위해 시행한 정책

문제에서 광덕 연호 사용 및 공복 제정이 언급되었으므로, 고려 광종 때 왕권 강화 및 호족의 경제적 기반 약화를 목적으로 시행한 노비안검법이 언급된 3번 선지가 정답입니다!

① 고려 성종 때 지방 행정 조직으로 12목을 설치하고 지방관을 파견하였다.
② 고려 숙종 때 화폐 주조를 위해 주전도감을 설치한 뒤, 삼한통보, 해동통보, 활구(은병) 등 다양한 화폐를 주조하였다.
③ 고려의 광종은 왕권 강화 및 호족의 경제적 기반 약화와 국가의 재정 확보를 위한 목적으로, 억울하게 노비가 된 자들을 양인으로 해방시키는 정책인 노비안검법을 실시하였다.
★ 대표 선지!
④ 고려 현종 때 거란의 침략에 대비하기 위해 수도 인근에 나성을 축조하였다.
⑤ 고려 숙종 때 국자감 내에 일종의 출판부인 서적포를 설치하였다.

고려 성종은 고려 전기에 지방과 관련된 여러 정책을 실시하고 다양한 기구를 설치한 대표적인 왕으로서, 문제 및 정답 키워드로 '경학박사 및 의학박사 파견', '최승로의 시무 28조 건의', '향리제 실시', '12목 설치', '국자감 설치(국립 교육 기관)', '상평창 설치(물가 조절 기구)', '의창 설치(기존의 흑창 개편)' 등이 있습니다.

10. ④
고려 성종 | 난이도 ●○○

문제 키워드 추출

✓ 경학박사와 의학박사 _ 고려 시대에 지방 관민의 자제를 교육하기 위하여 둔 교수직과 의학 교육을 담당한 관직, 고려 성종 때 지방에 파견됨
✓ 12목 _ 고려 성종 때 정비된 지방 행정 조직

문제에서 고려 성종 때 지방에 파견된 교수직과 지방 행정 조직이 언급되었으므로, 고려 성종에게 유학 정치의 실현을 건의한 최승로가 언급된 4번 선지가 정답입니다!

① 고려 광종 때 쌍기의 건의로 관리 임용 제도인 과거제가 시행되었다.
② 고려 예종 때 관학 진흥을 위해 국자감 내에 장학 재단인 양현고와 전문 강좌인 7재를 마련하였다.
③ 고려 공민왕 때 기존의 국자감을 성균관으로 개칭하여 유학 교육을 강화하였다.
④ 최승로는 고려 성종에게 불교를 비판하고 유교 정치의 실현을 건의하는 내용을 담은 시무 28조를 올렸다. ★ 대표 선지!
⑤ 고려 왕건 때 관리의 규범을 제시할 목적으로 『정계』 및 『계백료서』가 반포되었다.

한능검에서는 고려 전기의 왕 업적 유형을 어렵게 출제하기 위해, 가끔 빈출도가 낮은 고려 전기의 왕을 연계하여 흐름형 유형을 출제합니다. 이때 대표적으로 언급될 수 있는 왕은 '혜종(2대-왕규의 난 발생)', '정종(3대-광군 창설)', '경종(5대-시정 전시과 시행)', '현종(8대-거란의 2차~3차 침략 발생, 초조대장경 조판)'이 있습니다.

11. ④ 고려 전기의 왕 | 난이도 ●●●

문제 키워드 추출

(가) 왕(고려 5대 경종)
✔ 처음으로 직관(職官)과 산관(散官) 각 품의 전시과를 제정함 _ 고려 경종 때 시행한 시정 전시과

(나) 왕(고려 초대 왕건)
✔ 역분전 _ 고려 왕건 때 후삼국의 통일에 기여한 공신들에게 공로와 인품을 기준으로 지급한 토지

(다) 왕(고려 4대 광종)
✔ 쌍기, 과거 _ 고려 광종 때 후주 출신의 쌍기의 건의를 받아 시행한 관리 임용 제도

(라) 왕(고려 6대 성종)
✔ 12목 _ 고려 성종 때 정비된 지방 행정 조직

고려 전기의 왕은 초대 왕건(나-역분전) → 4대 광종(다-과거제 실시) → 5대 경종(가-시정 전시과 시행) → 6대 성종(라-12목 설치) 순으로 재위하였습니다.

해품사의 키워드 분석팁!

| 문제 12 | 도병마사 |

도병마사는 고려 시대의 대표적인 중앙 정치 기구인 동시에, 고려 시대의 대표적인 독자 기구입니다. 도병마사와 관련된 문제 및 정답 키워드로는 주로 '국방 및 군사 문제 논의', '중서문하성의 재신 및 중추원의 추밀이 회의에 참여함(재추 회의)', '원 간섭기에 도평의사사로 개편됨' 등이 언급됩니다.

12. ② 도병마사 | 난이도 ●●●

문제 키워드 추출

✔ 고려의 독자적 정치 기구 _ 도병마사의 의의
✔ 고려 후기에 도평의사사로 개편됨 _ 원 간섭기 때 확대 개편

문제에서 고려의 독자적 정치 기구와 도평의사사 개편을 언급하였으므로, 도병마사의 대표적인 역할인 국방 및 군사 문제 논의를 언급한 선지인 2번이 정답입니다!

① 조선의 춘추관은 당대의 정치를 기록하는 동시에 『조선왕조실록』 등의 역사서를 편찬한 뒤 사고에 보관하는 일을 담당하였다.
② 도병마사는 고려 시대의 대표적인 독자적 정치 기구로, 국방과 군사 문제 등 국가의 중요한 업무 사항을 논의하였다.
★ 대표 선지!
③ 고려의 삼사는 화폐, 곡식의 출납과 회계를 담당하였다.
④ 발해의 중앙 정치 기구인 정당성은 좌사정, 우사정의 이원적인 체제로 운영되었다.
⑤ 고려의 최우는 자신의 집에 인사 행정 기구인 정방을 설치하여 인사 행정권을 장악하였다.

해품사의 키워드 분석팁!

| 문제 13 | 어사대 |

어사대는 고려 시대의 대표적인 감찰 기구로, 조선 시대의 사헌부와 역할이 유사하여 혼동하기 쉬우므로 주의할 필요가 있습니다. 어사대와 관련된 문제 및 정답 키워드로는 주로 '관리 감찰 및 풍속 교정', '관리 임명에 대한 서경권 행사', '중서문하성의 낭사와 함께 대간으로 불림' 등이 제시됩니다.

13. ⑤ 어사대 | 난이도 ●●○

문제 키워드 추출

✔ 시정(時政)을 논박하고 풍속을 교정함 _ 어사대의 역할
✔ 감찰어사 _ 어사대의 대표적인 관직
✔ 『고려사』 _ 어사대는 고려 시대의 대표적인 기구임

문제에서 어사대의 역할, 관직, 관련 시기 등의 키워드를 제시하였으므로, 어사대의 대표적인 역할인 서경권을 언급한 5번 선지가 정답입니다. 특히 3번 선지의 사헌부와 혼동하기 쉬우나, 사료 하단의 『고려사』를 통해 시기를 명확히 파악하는 전략이 필요합니다!

① 고려의 중서문하성은 국정을 총괄하는 최고 중앙 관서이다.
② 무신 집권기 초기에는 중방이 최고 권력 기구 역할을 담당하였으나, 이후 최충헌이 설치한 교정도감이 최고 권력 기구가 되었다.
③ 조선의 사헌부는 사간원, 홍문관과 함께 조선 시대의 언론 기구인 삼사로 불렸다.
④ 고려의 도병마사는 원 간섭기 때 도평의사사로 개편되었다.
⑤ 고려의 어사대는 중서문하성의 낭사와 함께 관리 임명에 대한 동의 및 거부권 행사가 가능한 서경권을 행사하였다.
★ 대표 선지!

해품사의 키워드 분석팁!

문제 14~15	그 외 고려 시대의 중앙 정치 제도

고려 시대의 중앙 정치 제도는 가끔 단일 통합형 유형으로 출제될 수 있습니다. 이때 언급될 수 있는 중앙 정치 기구의 사례로는 대표적으로 '중서문하성(국정 총괄, 수장 문하시중)', '중추원(군사 기밀 및 왕명 출납 담당)', '삼사(화폐와 곡식의 출납 담당)', '식목도감(법제 및 격식 담당)' 등이 있습니다.

14. ③　　　　고려의 중앙 정치 기구 | 난이도 ●●○

고려의 어사대는 관리의 비리를 감찰하고 풍기를 단속하는 역할을 담당한 중앙 정치 기구이므로, 3번 선지가 정답입니다!

① 조선의 홍문관은 일종의 학술 기관으로서, 왕에 대한 교육을 담당하는 경연을 관장하였다.
② 조선의 춘추관은 당대의 정치를 기록하는 동시에 『조선왕조실록』 등의 역사서를 편찬한 뒤 사고에 보관하는 일을 담당하였다.
③ 고려의 어사대는 일종의 감찰 기구로서 관리의 비리를 감찰하고 풍기를 단속하는 역할을 담당하였다.
④ 조선의 한성부는 수도의 행정과 치안을 담당하였다.
⑤ 고려의 삼사는 화폐와 곡식의 출납에 대한 회계를 담당하였다.

15. ①　　　　고려의 중앙 정치 기구 | 난이도 ●●○

고려의 중추원은 군사 기밀과 왕명 출납을 담당하였으며, 고려의 어사대는 관리 임명에 대한 동의 및 거부권을 행사하는 서경권을 가졌기 때문에, 이와 관련된 내용을 다룬 ㄱ 선지와 ㄴ 선지를 고를 필요가 있습니다!

ㄱ) 고려의 중추원은 군사 기밀과 왕명 출납을 담당한 대표적인 기구이다. ★ 대표 선지!
ㄴ) 고려의 어사대는 중서문하성의 낭사와 함께 관리 임명에 대한 동의 및 거부권 행사가 가능한 서경권을 행사하였다.
ㄷ. 고려의 삼사는 화폐와 곡식의 출납에 대한 회계를 담당하였다.
ㄹ. 고려의 도병마사는 원 간섭기 때 도평의사사로 개편되었다.

해품사의 키워드 분석팁!

문제 16~17	고려 시대의 지방 행정 제도와 군사 제도

고려 시대의 지방 행정 제도와 군사 제도는 중앙 정치 제도에 비해서는 출제율이 낮은 편입니다. 우선 고려 시대의 지방 행정 제도 관련 대표 키워드로는 수도(개경)와 지방 행정 체제(5도와 양계), 지방관(5도-안찰사, 양계-병마사), 특수 행정 구역(향·소·부곡) 등이 있으며, 군사 제도 관련 대표 키워드로는 '중앙군(2군-응양군 용호군, 6위)', '지방군(주현군-5도, 주진군-양계)', '장군(대장군 및 상장군)' 등이 있습니다.

16. ⑤　　　　고려의 지방 행정 제도 | 난이도 ●●○

문제 키워드 추출

✓ 문제에 제시된 지도 _ 고려의 지방 행정 체제인 5도와 양계
✓ 향, 부곡, 소 _ 고려의 특수 행정 구역

문제에서 고려의 지방 행정 체제와 특수 행정 구역 관련 내용을 언급하였으므로, 고려 시대에 파견된 지방관을 언급한 5번 선지가 정답입니다!

① 조선 시대에는 유향소를 통제하기 위해 중앙에 경재소라는 기구를 설치하였다.

② 고려 시대에는 지방관이 파견된 주현보다 지방관이 파견되지 않은 속현이 더 많았다.

③ 통일 신라는 지방의 세력을 견제하기 위해 중앙 정부에서 각 지방의 자제를 볼모로 잡은 상수리 제도를 운영하였다.

④ 통일 신라 신문왕 때 전국을 9개의 주(州)로 구분한 뒤, 특수 행정 구역인 5소경을 설치하였다.

⑤ 고려 시대에는 5도에 안찰사를 파견하였으며, 양계에 병마사를 파견하였다. ★ 대표 선지!

17. ③

문제 키워드 추출

✓ 2군 6위 _ 고려 시대의 중앙군

문제에서 고려의 중앙군인 2군 6위를 언급하였으므로, 고려 시대의 대표적인 독자적 정치 기구가 언급된 3번 선지가 정답입니다!

① 발해는 관리 감찰 기구로 중정대를 두어 운영하였다.

② 통일 신라 신문왕 때 전국을 9개의 주(州)로 구분한 뒤, 특수 행정 구역인 5소경을 설치하였다.

③ 고려 시대에는 대표적인 독자적 정치 기구로 도병마사와 식목도감을 운영하였다.

④ 통일 신라 원성왕 때 유교 경전의 독해 능력에 따라 3등급으로 나눠 관리를 선발하는 제도인 독서삼품과를 시행하였다.

⑤ 백제에서는 왕족인 부여씨와 함께 백씨, 해씨 등 8성의 귀족이 지배층을 구성하였다.

각 문제는 이 주제에서 가장 많이 출제된 키워드로 구성하였습니다.

문제별 키워드 분류표

문제	키워드	출제 빈도(27회분 中)
1~4	고려 중기의 정치적 변동 ➡	7번 출제
5~8	무신 정권 시기의 역사적 사실 ➡	12번 출제
9~10	최충헌과 최우 ➡	21번 출제

해품사의 키워드 분석팁!

문제 1~4   고려 중기의 정치적 변동

고려 중기의 정치적 변동은 사실상 흐름형 유형으로 출제되며, 고려 중기와 관련된 대표적인 사건들의 원인, 전개, 영향을 파악하는 것이 중요합니다. 이 유형의 경우 기본적으로 이자겸의 난 → 묘청의 서경 천도 운동 및 반란 → 무신 정변 → 무신 정권 시기의 역사적 사실의 흐름 파악이 필수적입니다.

1. ①   이자겸의 난 | 난이도 ●●●

문제 키워드 추출

문제에 제시된 사건(고려 17대 인종, 이자겸의 난, 1126)
✔ 인종이 그를 제거하려 하자 척준경과 함께 반란을 일으킴 _ 이자겸의 난의 원인과 반란을 주도한 인물

이자겸의 난은 고려 인종 때 발생한 정치적 사건이기 때문에, 흐름상 묘청의 난 이전 시기인 1번 선지가 적절합니다!

2. ③   묘청의 난 | 난이도 ●●○

문제 키워드 추출

✔ 서경 천도와 금국 정벌을 주장 _ 묘청의 난 당시의 주장
✔ 연호 천개, 대위국 _ 묘청의 난 당시 묘청이 건국한 국가의 연호와 국호
✔ 조선 역사상 일천년래 제일 대사건 _ 묘청의 난에 대한 평가

문제에서 묘청의 난과 관련된 다양한 키워드가 언급되었으므로, 묘청의 난의 진압 과정을 언급한 3번 선지가 정답입니다!

① 고려 현종 때 거란의 2차 침입을 계기로 왕이 나주까지 피란하였다.
② 고려 현종 때 거란의 침략을 방어하기 위한 염원을 담아 불교 경전인 초조대장경이 조판되었다.
③ 고려 인종 때 발생한 묘청의 난은 김부식 등이 이끄는 관군에 의해 진압되었다. ★ 대표 선지!
④ 이성계는 요동 정벌 당시 4불가론을 내세우며 위화도 회군을 단행하였고, 이후 개경 내 최영의 군대에 승리하며 정권을 장악하였다.
⑤ 고려 숙종 때 여진의 침입에 대응하기 위해 신기군, 신보군, 항마군으로 편성된 별무반을 조직하였다.

3. ①   이자겸의 난과 무신 정변 | 난이도 ●●●

문제 키워드 추출

(가) 사건(고려 17대 인종, 이자겸의 난, 1126)
✔ 이자겸, 척준경 _ 고려 인종 때 반란을 주도한 대표적인 인물들

(나) 사건(고려 18대 의종, 무신 정변, 1170)
✔ 이의방, 정중부 _ 고려 의종 때 무신에 대한 차별에 불만을 품고 반란을 주도한 대표적인 인물들

① 고려 인종 때 발생한 묘청의 난은 1136년에 김부식 등이 이끄는 관군에 의해 진압되었다.
② 고려의 강조는 1009년에 정변을 일으켜 목종을 폐위한 뒤 현종을 즉위시켰다.(이전)
③ 정중부 정권 때인 1176년에 특수 행정 구역에 대한 차별에 반발하여 망이·망소이가 반란을 일으켰다.(이후)
④ 고려 성종 때 발생한 993년 거란의 제1차 침입 당시 서희는 거란 장수 소손녕과의 외교 담판을 통해 강동 6주를 획득하였다.(이전)
⑤ 고려의 최충헌은 1196년에 이의민을 제거한 뒤 명종에게 일종의 시무책인 봉사 10조를 올렸다.(이후)

4. ③　고려 중기의 정치적 변동 | 난이도 ●●●

문제 키워드 추출

(가) 사건(고려 17대 인종, 묘청의 난, 1135~1136)
✓ 묘청, 서경에서 난을 일으킴 _ 묘청은 서경 천도 운동이
  실패하자, 서경(평양)에서 반란을 일으킴

(나) 사건(고려 17대 인종, 이자겸의 난, 1126)
✓ 이자겸, 척준경 _ 고려 인종 때 반란을 주도한 대표적인
  인물들

(다) 사건(고려 18대 의종, 무신 정변, 1170)
✓ 정중부, 이의방 _ 고려 의종 때 무신에 대한 차별에 불만
  을 품고 반란을 주도한 대표적인 인물들

(라) 사건(고려 19대 명종, 망이·망소이의 난, 1176)
✓ 망이·망소이 _ 정중부 정권 때 특수 행정 구역의 차별에
  불만을 품고 봉기한 인물들

고려 중기의 정치적 변동의 흐름은 이자겸의 난(나-1126)
→ 묘청의 난(가-1135~1136) → 무신 정변(다-1170) →
망이·망소이의 난(라-1176) 순으로 발생하였습니다.

해품사의 키워드 분석팁!

문제 5~8	무신 정권 시기의 역사적 사실

무신 정권 시기의 역사적 사실 유형은 고려 시대에서 가장 출
제 빈도가 높은 정치 파트로, 크게 무신 정권의 대표 집권자의
순서와 더불어 각 집권자의 업적, 각 집권자 때 발생한 반란 사
례를 암기하는 것이 중요합니다. 무신 정권 시기의 대표 집권자
의 순서는 이의방 → 정중부 → 경대승 → 이의민 → 최충헌 →
최우이며, 무신 정권 시기의 대표 반란 사례로는 김보당의 난과
조위총의 난(이의방 정권) → 망이·망소이의 난(정중부 정권)
→ 김사미와 효심의 난(이의민 정권) → 만적의 난과 최광수의
난(최충헌 정권) → 이연년 형제의 난(최우 정권)이 순서대로
발생하였습니다.

---

5. ④　김보당의 난과 만적의 난 | 난이도 ●●●

문제 키워드 추출

(가) 사건[고려 19대 명종(이의방 정권), 김보당의 난, 1173]
✓ 김보당 _ 이의방 정권 때 의종의 복위를 주장하며 반란을
  주도한 인물

(나) 사건[고려 20대 신종(최충헌 정권), 만적의 난, 1198]
✓ 만적 _ 최충헌 정권 때 노비들의 신분 해방을 주장하며 반
  란을 일으킨 인물

---

① 통일 신라 헌덕왕 때 김헌창은 아버지인 김주원이 왕이 되
  지 못한 것에 불만을 품고 반란을 주도하였다.(이전)
② 고려의 최우는 1225년에 자신의 집에 인사 행정 기구인 정
  방을 설치하여 인사 행정권을 장악하였다.(이후)
③ 고려 인종 때 이자겸과 척준경이 반란을 주도하여 권력을
  일시적으로 찬탈하였다.(이전)
④ 고려의 최충헌은 1196년에 이의민을 제거한 뒤 명종에게
  일종의 시무책인 봉사 10조를 올렸다. ★ 대표 선지!
⑤ 고려 인종 때 발생한 묘청의 난은 1136년에 김부식 등이 이
  끄는 관군에 의해 진압되었다.(이전)

---

6. ④　김사미와 효심의 난과 최광수의 난 | 난이도 ●●○

문제 키워드 추출

위의 사료[고려 19대 명종(이의민 정권), 김사미와 효심의 난,
1193]
✓ 김사미, 효심 _ 이의민 정권 때 신라 부흥을 표방하며 반
  란을 주도한 인물들

아래의 사료[고려 23대 고종(최충헌 정권), 최광수의 난,
1217]
✓ 최광수 _ 최충헌 정권 때 고구려 부흥을 표방하며 반란을
  주도한 인물

문제에 제시된 김사미와 효심의 난과 최광수의 난은 공통적
으로 무신 정권 때 발생한 반란 사례이므로, 흐름상 무신 정
변 이후인 4번 선지가 적절합니다!

7. ⑤

문제 키워드 추출

문제에 제시된 사료[고려 20대 신종(최충헌 정권), 만적의 난, 1198]
✓ 만적 _ 최충헌 정권 때 노비들의 신분 해방을 주장하며 반란을 일으킨 인물

문제에서 최충헌 정권 때 발생한 만적의 난을 제시하였기 때문에, 최충헌 이후에 집권한 최우와 관련된 사례를 다룬 5번 선지가 정답입니다!

① 고려 인종 때 묘청은 고려의 수도를 개경에서 서경(평양)으로 옮길 것을 주장하는 서경 천도 운동을 추진하였다.(이전)
② 고려 광종 때 쌍기의 건의로 관리 임용 제도인 과거제가 시행되었다.(이전)
③ 고려 인종 때 이자겸과 척준경이 반란을 주도하여 권력을 일시적으로 찬탈하였다.(이전)
④ 고려 의종 때 이의방과 정중부는 무신에 대한 차별에 불만을 품고 무신 정변을 일으켜 권력을 장악하였다.(이전)
⑤ 고려의 최우는 1225년에 자신의 집에 인사 행정 기구인 정방을 설치하여 인사 행정권을 장악하였다.(이후)

8. ①

문제 키워드 추출

문제에 제시된 사료[고려 23대 고종(최우 정권), 정방 설치, 1225]
✓ 최우, 정방 _ 최우가 인사 행정을 장악하기 위해 자신의 집에 설치한 인사 행정 기구

문제에서 최우 정권 때 설치한 정방을 다뤘기 때문에, 무신 정권이 종결된 직후 발생한 삼별초의 항쟁을 다룬 1번 선지가 정답입니다!

① 삼별초는 몽골과의 강화 이후 개경 환도 결정에 반발하여 강화도–진도(용장성, 배중손)–제주도(항파두리성, 김통정)로 근거지를 옮기며 끝까지 항전하였다.
② 이의방 정권 때 김보당이 의종의 복위를 주장하며 반란을 주도하였다.(이전)
③ 고려 왕건 때 봄에 곡식을 빌려주고 가을에 갚는 진휼 기관인 흑창을 설치하였다.(이전)
④ 정중부 정권 때인 1176년에 특수 행정 구역에 대한 차별에 반발하여 망이·망소이가 반란을 일으켰다.(이전)
⑤ 최충헌 정권 때 최고 정치 기구로 교정도감을 설치한 뒤 수장인 교정별감을 역임하며 국정을 총괄하였다.(이전)

문제 9~10   최충헌과 최우

무신 정권의 집권자 중 최충헌과 최우는 단독 인물 유형으로 출제될 수 있습니다. 최충헌과 관련된 대표적인 키워드로는 '교정도감 설치 및 교정별감 즉위', '이의민 제거', '봉사 10조 진상', '만적의 난과 최광수의 난' 등이 있으며, 최우와 관련된 대표적인 키워드로는 '강화 천도 단행', '정방(인사 행정)과 서방(숙위 기구) 설치', '야별초 조직(삼별초의 기원)', '이연년 형제의 난' 등이 있습니다.

9. ④

문제 키워드 추출

✓ 이의민을 제거함 _ 최충헌은 이의민을 제거한 뒤 권력을 장악함
✓ 봉사 10조 _ 최충헌이 고려 명종에게 진상한 일종의 시무책

문제에서 최충헌의 활동 사례와 관련된 키워드가 제시되었기 때문에, 최충헌이 최고 정치 기구를 설치한 뒤 직접 수장에 즉위한 사례를 다룬 4번 선지가 정답입니다!

① 묘청은 서경 천도 운동이 실패하자, 서경에서 연호를 천개로 하는 대위국을 선포한 뒤 반란을 일으켰다.
② 고려 우왕 때 최무선은 왜구 격퇴를 위한 화약 및 화포 개발을 목적으로 화통도감의 설치를 건의하였다.
③ 삼별초는 몽골과의 강화 이후 개경 환도 결정에 반발하여 몽골에게 끝까지 항전하였으며, 특히 배중손은 진도에서 용장성을 쌓고 대몽 항쟁을 주도하였다.
④ 최충헌은 최고 정치 기구로 교정도감을 설치한 뒤 수장인 교정별감을 역임하며 국정을 총괄하였다. ★ 대표 선지!
⑤ 고려 공민왕 때 신돈의 건의로 권문세족의 토지 불법 소유 문제 등을 해결하기 위한 전민변정도감이 설치되었다.

10. ④

문제 키워드 추출

✓ 정방 _ 최우가 인사 행정을 장악하기 위해 자신의 집에 설치한 인사 행정 기구
✓ 서방 _ 최우가 설치한 숙위(宿衛) 기구

문제에서 최우가 설치한 기구의 사례를 다뤘기 때문에, 최우 정권 때 대몽 항쟁을 위해 단행한 강화 천도를 다룬 4번 선지가 정답입니다!

① 고려 인종 때 묘청 등은 서경 천도 운동을 추진하며 칭제 건원과 금국 정벌을 주장하였다.

② 고려의 최충헌은 이의민을 제거한 뒤 명종에게 일종의 시무책인 봉사 10조를 올렸다.

③ 고려 의종 때 이의방과 정중부는 무신에 대한 차별에 불만을 품고 무신 정변을 일으켜 권력을 장악하였다.

④ 최우 정권 때 장기적인 대몽 항쟁을 위해 강화 천도를 단행하였다. ★ 대표 선지!

⑤ 고려 공민왕 때 신돈의 건의로 권문세족의 토지 불법 소유 문제 등을 해결하기 위한 전민변정도감이 설치되었다.

각 문제는 이 주제에서 가장 많이
출제된 키워드로 구성하였습니다.

문제별 키워드 분류표

문제	키워드		출제 빈도(27회분 中)
1~3	원 간섭기의 사회상	➡	15번 출제
4~7	고려 후기의 왕	➡	7번 출제
8~9	조선의 건국 과정	➡	7번 출제

해품사의 키워드 분석팁!

문제 1~3	원 간섭기의 사회상

원 간섭기의 사회상 유형은 고려 시대에서 가장 빈출도가 높은
사회상 유형입니다. 이 유형은 문제 및 정답 키워드로 '영토 상
실(동녕부, 쌍성총관부, 탐라총관부 설치)', '관제 격하(중서문
하성 + 상서성 → 첨의부)', '왕의 호칭 앞에 충(忠) 사용', '간섭
사례(결혼도감 설치와 공녀 징발, 다루가치 파견, 정동행성 설
치)', '권문세족의 활동(기철 등)', '변발과 호복 유행', '관련 인
물(김방경, 제국 대장 공주)' 등을 암기할 필요가 있습니다.

1. ③ 　　　　　　 원 간섭기의 사회상 | 난이도 ●●○

문제 키워드 추출

✓ 개경 환도 이후 몽골의 간섭이 본격화 _ 원 간섭기의 사회상
✓ 김방경, 여·몽 연합군 _ 일본 원정을 위해 편성된 여·몽
　연합군의 고려 장수

문제에서 원 간섭기의 간섭 사례에 대한 키워드를 언급하였
으므로, 원 간섭기 때 관제 격하의 사례를 다룬 3번 선지가
정답입니다!

① 임진왜란 당시 일본의 조총 부대에 대비하기 위해 포수, 사
　수, 살수로 구성된 훈련도감이 창설되었다.
② 흥선 대원군 집권 때 비변사를 혁파하며 의정부(정치)와 삼
　군부(군사)에 기능을 이관하였다.
③ 원 간섭기 때 중서문하성과 상서성을 합쳐 첨의부로 격하시
　켰다.
④ 조선 정조 때 젊은 관리를 규장각에서 재교육하는 초계문신
　제를 시행하였다.
⑤ 조선 중종 때 삼포 왜란을 계기로 변방의 방비 문제를 담당
　하기 위한 임시 기구인 비변사가 설치되었다.

2. ⑤ 　　　　　　 원 간섭기의 사회상 | 난이도 ●●○

문제 키워드 추출

✓ 겁령구 _ 원 간섭기 때 몽골의 공주를 따르는 시종
✓ 제국공주 _ 충렬왕의 아내인 제국 대장 공주

문제에서 겁령구와 제국 대장 공주가 언급되었으므로, 원 간
섭기 때 유행한 몽골풍을 언급한 5번 선지가 정답입니다!

① 고려 문종 때 최충은 최초의 사립 교육 기관인 문헌공도(9
　재 학당)를 설립하였다.
② 고려 왕건 때 봄에 곡식을 빌려주고 가을에 갚는 진휼 기관
　인 흑창을 설치하였다.
③ 고려 숙종 때 의천은 불교 교단 통합을 목적으로 해동 천태
　종이라는 새로운 불교 종파를 창시하였다.
④ 최충헌 정권 때 만적 등 노비들이 신분 해방을 도모하며 반
　란을 모의하다 발각되었다.
⑤ 원 간섭기 때 지배층을 중심으로 원의 풍습인 변발과 원의
　복장인 호복이 유행하였다. ★ 대표 선지!

3. ③ 　　　　　　 원 간섭기의 사회상 | 난이도 ●●○

문제 키워드 추출

✓ 공녀 _ 원 간섭기 때 원나라에 끌려간 젊은 여성

문제에서 공녀와 원이 언급되었으므로, 원 간섭기 때 원이
설치한 기관을 언급한 3번 선지가 정답입니다!

① 조선 세종 때 정초, 변효문 등이 우리나라 실정에 맞는 농법
　을 정리한 『농사직설』을 편찬하였다.
② 고려 현종 때 거란의 침략을 방어하기 위한 염원을 담아 불
　교 경전인 초조대장경이 조판되었다.
③ 원 간섭기 때 일본 원정을 위한 일종의 사령부로서 정동행
　성을 설치하였다.
④ 조선 세종 때 우리나라와 중국의 충신·효자·열녀의 사례를
　모아 정리한 『삼강행실도』가 간행되었다.
⑤ 조선 중종 때 주세붕은 사립 교육 기관인 백운동 서원을 처
　음 설립하였다.

해품사의 키워드 분석팁!

문제 4~7	고려 후기의 왕

고려 후기의 왕 중 가장 출제율이 높은 왕은 공민왕입니다. 공민왕은 문제 및 정답 키워드로 '반원 정책(기철 등 권문세족 숙청, 변발과 호복 폐지, 신돈의 건의로 전민변정도감 설치, 쌍성총관부 수복과 철령 이북 땅 회복)', '중앙 관제 복구(중서문하성과 상서성 복구, 정동행성 이문소와 정방 폐지)', '노국 대장공주(아내)' 등을 언급합니다. 그 외 고려 후기의 왕 중에서, 우선 충선왕은 만권당을 설치하였으며, 당시 만권당에서 활동한 이제현이 단독 인물 유형으로 출제될 가능성이 높기 때문에, 『사략』과 『역옹패설』을 추가 키워드로 암기하는 것을 권장합니다. 또한 우왕의 경우 이후 주제에서 다룰 고려의 외세 방어 유형 중 왜구의 침략 방어 사례와 조선의 건국 과정 유형과 주로 연계됩니다.

4. ②
공민왕 | 난이도 ●●○

문제 키워드 추출

✓ 노국 대장 공주 _ 공민왕의 아내
✓ 기철 등 친원 세력 숙청, 정동행성 이문소를 폐지 _ 공민왕의 반원 정책과 관제 복구 정책 사례

문제에서 공민왕의 아내와 더불어 공민왕의 반원 정책과 관제 복구 정책 사례를 언급하였으므로, 공민왕 때 시행한 다른 반원 정책의 사례를 다룬 2번 선지가 정답입니다!

① 고려 충선왕은 원의 연경에 만권당을 세우고, 이제현 등의 성리학자들을 데려와 원의 학자들과 교류하게 하였다.
②고려 공민왕 때 신돈의 건의로 권문세족의 토지 불법 소유 문제 등을 해결하기 위한 전민변정도감이 설치되었다.
★ 대표 선지!
③ 고려 광종 때 쌍기의 건의로 관리 임용 제도인 과거제가 시행되었다.
④ 고려의 왕건은 관리들이 지켜야 할 규범을 제시할 목적으로 『정계』와 『계백료서』를 직접 저술하여 반포하였다.
⑤ 최승로는 고려 성종에게 불교를 비판하고 유교 정치의 실현을 건의하는 내용을 담은 시무 28조를 올렸다.

5. ①
공민왕 | 난이도 ●●●

문제 키워드 추출

✓ 기철 등을 처단 _ 공민왕의 반원 정책 사례

문제에서 공민왕의 반원 정책 사례를 언급하였으므로, 공민왕 때 시행한 관제 복구의 사례를 다룬 1번 선지가 정답입니다. 참고로 공민왕 때 숙청된 권문세족인 기철과 우왕 때 숙청된 권문세족인 이인임을 구별할 필요가 있습니다!

①고려 공민왕 때 기존의 첨의부로 격하된 중서문하성과 상서성을 복구하였다.
② 고려 충렬왕 때 일본 원정을 위한 일종의 사령부로서 정동행성을 설치하였다.
③ 고려 공양왕 때 정도전, 조준 등의 건의로 시행한 과전법은 토지 지급 범위를 경기도로 한정하였다.
④ 고려 우왕 때 권문세족의 잔당 중 이인임 일파를 숙청하였다.
⑤ 고려 광종 때 쌍기의 건의로 관리 임용 제도인 과거제가 시행되었다.

6. ②
원 간섭기의 사례와 우왕 즉위 | 난이도 ●●○

문제 키워드 추출

(가) 사건(고려 25대 충렬왕, 고려의 관제 격하)
✓ 다루가치 _ 원 간섭기 때 원나라가 직접 정복하거나 복속시킨 지역의 통치를 위해 파견된 감독관

(나) 사건(고려 32대 우왕, 우왕 즉위)
✓ 이인임이 백관을 거느리고 우왕을 세움 _ 공민왕 사망 이후 우왕이 즉위함

문제에서 원 간섭기의 사례와 우왕의 즉위를 다뤘으므로, 원 간섭기가 종결된 시기에 즉위한 왕인 공민왕의 활동 사례를 언급한 2번 선지가 정답입니다.

① 고려 우왕 때 최무선은 왜구 격퇴를 위한 화약 및 화포 개발을 목적으로 화통도감의 설치를 건의하였다.(이후)
②고려 공민왕 때 유인우, 이자춘 등이 쌍성총관부를 공격하여 철령 이북의 땅을 수복하였다.
③ 고려 의종 때 이의방과 정중부는 무신에 대한 차별에 불만을 품고 무신 정변을 일으켜 정권을 장악하였다.(이전)
④ 최우 정권 때 장기적인 대몽 항쟁을 위해 강화 천도를 단행하였다.(이전)
⑤ 고려 우왕 때 최영은 명의 철령위 설치에 반발하여 요동 정벌을 추진하였다.(이후)

7. ①

문제 키워드 추출

✓ 만권당 _ 충선왕이 원의 연경에 세운 독서당, 이제현은 만
권당에서 원의 학자들과 교류함

문제에서 이제현이 원의 학자들과 교류한 만권당을 언급하
였으므로, 이제현이 저술한 역사서를 다룬 1번 선지가 정답
입니다!

① 이제현은 역사서인 『사략』을 저술하였는데, 현재는 『사략』
에서 사론만 전하고 있다. ★ 대표 선지!

② 조선의 정도전은 불교에 대해 강력히 비판한 평론서인 『불
씨잡변』을 저술하였다.

③ 고려 문종 때 최충은 최초의 사립 교육 기관인 문헌공도(9
재 학당)를 설립하였다.

④ 고려의 최충헌은 이의민을 제거한 뒤 명종에게 일종의 시무
책인 봉사 10조를 올렸다.

⑤ 조선의 이황은 향촌을 교화하기 위한 자치 규약으로 예안,
향약을 시행하였다.

해품사의 키워드 분석팁!

문제 8~9	조선의 건국 과정

조선의 건국 과정은 고려 시대의 대표적인 흐름형 유형으로, 크
게 최영의 요동 정벌 추진 → 이성계의 위화도 회군 → 과전법
실시 → 정몽주 피살 → 조선 건국의 흐름 파악이 필수적입니다.

8. ②

문제 키워드 추출

(가) 사건(고려 32대 우왕, 위화도 회군, 1388)
✓ 위화도에서 회군 _ 이성계는 4불가론을 내세우며 위화도
에서 회군한 뒤 정권을 장악함

(나) 사건(조선 초대 이성계, 한양 천도와 경복궁 건설,
1394~1395)
✓ 한양을 도읍으로 정하고 경복궁을 건설함 _ 조선 건국 직
후의 천도 정책과 궁궐 건립 과정

(다) 사건(고려 34대 공양왕, 과전법 제정, 1391)
✓ 과전법 _ 고려 공양왕 때 신진 사대부의 건의로 시행한 토
지 제도

조선의 건국 과정의 흐름은 위화도 회군(가-1388) → 과
전법 제정(다-1391) → 한양 천도와 경복궁 건설(나-
1394~1395) 순으로 발생하였습니다!

9. ③

문제 키워드 추출

문제에 제시된 사건(고려 32대 우왕, 요동 정벌 추진, 1388)
✓ 왕은 최영과 함께 요동을 공격하기로 계책을 결정 _ 최영
은 명의 철령위 설치에 반발하여 요동 정벌을 추진함

요동 정벌은 우왕 때 추진되었기 때문에, 흐름상 공양왕 때
시행한 과전법 실시 이전인 3번 선지가 정답입니다!

각 문제는 이 주제에서 가장 많이
출제된 키워드로 구성하였습니다.

문제별 키워드 분류표

문제	키워드	출제 빈도(27회분 中)
1~3	거란	➡ 12번 출제
4~6	여진	➡ 8번 출제
7~8	몽골	➡ 9번 출제
9	삼별초	➡ 5번 출제
10~11	홍건적과 왜구	➡ 4번 출제
12~13	고려의 외세 방어 흐름	➡ 2번 출제

해품사의 키워드 분석팁!

문제 1~3	거란

거란은 고려 외세 방어 유형에서 가장 출제 빈도가 높은 외세의 사례입니다. 거란의 침략에 대한 고려의 대응 유형의 경우 크게 사실형과 흐름형 유형으로 나눠 공략할 필요가 있습니다. 우선 사실형 유형의 경우 거란의 침략을 방어한 인물과 더불어 '나성 및 천리장성 축조'와 '초조대장경 조판'을 핵심 키워드로 제시할 수 있습니다. 흐름형 유형의 경우 광군 조직(정종) → 서희의 외교 담판(성종-1차 침입 방어) → 현종의 나주 피란과 양규의 거란군 방어(현종-2차 침입 방어) → 강감찬의 귀주 대첩(현종-3차 침입 방어) → 나성 및 천리장성 축조의 흐름 파악이 필수적입니다. 특히 거란의 1차 침입은 성종, 거란의 2차~3차 침입은 현종 때 발생하였다는 사실을 응용하여 왕 업적 유형의 핵심 키워드로 연계할 수 있습니다!

1. ①

거란에 대한 고려의 대응 | 난이도 ●○○

문제 키워드 추출

✔ 강조를 토벌한다는 구실로 군사를 거느리고 옴 _ 거란은 강조의 정변을 명분으로 2차 침입을 단행함
✔ 양규 _ 거란의 2차 침입을 방어한 인물

문제에서 거란의 2차 침입을 방어한 양규가 언급되었으므로, 거란 침략 이전에 거란의 침략을 대비하기 위해 조직된 예비 군사 조직인 광군이 언급된 1번 선지가 정답입니다!

① 고려 정종 때 거란의 침략을 대비하기 위해 농민으로 구성된 예비 군사 조직인 광군을 조직하였다. ★ **대표 선지!**
② 고려 예종 때 윤관은 별무반을 이끌고 여진을 정벌한 뒤, 동북 9성을 축조하고 고려의 영토 경계를 알리는 비석을 세웠다.
③ 최무선은 왜구 격퇴를 위한 화약 및 화포 개발을 목적으로 화통도감의 설치를 건의하였다.
④ 최우 정권 때 장기적인 대몽 항쟁을 위해 강화 천도를 단행하였다.
⑤ 고려 공민왕 때 유인우, 이자춘 등이 원나라가 세운 쌍성총관부를 공격하여 철령 이북의 땅을 수복하였다.

2. ①

고려 현종 | 난이도 ●●○

문제 키워드 추출

✔ 강조가 김치양 일파를 제거하고 옹립한 왕 _ 강조는 정변을 일으켜 목종을 폐위하고 현종을 즉위시킴
✔ 거란이 침략했을 때 개경을 떠나 나주로 피란함 _ 현종은 거란의 2차 침입 당시 나주로 피란함

문제에서 고려 현종의 즉위 과정과 피난 사례, 정책 등을 언급하였기 때문에, 현종 때 발생한 거란의 3차 침입 방어 사례를 다룬 1번 선지가 정답입니다. 즉 거란의 1차 침입은 성종 때 발생, 거란의 2차~3차 침입은 현종 때 발생하였다는 사실을 구별할 필요가 있습니다!

① 고려 현종 때 발생한 거란의 제3차 침입 당시 강감찬은 귀주 대첩을 통해 거란군을 방어하였다.
② 고려 고종 때 몽골의 사신인 저고여가 피살되는 사건이 발생하였으며, 이는 몽골이 고려를 침략하는 원인이 되었다.
③ 고려 숙종 때 여진의 침입에 대응하기 위해 신기군, 신보군, 항마군으로 편성된 별무반을 조직하였다.
④ 고려 태조 왕건은 거란을 적대시하여, 거란이 보내온 낙타 50필을 만부교 아래에 묶어 놓아 굶어 죽게 하였다(만부교 사건).
⑤ 고려 성종 때 발생한 거란의 제1차 침입 당시 서희는 거란 장수 소손녕과의 외교 담판을 통해 강동 6주를 획득하였다.

3. ④   거란에 대한 고려의 대응 흐름 | 난이도 ●●●

문제 키워드 추출

(가) 사건(고려 8대 현종, 거란의 2차 침입 방어)
✓ 양규 _ 거란의 2차 침입을 방어한 인물

(나) 사건(고려 3대 정종, 광군 설치)
✓ 광군 _ 정종 때 거란을 방어하기 위해 편성된 예비 군사 조직

(다) 사건(고려 6대 성종, 거란의 1차 침입 방어)
✓ 서희 _ 고려 성종 때 발생한 거란의 1차 침입 당시 소손녕과 외교 담판을 주도한 고려의 문신

(라) 사건(고려 8대 현종, 거란의 3차 침입 방어)
✓ 강감찬 _ 거란의 3차 침입을 방어한 인물

거란에 대한 고려의 대응 흐름은 광군 설치(나-고려 3대 정종) → 서희의 외교 담판(다-고려 6대 성종) → 양규의 거란의 2차 침입 방어(가-고려 8대 현종) → 강감찬의 거란의 3차 침입 방어(라-고려 8대 현종) 순으로 발생하였습니다!

해품사의 키워드 분석팁!

문제 4~6	여진

여진의 침략에 대한 고려의 대응 유형 역시 크게 사실형과 흐름형 유형으로 나눠 공략할 필요가 있습니다. 우선 사실형 유형의 경우 여진을 정벌한 '윤관'과 여진 정벌을 위해 편성된 특수 부대인 '별무반(신기군, 신보군, 항마군 구성)' 또는 여진을 정벌한 뒤 축조한 '동북 9성'을 핵심 키워드로 제시할 수 있습니다. 흐름형 유형의 경우 별무반 창설(숙종) → 동북 9성 축조(예종) → 금나라 건국(예종) → 이자겸의 금의 사대 요구 수용과 묘청의 서경 천도 운동(인종)의 흐름 파악이 필수적입니다. 특히 특수 부대의 창설 시기(숙종)와 특수 부대의 정벌 시기(예종)를 혼동하기 쉬우므로 주의할 필요가 있으며, 여진이 윤관의 정복 활동 이후에 금나라로 성장하였다는 사실 역시 암기가 필수적입니다!

---

4. ③   별무반 | 난이도 ●○○

문제 키워드 추출

✓ 신기군, 신보군, 항마군 _ 별무반의 구성

문제에서 별무반의 구성을 언급하였으므로, 윤관이 별무반을 이끌고 여진을 정벌한 뒤 동북 9성을 축조한 사례를 다룬 3번 선지가 정답입니다!

① 조선 세종 때 최윤덕과 김종서를 파견하여 여진을 정벌한 뒤 두만강과 압록강 유역을 개척하여 4군 6진을 설치하였다.
② 고려 충렬왕 때 일본 원정을 위한 일종의 사령부로서 정동행성을 설치하였다.
③ 고려 예종 때 윤관은 별무반을 이끌고 여진을 정벌한 뒤, 동북 9성을 축조하고 고려의 영토 경계를 알리는 비석을 세웠다. ★ 대표 선지!
④ 김윤후는 몽골의 2차 침입 당시 처인성에서 적장 살리타를 사살하였다.
⑤ 고려의 삼별초는 본래 최우 정권 때 조직된 야별초에서 기원하여 최씨 무신 정권의 군사적 기반 역할을 하였다.

---

5. ④   동북 9성을 반환한 시기 | 난이도 ●●○

문제 키워드 추출

문제에 제시된 사건(고려 16대 예종, 동북 9성 반환, 1109)
✓ 9성의 반환을 요청 _ 고려 예종 때 설치한 동북 9성을 여진에게 반환한 사례

동북 9성의 축조와 반환은 예종 때 시행되었기 때문에, 흐름상 별무반을 창설한 숙종 때 이후인 4번 선지가 정답입니다! 즉 특수 부대의 창설 시기(숙종)와 특수 부대의 정벌 시기(예종)를 구별하는 것이 중요합니다!

6. ③   여진에 대한 고려의 대응 | 난이도 ●●●

문제 키워드 추출

(가) 사건(고려 16대 예종, 금의 사신 파견, 1117)
- ✔ 금의 군주가 국서를 보냄 _ 여진 세력은 예종 때 금나라를 건국함

(나) 사건(고려 16대 예종, 동북 9성 축조, 1107)
- ✔ 윤관, 공험진에 성을 쌓음 _ 고려 예종 때 윤관이 별무반을 이끌고 여진을 정벌한 뒤 동북 9성을 축조함

(다) 사건(고려 17대 인종, 서경 천도 운동, 1128~1135)
- ✔ 정지상, 대동강에 상서로운 기운이 있음, 금 제압 _ 묘청과 정지상은 국가의 부흥을 위해 서경(평양) 천도와 금국 정벌을 주장함

여진에 대한 고려의 대응 흐름은 동북 9성 축조(나-예종) → 금나라 건국(가-예종) → 이자겸의 금의 사대 요구 수용과 묘청의 서경 천도 운동(다-인종) 순으로 발생하였습니다!

해품사의 키워드 분석팁!

문제 7~8	몽골

몽골은 고려의 외세 방어 유형에서 가장 난도가 높은 외세의 사례입니다. 몽골의 침략에 대한 고려의 대응 유형의 경우 주로 사실형 유형으로 출제되므로, 몽골의 침략을 방어한 인물과 더불어 '팔만대장경 조판'을 핵심 키워드로 제시할 수 있습니다. 만약 흐름형 유형으로 출제될 경우 저고여 피살 사건(침략 원인) → 박서의 귀주성 전투(1차 침입 방어) → 최우의 강화 천도(2차 침입 직전) → 김윤후의 처인성 전투(2차 침입 방어) → 황룡사 구층 목탑 소실(3차 침입 방어) → 김윤후의 충주 산성 전투(5차 침입 방어) → 충주 다인철소 주민의 항쟁(6차 침입 방어)의 흐름 파악이 필수적입니다. 특히 거란과 관련된 초조대장경과 몽골과 관련된 팔만대장경을 혼동하지 않도록 주의할 필요가 있습니다.

---

7. ④   몽골에 대한 고려의 대응 | 난이도 ●○○

문제 키워드 추출

- ✔ 박서 _ 몽골의 1차 침입을 방어한 인물

문제에서 몽골의 1차 침입을 방어한 박서가 언급되었으므로, 최우 정권 때 장기적인 대몽 항쟁을 위해 강화 천도를 단행한 사례가 언급된 4번 선지가 정답입니다!

① 조선 세종 때 최윤덕과 김종서를 파견하여 여진을 정벌한 뒤 두만강과 압록강 유역을 개척하여 4군 6진을 설치하였다.
② 거란의 제1차 침입 당시 서희는 거란 장수 소손녕과의 외교 담판을 통해 강동 6주를 획득하였다.
③ 고려 예종 때 윤관은 별무반을 이끌고 여진을 정벌한 뒤, 동북 9성을 축조하고 고려의 영토 경계를 알리는 비석을 세웠다.
④ 최우 정권 때 장기적인 대몽 항쟁을 위해 강화 천도를 단행하였다. ★ 대표 선지!
⑤ 최무선은 왜구 격퇴를 위한 화약 및 화포 개발을 목적으로 화통도감의 설치를 건의하였다.

---

8. ④   몽골에 대한 고려의 대응 | 난이도 ●○○

문제 키워드 추출

- ✔ 김윤후, 충주 산성 _ 김윤후가 충주 산성에서 몽골의 5차 침입을 방어한 사례

문제에서 충주 산성에서 몽골의 5차 침입을 방어한 김윤후가 언급되었으므로, 최우 정권 때 장기적인 대몽 항쟁을 위해 강화 천도를 단행한 사례가 언급된 4번 선지가 정답입니다!

① 고려 예종 때 윤관은 별무반을 이끌고 여진을 정벌한 뒤, 동북 9성을 축조하고 고려의 영토 경계를 알리는 비석을 세웠다.
② 고려 창왕 때 박위를 파견하여 왜구의 근거지인 쓰시마섬을 정벌하였다.
③ 거란의 제1차 침입 당시 서희는 거란 장수 소손녕과의 외교 담판을 통해 강동 6주를 획득하였다.
④ 최우 정권 때 장기적인 대몽 항쟁을 위해 강화 천도를 단행하였다.
⑤ 고려 우왕 때 최영은 명의 철령위 설치에 반발하여 요동 정벌을 추진하였다.

삼별초는 대몽 항쟁과 무신 정권이 종결된 이후에도 끝까지 몽골에게 항전한 고려 시대의 특수 부대로서 단독 유형으로 종종 출제됩니다. 삼별초는 본래 최우 정권 때 조직된 야별초에서 기원하여 최씨 무신 정권의 사병 조직으로 활동하였으나, 몽골과의 강화 이후 개경 환도에 반대하여 강화도 → 진도(배중손-용장성) → 제주도(김통정-항파두리성)로 근거지를 이끌며 항쟁을 지속하였습니다. 특히 삼별초는 왕족 출신인 승화후 왕온을 자신들의 왕으로 추대하였습니다.

9. ①
삼별초 | 난이도 ●○○

문제 키워드 추출

✔ 개경 환도 결정에 반발 _ 삼별초는 고려 정부의 개경 환도 결정에 반발하여 대몽 항쟁을 지속함
✔ 배중손, 김통정 _ 삼별초를 이끈 대표적인 인물들

문제에서 삼별초의 활동 사례와 대표 인물 키워드를 언급하였기 때문에, 삼별초의 기원을 언급한 1번 선지가 정답입니다!

① 고려의 삼별초는 본래 최우 정권 때 조직된 야별초에서 기원하여 최씨 무신 정권의 군사적 기반 역할을 하였다.
                             ★ 대표 선지!
② 고려 정종 때 거란의 침략을 대비하기 위해 농민으로 구성된 예비 군사 조직인 광군을 조직하였다.
③ 고려 숙종 때 여진의 침입에 대응하기 위해 신기군, 신보군, 항마군으로 편성된 별무반을 조직하였다.
④ 조선의 잡색군은 유사시에 향토 방위를 맡았던 일종의 예비군이다.
⑤ 통일 신라의 중앙군인 9서당은 고구려, 백제의 유민을 비롯한 일부 유목 민족이 포함되었기 때문에, 옷깃 색을 기준으로 출신 국가를 구별하였다.

홍건적과 왜구는 고려 외세 방어 유형에서 가장 출제 빈도가 낮은 외세의 사례입니다. 우선 홍건적의 경우 직접적인 외세 방어 유형에서 출제되기보다는 2차 침입 당시 공민왕이 안동(복주)으로 피란한 사실을 지역사 유형의 키워드로 연계한 사례가 많습니다. 왜구의 경우 박위의 쓰시마섬 정벌, 진포 대첩(최무선-화통도감 설치 건의), 홍산대첩(최영), 황산 대첩(이성계) 등의 사례 암기가 필수적입니다. 특히 홍산대첩과 황산 대첩을 혼동하기 쉬우므로 이성계는 추후에 조선의 왕(황제)이 될 인물이므로 황산 대첩이라고 기억하는 것을 권장합니다.

10. ②
최무선 | 난이도 ●●○

문제 키워드 추출

✔ 진포에서 왜구를 크게 격퇴함 _ 최무선이 화약 무기를 활용하여 왜구를 격퇴한 진포 대첩의 사례

문제에서 최무선의 진포 대첩이 언급되었으므로, 최무선이 화약과 화포 개발 등을 위해 화통도감을 건의한 사례가 언급된 2번 선지가 정답입니다!

① 조선 세종 때 화약을 활용하여 제작한 무기인 신기전과 화차를 개발하였다.
② 최무선은 왜구 격퇴를 위한 화약 및 화포 개발을 목적으로 화통도감의 설치를 건의하였다. ★ 대표 선지!
③ 불랑기포는 조선 시대에 명나라에서 전래된 서양식 대포로, 임진왜란 때 평양성 전투에서 활용되었다.
④ 조선의 효종은 청의 러시아 정벌에 변급과 신류가 이끄는 조총 부대를 파견하였다.
⑤ 조선 선조 때 이장손이 군사 목적으로 제작한 일종의 폭탄인 비격진천뢰가 개발되었다.

11. ③
이성계 | 난이도 ●●○

문제 키워드 추출

✔ 전라도 황산에서 왜구를 크게 격퇴 _ 이성계의 황산 대첩

문제에서 이성계의 황산 대첩이 언급되었으므로, 이성계가 4불가론을 내세워 위화도 회군을 통해 정권을 장악한 사실이 언급된 3번 선지가 정답입니다!

① 조선 세종 때 최윤덕과 김종서를 파견하여 여진을 정벌한 뒤 두만강과 압록강 유역을 개척하여 4군 6진을 설치하였다.

② 이의방 정권 때 김보당이 의종의 복위를 주장하며 반란을 주도하였다.

③ 이성계는 요동 정벌 당시 4불가론을 내세우며 위화도 회군을 단행하였고, 이후 개경 내 최영의 군대에 승리하며 정권을 장악하였다. ★ 대표 선지!

④ 고려 예종 때 윤관은 별무반을 이끌고 여진을 정벌한 뒤, 동북 9성을 축조하고 고려의 영토 경계를 알리는 비석을 세웠다.

⑤ 고려 시대의 무신 정권 때 좌별초, 우별초, 신의군으로 구성된 삼별초가 조직되었다.

해품사의 키워드 분석팁!

문제 12~13	고려의 외세 방어 흐름

한능검에서 고려 외세 방어 유형을 어렵게 출제하기 위해 종종 고려를 침략한 외세의 사례를 동시에 파악하는 유형을 출제합니다. 이 유형은 기본적으로 거란 → 여진 → 몽골 → 홍건적 → 왜구의 방어 흐름 파악이 필수적이며, 특히 거란의 3차 침입을 방어한 강감찬의 귀주 대첩과 몽골의 1차 침입을 방어한 박서의 귀주성 전투를 혼동하기 쉬우므로 주의할 필요가 있습니다.

12. ①
고려의 외세 방어 흐름 | 난이도 ●●●

문제 키워드 추출

(가) 사건(고려 8대 현종, 거란의 2차 침입 방어, 1010)
✓ 양규 _ 거란의 2차 침입을 방어한 인물

(나) 사건(고려 16대 예종, 동북 9성 축조, 1107)
✓ 윤관, 9성을 쌓음 _ 고려 예종 때 윤관이 별무반을 이끌고 여진을 정벌한 뒤 동북 9성을 축조함

(다) 사건(고려 23대 고종, 몽골의 1차 침입 방어, 1231)
✓ 박서 _ 몽골의 1차 침입을 방어한 인물

고려의 외세 방어의 흐름은 거란의 2차 침입 방어(가-양규) → 여진 정벌과 동북 9성 축조(나-윤관) → 몽골의 1차 침입 방어(다-박서) 순으로 발생하였습니다. 특히 거란의 귀주 대첩과 박서의 귀주성 전투를 혼동하여 2번을 고르지 않도록 주의할 필요가 있습니다!

13. ⑤
고려의 외세 방어 흐름 | 난이도 ●●●

문제 키워드 추출

(가) 사건(고려 23대 고종, 몽골의 2차 침입 방어)
✓ 살리타, 처인성, 한 승려 _ 몽골의 2차 침입 당시 승려 출신의 김윤후는 처인성에서 몽골의 적장인 살리타를 사살함

(나) 사건(고려 15대 숙종, 별무반 창설)
✓ 윤관, 별무반 _ 고려 숙종 때 윤관이 여진의 기병에 대비하기 위해 특수 부대인 별무반의 조직을 건의함

(다) 사건(고려 8대 현종, 거란의 2차 침입 방어)
✓ 양규, 흥화진 _ 거란의 2차 침입을 방어한 인물 및 장소

(라) 사건(고려 32대 우왕, 왜구의 침입 방어)
✓ 왜구, 최영 _ 최영은 고려 말의 대표적인 신흥 무인 세력으로, 홍산대첩을 통해 왜구의 침입을 격퇴함

고려의 외세 방어의 흐름은 거란의 2차 침입 방어(다-현종) → 별무반 창설(나-숙종) → 몽골의 2차 침입 방어(가-고종) → 왜구의 침입 방어(라-우왕) 순으로 발생하였습니다!

빈출 주제 12   고려의 경제·사회·문화 1

각 문제는 이 주제에서 가장 많이
출제된 키워드로 구성하였습니다.

문제별 키워드 분류표

문제	키워드	출제 빈도(27회분 中)
1~5	고려 시대의 경제	➡ 23번 출제
6~7	고려 시대의 사회 기구	➡ 3번 출제
8~9	고려 시대의 관학 진흥책	➡ 4번 출제
10~11	『삼국유사』와 『삼국사기』	➡ 5번 출제
12~13	『동명왕편』과 『제왕운기』	➡ 3번 출제
14	『직지심체요절』과 팔만대장경	➡ 3번 출제
15	고려 시대의 기록 유산	➡ 1번 출제

해품사의 키워드 분석팁!

문제 1~5	고려 시대의 경제

고려 시대의 경제 유형은 고려 시대 파트의 대표적인 빈출 주제로, 주로 10번대에서 출제될 가능성이 높습니다. 이 유형은 빈출 정답 키워드로 '화폐(건원중보-성종, 해동통보와 활구-숙종)', '무역항(예성강의 벽란도)', '시장 감독 기구(경시서)'가 언급되며, 가끔 '전시과(전지와 시지 지급)' 또는 '관영 상점 운영'이 정답 키워드로 언급될 수 있습니다. 특히 일부 화폐 키워드는 고려 숙종의 업적 유형으로 연계할 수 있기 때문에, 숙종 때 화폐 주조를 위해 설치한 기구인 주전도감을 추가적으로 암기하는 것을 권장합니다. 만약 고려 경제 유형을 어렵게 출제할 경우 토지 제도의 특징을 출제하며, 역분전(왕건, 공로와 인품 기준으로 수조권 지급) → 시정 전시과(경종, 전현직 관리에게 관품과 인품 기준으로 수조권 지급) → 개정 전시과(목종, 전현직 관리에게 관품만을 기준으로 수조권 지급) → 경정 전시과(문종, 현직 관리에게 관품만을 기준으로 수조권 지급)의 흐름 파악이 필수적입니다.

1. ①   고려의 경제 상황 | 난이도 ●○○

문제 키워드 추출

✔ 주전도감 _ 고려 숙종 때 화폐 주조를 위해 설치한 기구

문제에서 고려 숙종 때 화폐 주조를 위해 설치한 주전도감을 언급하였으므로, 고려 숙종 때 발행한 화폐를 언급한 1번 선지가 정답입니다!

① 고려 숙종 때 화폐 주조를 위해 주전도감을 설치한 뒤, 삼한통보, 해동통보, 활구(은병) 등 다양한 화폐를 주조하였다.
② 발해에서는 다양한 특산품이 생산되었는데, 대표적으로 15부 중 하나인 솔빈부의 말이 유명하였다.
③ 조선 후기에는 개성 출신 상인인 송상이 전국 각지에 송방을 두고 상품을 유통하였다.
④ 통일 신라 하대에 장보고는 청해진이라는 해상 무역 기지를 설치하여 동아시아의 해상 무역을 장악하였다.
⑤ 신라 지증왕 때 기존의 시장을 개편하여 동시를 개설한 뒤, 이를 감독하는 관청인 동시전을 설치하였다.

2. ⑤   고려의 경제 상황 | 난이도 ●○○

문제 키워드 추출

✔ 개경 _ 고려의 수도

문제에서 고려의 수도인 개경을 언급하였으므로, 고려의 국제 무역항을 언급한 5번 선지가 정답입니다!

① 통일 신라 신문왕 때 귀족들에게 관료전을 지급하고 녹읍을 폐지하였다.
② 조선 후기에는 광산 개발이 활성화되며 설점수세제를 시행하여 민간의 광산 개발을 허용하였다.
③ 조선 후기에는 외국으로부터 감자 및 고구마 등의 구황 작물이 전래되며 식량이 늘어났다.
④ 조선 세종 때 염포, 제포, 부산포의 삼포를 개항하여 일본과 교역하였다.
⑤ 고려 시대에 예성강 하구의 벽란도가 국제 무역항으로 번성하였다. ★ 대표 선지!

3. ⑤

문제 키워드 추출

✓ 농상집요 _ 원 간섭기 때 이암이 국내에 전래한 원의 농서

문제에서 원 간섭기 때 이암이 국내에 전래한 농서인 『농상집요』 관련 내용이 언급되었으므로, 고려 시대의 시장 감독 기구를 언급한 5번 선지가 정답입니다!

① 조선 후기에는 농법의 발달과 수리 시설의 확충 등으로 모내기법이 전국적으로 확산되었다.
② 조선 후기에는 일본과 국교가 재개된 이후 설치된 초량 왜관을 통해 일본과 교류하였다.
③ 조선 후기에는 외국으로부터 감자 및 고구마 등의 구황 작물이 전래되며 식량이 늘어났다.
④ 조선 후기에는 광산 개발이 활성화되며 설점수세제를 시행하여 민간의 광산 개발을 허용하였다.
⑤ 고려 시대에는 시전을 감독하고 관리하기 위한 관청인 경시서가 설치되었다.

4. ③

문제 키워드 추출

✓ 주전도감 _ 고려 숙종 때 화폐 주조를 위해 설치한 기구
✓ 은병 _ 고려 숙종 때 발행한 화폐인 활구

문제에서 고려 시대의 화폐 주조 기구인 주전도감과 대표적인 화폐인 활구가 언급되었으므로, 고려 시대의 상점의 사례를 언급한 3번 선지가 정답입니다!

① 고구려는 집집마다 부경이라는 창고를 통해 곡식을 저장하였다.
② 통일 신라 하대에 장보고는 청해진이라는 해상 무역 기지를 설치하여 동아시아의 해상 무역을 장악하였다.
③ 고려 시대에는 국가가 서적점, 다점, 주점 등의 관영 상점을 운영하였다.
④ 조선 후기에는 외국으로부터 감자 및 고구마 등의 구황 작물이 전래되며 식량이 늘어났다.
⑤ 조선 세종 때 염포, 제포, 부산포의 삼포를 개항하여 일본과 교역하였다.

5. ④

문제 키워드 추출

(가) 제도: 경정 전시과
✓ 문종, 전시과를 다시 개정 _ 문종 때 시행한 경정 전시과, 현직 관리에게만 수조권을 지급함

(나) 제도: 과전법
✓ 공양왕, 과전의 지급에 관한 법 _ 공양왕 때 시행한 과전법, 신진 사대부의 건의로 제정됨

문제에서 경정 전시과와 과전법에 대한 사료를 제시하였으며, 과전법은 지급 대상 토지를 원칙적으로 경기 지역에 한정하였기 때문에 4번 선지가 정답입니다!

① 고려 공양왕 때 정도전, 조준 등의 건의로 시행한 과전법은 토지 지급 범위를 경기도로 한정하였다.
② 고려 경종 때 시행한 시정 전시과는 관등과 인품을 기준으로 수조권을 지급하였다.
③ 고려 왕건 때 후삼국의 통일에 기여한 개국 공신에게 공로와 인품을 기준으로 수조권을 지급하였다.
④ 고려 공양왕 때 정도전, 조준 등의 건의로 시행한 과전법은 토지 지급 범위를 경기도로 한정하였다.
⑤ 통일 신라 때 지급된 녹읍은 수조권 이외에 개인적으로 노동력을 징발할 수 있는 권한을 부여하였다.

해품사의 키워드 분석팁!

문제 6~7	고려 시대의 사회 기구

고려 시대의 사회 기구 유형은 출제 비중이 낮은 대표적인 사회 유형으로, 크게 '빈민 구제 기구(구제도감, 구급도감, 의창, 제위보)', '물가 조절 기구(상평창)', '의료 관련 기구(동서 대비원, 혜민국)'이 있습니다. 이를 쉽게 기억하기 위해 '고려 시대에는 동서남북(동서 대비원) 어디에서나 항상 평등(상평창)하게 사람들을 구급(구급도감) 및 구제(구제도감)하였기 때문에, 그 의로움(의창)과 은혜(혜민국)가 제1위(제위보)이다!' 암기법을 참고하는 것을 권장합니다.

6. ④

문제 키워드 추출

✓ 구제도감 _ 고려 시대의 대표적인 빈민 구제 기구

문제에서 고려 시대의 대표적인 사회 기구의 사례를 언급하였으므로, 조선 세종 때 간행된 의학 서적을 언급한 4번 선지가 정답입니다!

① 고려 성종 때 풍년에는 곡물의 값을 올려 사들이고, 흉년에는 곡물의 값을 내려 팔아 물가를 조절하는 기구인 상평창을 설치하였다.

② 고려 예종 때 백성들의 질병을 치료하고 약을 지급하는 의료 기구인 혜민국이 설치되었다.

③ 고려 시대에는 빈민과 병자들을 치료하고 구호하는 역할을 담당한 동서 대비원이 존재하였다.

④ 조선 세종 때 국산 약재를 바탕으로 치료 방법을 정리한 의학서인 『향약집성방』이 간행되었다.

⑤ 고려 광종 때 빈민의 구호 및 질병 치료를 담당하는 제위보를 설치하였다.

7. ④

문제 키워드 추출

✓ 구제도감 _ 고려 시대의 대표적인 빈민 구제 기구

문제에서 고려 시대의 대표적인 사회 기구의 사례를 언급하였으므로, 고려 시대의 대표적인 의료 관련 기구를 언급한 ㄴ 선지와 고려 시대의 대표적인 빈민 구제 기구를 언급한 ㄹ 선지를 고를 필요가 있습니다!

ㄱ. 조선 명종 때 기근과 흉년에 대비하는 방법을 정리한 『구황촬요』가 간행되었다.

ㄴ. 고려 시대에는 빈민과 병자들을 치료하고 구호하는 역할을 담당한 동서 대비원이 존재하였다.

ㄷ. 흥선 대원군 집권 때 삼정의 문란 중 환곡의 개혁을 위해 마을 단위로 돈을 빌려주는 제도인 사창제를 실시하였다.

ㄹ. 고려 광종 때 빈민의 구호 및 질병 치료를 담당하는 제위보를 설치하였다. ★ 대표 선지!

해품사의 키워드 분석팁!

문제 8~9	고려 시대의 관학 진흥책

고려 시대의 관학 진흥책은 고려 문종 때 최충이 설립한 문헌공도(9재 학당) 설립을 계기로, 고려 정부가 시행한 일종의 공교육 제도 사례를 파악하는 유형입니다. 이 유형은 대체로 문제에서 고려 정부의 관학 진흥책이라는 키워드를 언급하기 때문에, 대표적인 관학 진흥책 사례인 '서적포(숙종-출판부)', '양현고(예종-장학 재단)', '7재(예종-국자감 내 전문 강좌)', '보문각과 청연각(예종-궁중 도서관)', '경사 6학(인종-국자감 내 교육 제도)' 등을 암기하는 것이 필수적입니다. 그중에서도 예종 때 시행한 양현고와 7재가 정답 키워드로 가장 많이 언급됩니다.

8. ②

문제에서 고려 시대의 관학 진흥책을 언급하였으므로, 고려 예종 때 국자감 내에 개설한 전문 강좌를 언급한 2번 선지가 정답입니다!

① 통일 신라는 당나라에 유학생을 파견하였으며, 특히 최치원 등 일부 인물은 당나라의 과거제인 빈공과에 합격하였다.

② 고려 예종 때 관학 진흥을 위해 국자감 내에 장학 재단인 양현고와 전문 강좌인 7재를 마련하였다. ★ 대표 선지!

③ 조선 시대에 사림 세력은 지방에 사립 교육 기관인 서원을 세웠고, 이 중 임금이 현판과 서적, 노비 등을 하사한 서원을 사액 서원이라 한다.

④ 고구려는 글과 활쏘기를 가르치는 일종의 미성년 학교인 경당을 설립하였다.

⑤ 통일 신라 원성왕 때 유교 경전의 독해 능력에 따라 3등급으로 나눠 관리를 선발하는 제도인 독서삼품과를 시행하였다.

9. ①

문제에서 고려 시대의 관학 진흥책을 언급하였으므로, 고려 예종 때 국자감 내에 개설한 장학 재단을 언급한 1번 선지가 정답입니다!

① 고려 예종 때 관학 진흥을 위해 국자감 내에 장학 재단인 양현고와 전문 강좌인 7재를 마련하였다.

② 조선 시대에 사림 세력은 지방에 사립 교육 기관인 서원을 세웠고, 이 중 임금이 현판과 서적, 노비 등을 하사한 서원을 사액 서원이라 한다.

③ 조선 정조 때 젊은 관리를 규장각에서 재교육하는 초계문신제를 시행하였다.

④ 이제현은 고려 충선왕이 원의 연경에 세운 만권당에서 원의 학자들과 교류하였다.

⑤ 고구려는 글과 활쏘기를 가르치는 일종의 미성년 학교인 경당을 설립하였다.

해품사의 키워드 분석팁!

문제 10~11	『삼국유사』와 『삼국사기』

『삼국유사』와 『삼국사기』는 삼국 시대의 역사를 다룬 고려 시대의 역사서라는 공통점이 있습니다. 단, 『삼국사기』의 경우 인종의 왕명에 의해 김부식이 편찬한 역사서이며, 『삼국유사』의 경우 승려인 일연이 개인적으로 저술한 역사서입니다. 또한 『삼국사기』는 유교 사관이 반영되었으며, 본기·지·열전 등의 기전체 형식으로 서술되었고, 『삼국유사』의 경우 단군의 고조선 이야기를 비롯한 불교와 민간 설화 등의 이야기를 수록하였다는 것을 파악하는 것이 중요합니다.

10. ④　　　　　　『삼국사기』 | 난이도 ●●○

문제 키워드 추출

✓ 왕명을 받아 편찬 _ 『삼국사기』는 인종의 왕명에 의해 편찬됨

✓ 유교 사관을 바탕으로 삼국의 역사를 기록 _ 『삼국사기』의 특징

문제에서 『삼국사기』의 편찬 배경과 특징에 대해 다뤘기 때문에, 『삼국사기』의 편찬 방식에 대한 내용을 언급한 4번 선지가 정답입니다!

① 조선의 유득공이 저술한 『발해고』에서는 통일 신라와 발해를 아울러 호칭하는 남북국이라는 용어를 처음 사용하였다.

② 『조선왕조실록』은 편년체 형식으로 구성하였고, 사초 및 시정기를 바탕으로 편찬되었다.

③ 일연의 『삼국유사』는 고조선의 역사, 불교사를 비롯하여 다양한 민간 설화를 수록하였다.

④ 김부식의 『삼국사기』는 본기, 열전 등 인물의 중요도에 따라 나누어 기록하는 기전체 형식으로 구성되었다. ★ 대표 선지!

⑤ 이규보의 『동명왕편』은 고구려를 계승하는 고려인의 자부심을 강조하였다는 특징이 있다.

11. ②　　　　　　『삼국유사』 | 난이도 ●●●

문제 키워드 추출

✓ 일연 _ 『삼국유사』의 저자

✓ 불교사를 중심으로 민간 설화 등을 수록 _ 『삼국유사』의 특징

문제에서 『삼국유사』의 저자와 특징에 대해 다뤘기 때문에, 『삼국유사』에 수록된 역사적 사실을 언급한 2번 선지가 정답입니다!

① 일연의 『삼국유사』는 기사본말체 형식으로 서술되었다.

② 일연의 『삼국유사』는 고조선의 역사, 불교사를 비롯하여 다양한 민간 설화를 수록하였다. ★ 대표 선지!

③ 조선의 유득공이 저술한 『발해고』에서는 통일 신라와 발해를 아울러 호칭하는 남북국이라는 용어를 처음 사용하였다.

④ 고려의 각훈은 삼국 시대부터 고려 시대까지의 승려들의 전기를 정리한 『해동고승전』을 저술하였다.

⑤ 이규보의 『동명왕편』은 고구려를 계승하는 고려인의 자부심을 강조하였다는 특징이 있다.

해품사의 키워드 분석팁!

문제 12~13	『동명왕편』과 『제왕운기』

『동명왕편』은 이규보가 고구려의 시조인 동명성왕에 대한 이야기를 다룬 역사서로, 고구려 계승 의식을 강조하였다는 특징이 있습니다. 『제왕운기』는 이승휴가 중국과 우리나라의 역사를 서사시 형식으로 서술한 역사서로, 단군의 고조선 이야기를 수록하였으며 중국과 우리나라의 역사를 대등하게 인식하였다는 특징이 있습니다.

12. ①　　　　　　『동명왕편』 | 난이도 ●●●

문제 키워드 추출

✓ 서사시 _ 『동명왕편』의 서술 방식

✓ 이규보 _ 『동명왕편』의 저자

문제에서 『동명왕편』의 서술 방식과 저자에 대해 다뤘기 때문에, 『동명왕편』의 의의를 언급한 1번 선지가 정답입니다!

① 이규보의 『동명왕편』은 고구려를 계승하는 고려인의 자부심을 강조하였다는 특징이 있다. ★ 대표 선지!
② 조선의 유득공이 저술한 『발해고』에서는 통일 신라와 발해를 아울러 호칭하는 남북국이라는 용어를 처음 사용하였다.
③ 『조선왕조실록』은 편년체 형식으로 구성하였고, 사초 및 시정기를 바탕으로 편찬되었다.
④ 일연의 『삼국유사』와 이승휴의 『제왕운기』는 공통적으로 단군의 고조선의 역사를 수록하였다.
⑤ 김부식의 『삼국사기』는 현존하는 가장 오래된 역사서라는 의의가 있다.

13. ③

『제왕운기』 | 난이도 ●●○

문제 키워드 추출

✓ 이승휴 _ 『제왕운기』의 저자
✓ 중국과 구별되는 우리 역사의 독자성을 강조 _ 『제왕운기』의 의의

문제에서 『제왕운기』의 내용과 저자에 대해 다뤘기 때문에, 『제왕운기』의 특징을 언급한 3번 선지가 정답입니다!

① 조선의 유득공이 저술한 『발해고』에서는 통일 신라와 발해를 아울러 호칭하는 남북국이라는 용어를 처음 사용하였다.
② 『조선왕조실록』은 편년체 형식으로 구성하였고, 사초 및 시정기를 바탕으로 편찬되었다.
③ 일연의 『삼국유사』와 이승휴의 『제왕운기』는 공통적으로 단군의 고조선의 역사를 수록하였다. ★ 대표 선지!
④ 『직지심체요절』은 청주 흥덕사에서 금속 활자본으로 간행한 문화유산이다.
⑤ 김부식의 『삼국사기』는 본기, 열전 등 인물의 중요도에 따라 나누어 기록하는 기전체 형식으로 구성되었다.

해품사의 키워드 분석팁!

| 문제 14 | 『직지심체요절』과 팔만대장경 |

『직지심체요절』과 팔만대장경은 공통적으로 불교와 관련된 대표적인 고려 시대의 문화유산인 동시에, 세계 문화유산으로 등재되었습니다. 또한 『직지심체요절』은 청주 흥덕사에서 간행되었으며, 고(故) 박병선 박사에 의해 프랑스 국립 도서관에서 발견되었습니다. 팔만대장경은 합천 해인사에서 소유하고 있으며, 몽골의 침략을 부처님의 힘으로 방어하는 것을 염원하며 제작되었습니다. 특히 현존하는 가장 오래된 목판 인쇄물인 무구정광대다라니경과 현존하는 가장 오래된 금속 활자인 『직지심체요절』을 혼동하지 않도록 주의할 필요가 있습니다.

14. ③

『직지심체요절』 | 난이도 ●●○

문제 키워드 추출

✓ 박병선 박사 _ 프랑스 국립 도서관에서 『직지심체요절』을 발견한 우리나라 출신의 역사학자
✓ 청주 흥덕사 _ 『직지심체요절』이 간행된 곳

문제에서 『직지심체요절』의 의의와 발견 장소를 언급했기 때문에 3번 선지가 정답입니다!

① 조선의 이황은 성군이 되기 위한 철학을 그림으로 설명한 책인 『성학십도』를 저술하였다.
② 통일 신라는 조세 수취와 노동력 동원에 활용할 목적으로 민정 문서(촌락 문서)를 작성하였다.
③ 『직지심체요절』은 현존하는 가장 오래된 금속 활자본으로, 유네스코 세계 기록 유산에 등재되었다. ★ 대표 선지!
④ 고려 현종 때 거란의 침략을 방어하기 위한 염원을 담아 불교 경전인 초조대장경이 조판되었다.
⑤ 조선 세종 때 우리나라와 중국의 충신·효자·열녀의 사례를 모아 정리한 『삼강행실도』가 간행되었다.

해품사의 키워드 분석팁!

| 문제 15 | 고려 시대의 기록 유산 |

기록 유산 유형의 경우 가끔씩 단일 통합형 유형으로 출제될 수 있습니다. 특히 고려 시대의 기록 유산과 조선 시대의 기록 유산 관련 키워드를 혼동하지 않도록 주의할 필요가 있습니다.

15. ④

고려 시대의 기록 유산 | 난이도 ●●●

『제왕운기』는 우리나라의 단군(고조선)부터 고려 후기의 충렬왕까지의 역사를 서사시 형식으로 저술한 역사서이기 때문에, 4번 선지가 정답입니다!

① 일연의 『삼국유사』는 고조선의 역사, 불교사를 비롯하여 다양한 민간 설화를 수록하였다.
② 『조선왕조실록』은 편년체 형식으로 구성하였고, 사초 및 시정기를 바탕으로 편찬되었다.
③ 김부식의 『삼국사기』는 본기, 열전 등 인물의 중요도에 따라 나누어 기록하는 기전체 형식으로 구성되었다.
④ 이승휴는 『제왕운기』에서 단군에서부터 충렬왕까지의 역사를 서사시로 서술하였다.
⑤ 안정복은 큰 줄거리인 강과 구체적 서술인 목의 구성으로 이루어진 편년체 역사서 『동사강목』을 저술하였다.

각 문제는 이 주제에서 가장 많이
출제된 키워드로 구성하였습니다.

문제별 키워드 분류표

문제	키워드		출제 빈도(27회분 中)
1~5	고려 시대의 불상	➡	6번 출제
6~8	고려 시대의 탑	➡	5번 출제
9~11	고대 시대의 건축물	➡	3번 출제
12~13	고려 시대의 문화유산	➡	8번 출제
14~15	의천과 지눌	➡	2번 출제
16~17	그 외 고려의 승려	➡	1번 출제

해품사의 키워드 분석팁!

문제 1~5	고려 시대의 불상

고려 시대의 불상은 대표적으로 '논산 관촉사 석조 미륵보살 입상', '안동 이천동 마애여래입상', '파주 용미리 마애이불 입상', '영주 부석사 소조 여래 좌상', '하남 하사창동 철조 석가여래 좌상'이 출제될 수 있습니다. 고려 시대의 불상 유형은 각 불상이 위치한 지역, 특징, 의의를 구별하는 것이 중요합니다.

1. ①   논산 관촉사 석조 미륵보살 입상 | 난이도 ●●○

문제 키워드 추출

✔ 충청남도 논산시 _ 논산 관촉사 석조 미륵보살 입상이 위치한 지역
✔ 고려 광종 _ 논산 관촉사 석조 미륵보살 입상이 건립된 시기

문제에서 논산 관촉사 석조 미륵보살 입상이 위치한 지역과 건립 시기가 언급되었으므로, 1번 선지가 정답입니다!

① 논산 관촉사 석조 미륵보살 입상(고려) ★ 대표 선지!
② 경산 팔공산 관봉 석조여래 좌상(통일 신라)
③ 안동 이천동 마애여래 입상(고려)
④ 서산 용현리 마애여래 삼존상(백제)
⑤ 파주 용미리 마애이불 입상(고려)

2. ①   파주 용미리 마애이불 입상 | 난이도 ●●○

문제 키워드 추출

✔ 경기도 파주시 _ 파주 용미리 마애이불 입상의 위치

문제에서 파주 용미리 마애이불 입상이 위치한 지역이 언급되었으므로, 1번 선지가 정답입니다!

① 파주 용미리 마애이불 입상(고려)
② 경산 팔공산 관봉 석조여래 좌상(통일 신라)
③ 안동 이천동 마애여래 입상(고려)
④ 논산 관촉사 석조 미륵보살 입상(고려)
⑤ 충주 미륵리 석조여래 입상(고려)

3. ⑤   영주 부석사 소조 여래 좌상 | 난이도 ●●○

문제 키워드 추출

✔ 부석사 무량수전 _ 영주 부석사 소조 여래 좌상이 위치한 곳
✔ 우리나라 소조불상 가운데 가장 규모가 크고 오래됨 _ 영주 부석사 소조 여래 좌상의 의의

문제에서 영주 부석사 소조 여래 좌상이 위치한 곳과 의의가 언급되었으므로, 5번 선지가 정답입니다!

① 석굴암 본존불(통일 신라)
② 금동 관음보살 좌상(고려 말기~조선 전기)
③ 하남 하사창동 철조 석가여래 좌상(고려)
④ 금동 미륵 보살 반가 사유상(삼국 시대)
⑤ 영주 부석사 소조 여래 좌상(고려)

4. ②   하남 하사창동 철조 석가여래 좌상 | 난이도 ●●○

문제 키워드 추출

✔ 경기도 하남시 하사창동 _ 하남 하사창동 철조 석가여래 좌상이 위치한 곳
✔ 석굴암 본존불의 양식을 이어받음 _ 하남 하사창동 철조 석가여래 좌상은 석굴암 본존불과 형태가 유사함

문제에서 하남 하사창동 철조 석가여래 좌상이 위치한 곳과 불상 양식에 영향을 준 사례를 언급하였기 때문에, 2번 선지가 정답입니다!

① 금동 연가 7년명 여래 입상(고구려)
② 하남 하사창동 철조 석가여래 좌상(고려)
③ 경주 남산 장창곡 석조 미륵여래 삼존상(삼국 시대)
④ 금동관음보살 좌상(고려 말기~조선 전기)
⑤ 금동 미륵 보살 반가 사유상(삼국 시대)

5. ②   고려 시대의 불상 | 난이도 ●●●

문제 키워드 추출

✓ 논산 관촉사 석조 미륵보살 입상 _ 고려 시대의 대표적인 대형 불상 사례

문제에서 고려 시대의 대표적인 대형 불상 사례인 논산 관촉사 석조 미륵보살 입상을 언급하였기 때문에, 통일 신라의 석굴암 본존불을 언급한 2번 선지가 정답입니다!

① 하남 하사창동 철조 석가여래 좌상(고려)
② 석굴암 본존불(통일 신라)
③ 안동 이천동 마애여래 입상(고려)
④ 영주 부석사 소조 여래 좌상(고려)
⑤ 하남 교산동 마애약사여래 좌상(고려)

해품사의 키워드 분석팁!

문제 6~8	고려 시대의 탑

고려 시대의 탑은 대표적으로 '월정사 팔각 구층 석탑', '경천사지 십층 석탑'이 있습니다. 단, 경천사지 십층 석탑과 원각사지 십층 석탑은 축조 방식, 특징 등이 유사하기 때문에, 원각사지 십층 석탑만 예외적으로 고려 시대의 탑 유형에 포함하였습니다. 고려 시대의 탑 유형은 각 탑이 위치한 지역, 특징, 의의를 구별하는 것이 중요합니다.

6. ①   월정사 팔각 구층 석탑 | 난이도 ●●○

문제 키워드 추출

✓ 강원도 평창군 _ 월정사 팔각 구층 석탑이 위치한 지역
✓ 고려 전기, 다각 다층 석탑 _ 월정사 팔각 구층 석탑의 제작 시기와 특징

문제에서 월정사 팔각 구층 석탑이 위치한 지역, 제작 시기와 특징을 언급하였기 때문에, 1번 선지가 정답입니다!

① 월정사 팔각 구층 석탑(고려)
② 경천사지 십층 석탑(고려)
③ 불국사 다보탑(통일 신라)
④ 부여 정림사지 오층 석탑(백제)
⑤ 안동 신세동 칠층 전탑(통일 신라)

7. ③   경천사지 십층 석탑 | 난이도 ●●●

문제 키워드 추출

✓ 국립 중앙 박물관 _ 경천사지 십층 석탑이 현재 위치한 곳
✓ 원의 영향을 받은 다각 다층의 대리석 탑 _ 경천사지 십층 석탑의 특징

문제에서 경천사지 십층 석탑의 위치와 특징을 언급하였기 때문에, 이와 관련된 사례인 3번 선지가 정답입니다!

① 안동 신세동 칠층 전탑(통일 신라)
② 불국사 다보탑(통일 신라)
③ 경천사지 십층 석탑(고려) ★ 대표 선지!
④ 미륵사지 석탑(백제)
⑤ 월정사 팔각 구층 석탑(고려)

8. ①   원각사지 십층 석탑 | 난이도 ●●●

문제 키워드 추출

✓ 세조 때 축조 _ 원각사지 십층 석탑이 건립된 시기
✓ 대리석 _ 원각사지 십층 석탑을 제작할 때 활용한 재료

문제에서 원각사지 십층 석탑의 건립 시기와 제작 재료를 언급하였기 때문에, 1번 선지가 정답입니다!

① 원각사지 십층 석탑(조선 세조)
② 미륵사지 석탑(백제)
③ 불국사 다보탑(통일 신라)
④ 부여 정림사지 오층 석탑(백제)
⑤ 영광탑(발해)

① 안동 봉정사 극락전(고려)
② 보은 법주사 팔상전(조선 후기)
③ 구례 화엄사 각황전(조선 후기)
④ 예산 수덕사 대웅전(고려)
⑤ 영주 부석사 무량수전(고려)

문제 9~11   고려 시대의 건축물

고려 시대의 건축물은 사실상 주심포 양식의 건축물을 출제하며, 대표적으로 '부석사 무량수전', '봉정사 극락전', '수덕사 대웅전'이 있습니다. 고려 시대의 건축물 유형은 각 건축물이 위치한 지역, 특징, 의의를 구별하는 것이 중요합니다.

11. ①   예산 수덕사 대웅전 | 난이도 ●●○

문제 키워드 추출

✓ 충청남도 예산군 _ 수덕사 대웅전이 위치한 지역
✓ 충렬왕 34년이라는 정확한 건립 연도를 알 수 있음 _ 수덕사 대웅전의 의의

문제에서 수덕사 대웅전이 위치한 지역과 의의를 언급하였기 때문에, 1번 선지가 정답입니다!

① 예산 수덕사 대웅전(고려)
② 구례 화엄사 각황전(조선 후기)
③ 영주 부석사 무량수전(고려)
④ 안동 봉정사 극락전(고려)
⑤ 보은 법주사 팔상전(조선 후기)

9. ②   부석사 무량수전 | 난이도 ●●○

문제 키워드 추출

✓ 소조 여래 좌상이 봉안 _ 부석사 무량수전 내부에 위치한 불상

문제에서 부석사 무량수전 내부에 위치한 불상 사례를 키워드로 제시하였기 때문에, 2번 선지가 정답입니다!

① 공주 마곡사 대웅보전(조선 후기)
② 영주 부석사 무량수전(고려) ★ 대표 선지!
③ 예산 수덕사 대웅전(고려)
④ 구례 화엄사 각황전(조선 후기)
⑤ 안동 봉정사 극락전(고려)

문제 12~13   고려 시대의 문화유산

한능검에서는 다른 시기에 비해 고려 시대의 문화유산을 종합적으로 파악하는 유형을 가장 많이 출제하는 편입니다. 이 유형을 공략하기 위해서는 앞서 다룬 탑, 불상, 건축물 이외에도 유물 사례를 추가적으로 암기할 필요가 있습니다. 고려 시대의 대표적인 유물 사례로는 '나전칠기(나전 국화넝쿨무늬 합)', '불화(수월관음도)', '상감청자(청자 상감운학문 매병)', '정병(청동 은입사 포류수금문 정병)'이 있습니다.

10. ①   안동 봉정사 극락전 | 난이도 ●●○

문제 키워드 추출

✓ 우리나라에서 현존하는 가장 오래된 목조 건축물 _ 안동 봉정사 극락전의 의의
✓ 맞배지붕 _ 안동 봉정사 극락전의 건축 양식

문제에서 안동 봉정사 극락전의 의의와 건축 양식을 언급하였기 때문에, 1번 선지가 정답입니다!

12. ②   고려 시대의 문화유산 사례 | 난이도 ●●○

문제 키워드 추출

✓ 상감청자 _ 고려 시대의 대표적인 도자기 양식

문제에서 고려 시대의 도자기 사례를 키워드로 제시하였기 때문에, 고려의 나전칠기를 다룬 ㄱ 선지와 고려 시대의 대표적인 불화인 ㄷ 선지를 다룬 2번 선지가 정답입니다!

13. ⑤　　　　　　　고려 시대의 문화유산 | 난이도 ●●●

보은 법주사 팔상전은 조선 시대 후기의 대표적인 건축물 사례이므로 5번 선지가 정답입니다!

① 청동 은입사 포류수금문 정병(고려)
② 영주 부석사 소조 여래 좌상(고려)
③ 청자 상감운학문 매병(고려)
④ 월정사 팔각 구층 석탑(고려)
⑤ 보은 법주사 팔상전(조선 후기)

14. ⑤　　　　　　　　　의천 | 난이도 ●●●

문제 키워드 추출

✓ 문종의 아들 _ 의천의 출신 신분
✓ 국청사, 천태종 _ 의천이 활동한 사찰과 종파

문제에서 의천과 관련된 출신 신분과 관련 사찰, 종파 키워드를 언급하였기 때문에, 의천이 강조한 수행 방법이 언급된 5번 선지가 정답입니다!

① 고려의 균여는 불교의 교리를 전파하고자 따라 부르기 쉬운 11수의 향가를 지었다.
② 고려의 지눌은 타락한 불교의 현실을 비판하며 불교 개혁 운동인 수선사 결사 운동을 주도하였다.
③ 고려의 혜심은 유교와 불교 사상의 뜻이 일치한다는 이론인 유불 일치설을 주장하였다.
④ 고려의 일연은 고조선의 역사, 불교사를 비롯하여 다양한 민간 설화를 수록한 『삼국유사』를 저술하였다.

⑤ 고려의 의천은 불교의 교리에 대한 연마와 실천 수행을 함께 실천할 것을 강조하는 교관겸수를 제시하였다. ★ 대표 선지!

15. ③　　　　　　　　　　지눌 | 난이도 ●●●

문제 키워드 추출

✓ 송광사 _ 지눌이 불교 개혁을 전개하였던 사찰
✓ 돈오점수 _ 지눌이 강조한 수행 방법

문제에서 지눌과 관련된 사찰과 수행 방법을 언급하였기 때문에, 지눌이 실천한 불교 개혁 운동과 관련된 사례를 다룬 3번 선지가 정답입니다!

① 고려의 각훈은 삼국 시대부터 고려 시대까지의 승려들의 전기를 정리한 『해동고승전』을 저술하였다.
② 신라의 의상은 당에서 화엄학을 공부한 뒤 국내에 귀국하여 화엄일승법계도라는 그림시를 지어 화엄 사상을 정리하였다.
③ 고려의 지눌은 불교 개혁 운동의 일환으로 권수정혜결사문을 작성하여 수행 방법으로 정혜쌍수를 강조하였다.
　　　　　　　　　　　　　　　　　　　　　　★ 대표 선지!
④ 고려의 의천은 국가적인 불교 경전 간행 사업을 통해 불교 경전에 대한 주석서를 모아 교장을 편찬하였다.
⑤ 고려의 균여는 불교의 교리를 전파하고자 따라 부르기 쉬운 11수의 향가를 지었다.

16. ②　　　　　　　　　　요세 | 난이도 ●●●

문제 키워드 추출

✓ 백련사 _ 요세가 활동하였던 사찰

문제에서 요세와 관련된 사찰이 언급되었기 때문에, 요세의 불교 개혁 운동과 관련된 사례가 언급된 2번 선지가 정답입니다!

① 고려의 의천은 교종을 중심으로 선종을 통합하기 위하여 해동 천태종을 창시하였다.

② 고려의 요세는 타락한 불교의 현실을 비판하며 참회를 중시하는 법화 신앙에 바탕을 둔 백련사 결사를 주도하였다.
★ 대표 선지!

③ 고려의 지눌은 타락한 불교의 현실을 비판하며 불교 개혁 운동인 수선사 결사 운동을 주도하였다. '정혜사'는 지눌이 불교 개혁을 위해 조직한 수행 공동체이다.

④ 고려의 각훈은 삼국 시대부터 고려 시대까지의 승려들의 전기를 정리한 『해동고승전』을 저술하였다.

⑤ 고려의 일연은 고조선의 역사, 불교사를 비롯하여 다양한 민간 설화를 수록한 『삼국유사』를 저술하였다.

17. ③

혜심 | 난이도 ●●●

문제 키워드 추출

✔ 지눌의 제자, 수선사의 제2대 사주 _ 혜심의 스승과 혜심이 활동한 사찰

✔ 집권자인 최우 _ 혜심은 무신 정권 시기에 활동함

문제에서 혜심과 관련된 인물과 사찰, 활동 시기를 언급하였기 때문에, 혜심이 주장한 유불 일치설이 언급된 3번 선지가 정답입니다!

① 신라의 의상은 당에서 화엄학을 공부한 뒤 국내에 귀국하여 화엄일승법계도라는 그림시를 지어 화엄 사상을 정리하였다.

② 고려의 의천은 교종을 중심으로 선종을 통합하기 위하여 해동 천태종을 창시하였다.

③ 고려의 혜심은 유교와 불교 사상의 뜻이 일치한다는 이론인 유불 일치설을 주장하였다. ★ 대표 선지!

④ 고려의 지눌은 불교 개혁 운동의 일환으로 권수정혜결사문을 작성하여 수행 방법으로 정혜쌍수를 강조하였다.

⑤ 고려의 균여는 불교의 교리를 전파하고자 따라 부르기 쉬운 11수의 향가를 지었다.

1. ④
궁예 | 난이도 ●●●

문제 키워드 추출

- ✓ 양길 _ 궁예는 강원도 지역 출신의 호족인 양길의 휘하에서 성장함
- ✓ 태조가 금성군을 고쳐서 나주라 하고 군사를 나누어 지키게 함 _ 왕건이 궁예의 휘하에 있을 때 나주를 점령함(903)

궁예의 성장 과정과 본래 궁예의 신하였던 왕건의 나주 점령 사례를 키워드로 제시하였기 때문에, 궁예가 설치한 최고 중앙 관서를 다룬 4번 선지가 정답입니다! 최근 기출 경향에서는 기존에 자주 출제된 익숙한 유형이더라도, 까다로운 키워드를 제시하여 난도를 높이는 출제 방식이 확인됩니다!

① 고려의 왕건은 일리천 전투에서 후백제의 신검이 이끄는 군대에게 승리하였다.
② 통일 신라 하대에는 참선과 수행을 중시하는 선종이라는 불교 종파가 새로 유행하였으며, 선종 불교 집단인 9산 선문의 다양한 승려들이 여러 불교 종파를 창시하였다. 그중 가지산문은 체징이 개창하였다.
③ 통일 신라 신문왕 때 귀족들에게 관료전을 지급하고 녹읍을 폐지하였다.
④ 궁예는 후고구려의 최고 중앙 관서로 광평성이라는 기구를 설치하였다.
⑤ 고려의 왕건은 관리들이 지켜야 할 규범을 제시할 목적으로 『정계』와 『계백료서』를 직접 저술하여 반포하였다.

2. ③
후삼국의 통일 과정 | 난이도 ●●●

문제 키워드 추출

(가) 상황 이전(고려 초대 왕건, 견훤의 고려 귀순, 935)
- ✓ 견훤이 나주로 달아나 입조를 요청함 _ 견훤은 금산사에서 몰래 탈출하여 고려에 귀순함

(가) 상황 이후(고려 초대 왕건, 일리천 전투, 936)
- ✓ 일리천 _ 고려의 왕건이 후백제의 신검과의 전투에서 승리한 일리천 전투와 관련된 지역

견훤의 고려 귀순 이후 통일 신라가 멸망하였기 때문에, 이와 관련된 인과관계가 자연스러운 3번 선지가 정답입니다! 최근 기출 경향에서는 삼국 시대와 후삼국 시대의 통일 과정을 종합적으로 파악하는 유형이 다시 출제되기 시작하였습니다!

① 신라는 고구려 부흥 운동을 지원하기 위해 674년에 전라북도 익산에 보덕국을 건립한 뒤 안승을 왕으로 책봉하였다.(이전)
② 궁예는 911년에 후고구려의 국호를 태봉으로 바꿨다.(이전)
③ 신라의 마지막 왕인 경순왕은 935년에 고려에 항복하였고, 이후 경주의 사심관으로 임명되었다.
④ 백제 의자왕은 642년에 윤충이라는 장수를 신라의 대야성에 파견하여 함락시켰으며, 이때 김춘추의 가족들이 살해되었다.(이전)
⑤ 백제의 흑치상지는 임존성에서 백제 부흥 운동을 주도하며 당나라의 소정방이 이끄는 당군을 격퇴하였다.(이전)

3. ④
무신 정권 시기의 역사적 사실 | 난이도 ●●●

문제 키워드 추출

(가) 사건(고려 24대 원종, 개경 환도 결정, 1270)
- ✓ 임유무, 개경으로 환도 _ 무신 정권의 마지막 집권자가 집권할 당시 개경 환도가 결정됨

(나) 사건[고려 19대 명종(이의방 정권), 조위총의 난, 1174]
- ✓ 조위총, 이의방 _ 이의방 정권 때 정중부 타도를 주장하며 반란을 일으킨 인물

(다) 사건[고려 23대 고종(최우 정권), 정방 설치, 1225]
- ✓ 최우, 정방 _ 최우 정권 때 인사 행정 담당 목적으로 설치한 기구

무신 정권 시기의 역사적 사실의 흐름은 조위총의 난(나-이의방 정권) → 정방 설치(다-최우 정권) → 개경 환도(가-임유무 정권) 순으로 발생하였습니다. 앞으로의 기출 경향에서는 무신 정권 시기의 역사적 사실을 흐름형 유형으로 출제하는 사례가 더욱 늘어날 것으로 예상됩니다.

4. ③
원 간섭기의 사회상 | 난이도 ●●●

문제 키워드 추출

- ✓ 응방 _ 원 간섭기 때 매 징발을 위해 설치한 기구
- ✓ 겁령구 _ 원 간섭기 때 원나라 공주를 따르는 시종
- ✓ 순군(巡軍)과 홀적(忽赤) _ 원 간섭기에 수도의 치안과 숙위(국왕 호위)를 위해 편성한 직책

문제에서 원 간섭기와 관련된 기구와 직책 키워드를 언급하였기 때문에, 원 간섭기 때 유행한 몽골풍을 언급한 3번 선지가 정답입니다. 이 유형 역시 자주 출제되어 익숙하지만, 까다로운 키워드를 활용하여 난도를 높인 사례라고 할 수 있습니다!

① 고려 문종 때 최충은 최초의 사립 교육 기관인 문헌공도(9재 학당)를 설립하였다.
② 최충헌 정권 때 만적 등 노비들이 신분 해방을 도모하며 반란을 모의하다 발각되었다.
③ 원 간섭기 때 지배층을 중심으로 원의 풍습인 변발과 원의 복장인 호복이 유행하였다.
④ 고려 현종 때 거란의 침략을 방어하기 위한 염원을 담아 불교 경전인 초조대장경이 조판되었다.
⑤ 조선 명종 때 기근과 흉년에 대비하는 방법을 정리한 『구황촬요』가 간행되었다.

5. ④ 강화 천도와 삼별초의 항쟁 사이의 역사적 사실 | 난이도 ●●○

문제 키워드 추출

(가) 사건(고려 23대 고종, 강화 천도, 1232)
✓ **최우가 집안의 재물을 강화도로 옮김** _ 최우 정권 때 대몽항쟁을 위해 강화도로 천도함

(나) 사건(고려 24대 원종, 진도 내 삼별초의 함락, 1271)
✓ **김방경, 진도를 토벌** _ 김방경 등 정부군은 몽골군과 함께 삼별초의 항쟁을 진압함
✓ **김통정이 탐라로 도망** _ 김통정은 남은 삼별초 세력을 이끌고 제주도로 근거지를 옮김

처인성 전투는 강화 천도 직후 발생한 몽골의 2차 침입 방어 사례이므로, 인과관계가 자연스러운 4번 선지가 정답입니다. 앞으로의 기출 경향에서는 몽골에 대한 외세 방어의 흐름 유형을 주목할 필요가 있습니다!

① 고려 현종 때 발생한 거란의 제2차 침입 당시 양규는 무로대, 흥화진 등에서 거란군을 방어하였다.(이전)
② 고려 우왕 때 최무선은 나세, 심덕부와 함께 진포에 침입한 왜구의 침입을 격퇴하였다.(이후)
③ 고려의 강조는 1009년에 정변을 일으켜 목종을 폐위한 뒤 현종을 즉위시켰다.(이전)
④ 김윤후는 몽골의 2차 침입이 발생할 당시 처인성에서 적장 살리타를 사살하였다.
⑤ 고려 인종 때 이자겸과 척준경이 반란을 주도하여 권력을 일시적으로 찬탈하였다.(이전)

6. ③ 왜구에 대한 고려의 대응 | 난이도 ●●●

문제 키워드 추출

✓ **최무선** _ 화통도감 설치를 건의함, 진포 대첩에서 왜구를 격퇴함

문제에서 고려 시대에 왜구를 격퇴한 대표적인 인물을 언급하였으므로, 고려 시대에 왜구의 근거지인 쓰시마섬을 정벌한 인물을 다룬 3번 선지가 정답입니다. 최근 기출 경향에서는 주로 오답으로 언급되었던 선지가 정답으로 재응용되어 출제되는 경우가 있습니다!

① 고려 정종 때 거란의 침략을 대비하기 위해 농민으로 구성된 예비 군사 조직인 광군을 조직하였다.
② 조선 전기에 여진을 회유하기 위해 경성과 경원에 무역소를 설치하였다.
③ 고려 창왕 때 박위를 파견하여 왜구의 근거지인 쓰시마섬을 정벌하였다.
④ 조선 효종 때 청나라에 대한 복수를 위해 어영청을 개편하고 북벌을 추진하였으나 실현되지는 못하였다.
⑤ 팔만대장경은 고려 고종 때 몽골의 침략을 방어할 것을 염원하며 대장도감에서 간행한 불교 경전이다.

7. ① 최영 | 난이도 ●●○

문제 키워드 추출

✓ **요동 정벌을 추진** _ 최영은 명의 철령위 설치에 반발하여 요동 정벌을 추진함
✓ **위화도 회군으로 정권을 장악하면서 죽임을 당함** _ 최영의 사망 과정

문제에서 최영의 대외 정벌 추진 사례와 사망 과정에 대한 키워드를 제시하였기 때문에, 최영의 업적과 관련된 1번 선지가 정답입니다. 이성계의 황산 대첩과 최영의 홍산대첩의 명칭이 상당히 유사하기 때문에 반드시 복습하는 것을 권장합니다!

① 고려의 최영은 충청남도 부여 지역에 위치한 홍산에 침입한 왜구를 격퇴하였다.
② 고려의 최무선은 왜구 격퇴를 위한 화약 및 화포 개발을 목적으로 화통도감의 설치를 건의하였다.
③ 고려의 강조는 정변을 일으켜 목종을 폐위한 뒤 현종을 즉위시켰다.
④ 이의방 정권 때 김보당이 의종의 복위를 주장하며 반란을 주도하였다.
⑤ 최충헌 정권 때 최고 정치 기구로 교정도감을 설치한 뒤 수장인 교정별감을 역임하며 국정을 총괄하였다.

8. ③

고려의 승려 사례 | 난이도 ● ● ●

고려의 지눌은 불교 개혁 운동의 일환으로서 권수정혜결사문을 작성하여 수행 방법으로 정혜쌍수를 강조하였기 때문에 3번 선지가 정답입니다. 최근 기출 경향에서는 특정 주제를 바탕으로 여러 사건(또는 인물 등)을 동시에 파악하는 유형의 출제 빈도가 증가하였습니다!

① 고려의 요세는 타락한 불교의 현실을 비판하며 참회를 중시하는 법화 신앙에 바탕을 둔 백련사 결사를 주도하였다.

② 고려의 혜심은 유교와 불교 사상의 뜻이 일치한다는 이론인 유불 일치설을 주장하였다.

③ 고려의 지눌은 불교 개혁 운동의 일환으로 권수정혜결사문을 작성하여 수행 방법으로 정혜쌍수를 강조하였다.

④ 고려의 의천은 불교의 교리에 대한 연마와 실천 수행을 함께 실천할 것을 강조하는 교관겸수를 제시하였다.

⑤ 고려의 균여는 불교의 교리를 전파하고자 따라 부르기 쉬운 11수의 향가를 지었다.

고맙다.

끝까지 애써 온 너의 최선이
너에게 다정한 결실이 되어 올 것이다.

PART

4 조선

각 문제는 이 주제에서 가장 많이
출제된 키워드로 구성하였습니다.

문제별 키워드 분류표

문제	키워드	출제 빈도(27회분 中)
1~2	태종	➡ 7번 출제
3~5	세종	➡ 10번 출제
6~7	세조	➡ 8번 출제
8~9	조선 성종	➡ 10번 출제
10	그 외 조선 전기의 왕	➡ 1번 출제
11	사헌부	➡ 3번 출제
12	승정원	➡ 3번 출제
13	홍문관	➡ 1번 출제
14~15	그 외 조선 시대의 중앙 정치 제도	➡ 2번 출제
16~17	유향소	➡ 3번 출제
18~20	그 외 조선 시대의 지방 행정 제도	➡ 2번 출제

해품사의 키워드 분석팁!

문제 1~2	태종

태종(이방원)은 조선의 제3대 왕으로, 최근 기출 경향에서 '두 차례의 왕자의 난을 통해 즉위'하였다는 사실을 다양한 방식으로 응용하여 출제되고 있습니다. 태종(이방원)에 대한 문제 및 정답 키워드로는 주로 '문하부 낭사의 사간원 독립', '사병 혁파', '신문고 설치', '호패법 실시', '6조 직계제 최초 시행', '주자소 설치와 계미자 주조', '혼일강리역대국도지도 제작' 등이 언급됩니다.

1. ③ 　　　　　　　　　　 태종(이방원) | 난이도 ●○○

문제 키워드 추출

✓ 신문고 설치 _ 백성들의 억울한 일을 해결하기 위한 목적으로 설치한 북
✓ 문하부 낭사를 사간원으로 독립시킴 _ 태종 때 조선 시대의 언론 기구인 사간원이 설치됨

문제에서 신문고 설치와 사간원 독립이 언급되었으므로, 태종 때 왕권 강화 목적의 일환으로 시행한 대표적인 정책인 6조 직계제가 언급된 3번 선지가 정답입니다!

① 조선 숙종 때 임진왜란 당시 조선을 지원하였던 명의 황제인 만력제(신종)에 대한 제사를 지내는 만동묘와 대보단이 설치되었다.
② 조선 세종 때 왕명으로 동양 최대의 의학 사전인 『의방유취』가 편찬되었다.
③ 조선 태종과 세조 때 6조의 의결 사항을 의정부를 거치지 않고 왕에게 직계하는 6조 직계제가 시행되었다. ★ 대표 선지!
④ 조선 성종 때 육전 체제로 구성된 조선의 첫 공식 법전인 『경국대전』이 완성되었다.
⑤ 조선 영조 때 조선의 역대 문물 제도를 분류, 정리한 백과사전인 『동국문헌비고』를 편찬하였다.

2. ④ 　　　　　　　　　　 태종(이방원) | 난이도 ●●○

문제 키워드 추출

✓ 제2차 왕자의 난 _ 정종 때 왕위 계승을 놓고 이방원과 이방간 사이에 발생한 전투 사례

문제에서 태종(이방원)과 관련된 제2차 왕자의 난을 언급하였으므로, 태종 때 왕권 강화 목적의 일환으로 시행한 대표적인 정책인 6조 직계제가 언급된 4번 선지가 정답입니다!

① 조선 세조 때 현직 관리에게만 토지를 지급하는 직전법을 실시하였으며, 수신전과 휼양전을 폐지하였다.
② 고려 우왕 때 최무선은 왜구 격퇴를 위한 화약 및 화포 개발을 목적으로 화통도감의 설치를 건의하였다.
③ 조선 효종 때 청나라에 대한 복수를 위해 어영청을 개편하고 북벌을 추진하였으나 실현되지는 못하였다.
④ 조선 태종과 세조 때 6조의 의결 사항을 의정부를 거치지 않고 왕에게 직계하는 6조 직계제가 시행되었다.
⑤ 조선 성종 때 궁중 음악을 비롯하여 음악 이론, 악기, 관련 제도 등 정보를 수록한 음악 서적인 『악학궤범』이 간행되었다.

해품사의 키워드 분석팁!

문제 3~5	세종

세종은 조선의 제4대 왕으로, 조선 시대의 왕 중에서 가장 다양한 키워드로 출제됩니다. 세종과 관련된 키워드로는 정책(공법 시행-전분6등법 및 연분9등법, 의정부 서사제, 집현전 설치), 과학 기구와 문화유산(갑인자, 앙부일구, 자격루, 측우기, 혼천의, 훈민정음), 기록 유산(『농사직설』, 『삼강행실도』, 『용비어천가』, 『의방유취』, 『칠정산』, 『향약집성방』), 외교(염포, 제포, 부산포 개항 → 계해약조 체결, 이종무의 쓰시마섬 정벌, 4군 6진 개척-최윤덕과 김종서) 등이 있습니다. 특히 세종과 관련된 역사적 사실은 조선 전기의 과학 사례 유형으로 응용하여 출제할 수 있습니다.

3. ⑤　　　　　　　　세종 | 난이도 ●●●

문제 키워드 추출

✔ 장영실 _ 세종 때 활동한 대표적인 과학자
✔ 자격루 _ 세종 때 제작된 일종의 물시계

문제에서 세종 때 활동한 인물과 과학 기구가 제시되었으므로, 세종 때 제작된 우리나라 실정에 맞는 농서를 언급한 5번 선지가 정답입니다!

① 조선 태종 때 활자 주조 담당 관청인 주자소를 설치하고 조선 최초의 구리 활자인 계미자를 주조하였다.
② 조선 정조 때 박제가, 이덕무 등이 무예 훈련 교범인 『무예도보통지』를 편찬하였다.
③ 조선 선조 때 발생한 임진왜란 당시 일본의 조총 부대에 대비하기 위해 포수, 사수, 살수로 구성된 훈련도감이 창설되었다.
④ 조선 광해군 때 허준이 동양의 의학을 집대성한 『동의보감』을 완성하였다.
⑤ 조선 세종 때 정초, 변효문 등이 우리나라 실정에 맞는 농법을 정리한 『농사직설』을 편찬하였다. ★ 대표 선지!

4. ③　　　　　　　　세종 | 난이도 ●●●

문제 키워드 추출

✔ 공법, 전품을 6등급, 풍흉을 9등급으로 나누어 전세를 수취 _ 세종 때 시행한 조세 제도의 개혁 사례

문제에서 세종 때 시행한 조세 제도의 개혁 사례인 공법을 언급하였으므로, 세종 때 제작된 우리나라 실정에 맞는 농서를 언급한 3번 선지가 정답입니다!

5. ①　　　　　조선 전기의 과학 기술 사례 | 난이도 ●●●

문제에서 조선 전기의 과학 기술 사례와 관련된 다양한 키워드가 언급되었으므로, 조선 후기 때 수원 화성 축조를 위해 정약용이 고안한 거중기가 언급된 1번 선지가 정답입니다!

① 조선 후기 정조 때 정약용이 고안한 거중기를 활용하여 수원 화성을 축조하였다.
② 조선 세종 때 국산 약재를 바탕으로 치료 방법을 정리한 의학서인 『향약집성방』이 간행되었다.
③ 조선 세종 때 우리나라 실정에 맞는 역법을 정리한 『칠정산』이 편찬되었다.
④ 조선 전기에 활자 주조 기구인 주자소를 바탕으로 태종 때에는 계미자, 세종 때에는 갑인자라는 활자를 제작하였다.
⑤ 조선 세종 때 정초, 변효문 등이 우리나라 실정에 맞는 농법을 정리한 『농사직설』을 편찬하였다.

해품사의 키워드 분석팁!

문제 6~7	세조

세조(수양 대군)는 조선의 제7대 왕으로, 문제 및 정답 키워드로 주로 '간경도감 설치', '직전법 실시(현직 관리에게만 토지 지급, 수신전과 휼양전 폐지)', '6조 직계제 부활', '원각사지 십층 석탑', '이시애의 난 발생' 등을 언급합니다. 특히 계유정난을 계기로 단종(노산군)을 축출하였다는 사실과 더불어 성삼문 등 사육신의 단종 복위 운동을 연계하여 흐름형 유형을 출제할 수 있습니다.

6. ⑤

문제 키워드 추출

✔ 육조 직계제 부활 _ 조선 세조 때 6조의 의결 사항을 거치지 않고 왕에게 직계하는 정책을 부활한 사례

문제에서 조선 세조 때 시행한 육조 직계제의 부활을 언급하였으므로, 조선 세조 때 시행한 조세 제도의 개혁 사례를 언급한 5번 선지가 정답입니다!

① 조선 태종 때 활자 주조 담당 관청인 주자소를 설치하여 조선 최초의 구리 활자인 계미자를 주조하였다.
② 조선 연산군 때 김종직의 제자들이 조의제문을 사초에 실은 것이 발단이 되어 무오사화(1498)가 일어났다.
③ 흥선 대원군 집권 때 기존의 법전을 기반으로 각종 조례를 보완하여 정리한 『대전회통』이 편찬되었다.
④ 조선 세종 때 대마도주와 세견선 등 무역에 관한 조약인 계해약조를 체결하였다.
⑤ 조선 세조 때 현직 관리에게만 토지를 지급하는 직전법을 실시하였으며, 수신전과 휼양전을 폐지하였다. ★ 대표 선지!

7. ④

문제 키워드 추출

문제에 제시된 사건(조선 6대 단종, 계유정난, 1453)
✔ 수양 대군, 한명회 등이 주도 _ 세조(수양 대군)와 한명회는 계유정난을 주도하여 단종(노산군)을 축출함

문제에서 세조(수양 대군)가 주도한 계유정난에 대한 과정을 언급하였으므로, 계유정난 이후 사육신을 중심으로 발생한 단종 복위 운동을 언급한 4번 선지가 정답입니다!

① 고려 우왕 때 최영과 이성계 등이 이인임 일파를 숙청하였다.
② 고려 우왕 때 최무선은 왜구 격퇴를 위한 화약 및 화포 개발을 목적으로 화통도감의 설치를 건의하였다.
③ 조선 태조(이성계) 때 정도전이 요동 정벌을 추진하였으나, 제1차 왕자의 난 때 이방원에 의해 피살되며 무산되었다.
④ 계유정난을 계기로 조선 세조 때 성삼문 등 사육신이 단종 복위 운동을 추진하다가 처형되었다. ★ 대표 선지!
⑤ 조선 세종 때 이종무는 왜구의 근거지인 대마도를 정벌하였다.

문제 8~9	조선 성종

조선 성종은 조선의 제9대 왕으로, 특정 분야와 관련된 내용을 집대성한 기록 유산이 편찬된 사례가 주로 언급됩니다. 조선 성종과 관련된 문제 및 정답 키워드로는 주로 '정책(관수관급제 실시, 홍문관 설치)', '기록 유산(『경국대전』, 『국조오례의』, 『동국통감』, 『동문선』, 『악학궤범』)' 등이 언급됩니다.

8. ②

문제 키워드 추출

✔ 국조오례의 _ 조선 성종 때 조선 시대의 오례의 예법과 절차에 관하여 기록한 책
✔ 악학궤범 _ 조선 성종 때 궁중 음악을 비롯하여 음악 이론, 악기, 관련 제도 등 정보를 수록한 음악 서적

문제에서 조선 성종 때 간행된 예법서인 『국조오례의』와 음악 서적인 『악학궤범』을 언급하였으므로, 조선 성종 때 간행된 조선 시대의 첫 공식 법전을 언급한 2번 선지가 정답입니다!

① 조선 숙종 때 법화인 상평통보가 발행되어 전국적으로 유통되었다.
② 조선 성종 때 육전 체제로 구성된 조선의 첫 공식 법전인 『경국대전』이 완성되었다. ★ 대표 선지!
③ 조선 명종 때 기근과 흉년에 대비하는 방법을 정리한 『구황촬요』가 간행되었다.
④ 조선 정조 때 젊은 관리를 규장각에서 재교육하는 초계문신제를 시행하였다.
⑤ 조선 영조 때 조선의 역대 문물 제도를 분류, 정리한 백과사전인 『동국문헌비고』를 편찬하였다.

9. ③

문제 키워드 추출

✔ 동국여지승람 _ 조선 성종 때 각 지역의 지도, 지리, 풍속 등을 정리한 인문지리서

문제에서 조선 성종 때 간행된 인문지리서인 『동국여지승람』을 언급하였으므로, 조선 성종 때 간행된 음악 서적을 언급한 3번 선지가 정답입니다!

① 조선 광해군 때 허준이 동양의 의학을 집대성한 『동의보감』을 완성하였다.
② 조선 영조 때 조선의 역대 문물 제도를 분류, 정리한 백과사전인 『동국문헌비고』를 편찬하였다.
③ 조선 성종 때 궁중 음악을 비롯하여 음악 이론, 악기, 관련 제도 등 정보를 수록한 음악 서적인 『악학궤범』이 간행되었다.
④ 조선 태종 때 중국 중심의 세계관이 반영된 세계 지도인 혼일강리역대국도지도가 제작되었다.
⑤ 조선 세종 때 우리나라 실정에 맞는 역법을 정리한 『칠정산』이 편찬되었다.

해품사의 키워드 분석팁!

문제 10   그 외 조선 전기의 왕

앞서 다룬 조선 전기의 빈출 왕을 제외하면, 한능검에서 출제될 수 있는 조선 전기의 왕으로는 태조(이성계)와 문종이 있습니다. 태조(초대 이성계)의 경우 '정도전의 궁궐 건립 및 전각 명칭 정리', '제1차 왕자의 난 발생', '한양 천도' 등을 언급할 수 있습니다. 문종(5대)의 경우 『고려사』 편찬을 언급할 수 있습니다.

10. ②   조선 태조(이성계) | 난이도 ●●○

문제 키워드 추출

✓ 근정전 _ 조선 태조(이성계) 때 정도전이 경복궁 내 전각의 명칭을 정한 사례

문제에서 한양 천도와 근정전 등 경복궁 내 전각의 명칭을 신하(정도전)가 지었다는 내용이 언급되었으므로, 태조 때의 일인 2번 선지가 정답입니다!

① 조선 세종 때 학문 연구 기관인 집현전을 설치하여 도서의 수집 및 보관, 학문 활동 등의 역할을 수행하도록 하였다.
② 조선 태조(이성계) 때 이방원이 1차 왕자의 난을 일으켜 정도전, 이방석 등을 살해하였다. ★ 대표 선지!
③ 조선 태종 때 16세 이상의 남성들에게 일종의 신분증인 호패를 발급하였다.
④ 조선 성종 때 조선 시대의 오례의 예법과 절차에 관하여 기록한 책인 『국조오례의』를 간행하였다.
⑤ 흥선 대원군 집권 때 왕실의 권위 회복을 위해 경복궁을 중건하기 위한 목적으로 당백전을 발행하고 원납전을 징수하였다.

해품사의 키워드 분석팁!

문제 11   사헌부

사헌부는 조선 시대의 대표적인 감찰 기구이자 언론 기구로, 사간원, 홍문관과 함께 언론 기구인 삼사로 불렸습니다. 사헌부에 대한 문제 및 정답 키워드로 '대사헌(수장)', '관리 감찰 및 풍속 교정 담당', '5품 이하 관리에게 서경권 행사' 등이 언급됩니다.

11. ⑤   사헌부 | 난이도 ●●●

문제 키워드 추출

✓ 조선 시대에 언론 활동, 풍속 교정, 백관에 대한 규찰과 탄핵 등을 관장 _ 사헌부의 역할
✓ 대사헌 _ 사헌부의 수장

문제에서 사헌부의 역할과 수장에 대한 키워드를 언급하였으므로, 사헌부의 권한인 관리 임명에 대한 동의 및 거부권이라는 서경권을 언급한 5번 선지가 정답입니다!

① 조선의 규장각은 업무 일지인 내각일력을 작성하였다.
② 고려의 삼사는 화폐, 곡식의 출납과 회계를 담당하였다.
③ 조선의 승정원은 은대(銀臺), 후원(喉院) 등의 별칭으로 불렸다.
④ 조선의 비변사는 임진왜란과 병자호란 등의 양난을 거치면서 국정을 총괄하는 기구로 격상하였다.
⑤ 조선의 사헌부는 사간원과 함께 인사 및 법률 개정에 대한 동의·거부권(서경권)을 행사하였다. ★ 대표 선지!

해품사의 키워드 분석팁!

문제 12   승정원

승정원은 조선 시대의 대표적인 비서 기구로, 문제 및 정답 키워드로 '승지(직책)', '은대(별칭)', '왕의 비서 기관으로 왕명 출납 담당' 등을 언급합니다.

12. ④   승정원 | 난이도 ●○○

문제 키워드 추출

✓ 승지 _ 승정원의 대표 직책
✓ 은대 _ 승정원의 별칭

문제에서 승정원과 관련된 대표 직책과 별칭 관련 키워드를 언급하였으므로, 승정원의 역할을 언급한 4번 선지가 정답입니다!

① 조선의 사헌부는 사간원, 홍문관과 함께 언론 기구인 삼사로 불렸다.
② 조선의 사역원에 속한 역관들은 외국으로 가는 사신의 통역을 전담하였다.
③ 조선의 관상감은 천문, 지리, 기후 등 날씨에 관한 사무를 담당하였다.
④ 조선의 승정원은 일종의 왕의 비서 기관으로서 왕명 출납을 담당하였다. ★ 대표 선지!
⑤ 조선의 의금부는 국왕 직속의 사법 기구로서, 반역죄 및 강상죄 등을 처벌하였다.

해품사의 키워드 분석팁!

문제 13	홍문관

홍문관은 조선 시대의 대표적인 언론 기구로, 사헌부, 사간원과 함께 언론 기구인 삼사로 불렸습니다. 사헌부에 대한 문제 및 정답 키워드로 '대제학 및 부제학(직책)', '옥당 및 옥서(별칭)', '왕의 경연 담당' 등이 언급됩니다.

13. ②
홍문관 | 난이도 ●○○

문제 키워드 추출

✓ 대제학, 부제학 _ 홍문관의 대표적인 관직
✓ 옥당, 옥서 _ 홍문관의 별칭

문제에서 홍문관과 관련된 관직과 별칭을 언급하였으므로, 홍문관을 비롯한 조선 시대의 언론 기구에 대한 사례를 언급한 2번 선지가 정답입니다!

① 조선의 한성부는 수도의 행정 및 치안 등 수도에 대한 전반적인 업무를 관할하였다.
② 조선의 홍문관은 사헌부, 사간원과 함께 조선 시대의 언론 기구인 삼사로 불렸다. ★ 대표 선지!
③ 조선의 비변사는 중종 때 발생한 삼포 왜란을 계기로 임시 기구로 설치되었으며, 명종 때 발생한 을묘왜변을 계기로 상설 기구화되었다.
④ 조선의 승정원은 일종의 왕의 비서 기관으로서 왕명 출납을 담당하였다.
⑤ 조선의 의금부는 국왕 직속의 사법 기구로서, 반역죄 및 강상죄 등을 처벌하였다.

해품사의 키워드 분석팁!

문제 14~15	그 외 조선 시대의 중앙 정치 제도

사헌부, 승정원, 홍문관을 제외한 대표적인 조선 시대의 중앙 정치 제도와 관련된 기구로는 사간원, 의금부, 춘추관, 한성부가 있습니다. 사간원의 경우 '간쟁 및 논박 담당', '사헌부, 홍문관과 함께 삼사로 불림'을 언급할 수 있습니다. 의금부의 경우 '국왕 직속의 사법 기구', '강상죄 및 반역죄 등 처벌'을 언급할 수 있습니다. 춘추관의 경우 '역사서의 편찬과 보관 담당', '『조선왕조실록』 편찬 관련 기록 담당'을 언급할 수 있습니다. 한성부의 경우 '수도의 행정과 치안 담당'을 언급할 수 있습니다.

14. ③
사간원 | 난이도 ●●●

문제 키워드 추출

✓ 미원 _ 사간원의 별칭
✓ 간쟁과 논박을 담당 _ 사간원의 역할

문제에서 사간원의 별칭과 역할과 관련된 키워드를 언급하였으므로, 사간원을 비롯한 조선 시대의 언론 기구에 대한 사례를 언급한 3번 선지가 정답입니다!

① 조선의 승정원은 일종의 왕의 비서 기관으로서 왕명 출납을 담당하였다.
② 조선의 한성부는 수도의 행정 및 치안 등 수도에 대한 전반적인 업무를 관할하였다.
③ 조선의 사간원은 사헌부, 홍문관과 함께 조선 시대의 언론 기구인 삼사로 불렸다. ★ 대표 선지!
④ 조선의 춘추관은 당대의 정치를 기록하는 역할을 하던 기관으로, 『조선왕조실록』 편찬 실무도 담당하였다.
⑤ 조선의 의금부는 국왕 직속의 사법 기구로서, 반역죄 및 강상죄 등을 처벌하였다.

15. ①
의금부 | 난이도 ●●●

문제 키워드 추출

✓ 강상죄·반역죄 등을 처결함 _ 의금부의 역할

문제에서 의금부의 역할에 대한 사례를 언급하였으므로, 의금부가 조선 시대의 국왕 직속의 사법 기구라는 사실을 언급한 1번 선지가 정답입니다!

① 조선의 의금부는 국왕 직속의 사법 기구로서, 반역죄 및 강상죄 등을 처벌하였다. ★ 대표 선지!

② 조선 시대에 도교 행사를 주관한 소격서는 조광조 등 사림의 건의로 폐지되었다.

③ 조선의 홍문관은 사헌부, 사간원과 함께 조선 시대의 언론 기구인 삼사로 불렸다.

④ 조선의 사헌부와 사간원은 인사 및 법률 개정에 대한 동의·거부권(서경권)을 행사하였다.

⑤ 조선 정조 때 왕실 도서관인 규장각이 설치되었으며 박제가, 유득공 등 서얼 출신의 인물들이 등용되었다.

해품사의 키워드 분석팁!

문제 16~17   유향소

유향소는 조선 시대에 수령을 보좌하고 향리를 감찰하는 지방의 대표적인 자치 기구로, 조선 시대의 지방 행정 제도와 관련된 키워드로서 빈출도가 가장 높습니다. 유향소와 관련된 문제 및 정답 키워드로 '경재소의 통제를 받음', '좌수 및 별감 선발', '향당과 향청(별칭)', '태종과 세조 때 일시적으로 폐지됨', '세종과 성종 때 부활함' 등이 언급됩니다.

16. ②
유향소 | 난이도 ●●○

문제 키워드 추출

✓ 경재소 _ 유향소를 통제하기 위해 중앙에 설치한 기구
✓ 향리의 범법 행위를 규찰하고 풍속을 유지 _ 유향소의 대표적인 역할

문제에서 유향소와 관련된 기구인 경재소와 유향소의 역할을 언급하였으므로, 유향소와 관련된 대표 직책을 언급한 2번 선지가 정답입니다!

① 조선 중종 때 주세붕이 사립 교육 기관인 백운동 서원을 처음 설립하였다.

② 조선의 유향소는 대표적인 직책으로 좌수와 별감을 선발하여 운영하였다. ★ 대표 선지!

③ 조선의 향교는 조선 시대의 지방 관립 교육 기관으로, 중앙에서 교관인 교수와 훈도가 파견되었다.

④ 조선의 성균관과 향교는 공통적으로 공자 등 성현들의 위패를 모신 대성전과 교육을 담당한 강당인 명륜당을 두었다.

⑤ 조선의 서원은 흥선 대원군 집권 때 47곳을 제외하고 모두 철폐되었다.

17. ①
유향소 | 난이도 ●●●

문제 키워드 추출

✓ 경재소 _ 유향소를 통제하기 위해 중앙에 설치한 기구
✓ 태종, 성종 _ 유향소가 폐지된 시기와 재설치된 시기

문제에서 유향소와 관련된 기구인 경재소와 더불어 유향소가 폐지된 시기와 재설치된 시기를 언급하였으므로, 유향소와 관련된 대표 직책을 언급한 1번 선지가 정답입니다!

① 조선의 유향소는 대표적인 직책으로 좌수와 별감을 선발하여 운영하였다.

② 조선의 성균관과 향교는 공통적으로 공자 등 성현들의 위패를 모신 대성전과 교육을 담당한 강당인 명륜당을 두었다.

③ 조선의 홍문관은 옥당, 옥서 등의 별칭으로 불렸다.

④ 농민들은 농촌 사회의 상호 협력과 작업 공동체 역할을 담당하는 두레를 조직하였다.

⑤ 고려의 향도는 매향(埋香) 활동 등 각종 불교 행사를 주관하였다.

해품사의 키워드 분석팁!

문제 18~20   그 외 조선 시대의 지방 행정 제도

유향소를 제외한 대표적인 조선 시대의 지방 행정 제도와 관련된 직책으로는 관찰사, 수령, 향리가 있습니다. 관찰사의 경우 '감사, 도백, 방백 등으로 불림', '수령 감독 및 근무 성적 평가'를 언급할 수 있습니다. 수령의 경우 '국왕의 대리인으로서 행정·사법·군사권 행사', '칠사의 업무 수행', '상피제 적용', '1,800일의 임기' 등을 언급할 수 있습니다. 향리의 경우 '단안(壇案)에 등록됨', '『연조귀감』에 연혁이 수록됨', '지방 행정 실무 담당', '6방에 소속됨', '호장, 기관, 장교, 통인 등으로 분류됨' 등을 언급할 수 있습니다.

18. ④
관찰사 | 난이도 ●●○

문제 키워드 추출

✓ 감사 또는 방백 _ 관찰사의 별칭

문제에서 관찰사의 별칭을 언급하였으므로, 관찰사의 대표적인 역할을 다룬 4번 선지가 정답입니다!

① 조선의 사간원은 일종의 간관으로서 국왕에 대한 간쟁과 봉박을 담당하였다.
② 조선의 6조는 6조 직계제의 실시로 인해 권한이 약화되었다.
③ 조선의 향리는 호장, 기관, 장교, 통인 등으로 분류되었다.
④ 조선의 관찰사는 일종의 지방에 대한 감찰 직책으로, 수령을 감독하고 근무 성적을 평가하였다. ★ 대표 선지!
⑤ 조선의 중앙 관료는 출신 지역의 경재소를 관장하고, 해당 지역의 유향소 품관을 감독하였다.

① 조선의 향리는 향리의 이름·생년월일·출신 등을 기록한 단안(壇案)이라는 명부에 등재되었다.
② 조선의 수령은 일종의 국왕의 대리인으로서 지방의 행정·사법·군사권을 행사하였다. ★ 대표 선지!
③ 조선의 관찰사는 감사, 도백, 방백 등의 별칭으로 불렸다.
④ 조선의 노비는 장례원(掌隷院)이라는 기구를 통해 국가의 관리를 받았다.
⑤ 조선 시대의 기술관은 잡과라는 과목을 통해 선발하였다.

19. ④   조선의 향리 | 난이도 ●●●

문제 키워드 추출

✓ 단안(壇案) _ 향리와 관련된 명부
✓ 연조귀감 _ 향리와 관련된 인물의 전기를 기록한 책
✓ 지방 행정 실무를 담당 _ 향리의 대표적인 역할

문제에서 향리와 관련된 기록 유산과 역할에 대한 키워드를 언급하였으므로, 향리가 소속된 기구를 언급한 4번 선지가 정답입니다!

① 조선의 수령은 자신이 연고가 있는 지역에 근무하지 못하도록 하는 상피제이 적용을 받았다.
② 조선 시대의 기술관은 잡과라는 과목을 통해 선발하였다.
③ 조선의 관찰사는 감사, 도백, 방백 등의 별칭으로 불렸다.
④ 조선의 향리는 수령을 보좌하기 위한 지방의 관청인 6방에 소속되어 활동하였다. ★ 대표 선지!
⑤ 고려의 문벌귀족은 공음전과 음서 등의 혜택을 통해 권력을 유지하였다.

20. ②   조선의 수령과 향리 | 난이도 ●●○

문제 키워드 추출

(가) 직책: 수령
✓ 8도의 부·목·군·현에 파견 _ 수령이 파견된 지역
✓ 상피제 _ 수령은 자신의 연고지에 근무하지 못하였음

(나) 직책: 향리
✓ 지방 행정 실무를 담당 _ 향리의 대표적인 역할
✓ 호장 _ 향리의 수장

문제에서 수령과 향리와 관련된 전반적인 키워드가 제시되었으므로, 수령이 국왕의 대리인으로서 지방에서 다양한 권력을 행사하였다는 사실을 언급한 2번 선지가 정답입니다!

각 문제는 이 주제에서 가장 많이
출제된 키워드로 구성하였습니다.

문제별 키워드 분류표

문제	키워드	출제 빈도(27회분 中)
1~4	조선의 사화	➡ 16번 출제
5~6	중종과 명종	➡ 3번 출제
7	조광조	➡ 2번 출제

해품사의 키워드 분석팁!

문제 1~4	조선의 사화

조선의 사화 유형은 조선 전기와 관련된 대표적인 빈출 흐름
형 유형으로, 이 유형의 경우 기본적으로 무오사화(김종직의 조
의제문) → 갑자사화(폐비 윤씨 사사 사건) → 중종반정(연산
군 폐위, 진성대군 즉위) → 기묘사화(조광조의 위훈 삭제와 현
량과 실시 건의) → 을사사화(대윤과 소윤 세력 간의 정치적 갈
등)의 흐름 파악과 관련 키워드 암기가 필수적입니다.

1. ④   무오사화와 중종반정 | 난이도 ●●○

문제 키워드 추출

(가) 사건(조선 10대 연산군, 무오사화, 1498)
✔ 김종직의 조의제문 _ 김종직이 세조의 왕위 찬탈을 비난
하기 위해 작성한 글

(나) 사건(조선 10대 연산군, 중종반정, 1506)
✔ 임금이 도리를 잃어 정치가 혼란, 진성대군 _ 연산군의 폭
정을 계기로 중종반정을 통해 연산군을 폐위시키고 중종
을 즉위시킴

문제에서 무오사화와 중종반정의 사례를 제시하였으므로,
중종반정의 원인이 된 대표적인 사건인 갑자사화와 관련된
사실을 다룬 4번 선지가 정답입니다!

① 조선 광해군 때 중립 외교에 대한 비판과 더불어 폐모살제
를 계기로, 서인이 인조반정을 주도하여 광해군을 폐위시켰
다.(이후)

② 조선 중종 때 위훈 삭제와 현량과 실시를 건의한 조광조를
견제하기 위해 훈구파를 중심으로 기묘사화가 발생하였다.
(이후)

③ 조선 영조 즉위 이후 이인좌 등 세력이 약화된 소론이 영조
의 즉위에 비판을 제기하며 반란을 일으킨 이인좌의 난이
발생하였다.(이후)

④ 조선 연산군 때 폐비 윤씨 사사 사건을 빌미로 갑자사화가
발생하여 훈구파를 비롯한 사림파 세력이 동시에 숙청되었
다. ★ 대표 선지!

⑤ 조선 숙종 때 발생한 기사환국의 결과 인현 왕후가 폐위되
고 남인이 권력을 차지하였다.(이후)

2. ③   갑자사화와 을사사화 | 난이도 ●●○

문제 키워드 추출

(가) 사건(조선 10대 연산군, 갑자사화, 1504)
✔ 어머니 윤씨가 폐위 _ 갑자사화의 원인

(나) 사건(조선 13대 명종, 을사사화, 1545)
✔ 대윤, 소윤 _ 명종 때 대립한 대표적인 외척 세력

문제에서 갑자사화와 을사사화의 사례를 제시하였으므로,
갑자사화와 을사사화 사이에 발생한 기묘사화의 원인이 된
현량과 실시를 언급한 3번 선지가 정답입니다!

① 조선 숙종 때 허적의 유악 사건을 계기로 허적과 윤휴 등 남
인들이 대거 축출된 경신환국이 발생하였다.(이후)

② 조선 선조 때 동인 출신의 정여립이 반란을 일으킨다는 혐
의를 받아, 동인 출신의 인사들이 피해를 입은 기축옥사가
발생하였다.(이후)

③ 조선 중종 때 조광조의 건의로 일종의 인재 추천 제도인 현
량과가 실시되었다.

④ 조선 연산군 때 김종직의 조의제문을 김일손이 사초에 실으
려는 것이 발단이 되어 김일손 등 김종직의 제자 출신의 사
림 세력들이 피해를 입었다.(이전)

⑤ 조선 영조 때 붕당의 조화와 화해를 도모하기 위해 탕평책
을 실시하고 탕평비를 건립하였다.(이후)

3. ②   현량과 실시와 위훈 삭제 | 난이도 ●●○

문제 키워드 추출

위의 사료: 현량과 실시
- ✓ 현량과 _ 조선 중종 때 조광조가 건의한 일종의 인재 추천 제도

아래의 사료: 위훈 삭제
- ✓ 정국공신은 이미 10년이 지난 일이지만 허위가 많음, 지금 고치지 않으면 개정할 수 없음 _ 조선 중종 때 조광조가 중종반정의 공신의 개정을 주장한 사례

문제에 제시된 사료는 공통적으로 중종 때 조광조가 주장한 개혁 사례에 대한 내용을 포함하였기 때문에, 흐름상 갑자사화(연산군)와 을사사화(명종) 사이인 2번 선지가 정답입니다!

4. ③   조선의 사화 | 난이도 ●●●

문제 키워드 추출

(가) 사건(조선 10대 연산군, 갑자사화, 1504)
- ✓ 어머니가 비명에 죽은 것을 분하게 여김 _ 갑자사화의 원인

(나) 사건(조선 10대 연산군, 무오사화, 1498)
- ✓ 김종직의 조의제문 _ 김종직이 수양 대군의 왕위 찬탈을 비난하기 위해 작성한 글, 무오사화의 원인 제공
(다) 사건(조선 13대 명종, 을사사화, 1545)
- ✓ 대윤, 소윤 _ 명종 때 대립한 대표적인 외척 세력

(라) 사건(조선 11대 중종, 기묘사화, 1519)
- ✓ 현량과 _ 조선 중종 때 조광조가 건의한 일종의 인재 추천 제도, 기묘사화의 대표 원인

조선의 사화의 흐름은 무오사화(나-연산군, 1498) → 갑자사화(가-연산군, 1504) → 기묘사화(라-중종, 1519) → 을사사화(다-명종, 1545) 순으로 발생하였습니다!

해품사의 키워드 분석팁!

문제 5~6	중종과 명종

조선의 사화와 관련된 대표적인 왕인 중종과 명종은 가끔 단독 왕 업적 유형으로 연계되어 출제할 수 있습니다. 이때 사화와 관련된 키워드가 문제에서 언급될 가능성이 높습니다. 추가적으로 중종과 관련된 대표적인 키워드로는 '삼포 왜란', '비변사 설치'가 있으며, 명종과 관련된 대표적인 키워드로는 『구황촬요』 간행', '양재역 벽서 사건', '을묘왜변'이 있습니다.

5. ⑤   중종 시기의 역사적 사실 | 난이도 ●●○

문제 키워드 추출

- ✓ 제포·부산포·염포에서 왜인들이 난동을 일으킴 _ 조선 중종 때 발생한 삼포 왜란
- ✓ 소격서 혁파, 정국공신의 훈적 삭제 _ 조선 중종 때 조광조의 건의로 시행된 소격서 폐지와 위훈 삭제

문제에서 조선 중종 때 발생한 삼포 왜란과 더불어 조광조가 주장한 개혁 사례와 관련된 사실을 제시하였으므로, 조광조가 주장한 다른 개혁 사례를 언급한 5번 선지가 정답입니다!

① 조선 효종 때 청나라에 대한 복수를 위해 북벌을 준비하였으나, 현실적인 군사력 차이로 인해 청나라의 나선 정벌에 조총 부대를 파견하여 지원하였다.
② 조선 세종 때 최윤덕과 김종서를 파견하여 여진을 정벌한 뒤 압록강과 두만강 유역을 개척하여 4군 6진을 설치하였다.
③ 조선 세조 때 단종 복위 운동을 계기로 사육신이 속한 학술 연구 기관인 집현전을 폐지하였다.
④ 조선 성종 때 조선 시대의 오례의 예법과 절차에 관하여 기록한 책인 『국조오례의』를 간행하였다.
⑤ 조선 중종 때 조광조의 건의로 일종의 인재 추천 제도인 현량과가 실시되었다. ★ 대표 선지!

6. ②   명종 시기의 역사적 사실 | 난이도 ●●●

문제 키워드 추출

- ✓ 문제에 제시된 글 _ 조선 명종 때 문정 왕후를 비판한 내용을 담은 양재역 벽서

문제에서 조선 명종 때 발생한 양재역 벽서 사건을 제시하였기 때문에, 조선 명종 때 발생한 정치적 사건인 을사사화를 언급한 2번 선지가 정답입니다!

① 조선 선조 때 이조 전랑 임명권에 대한 대립으로 인해 사림이 동인과 서인으로 분화되었다.

② 조선 명종 때 이른바 대윤과 소윤으로 불리는 외척 간의 정치적 대립의 결과 을사사화가 발생하였다. ★ 대표 선지!

③ 조선 광해군 때 중립 외교에 대한 비판과 더불어 폐모살제를 계기로, 서인이 인조반정을 주도하여 광해군을 폐위시켰다.

④ 조선 성종 때 훈구파를 견제하기 위한 목적으로 김종직을 비롯한 사림 세력이 정계에 진출하기 시작하였다.

⑤ 조선 연산군 때 폐비 윤씨 사사 사건을 빌미로 갑자사화가 발생하여 훈구파를 비롯한 사림파 세력이 동시에 숙청되었다.

해품사의 키워드 분석팁!

문제 7	조광조

조광조는 중종 때 활동한 대표적인 사림파 출신의 인물로, 중종과 관련된 역사적 사실을 출제할 때 언급되거나, 종종 단독 인물형 유형으로 출제됩니다. 조광조와 관련된 대표적인 키워드로는 '대사헌 역임', '소격서 폐지 건의', '소학 및 향약 보급 주장', '위훈 삭제 주장', '현량과 실시 건의' 등이 있습니다.

7. ③
조광조 | 난이도 ●●○

문제 키워드 추출

✔ 기묘사화로 희생됨 _ 조광조가 사망하게 된 원인
✔ 소격서 폐지 _ 조광조는 성리학자로서 도교 행사를 주관하는 소격서의 폐지를 건의함
✔ 위훈 삭제 _ 조선 중종 때 조광조가 중종반정 공신의 개정을 주장한 사례

문제에서 조광조의 개혁 사례와 사망 원인 관련 키워드를 제시하였기 때문에, 조광조가 주장한 다른 개혁 사례를 언급한 3번 선지가 정답입니다!

① 조선 중종 때 주세붕은 사립 교육 기관인 백운동 서원을 처음 설립하였다.

② 조선의 정제두는 명나라의 왕수인이 제창한 양명학을 연구한 대표적인 학자로, 강화도에서 양명학자들을 중심으로 강화학파를 형성하였다.

③ 조선 중종 때 조광조의 건의로 일종의 인재 추천 제도인 현량과가 실시되었다. ★ 대표 선지!

④ 조선의 이이는 왕도 정치의 이상을 문답 형식으로 서술한 『동호문답』을 편찬하였다.

⑤ 조선의 정도전은 법전인 『조선경국전』을 저술하여 통치 제도 정비에 기여하였다.

각 문제는 이 주제에서 가장 많이 출제된 키워드로 구성하였습니다.

문제별 키워드 분류표

문제	키워드	출제 빈도(27회분 中)
1~4	임진왜란	➡ 13번 출제
5	훈련도감	➡ 2번 출제
6~8	병자호란	➡ 11번 출제
9~11	조선 중기의 왕	➡ 7번 출제
12	비변사	➡ 2번 출제

해품사의 키워드 분석팁!

문제 1~4	임진왜란

임진왜란은 조선 후기에 발생한 대표적인 동아시아 전쟁으로 크게 사실형 유형과 흐름형 유형으로 나눠 출제할 수 있습니다. 사실 유형의 경우 임진왜란과 관련된 대표적인 전투 사례와 더불어 곽재우, 이순신, 조헌, 정문부 등의 의병과 장수 키워드를 추가적으로 암기할 필요가 있으며, 순서 유형의 경우 연속된 패배(부산진 전투 → 동래성 전투 → 탄금대 전투 → 선조의 의주 피란) → 해전의 승리(옥포 해전 → 한산도 대첩) → 육지전의 연속된 승리(진주 대첩 → 평양성 전투 → 행주 대첩) → 정유재란(명량 대첩 → 노량 해전)의 흐름 암기가 필수적입니다.

1. ①   임진왜란 시기의 역사적 사실 | 난이도 ●●○

문제 키워드 추출

✔ 김시민, 진주성 전투 _ 임진왜란 때 활약한 대표적인 의병장과 전투 사례

문제에서 임진왜란과 관련된 대표적인 인물과 전투 사례를 언급하였으므로, 병자호란과 관련된 대표적인 인물 키워드가 언급된 1번 선지가 일치하지 않습니다!

① 임경업은 병자호란 발발 직후 평안북도에 위치한 백마산성에서 청군의 침입에 대비하였다.
② 임진왜란 때 조·명 연합군은 평양성 전투에서 왜군과의 전투에서 승리하여 평양성을 탈환하였다.
③ 임진왜란 때 권율은 경기도의 행주산성에서 왜군에게 승리하였다(행주 대첩).

④ 임진왜란 때 조헌과 영규는 충청남도 금산에서 왜군에게 항전하였다.
⑤ 임진왜란 때 이순신은 경상남도 통영의 한산도에서 학익진 전법을 통해 왜군에게 승리하였다.

2. ④   임진왜란 시기의 역사적 사실 | 난이도 ●●○

문제 키워드 추출

✔ 신립과 이일 _ 임진왜란 초기에 왜군에 항전한 조선의 장수들

문제에서 임진왜란과 관련된 대표적인 장수들을 언급하였으므로, 임진왜란과 관련된 대표적인 의병장을 언급한 4번 선지가 정답입니다!

① 병자호란 때 김상용은 종묘의 신주를 들고 강화도로 피란하였다가 순절하였다.
② 임경업은 병자호란 발발 직후 평안북도에 위치한 백마산성에서 청군의 침입에 대비하였다.
③ 고려 우왕 때 최영은 충청남도 부여 지역에 위치한 홍산에 침입한 왜구를 격퇴하였다.
④ 임진왜란 때 곽재우는 경상남도 의령에서 홍의 장군이라는 별명으로 불리며 활약한 대표적인 의병장이다.
⑤ 조선의 효종은 청의 러시아 정벌에 변급과 신류가 이끄는 조총 부대를 파견하였다.

3. ①   조·명 연합군의 평양성 탈환 | 난이도 ●●○

문제 키워드 추출

문제에 제시된 사건(조선 14대 선조, 조·명 연합군의 평양성 탈환, 1593. 1.)
✔ 조·명 연합군, 평양성을 탈환함 _ 조·명 연합군이 일본군으로부터 평양성을 탈환한 전투 사례

문제에서 임진왜란 때 육지전에서 일본군에게 승리한 전투 사례인 평양성 전투를 언급하였으므로, 평양성 전투 이후에 발생한 정유재란 당시의 전투 사례를 언급한 1번 선지가 정답입니다!

① 정유재란 때 이순신은 전라남도 해남군에 위치한 명량에서 적은 수군을 이끌고 일본군에게 대승을 거두었다.(이후)

② 고려 우왕 때 최무선은 나세, 심덕부와 함께 진포에 침입한 왜구의 침입을 격퇴하였다.(이전)

③ 임진왜란 때 신립은 충주 탄금대에서 배수의 진을 치고 왜군에 항전하였다.(이전)

④ 조선 세종 때 최윤덕과 김종서를 파견하여 여진을 정벌한 뒤 두만강과 압록강 유역을 개척하여 4군 6진을 설치하였다.(이전)

⑤ 고려의 삼별초는 몽골과의 강화 이후 개경 환도 결정에 반발하여 강화도-진도(용장성, 배중손)-제주도(항파두리성, 김통정)로 근거지를 옮기며 끝까지 항전하였다.(이전)

4. ④

훈련도감 | 난이도 ●●○

문제 키워드 추출

문제에 제시된 사건(조선 14대 선조, 탄금대 전투, 1592. 4.)
✓ 신립, 탄금대에서 패배 _ 조선의 장수인 신립이 충주 탄금대에서 배수의 진을 치고 왜군에 항전한 전투 사례

문제에서 임진왜란 초기에 발생한 전투 사례인 탄금대 전투를 언급하였으므로, 탄금대 전투 이전에 발생한 전투 사례인 동래성 전투를 언급한 4번 선지가 정답입니다!

① 임진왜란 때 김시민은 진주 지역에서 진주성 전투를 통해 왜군의 침입을 방어하였다.(이후)

② 임진왜란 때 조·명 연합군은 평양성 전투에서 왜군과의 전투에서 승리하여 평양성을 탈환하였다.(이후)

③ 임진왜란 때 이순신은 경상남도 통영의 한산도에서 학익진 전법을 통해 왜군에게 승리하였다.(이후)

④ 임진왜란 때 송상현은 부산의 동래성에서 왜군에게 항전하다가 순절하였다.(이전) ★ 대표 선지!

⑤ 임진왜란 때 권율은 경기도의 행주산성에서 왜군에게 승리하였다(행주 대첩).(이후)

해품사의 키워드 분석팁!

문제 5	훈련도감

훈련도감은 임진왜란 때 일본의 조총 부대를 대비하기 위해 유성룡의 건의로 설치된 조선 시대의 첫 5군영 사례입니다. 특히 훈련도감은 급료를 받는 상비군이 주축이 되었으며, 포수(조총)·살수(칼 또는 창)·사수(활)의 삼수병 체제로 편제되었습니다.

5. ④

훈련도감 | 난이도 ●○○

문제 키워드 추출

✓ 임진왜란 중 유성룡의 건의로 편성 _ 훈련도감의 창설 시기와 과정
✓ 상비군 _ 훈련도감의 특징

문제에서 훈련도감의 창설 시기, 과정, 특징을 언급하였으므로, 훈련도감의 편제 구성에 대한 내용을 다룬 4번 선지가 정답입니다!

① 고려의 중앙군인 2군은 응양군과 용호군으로 구성되었다.

② 고려의 삼별초는 몽골과의 강화 이후 개경 환도 결정에 반발하여 강화도-진도(용장성, 배중손)-제주도(항파두리성, 김통정)로 근거지를 옮기며 끝까지 항전하였다.

③ 고려의 지방군인 주진군은 국경 지역인 북계와 동계에 배치되었다.

④ 임진왜란 때 일본의 조총 부대에 대비하기 위해 포수, 사수, 살수로 구성된 훈련도감이 창설되었다. ★ 대표 선지!

⑤ 조선 정조 때 창설된 국왕 호위 부대인 장용영은 서울에 내영, 수원 화성에 외영을 두었다.

해품사의 키워드 분석팁!

문제 6~8	병자호란

병자호란은 조선 후기에 조선과 청나라 사이에 발생한 전쟁으로 크게 사실형 유형과 흐름형 유형으로 나눠 출제할 수 있습니다. 사실 유형의 경우 병자호란과 관련된 대표적인 인물인 김상용, 김준용, 임경업, 홍명구와 더불어 방어 장소인 남한산성을 암기할 필요가 있습니다. 특히 정묘호란 때 후금을 방어한 용골산성과 키워드를 혼동하지 않도록 주의할 필요가 있습니다. 순서 유형의 경우 인조반정 → 이괄의 난 → 정묘호란 → 병자호란 → 삼전도의 굴욕 → 소현 세자와 봉림 대군 등 왕족과 백성이 청에 볼모로 끌려갔다는 흐름 암기가 필수적입니다.

6. ④

병자호란 | 난이도 ●●○

문제 키워드 추출

✓ 남한산성 _ 병자호란 때 항전 장소

문제에서 병자호란 때 청의 침입을 방어한 항전 장소를 언급하였으므로, 병자호란 발발 직후 청나라의 침입에 대비하였던 인물을 언급한 4번 선지가 정답입니다!

① 임진왜란 때 정문부는 함경북도 길주에서 의병을 이끌고 왜군을 방어하는 북관 대첩을 주도하였다.

② 조선 광해군 때 명과 후금 사이에서 중립 외교를 주도하였으며, 명과 후금 사이에 일어난 사르후 전투에 강홍립 부대를 파견하기도 하였다.

③ 임진왜란 때 김시민은 진주 지역에서 진주성 전투를 통해 왜군의 침입을 방어하였다.

④ 임경업은 병자호란 발발 직후 평안북도에 위치한 백마산성에서 청군의 침입에 대비하였다.

⑤ 조선 세종 때 최윤덕과 김종서를 파견하여 여진을 정벌한 뒤 압록강과 두만강 유역을 개척하여 4군 6진을 설치하였다.

7. ⑤
병자호란 | 난이도 ●●○

문제 키워드 추출

✔ 남한산성 _ 병자호란 때 항전 장소

문제에서 병자호란 때 청의 침입을 방어한 항전 장소를 언급하였으므로, 병자호란 당시 청나라의 군대에게 항전하였던 인물의 활동을 언급한 5번 선지가 정답입니다!

① 임진왜란 때 일본의 조총 부대에 대비하기 위해 포수, 사수, 살수로 구성된 훈련도감이 창설되었다.

② 병인양요 때 프랑스군은 강화도의 외규장각에서 의궤를 비롯한 여러 도서를 약탈하였다.

③ 임진왜란 때 곽재우는 경상남도 의령에서 홍의 장군이라는 별명으로 불리며 활약한 대표적인 의병장이다.

④ 조선 광해군 때 명과 후금 사이에서 중립 외교를 주도하였으며, 명과 후금 사이에 일어난 사르후 전투에 강홍립 부대를 파견하기도 하였다.

⑤ 김준룡은 전라도의 근왕군이었으나, 병자호란이 발생하자 북상하여 경기도 용인의 광교산에서 청군과 맞서 싸웠다.
★ 대표 선지!

8. ②
인조반정~병자호란의 흐름 | 난이도 ●●●

문제 키워드 추출

(가) 사건(조선 15대 광해군, 인조반정, 1623)
✔ 광해군을 폐위시킴 _ 광해군은 중립 외교와 폐모살제 등을 이유로 서인이 주도한 반정에 의해 폐위됨

(나) 사건(조선 16대 인조, 삼전도의 굴욕, 1637)
✔ 왕이 세 번 절하고 아홉 번 머리를 조아리는 예를 행함 _ 병자호란 종결 직후 인조가 청나라의 황제에게 삼궤구고두례의 예를 행한 사례

(다) 사건(조선 16대 인조, 병자호란, 1636)
✔ 김상용 _ 병자호란 발생 직후 종묘의 신주를 들고 강화도에서 순절한 인물

인조반정~병자호란의 흐름은 인조반정(가-광해군, 1623) → 병자호란(다-인조, 1636) → 삼전도의 굴욕(나-인조, 1637) 순으로 발생하였습니다!

해품사의 키워드 분석팁!

| 문제 9~11 | 조선 중기의 왕 |

조선 중기의 왕은 대표적으로 광해군, 인조, 효종이 있습니다. 광해군과 관련된 대표적인 키워드로는 '강홍립 부대를 파견하여 중립 외교 실시', '기유약조 체결', '대동법 실시', '폐모살제(영창 대군 살해와 인목 대비 유폐)', '인조반정으로 폐위됨' 등이 있습니다. 인조와 관련된 대표적인 키워드로는 '어영청·총융청·수어청 설치(5군영)', '영정법 실시', '정묘호란과 병자호란 발생' 등이 있습니다. 효종과 관련된 대표적인 키워드로는 '병자호란 직후 청나라에서 인질 생활을 함', '나선 정벌에 조총 부대 파견', '북벌 추진' 등이 있습니다.

9. ①
광해군 | 난이도 ●○○

문제 키워드 추출

✔ 허준 _ 조선 광해군 때 중국과 우리나라의 의학 서적을 집대성하여 『동의보감』을 간행한 인물

문제에서 광해군 때 『동의보감』을 간행한 인물인 허준을 언급하였으므로, 광해군 때 명과 후금 사이에서 실시한 외교 정책을 언급한 1번 선지가 정답입니다!

① 조선 광해군 때 명과 후금 사이에서 중립 외교를 주도하였으며, 명과 후금 사이에 일어난 사르후 전투에 강홍립 부대를 파견하기도 하였다. ★ 대표 선지!

② 조선 영조 때 붕당의 조화와 화해를 도모하기 위해 탕평책을 실시하고 탕평비를 건립하였다.

③ 조선 정조 때 젊은 관리를 규장각에서 재교육하는 초계문신제를 시행하였다.

④ 조선 태종 때 6조의 의결 사항을 의정부를 거치지 않고 왕에게 직계하는 6조 직계제가 처음 시행되었다.

⑤ 조선 세종 때 학문 연구 기관인 집현전이 설치되었으며, 도서의 수집 및 보관, 학문 활동 등의 역할을 수행하였다.

10. ④

문제 키워드 추출

✓ 이괄의 난 _ 조선 인조 때 2등 공신 책봉에 불만을 품고 반란을 주도한 인물

문제에서 인조 때 발생한 이괄의 난을 언급하였으므로, 인조 때 시행한 조세 개혁의 사례를 언급한 4번 선지가 정답입니다. 특히 이 문제에서는 호패법의 재실시를 언급하였기 때문에, 단순히 호패법만 보고서 태종으로 혼동하지 않도록 주의할 필요가 있습니다!

① 고려 왕건 때 후삼국의 통일에 기여한 공신들에게 공로와 인품을 기준으로 역분전이라는 토지를 지급하였다.
② 조선 철종 때 임술 농민 봉기가 발생하자 안핵사로 파견된 박규수는 삼정의 문란을 해결하고자 삼정이정청의 설치를 건의하였다.
③ 조선 정조 때 채제공의 건의로 육의전을 제외한 시전 상인의 금난전권이 폐지되는 신해통공이 단행되었다.
④ 조선 인조 때 풍흉에 관계없이 전세를 1결당 4~6두로 고정시키는 영정법을 시행하였다. ★ 대표 선지!
⑤ 조선 영조 때 군역의 부담을 줄여주기 위해 기존에 부과하던 군포 2필을 1필로 감소시켰다.

11. ①

문제 키워드 추출

✓ 청에 볼모로 끌려갔다 돌아온 왕자 _ 효종은 왕자(봉림 대군) 시절에 병자호란 직후 청나라에 인질로 끌려감
✓ 북벌 _ 효종 때 청나라에 대한 복수를 준비한 사례

문제에서 효종과 관련된 일생과 정책과 관련된 키워드를 언급하였으므로, 효종 때 청나라에게 군대를 지원한 정책 사례를 언급한 1번 선지가 정답입니다!

① 조선 효종 때 청나라에 대한 복수를 위해 북벌을 준비하였으나, 현실적인 군사력 차이로 인해 청나라의 나선 정벌에 조총 부대를 파견하여 지원하였다. ★ 대표 선지!
② 조선 정조 때 국왕 호위 부대인 장용영이 창설되었다.
③ 조선 숙종 때 청나라와의 국경을 확정하기 위해 압록강과 토문강을 경계로 백두산정계비를 세워 국경을 표시하였다.
④ 조선 영조 때 조선의 역대 문물 제도를 분류, 정리한 백과사전인 『동국문헌비고』를 편찬하였다.
⑤ 조선 세조 때 현직 관리에게만 토지를 지급하는 직전법을 실시하며 수신전과 휼양전을 폐지하였다.

비변사는 본래 중종 때 삼포 왜란을 계기로 임시 기구로 설치된 기구로, 명종 때 을묘왜변을 계기로 상설 기구화되었습니다. 이후 임진왜란과 병자호란의 양 난을 거치며 국정 기구로 격상하였고, 세도 정치기에 세도 가문의 정치적 기구로 변질되었습니다. 이로 인해 흥선 대원군 집권 때 폐지된 조선 시대의 기구입니다. 만약 문제에서 의정부와 6조의 기능이 유명무실화되었다는 맥락이 언급되면 비변사 유형을 의심할 필요가 있으며, 이외 키워드로는 대표적으로 '비국, 주사 등으로 불렸다'는 사실을 언급할 수 있습니다.

12. ④

문제 키워드 추출

✓ 삼포 왜란을 계기로 설치, 을묘왜변을 겪으며 상설 기구화, 양 난을 거치며 국정을 총괄하는 기구로 발전 _ 비변사의 역할이 변화하는 과정

문제에서 비변사의 역할이 변화하는 과정의 흐름을 언급하였으므로, 비변사의 혁파 과정을 언급한 4번 선지가 정답입니다!

① 조선의 규장각은 업무 일지인 『내각일력』을 작성하였다.
② 조선의 홍문관은 사헌부, 사간원과 함께 조선 시대의 언론 기구인 삼사로 불렸다.
③ 조선의 승정원은 은대(銀臺), 후원(喉院) 등의 별칭으로 불렸다.
④ 조선의 비변사는 세도 정치기에 세도 가문의 정치적 기구로 변질되었기 때문에, 흥선 대원군 집권 때 왕권 강화의 목적으로 혁파되었다. ★ 대표 선지!
⑤ 조선의 의금부는 국왕 직속의 사법 기구로서, 반역죄 및 강상죄 등을 처벌하였다.

각 문제는 이 주제에서 가장 많이
출제된 키워드로 구성하였습니다.

문제별 키워드 분류표

문제	키워드	출제 빈도(27회분 中)
1	조선 숙종	➡ 2번 출제
2~3	영조	➡ 7번 출제
4~5	정조	➡ 13번 출제
6~9	예송과 환국	➡ 6번 출제
10~11	그 외 붕당의 대립 사례	➡ 2번 출제

해품사의 키워드 분석팁!

문제 1	조선 숙종

조선 숙종은 조선 후기의 대표적인 왕으로, 직접적인 왕 업적
유형보다는 숙종 때 발생한 환국을 출제한 사례가 더욱 많습니
다. 조선 숙종에 대한 문제 및 정답 키워드로 '금위영 설치', '대
동법 전국 확대', '만동묘와 대보단 설치', '상평통보 발행', '세
차례의 환국 발생', '백두산정계비 건립', '안용복의 독도 활동
수호' 등을 언급할 수 있습니다.

1. ①
조선 숙종 | 난이도 ●○○

문제 키워드 추출

✓ **경신환국** _ 조선 숙종 때 발생한 대표적인 정치적 사건,
허적 등 남인 출신 인물들이 숙청됨
✓ **대동법을 황해도까지 확대 시행함** _ 조선 숙종 때 대동법
을 확대 시행한 사례

문제에서 조선 숙종 때 발생한 정치적 사건과 정책 사례를
언급하였으므로, 조선 숙종 때 5군영을 완성한 사례를 언급
한 1번 선지가 정답입니다!

① 조선 숙종 때 국왕 호위와 수도 방어를 목적으로 금위영을
창설하며 5군영을 완성시켰다. ★ 대표 선지!
② 조선 성종 때 육전 체제로 구성된 조선의 첫 공식 법전인
『경국대전』이 완성되었다.
③ 조선 효종 때 청나라에 대한 복수를 위해 북벌을 준비하였
으나, 현실적인 군사력 차이로 인해 청나라의 나선 정벌에
조총 부대를 파견하여 지원하였다.

④ 조선 영조 때 군역의 부담을 줄여 주기 위해 기존에 부과하
던 군포 2필을 1필로 감소시켰다.
⑤ 조선 정조 때 젊은 관리를 규장각에서 재교육하는 초계문신
제를 시행하였다.

해품사의 키워드 분석팁!

문제 2~3	영조

영조는 조선 후기의 대표적인 왕으로, 문제 및 정답 키워드로
'정책(균역법 시행, 신문고 부활, 청계천 준설-준천사 담당, 탕
평책 실시 및 탕평비 건립)', '기록 유산(『동국문헌비고』, 『속대
전』)', '사건(이인좌의 난)' 등을 언급할 수 있습니다.

2. ②
영조 | 난이도 ●○○

문제 키워드 추출

✓ **균역법** _ 조선 영조 때 군포의 부담을 완화하기 위해 기존
에 납부하던 군포를 2필에서 1필로 감소시킨 정책 사례

문제에서 영조 때 시행한 정책인 균역법을 언급하였기 때문
에, 영조 때 붕당의 폐해를 경계하기 위해 시행한 정책 사례
를 언급한 2번 선지가 정답입니다!

① 조선 성종 때 육전 체제로 구성된 조선의 첫 공식 법전인
『경국대전』이 완성되었다.
② 조선 영조 때 붕당의 조화와 화해를 도모하기 위해 탕평책
을 실시하고 탕평비를 건립하였다. ★ 대표 선지!
③ 조선 정조 때 채제공의 건의로 육의전을 제외한 시전 상인
의 금난전권이 폐지되는 신해통공이 단행되었다.
④ 조선 인조 때 풍흉에 관계없이 전세를 1결당 4~6두로 고정
시키는 영정법을 시행하였다.
⑤ 조선 순조 때 각 궁방과 중앙 관서의 공노비 약 6만여 명을
해방하는 정책을 시행하였다.

3. ①

문제 키워드 추출

✓ 군포 한 필을 감하고 _ 조선 영조 때 군포의 부담을 완화하기 위해 기존에 납부하던 군포를 2필에서 1필로 감소시킨 정책 사례

문제에서 영조 때 시행한 정책인 균역법을 언급하였기 때문에, 영조 때 청계천 준설을 담당하기 위해 설치한 기구인 준천사가 언급된 1번 선지가 정답입니다!

---

① 조선 영조 때 홍수 대비를 위해 청계천 준설을 추진하며, 담당 기구로 준천사를 설치하였다.

② 조선 정조 때 대청 및 대일 외교 문서를 집대성한 외교 문서집인 『동문휘고』를 편찬하였다.

③ 조선 세종 때 토지의 비옥도(6등급) 및 풍흉(9등급)을 기준으로 조세를 차등 징수하는 공법을 시행하였다.

④ 조선 인조 때 어영청, 총융청, 수어청을 설치하여 도성에 대한 방비와 후금의 침입에 대한 대비를 강화하였다.

⑤ 조선 철종 때 임술 농민 봉기가 발생하자 안핵사로 파견된 박규수는 삼정의 문란을 해결하고자 삼정이정청의 설치를 건의하였다.

해품사의 키워드 분석팁!

문제 4~5	정조

정조는 조선 후기에서 빈출도가 가장 높은 왕으로, 문제 및 정답 키워드로 '가족(사도세자, 혜경궁 홍씨)', '기록 유산(『동문휘고』, 『대전통편』, 『무예도보통지』)', '문화유산(규장각 설치-박제가, 유득공 등 서얼 출신 인사 검서관 기용, 배다리, 수원 화성)', '정책(신해통공, 장용영, 초계문신제)' 등을 언급할 수 있습니다.

---

4. ③

문제 키워드 추출

✓ 수원 화성, 장용영 _ 조선 정조 때 건립된 대표적인 문화유산
✓ 사도세자 _ 정조의 아버지

문제에서 정조 때 건립된 문화유산과 정조의 가족 키워드가 언급되었으므로, 정조 때 상업의 자유를 보장하기 위해 시행한 정책을 언급한 3번 선지가 정답입니다!

---

① 조선 광해군 때 공납의 폐단을 개혁하기 위해 이원익의 건의로 경기도에 한하여 대동법을 시행하였다.

② 조선 영조 때 군역의 부담을 줄여 주기 위해 기존에 부과하던 군포 2필을 1필로 감소시켰다.

③ 조선 정조 때 채제공의 건의로 육의전을 제외한 시전 상인의 금난전권이 폐지되는 신해통공이 단행되었다. ★ 대표 선지!

④ 조선 세종 때 대마도주와 세견선 제한 등의 무역에 관한 조약인 계해약조를 체결하였다.

⑤ 조선 세조 때 현직 관리에게만 토지를 지급하는 직전법을 실시하며 수신전과 휼양전을 폐지하였다.

---

5. ①

문제 키워드 추출

✓ 초계문신제 _ 조선 정조 때 젊은 관리를 재교육하기 위한 목적으로 시행한 정책

문제에서 정조 때 시행한 대표적인 정책 관련 키워드가 언급되었으므로, 정조 때 설치된 국왕 호위 부대가 언급된 1번 선지가 정답입니다!

---

① 조선 정조 때 국왕 호위 부대인 장용영이 창설되었다.

② 조선 광해군 때 공납의 폐단을 개혁하기 위해 이원익의 건의로 경기도에 한하여 대동법을 시행하였다.

③ 조선 세종 때 우리나라 실정에 맞는 역법을 정리한 『칠정산』이 편찬되었다.

④ 흥선 대원군 집권 때 기존의 법전을 기반으로 각종 조례를 보완하여 정리한 『대전회통』이 편찬되었다.

⑤ 조선 세조 때 현직 관리에게만 토지를 지급하는 직전법을 실시하며 수신전과 휼양전을 폐지하였다.

해품사의 키워드 분석팁!

문제 6~9	예송과 환국

예송과 환국은 조선 시대의 붕당의 대립과 관련된 대표적인 사건들로, 우선 예송의 경우 자의 대비의 복상 문제를 놓고 서인과 남인이 대립한 사건입니다. 그러므로 문제에서 상복에 대한 기간을 논의하는 내용이 언급될 가능성이 높습니다. 다음으로 환국의 경우 숙종 때 발생한 집권 붕당이 급격히 교체되는 정치적 사건으로, 크게 경신환국(허적과 윤휴 처벌-서인 집권) → 기사환국(송시열의 희빈 장씨 소생 원자 책봉 반대로 인한 유배 및 사사-남인 집권) → 갑술환국(인현 왕후 복위와 송시열 관작 복위-서인 집권)의 흐름과 관련 키워드 암기가 필수적입니다.

---

6. ①

문제 키워드 추출

(가) 사건(조선 14대 선조, 붕당의 형성, 1575)
✓ 사림이 나뉘어 동인과 서인이라는 말이 나옴 _ 조선 선조 때 이조 전랑 임명을 놓고 사림이 동인과 서인으로 분화됨

(나) 사건(조선 18대 현종, 기해 예송, 1659)
✓ 기해년, 송시열, 기년복 _ 기해년에 효종이 사망한 이후 서인의 대표 인물인 송시열은 기년복(1년 상복)을 주장함

문제에서 붕당의 형성과 기해 예송과 관련된 사실을 언급하였으므로, 두 사건 사이인 인조 때 서인이 집권하는 과정을 다룬 1번 선지가 정답입니다!

①조선 광해군 때 발생한 인조반정의 결과 북인이 몰락하고 서인이 집권하였다.
② 조선 경종 때 노론이 경종의 암살을 모의한다는 목호룡의 고변을 계기로 노론의 4대신이 처형된 신임사화가 발생하였다.(이후)
③ 조선 명종 때 양재역에 명종의 수렴청정을 담당하는 문정 왕후를 비판하는 벽보가 걸린 것을 계기로 대윤 일파의 잔당이 숙청되는 양재역 벽서 사건이 발생하였다.(이전)
④ 조선 숙종 때 발생한 기사환국의 결과 인현 왕후가 폐위되고 남인이 집권하였다.(이후)
⑤ 영조 즉위 이후에는 영조를 지지하는 노론이 권력을 차지하며 세력이 약화된 소론이 영조의 즉위에 비판을 제기하며 반란을 주도하였다.(이후)

7. ④

문제 키워드 추출

문제에 제시된 사건(조선 18대 현종, 기해 예송, 1659)
✓ 송준길, 적처(嫡妻) 소생이라도 둘째부터는 서자 _ 서인 출신의 인물, 기년복(1년 상복)을 주장함
✓ 허목, 장자를 위해 3년 복을 입는다는 것은 위로 쳐서 정체(正體)이기 때문 _ 남인 출신의 인물, 참최복(3년 상복)을 주장함

문제에 제시된 사료는 공통적으로 효종 사망 이후 자의 대비의 상복 문제를 놓고 서인과 남인이 대립한 기해 예송과 관련된 사례이므로, 흐름상 인조반정(1623, 광해군)과 경신환국(1680, 숙종) 사이인 4번 선지가 적절합니다!

8. ②

문제 키워드 추출

문제에 제시된 사건(조선 19대 숙종, 기사환국, 1689)
✓ 희빈 장씨의 아들은 왕비의 소생이 아니므로 왕자의 명호(名號)를 원자로 정한 것은 너무 이른 처사 _ 송시열이 희빈 장씨의 아들을 원자로 책봉한 것에 대해 비판한 사례

문제에서 기사환국의 원인에 대해 다뤘기 때문에, 기사환국의 결과인 인현 왕후 폐위와 남인의 권력 차지를 언급한 2번 선지가 정답입니다!

① 조선 명종 때 이른바 대윤과 소윤으로 불리는 외척 간의 정치적 대립의 결과 을사사화가 발생하였다.(이전)
②조선 숙종 때 발생한 기사환국의 결과 인현 왕후가 폐위되고 남인이 집권하였다.(이후) ★ 대표 선지!
③ 조선 인조 때 인조반정 후 공신 책봉에 불만을 품은 이괄이 반란을 일으켜 인조가 공산성으로 피란하였다.(이전)
④ 조선 현종 때 자의 대비의 복상 문제를 계기로 기해 예송과 갑인 예송이 발생하였다.(이전)
⑤ 조선 선조 때 이조 전랑 임명권에 대한 대립으로 인해 사림이 동인과 서인으로 분화되었다.(이전)

9. ②

문제 키워드 추출

(가) 사건(조선 19대 숙종, 경신환국, 1680)
✓ 허적 _ 경신환국 때 희생된 남인 출신의 인물

(나) 사건(조선 19대 숙종, 갑술환국, 1694)
✓ 왕비가 복위, 장씨의 왕후 지위를 거두고 옛 작호인 희빈을 내림 _ 인현 왕후가 복위하며 장희빈의 지위가 강등됨

(다) 사건(조선 19대 숙종, 기사환국, 1689)
✓ 송시열은 원자(元子)의 명호를 정한 것이 너무 이르다고 함 _ 송시열이 희빈 장씨의 아들을 원자로 책봉한 것에 대해 비판한 사례

조선 숙종 때 발생한 환국의 흐름은 경신환국(가-허적 및 윤휴 처벌) → 기사환국(다-송시열의 희빈 장씨 소생 원자 책봉 반대로 인한 유배 및 사사) → 갑술환국(나-인현 왕후 복위와 송시열 관작 복위) 순으로 발생하였습니다!

문제 10~11 　　그 외 붕당의 대립 사례

예송과 환국을 제외한 조선 시대의 붕당의 대립 사례로는 크게 선조 때 정여립 모반 사건을 계기로 서인 출신의 정철이 동인 인사들을 숙청한 '기축옥사', 경종 때 목호룡의 고변을 계기로 노론의 4대신을 처형한 '신임사화', 영조 때 소론 세력이 주도한 '이인좌의 난' 등이 있습니다. 해당 키워드들은 각 사건에 대한 깊은 이해보다 각 사건이 발생한 시기의 왕을 정확히 기억하는 것을 더욱 권장합니다.

---

10. ②　　　　　　　　정여립 모반 사건 | 난이도 ●●●

문제 키워드 추출

문제에 제시된 사건(조선 14대 선조, 정여립 모반 사건, 1589)
✔ 정여립 _ 동인 출신의 인물, 고향에서 반란을 모의한다는 혐의를 받아 기축옥사의 원인을 제공함

문제에서 정여립 모반 사건의 결과를 제시하였으므로, 정여립 모반 사건의 결과로 발생한 기축옥사를 언급한 2번 선지가 정답입니다!

---

① 조선 세조 때 중앙 통제 강화 및 함경도 지역에 대한 차별에 반발하여 함길도에서 이시애를 중심으로 반란이 발생하였다.(이전)

② 조선 선조 때 동인 출신의 정여립이 반란을 일으킨다는 혐의를 받아, 동인 출신의 인사들이 피해를 입은 기축옥사가 발생하였다.(이후) ★ 대표 선지!

③ 조선 명종 때 양재역에 명종의 수렴청정을 담당하는 문정왕후를 비판하는 벽보가 걸린 것을 계기로 대윤 일파의 잔당이 숙청되는 양재역 벽서 사건이 발생하였다.(이전)

④ 조선의 수양 대군(세조)은 한명회 등과 계유정난을 주도하여 김종서를 살해하고 단종을 축출하였다.(이전)

⑤ 조선 선조 때 이조 전랑 임명권에 대한 대립으로 인해 사림이 동인과 서인으로 분화되었다.(이전)

---

11. ④　　　　　　신임사화와 사도세자 시호 임명 | 난이도 ●●●

문제 키워드 추출

(가)의 사건(조선 20대 경종, 신임사화)
✔ 목호룡의 고변 _ 조선 경종 때 노론이 경종을 암살한다는 혐의를 고발한 사례

(나)의 사건(조선 21대 영조, 사도세자 시호 임명)
✔ 세자의 지위를 회복하고 시호를 사도라 함 _ 조선 영조 때 사도세자의 시호가 내려진 사례

문제에서 경종과 영조 때 발생한 역사적 사실을 다뤘기 때문에, 영조 재임 초기에 발생한 이인좌의 난을 언급한 4번 선지가 정답입니다!

---

① 조선 인조 때 인조반정 후 공신 책봉에 불만을 품은 이괄이 반란을 일으켜 인조가 공산성으로 피란하였다.(이전)

② 조선 현종 때 자의 대비의 복상 문제를 계기로 기해 예송과 갑인 예송이 발생하였다.(이전)

③ 조선 태조(이성계) 및 정종 때 왕위 계승을 둘러싸고 두 차례의 왕자의 난이 발생하였다.(이전)

④ 조선 영조 즉위 이후에는 영조를 지지하는 노론이 권력을 차지하며 세력이 약화된 소론이 영조의 즉위에 비판을 제기하며 반란을 주도하였다.

⑤ 조선 숙종 때 발생한 기사환국의 결과 인현 왕후가 폐위되고 남인이 집권하였다.(이전)

각 문제는 이 주제에서 가장 많이 출제된 키워드로 구성하였습니다.

문제별 키워드 분류표

문제	키워드	출제 빈도(27회분 中)
1~4	조선 후기의 사회상 →	22번 출제
5~7	조선 후기의 조세 개혁 →	9번 출제
8~13	조선 시대의 외교 흐름 →	8번 출제

해품사의 키워드 분석팁!

문제 1~4	조선 후기의 사회상

조선 후기의 사회상 유형은 조선 시대 파트의 대표적인 빈출 주제로, 주로 20번대에서 출제될 가능성이 높습니다. 이 유형은 크게 경제 사례와 문화 사례로 나눠 다양한 키워드를 암기할 필요가 있으며, 경제 사례의 경우 문제 및 정답 키워드로 '광산 개발(덕대, 설점 수세제 시행)', '농법의 발달(모내기법 전국 시행, 상품 작물 재배-담배, 오이 등)', '무역 발달(개시 무역 및 후시 무역)', '장시의 활성화', '초량 왜관 설치' 등이 언급될 수 있습니다. 특히 조선 전기의 왜관인 염포, 제포 왜관과 시기를 혼동하지 않도록 주의할 필요가 있습니다. 다음으로 문화 사례의 경우 문제 및 정답 키워드로 '중인의 시사(詩社) 조직', '민간 내 민화·사설시조·한글 소설(춘향전, 홍길동전 등) 유행', '판소리와 탈춤의 유행', '전기수의 등장', '진경산수화와 청화 백자 유행' 등을 언급할 수 있습니다.

1. ②　　　　　조선 후기의 경제 상황 | 난이도 ●○○

문제 키워드 추출

✓ 송상 _ 조선 후기에 개성 지역을 중심으로 성장한 상인

문제에서 조선 후기에 활동한 대표적인 상인 키워드를 언급하였으므로, 발해와 관련된 대표적인 특산물 키워드가 언급된 2번 선지가 일치하지 않습니다!

① 조선 후기에 중인은 시사(詩社)를 조직하여 문예 활동을 전개하였다.
② 발해에서는 다양한 특산품이 생산되었는데, 대표적으로 15부 중 하나인 솔빈부의 말이 유명하였다.

③ 조선 후기에는 보부상, 송상, 만상 등 다양한 사상(私商)이 무역 활동을 전개하였다.
④ 조선 후기에는 한글 소설이 유행하였으며, 소설을 읽어 주는 직업인 전기수가 활동하였다.
⑤ 조선 후기에는 농법이 발달하며 벼농사 이외에도 담배, 면화, 인삼 등 다양한 상품 작물을 활발하게 재배하였다.
★ 대표 선지!

2. ②　　　　　조선 후기의 문화 사례 | 난이도 ●●○

문제 키워드 추출

✓ 춘향전, 한글 소설 _ 조선 후기에 유행한 문학 사례
✓ 전기수 _ 조선 후기에 소설을 전문적으로 읽어주는 직업

문제에서 조선 후기에 유행한 문학 사례와 직업이 언급되었으므로, 조선 후기에 유행한 그림 양식을 언급한 2번 선지가 정답입니다!

① 조선 세조 때 경천사지 십층 석탑의 양식의 영향을 받은 대리석 탑인 원각사지 십층 석탑이 건립되었다.
② 조선 후기에는 우리나라의 자연을 사실적으로 표현한 인왕제색도 등의 진경산수화가 유행하였다.
③ 조선 태종 때 활자 주조 담당 관청인 주자소를 설치하여 조선 최초의 구리 활자인 계미자를 주조하였다.
④ 조선 전기에는 표면에 백토를 바른 뒤 유약을 씌워 구운 도자기인 분청사기가 유행하였다.
⑤ 『직지심체요절』은 고려 우왕 때 금속 활자본으로 간행한 문화유산이다.

3. ⑤　　　　　조선 후기의 사회상 | 난이도 ●○○

문제 키워드 추출

✓ 민화 _ 조선 후기에 민간 계층 내에서 유행한 그림

문제에서 조선 후기에 유행한 그림 사례 키워드를 언급하였으므로, 고려 시대의 국제 무역항 키워드가 언급된 5번 선지가 일치하지 않습니다!

①, ② 조선 후기에는 탈춤과 판소리 등의 서민 문화가 발달하였다.

③ 조선 후기에는 보부상, 송상, 만상 등 다양한 사상(私商)이 무역 활동을 전개하였다.

④ 조선 후기에는 한글 소설이 유행하였으며, 소설을 읽어 주는 직업인 전기수가 활동하였다.

⑤ 고려 시대에 예성강 하구의 벽란도가 국제 무역항으로 번성하였다.

4. ②　　　　　　　　조선 후기의 사회상 | 난이도 ●●○

문제 키워드 추출

✓ 패설 _ 조선 후기에 민간에서 유행한 소설

문제에서 민간에서 유행한 소설의 사례를 언급하였으므로, 조선 전기에 개항된 왜관 키워드를 언급한 2번 선지가 일치하지 않습니다. 즉 조선 전기에는 염포, 제포, 부산포의 왜관을 개항하였으며, 조선 후기에는 초량 왜관을 개항하였습니다!

① 조선 후기에는 농법이 발달하며 벼농사 이외에도 담배, 면화, 인삼 등 다양한 상품 작물을 활발하게 재배하였다.

② 조선 세종 때 염포, 제포, 부산포의 삼포를 개항하여 일본과 교역하였다.

③ 조선 후기에는 탈춤과 판소리 등의 서민 문화가 발달하였다.

④ 조선 후기에 중인은 시사(詩社)를 조직하여 문예 활동을 전개하였다.

⑤ 조선 후기에는 광산 개발이 활성화되며 설점수세제를 시행하여 민간의 광산 개발을 허용하였다.

해품사의 키워드 분석팁!

문제 5~7	조선 후기의 조세 개혁

조선 후기의 조세 개혁 유형은 주로 대동법과 균역법을 중심으로 출제합니다. 대동법의 경우 문제 및 정답 키워드로 '배경(공납 또는 방납의 폐단으로 인해 이원익 등의 건의로 경기도 지역에서 처음 시행)', '특징(기존의 특산물을 쌀, 베, 동전 등으로 납부, 선혜청에서 조세 담당)', '영향(공인의 출현 계기)' 등을 언급합니다. 균역법의 경우 균역법의 시행 배경보다는 균역법 시행 이후의 조세 보충 방안을 정답 키워드로 주로 제시하며, 만약 문제에서 군포를 2필에서 1필로 감소하였다는 맥락이 언급된다면, 정답 키워드로 '어장세·선박세·염세 등 잡세 부과', '선무군관포 부과', '지주에게 1결당 2두의 결작세 부과' 등의 키워드를 찾으면 됩니다.

5. ⑤　　　　　　　　　　　　대동법 | 난이도 ●●○

문제 키워드 추출

✓ 공납의 폐단을 해결할 목적 _ 대동법의 시행 목적

문제에서 대동법의 시행 목적을 언급하였으므로, 대동법 시행 이후 조세 납부 방식의 변화를 다룬 5번 선지가 정답입니다!

① 흥선 대원군 집권 때 양반에게도 군포를 부과하는 호포제를 시행하였다.

② 조선 인조 때 풍흉에 관계없이 전세를 1결당 4~6두로 고정시키는 영정법을 시행하였다.

③ 조선 세종 때 토지의 비옥도(6등급) 및 풍흉(9등급)을 기준으로 조세를 차등 징수하는 공법을 시행하였다.

④ 균역법이 시행된 이후에는 선무군관에 임명된 양민에게 1년에 한 필씩 군포를 부과하였다.

⑤ 대동법은 공납의 폐단을 개혁하기 위해 기존에 부과하던 공물을 쌀, 베, 동전 등으로 납부할 수 있도록 개편하였다.

6. ①　　　　　　　　　　　　대동법 | 난이도 ●○○

문제 키워드 추출

✓ 방납의 폐단 _ 대동법의 시행 원인
✓ 공물을 현물 대신 쌀, 베 등으로 납부 _ 대동법의 시행 방식

문제에서 대동법의 시행 원인과 시행 방식과 관련된 키워드를 제시하였으므로, 대동법의 시행 영향과 관련된 내용을 다룬 1번 선지가 정답입니다!

① 대동법을 시행한 이후에는 기존의 공납을 대신 담당하기 위해 어용 상인인 공인이 등장하였다. ★ 대표 선지!

② 균역법이 시행된 이후에는 선박세, 어장세(고기잡이에 대한 세금), 염세(소금세) 등 여러 잡세를 국가 재정으로 귀속시켰다.

③ 조선 세종 때 토지의 비옥도(6등급) 및 풍흉(9등급)을 기준으로 조세를 차등 징수하는 공법을 시행하였다.

④ 흥선 대원군 집권 때 양반에게도 군포를 부과하는 호포제를 시행하였다.

⑤ 균역법이 시행된 이후에는 지주에게 토지 1결당 2두의 결작세를 부과하였다.

7. ①

문제 키워드 추출

✓ 군포를 2필에서 1필로 감면 _ 균역법의 시행 방식

문제에서 균역법의 시행 방식과 관련된 키워드를 제시하였으므로, 균역법 시행 이후의 조세 보충 방안과 관련된 사례를 다룬 1번 선지가 정답입니다!

---

① 균역법이 시행된 이후에는 선무군관에 임명된 양민에게 한 해당 한 필씩 군포를 부과하였다. ★ **대표 선지!**
② 조선 세종 때 토지의 비옥도(6등급) 및 풍흉(9등급)을 기준으로 조세를 차등 징수하는 공법을 시행하였다.
③ 고구려 고국천왕 때 흉년 또는 춘궁기에 곡식을 빌려주고 가을에 갚는 방식의 빈민 구제 제도인 진대법을 실시하였다.
④ 조선 세조 때 현직 관리에게만 토지를 지급하는 직전법을 실시하며 수신전과 휼양전을 폐지하였다.
⑤ 고려 광종 때 빈민의 구호 및 질병 치료를 담당하는 제위보를 설치하였다.

해품사의 키워드 분석팁!

문제 8~13	조선 시대의 외교 흐름

조선 시대의 외교 흐름 유형은 크게 조선 전기와 후기로 나눠 공략할 필요가 있으며, 조선 전기에는 명나라·여진·일본과 교류하였고, 조선 후기에는 청나라·일본과 교류하였습니다. 우선 조선 전기의 외교 사례의 경우, 명나라와 관련된 대표적인 키워드로는 '성절사·천추사·하정사 파견(청나라도 해당됨)', '조천사 파견', '정도전의 요동 정벌 추진' 등이 언급될 수 있으며, 여진과 관련된 대표적인 키워드로는 '북평관과 무역소 설치', '최윤덕과 김종서의 4군 6진 개척', 일본과 관련된 대표적인 키워드로는 '염포·제포·부산포 개항과 계해약조 체결', '동평관 설치' 등을 언급할 수 있습니다. 다음으로 조선 후기의 외교 사례의 경우, 청나라와 관련된 대표적인 키워드로는 '교류(백두산정계비 건립, 연행사 파견)', '대립(병자호란 발생, 북벌 추진과 어영청 강화)' 등을 언급할 수 있으며, 일본의 경우 '기유약조 체결과 초량 왜관' 개항을 비롯하여 '통신사 관련 키워드(한양~에도 이동, 동아시아 문물 교류 역할 담당, 관련 기록물 세계 기록유산 등재)'를 암기하는 것이 중요합니다. 특히 조선 시대의 외교 흐름 유형의 경우 '중국-의주', '일본-부산' 등 각 국가별 인근 지역 관련 키워드 암기가 중요합니다.

---

8. ④

문제 키워드 추출

✓ 6진을 개척 _ 조선 세종 때 압록강 인근의 영토를 개척하며 인근의 여진 세력을 정벌한 사례

문제에서 조선 전기의 여진과의 대립 사례 관련 키워드를 언급하였으므로, 여진과의 무역과 관련된 키워드가 언급된 ㄴ, ㄹ 선지를 고를 필요가 있습니다!

ㄱ. 조선 세종 때 이종무는 왜구의 근거지인 대마도를 정벌하였다.
ㄴ. 조선 전기에는 여진을 회유하기 위해 경성과 경원에 무역소를 설치하였다.
ㄷ. 조선 후기에는 부산에 초량 왜관을 설치하여 일본과의 무역을 주도하였다.
ㄹ. 조선 전기에는 여진을 회유하기 위해 한양에 북평관을 개설하여 사신을 접대하였다. ★ **대표 선지!**

---

9. ③

문제 키워드 추출

✓ 만력제 _ 임진왜란 때 조선에 인적·물적 지원을 한 명나라의 황제
✓ 의주 _ 중국 인근의 지역

문제에서 명나라의 황제 및 인근 지역을 언급하였으므로, 조선 건국 직후 명나라와 일시적으로 대립한 사례를 언급한 3번 선지가 정답입니다!

---

① 고려 정종 때 거란의 침략을 대비하기 위해 농민으로 구성된 예비 군사 조직인 광군을 조직하였다.
② 조선 전기에는 한성에 일본의 사신을 접대하고 무역을 담당하는 기구인 동평관을 설치하였다.
③ 조선 태조(이성계) 때 정도전이 명나라와의 대립 결과 요동 정벌을 추진하였으나, 제1차 왕자의 난 때 이방원에 의해 피살되며 무산되었다.
④ 조선 광해군 때 일본과 기유약조를 체결하며 국교를 재개하였으며, 부산에 두모포 왜관을 설치하였다.
⑤ 임진왜란 이후 조선에서 포로 송환을 목적으로 유정을 일본에 회답 겸 쇄환사로 파견하였다.

---

10. ①   일본에 대한 조선의 대외 정책 | 난이도 ●●○

문제 키워드 추출

✔ 기유약조 _ 조선 광해군 때 일본과의 국교를 재개하며 체결한 조약
✔ 초량 일대 _ 일본과의 무역을 담당한 초량 왜관이 설치된 지역

문제에서 일본과 관련된 조약, 지역 키워드를 언급하였으므로, 일본과의 대외 관계와 관련된 키워드가 언급된 ㄱ, ㄴ 선지를 고를 필요가 있습니다!

ㄱ 조선 후기에는 일본에 공식적인 사절단인 통신사를 파견하여 동아시아의 문물 교류를 수행하였다.
ㄴ 조선 전기에는 한성에 일본의 사신을 접대하고 무역을 담당하는 기구인 동평관을 설치하였다. ★ 대표 선지!
ㄷ. 조선은 명나라와 청나라에 성절사(황제와 황후 생일 축하), 천추사(황태자 생일 축하), 하정사(정월 초하룻날) 등의 사절단을 파견하였다.
ㄹ. 조선 후기에는 어윤중을 평안도와 함경도 인근의 정치에 관한 사건을 처리하기 위해 임시로 임명된 벼슬인 서북 경략사로 파견하였다.

11. ④   조선 통신사 | 난이도 ●●○

문제 키워드 추출

✔ 일본, 에도 _ 조선 통신사는 한성부터 당시 일본의 막부가 위치한 에도까지 파견됨

문제에서 조선 통신사가 파견된 지역 키워드를 언급하였으므로, 조선 통신사의 파견 목적 및 역할에 대한 내용을 언급한 4번 선지가 정답입니다!

① 개항기의 조사 시찰단은 개화 반대 여론을 의식하여 암행어사의 형식으로 비밀리에 파견되었다.
② 개항기에 오경석은 『해국도지』, 『영환지략』 등의 세계지리서를 국내에 들여와 소개하였다.
③ 조선은 명나라와 청나라에 성절사(황제와 황후 생일 축하), 천추사(황태자 생일 축하), 하정사(정월 초하룻날) 등의 사절단을 파견하였다.
④ 조선 후기에는 일본에 공식적인 사절단인 통신사를 파견하여 동아시아의 문물 교류를 수행하였다.
⑤ 영선사는 청에서 근대식 무기 제조 기술을 학습하고 돌아왔으며, 이후 기기창의 설립에 영향을 주었다.

12. ③   청나라에 대한 조선의 대외 정책 | 난이도 ●●○

문제 키워드 추출

✔ 병자호란 _ 조선 인조 때 조선과 청나라 사이에 발생한 전쟁 사례

문제에서 조선과 청나라 사이의 전쟁 사례 키워드를 제시하였기 때문에, 조선이 청나라에 파견한 정기적인 사절단을 언급한 3번 선지가 정답입니다!

① 고려 공민왕 때 몽골이 일본 원정을 위해 설치한 정동행성의 부속 관서인 이문소를 폐지하였다.
② 고려 숙종 때 여진의 침입에 대응하기 위해 신기군, 신보군, 항마군으로 편성된 별무반을 조직하였다.
③ 조선 후기에는 청나라에 정기적인 사절단인 연행사를 파견하여 교류하였다.
④ 조선 전기에는 한성에 일본의 사신을 접대하고 무역을 담당하는 기구인 동평관을 설치하였다.
⑤ 조선 후기에는 일본에 공식적인 사절단인 통신사를 파견하여 동아시아의 문물 교류를 수행하였다.

13. ②   청나라에 대한 조선의 대외 정책 | 난이도 ●●○

문제 키워드 추출

✔ 의주 _ 중국 인근의 지역
✔ 만상 _ 조선 후기에 청나라와 교역한 상인

문제에서 중국 인근 지역과 청나라와 무역한 상인 키워드를 언급하였으므로, 조선과 청나라가 국경을 정한 사례를 언급한 2번 선지가 정답입니다!

① 고려 창왕 때 박위를 파견하여 왜구의 근거지인 쓰시마섬을 정벌하였다.
② 조선 숙종 때 청나라와의 국경을 확정하기 위해 압록강과 토문강을 경계로 백두산정계비를 세워 국경을 표시하였다.
★ 대표 선지!
③ 조선 전기에는 한성에 일본의 사신을 접대하고 무역을 담당하는 기구인 동평관을 설치하였다.
④ 고려 공민왕 때 유인우, 이자춘 등이 쌍성총관부를 공격하여 철령 이북의 땅을 수복하였다.
⑤ 임진왜란 이후 조선에서 포로 송환을 목적으로 유정을 일본에 회답 겸 쇄환사로 파견하였다.

각 문제는 이 주제에서 가장 많이 출제된 키워드로 구성하였습니다.

문제별 키워드 분류표

문제	키워드	출제 빈도(27회분 中)
1~5	세도 정치기의 사회상과 반란	➡ 14번 출제
6~9	조선 후기의 종교	➡ 7번 출제
10	조선 시대의 신분 제도	➡ 1번 출제

해품사의 키워드 분석팁!

문제 1~5	세도 정치기의 사회상과 반란

세도 정치기는 순조~철종 때 안동 김씨, 풍양 조씨 등 특정 소수 가문이 권력을 장악한 시기를 말합니다. 이 유형은 크게 사회상 유형과 반란 유형으로 나눠 출제할 수 있으며, 특히 반란 유형이 출제 빈도가 압도적으로 높습니다. 우선 사회상 유형의 경우 문제 및 정답 키워드로 반란 사례 이외에 '삼정의 문란(전정, 군정, 환곡)', '비변사 변질', '이양선 출몰', '미륵 신앙과 정감록 유행' 등을 언급합니다. 반란 사례의 경우 크게 홍경래의 난과 임술 농민 봉기를 나눠 출제하며, 홍경래의 난의 경우 '원인(서북 지역에 대한 차별에 반발)', '대표 인물(홍경래, 우군칙, 이희저)', '특징(가산, 곽산 등 청천강 이북 지령 점령)' 등을 언급하며, 임술 농민 봉기의 경우 '원인(백낙신의 학정에 반발)', '대표 인물(유계춘)', '특징(안핵사로 파견된 박규수가 삼정이정청 설치 건의)' 등을 언급합니다.

1. ④ 세도 정치기의 사회상 | 난이도 ●●○

문제 키워드 추출

✔ 소수의 외척 가문이 비변사의 요직을 독점하여 권력을 장악한 이 시기 _ 세도 정치기의 특징

문제에서 세도 정치기의 정의와 관련된 키워드가 언급되었으므로, 조선 전기 때 주조된 화폐 키워드를 언급한 4번 선지가 정답입니다!

① 세도 정치기에는 조선 연안 지역에 출몰했던 정체불명의 배를 이양선으로 표현하였다.
② 세도 정치기에는 전정, 군정, 환곡의 삼정의 문란이 발생하였다.

③ 조선 철종 때 임술 농민 봉기가 발생하자 안핵사로 파견된 박규수는 삼정의 문란을 해결하고자 삼정이정청의 설치를 건의하였다. ★ 대표 선지!
④ 조선 세종 때 조선 시대 최초의 화폐인 조선통보가 주조되었다.
⑤ 세도 정치기에는 이씨 왕조가 멸망하고 정씨 왕조가 부흥한다는 정감록이 유행하였다.

2. ① 홍경래의 난 | 난이도 ●○○

문제 키워드 추출

✔ 서북 지방민에 대한 차별이 한 원인 _ 홍경래의 난의 원인
✔ 청천강 이북 지역을 차지 _ 홍경래의 난 당시 반란군의 점령 지역

문제에서 홍경래의 난의 원인과 반란군의 점령 지역을 언급하였으므로, 홍경래의 난을 주도한 인물들이 언급된 1번 선지가 정답입니다!

① 홍경래의 난은 서북 지역에 대한 차별에 반발하여 홍경래, 우군칙, 이희저 등이 주도한 민란이다.
② 개항기에 발생한 임오군란, 갑신정변, 동학 농민 운동의 결과 청군이 국내에 파병되었다.
③ 임오군란의 결과 조선은 일본에 배상금 지불과 일본 공사관 내 군대 주둔을 규정한 제물포 조약을 체결하였다.
④ 동학 농민 운동은 반봉건, 반외세를 표방하며 보국안민, 제폭구민, 척왜양창의를 기치로 내걸었다.
⑤ 조선 철종 때 임술 농민 봉기가 발생하자 안핵사로 파견된 박규수는 삼정의 문란을 해결하고자 삼정이정청의 설치를 건의하였다.

3. ⑤ 홍경래의 난 | 난이도 ●●○

문제 키워드 추출

✔ 1811년, 순조, 평안도 일대에서 발생, 정주성 _ 홍경래의 난의 발생 시기와 관련 지역 및 장소

문제에서 홍경래의 난과 관련된 시기, 관련 지역 키워드 등을 언급하였으므로, 홍경래의 난의 원인을 언급한 5번 선지가 정답입니다!

① 개항기에 발생한 임오군란, 갑신정변은 공통적으로 청의 군대에 의해 진압되었다.
② 동학 농민 운동은 반봉건, 반외세를 표방하며 보국안민, 제폭구민, 척왜양창의를 기치로 내걸었다.
③ 개항기에 발생한 임오군란 때 구식 군인들은 선혜청과 일본 공사관을 습격하였다.
④ 조선 철종 때 임술 농민 봉기가 발생하자 안핵사로 파견된 박규수는 삼정의 문란을 해결하고자 삼정이정청의 설치를 건의하였다.
⑤ 홍경래의 난은 서북 지역에 대한 차별에 반발하여 홍경래, 우군칙, 이희저 등이 주도한 민란이다. ★ 대표 선지!

① 제1차 동학 농민 운동 이후 일본이 경복궁을 불법 점령하자, 동학 농민군의 남접과 북접이 논산에서 집결하였다.
② 동학 농민 운동 당시 동학 농민군은 정부와 전주 화약을 체결한 이후 자신들의 요구 사항을 실현하기 위해 집강소를 설치하였다.
③ 조선 철종 때 임술 농민 봉기가 발생하자 안핵사로 파견된 박규수는 삼정의 문란을 해결하고자 삼정이정청의 설치를 건의하였다.
④ 홍경래의 난은 서북 지역에 대한 차별에 반발하여 홍경래, 우군칙, 이희저 등이 주도한 민란이다.
⑤ 개항기에 일본과 체결한 조일 통상 장정 내 방곡령 조항을 근거로, 황해도와 함경도에서 방곡령이 선포되었다.

4. ②
임술 농민 봉기 | 난이도 ●○○

문제 키워드 추출

✓ 백낙신 _ 임술 농민 봉기의 원인을 제공한 탐관오리
✓ 박규수 _ 임술 농민 봉기를 진압하기 위한 목적으로 파견된 안핵사

문제에서 임술 농민 봉기의 원인을 제공한 탐관오리를 언급하였으므로, 임술 농민 봉기를 진압하기 위해 안핵사로 파견된 박규수의 삼정이정청의 설치 건의를 언급한 2번 선지가 정답입니다!

① 개항기에 발생한 임오군란, 갑신정변은 공통적으로 청의 군대에 의해 진압되었다.
② 조선 철종 때 임술 농민 봉기가 발생하자 안핵사로 파견된 박규수는 삼정의 문란을 해결하고자 삼정이정청의 설치를 건의하였다.
③ 홍경래의 난은 서북 지역에 대한 차별에 반발하여 홍경래, 우군칙, 이희저 등이 주도한 민란이다.
④ 제1차 동학 농민 운동 이후 일본이 경복궁을 불법 점령하자, 동학 농민군의 남접과 북접이 논산에서 집결하였다.
⑤ 개항기에 일본과 체결한 조일 통상 장정 내 방곡령 조항을 근거로, 황해도와 함경도에서 방곡령이 선포되었다.

5. ③
임술 농민 봉기 | 난이도 ●○○

문제 키워드 추출

✓ 유계춘, 백낙신 _ 임술 농민 봉기를 주도한 대표 인물과 임술 농민 봉기의 원인을 제공한 탐관오리

문제에서 임술 농민 봉기와 관련된 인물 키워드가 언급되었으므로, 임술 농민 봉기를 진압하기 위해 파견한 안핵사를 언급한 3번 선지가 정답입니다!

해품사의 키워드 분석팁!

문제 6~9	조선 후기의 종교

조선 후기의 종교 사례로는 크게 천주교, 동학, 양명학이 있습니다. 천주교의 경우 본래 서학으로 국내에 소개되었으나, 조상에 대한 제사를 거부하는 것과 평등 사상을 강조하였다는 이유로 인해 여러 박해 사건을 계기로 관련 신자들이 탄압을 받았습니다. 그러므로 신해박해(정조-권상연, 윤지충 처형) → 신유박해(순조-이승훈, 정약용, 정약전 처벌) → 황사영 백서 사건(순조) → 기해박해(헌종) → 병오박해(헌종) → 병인박해(고종-남종삼과 베르뇌 주교 등 프랑스 선교사 처형)의 흐름 파악이 필수적입니다. 동학의 경우 서학에 대항하여 창시한 민간 종교로, 『동경대전』과 『용담유사』, '유·불·선 및 민간 종교 요소 포함', '한울님을 모시는 시천주 강조' 등의 키워드와 더불어 '최제우(초대 교주)와 최시형', '포접제를 통한 교세 확장' 등의 키워드를 암기할 필요가 있습니다. 양명학의 경우 직접적으로 출제된 사례는 거의 없으나, '정제두의 강화학파 형성' 키워드가 기출에서 자주 언급됩니다.

6. ⑤
천주교 | 난이도 ●●○

문제 키워드 추출

✓ 병인박해 _ 조선 고종(흥선 대원군 집권) 때 한국인 신자와 프랑스 천주교 선교사를 처형한 사건

문제에서 천주교와 관련된 박해 사건을 언급하였으므로, 천주교의 전래 과정과 관련된 과정을 언급한 5번 선지가 정답입니다!

① 세도 정치기에는 미륵불이 세상을 구원한다고 예언하는 미륵 신앙이 유행하였다.

② 동학은 『동경대전』과 『용담유사』를 경전으로 활용하였다.

③ 박중빈은 원불교를 창시하고 근검·저축·금주·단연 등 전반적인 생활의 개선을 실천하는 새생활 운동을 추진하였다.

④ 대종교는 나철이 창시한 종교로, 단군 숭배 사상을 통해 민족 의식을 고취하였다.

⑤ 천주교는 본래 청을 다녀온 사신들에 의해 종교가 아닌 일종의 학문으로 처음 전래되었다. ★ 대표 선지!

7. ①   조선 시대에 발생한 박해의 흐름 | 난이도 ●●●

문제 키워드 추출

(가) 사건(조선 22대 정조, 신해박해, 1791)
✓ 권상연, 윤지충 _ 신해박해 때 처형된 조선의 천주교 신자

(나) 사건(조선 23대 순조, 신유박해, 1801)
✓ 이승훈, 정약용 _ 신유박해 때 처벌받은 조선의 천주교 신자

(다) 사건(조선 26대 고종, 병인박해, 1866)
✓ 남종삼 _ 병인박해 때 처벌받은 조선의 천주교 신자
✓ 러시아에 변란이 있을 것이고 프랑스와 조약을 맺을 계획이 있다고 함 _ 병인박해 직전에는 러시아의 남하 견제를 목적으로 프랑스와의 조약 체결이 일시적으로 논의됨

조선 시대에 발생한 박해의 흐름은 신해박해(가-정조) → 신유박해(나-순조) → 병인박해(다-고종) 순으로 발생하였습니다!

8. ②   동학 | 난이도 ●○○

문제 키워드 추출

✓ 최제우 _ 동학을 창시한 초대 교주

문제에서 동학을 창시한 초대 교주를 언급하였으므로, 동학의 신앙 대상을 언급한 2번 선지가 정답입니다!

① 미국인 선교사 아펜젤러는 서울 정동에 근대식 중등 교육 기관인 배재 학당을 설립하였다.

② 동학은 신앙 대상으로 마음속의 한울님을 모시는 사상을 강조하였다. ★ 대표 선지!

③ 한용운은 일제가 한국의 불교를 억압하기 위해 시행한 사찰령에 대한 폐지 운동을 주도하였다.

④ 박중빈은 원불교를 창시하고 근검·저축·금주·단연 등 전반적인 생활의 개선을 실천하는 새생활 운동을 추진하였다.

⑤ 천주교는 조상에 대한 제사를 거부하는 문제로 인해 여러 박해 사건이 발생하는 등 정부로부터 탄압을 받았다.

9. ②   동학 | 난이도 ●●○

문제 키워드 추출

✓ 최제우 _ 동학을 창시한 초대 교주

문제에서 동학을 창시한 초대 교주를 언급하였으므로, 동학의 교도 조직의 특성을 언급한 2번 선지가 정답입니다!

① 고려의 승려인 지눌은 수행 방법으로 돈오점수와 정혜쌍수를 강조하였다.

② 동학은 자신들의 교도들을 관리하기 위해 일종의 조직망인 포접제를 운영하였다.

③ 박중빈은 원불교를 창시하고 근검·저축·금주·단연 등 전반적인 생활의 개선을 실천하는 새생활 운동을 추진하였다.

④ 대종교는 무장 투쟁을 위해 북간도에 군사 조직인 중광단을 결성하였다.

⑤ 천주교는 조상에 대한 제사를 거부하는 문제로 인해 여러 박해 사건이 발생하는 등 정부로부터 탄압을 받았다.

해품사의 키워드 분석팁!

문제 10	조선 시대의 신분 제도

조선 시대의 신분 제도 유형은 심화편 개편 이후 출제 빈도가 매우 낮은 대표적인 사회 유형으로, 현재 기출 경향에서는 중인과 관련된 사실을 출제할 가능성이 가장 높습니다. 중인은 현재의 전문직과 유사한 여러 직책을 담당하였으며, 조선 후기에 시사(詩社)를 조직하여 활동하거나, 신분 상승을 요구하는 통청 운동을 전개하였습니다.

10. ⑤   조선 시대의 중인 신분 | 난이도 ●●○

문제 키워드 추출

✓ 역관, 의관, 천문관, 율관 _ 조선 시대에 중인이 담당한 여러 직책

문제에서 중인이 담당한 여러 직책 키워드를 언급하였으므로, 조선 후기에 중인들이 시사(詩社)를 조직하여 문학 활동을 즐겼던 사례를 언급한 5번 선지가 정답입니다!

① 조선의 공노비는 소속된 관청에 신공(身貢)을 바치며 활동하였다.
② 조선의 노비는 일종의 재산으로서 매매, 상속, 증여의 대상이 되었다.
③ 조선의 노비는 원칙상 과거 응시 자격이 제한되었다.
④ 조선의 노비는 장례원(掌隸院)이라는 기구를 통해 국가의 관리를 받았다.
⑤ 조선 후기에 중인은 시사(詩社)를 조직하여 문예 활동을 전개하였다. ★ 대표 선지!

각 문제는 이 주제에서 가장 많이 출제된 키워드로 구성하였습니다.

문제별 키워드 분류표

문제	키워드		출제 빈도(27회분 中)
1~3	조선의 궁궐	➡	6번 출제
4~7	조선의 궁중 문화유산	➡	3번 출제
8~12	조선의 그림	➡	8번 출제

해품사의 키워드 분석팁!

문제 1~3	조선의 궁궐

조선의 궁궐 유형은 각 궁궐과 관련된 부속 건물과 역사적 사실 암기가 필수적입니다. 조선의 궁궐 유형은 주로 경복궁, 덕수궁, 창덕궁을 출제하며, 경복궁의 경우 '부속 건물(근정전, 강녕전, 향원정 등)', '역사적 사실(태조 때 한양으로 천도하며 창건, 을미사변 발생, 조선 총독부 설치 → 김영삼 정부 때 철거)' 등을 언급합니다. 덕수궁의 경우 '부속 건물(석어당, 석조전, 중명전 등)', '역사적 사실(고종이 아관 파천 이후 환궁한 곳, 을사늑약 체결, 두 차례의 미소 공동 위원회 개최)' 등을 언급합니다. 창덕궁의 경우 '부속 건물(규장각, 돈화문, 부용정)', '역사적 사실(태종이 한양으로 수도를 다시 옮기며 건립, 6·10 만세 운동 당시 순종 장례 행렬 출발 장소, 유네스코 세계문화유산 등재)' 등을 언급합니다.

1. ①
경복궁 | 난이도 ●●●

문제 키워드 추출

✓ 근정전, 강녕전, 향원정, 건청궁, 경회루 _ 경복궁의 대표 부속 건물

문제에서 경복궁과 관련된 다양한 부속 건물을 언급하였으므로, 고종이 아관 파천 이후 덕수궁으로 환궁한 사실을 언급한 1번 선지가 일치하지 않습니다!

① 고종은 아관 파천 이후 러시아 공사관에서 경운궁(덕수궁) 으로 환궁하였다.
② 경복궁은 태조 때 한양으로 천도하며 창건된 조선의 첫 공식적인 궁궐이다. ★ 대표 선지!
③ 일제는 1915년에 경복궁에서 대규모 박람회인 조선 물산 공진회를 개최하였다.

④ 경복궁 건청궁에서 일제가 보낸 자객이 조선의 명성 황후를 시해하는 을미사변이 발생하였다.
⑤ 일제는 한반도에 대한 직접적인 통치를 위해 경복궁 내에 조선 총독부를 건립하였다.

2. ④
덕수궁 | 난이도 ●●●

문제 키워드 추출

✓ 석조전, 중명전, 정관헌 _ 덕수궁의 대표 부속 건물

문제에서 덕수궁과 관련된 다양한 부속 건물을 언급하였으므로, 명성 황후가 경복궁 건청궁에서 시해된 을미사변을 언급한 4번 선지가 일치하지 않습니다!

① 고종은 아관 파천 이후 러시아 공사관에서 경운궁(덕수궁) 으로 환궁하였다.
② 덕수궁 석조전에서 미국과 소련은 한국의 민주주의 임시 정부 수립을 논의하는 회의를 개최하였다. ★ 대표 선지!
③ 덕수궁 중명전에서 일제의 강압에 의해 을사늑약이 체결되었다.
④ 경복궁 건청궁에서 일제가 보낸 자객이 조선의 명성 황후를 시해하는 을미사변이 발생하였다.
⑤ 덕수궁 정관헌은 궁궐 내부에 존재하는 가장 오래된 서양식 건물이다.

3. ③
창덕궁 | 난이도 ●●●

문제 키워드 추출

✓ 돈화문, 연경당, 인정전 _ 창덕궁의 대표 부속 건물

문제에서 창덕궁과 관련된 다양한 부속 건물을 언급하였으므로, 정조 때 창덕궁 내부에 설치한 왕실 도서관을 언급한 3번 선지가 정답입니다!

① 도성 내 위치에 따라 경희궁은 서궐, 창덕궁과 창경궁은 동궐로 불렸다.
② 덕수궁 석조전에서 미국과 소련은 한국의 민주주의 임시 정부 수립을 논의하는 회의를 개최하였다.
③ 조선 정조 때 창덕궁 내부에 왕실 도서관인 규장각이 설치되었으며, 규장각은 젊은 관리를 재교육하는 초계문신제를 담당하였다. ★ 대표 선지!

④ 일제는 1915년에 경복궁에서 대규모 박람회인 조선 물산 공진회를 개최하였다.

⑤ 덕수궁 석어당은 광해군에 의해 선조의 계비인 인목 대비가 유폐된 장소이다.

해품사의 키워드 분석팁!

문제 4~7   조선의 궁중 문화유산

조선의 궁중 문화유산 유형은 빈출도가 낮은 대표적인 문화 유형으로, 크게 종묘, 사직단, 선농단, 수원 화성과 관련된 키워드를 파악하는 것을 권장합니다. 우선 종묘는 역대 왕과 왕비의 신주를 모신 일종의 제사와 관련된 문화유산으로, 세계문화유산으로 등재되었습니다. 사직단과 선농단은 공통적으로 농사의 풍년을 기원하기 위해 설치된 일종의 제단입니다. 수원 화성은 정조 때 건립된 건축물로, 정약용이 고안한 거중기로 제작하였으며, 포루 공심돈 등의 방어 시설을 갖췄습니다. 또한 수원 화성 역시 세계문화유산으로 등재되었습니다.

---

4. ①   종묘 | 난이도 ● ● ○

문제 키워드 추출

✔ 태조 이성계가 왕실의 정통성을 확립하고 효를 실천하기 위해 건립 _ 종묘의 건립 과정

문제에서 종묘의 건립 과정과 관련된 키워드를 제시하였으므로, 종묘와 관련된 사실을 제시한 1번 선지가 정답입니다!

① 조선의 종묘는 역대 국왕과 왕비의 신주를 모신 일종의 제사 담당 관련 문화유산이다. ★ 대표 선지!

② 조선의 성균관과 향교는 공통적으로 공자 및 맹자 등 위패를 모신 대성전과 교육을 담당한 강당인 명륜당을 건립하였다.

③ 조선의 선농단은 중국의 신농씨와 후직씨에게 풍년을 기원한 일종의 제단이다.

④ 조선의 사직단은 토지와 곡식의 신에게 제사를 지낸 일종의 제단이다.

⑤ 일제는 한반도에 대한 직접적인 통치를 위해 경복궁 내에 조선 총독부를 건립하였다.

---

5. ⑤   조선의 문화유산 | 난이도 ● ● ●

조선의 선농단은 중국의 농사의 신인 신농씨와 후직씨에게 풍년을 기원하였던 일종의 제단이므로, 5번 선지가 정답입니다!

① 조선의 종묘는 역대 국왕과 왕비의 신주를 모신 일종의 제사 담당 관련 문화유산이다.

② 동관왕묘는 중국의 촉의 장수인 관우에 대한 제사를 지내는 사당이다.

③ 조선의 서원은 흥선 대원군 집권 때 47곳을 제외하고 모두 철폐되었다.

④ 조선의 성균관과 향교는 공통적으로 공자 및 맹자 등 위패를 모신 대성전과 교육을 담당한 강당인 명륜당을 건립하였다.

⑤ 조선의 선농단은 중국의 신농씨와 후직씨에게 풍년을 기원한 일종의 제단이다.

---

6. ②   조선의 문화유산 | 난이도 ● ● ●

조선의 종묘는 역대 국왕과 왕비의 신주를 모신 일종의 제사 관련 문화유산으로, 2번 선지가 일치하지 않습니다!

① 경복궁은 태조 때 한양으로 천도하며 창건된 조선의 첫 공식적인 궁궐이다.

② 조선의 선농단은 중국의 신농씨와 후직씨에게 풍년을 기원한 일종의 제단이다.

③ 남한산성은 병자호란 때 인조가 피신하여 청나라와 항전을 벌였던 장소이다.

④ 조선 정조 때 창설된 국왕 호위 부대인 장용영은 서울에 내영, 수원 화성에 외영을 두었다.

⑤ 영릉은 조선 세종의 무덤으로, 세종은 우리나라만의 문자인 훈민정음을 창제하였다.

---

7. ④   수원 화성 | 난이도 ● ● ○

문제 키워드 추출

✔ 정조 _ 수원 화성의 건립 시기
✔ 장용영 _ 수원 화성에는 장용영 외영이 위치함

문제에서 수원 화성의 건립 시기와 관련 키워드를 언급하였으므로, 수원 화성의 축조 과정과 관련 방어 시설 등이 언급된 ㄴ, ㄹ 선지를 고를 필요가 있습니다!

ㄱ. 고종은 아관 파천 이후 러시아 공사관에서 경운궁(덕수궁)으로 환궁하였다.

ㄴ. 수원 화성은 방어 목적으로 벽을 덧붙이거나 망루를 설치하는 등 방어 시설을 갖추었다.

ㄷ. 흥선 대원군 집권 때 왕실의 권위 회복을 위해 경복궁을 중건하였으며, 비용 마련을 위해 당백전을 발행하고 원납전을 징수하였다.

ㄹ. 조선 정조 때 정약용이 고안한 거중기를 활용하여 수원 화성을 축조하였다. ★ 대표 선지!

해품사의 키워드 분석팁!

문제 8~12	조선의 그림

조선의 그림 유형은 다른 시기에서는 사실상 출제되지 않는 조선 시대의 독특한 문화 유형으로, 다양한 화가의 그림 사례를 파악하는 것이 핵심입니다. 자주 출제되는 화가를 중심으로 살펴보면, 우선 김홍도(단원)의 경우 '일상과 관련된 그림 사례'를 중심으로 출제합니다. 특히 김득신(백곡)의 그림 사례를 혼동하기 쉽기 때문에 주의할 필요가 있습니다. 신윤복(혜원)의 경우 '여성이 포함된 그림 사례'를 중심으로 출제합니다. 정선(겸재)의 경우 '우리나라의 자연을 사실적으로 표현한 진경산수화 사례'를 중심으로 출제합니다. 김정희(추사)의 경우 화가는 아니지만 '제주도 유배 당시 제자가 책을 준 답례로 그린 세한도'가 종종 출제됩니다. 이외에도 조선 전기의 그림 사례인 '안견의 몽유도원도'와 '강희안의 고사관수도'가 출제될 수 있습니다. 특히 이 유형의 경우 각 화가의 호를 암기하는 것이 필수적입니다.

8. ①

안견의 몽유도원도 | 난이도 ●●●

문제 키워드 추출

✓ 안견이 안평 대군의 꿈 이야기를 듣고 그린 것 _ 몽유도원도를 그린 인물과 제작 배경

문제에서 몽유도원도를 그린 인물과 제작 배경을 언급하였기 때문에, 안견의 몽유도원도가 제시된 1번 선지가 정답입니다!

① 조선 전기 안견의 몽유도원도 ★ 대표 선지!
② 조선 후기 김정희의 세한도
③ 조선 후기 김홍도의 옥순봉도
④ 조선 전기 강희안의 고사관수도
⑤ 조선 후기 정선의 인왕제색도

9. ③

김홍도의 그림 | 난이도 ●●●

문제 키워드 추출

✓ 단원 _ 김홍도의 호

문제에서 김홍도의 호를 언급하였기 때문에, 김홍도의 대표적인 그림인 벼타작이 제시된 3번 선지가 정답입니다!

① 조선 후기 김득신의 파적도
② 조선 중기 신사임당의 초충도
③ 조선 후기 김홍도의 벼타작 ★ 대표 선지!
④ 조선 후기 정선의 인왕제색도
⑤ 조선 후기 김정희의 세한도

10. ④

신윤복의 그림 | 난이도 ●●●

문제 키워드 추출

✓ 혜원 _ 신윤복의 호
✓ 미인도 _ 신윤복의 대표적인 그림 사례

문제에서 신윤복의 호와 대표적인 그림 사례를 언급하였기 때문에, 신윤복의의 다른 대표적인 그림인 월하정인이 제시된 4번 선지가 정답입니다!

① 조선 후기 김홍도의 씨름도
② 조선 전기 강희안의 고사관수도
③ 조선 후기 김득신의 파적도
④ 조선 후기 신윤복의 월하정인 ★ 대표 선지!
⑤ 조선 후기 강세황의 영통동구도

11. ③

정선의 그림 | 난이도 ●●●

문제에서 정선의 호와 이름을 직접적으로 언급하였기 때문에, 정선의 대표적인 그림인 인왕제색도가 제시된 3번 선지가 정답입니다!

① 조선 후기 강세황의 영통동구도
② 조선 후기 김홍도의 송석원시사야연도
③ 조선 후기 정선의 인왕제색도 ★ 대표 선지!
④ 조선 전기 안견의 몽유도원도
⑤ 조선 후기 정수영의 한임강명승도권

문제 키워드 추출

✓ 김정희가 제주도 유배 중일 때 사제의 의리를 지킨 이상적에게 그려준 것 _ 세한도를 그린 인물과 제작 과정

문제에서 세한도를 그린 인물과 제작 과정을 언급하였기 때문에, 세한도가 제시된 4번 선지가 정답입니다!

① 조선 후기 정선의 인왕제색도
② 조선 후기 강세황의 영통동구도
③ 조선 전기 안견의 몽유도원도
④ 조선 후기 김정희의 세한도
⑤ 조선 후기 신윤복의 월하정인

각 문제는 이 주제에서 가장 많이 출제된 키워드로 구성하였습니다.

문제별 키워드 분류표

문제	키워드	출제 빈도(27회분 中)
1~3	조선 시대의 교육 기관	4번 출제
4~8	조선 시대의 기록 유산	6번 출제
9	조선 후기의 건축물	1번 출제
10~11	조선 시대의 도자기	4번 출제

해품사의 키워드 분석팁!

문제 1~3	조선 시대의 교육 기관

조선 시대의 교육 기관은 크게 성균관, 향교, 서원을 중심으로 출제합니다. 우선 성균관의 경우 조선 최고의 관립 교육 기관으로, '생원 및 진사시 합격자에게 입학 자격 부여', '원점제 실시(출석 제도)' 등을 키워드로 제시합니다. 향교의 경우 조선 시대의 지방의 최고 관립 교육 기관으로 '고을 크기에 따른 정원 차이 발생', '교수와 훈도 파견' 등을 키워드로 제시합니다. 특히 성균관과 향교는 공통적으로 대성전과 명륜당이 존재하였기 때문에, 다른 결정적인 키워드로 구별할 필요가 있습니다. 서원은 '주세붕이 최초로 건립', '붕당의 여론 형성 기구', '국왕으로부터 노비, 토지, 서적 등을 지급받음(사액 서원)', '유네스코 세계 문화유산 등재' 등을 언급합니다.

1. ④

성균관 | 난이도 ●●○

문제 키워드 추출

✓ 생원·진사 _ 성균관의 입학 자격
✓ 원점(圓點) 300점 _ 성균관에서 시행한 일종의 출석 제도, 원점 일정 점수 이상을 얻어야 대과 응시 자격을 부여함

문제에서 성균관의 입학 자격과 출석 제도를 언급하였으므로, 성균관의 의의와 역할을 다룬 4번 선지가 정답입니다!

① 조선의 유향소는 대표적인 직책으로 좌수와 별감을 선발하여 운영하였다.
② 조선의 서원은 지방의 사림 세력이 설립하여 붕당의 여론 형성 기구 역할을 하였다.
③ 조선의 향교는 전국의 부·목·군·현에 하나씩 설립되었다.

④ 조선의 성균관은 최고 관립 교육 기관으로서, 성현에 대한 제사를 담당하였다. ★ 대표 선지!
⑤ 조선의 서원은 흥선 대원군 집권 때 47곳을 제외하고 모두 철폐되었다.

2. ④

향교 | 난이도 ●●○

문제 키워드 추출

✓ 지방 교육 기관 _ 향교의 역할
✓ 대성전, 명륜당 _ 향교의 대표적인 부속 건물

문제에서 향교의 역할과 부속 건물을 언급하였으므로, 향교에 파견된 교수직이 언급된 4번 선지가 정답입니다. 즉 이 문제의 경우 대성전, 명륜당 이외에도 지방 교육 기관이라는 결정적인 키워드를 통해 정답을 고를 필요가 있습니다!

① 고려 예종 때 관학 진흥을 위해 국자감 내에 장학 재단인 양현고와 전문 강좌인 7재를 미련하였다.
② 조선 중종 때 주세붕은 사립 교육 기관인 백운동 서원을 처음 설립하였다.
③ 조선의 성균관은 소과에 합격한 생원과 진사에게 입학 자격을 부여하였다.
④ 조선의 향교는 조선 시대의 지방 관립 교육 기관으로, 중앙에서 교관인 교수와 훈도가 파견되었다. ★ 대표 선지!
⑤ 고려의 국자감은 유학을 비롯하여 율학, 서학, 산학 등의 기술학부가 존재하였다.

3. ②

서원 | 난이도 ●●○

문제 키워드 추출

✓ 주세붕 _ 조선 최초의 서원인 백운동 서원을 건립한 인물
✓ 흥선 대원군에 의해 정리됨 _ 흥선 대원군은 서원 철폐를 단행함
✓ 유네스코 세계 유산 _ 서원은 2019년에 세계 문화유산으로 등재됨

문제에서 서원의 건립 및 철폐 시기, 의의 등에 대한 키워드를 다뤘기 때문에, 서원의 역할에 대한 사례를 언급한 2번 선지가 정답입니다!

① 조선의 향교는 전국의 부·목·군·현에 하나씩 설립되었다.

② 서원은 자신들이 존경하는 인물들에 대한 제사를 주관하는 동시에 지방의 사립 교육 기관으로서 유학 교육을 담당하였다. ★ 대표 선지!

③ 고려 예종 때 관학 진흥을 위해 국자감 내에 장학 재단인 양현고와 전문 강좌인 7재를 마련하였다.

④ 조선의 향교는 조선 시대의 지방 관립 교육 기관으로, 중앙에서 교관인 교수와 훈도가 파견되었다.

⑤ 조선의 성균관은 소과에 합격한 생원과 진사에게 입학 자격을 부여하였다.

해풍사의 키워드 분석팁!

| 문제 4~8 | 조선 시대의 기록 유산 |

조선 시대의 기록 유산 유형은 한능검에서 출제될 수 있는 문화 파트 유형 중 가장 난도가 높은 편으로, 크게 관찬 기록물, 농서, 역사서, 의학서, 지도 등으로 나눠 공략할 필요가 있습니다. 특히 조선 시대의 기록 유산 유형은 각 기록 유산의 저자(또는 관련 기구), 세부 내용, 의의 등을 파악하는 것이 중요합니다.

4. ⑤   조선 시대의 관찬 기록물 | 난이도 ●●●

『조선왕조실록』은 역사서의 편찬과 보관 등을 담당한 춘추관의 관원들이 남긴 기록들을 바탕으로 제작되었기 때문에, 이와 관련된 선지인 5번이 정답입니다!

① 조선 시대의 기록 유산 중 세계 기록 유산으로 등재된 사례는 『일성록』, 『승정원일기』, 『조선왕조실록』이 대표적이다.

② 『일성록』은 영조 때부터 기록되기 시작하였다.

③ 조보는 국왕의 비서 기관인 승정원에서 발행한 정부의 소식을 전달하는 일종의 관보이다.

④ 『일성록』은 정조가 세손 시절부터 작성한 존현각일기에서 유래하였다.

⑤ 『조선왕조실록』은 역사서의 편찬과 보관을 담당한 춘추관의 관원들이 편찬 업무에 참여하였다. ★ 대표 선지!

5. ③   조선 시대의 농서 | 난이도 ●●●

조선 세종 때 간행된 『농사직설』은 정초, 변효문 등이 삼남 지방의 농법을 바탕으로 우리 풍토에 맞는 농법을 정리한 농서이므로, 3번 선지가 정답입니다!

① 고려 후기에 이암이 중국에서 국내에 전래한 『농상집요』는 목화 재배와 양잠 등 중국 화북 지방의 농법을 소개하였다.

② 조선 후기에 홍만선이 저술한 『산림경제』는 상품 작물 재배법과 원예 기술 등을 수록한 농서이다.

③ 조선 세종 때 정초, 변효문 등이 우리나라 실정에 맞는 농법을 정리한 『농사직설』을 편찬하였다. ★ 대표 선지!

④ 조선 후기에 서유구가 저술한 『임원경제지』는 농촌 생활 및 농업 기술의 혁신 방안을 제시한 일종의 백과사전이다.

⑤ 『금양잡록』은 조선 전기에 강희맹이 손수 농사를 지은 경험과 견문을 종합하여 서술한 농서이다.

6. ②   고려사 | 난이도 ●●●

문제 키워드 추출

✓ 문종 대 완성 _ 『고려사』가 편찬된 시기
✓ 사기의 범례를 본받아 편찬 _ 『고려사』는 기전체 형식으로 서술됨

문제에서 『고려사』의 편찬 시기와 서술 방식과 관련된 간접적인 힌트가 제시되었으므로, 『고려사』의 서술 방식을 직접적으로 언급한 2번 선지가 정답입니다!

① 조선의 유득공이 저술한 『발해고』에서는 통일 신라와 발해를 아울러 호칭하는 남북국이라는 용어를 처음 사용하였다.

② 『고려사』는 기전체 형식으로 서술되었으며, 본기를 쓰지 않고 세가, 지, 열전 등의 구성으로 서술하였다. ★ 대표 선지!

③ 이규보의 『동명왕편』은 고구려를 계승하는 고려인의 자부심을 강조하였다는 특징이 있다.

④ 일연의 『삼국유사』는 고조선의 역사, 불교사를 비롯하여 다양한 민간 설화를 수록하였다.

⑤ 조선 성종 때 간행된 『동국통감』은 단군 조선부터 고려 말까지의 역사를 편년체 형식으로 정리한 일종의 통사이다.

7. ②   대동여지도 | 난이도 ●●○

문제 키워드 추출

✓ 김정호 _ 대동여지도를 제작한 인물
✓ 10리마다 눈금을 표시 _ 대동여지도의 제작 방식

문제에서 대동여지도의 저자와 제작 방식을 제시하였으므로, 대동여지도의 구성에 대한 내용을 언급한 2번 선지가 정답입니다!

① 정상기의 동국지도는 최초로 100리 척을 적용하여 제작된 지도이다.

②김정호의 대동여지도는 목판에 지도를 새긴 뒤 22장에 다시 나눠 인쇄를 하는 방식으로 제작하였으며, 보다 상세한 지리를 표현하기 위해 10리마다 눈금을 표시하였다.
★ 대표 선지!

③ 조선 태종 때 중국 중심의 세계관이 반영된 세계 지도인 혼일강리역대국도지도가 제작되었다. 혼일강리역대국도지도는 현존하는 동양 최고(最古)의 세계 지도이다.

④ 이중환의 『택리지』는 각 지방의 연혁, 산천, 풍속 등을 자세히 수록하였다.

⑤ 김수홍의 조선팔도고금총람도는 전국의 지리 정보에 주요 인물과 역사적 사실을 함께 표기하였다.

8. ②   조선 시대의 지도 및 지리서 | 난이도 ●●●

정상기의 동국지도는 최초로 100리 척을 적용하여 제작된 지도이므로, 2번 선지가 정답입니다!

① 조선 성종 때 간행된 『동국여지승람』은 『팔도지리지』를 참고하여 완성되었다.

②정상기의 동국지도는 최초로 100리 척을 적용하여 제작된 지도이다.

③ 한치윤의 『해동역사』는 약 500여 종의 자료를 참고하여 고조선부터 고려 말까지의 역사를 정리한 기전체 형식의 역사서이다.

④ 이중환의 『택리지』는 복거총론, 사민총론, 팔도총론 등의 구성으로 이루어졌다.

⑤ 김정호의 대동여지도는 목판에 지도를 새긴 뒤 22장에 다시 나눠 인쇄를 하는 방식으로 제작하였으며, 보다 상세한 지리를 표현하기 위해 10리마다 눈금을 표시하였다.

해품사의 키워드 분석팁!

문제 9	조선 후기의 건축물

조선 후기의 건축물 유형은 고려 시대의 건축물 유형에 비해서는 출제 빈도가 매우 낮은 편입니다. 만약 출제되더라도 법주사 팔상전이 언급될 가능성이 가장 높기 때문에, 법주사 팔상전과 관련된 대표적인 키워드인 '지역(충청북도 보은군)', '특징(부처의 생애를 여덟 장면으로 표현한 불화 존재)', '의의(현존하는 가장 오래된 목탑)' 등의 키워드를 암기하는 것을 권장합니다.

9. ①   법주사 팔상전 | 난이도 ●●○

문제 키워드 추출

✓ 충청북도 보은군 _ 법주사 팔상전이 위치한 지역
✓ 현존하는 가장 오래된 조선 시대 목탑 _ 법주사 팔상전의 의의

문제에서 보은 법주사 팔상전이 위치한 지역과 의의를 언급하였기 때문에, 1번 선지가 정답입니다!

①보은 법주사 팔상전(조선 후기) ★ 대표 선지!
② 구례 화엄사 각황전(조선 후기)
③ 김제 금산사 미륵전(조선 후기)
④ 부여 무량사 극락전(조선 후기)
⑤ 공주 마곡사 대웅보전(조선 후기)

해품사의 키워드 분석팁!

문제 10~11	조선 시대의 도자기

조선 시대의 도자기 유형은 본래 단독 유형으로 출제되었으나, 최근 기출 경향에서는 통합형 유형으로 출제될 수 있기 때문에 각 사례의 시기를 정확히 파악하는 것을 권장합니다. 조선 시대의 도자기 사례는 크게 분청사기(조선 전기-회청색, 태토 위에 백토로 표면 분장), 백자(조선 중기-흰색, 태토와 유약이 모두 백색), 청화 백자(조선 후기-파란색, 코발트 안료 사용)가 있으며, 각 도자기의 제작 시기, 색깔, 재료 등을 중심으로 구별하는 것을 권장합니다!

10. ④   분청사기 | 난이도 ●●○

문제 키워드 추출

✓ 조선 전기에 많이 제작된 도자기 _ 분청사기의 제작 시기
✓ 회색의 태토 위에 백토로 표면을 분장한 뒤 유약을 씌워 구운 도자기 _ 분청사기의 제작 방식

문제에서 분청사기의 제작 시기와 제작 방법을 언급하였으므로, 이와 관련된 사례인 4번 선지가 정답입니다!

① 청자 상감운학문 매병(고려)
② 백자 청화 매죽문 항아리(조선 전기)
③ 청자 참외모양 병(고려)
④분청사기 음각 어문 편병(조선 전기) ★ 대표 선지!
⑤ 삼채향로(발해)

문제 키워드 추출

- ✓ 코발트 안료 _ 청화 백자에 제작에 사용되는 재료
- ✓ 조선 후기에 널리 보급 _ 청화 백자가 유행한 시기

문제에서 청화 백자 제작에 사용된 재료와 유행한 시기를 언급하였으므로, 이와 관련된 사례인 4번 선지가 정답입니다!

① 분청사기 박지연화 어문 편병(조선 전기)
② 청동 은입사 포류수금문 정병(고려)
③ 청자 상감운학문 매병(고려)
④ 백자 청화죽문 각병(조선 후기) ★ 대표 선지!
⑤ 청자 참외모양 병(고려)

각 문제는 이 주제에서 가장 많이 출제된 키워드로 구성하였습니다.

문제별 키워드 분류표

문제	키워드	출제 빈도(27회분 中)
1~3	중농학파	➡ 7번 출제
4~7	중상학파	➡ 5번 출제
8~9	조선 시대의 실학파	➡ 3번 출제
10~14	조선 시대의 인물	➡ 13번 출제

해품사의 키워드 분석팁!

문제 1~3	중농학파

조선 시대의 실학파는 크게 중농학파와 중상학파로 나눠 공략할 필요가 있습니다. 특히 중농학파의 경우 크게 유형원, 이익, 정약용을 나눠 출제합니다. 유형원의 경우 '주장(균전론)', '저서(『반계수록』)'를 키워드로 제시합니다. 이익의 경우 '주장(육종론, 한전론)', '저서(『곽우록』, 『성호사설』)'를 키워드로 제시합니다. 정약용의 경우 '주장(여전론 → 정전론)', '저서(『경세유표』, 『마과회통』, 『목민심서』, 『아방강역고』, 『흠흠신서』)', '과학 기구(거중기, 배다리)'를 키워드로 제시합니다.

1. ⑤ 　　　　　　　　　　 유형원 | 난이도 ●●○

문제 키워드 추출

✔ 반계수록 _ 유형원의 국가 운영과 견해를 담은 책

문제에서 유형원의 저서인 『반계수록』을 언급하였기 때문에, 유형원의 토지 제도 개혁과 관련된 균전론의 핵심을 제시한 5번 선지가 정답입니다!

① 박제가, 유득공 등은 공통적으로 서얼 출신으로 정조 때 규장각의 검서관으로 기용되었다.
② 한백겸은 『동국지리지』를 저술하여 삼한의 위치를 고증하였다.
③ 홍대용은 『의산문답』을 통해 지전설을 주장하는 동시에 중국 중심의 천하관을 비판하였다.
④ 박지원은 연행사로 청나라를 방문한 이후 일종의 기행문인 『열하일기』를 저술하였다.
⑤ 유형원은 자영농 육성을 위해 신분에 따라 토지를 차등 분배하되, 최대한 모든 신분에게 토지를 지급할 것을 주장한 균전론을 주장하였다. ★ 대표 선지!

2. ⑤ 　　　　　　　　　　 이익 | 난이도 ●●○

문제 키워드 추출

✔ 성호사설 _ 조선의 이익이 평소에 기록해 둔 글과 제자들의 질문에 답한 내용을 정리한 책

문제에서 이익의 대표 저서를 언급하였으므로, 이익과 관련된 토지 제도 개혁 사례가 언급된 5번 선지가 정답입니다!

① 조선의 정약용은 이벽 등과 교류하며 천주교 신자가 되었다.
② 김정희는 금석학에 대한 연구를 수행하였으며, 특히 고대의 비문을 판독한 뒤 북한산비가 진흥왕 순수비임을 고증하였다.
③ 조선의 이이는 왕도 정치의 이상을 문답 형식으로 서술한 글인 『동호문답』을 저술하였다.
④ 김장생은 가례의 문제점의 보완 및 수정을 목적으로 『가례집람』이라는 예법서를 편찬하였다.
⑤ 이익은 중농학파로서 토지 매매의 하한선을 제시한 한전론을 주장하였다. ★ 대표 선지!

3. ⑤ 　　　　　　　　　　 정약용 | 난이도 ●●○

문제 키워드 추출

✔ 흠흠신서, 마과회통 _ 정약용의 대표 저서, 각각 형법과 홍역에 대한 내용을 다룸

문제에서 정약용과 관련된 대표적인 저서를 언급하였으므로, 정약용이 국가 제도의 개혁에 대한 방향을 논의한 5번 선지가 정답입니다!

① 이익은 중농학파로서 토지 매매의 하한선을 제시한 한전론을 주장하였다.
② 박지원은 『양반전』, 『허생전』, 『호질』 등을 저술하여 양반의 허례와 무능을 비판, 풍자하였다.
③ 홍대용은 『의산문답』을 통해 지전설을 주장하는 동시에 중국 중심의 천하관을 비판하였다.
④ 박제가는 『북학의』에서 수레와 배의 이용을 권장하고 저축보다 소비의 촉진을 강조하였다.
⑤ 정약용은 국가의 전반적인 제도에 대한 개혁을 논의한 『경세유표』를 집필하였다. ★ 대표 선지!

조선 시대의 실학파는 크게 중농학파와 중상학파로 나눠 공략할 필요가 있습니다. 특히 중상학파의 경우 크게 박제가, 박지원, 홍대용, 유수원을 나눠 출제합니다. 박제가의 경우 '주장(소비를 우물에 비유하여 소비 권장, 수레와 선박 이용 권장)', '저서(『북학의』)', '활동(정조 때 규장각 검서관으로 기용됨)'을 키워드로 제시합니다. 박지원의 경우 '주장(수레와 선박 이용 강조)', '저서(『과농소초』, 『열하일기』, 『양반전』, 『허생전』, 『호질』 → 양반의 무능과 허례 풍자)'를 키워드로 제시합니다. 홍대용의 경우 '저서(『의산문답』 → 허자와 실옹의 가상 대화 형식 활용, 지전설과 무한 우주론 주장)', '활동(혼천의 제작)'을 키워드로 제시합니다. 유수원의 경우 '주장(사농공상의 직업적 평등화 주장)', '저서(『우서』)'를 키워드로 제시합니다.

4. ③   박제가 | 난이도 ●●○

문제 키워드 추출

✓ 서얼 출신 _ 박제가의 출신 신분, 정조 때 규장각 검서관으로 기용됨
✓ 소비 촉진을 통한 생산력의 증대를 주장 _ 박제가의 주장

문제에서 박제가의 출신 신분, 활동, 주장과 관련된 키워드를 제시하였기 때문에, 박제가가 저술한 기행문을 언급한 3번 선지가 정답입니다!

① 조선 정조 때 정약용이 고안한 거중기를 활용하여 수원 화성을 축조하였다.
② 조선의 정제두는 명나라의 왕수인이 제창한 양명학을 연구한 대표적인 학자로, 강화도에서 양명학자들을 중심으로 강화학파를 형성하였다.
③ 박제가는 『북학의』에서 수레와 배의 이용을 권장하고 저축보다 소비의 촉진을 강조하였다. ★ 대표 선지!
④ 박지원은 연행사로 청나라를 방문한 이후 일종의 기행문인 『열하일기』를 저술하였다.
⑤ 유수원은 사회 개혁안을 담은 『우서』를 저술하고, 사농공상(선비·농부·공장·상인)의 직업적 평등을 주장하였다.

5. ③   박지원 | 난이도 ●●○

문제 키워드 추출

✓ 연행사 _ 박지원은 중상학파로서 청나라의 연행사로 파견됨
✓ 연암 _ 박지원의 호

문제에서 박지원의 연행사 활동과 관련된 키워드를 제시하였기 때문에, 박지원이 양반의 무능과 허례를 풍자하기 위해 저술한 소설이 언급된 3번 선지가 정답입니다!

① 조선의 정제두는 명나라의 왕수인이 제창한 양명학을 연구한 대표적인 학자로, 강화도에서 양명학자들을 중심으로 강화학파를 형성하였다.
② 박제가, 유득공 등은 공통적으로 서얼 출신으로 정조 때 규장각의 검서관으로 기용되었다.
③ 박지원은 『양반전』, 『허생전』, 『호질』 등을 저술하여 양반의 허례와 무능을 비판, 풍자하였다. ★ 대표 선지!
④ 홍대용은 『의산문답』을 통해 지전설을 주장하는 동시에 중국 중심의 천하관을 비판하였다.
⑤ 유수원은 사회 개혁안을 담은 『우서』를 저술하고, 사농공상(선비·농부·공장·상인)의 직업적 평등을 주장하였다.

6. ①   홍대용 | 난이도 ●●○

문제 키워드 추출

✓ 혼천의 _ 조선의 홍대용이 제작한 과학 기구

문제에서 홍대용이 제작한 과학 기구가 언급되었기 때문에, 홍대용의 대표 저서와 천문학과 관련된 그의 주장을 언급한 1번 선지가 정답입니다! 특히 혼천의는 조선 세종 때의 과학 기구 사례보다, 오히려 홍대용 관련 키워드로 언급될 가능성이 높습니다!

① 홍대용은 『의산문답』을 통해 지전설을 주장하는 동시에 중국 중심의 천하관을 비판하였다. ★ 대표 선지!
② 조선 정조 때 정약용이 고안한 거중기를 활용하여 수원 화성을 축조하였다.
③ 조선 세종 때 활동한 장영실은 일종의 물시계인 자격루를 제작하였다.
④ 조선의 이제마는 사람의 체질을 네 가지로 나눈 뒤 각 특성에 맞는 치료법을 제시한 『동의수세보원』을 편찬하였다.
⑤ 조선의 최한기는 우주의 형상 및 전 세계의 인문 지리에 대해 서술한 『지구전요』를 저술하였다.

7. ①

문제 키워드 추출

✓ 우서 _ 유수원의 대표 저서

문제에서 유슈원의 대표적인 저서가 언급되었기 때문에, 유수원의 대표적인 주장을 언급한 1번 선지가 정답입니다!

① 유수원은 사회 개혁안을 담은 『우서』를 저술하고, 사농공상 (선비·농부·공장·상인)의 직업적 평등을 주장하였다.
★ 대표 선지!

② 조선 정조 때 정약용이 고안한 거중기를 활용하여 수원 화성을 축조하였다.

③ 조선의 이제마는 사람의 체질을 네 가지로 나눈 뒤 각 특성에 맞는 치료법을 제시한 『동의수세보원』을 편찬하였다.

④ 박제가는 『북학의』에서 수레와 배의 이용을 권장하고 저축보다 소비의 촉진을 강조하였다.

⑤ 조선의 홍대용은 천체의 운행과 위치를 측정하는 과학 기구인 혼천의를 제작하였다.

해품사의 키워드 분석팁!

문제 8~9	조선 시대의 실학파

최근 기출 경향에서는 조선 시대의 실학파 인물을 2명 이상 동시에 언급하여 출제하는 사례가 점차 등장하기 시작하였습니다. 그러므로 여러 인물의 키워드를 동시에 파악하여 접근하는 사고가 중요합니다!

8. ④

문제 키워드 추출

(가)의 인물: 홍대용
✓ 실옹 _ 『의산문답』에서 등장하는 가상 인물
✓ 대저 땅덩이는 하루 동안에 한 바퀴를 돎 _ 『의산문답』에서 주장된 지전설

(나)의 인물: 박지원
✓ 허생 _ 박지원이 저술한 「허생전」의 주인공

문제에서 홍대용과 박지원이 언급되었기 때문에, 중상학파의 공통적인 특징인 연행사 파견 키워드가 언급된 4번 선지가 정답입니다!

① 조선 숙종 때 남인 출신의 인사들은 갑술환국을 계기로 정계에서 축출되었다. 홍대용과 박지원은 노론 출신이다.

② 조선의 정제두는 명나라의 왕수인이 제창한 양명학을 연구한 대표적인 학자로, 강화도에서 양명학자들을 중심으로 강화학파를 형성하였다.

③ 박제가, 유득공 등은 공통적으로 서얼 출신으로 정조 때 규장각의 검서관으로 기용되었다.

④ 박지원, 홍대용 등은 중상학파 출신의 인물로, 공통적으로 청나라에 연행사로 파견된 이후 견문록인 연행록을 남겼다.

⑤ 조선의 이익은 화폐 사용의 문제점을 지적하며 화폐 사용을 반대하는 폐전론을 주장하였다.

9. ③

박지원은 청나라에 연행사로 파견된 이후 기행문인 『열하일기』를 저술하였으므로, 3번 선지가 정답입니다!

① 홍대용은 『의산문답』을 통해 지전설을 주장하는 동시에 중국 중심의 천하관을 비판하였다.

② 정약용은 『목민심서』를 저술하여 지방관이 통치를 할 때 필요한 도덕적 규율, 행정 지침 등을 정리하였다.

③ 박지원은 연행사로 청나라를 방문한 이후 일종의 기행문인 『열하일기』를 저술하였다.

④ 이익은 『성호사설』을 통해 사회를 어지럽히는 여섯 가지 폐단인 육좀론을 주장하였다.

⑤ 박제가는 『북학의』에서 수레와 배의 이용을 권장하고 저축보다 소비의 촉진을 강조하였다.

해품사의 키워드 분석팁!

문제 10~14	조선 시대의 인물

조선 시대의 인물 유형은 한능검의 모든 시기의 인물 유형 중 출제 빈도가 가장 높은 편입니다. 우선 조선 전기에 출제될 수 있는 인물로는 대표적으로 정도전, 김종서가 있으며, 정도전과 관련된 대표 키워드로는 '저서(『경제문감』, 『불씨잡변』, 『조선경국전』)', '생애 및 활동(요동 정벌 추진, 1차 왕자의 난으로 사망)' 등이 있으며, 김종서와 관련된 대표 키워드로는 '생애 및 활동(6진 개척, 『고려사』 편찬, 계유정난으로 인해 사망)' 등이 있습니다. 조선 중기에 출제될 수 있는 인물로는 대표적으로 김육, 이황, 이이, 유성룡이 있습니다. 김육과 관련된 대표 키워드로는 '활동(시헌력 도입 건의, 대동법 확대 실시 건의)' 등이 있으며, 이황과 관련된 대표 키워드로는 '저서(『성학십도』, 『주자

서절요」)', '생애 및 활동(기대승과 사단칠정 논쟁 전개, 예안 향약 시행, 일본 성리학에 영향을 줌)' 등이 있으며, 이이와 관련된 대표 키워드로는 '저서(「격몽요결」, 「동호문답」, 「성학집요」)', '생애 및 활동(해주 향약 시행)' 등이 있으며, 유성룡과 관련된 대표 키워드로는 '저서(「징비록」)', '생애 및 활동(훈련도감 설치)' 등이 있습니다. 조선 후기에 출제될 수 있는 인물로는 대표적으로 김정희, 송시열이 있으며, 김정희와 관련된 대표 키워드로는 '저서(「금석과안록」 → 진흥왕 순수비 고증)', '생애 및 활동(세한도 제작, 추사체 창안)' 등이 있으며, 송시열과 관련된 대표 키워드로는 '생애 및 활동(기축봉사 건의, 기해 예송 때 기년설 주장, 기사환국으로 인해 유배·사사됨)' 등이 있습니다. 특히 조선 시대의 인물은 대체로 생몰 연도를 힌트로 자주 제시하므로, 활동 시기를 바탕으로 소거하는 풀이 전략을 자주 활용하는 것을 권장합니다.

10. ①   정도전 | 난이도 ●●○

문제 키워드 추출

✓ 조선경국전 _ 정도전이 저술한 개인 법전

문제에서 정도전이 저술한 법전인 『조선경국전』을 언급하였기 때문에, 정도전이 불교를 비판한 『불씨잡변』을 언급한 1번 선지가 정답입니다!

① 조선의 정도전은 불교에 대해 강력히 비판한 평론서인 『불씨잡변』을 저술하였다. ★ 대표 선지!
② 고려 인종 때 묘청은 고려의 수도를 개경에서 서경(평양)으로 옮길 것과 칭제 건원·금국 정벌을 주장하는 서경 천도 운동을 추진하였다.
③ 고려 문종 때 최충은 최초의 사립 교육 기관인 문헌공도(9재 학당)를 설립하였다.
④ 조선 중종 때 주세붕은 사립 교육 기관인 백운동 서원을 처음 설립하였다.
⑤ 김육은 효종에게 충청도 지역에 대동법을 확대 실시할 것을 주장하였다.

11. ①   김종서 | 난이도 ●●●

문제 키워드 추출

✓ 세종 때 함길도 병마도절제사에 임명됨 _ 김종서는 세종 때 한반도 북부 지역의 군사 업무를 관장함
✓ 고려사절요 찬술 _ 김종서가 저술에 참여한 대표적인 역사서
✓ 계유정난 때 살해됨 _ 김종서의 사망 원인

문제에서 김종서의 활동 사례와 사망 과정을 언급하였기 때문에, 김종서의 정복 활동에 대한 내용이 언급된 1번 선지가 정답입니다!

① 조선의 김종서는 세종 때 두만강 유역 개척을 위한 정벌에 참여하였다. ★ 대표 선지!
② 조선의 정도전은 불교에 대해 강력히 비판한 평론서인 『불씨잡변』을 저술하였다.
③ 조선 중종 때 조광조는 중종반정의 공신을 개정하는 위훈 삭제를 주장하였다.
④ 조선 세종 때 이종무는 왜구의 근거지인 대마도를 정벌하였다.
⑤ 김육은 효종에게 충청도 지역에 대동법을 확대 실시할 것을 주장하였다.

12. ③   이황 | 난이도 ●●●

문제 키워드 추출

✓ 성학십도 _ 이황이 성리학의 주요 이념을 그림으로 정리한 책

문제에서 조선의 이황과 관련된 책인 『성학십도』가 언급되었기 때문에, 이황이 시행한 향약과 관련된 사례가 언급된 3번 선지가 정답입니다!

① 조선의 정제두는 명나라의 왕수인이 제창한 양명학을 연구한 대표적인 학자로, 강화도에서 양명학자들을 중심으로 강화학파를 형성하였다.
② 조선의 신숙주는 일본을 기행한 뒤 일본의 정치·사회·문화 등을 정리한 『해동제국기』를 저술하였다.
③ 조선의 이황은 향촌을 교화하기 위한 자치 규약으로 예안 향약을 시행하였다. ★ 대표 선지!
④ 조선의 박세당은 주자와 달리 유학 경전의 해석을 독창적으로 시도한 『사변록』을 저술하였다.
⑤ 김장생은 가례의 문제점의 보완 및 수정을 목적으로 『가례집람』이라는 예법서를 편찬하였다.

13. ⑤   이이 | 난이도 ●●●

문제 키워드 추출

✓ 성학집요 _ 이이가 제왕의 학문을 정리하여 군주가 수행해야 할 덕목과 지식을 총망라하여 정리한 책
✓ 해주 향약 _ 이이가 시행한 향약

문제에서 이이의 대표 저서와 이이가 시행한 향약 사례가 언급되었기 때문에, 이이의 다른 대표적인 저서가 언급된 5번 선지가 정답입니다!

① 조선의 정도전은 불교에 대해 강력히 비판한 평론서인 『불씨잡변』을 저술하였다.
② 조선의 송시열은 노론의 영수로, 청나라에 대한 복수를 위한 북벌을 주장하였다.
③ 조선의 정제두는 명나라의 왕수인이 제창한 양명학을 연구한 대표적인 학자로, 강화도에서 양명학자들을 중심으로 강화학파를 형성하였다.
④ 김정희는 금석학에 대한 연구를 수행하였으며, 특히 고대의 비문을 판독한 뒤 북한산비가 진흥왕 순수비임을 고증하였다.
⑤ 조선의 이이는 왕도 정치의 이상을 문답 형식으로 서술한 글인 『동호문답』을 저술하였다. ★ 대표 선지!

14. ⑤
김정희 | 난이도 ●●○

문제 키워드 추출

✓ 추사체 _ 김정희가 창안한 자신만의 독특한 필체
✓ 세한도 _ 김정희가 제주도 유배 생활 중에 그린 그림

문제에서 김정희가 창안한 필체와 더불어 유배 생활 중에 그린 그림을 언급하였기 때문에, 김정희가 금석학과 관련된 연구를 수행한 사례를 언급한 5번 선지가 정답입니다!

① 조선 정조 때 정약용이 고안한 거중기를 활용하여 수원 화성을 축조하였다.
② 박지원은 『양반전』, 『허생전』, 『호질』 등을 저술하여 양반의 허례와 무능을 비판, 풍자하였다.
③ 정상기의 동국지도는 최초로 100리 척을 적용하여 제작된 지도이다.
④ 박제가는 『북학의』에서 수레와 배의 이용을 권장하고 저축보다 소비의 촉진을 강조하였다.
⑤ 김정희는 금석학에 대한 연구를 수행하였으며, 특히 고대의 비문을 판독한 뒤 북한산비가 진흥왕 순수비임을 고증하였다. ★ 대표 선지!

1. ④   조선 태조(이성계) | 난이도 ●●○

문제 키워드 추출

✓ 한양으로 도읍을 옮김 _ 조선 태조(이성계) 때 조선의 수도를 한양으로 옮김

문제에서 조선 태조(이성계) 때 한양 천도 과정과 관련된 사료를 제시하였기 때문에, 태조(이성계)가 재위할 때 발생한 1차 왕자의 난이 언급된 4번 선지가 정답입니다. 최근 기출 경향에서는 비교적 출제율이 낮은 왕 또는 인물이 출제되는 비중이 증가하였습니다!

① 조선 세종 때 우리나라만의 고유 문자인 훈민정음을 반포하였다.
② 조선 숙종 때 국왕 호위와 수도 방어를 목적으로 금위영을 창설하며 5군영을 완성시켰다.
③ 조선 성종 때 육전 체제로 구성된 조선의 첫 공식 법전인 『경국대전』이 완성되었다.
④ 조선 태조(이성계) 때 이방원이 1차 왕자의 난을 일으켜 정도전, 이방석 등을 살해하였다.
⑤ 조선 세조 때 성삼문 등 사육신이 단종 복위 운동을 추진하다가 처형되었다.

2. ④   집현전 | 난이도 ●●○

문제 키워드 추출

✓ 세종이 학문 연구, 편찬 사업 등을 수행하도록 설치 _ 집현전의 설립 시기와 역할

문제에서 집현전의 설립 시기와 역할을 제시하였기 때문에, 집현전의 폐지 배경이 언급된 4번 선지가 정답입니다. 최근 기출 경향에서는 왕 업적 관련 특정 키워드에 대해 세부적으로 파악하는 유형이 점차 출제되기 시작하였습니다!

① 조선의 승정원은 은대(銀臺), 후원(喉院) 등의 별칭으로 불렸다.
② 고려 예종 때 관학 진흥을 위해 국자감 내에 장학 재단인 양현고와 전문 강좌인 7재를 마련하였다.
③ 고려의 삼사는 화폐, 곡식의 출납과 회계를 담당하였다.
④ 계유정난 이후 집현전 인사들을 중심으로 단종 복위 운동이 발생하자 세조 집권 이후 집현전은 폐지되었다.
⑤ 조선 최고의 관립 교육 기관인 성균관은 대사성을 장(長)으로 하였으며, 산하에 좨주, 직강 등 관직을 두었다.

3. ⑤   이괄의 난과 소현 세자의 심양 볼모 생활 | 난이도 ●●●

문제 키워드 추출

(가) 사건(조선 16대 인조, 이괄의 난, 1624)
✓ 역적 이괄이 군사를 일으킴 _ 이괄은 인조반정 이후 2등 공신 책봉에 불만을 품고 반란을 일으킴

(나) 사건(조선 16대 인조, 소현 세자의 심양 볼모 생활, 17세기 중반)
✓ 심양에 있는 소현 세자, 용골대 _ 소현 세자는 병자호란 종결 직후 청나라의 심양으로 끌려갔으며, 당시 청나라의 장수인 용골대의 감시를 받음

문제에서 이괄의 난과 병자호란 직후의 상황을 제시하였기 때문에, 두 시기 사이인 병자호란 발발 직전의 상황을 언급한 5번 선지가 정답입니다. 최근 기출 경향에서는 기존 기출 경향에서 확인되는 빈출 흐름 유형보다 더 세부적인 흐름을 파악하는 유형을 출제한 사례가 일부 확인됩니다!

① 임진왜란 때 정문부는 함경북도 길주에서 의병을 이끌고 왜군을 방어하는 북관 대첩을 주도하였다.(이전)
② 임진왜란 때 일본의 조총 부대에 대비하기 위해 포수, 사수, 살수로 구성된 훈련도감이 창설되었다. (이전)
③ 조선 광해군 때 계축옥사를 통해 이복동생인 영창 대군을 사사한 뒤, 계모인 인목 대비를 덕수궁 석어당에 유폐하였다.(이전)
④ 조선 선조 때 발생한 임진왜란 당시 이덕형은 명나라에 군사 파병을 요청하는 청원사로 파견되었다.(이전)
⑤ 조선 인조 때 병자호란이 발발하기 직전에도 조선 조정 내부에서는 김상헌, 윤집 등을 대표로 청나라와의 항전을 주장한 주전론과 최명길 등을 대표로 청나라와의 화의를 주장하는 주화론이 대립하였다.

4. ③   신해통공 | 난이도 ●●○

문제 키워드 추출

✓ 채제공 _ 조선 정조 때 신해통공을 건의한 인물
✓ 그들은 큰 물건에서 작은 물건까지 싼값에 억지로 사들이기 일쑤 _ 조선 후기 일부 시전 상인들이 물건을 독점하는 모습
✓ 난전(亂廛)으로 몰아서 결박 _ 시전 상인들이 금난전권을 활용하여 독점적 상업 특권을 유지하는 모습

문제에서 채제공이 신해통공을 건의하게 된 배경을 언급하
였기 때문에, 정답 역시 신해통공이 언급된 3번 선지를 고
를 필요가 있습니다. 최근 기출 경향에서는 앞서 다룬 문제
와 유사하게 특정 역사적 사실을 깊게 파악하는 유형의 출
제 빈도가 증가하였습니다!

① 조선 세종 때 대마도주와 세견선 제한 등의 무역에 관한 조
   약인 계해약조를 체결하였다.
② 오가작통법은 상호 감시를 통한 거주지 이탈 및 절도 방지,
   효율적인 조세 수취를 위해 다섯 개의 집[戶]을 하나로 묶
   는 제도이다.
③ 조선 정조 때 채제공의 건의로 육의전을 제외한 시전 상인
   의 금난전권이 폐지되는 신해통공이 단행되었다.
④ 조선 영조 때 균역법이 시행된 이후에는 지주에게 토지 1결
   당 2두의 결작세를 부과하였다.
⑤ 조선 세종 때 토지의 비옥도(6등급) 및 풍흉(9등급)을 기준
   으로 조세를 차등 징수하는 공법을 시행하였다.

5. ⑤   세도 정치기의 사회상 | 난이도 ●●○

문제 키워드 추출

✔ 진주, 백낙신, 유계춘 _ 세도 정치기에 탐관오리인 백낙신
  의 학정에 반발하여 유계춘을 중심으로 진주 지역에서 임
  술 농민 봉기가 일어남

문제에서 세도 정치기에 발생한 대표적인 반란인 임술 농민
봉기와 관련된 키워드를 다뤘기 때문에, 세도 정치기의 사
회상을 다룬 5번 선지가 정답입니다! 최근 기출 경향에서는
세도 정치기의 사회상 유형의 출제 빈도가 다시 증가하였습
니다!

① 고려 왕건 때 봄에 곡식을 빌려주고 가을에 갚는 진휼 기관
   인 흑창을 설치하였다.
② 통일 신라 하대의 진성 여왕 때 중앙 집권의 약화 및 조세
   수탈의 심화로 인해 사벌주에서 원종과 애노의 난이 발생하
   였다.
③ 고려 공민왕 때 두 차례의 홍건적의 침입이 발생하였으며,
   2차 침입 당시에는 공민왕과 노국 대장 공주가 복주(안동)
   로 피란하였다.
④ 원 간섭기 때 지배층을 중심으로 원의 풍습인 변발과 원의
   복장인 호복이 유행하였다.
⑤ 세도 정치기에는 안동 김씨 등 외척을 비롯한 소수의 특정
   가문이 비변사를 중심으로 권력을 독점하였다.

6. ②   명나라에 대한 조선의 정책 | 난이도 ●●●

문제 키워드 추출

✔ 대보단, 임진왜란 때 조선에 원군을 보낸 황제 _ 조선 숙
  종 때 임진왜란 당시 조선을 지원한 명의 만력제(신종)를
  제사 지내는 제단을 설치함

문제에서 명나라 황제에 대한 제사를 지내는 제단을 언급하
였으므로, 명나라와 청나라에 파견된 사절단을 언급한 2번
선지가 정답입니다. 최근 기출 경향에서는 문제의 의도를 정
확하게 파악하지 못할 경우 오답을 고르도록 유도하는 함정
유형이 종종 출제됩니다. 즉 이 문제의 경우 명나라에 대한
조선의 대외 관계 유형이 아닌 조선 숙종의 업적 유형으로
접근할 경우 오답인 3번을 정답으로 잘못 고를 수 있습니다!

① 조선 효종 때 청나라에 대한 복수를 위해 북벌을 준비하였
   으나, 현실적인 군사력 차이로 인해 청나라의 나선 정벌에
   조총 부대를 파견하여 지원하였다.
② 조선은 명나라와 청나라에 성절사(황제와 황후 생일 축하),
   천추사(황태자 생일 축하), 하정사(정월 초하룻날) 등의 사
   절단을 파견하였다.
③ 조선 숙종 때 청나라와의 국경을 확정하기 위해 압록강과
   토문강을 경계로 백두산정계비를 세워 국경을 표시하였다.
④ 조선 전기에는 한성에 일본의 사신을 접대하고 무역을 담당
   하는 기구인 동평관을 설치하였다.
⑤ 고려 원 간섭기 때 원나라에 보낼 공녀를 선발하는 기구인
   결혼도감이 설치되었다.

7. ⑤   조선 통신사 | 난이도 ●●●

문제 키워드 추출

✔ 에도 막부의 요청으로 조선이 일본에 파견 _ 조선 통신사
  가 파견된 배경

문제에서 조선 통신사의 파견 배경과 관련된 키워드를 다뤘
기 때문에, 조선 통신사와 관련된 기록물이 세계 기록 유산
으로 등재된 사실을 언급한 5번 선지가 정답입니다! 최근 기
출 경향에서는 기존에 출제된 유형이더라도 낯선 선지를 정
답으로 연계하여 난도를 높이는 방식이 종종 확인됩니다!

① 연행사는 조선 후기에 청나라에 파견된 사절단을 총칭하는
   용어이다.
② 개항기의 조사 시찰단은 개화 반대 여론을 의식하여 암행어
   사의 형식으로 비밀리에 파견되었다.
③ 보빙사는 조미 수호 통상 조약 체결 이후 미국 공사의 조선
   부임의 답례 목적으로 파견된 사절단으로, 전권대신 민영익
   및 부전권대신 홍영식 등으로 구성되었다.

④ 조천사는 조선 전기에 명나라에 파견된 사절단을 총칭하는 용어로, 사절단으로 다녀온 여정을 조천록으로 남겼다.
⑤ 조선 통신사 기록물은 양국의 외교를 비롯하여 다양한 분야에서 교류한 성과를 파악할 수 있는 중요한 기록 유산으로 인정받아 2017년에 세계 기록 유산으로 등재되었다.

8. ④　　　　　　　　　　강희안의 그림 | 난이도 ●●●

문제에서 강희안의 이름을 직접적으로 언급하였기 때문에, 강희안의 대표적인 그림 사례인 고사관수도에 해당하는 4번 선지가 정답입니다. 앞으로의 기출 경향을 고려할 때, 조선 시대의 그림 유형에서 정답 선지로 거의 언급되지 않았던 강세황 또는 김득신의 그림도 공부하는 것을 권장합니다!

① 조선 후기 전기의 매화초옥도
② 조선 후기 신윤복의 월하정인
③ 조선 후기 김홍도의 송석원시사야연도
④ 조선 전기 강희안의 고사관수도
⑤ 조선 후기 정선의 금강전도

9. ①　　　　　　　　　　송시열 | 난이도 ●●○

문제 키워드 추출

✔ 기축봉사 _ 조선 효종 때 송시열이 명에 대한 의리를 내세우며 올린 상소, 북벌 추진의 계기가 됨
✔ 희빈 장씨 소생을 원자로 정한 데에 반대하다가 제주도로 유배됨 _ 조선 숙종 때 송시열은 장희빈의 아들을 원자로 책봉하는 것에 반대한 결과 기사환국으로 유배됨

문제에서 송시열과 관련된 대표 활동 사례를 언급하였기 때문에, 송시열의 다른 활동 사실을 언급한 1번 선지가 정답입니다. 최근 기출 경향에서는 상당히 오래된 기출 사례에서 출제되었던 인물들을 다시 재출제하는 사례가 증가하였습니다!

① 조선의 송시열은 효종 사망 이후 자의 대비의 복상 문제를 논의한 기해 예송 때 기년복(1년 상복)을 주장하였다.
② 홍대용은 『의산문답』을 통해 지전설을 주장하는 동시에 중국 중심의 천하관을 비판하였다.
③ 조선의 정제두는 명나라의 왕수인이 제창한 양명학을 연구한 대표적인 학자로, 강화도에서 양명학자들을 중심으로 강화학파를 형성하였다.
④ 조선의 김정희는 중국 역대 명필가들의 필체를 연구하여 자신만의 독특한 필체인 추사체를 창안하였다.
⑤ 조선의 박지원은 『양반전』, 『허생전』, 『호질』 등을 저술하여 양반의 허례와 무능을 비판, 풍자하였다.

뿌리 튼튼한
날개를 가지세요.
어떤 힘듦과 절망이 나를 통과해도
단단하게, 자유롭게.

#단단한마음 #할수있다

5 PART 개항기

각 문제는 이 주제에서 가장 많이
출제된 키워드로 구성하였습니다.

문제별 키워드 분류표

문제	키워드		출제 빈도(27회분 中)
1~5	개항기 전기의 외세 침입	➡	21번 출제
6~8	흥선 대원군	➡	8번 출제
9~11	개항기의 사절단	➡	5번 출제
12~14	개항기의 위정척사파	➡	2번 출제

해품사의 키워드 분석팁!

문제 1~5	개항기 전기의 외세 침입

개항기 전기의 외세 침입 유형은 개항기 파트 전기에서 출제 빈
도가 가장 높은 유형입니다. 이 유형은 크게 사실형 유형과 흐
름형 유형으로 나눠 공략할 필요가 있습니다. 우선 사실형 유
형의 경우 병인양요와 신미양요와 관련된 사실을 구별할 필요
가 있습니다. 병인양요의 경우 '원인(병인박해)', '전개(로즈 제
독이 이끄는 군대의 침입 → 양헌수-정족산성, 한성근-문수산
성에서 항전)', '영향(외규장각 도서 및 의궤 약탈)' 등을 암기할
필요가 있습니다. 신미양요의 경우 '원인(제너럴셔먼호 사건)',
'전개(로저스 제독이 이끄는 군대의 침입 → 어재연-광성보, 초
지진에서 항전)', '영향(어재연의 수자기 약탈)' 등을 암기할 필
요가 있습니다. 다음으로 흐름형 유형의 경우 '병인박해 → 제
너럴셔먼호 사건 → 병인양요 → 오페르트 도굴 사건 → 신미양
요 → 척화비 건립 → 운요호 사건 → 강화도 조약'의 흐름 파악
이 필수적입니다. 이를 쉽게 기억하기 위해 각 사건의 앞 글자
를 따서 '병제병오신척운강'으로 암기하는 것을 권장합니다.

1. ⑤

병인양요 | 난이도 ●○○

문제 키워드 추출

✓ 베르뇌 주교, 흥선 대원군 집권 시기 천주교 신자들이 탄
압받음 _ 베르뇌 주교는 병인박해를 계기로 순교한 대표
적인 프랑스 선교사 출신의 인물임

문제에서 병인박해와 관련된 사실이 언급되었으므로, 병인
양요 때 조선의 강화도를 침략한 프랑스군을 이끈 제독 키
워드가 언급된 5번 선지가 정답입니다!

① 조선 순조 때 발생한 신유박해 직후 천주교 신자인 황사영
은 베이징에 주재하는 프랑스 선교사들에게 본국에 연락하
여 조선에 군대를 파병할 것을 요청하는 백서를 작성하였다
가 발각되었다.

② 강화도 조약 체결 이후 조선 정부는 두 나라의 관계 회복과
일본의 문물을 탐색하기 위해 김기수를 제1차 수신사로 파
견하였다.

③ 개항기에 발생한 임오군란, 갑신정변, 동학 농민 운동의 결
과 청군이 국내에 파병되었다.

④ 동학 농민군의 고부 민란 이후 정부는 사태 수습을 위해 이
용태를 안핵사로 파견하였다.

⑤ 병인박해의 결과 로즈 제독이 이끄는 프랑스군이 강화도를
침략한 사건인 병인양요가 발생하였다.

2. ④

병인양요 | 난이도 ●●○

문제 키워드 추출

문제에 제시된 사건(개항기, 병인양요, 1866)
✓ 양헌수, 정족산 _ 병인양요 때 정족산성에서 프랑스군을
방어한 인물

문제에서 병인양요와 관련된 인물과 장소를 언급하였으므
로, 병인양요의 원인이 언급된 4번 선지가 정답입니다!

① 흥선 대원군 집권 때 병인양요, 오페르트 도굴 사건, 신미양
요 등을 계기로 전국에 척화비를 세워 서양과의 통상 수교
반대 의지를 표방하였다.

② 독일 상인인 오페르트는 흥선 대원군의 아버지의 묘인 남연
군 묘를 도굴하려다 발각되어 실패하였다.

③ 임오군란이 발생한 뒤 이를 진압하기 위해 청나라의 위안스
카이가 이끄는 군대가 조선에 상륙하였다.

④ 흥선 대원군 집권 때 한국인 천주교 신자를 비롯한 프랑스
선교사들이 처형되었으며, 이는 병인양요의 원인이 되었다.
★ 대표 선지!

⑤ 제2차 수신사인 김홍집은 1880년에 황준헌의 『조선책략』
을 국내에 들여와 소개하였다.

3. ④ 　　　　　　　　　　　　신미양요 | 난이도 ●○○

문제 키워드 추출

✓ 로저스 제독이 이끄는 미국 함대가 강화도를 침략 _ 신미양요의 발생 과정
✓ 수자기 _ 어재연 장군의 깃발

문제에서 신미양요의 발생 과정과 관련된 사실을 언급하였으므로, 신미양요의 전개 과정을 다룬 4번 선지가 정답입니다!

① 일본의 군함 운요호는 강화도와 영종도를 침략하여 인적·물적 피해를 주었으며, 이 사건은 조선과 일본이 강화도 조약을 체결하는 계기가 되었다.

② 흥선 대원군 집권 때 한국인 천주교 신자를 비롯한 프랑스 선교사들이 처형되었으며, 이는 병인양요의 원인이 되었다.

③ 갑신정변의 결과 일본과 청나라는 양국이 조선에 군대를 파병할 경우 사전에 서로 보고할 것을 규정한 톈진 조약을 체결하였다.

④ 신미양요 때 어재연은 로저스 제독이 이끄는 미군 부대를 광성보에서 방어하였다. ★ 대표 선지!

⑤ 병인양요 때 프랑스군은 강화도에 위치한 외규장각에서 의궤를 비롯한 여러 도서를 약탈하였다.

4. ② 　　　　　　　　　　　　신미양요 | 난이도 ●●○

문제 키워드 추출

문제에 제시된 사건(개항기, 신미양요, 1871)
✓ 어재연 _ 신미양요 때 미국에 항전한 조선의 장수
✓ 로저스 제독 _ 신미양요 때 미군을 이끈 미국 제독

문제에서 신미양요와 관련된 우리나라와 미국의 인물을 언급하고 있으며, 흐름상 신미양요는 오페르트 도굴 사건 이후에 발생하였기 때문에 2번 선지가 적절합니다!

5. ④ 　　　　　　개항기 전기의 외세 침입 흐름 | 난이도 ●●○

문제 키워드 추출

문제에 제시된 사건(개항기, 신미양요, 1871)
✓ 광성보 _ 신미양요 때 미국에 항전한 장소

문제에서 신미양요와 관련된 광성보가 언급되었으므로, 신미양요 이후인 1875년에 발생한 사건인 4번 선지가 정답입니다!

① 흥선 대원군 집권 때 미국의 상선인 제너럴셔먼호가 통상 수교 과정에서 분쟁이 발생하여 평양 인근에서 격침되었으며, 이는 신미양요의 원인이 되었다.

② 병인박해의 결과 로즈 제독이 이끄는 프랑스군이 강화도를 침략하는 병인양요가 발생하였다.

③ 독일 상인인 오페르트는 흥선 대원군의 아버지의 묘인 남연군 묘를 도굴하려다 발각되어 실패하였다.

④ 일본의 군함 운요호는 강화도와 영종도를 침략하여 인적·물적 피해를 주었으며, 이 사건은 조선과 일본이 강화도 조약을 체결하는 계기가 되었다. ★ 대표 선지!

⑤ 흥선 대원군 집권 때 한국인 천주교 신자를 비롯한 프랑스 선교사들이 처형되었으며, 이는 병인양요의 원인이 되었다.

해품사의 키워드 분석팁!

문제 6~8	흥선 대원군

흥선 대원군은 고종 집권 초기인 1863~1873년에 섭정을 담당하며 막강한 권력을 행사하였기 때문에, 단독 인물 유형이나 흐름형 유형으로 연계하여 출제할 수 있습니다. 흥선 대원군과 관련된 키워드로는 '왕권 강화(경복궁 중건-당백전 발행과 원납전 징수, 법전 정비-『대전회통』과 『육전조례』, 비변사 혁파 → 의정부와 삼군부 부활), 서원 정리와 만동묘 철폐)', '삼정의 문란 개혁(군정-호포제 실시, 환곡-사창제 실시)', '그 외 사실(최익현의 계유상소를 계기로 하야)' 등이 있습니다.

6. ② 　　　　　　　　　　　　흥선 대원군 | 난이도 ●○○

문제 키워드 추출

✓ 조선 시대 마지막 통일 법전 _ 흥선 대원군 집권 때 편찬된 『대전회통』

문제에서 흥선 대원군 집권 때 편찬된 조선 시대의 마지막 법전인 『대전회통』을 언급하였으므로, 흥선 대원군 집권 때 만동묘 철폐를 실시하였다는 내용과 관련된 2번 선지가 정답입니다!

① 조선 광해군 때 허준이 동양의 의학을 집대성한 『동의보감』을 완성하였다.

② 흥선 대원군 집권 때 유생들의 집합 장소로서 폐단의 원인이 되었다고 판단된 서원과 만동묘를 철폐하였다.

③ 조선 세종 때 우리나라만의 문자인 훈민정음을 창제하였다.

④ 조선 세종 때 대마도주와 세견선 등 무역에 관한 조약인 계해약조를 체결하였다.

⑤ 조선 영조 때 붕당의 조화와 화해를 도모하기 위해 탕평책을 실시하고 탕평비를 건립하였다.

7. ④

문제 키워드 추출

✔ 서원 철폐 _ 흥선 대원군 때 47곳을 제외하고 서원을 모두 철폐함

✔ 5군영의 군사 제도 복구, 난병(亂兵)들을 물러가게 함 _ 임오군란 때 흥선 대원군이 임시로 재집권함

문제에서 흥선 대원군의 정책과 관련된 키워드가 언급되었으므로, 흥선 대원군 집권 때 서양과의 통상 수교 반대 의지를 표방한 척화비 건립이 언급된 4번 선지가 정답입니다!

---

① 조선 정조 때 국왕 친위 부대인 장용영이 창설되었다.

② 조선 효종 때 청나라에 대한 복수를 위해 북벌을 준비하였으나, 현실적인 군사력 차이로 인해 청나라의 나선 정벌에 조총 부대를 파견하여 지원하였다.

③ 조선 영조 때 기존의 『경국대전』을 개정 및 증보한 법전인 『속대전』을 편찬하였다.

④ 흥선 대원군 집권 때 병인양요, 오페르트 도굴 사건, 신미양요 등을 계기로 전국에 척화비를 세워 서양과의 통상 수교 반대 의지를 표방하였다. ★ 대표 선지!

⑤ 독립 협회는 자주 표방 및 청나라에 대한 사대 청산을 목적으로 기존의 영은문을 헐고 독립문을 건립하였다.

8. ④

문제 키워드 추출

✔ 만동묘 철거, 서원 철폐 _ 흥선 대원군 때 유생들의 집합 장소로 이용된 만동묘의 철거와 더불어 47곳을 제외하고 서원을 모두 철폐함

문제에서 흥선 대원군의 만동묘 철거와 서원 철폐를 언급하였으므로, 흥선 대원군 집권 시기의 일인 4번 선지가 정답입니다!

---

① 조선 효종 때 청나라에 대한 복수를 위해 북벌을 준비하였으나, 현실적인 군사력 차이로 인해 청나라의 나선 정벌에 조총 부대를 파견하여 지원하였다.

② 조선 철종 때 임술 농민 봉기가 발생하자 안핵사로 파견된 박규수는 삼정의 문란을 해결하고자 삼정이정청의 설치를 건의하였다.

③ 조선 순조 때의 홍경래의 난은 서북 지역에 대한 차별에 반발하여 홍경래, 우군칙, 이희저 등이 주도한 민란이다.

④ 흥선 대원군 집권 때 미국의 상선인 제너럴셔먼호가 통상 수교 과정에서 분쟁이 발생하여 평양 인근에서 격침되었으며, 이는 신미양요의 원인이 되었다.

⑤ 조선 정조 때 채제공의 건의로 육의전을 제외한 시전 상인의 금난전권이 폐지되는 신해통공이 단행되었다.

해품사의 키워드 분석팁!

문제 9~11	개항기의 사절단

개항기의 사절단 유형은 미국, 일본, 청나라에 파견된 사절단의 활동 사례를 구별하는 것이 핵심입니다. 개항기의 사절단은 크게 수신사, 영선사, 보빙사, 조사 시찰단이 있습니다. 우선 수신사의 경우 '인물(김기수-1차, 김홍집-2차)', '파견 배경(강화도 조약 체결 이후 일본 공사 부임 답례 목적)', '영향(『일동기유』 작성-김기수, 황준헌의 『조선책략』 국내 유포-김홍집)' 등을 암기할 필요가 있습니다. 영선사의 경우 '인물(김윤식)', '파견 배경(청의 근대식 무기 제조 기술 학습)', '영향(국내 기기창 설립 계기)' 등을 암기할 필요가 있습니다. 보빙사의 경우 '인물(민영익-전권대신, 홍영식-부전권대신)', '파견 배경(조미 수호 통상 조약 체결 이후 미국 공사 부임 답례로 파견)' 등을 암기할 필요가 있습니다. 조사 시찰단의 경우 '인물(박정양, 어윤중)', '파견 배경(일본의 선진 문물 시찰 → 개화 반대 여론을 의식하여 고종의 밀명으로 암행어사 형식으로 활동)' 등을 암기할 필요가 있습니다.

9. ②

문제 키워드 추출

(가) 사건(개항기, 제1차 수신사 파견, 1876)
✔ 김기수 _ 제1차 수신사의 대표 인물

(나) 사건(개항기, 조사 시찰단 파견, 1881)
✔ 어윤중 _ 조사 시찰단의 대표 인물

문제에서 수신사와 조사 시찰단에 대한 사례를 언급하였으므로, 수신사 파견 이후 국내에서 개화 정책의 필요성이 논의되며 설치된 개화 정책 총괄 기구를 언급한 2번 선지가 정답입니다!

---

① 조미 수호 통상 조약을 체결한 이후인 1883년에 민영익, 홍영식 등이 보빙사로 파견되었다.(이후)

② 1880년에는 개화 정책 총괄 기구로 통리기무아문을 설치하고 다양한 업무를 분담하기 위해 산하에 12사를 두었다.

③ 일본의 군함 운요호는 1875년에 강화도와 영종도를 침략하여 인적·물적 피해를 주었으며, 이 사건은 조선과 일본이 강화도 조약을 체결하는 계기가 되었다.(이전)

④ 제2차 갑오개혁 때 근대식 사범 학교에 대한 관제인 교육 입국 조서를 반포하고 한성 사범 학교가 설립되었다.(이후)

⑤ 1886년에 조불 수호 통상 조약이 체결된 결과 국내에서 천주교 포교가 허용되었다.(이후)

10. ①　영선사 | 난이도 ●●○

문제 키워드 추출

✓ 청, 김윤식 _ 청나라에 영선사로 파견된 대표 인물

문제에서 영선사의 대표 인물인 김윤식이 언급되었으므로, 영선사 파견의 영향과 관련된 사례가 언급된 1번 선지가 정답입니다!

① 영선사는 청에서 근대식 무기 제조 기술을 학습하고 돌아왔으며, 이후 기기창의 설립에 영향을 주었다. ★ 대표 선지!
② 임진왜란 이후 조선에서 포로 송환을 목적으로 유정을 일본에 회답 겸 쇄환사로 파견하였다.
③ 제2차 수신사인 김홍집은 1880년에 황준헌의 『조선책략』을 국내에 들여와 소개하였다.
④ 보빙사는 전권대신 민영익과 부전권대신 홍영식 등으로 구성되었다.
⑤ 개항기의 조사 시찰단은 개화 반대 여론을 의식하여 암행어사의 형식으로 비밀리에 파견되었다.

11. ⑤　보빙사 | 난이도 ●●○

문제 키워드 추출

✓ 미국 공사의 부임에 대한 답례로 파견 _ 보빙사의 파견 목적

문제에서 보빙사의 파견 목적에 대한 키워드가 언급되었으므로, 보빙사와 관련된 대표 인물을 언급한 5번 선지가 정답입니다!

① 수신사는 개항기에 강화도 조약을 체결한 이후 일본에 파견된 사절단을 총칭하는 용어이다.
② 제2차 수신사인 김홍집은 1880년에 황준헌의 『조선책략』을 국내에 들여와 소개하였다.
③ 영선사는 청에서 근대식 무기 제조 기술을 학습하고 돌아왔으며, 이후 기기창의 설립에 영향을 주었다.
④ 개항기의 조사 시찰단은 개화 반대 여론을 의식하여 암행어사의 형식으로 비밀리에 파견되었다.
⑤ 보빙사는 전권대신 민영익과 부전권대신 홍영식 등으로 구성되었다. ★ 대표 선지!

해품사의 키워드 분석팁!

문제 12~14　개항기의 위정척사파

개항기의 위정척사파 유형은 1860년대~1880년대에 개화 정책에 반대한 세력의 활동을 파악하는 것이 핵심입니다. 이 유형은 '척화주전론(1860년대-서양과의 통상 수교 반대, 이항로·기정진 등) → 왜양일체론(1870년대-일본과의 수교 반대, 최익현-지부복궐척화의소) → 미국과의 수교 반대(1880년대-『조선책략』 유포 영향, 이만손 등 영남 만인소)'의 흐름 파악이 필수적입니다.

12. ①　지부복궐척화의소와 영남 만인소 | 난이도 ●●●

문제 키워드 추출

(가) 사건(개항기, 지부복궐척화의소, 1876)
✓ 지부복궐척화의소 _ 최익현이 일본과의 수교를 반대하며 궁궐 앞에서 도끼를 들고 엎드린 채 올린 상소

(나) 사건(개항기, 영남 만인소, 1881)
✓ 영남 만인소 _ 이만손 등이 『조선책략』을 비판하며 올린 대규모의 상소

문제에서 지부복궐척화의소와 영남 만인소가 언급되었으므로, 지부복궐척화의소 이후에 결과적으로 조선과 일본 사이에 근대적 조약을 체결하며 조선이 일본에 개항하는 결과를 가져온 상황을 다룬 1번 선지가 정답입니다. 특히 영남 만인소 상소 이후에 조미 수호 통상 조약이 체결되었다는 사실을 주의할 필요가 있습니다!

① 강화도 조약 체결 이후 조선 정부는 1876년에 두 나라의 관계 회복과 일본의 문물을 탐색하기 위해 김기수를 제1차 수신사로 파견하였다.
② 영국은 1885년에 러시아의 남하 정책을 견제하기 위해 거문도를 약 2년 동안 불법으로 점령하였다.(이후)
③ 흥선 대원군 집권 때인 1866년에 미국의 상선인 제너럴셔먼호가 통상 수교 과정에서 분쟁이 발생하여 평양 인근에서 격침되었으며, 이는 신미양요의 원인이 되었다.(이전)
④ 조선은 1882년에 서양과 맺은 최초의 근대적 조약인 조미 수호 통상 조약을 체결하였다.(이후)
⑤ 병인양요 때 양헌수는 정족산성, 한성근은 문수산성에서 프랑스군의 침입을 방어하였다.(이전)

13. ⑤ 　　김홍집의 『조선책략』 국내 유포 | 난이도 ●●○

문제 키워드 추출

✓ 김홍집, 황준헌 _ 김홍집은 제2차 수신사로 활동하며 황준헌의 『조선책략』을 국내에 유포함, 황준헌의 『조선책략』은 러시아의 남하를 견제하기 위해 청·일본·미국과 친해질 것을 주장함

문제에서 김홍집의 『조선책략』 유포를 언급하였으므로, 『조선책략』 국내 유포 이후 국내에 미친 영향과 관련된 사례를 다룬 ㄷ, ㄹ 선지가 정답입니다!

ㄱ. 일본의 군함 운요호는 강화도와 영종도를 침략하여 인적·물적 피해를 주었으며, 이 사건은 조선과 일본이 강화도 조약을 체결하는 계기가 되었다.(이전)

ㄴ. 흥선 대원군 집권 때 병인양요, 오페르트 도굴 사건, 신미양요 등을 계기로 전국에 척화비를 세워 서양과의 통상 수교 반대 의지를 표방하였다.(이전)

ㄷ. 『조선책략』 국내 유포 이후 이만손 등은 『조선책략』 비판 및 미국과의 수교를 반대하는 영남 만인소를 올렸다.(이후)
★ 대표 선지!

ㄹ. 조선은 1882년에 서양과 맺은 최초의 근대적 조약인 조미 수호 통상 조약을 체결하였다.(이후)

14. ④ 　　개항기의 위정척사파 | 난이도 ●●○

문제 키워드 추출

(가)의 주장: 척화주전론(1860년대)
✓ 서양의 적을 공격하는 것이 옳다고 말하는 것은 우리나라 쪽 사람의 주장, 서양의 적과 화친하는 것이 옳다고 말하는 것은 적국 쪽 사람의 주장 _ 척화주전론은 서양과의 통상 수교를 반대함

(나)의 주장: 왜양일체론(1870년대)
✓ 저들이 비록 왜인이라고 하지만 본질적으로 서양 오랑캐와 다를 것이 없음 _ 최익현은 일본과 서양이 똑같은 오랑캐라고 주장함

(다)의 주장: 영남 만인소(1880년대)
✓ 미국은 우리가 원래 잘 모르던 나라 _ 영남 만인소는 미국과의 수교로 인해 우리나라에 미칠 부정적인 영향에 대해 비판적인 자세를 취함

문제에서 개항기의 위정척사파와 관련된 대표적인 사료들을 언급하였으므로, 을미의병의 원인과 관련된 선지인 4번 선지가 정답입니다!

---

① 척화주전론은 주로 이항로, 기정진 등 유생 출신의 인물들이 주장하였다.

② 척화주전론을 주장한 인물들은 흥선 대원군의 쇄국 정책과 의견이 유사하였다.

③ 최익현은 강화도 조약 체결 직전에 왜양일체론을 주장하며 일본과의 수교를 반대하였다.

④ 을미의병은 단발령과 을미사변을 계기로 유인석, 이소응 등 유생들을 중심으로 발생하였다.

⑤ 『조선책략』 국내 유포 이후 이만손 등은 『조선책략』 비판 및 미국과의 수교를 반대하는 영남 만인소를 올렸다.

각 문제는 이 주제에서 가장 많이
출제된 키워드로 구성하였습니다.

문제별 키워드 분류표

문제	키워드	출제 빈도(27회분 中)
1~4	임오군란과 갑신정변 ➡	14번 출제
5~7	그 외 1880년대 전기의 사건 ➡	2번 출제
8~13	개항기 전기의 조약 ➡	11번 출제

해품사의 키워드 분석팁!

문제 1~4	임오군란과 갑신정변

임오군란과 갑신정변은 공통적으로 개항기 파트에서 자주 출제되는 사건으로, 각 사건의 원인, 전개, 영향을 구별하는 것이 중요합니다. 우선 임오군란의 경우 '원인(구식 군인에 대한 차별 대우 반발)', '전개(선혜청과 일본 공사관 습격 → 흥선 대원군 임시 재집권 및 납치)', '영향(제물포 조약 체결-배상금 및 일본 공사관 내 군대 주둔, 조청 상민 수륙 무역 장정 체결-치외법권 인정, 한성과 양화진 내 내지 통상권 허용)' 등을 암기할 필요가 있습니다. 갑신정변의 경우 '원인(김옥균, 박영효 등 개화당이 우정총국 개국 축하연을 계기로 정변 주도)', '전개(고종과 왕후 경우궁 거처 이관 → 개혁 정강 14조 발표 → 일본군과 청나라 군대의 대립)', '영향(한성 조약 체결-배상금 및 일본 공사관 신축비 지불, 톈진 조약 체결-중국과 일본이 조선에 군대 파병 시 양국 간 사전 통보 규정)' 등을 암기할 필요가 있습니다!

1. ④　　　　　　　　　임오군란 | 난이도 ●●○

문제 키워드 추출

✔ 개화 정책에 대한 불만과 구식 군인에 대한 차별 대우 _ 임오군란의 원인
✔ 흥선 대원군에게 사태 수습을 맡김 _ 임오군란 때 흥선 대원군이 임시로 재집권함

문제에서 임오군란의 원인과 전개 과정과 관련된 사례를 제시하였으므로, 임오군란 이후에 체결한 제물포 조약의 영향을 다룬 4번 선지가 정답입니다!

① 갑신정변은 김옥균, 박영효 등 개화당 출신의 인사들이 주도한 사건이다.
② 갑신정변을 주도한 개화당 세력은 입헌 군주제 수립을 목표로 하였다.
③ 1880년에 개화 정책 총괄 기구로 통리기무아문을 설치하고 다양한 업무를 분담하기 위해 산하에 12사를 두었다.
④ 임오군란의 결과 조선은 일본에 배상금 지불과 일본 공사관 내 군대 주둔을 규정한 제물포 조약을 체결하였다.
　　　　　　　　　　　　　　　　　　★ 대표 선지!
⑤ 흥선 대원군 집권 때 병인양요, 오페르트 도굴 사건, 신미양요 등을 계기로 전국에 척화비를 세워 서양과의 통상 수교 반대 의지를 표방하였다.

2. ④　　　　　　　　　임오군란 | 난이도 ●●○

문제 키워드 추출

✔ 성난 군중 수백 명이 공사관을 습격 _ 임오군란 때 구식 군인들은 일본 공사관을 습격함
✔ 민태호와 민겸호의 집도 습격 _ 임오군란 때 구식 군인들은 민씨 일가의 집도 습격함

문제에서 임오군란의 상황과 관련된 내용을 제시하였으므로, 임오군란의 원인을 언급한 4번 선지가 정답입니다!

① 제1차 동학 농민 운동 때 동학 농민군은 전주 지역에 있는 전주성을 점령한 뒤 정부와 전주 화약을 체결하며 해산하였다.
② 갑신정변을 주도한 개화당 세력은 입헌 군주제 수립을 목표로 하였다.
③ 강화도 조약 체결 이후 조선 정부는 두 나라의 관계 회복과 일본의 문물을 탐색하기 위해 김기수를 제1차 수신사로 파견하였다.
④ 신식 군대인 별기군 창설 이후 구식 군인에 대한 차별 대우가 발단이 되어 임오군란이 일어났다.
⑤ 갑신정변은 3일 만에 실패한 뒤 김옥균, 박영효 등 주동자들이 해외로 망명하여 삼일천하라고도 불린다.

3. ①

문제 키워드 추출

- ✔ 개화당 _ 갑신정변을 주도한 세력
- ✔ 개혁 정강 _ 갑신정변 당시 개화당 세력이 주장한 개혁 사례를 모은 개혁 정강 14조

문제에서 갑신정변을 주도한 세력과 개혁 정강의 내용이 언급되었으므로, 갑신정변의 결과 조선과 일본이 체결한 조약을 언급한 1번 선지가 정답입니다!

---

① 갑신정변의 결과 조선은 일본에게 배상금 및 공사관 신축비 지불을 규정한 한성 조약을 체결하였다. ★ 대표 선지!
② 1880년에 통리기무아문이 설치된 이후 1881년에는 기존의 5군영을 2영으로 개편하고 신식 군대인 별기군을 창설하였다.
③ 조선은 일본과 강화도 조약을 체결한 이후 일본에 부산, 원산, 인천의 세 항구를 개항하였다.
④ 영선사는 청에서 근대식 무기 제조 기술을 학습하고 돌아왔으며, 이후 기기창의 설립에 영향을 주었다.
⑤ 1880년에 개화 정책 총괄 기구로 통리기무아문을 설치하고 다양한 업무를 분담하기 위해 산하에 12사를 두었다.

4. ⑤

문제 키워드 추출

- ✔ 수 명의 조선 고관들이 살해됨 _ 갑신정변 발생 직후 일부 조선의 고관들이 살해됨
- ✔ 일본군 호위대가 개입하면서 청국 수비대와의 무력충돌이 일어남 _ 갑신정변 당시 일본군 호위대와 청군 사이에 전투가 발생함

문제에서 갑신정변의 전개 과정에서 발생한 조선인 고관 살해와 일본군과 청군의 대립 상황을 언급하였으므로, 갑신정변의 결과 조선과 일본이 체결한 조약을 언급한 5번 선지가 정답입니다!

---

① 을사의병 당시 최익현, 민종식 등 일부 유생들이 의병장으로 활약하였다.
② 광무개혁은 옛것을 근본으로 새로운 것을 참조한다는 구본 신참의 원칙에 의거하여 개혁이 추진되었다.
③ 강화도 조약 체결 이후 조선 정부는 두 나라의 관계 회복과 일본의 문물을 탐색하기 위해 김기수를 제1차 수신사로 파견하였다.
④ 병인양요 때 프랑스군은 강화도의 외규장각에서 의궤를 비롯한 여러 도서를 약탈하였다.
⑤ 갑신정변의 결과 조선은 일본에게 배상금 및 공사관 신축비 지불을 규정한 한성 조약을 체결하였다.

해품사의 키워드 분석팁!

문제 5~7	그 외 1880년대 전기의 사건

그 외 1880년대 전기에서 언급될 수 있는 사건으로는 크게 통리기무아문 설치와 거문도 불법 점령이 있습니다. 우선 통리기무아문은 1880년에 국제 정세에 대응하여 개화 정책을 총괄하기 위해 설치한 기구로, 산하에 12사를 설치하였고 이후 1881년에 군제 개편을 단행하여 기존의 5군영을 2영(무위영, 장어영)으로 개편하고, 신식 군대인 별기군을 창설하였습니다. 거문도 불법 점령은 1885년에 영국이 러시아의 남하 정책을 견제하기 위해 거문도를 불법으로 점령한 사건입니다. 그러므로 앞서 다룬 임오군란, 갑신정변을 연계하여 '통리기무아문 설치 → 임오군란 → 갑신정변 → 거문도 불법 점령'의 흐름 파악이 필수적입니다!

5. ③

문제 키워드 추출

- ✔ 변화하는 국내외 정세에 대응하고 개화 정책을 총괄하기 위해 1880년에 설치 _ 통리기무아문의 설치 목적과 설립 시기
- ✔ 12사 _ 통리기무아문 산하의 기구

문제에서 통리기무아문의 설치 목적과 설립 시기, 산하 기구 관련 키워드를 제시하였으므로, 통리기무아문 설치 이후 군제 개편을 단행한 사례인 3번 선지가 정답입니다!

---

① 제2차 갑오개혁 때 근대식 사법 기구인 재판소가 설치되었다.
② 1898년에는 우리나라 최초의 전기 회사인 한성 전기 회사가 설립되었다.
③ 1880년에 통리기무아문이 설치된 이후 1881년에는 기존의 5군영을 2영으로 개편하고 신식 군대인 별기군을 창설하였다. ★ 대표 선지!
④ 흥선 대원군 집권 때 왕실의 권위 회복을 위해 경복궁을 중건하였으며, 비용 마련을 위해 당백전을 발행하고 원납전을 징수하였다.
⑤ 제2차 갑오개혁 때 근대식 사범 학교에 대한 관제인 교육입국 조서를 반포하고 한성 사범 학교를 설립하였다.

6. ③

문제 키워드 추출

문제에 제시된 사건(개항기, 거문도 불법 점령, 1885)
✔ 영국이 러시아의 남진을 막는다는 구실로 허락도 없이 점령 _ 영국은 러시아의 남하를 견제하기 위해 거문도를 불법 점령함

문제에서 거문도 불법 점령과 관련된 원인을 힌트로 제시하였는데, 흐름상 거문도 불법 점령은 갑신정변 이후에 발생하였기 때문에 3번 선지가 정답입니다!

7. ①

문제 키워드 추출

(가) 사건(개항기, 통리기무아문 설치, 1880)
✔ 통리기무아문 _ 1880년에 국제 정세에 대응하여 개화 정책을 총괄하기 위해 설치한 기구

(나) 사건(개항기, 임오군란, 1882)
✔ 5군영의 군사 제도를 복구, 난병들을 물러가게 함 _ 임오군란 때 흥선 대원군이 임시로 재집권함

(다) 사건(개항기, 갑신정변, 1884)
✔ 우정국 낙성연 _ 갑신정변은 우정총국 개국 축하연을 계기로 발생함

(라) 사건(개항기, 거문도 불법 점령, 1885)
✔ 영국, 거문도를 점거 _ 영국은 러시아의 남하를 견제하기 위해 거문도를 불법 점령함

1880년대 전기에 발생한 사건의 흐름은 통리기무아문 설치(가-1880) → 임오군란(나-1882) → 갑신정변(다-1884) → 거문도 불법 점령(라-1885) 순으로 발생하였습니다!

해품사의 키워드 분석팁!

문제 8~13   개항기 전기의 조약

개항기 전기의 조약 유형은 다양한 조약의 원문 파악이 필수적이며, 각 조약을 체결한 국가와 조약 세부 내용 파악이 필수적입니다. 우선 일본과 체결한 조약의 사례로는 크게 '강화도 조약(부산·원산·인천 항구 개항, 치외법권, 해양 측량권 인정)', '조일 수호 조규 부록(간행이정 10리, 개항장 내 일본 화폐 유통 허용)', '조일 무역 규칙(일본 상품 무관세와 일본 상선 무항세, 양곡의 무제한 수출 허용)', '제물포 조약(배상금 및 일본 공사관 내 군대 주둔)', '조일 통상 장정(관세 규정, 방곡령 규정, 최혜국 대우)' 등이 있습니다. 청나라와 체결한 조약의 사례로는 '조청 상민 수륙 무역 장정(치외법권 인정, 한성과 양화진 내 내지 통상권 허용)'이 대표적입니다. 미국과 체결한 조약의 사례로는 '조미 수호 통상 조약(거중 조정, 관세 규정, 치외법권, 최혜국 대우)'이 대표적입니다.

8. ⑤

문제 키워드 추출

✔ 조일 수호 조규 _ 강화도 조약의 이칭
✔ 신헌, 구로다 기요타카 _ 강화도 조약 체결 당시 조선 측과 일본 측의 협상 대표
✔ 제7관 _ 강화도 조약에 규정된 해양 측량권

문제에서 강화도 조약의 이칭, 협상 대표, 대표 조항 등이 언급되었으므로, 강화도 조약의 제5관에 규정된 항구 개항을 언급한 5번 선지가 정답입니다!

① 조미 수호 통상 조약은 특정 국가에 부여한 가장 유리한 대우를 상대국에도 부여하는 최혜국 대우를 최초로 규정하였다.

② 일제는 강제로 을사늑약을 체결하여 대한 제국의 외교권을 박탈하고 외교 사무 담당 기관으로 통감부를 설치하였다.

③ 조불 수호 통상 조약이 체결된 결과 국내에서 천주교 포교가 허용되었다.

④ 임오군란의 결과 조선은 일본에 배상금 지불과 일본 공사관 내 군대 주둔을 규정한 제물포 조약을 체결하였다.

⑤ 조선은 일본과 강화도 조약을 체결한 이후 일본에 부산, 원산, 인천의 세 항구를 개항하였다. ★ 대표 선지!

9. ⑤ 조일 수호 조규 부록과 조일 무역 규칙 | 난이도 ●●○

문제 키워드 추출

(가) 조약: 조일 수호 조규 부록
- ✓ 제7관 _ 조일 수호 조규 부록에 규정된 개항장 내 일본 화폐 유통 허용

(나) 조약: 조일 무역 규칙
- ✓ 제6칙 _ 조일 무역 규칙에 규정된 일본의 양곡 무제한 수출 허용

문제에서 조일 수호 조규 부록과 조일 무역 규칙의 대표 조항이 언급되었으므로, 두 조약이 공통적으로 강화도 조약(조일 수호 조규) 체결 이후에 체결된 부속 조약이라는 성격을 언급한 5번 선지가 정답입니다!

---

① 임오군란의 결과 조선은 일본과 제물포 조약을 체결하였으며, 청나라와 조청 상민 수륙 무역 장정을 체결하였다.
② 조미 수호 통상 조약은 특정 국가에 부여한 가장 유리한 대우를 상대국에도 부여하는 최혜국 대우를 최초로 규정하였다.
③ 조선은 『조선책략』의 영향을 받아, 러시아의 침략을 막기 위한 방안으로 1882년에 서양과 맺은 최초의 근대적 조약인 조미 수호 통상 조약을 체결하였다.
④ 조미 수호 통상 조약에는 조약 체결국이 제3국과 분쟁을 겪을 경우 다른 조약 체결국이 중재할 것을 규정하는 거중 조정에 대한 내용이 포함되었다.
⑤ 조일 수호 조규 부록과 조일 무역 규칙은 공통적으로 강화도 조약(조일 수호 조규) 체결 이후에 체결된 부속 조약의 성격을 지닌다.

10. ② 두모포 수세 사건 | 난이도 ●●●

문제 키워드 추출

- ✓ 동래부 거류지의 일본 상인과 거래하는 조선 상인으로부터 세금을 징수 _ 부산에서 일본인과 거래하는 조선 상인으로부터 세금을 징수하자, 일본이 조일 무역 규칙 조항에 의거하여 반발 및 무력 시위를 주도함

문제에서 두모포 수세 사건(1878)과 관련된 상황을 제시하였기 때문에, 흐름상 두모포 수세 사건은 조일 무역 규칙에 규정된 무관세, 무항세에 의거하여 발생한 사건이라는 것을 고려하여 강화도 조약이 체결된 시점 이후인 2번이 정답입니다!

11. ② 조일 통상 장정 | 난이도 ●●●

문제 키워드 추출

- ✓ 관세권을 일정 부분 회복 _ 조일 통상 장정에 규정된 관세 규정
- ✓ 최혜국 대우를 인정 _ 조일 통상 장정에 규정된 최혜국 대우

문제에서 조일 통상 장정의 대표 조항이 언급되었으므로, 조일 통상 장정의 제37관에 규정된 방곡령 규정을 언급한 2번 선지가 정답입니다!

---

① 갑신정변의 결과 조선은 일본과 한성 조약을 체결하였으며, 일본과 청나라 사이에는 톈진 조약을 체결하였다.
② 조일 통상 장정에는 조선이 일시적으로 쌀 수출을 금지하려고 할 때에는 1개월 전에 지방관이 일본 영사관에 통지할 것을 규정한 방곡령이 포함되었다. ★ 대표 선지!
③ 임오군란의 결과 조선은 일본에 배상금 지불과 일본 공사관 내 군대 주둔을 규정한 제물포 조약을 체결하였다.
④ 제1차 한일 협약의 체결 결과 국내에 외교 고문에 미국인 스티븐스, 재정 고문에 일본인 메가타가 파견되었다.
⑤ 조선은 일본과 강화도 조약을 체결한 이후 일본에 부산, 원산, 인천의 세 항구를 개항하였다.

12. ③ 조청 상민 수륙 무역 장정 | 난이도 ●●○

문제 키워드 추출

- ✓ 제2조 _ 조청 상민 수륙 무역 장정에 규정된 치외법권

문제에서 조청 상민 수륙 무역 장정의 대표 조항이 언급되었으므로, 조청 상민 수륙 무역 장정의 체결 원인을 언급한 3번 선지가 정답입니다!

---

① 영국은 1885년에 러시아의 남하 정책을 견제하기 위해 거문도를 약 2년 동안 불법으로 점령하였다.
② 청일 전쟁의 결과 일본이 승리하며, 일본과 청나라 사이에 시모노세키 조약을 체결하여 배상금 지불과 랴오둥 반도 할양을 규정하였다.
③ 임오군란의 결과 조선은 일본과 제물포 조약을 체결하였으며, 청나라와 조청 상민 수륙 무역 장정을 체결하였다.
④ 시전 상인들은 일본, 청나라 상인들의 상권 침탈이 심화되자, 1890년에 외국 상인의 철수를 요구하며 철시 투쟁을 주도하였다.
⑤ 일본의 군함 운요호는 강화도와 영종도를 침략하여 인적·물적 피해를 주었으며, 이 사건은 조선과 일본이 강화도 조약을 체결하는 계기가 되었다.

문제 키워드 추출

(가) 조약: 조미 수호 통상 조약
✓ 제5관 _ 조미 수호 통상 조약에 규정된 관세 규정

(나) 조약: 조일 통상 장정
✓ 제37관 _ 조일 통상 장정에 규정된 방곡령

문제에서 조미 수호 통상 조약과 조일 통상 장정의 대표 조항이 언급되었으므로, 각 조약에 포함된 대표 조항 사례를 다룬 ㄱ, ㄷ 선지를 고를 필요가 있습니다!

ㄱ. 조미 수호 통상 조약은 특정 국가에 부여한 가장 유리한 대우를 상대국에도 부여하는 최혜국 대우를 최초로 규정하였다. ★ 대표 선지!

ㄴ. 갑신정변의 결과 조선은 일본과 한성 조약을 체결하였으며, 일본과 청나라 사이에는 톈진 조약을 체결하였다.

ㄷ. 조일 통상 장정에는 조선이 일시적으로 쌀 수출을 금지하려고 할 때에는 1개월 전에 지방관이 일본 영사관에 통지할 것을 규정한 방곡령이 포함되었다.

ㄹ. 제1차 한일 협약의 체결 결과 국내에 외교 고문에 미국인 스티븐스, 재정 고문에 일본인 메가타가 파견되었다.

각 문제는 이 주제에서 가장 많이
출제된 키워드로 구성하였습니다.

문제별 키워드 분류표

문제	키워드	출제 빈도(27회분 中)
1~4	동학 농민 운동	➡ 13번 출제
5~9	청일 전쟁~대한 제국 건립	➡ 6번 출제
10	청일 전쟁, 아관 파천 이후 열강의 이권 침탈	➡ 11번 출제
11~14	갑오개혁	➡ 8번 출제
15	을미개혁	➡ 2번 출제
16~17	광무개혁	➡ 13번 출제
18~19	개항기의 개혁 사례	➡ 2번 출제
20~22	독립 협회	➡ 10번 출제

해품사의 키워드 분석팁!

문제 1~4	동학 농민 운동

동학 농민 운동 유형은 개항기 파트의 대표 빈출 주제로, 심화
편의 경우 주로 흐름형 유형으로 출제될 가능성이 높습니다. 만
약 기출에서 동학 농민 운동이 출제될 경우, 조병갑의 수탈 →
고부 농민 봉기 → 안핵사 이용태 파견 → 백산 집결 및 4대 강
령 발표 → 황토현 전투 → 황룡촌 전투 → 전주성 점령 및 전주
화약 체결 → 집강소 및 교정청 설치 → 일본군의 경복궁 불법
점령 → 남접과 북접 연합 → 우금치 전투 → 전봉준 체포의 흐
름 암기가 필수적입니다.

1. ②
동학 농민 운동 | 난이도 ●●○

문제 키워드 추출

✓ 공주 우금치, 남접과 북접 연합군 _ 제2차 동학 농민 운동
때 동학 농민군이 일본군과 정부군과 대치하였던 지역

문제에서 동학 농민 운동과 관련된 대표적인 전투 지역을
언급하였으므로, 제1차 동학 농민 운동 때 동학 농민군이 정
부군에게 승리한 지역을 언급한 2번 선지가 정답입니다!

① 을미의병은 단발령과 을미사변을 계기로 유인석, 이소응 등
의 유생들을 중심으로 발생하였다.

② 제1차 동학 농민 운동 때 동학 농민군은 전라북도 정읍에
위치한 황토현에서 관군에게 승리하였다.

③ 갑신정변의 결과 조선은 일본에게 배상금 및 공사관 신축비
지불을 규정한 한성 조약을 체결하였다.

④ 독립 협회는 관민 공동회에서 6개항의 국정 개혁안을 건의
하였는데, 대표적으로 의회식 정치를 추구하는 중추원 관제
를 추진할 것을 주장하였다.

⑤ 조선 철종 때 임술 농민 봉기가 발생하자 안핵사로 파견된
박규수는 삼정의 문란을 해결하고자 삼정이정청의 설치를
건의하였다.

2. ①
동학 농민 운동 | 난이도 ●●○

문제 키워드 추출

(가) 이전 사건(개항기, 백산 봉기, 1894. 4.)
✓ 백산 봉기 _ 제1차 동학 농민 운동이 본격화되기 직전에
동학 농민군이 백산에서 집결한 사례

(가) 이후 사건(개항기, 전주성 점령, 1894. 5.)
✓ 전주성 점령 _ 제1차 동학 농민 운동 당시 동학 농민군이
전주 지역의 전주성을 점령한 사례

문제에서 1차 동학 농민 운동과 관련된 사례를 언급하였으
므로, 흐름상 백산 집결 이후 최초로 동학 농민군이 관군에
게 승리한 전투 사례를 언급한 1번 선지가 정답입니다!

① 제1차 동학 농민 운동 때 동학 농민군은 전라북도 정읍에
위치한 황토현에서 관군에게 승리하였다.

② 제1차 동학 농민 운동이 종결된 이후 일본군 경복궁을 불법
으로 점령하자, 동학 농민군의 남접과 북접이 논산에서 집
결하였다.(이후)

③ 제2차 동학 농민 운동 때 동학 농민군은 공주 지역의 우금
치에서 관군과 일본군에게 패배하였다.(이후)

④ 제1차 동학 농민 운동 종결 이후 동학 농민군은 정부와 전
주 화약을 체결한 이후 자신들의 요구 사항을 실현하기 위
해 집강소를 설치하였다.(이후)

⑤ 동학 농민 운동의 지도자인 전봉준은 탐관오리인 조병갑의
수탈 및 횡포에 저항하여 고부 농민 봉기를 주도하였다.(이전)

3. ⑤

동학 농민 운동 | 난이도 ●●○

문제 키워드 추출

(가) 이전 사건(개항기, 일본군의 경복궁 점령, 1894. 6.)
✓ **일본군의 경복궁 점령** _ 제1차 동학 농민 운동이 종결된 직후 일본이 경복궁을 불법으로 점령한 사건

(가) 이후 사건(개항기, 우금치 전투, 1894. 10.)
✓ **우금치 전투** _ 제2차 동학 농민 운동 때 동학 농민군이 공주 지역의 우금치에서 관군과 일본군과 맞서 싸운 전투 사례

문제에서 동학 농민 운동과 관련된 사건들을 전반적으로 언급하였으므로, 흐름상 일본군의 경복궁 점령을 계기로 동학 농민군의 남접과 북접이 집결하였기 때문에 5번 선지가 적절합니다!

---

① 제1차 동학 농민 운동 때 전주 화약을 체결한 뒤 정부는 개혁 추진을 위하여 교정청을 설치하였다.(이전)

② 제2차 동학 농민 운동 때 동학 농민군이 우금치 전투에서 패배한 이후 동학 농민군의 지도자인 전봉준이 체포되며 막을 내렸다.(이후)

③ 정미 7조약 체결 이후 해산된 군인들이 정미의병에 합류하여 13도 창의군을 결성하고 서울 진공 작전을 전개하여 일본군에 대항하였다.(이후)

④ 고부 농민 봉기 발생 이후 정부는 사태 수습을 위해 안핵사로 이용태를 파견하였다.(이전)

⑤ 제1차 동학 농민 운동이 종결된 이후 일본군 경복궁을 불법으로 점령하자, 동학 농민군의 남접과 북접이 논산에서 집결하였다. ★ 대표 선지!

---

4. ①

동학 농민 운동과 청일 전쟁 | 난이도 ●●●

문제 키워드 추출

(가) 사건(개항기, 안핵사 이용태 임명, 1894. 2.)
✓ **이용태를 고부군 안핵사로 임명** _ 고부 농민 봉기 발생 이후 사태를 진압하기 위해 정부에서 파견한 안핵사

(나) 사건(개항기, 일본의 경복궁 무력 점령, 1894. 7.)
✓ **일본이 경복궁을 침범** _ 제1차 동학 농민 운동 종결 이후 일본이 군대를 동원하여 경복궁을 불법 점령한 사례

(다) 사건(개항기, 시모노세키 조약, 1895. 4.)
✓ **시모노세키 조약** _ 청·일 전쟁 종결 이후 체결된 조약, 배상금 지불 및 랴오둥 반도 할양 등을 규정함

동학 농민 운동의 흐름은 안핵사 이용태 파견(가) → 일본의 경복궁 불법 점령(나) → 시모노세키 조약 체결(다) 순으로 발생하였습니다.

문제 5~9   청일 전쟁~대한 제국 건립

청일 전쟁~대한 제국 건립 유형은 주로 흐름형 유형으로 출제되는 개항기의 대표적인 파트입니다. 이 유형의 경우 청일 전쟁 → 시모노세키 조약 체결 → 삼국 간섭 → 을미사변 → 을미개혁 → 아관 파천 → 대한 제국 건립의 흐름 파악이 필수적입니다.

---

5. ②

삼국 간섭 | 난이도 ●●○

문제 키워드 추출

문제에 제시된 사건(개항기, 삼국 간섭, 1895)
✓ **러시아, 프랑스, 독일의 압력으로 일본이 청에 랴오둥반도를 반환** _ 시모노세키 조약 체결 직후 삼국의 간섭으로 인해 일본이 청나라에게 할양받은 영토를 돌려준 사례

문제에서 삼국 간섭의 결과를 언급하였으므로, 삼국 간섭 이후에 일본의 영향력 아래 추진된 을미개혁의 사례를 언급한 2번 선지가 정답입니다!

---

① 임오군란의 결과 조선은 일본과 제물포 조약을 체결하였으며, 청나라와 조청 상민 수륙 무역 장정을 체결하였다.(이전)

② 을미개혁 때 태양력을 채택하고 건양이라는 독자적인 연호를 제정하였다.(이후)

③ 제1차 갑오개혁 시행 이후 기존의 조선의 중앙 관제인 6조를 8아문으로 개편하였다.(이전)

④ 군국기무처는 청일 전쟁 때 관제 개혁을 위해 설치한 기구로, 제1차 갑오개혁을 위한 여러 의결사항을 논의하였다.(이전)

⑤ 영국은 1885년에 러시아의 남하 정책을 견제하기 위해 거문도를 약 2년 동안 불법으로 점령하였다.(이전)

6. ②

문제 키워드 추출

문제에 제시된 사건(개항기, 을미사변, 1895)
✓ 일본인들이 건청궁으로 침입, 죽은 왕후 _ 일본은 자객을 보내 경복궁 건청궁을 침입한 뒤 명성 황후를 시해함

문제에서 을미사변과 관련된 사료를 언급하였으므로, 을미사변 이후에 일본의 영향력 아래 추진된 을미개혁의 사례를 언급한 2번 선지가 정답입니다!

---

① 1차 갑오개혁이 시행된 이후 기존의 과거제가 폐지되고 선거조례라는 새로운 관리 임용 제도가 시행되었다.(이전)
② 을미개혁 때 태양력을 채택하고 건양이라는 독자적인 연호를 제정하였다.(이후)
③ 1886년에는 정부 주도로 최초의 근대식 공립 교육 기관인 육영 공원이 설립되었다.(이전)
④ 1차 갑오개혁 때 공사 노비법을 혁파하며 사실상 신분제가 폐지되었다.(이전)
⑤ 1880년에는 개화 정책 총괄 기구로 통리기무아문을 설치하고 다양한 업무를 분담하기 위해 산하에 12사를 두었다.(이전)

7. ①

문제 키워드 추출

문제에 제시된 사건(개항기, 아관 파천, 1896)
✓ 외국 공사관에 피신, 러시아 공사관으로 이어함 _ 고종은 을미사변 이후 신변의 위협을 느껴 러시아 공사관으로 피신함

문제에서 아관 파천과 관련된 사료가 언급되었으므로, 아관 파천의 직접적인 원인을 언급한 1번 선지가 정답입니다!

---

① 일제는 친러 내각을 형성하려는 명성 황후를 견제하기 위해 경복궁 건청궁에 침입하여 명성 황후를 시해하였다.
★ 대표 선지!
② 대한 제국은 황제 직속의 군 통수 기구인 원수부를 설치하였다.(이후)
③ 러시아의 용암포 점령 사건을 계기로 조선에 대한 영향력을 놓고 러일 전쟁이 발생하였으며, 그 결과 일본이 승리하며 일본과 러시아 사이에 포츠머스 조약을 체결하였다.(이후)
④ 1907년에는 대한 제국과 일제 사이에 정미 7조약(한일 신협약)을 체결하며 통감부의 지배 강화를 규정하는 동시에 대한 제국의 군대를 강제로 해산시켰다.(이후)
⑤ 러시아가 1903년에 용암포를 점령하는 용암포 사건이 발생하였고, 이는 러일 전쟁이 발발하는 원인이 되었다.(이후)

8. ⑤

문제 키워드 추출

(가) 사건(개항기, 아관 파천, 1896)
✓ 러시아 공사관으로 옮김 _ 고종은 을미사변 이후 신변의 위협을 느껴 러시아 공사관으로 피신함

(나) 사건(개항기, 을미개혁, 1895)
✓ 짐이 신민(臣民)에 앞서 머리카락을 자름 _ 을미개혁 때 시행된 단발령

(다) 사건(개항기, 을미사변, 1895)
✓ 일본 병사들이 건청궁으로 침입, 왕후를 시해함 _ 일본은 자객을 보내 경복궁 건청궁을 침입한 뒤 명성 황후를 시해함

을미사변~아관 파천의 흐름은 을미사변(다-1895) → 을미개혁(나-1895) → 아관 파천(가-1896) 순으로 발생하였습니다!

9. ④

문제 키워드 추출

(가) 사건(개항기, 을미사변, 1895. 8.)
✓ 일본 군대와 낭인들을 건청궁에 난입시켜 왕비를 시해 _ 일본은 자객을 보내 경복궁 건청궁을 침입한 뒤 명성 황후를 시해함

(나) 사건(개항기, 삼국 간섭, 1895. 4.)
✓ 시모노세키 조약 체결 직후 러시아·프랑스·독일의 주일 공사가 랴오둥반도를 청에 돌려줄 것을 요구 _ 시모노세키 조약 체결 직후 삼국의 간섭으로 인해 일본이 청나라에게 할양받은 영토를 돌려준 사례

(다) 사건(개항기, 대한 제국 선포, 1897)
✓ 황제로 즉위 _ 고종은 대한 제국을 선포하며 황제로 즉위함

(라) 사건(개항기, 아관 파천, 1896)
✓ 러시아 공사관으로 처소를 옮김 _ 고종은 을미사변 이후 신변의 위협을 느껴 러시아 공사관으로 피신함

청일 전쟁~대한 제국 건립의 흐름은 삼국 간섭(나-1895) → 을미사변(가-1895) → 아관 파천(라-1896) → 대한 제국 선포(다-1897) 순으로 발생하였습니다!

해품사의 키워드 분석팁!

문제 10	청일 전쟁, 아관 파천 이후 열강의 이권 침탈

청일 전쟁, 아관 파천 이후 열강의 이권 침탈 유형은 빈출도가 매우 낮은 개항기의 대표적인 유형으로, 다양한 열강이 우리나라의 이권을 침탈한 사례를 파악하는 것이 중요합니다. 이 유형에서 언급될 수 있는 키워드로는 크게 '금광(당현-독일, 운산-미국, 은산-영국)', '삼림(압록강과 두만강 삼림 채벌권-러시아)', '철도(경인선-미국 → 일본, 경의선-프랑스 → 일본, 경부선-일본)'의 사례 암기가 필수적입니다.

10. ⑤   청일 전쟁 이후 열강의 이권 침탈 | 난이도 ●●●

경인선 철도 부설권은 본래 미국이 가졌으나 이후 재정 문제 등으로 일본에 넘어갔기 때문에, 5번이 일치하지 않습니다!

① 독일은 당현 금광의 채굴권을 획득하였다.
② 경부선 철도 부설권은 일본이 획득하였다.
③ 미국은 운산 금광의 채굴권을 획득하였다. ★ 대표 선지!
④ 러시아는 압록강·두만강·울릉도의 삼림 채벌권을 획득하였다.
⑤ 경의선 철도 부설권은 본래 프랑스가 획득하였으나, 자금 조절 문제로 한국에 이관되었다가, 러일 전쟁 발발을 기점으로 다시 일본에 이관되었다.

해품사의 키워드 분석팁!

문제 11~14	갑오개혁

개항기의 개혁 유형은 개항기의 대표 빈출 파트로, 각 개혁 사례 관련 키워드 암기가 필수적입니다. 우선 갑오개혁은 1차, 2차를 구별하는 것이 필수적이며, 제1차 갑오개혁의 경우 '담당 기구 또는 인물(군국기무처, 김홍집 내각)', '개혁 사례(개국 기년 연호 사용, 과거제 폐지, 과부 재가 허용, 공사 노비법 혁파, 연좌제 폐지, 은본위제 시행, 조혼 금지, 6조 → 8아문 개편)' 등을 암기할 필요가 있습니다. 제2차 갑오개혁의 경우 '담당 기구 또는 인물(김홍집·박영효 연립 내각)', '개혁 사례(교육 입국 조서 반포 → 한성 사범 학교 설립, 재판소 설치, 홍범 14조 반포, 8아문 → 7부 개편, 8도 → 23부 개편)' 등을 암기할 필요가 있습니다.

11. ⑤   제1차 갑오개혁 | 난이도 ●○○

문제 키워드 추출

✓ 군국기무처, 총재 김홍집 _ 제1차 갑오개혁의 의결 사항을 논의한 기구
✓ 은본위제 채택 _ 제1차 갑오개혁의 대표 개혁 사례

문제에서 군국기무처에서 시행한 개혁이라 언급하였으므로, 을미개혁의 사례인 5번 선지가 정답입니다!

① 제1차 갑오개혁이 시행된 이후 기존의 과거제가 폐지되고 선거조례라는 새로운 관리 임용 제도가 시행되었다.
② 제1차 갑오개혁 때 악습인 연좌제를 폐지하였다.
③ 제1차 갑오개혁 때 공사 노비법을 혁파하며 사실상 신분제가 폐지되었다. ★ 대표 선지!
④ 제1차 갑오개혁 때 동학 농민 운동의 요구 사항을 일부 수용하여 과부의 재가를 허용하였다.
⑤ 을미개혁 때 태양력을 채택하고 건양이라는 독자적인 연호를 제정하였다.

12. ③   제1차 갑오개혁 | 난이도 ●●○

문제 키워드 추출

✓ 군국기무처, 총재 김홍집 _ 제1차 갑오개혁의 의결 사항을 논의한 기구와 대표 인물

문제에서 제1차 갑오개혁과 관련된 기구와 대표 인물을 언급하였으므로, 제1차 갑오개혁의 대표적인 개혁 사례를 언급한 3번 선지가 정답입니다!

① 대한 제국은 황제 직속의 군 통수 기구인 원수부를 설치하였다.
② 제2차 갑오개혁 때 근대식 사법 기구인 재판소가 설치되었다.
③ 제1차 갑오개혁 때 일정한 은의 양을 기준으로 화폐의 가치를 정한 제도인 은본위제를 도입하였다.
④ 을미개혁 때 태양력을 채택하고 건양이라는 독자적인 연호를 제정하였다.
⑤ 1880년에 통리기무아문이 설치된 이후 1881년에는 기존의 5군영을 2영으로 개편하고 신식 군대인 별기군을 창설하였다.

13. ⑤

제2차 갑오개혁 | 난이도 ●●○

문제에서 제2차 갑오개혁을 직접적으로 언급하였으므로, 제2차 갑오개혁 때 발표된 근대식 사범 학교에 대한 관제를 언급한 5번 선지가 정답입니다!

① 대한 제국은 근대적인 토지 제도 확립을 위해 지계아문을 설치하고 토지 증명 문서인 지계를 발급하였다.

② 을미개혁 때 태양력을 채택하고 건양이라는 독자적인 연호를 제정하였다.

③ 한성순보는 1883년에 박문국에서 발행된 최초의 근대식 신문으로, 순 한문으로 발행되었다.

④ 제1차 갑오개혁 때 공사 노비법을 혁파하며 사실상 신분제가 폐지되었다.

⑤ 제2차 갑오개혁 때 근대식 사범 학교에 대한 관제인 교육 입국 조서를 반포하고 한성 사범 학교가 설립되었다.
   ★ 대표 선지!

14. ②

제2차 갑오개혁 | 난이도 ●●●

문제 키워드 추출

✓ 군국기무처가 폐지됨 _ 군국기무처는 제2차 갑오개혁 때 폐지되었음

✓ 김홍집과 박영효 _ 제2차 갑오개혁을 주도한 내각

문제에서 제2차 갑오개혁을 주도한 내각이 언급되었으므로, 제2차 갑오개혁의 사례를 언급한 2번 선지가 정답입니다! 특히 해당 문제처럼 제1차, 제2차 갑오개혁의 선지를 동시에 언급할 경우 상당히 혼동하기 쉽기 때문에 주의할 필요가 있습니다!

① 1880년에는 개화 정책 총괄 기구로 통리기무아문을 설치하고 다양한 업무를 분담하기 위해 산하에 12사를 두었다.

② 제2차 갑오개혁 때 조선의 지방 행정 구역을 기존의 8도에서 23부로 개편하였다. ★ 대표 선지!

③ 제1차 갑오개혁 시행 이후 청의 연호를 쓰지 않고 개국기년이라는 새로운 연호를 제정하였다.

④ 제1차 갑오개혁 때 공사 노비법을 혁파하며 사실상 신분제가 폐지되었으며, 동학 농민 운동의 요구 사항을 일부 수용하여 과부의 재가를 허용하였다.

⑤ 제1차 갑오개혁 시행 이후 기존의 조선의 중앙 관제인 6조를 8아문으로 개편하였으며, 기존의 과거제가 폐지되고 선거조례라는 새로운 관리 임용 제도가 시행되었다.

해품사의 키워드 분석팁!

문제 15	을미개혁

을미개혁은 개항기의 개혁 사례 중 출제 빈도가 가장 낮습니다. 을미개혁의 경우 '개혁 사례(건양 연호 사용, 단발령 실시, 소학교 설치, 종두법 시행, 진위대와 친위대 설치, 태양력 채택)' 등을 언급합니다.

15. ③

을미개혁 | 난이도 ●○○

문제 키워드 추출

✓ 태양력 _ 을미개혁 때 채택된 역법

문제에서 을미개혁 때 채택된 역법을 언급하였기 때문에, 을미개혁 때 제정된 연호를 언급한 3번 선지가 정답입니다!

① 대한 제국은 근대적인 토지 제도 확립을 위해 지계아문을 설치하고 토지 증명 문서인 지계를 발급하였다.

② 대한 제국은 황제를 중심으로 권력을 개편한 헌법인 대한국 국제를 발표하였다.

③ 을미개혁 때 태양력을 채택하고 건양이라는 독자적인 연호를 제정하였다. ★ 대표 선지!

④ 제1차 동학 농민 운동 때 전주 화약을 체결한 뒤 정부는 개혁 추진을 위하여 교정청을 설치하였다.

⑤ 1880년에 통리기무아문이 설치된 이후 1881년에는 기존의 5군영을 2영으로 개편하고 신식 군대인 별기군을 창설하였다.

해품사의 키워드 분석팁!

문제 16~17	광무개혁

광무개혁은 개항기의 개혁 사례 중 출제 빈도가 가장 높습니다. 광무개혁의 경우 '정치 개혁(구본신참 바탕, 대한국 국제 반포, 원수부 설치, 환구단에서 황제 즉위)', '경제 개혁(양전 사업 시행과 지계 발급, 상공 학교 설립)', '외교(대한 제국 칙령 제41호 반포, 이범윤 간도 관리사 파견)' 등을 언급합니다.

16. ⑤

문제 키워드 추출

- ✓ 구본신참 _ 광무개혁의 개혁 방침, 옛것을 근본으로 새 것을 참조함
- ✓ 상공 학교 _ 광무개혁 때 설립된 학교
- ✓ 지계 _ 광무개혁 때 발급된 토지 증명 문서

문제에서 광무개혁과 관련된 다양한 키워드를 언급하였기 때문에, 광무개혁 때 창설된 황제 직속의 군 통수 기구를 언급한 5번 선지가 정답입니다!

① 제1차 갑오개혁이 시행된 이후 기존의 과거제가 폐지되고 선거조례라는 새로운 관리 임용 제도가 시행되었다.

② 제2차 갑오개혁 때 고종이 종묘에서 홍범 14조를 반포하며 개혁의 방향성을 제시하였다.

③ 제1차 갑오개혁 때 공사 노비법을 혁파하며 사실상 신분제가 폐지되었다.

④ 제2차 갑오개혁 때 조선의 지방 행정 구역을 기존의 8도에서 23부로 개편하였다.

⑤ 대한 제국은 황제 직속의 군 통수 기구인 원수부를 설치하였다. ★ 대표 선지!

17. ③

문제 키워드 추출

- ✓ 황제로 즉위 _ 고종은 대한 제국을 선포하고 황제로 즉위함

문제에서 대한 제국 때 고종이 황제로 즉위한 사실을 언급하였기 때문에, 대한 제국에서 의료 관련 시설의 설치 사례를 다룬 3번 선지가 정답입니다!

① 을미개혁 때 태양력을 채택하고 건양이라는 독자적인 연호를 제정하였다.

② 1880년에 통리기무아문이 설치된 이후 1881년에는 기존의 5군영을 2영으로 개편하고 신식 군대인 별기군을 창설하였다.

③ 대한 제국 때 의학교 관제를 발표하여 의학을 공부하는 교육 과정을 신설하거나, 서울에 여러 질병 치료 시설을 설치하였다.

④ 한성순보는 1883년에 박문국에서 발행된 최초의 근대식 신문으로, 순한문으로 발행되었다.

⑤ 대한민국 임시 정부는 국제 연맹 회의에 우리 민족의 독립을 요청하기 위해 『한일 관계 사료집』을 편찬하고, 독립운동 자금 마련을 위한 독립 공채를 발행하였다.

문제 18~19   개항기의 개혁 사례

개항기의 개혁 사례 유형을 어렵게 출제할 경우, 여러 개혁의 흐름을 동시에 파악하는 유형을 출제할 수 있습니다. 이때 제1차 갑오개혁 → 제2차 갑오개혁 → 을미개혁 → 광무개혁의 흐름 파악이 필수적입니다.

18. ①

문제 키워드 추출

(가) 사건(개항기, 제1차 갑오개혁, 1894)
- ✓ 개국기년 _ 제1차 갑오개혁 때 채택된 연호
- ✓ 과부가 재혼, 공노비와 사노비에 관한 법을 일체 혁파 _ 제1차 갑오개혁의 대표 개혁 사례

(나) 사건(개항기, 을미개혁, 1895)
- ✓ 단발 _ 을미개혁 때 시행된 단발령

(다) 사건(개항기, 원수부 관제, 1899)
- ✓ 원수부 _ 대한 제국 때 광무개혁의 일환으로 창설된 황제 직속의 군 통수 기구

개항기의 개혁의 흐름은 제1차 갑오개혁(가-1894) → 을미개혁(나-1895) → 원수부 관제(다-1899) 순으로 발생하였습니다!

19. ①

문제 키워드 추출

(가) 사건(개항기, 제1차 갑오개혁, 1894)
- ✓ 문벌, 양반과 상인들의 등급을 없앰, 과부가 재혼, 공노비와 사노비에 관한 법을 일체 혁파 _ 제1차 갑오개혁 때 시행된 신분제 폐지

(나) 사건(개항기, 제2차 갑오개혁, 1894~1895)
- ✓ 왕실 사무와 국정 사무 분리 _ 제2차 갑오개혁 때 반포된 홍범 14조의 대표적인 내용

(다) 사건(개항기, 을미개혁, 1895)
- ✓ 짐이 신민(臣民)에 앞서 머리카락을 자름 _ 을미개혁 때 시행된 단발령

개항기의 개혁의 흐름은 제1차 갑오개혁(가-1894) → 제2차 갑오개혁(나-1894~1895) → 을미개혁(다-1895) 순으로 발생하였습니다!

해품사의 키워드 분석팁!

문제 20~22	독립 협회

독립 협회는 출제 빈도가 높은 개항기 시기의 대표적인 단체입니다. 독립 협회의 경우 '대표 인물(서재필, 윤치호)', '활동(관민 공동회와 만민 공동회 개최, 독립문 건립, 러시아의 절영도 조차 요구 저지, 헌의 6조 반포 → 중추원 관제 개편 추진)', '특징(입헌 군주제 지향, 황국 협회에 의해 해산됨)' 등이 언급됩니다.

20. ⑤   독립 협회 | 난이도 ●●○

문제 키워드 추출

✓ 독립문 _ 독립 협회가 자주를 표방하고 청에 대한 사대를 청산하기 위해 기존의 영은문을 헐고 새로 건립한 문

문제에서 독립 협회의 활동 사례를 언급하였기 때문에, 독립 협회가 개최한 민중 집회를 언급한 5번 선지가 정답입니다!

① 천도교는 기관지로 『만세보』를 발행하였다.
② 대한 자강회는 고종의 강제 퇴위를 반대하는 운동을 전개하였다.
③ 여권통문은 평등한 교육권, 정치 참여권, 경제 활동 참여권 등을 명시한 우리나라 최초의 여성 인권 선언으로, 황성신문이 처음으로 신문에 게재하였다.
④ 대한민국 임시 정부는 독립운동 자금 마련을 위한 독립 공채를 발행하였다.
⑤ 독립 협회는 민중 계몽을 위해 종로에서 단체 회원, 시민들이 참여한 민중 집회인 만민 공동회를 개최하였다.
★ 대표 선지!

21. ②   독립 협회 | 난이도 ●●●

문제 키워드 추출

✓ 관민 공동회 _ 독립 협회가 국정 개혁안을 결의하고 추진하기 위해 개최한 집회

문제에서 독립 협회의 활동 사례를 언급하였기 때문에, 독립 협회가 개최한 대중 집회를 언급한 2번 선지가 정답입니다!

① 보안회는 일제의 황무지 개간권 요구를 저지시켰다.
② 독립 협회는 관민 공동회에서 6개의 국정 개혁안을 건의하였는데, 대표적으로 의회식 정치를 추구하는 중추원 관제를 추진할 것을 주장하였다.
③ 동아일보는 1930년대에 농촌 계몽을 위해 브나로드 운동을 전개하였다.
④ 대한민국 임시 정부는 대미 외교를 수행하기 위해 워싱턴에 구미 위원부를 설치하였다.
⑤ 여권통문은 평등한 교육권, 정치 참여권, 경제 활동 참여권 등을 명시한 우리나라 최초의 여성 인권 선언으로, 서울 북촌 양반 여성들이 발표하였다. 황성신문이 처음으로 게재하였다.

22. ③   독립 협회 | 난이도 ●●●

문제 키워드 추출

✓ 서재필 _ 독립 협회를 창립한 대표 인물
✓ 의회 설립 운동이 공화제를 수립하려는 것이라는 의심을 받음 _ 독립 협회는 입헌 군주제를 지향하였으나, 공화정을 지향하였다는 모함을 받음

문제에서 독립 협회를 창립한 인물과 독립 협회의 특징과 관련된 키워드를 제시하였기 때문에, 독립 협회의 다른 활동 사례를 언급한 3번 선지가 정답입니다!

① 대한 자강회는 고종의 강제 퇴위를 반대하는 운동을 전개하였다.
② 신민회는 일제가 조작한 데라우치 총독 암살 혐의로 주요 간부들이 대거 체포당하는 105인 사건으로 와해되었다.
③ 독립 협회는 자주를 표방하고 청에 대한 사대를 청산하기 위해 기존의 영은문을 헐고 독립문을 새로 건립하였다.
④ 신간회는 광주 학생 항일 운동 발생 이후 진상 조사단을 파견하여 지원하였다.
⑤ 대한민국 임시 정부는 독립운동 자금 마련을 위한 독립 공채를 발행하였다.

각 문제는 이 주제에서 가장 많이
출제된 키워드로 구성하였습니다.

문제별 키워드 분류표

문제	키워드	출제 빈도(27회분 中)
1~6	구한말 일제의 침략 과정 →	15번 출제
7~10	개항기의 의병 →	5번 출제
11	보안회 →	3번 출제
12~14	신민회 →	6번 출제
15~17	화폐 정리 사업과 국채 보상 운동 →	7번 출제

해품사의 키워드 분석팁!

| 문제 1~6 | 구한말 일제의 침략 과정 |

구한말 일제의 침략 과정 유형은 러일 전쟁부터 한일 병합 조약 체결까지의 전반적인 상황을 파악하는 것이 중요합니다. 우선 일제가 대한 제국을 본격적으로 침략하기 이전에 발생한 러일 전쟁의 경우, '국내(한일 의정서 체결-군사적 요충지 확보, 제1차 한일 협약 체결-외교 고문 스티븐스와 재정 고문 메가타 파견, 일본의 독도 시마네현 불법 편입)', '국외(가쓰라·태프트 밀약 체결-미국의 필리핀 지배와 일본의 대한 제국 지배 상호 인정, 제2차 영일 동맹 체결-영국의 인도 지배 및 일본의 대한 제국 지배 상호 인정)', '결과(포츠머스 조약 체결-일본의 대한 제국에 대한 정치적·경제적·군사적 간섭에 러시아가 관여하지 않을 것을 규정)'를 파악할 필요가 있습니다. 또한 흐름 유형을 출제할 경우 러일 전쟁 → 포츠머스 조약 체결 → 을사늑약 체결 → 헤이그 특사 파견 → 고종의 강제 퇴위 및 정미 7조약 체결과 대한 제국 군대 강제 해산 → 정미의병 발생 → 기유각서 체결 → 한일 병합 조약 체결의 흐름 파악이 필수적입니다.

1. ⑤   러일 전쟁 때 체결된 조약 | 난이도 ●●●

문제 키워드 추출

(가) 사건(개항기, 제1차 한일 협약, 1904. 8.)
✓ 외국인 1명을 외교 고문으로 삼음 _ 제1차 한일 협약의 체결 결과 외교 고문인 스티븐스가 국내에 파견됨

(나) 사건(개항기, 포츠머스 조약, 1905. 9.)
✓ 러시아 제국 정부는 일본 제국 정부가 한국에서 필요하다고 인정하는 지도, 보호 및 감리의 조치를 취함에 있어 이를 방해하거나 간섭하지 않음 _ 일본의 대한 제국에 대한 정치적·경제적·군사적 간섭에 대해 러시아가 관여하지 않을 것을 규정함

(다) 사건(개항기, 한일 의정서, 1904. 2.)
✓ 군사 전략상 필요한 지점을 정황에 따라 차지 _ 한일 의정서에 규정된 일제의 한반도 내 군사적 요충지 확보 규정

러일 전쟁 때 체결된 조약의 흐름은 한일 의정서(다-1904. 2.) → 제1차 한일 협약(가-1904. 8.) → 포츠머스 조약(나-1905. 9.) 순으로 발생하였습니다!

2. ④   러일 전쟁 시기의 역사적 사실 | 난이도 ●●●

문제 키워드 추출

✓ 포츠머스 조약 _ 러일 전쟁 종결 이후 러시아와 일본이 맺은 조약, 일본의 대한 제국에 대한 정치적·경제적·군사적 간섭에 대해 러시아가 관여하지 않을 것을 규정함

문제에서 러일 전쟁이 종결되며 러시아와 일본이 체결한 포츠머스 조약을 언급하였으므로, 러일 전쟁 이후에 체결한 조약을 언급한 4번 선지가 일치하지 않습니다!

① 러일 전쟁 때 일본은 독도를 시마네현에 불법적으로 편입시켰다.
② 러일 전쟁 때 미국은 필리핀, 일본은 조선을 지배할 것을 서로 인정할 것을 규정한 가쓰라·태프트 밀약을 체결하였다.
③ 러일 전쟁 때 제1차 한일 협약의 체결 결과 국내에 외교 고문에 미국인 스티븐스, 재정 고문에 일본인 메가타가 파견되었다.
④ 1909년에는 일제에 의해 기유각서가 체결되어, 한국의 사법권 및 감옥 사무의 처리권을 일본 정부에 위탁하였다.

⑤ 러일 전쟁 발발 직후 일본의 시정 개선 충고를 수용하고, 일본의 주요 군사적 요충지 확보를 인정하는 한일 의정서를 체결하였다.

④ 을미의병은 단발령과 을미사변을 계기로 유인석, 이소응 등의 유생들을 중심으로 발생하였다.

⑤ 나철과 오기호는 을사늑약 체결에 가담한 을사 5적 암살을 위한 자신회를 조직하였다.

3. ③ 을사늑약 | 난이도 ●●○

문제 키워드 추출

✓ 강압적 분위기 속에서 조약 체결 진행, 고종의 윤허 없이 조인 _ 을사늑약은 강압적인 분위기 속에서 국왕의 허락 없이 체결된 조약임

문제에서 을사늑약의 체결 과정과 관련된 상황을 언급하였으므로, 을사늑약의 체결 결과를 언급한 3번 선지가 정답입니다!

① 대한 제국은 황제를 중심으로 권력을 개편한 헌법인 대한국 국제를 발표하였다.
② 1880년에 통리기무아문이 설치된 이후 1881년에는 신식 군대인 별기군을 창설하고, 교관으로 일본인이 임명되었다.
③ 대한 제국은 일제와 을사늑약을 체결하며 외교권을 박탈당하고, 국내에 통감부가 설치되어 간섭을 받았다. ★ 대표 선지!
④ 고종은 을미사변을 계기로 신변에 위협을 느껴 러시아 공사관으로 피신하는 아관 파천을 단행하였다.
⑤ 1904년에 일본 해군이 러시아 함대를 격침하는 제물포 해전이 발생하였다. 이 해전 이후 일본은 러시아에 선전 포고했다(러일 전쟁 시작).

4. ④ 을사늑약 체결의 저항 사례 | 난이도 ●●○

문제 키워드 추출

✓ 우리 대황제 폐하께서 거절 _ 고종은 을사늑약 체결을 허락하지 않음
✓ 이토 _ 을사늑약 체결 이후 초대 통감으로 부임한 이토 히로부미

문제에서 을사늑약의 체결에 대한 부당성을 주장하는 사료가 언급되었으므로, 단발령과 을미사변에 반발하여 발생한 을미의병을 언급한 4번 선지가 정답입니다!

① 을사늑약 체결 이후 민영환, 조병세 등은 자결을 통해 조약 체결의 부당성에 항거하였다.
② 을사늑약 체결 이후 이상설 등은 을사 5적 처단을 요구하는 상소를 올렸다.
③ 고종은 을사늑약의 체결에 반발하여 1907년에 이준, 이위종, 이상설을 네덜란드 만국 평화 회의에 특사로 파견하였다.

5. ① 헤이그 특사 파견 | 난이도 ●●○

문제 키워드 추출

문제에 제시된 사건(개항기, 헤이그 특사 파견, 1907)
✓ 대한 제국이 여러 국가와 외교 관계를 단절 _ 을사늑약 체결의 결과 대한 제국은 외교권을 박탈당함
✓ 만국 평화 회의 _ 헤이그 특사는 네덜란드 만국 평화 회의에서 을사늑약의 부당성을 주장하려고 시도함

문제에서 헤이그 특사의 주장에 대해 언급되었으므로, 헤이그 특사 파견 이후의 국내에 미친 영향을 다룬 1번 선지가 정답입니다!

① 일제는 헤이그 특사 파견을 계기로 고종을 견제하기 위해 고종을 강제로 퇴위시키고, 정미 7조약을 체결하며 대한 제국의 군대를 강제로 해산시켰다.(이후) ★ 대표 선지!
② 영국은 1885년에 러시아의 남하 정책을 견제하기 위해 거문도를 약 2년 동안 불법으로 점령하였다.(이진)
③ 임오군란 발생 직후 구식 군인들은 선혜청과 일본 공사관을 습격하였다.(이전)
④ 개화당 세력은 우정총국 개국 축하연을 이용하여 갑신정변을 주도하였다.(이전)
⑤ 러일 전쟁 때 미국은 필리핀, 일본은 조선을 지배할 것을 서로 인정할 것을 규정한 가쓰라·태프트 밀약을 체결하였다.(이전)

6. ⑤ 을사늑약과 정미 7조약 | 난이도 ●●○

문제 키워드 추출

(가) 사건(개항기, 을사늑약 체결, 1905. 11.)
✓ 제2조 _ 을사늑약에 규정된 외교권 박탈
✓ 제3조 _ 을사늑약에 규정된 통감부 설치

(나) 사건(개항기, 정미 7조약, 1907. 7.)
✓ 제2조, 제4조 _ 정미 7조약에 규정된 통감부의 지배 강화
✓ 제5조 _ 정미 7조약에 규정된 차관 정치

문제에서 을사늑약과 정미 7조약(한일 신협약)의 원문을 제시하였기 때문에, 흐름상 을사늑약의 부당성에 항거하여 파견된 헤이그 특사가 언급된 5번 선지가 정답입니다!

① 정미 7조약 체결 이후 해산된 군인들이 정미의병에 합류하여 13도 창의군을 결성하고 서울 진공 작전을 전개하여 일본군에 대항하였다.(이후)

② 독립 협회는 관민 공동회에서 6개항의 국정 개혁안을 건의하였는데, 대표적으로 의회식 정치를 추구하는 중추원 관제를 추진할 것을 주장하였다.(이전)

③ 제2차 동학 농민 운동 때 동학 농민군은 공주 지역의 우금치에서 관군과 일본군에게 패배하였다.(이전)

④ 영국은 1885년에 러시아의 남하 정책을 견제하기 위해 거문도를 약 2년 동안 불법으로 점령하였다.(이전)

⑤ 고종은 을사늑약의 체결에 반발하여 1907년에 이준, 이위종, 이상설을 네덜란드 만국 평화 회의에 특사로 파견하였다.

해품사의 키워드 분석팁!

문제 7~10   개항기의 의병

개항기에 활동한 의병은 크게 을미의병, 을사의병, 정미의병이 있습니다. 우선 을미의병의 경우 '배경(단발령과 을미사변 발발)', '대표 인물(유인석, 이소응)', '특징(고종의 권고 준칙으로 해산)' 등을 암기할 필요가 있습니다. 을사의병의 경우 '배경(을사늑약 체결에 발발)', '대표 인물(민종식, 신돌석, 최익현)' 등을 암기할 필요가 있습니다. 정미의병의 경우 '배경(고종의 강제 퇴위와 군대 해산에 반발)', '대표 인물(이인영, 허위)', '특징(국제법상 교전 단체 승인 요구, 해산된 대한 제국 군인 일부 합류, 13도 창의군 결성과 서울 진공 작전 전개)' 등을 암기할 필요가 있습니다.

---

7. ①

을미의병 | 난이도 ●○○

문제 키워드 추출

✔ 유인석 _ 을미의병과 관련된 대표적인 의병장
✔ 국모의 원수를 갚고 전통을 보전 _ 을미의병의 대표 원인인 을미사변

문제에서 을미의병의 대표 의병장과 대표 원인을 제시하였으므로, 을미의병의 다른 대표적인 원인을 언급한 1번 선지가 정답입니다!

① 을미의병은 단발령과 을미사변을 계기로 유인석, 이소응 등의 유생들을 중심으로 발생하였다. ★ 대표 선지!

② 을사의병은 최익현, 민종식 등 일부 유생들이 의병장으로 활약하였다.

---

③ 정미의병은 서울 주재 각국 영사관에 국제법상 합법적인 교전 단체로 승인해 줄 것을 요구하는 호소문을 보냈다.

④ 정미의병은 해산된 대한 제국의 군대가 일부 합류한 뒤, 13도 창의군을 결성하여 서울 진공 작전을 전개하였다.

⑤ 독립 의군부는 조선 총독부에 국권 반환 요구서를 제출하려고 시도하였다.

---

8. ④

정미의병 | 난이도 ●●○

문제 키워드 추출

✔ 허위 _ 정미의병의 군사장
✔ 한일 신협약 체결과 군대 해산에 반발 _ 정미의병의 발발 원인

문제에서 정미의병의 대표 인물과 발발 원인 관련 키워드를 제시하였으므로, 정미의병의 대표 활동 사례를 언급한 4번 선지가 정답입니다!

① 홍범도가 이끈 대한 독립군은 북간도에 위치한 봉오동에서 일본군에게 승리를 거두었다.

② 대한민국 임시 정부는 국제연맹회의에 우리 민족의 독립을 요청하기 위해 『한일 관계 사료집』을 편찬하고, 독립운동 자금 마련을 위한 독립 공채를 발행하였다.

③ 을미의병은 고종의 해산 권고 조칙에 따라 자진 해산하였다.

④ 정미의병은 해산된 대한 제국의 군대가 일부 합류한 뒤, 13도 창의군을 결성하여 서울 진공 작전을 전개하였다. ★ 대표 선지!

⑤ 독립 의군부는 조선 총독부에 국권 반환 요구서를 제출하려고 시도하였다.

---

9. ⑤

정미의병 | 난이도 ●●○

문제 키워드 추출

문제에 제시된 사건(개항기, 정미의병, 1907~1908)
✔ 군대 해산에 대한 반발 _ 정미의병은 해산된 대한 제국의 군대가 일부 합류함
✔ 박승환 _ 대한 제국의 군대 해산에 반발하여 자결한 대대장

정미의병은 1907년 이후에 조직되었기 때문에, 흐름상 을사늑약 체결 이후인 5번 선지가 적절합니다!

10. ③
개항기에 활동한 의병 | 난이도 ●●●

문제 키워드 추출

(가) 의병(개항기, 을사의병, 1905~1906)
✔ 을사늑약 체결에 반대, 신돌석 _ 을사의병의 발발 원인과 대표 인물

(나) 의병(개항기, 을미의병, 1895)
✔ 을미사변과 단발령 시행에 반발, 유인석, 이소응 _ 을미의병의 발발 원인과 대표 인물

(다) 사건(개항기, 정미의병, 1907~1908)
✔ 13도 창의군, 서울 진공 작전 _ 정미의병과 관련된 군사 조직과 활동 사례

개항기에 활동한 의병의 흐름은 을미의병(나-1895) → 을사의병(가-1905~1906) → 정미의병(다-1907~1908) 순으로 발생하였습니다!

해품사의 키워드 분석팁!

문제 11	보안회

애국 계몽 운동 단체 유형은 주로 보안회와 신민회를 중심으로 출제합니다. 우선 보안회의 경우 일제의 황무지 개간권 요구를 저지하였다는 사례만 이해하면 쉽게 풀이할 수 있습니다.

11. ⑤
보안회 | 난이도 ●○○

문제 키워드 추출

✔ 보안회 _ 일제의 황무지 개간권 요구를 저지한 단체

문제에서 보안회가 언급되었으므로, 보안회와 관련된 활동 사례를 언급한 5번 선지가 정답입니다!

① 시전 상인들은 외국 상인들의 상권 침탈에 저항하여 황국 중앙 총상회를 조직하였다.
② 개화당 세력은 우정총국 개국 축하연을 이용하여 갑신정변을 주도하였다.
③ 백정들은 신분 해방 이후 남아있는 사회적 차별에 맞서 조선 형평사를 조직하여 형평 운동을 주도하였다.
④ 동아일보는 1930년대에 농촌 계몽을 위해 브나로드 운동을 전개하였다.
⑤ 보안회는 일제의 황무지 개간권 요구를 저지시켰다.
　　　　　　　　　　　　　　　　　　★ 대표 선지!

해품사의 키워드 분석팁!

문제 12~14	신민회

신민회는 출제 빈도가 가장 높은 애국 계몽 운동 단체입니다. 신민회의 경우 '인물(안창호, 양기탁, 이승훈)', '활동(대성 학교 설립-안창호, 오산 학교 설립-이승훈, 신흥 강습소 설립-이후 신흥 무관 학교, 태극 서관 운영, 자기 회사 설립)', '특징(공화정 지향, 105인 사건으로 해체됨)' 등을 언급합니다.

12. ⑤
신민회 | 난이도 ●●●

문제 키워드 추출

✔ 안창호, 양기탁, 이승훈 _ 신민회의 대표 간부
✔ 105인 사건 _ 신민회의 해체 원인

문제에서 신민회의 대표 간부와 해체 원인 관련 키워드를 언급하였으므로, 신민회의 활동 사례를 제시한 5번 선지가 정답입니다!

① 6·10 만세 운동 이후 정우회 선언을 통해 비타협적 민족주의 계열과 사회주의 계열의 연합의 필요성이 제기되며 민족 유일당 운동이 추진된 결과 신간회가 창설되었다.
② 의열단은 신채호가 집필한 직접적이고 폭력적인 혁명의 방향성을 제시한 조선 혁명 선언을 활동 지침으로 삼았다.
③ 보안회는 일제의 황무지 개간권 요구를 저지시켰다.
④ 독립 협회는 관민 공동회에서 6개항의 국정 개혁안을 건의하였는데, 대표적으로 의회식 정치를 추구하는 중추원 관제를 추진할 것을 주장하였다.
⑤ 신민회는 민중 계몽을 위한 서적 및 출판물을 보급할 목적으로 태극 서관을 운영하였다. ★ 대표 선지!

13. ⑤
신민회 | 난이도 ●●●

문제 키워드 추출

✔ 신흥 무관 학교 _ 신민회의 이회영, 이동녕, 이상룡이 서간도에 설립한 학교

문제에서 신민회의 인물들이 설립한 학교 키워드를 언급하였기 때문에, 신민회의 간부 출신의 인물들이 설립한 학교 사례를 언급한 5번 선지가 정답입니다!

① 조선어 학회는 일제 강점기의 대표적인 한글 수호 단체로서, 국어 문법을 정리한 한글 맞춤법 통일안과 표준어 사정안을 제정하였다.

② 의열단은 신채호가 집필한 직접적이고 폭력적인 혁명의 방향성을 제시한 조선 혁명 선언을 활동 지침으로 삼았다.

③ 동아일보는 1930년대에 농촌 계몽을 위해 브나로드 운동을 전개하였다.

④ 대한민국 임시 정부는 독립운동 자금 마련을 위한 독립 공채를 발행하였다.

⑤ 신민회의 간부인 안창호는 대성 학교, 이승훈은 오산 학교를 설립하여 민족 교육을 실시하였다.

14. ①

문제 키워드 추출

✓ 대성 학교 _ 신민회의 간부인 안창호가 설립한 민족 학교
✓ 안창호, 양기탁 _ 신민회의 대표 간부

문제에서 신민회의 간부가 설립한 학교와 대표 간부가 언급되었으므로, 신민회의 활동 사례와 해체 원인을 언급한 ㄱ, ㄴ 선지를 고를 필요가 있습니다!

ㄱ 신민회는 민중 계몽을 위한 서적 및 출판물을 보급할 목적으로 태극 서관을 운영하였다.

ㄴ 신민회는 일제가 조작한 데라우치 총독 암살 혐의로 주요 간부들이 대거 체포당하는 105인 사건으로 와해되었다.

ㄷ 영국인 루이스 쇼는 중국 단둥에서 무역 회사인 이륭양행을 운영하며 대한민국 임시 정부의 교통국을 지원하였다.

ㄹ 갑신정변을 주도한 개화당 세력은 입헌 군주제 수립을 목표로 하였다.

해품사의 키워드 분석팁!

문제 15~17	화폐 정리 사업과 국채 보상 운동

화폐 정리 사업과 국채 보상 운동은 각각 개항기에 발생한 일제의 경제 침탈 사례, 경제 구국 운동이라는 의의가 있습니다. 우선 화폐 정리 사업의 경우 제1차 한일 협약을 계기로 국내에 파견된 재정 고문 메가타가 주도하였으며, 기존의 백동화를 제일 은행권 화폐로 교환하였다는 것이 핵심입니다. 국채 보상 운동의 경우 '배경(일제의 차관 도입으로 인한 막대한 빚 발생-국채 1,300만 원)', '전개(서상돈, 김광제 등이 대구에서 운동 시작, 개화 지식인·여성·유학생 등 참여)', '특징(대한매일신보 등 언론의 지원을 받음)' 등을 암기할 필요가 있습니다.

15. ②

문제 키워드 추출

✓ 백동화 _ 화폐 정리 사업 시행 당시 교환 대상 화폐

문제에서 화폐 정리 사업 당시 교환 대상이 된 화폐를 언급하였으므로, 화폐 정리 사업을 주도한 인물을 언급한 2번 선지가 정답입니다!

① 독립 협회는 러시아의 절영도 조차 요구 저지와 한러 은행 폐쇄를 주도하였다.

② 화폐 정리 사업은 제1차 한일 협약에 따라 국내에 파견된 재정 고문인 일본인 메가타가 주도하였다. ★ 대표 선지!

③ 동양 척식 주식회사는 일제가 국내의 자본 및 토지를 침탈할 목적으로 1908년에 세운 회사이다.

④ 제1차 갑오개혁 때 일정한 은의 양을 기준으로 화폐의 가치를 정한 제도인 은본위제를 도입하였다.

⑤ 함경도 관찰사 조병식은 조일 통상 장정에 근거하여 일시적으로 쌀 수출을 금지할 것을 통지하는 방곡령을 선포하였다.

16. ⑤

문제 키워드 추출

✓ 외채 1,300만 원 _ 국채 보상 운동의 발생 원인으로, 국가가 진 채무를 갚는 것을 목적으로 함

문제에서 국채 보상 운동의 원인과 관련된 키워드를 언급하였으므로, 국채 보상 운동을 지원한 대표적인 언론을 언급한 5번 선지가 정답입니다!

① 일제는 식민 지배에 반대하고 사유 재산 제도를 부인하는 사회주의자들을 탄압할 목적으로 1925년에 치안 유지법을 제정하였다.

② 백정들은 신분 해방 이후 남아있는 사회적 차별에 맞서 조선 형평사를 조직하여 형평 운동을 주도하였다.

③ 독립 협회는 자주 표방 및 청나라에 대한 사대 청산을 목적으로 기존의 영은문을 헐고 독립문을 건립하였다.

④ 물산 장려 운동 전개 당시에는 자작회, 토산 애용 부인회 등 국산품 애용을 강조하는 단체들이 활동하였다.

⑤ 대한매일신보는 서상돈, 김광제 등의 발의로 시작된 국채 보상 운동을 지원하였다. ★ 대표 선지!

문제 키워드 추출

✓ 일본에서 도입한 차관을 갚기 위해 전개 _ 국채 보상 운동
의 발생 원인
✓ 대한매일신보 _ 국채 보상 운동을 지원한 대표 언론

문제에서 국채 보상 운동의 원인 및 국채 보상 운동을 지원
한 언론 관련 키워드를 언급하였으므로, 국채 보상 운동을
주도한 대표 인물을 언급한 2번 선지가 정답입니다!

---

① 회사령 폐지와 조선 관세령 폐지 등으로 일본 기업의 국내
진출이 확산되자, 이를 막기 위해 물산 장려 운동이 시작되
었다.

② 국채 보상 운동은 1907년에 국채 1,300만 원을 갚기 위해
대구에서 서상돈, 김광제 등의 발의로 시작되었다.

③ 방정환은 천도교 소년회와 색동회를 조직하는 등 어린이의
권익을 보호하는 소년 운동을 추진하였다.

④ 6·10 만세 운동 이후 정우회 선언을 통해 비타협적 민족주
의 계열과 사회주의 계열의 연합의 필요성이 제기되며 민족
유일당 운동이 추진된 결과 신간회가 창설되었다.

⑤ 원산 총파업은 일본, 중국, 프랑스 등 외국 노동 단체로부터
격려 및 후원을 받았다.

각 문제는 이 주제에서 가장 많이
출제된 키워드로 구성하였습니다.

문제별 키워드 분류표

문제	키워드	출제 빈도(27회분 中)
1~2	개항기의 교육 기관 ➡	2번 출제
3~5	개항기의 신문 ➡	6번 출제
6~9	개항기의 문물 ➡	6번 출제
10~16	개항기의 인물 ➡	10번 출제

해품사의 키워드 분석팁!

문제 1~2	개항기의 교육 기관

개항기의 교육 기관 유형은 주로 원산 학사와 육영 공원을 중심
으로 출제합니다. 우선 원산 학사는 덕원 부사 정현석의 건의와
더불어 함경남도 덕원부 관민이 설립한 우리나라 최초의 근대
식 사립 교육 기관이라는 데 의의가 있습니다. 육영 공원의 경
우 정부 주도로 설립한 최초의 근대식 공립 교육 기관으로, 영
어·산학·지리 등의 신학문을 교육하였으며, 특히 헐버트·길모
어 등의 외국인 교사를 초빙하였습니다. 또한 좌원(관료)과 우
원(상류층 자제)으로 구성되었다는 사실을 암기할 필요가 있습니
다. 그 외에도 '동문학(관립 외국어 교육 기관, 1883)', '배재
학당(아펜젤러-1885, 미국인 선교사가 설립한 근대식 중등 교
육 기관)', '이화 학당(스크랜튼-1886, 미국인 선교사가 설립한
한국 최초의 여성 사립 교육 기관)' 등을 암기하는 것을 권장합니
다.

1. ③ 원산 학사 | 난이도 ●●●

문제 키워드 추출

✓ 덕원부의 관민이 힘을 합쳐 설립한 우리나라 최초의 근대
  학교 _ 원산 학사를 설립한 단체 및 의의

문제에서 원산 학사를 설립한 단체와 의의 관련 키워드를
언급하였기 때문에, 이에 해당되는 3번 선지가 정답입니다!

① 동문학은 정부의 주도로 1883년에 설립된 관립 외국어 교
육 기관이다.
② 명동 학교는 1908년에 김약연이 북간도에 설립한 민족 교
육 기관이다.
③ 원산 학사는 덕원 부사 정현석과 덕원부의 관민들이 합심하
여 1883년에 설립한 우리나라 최초의 근대식 학교이다.
④ 서전서숙은 1906년에 이상설이 북간도에 설립한 민족 교
육 기관이다.
⑤ 배재 학당은 1885년에 미국인 선교사 아펜젤러가 서울 중
구 정동에 세운 한국 최초의 근대식 중등 교육 기관이다.

2. ④ 육영 공원 | 난이도 ●●○

문제 키워드 추출

✓ 1886년 _ 육영 공원의 설립 시기
✓ 좌원과 우원 _ 육영 공원의 구성

문제에서 육영 공원의 구성과 설립 시기를 힌트로 제시하였
기 때문에, 육영 공원에 초빙된 교사를 언급한 4번 선지가
정답입니다!

①, ② 제2차 갑오개혁 때 근대식 사범 학교에 대한 관제인 교
육 입국 조서를 반포하고 한성 사범 학교가 설립되었다.
③ 조선의 향교는 전국의 부·목·군·현에 하나씩 설립되었다.
④ 육영 공원은 미국인 출신의 헐버트, 길모어, 벙커를 교사로
초빙하였다. ★ 대표 선지!
⑤ 고려 예종 때 관학 진흥을 위해 국자감 내에 장학 재단인 양
현고와 전문 강좌인 7재를 마련하였다.

문제 3~5	개항기의 신문

개항기의 신문 유형은 주로 한성순보, 독립신문, 대한매일신보를 중심으로 출제합니다. 우선 한성순보는 '발행 기구 또는 인물(박문국)', '특징(순 한문 발행, 관보적 성격, 우리나라 최초의 근대식 신문, 10일에 한 번 발행)' 등을 암기할 필요가 있습니다. 독립신문은 '발행 기구 또는 인물(서재필)', '특징(국문 및 영문 혼용 발행, 최초의 민간 신문)' 등을 암기할 필요가 있습니다. 대한매일신보는 '발행 기구 또는 인물(베델, 양기탁)', '특징(국문 및 영문 혼용, 국채 보상 운동 확산 기여, 항일 논설 다수 게재)' 등을 암기할 필요가 있습니다. 이 외에도 '한성주보(박문국, 최초 상업 광고 게재, 일주일에 한 번 발행)', '제국신문(이종일, 순 한글 발행, 부녀자 및 민중 대상)', '황성신문(남궁억, 국문 및 한문 혼용 발행, 장지연의 '시일야방성대곡' 게재)', 『만세보』(천도교의 기관지) 등을 추가적으로 암기하는 것을 권장합니다.

3. ⑤   한성순보 | 난이도 ●○○

문제 키워드 추출

✓ 박문국 _ 한성순보를 발간한 근대식 신문 발행 기구
✓ 관보 _ 한성순보는 관보적 성격을 지님

문제에서 한성순보를 발행한 기구와 특징을 제시하였기 때문에, 한성순보의 발행 주기를 언급한 5번 선지가 정답입니다!

① 대한매일신보는 의병 투쟁에 호의적인 기사를 게재하는 등 항일 논설을 다수 게재하였다.
② 황성신문은 을사늑약의 부당성에 항거한 장지연의 '시일야방성대곡'을 게재하였다.
③ 대한매일신보는 서상돈, 김광제 등의 발의로 시작된 국채 보상 운동을 지원하였다.
④ 독립신문은 민중 계몽과 더불어 국내의 소식을 외국에 전달할 목적으로 국문과 영문을 혼용하여 발행하였다.
⑤ 한성순보는 박문국에서 발행된 최초의 근대식 신문으로, 순 한문으로 발행되었으며, 열흘마다 발행하는 것이 원칙이었다. ★ 대표 선지!

4. ④   독립신문 | 난이도 ●○○

문제 키워드 추출

✓ 1896년, 서재필 _ 독립신문이 창간된 시기와 창간자
✓ 한글판, 영문판 _ 독립신문 발간에 사용된 언어

문제에서 독립신문과 관련된 시기, 창간자, 언어 등의 키워드를 제시하였기 때문에, 이에 해당되는 4번 선지가 정답입니다!

① 해조신문은 1908년에 연해주 지역에서 발행된 최초의 해외신문이다.
② 제국신문은 이종일이 창간한 민간 신문으로, 부녀자층을 주로 대상으로 하였으며, 항일 논설을 다수 게재하였다.
③ 한성순보는 박문국에서 발행된 최초의 근대식 신문으로, 순 한문으로 발행되었으며, 열흘마다 발행하는 것이 원칙이었다.
④ 독립신문은 1896년에 서재필이 창간한 우리나라 최초의 민간 신문으로, 민중 계몽과 더불어 국내의 소식을 외국에 전달할 목적으로 국문과 영문을 혼용하여 발행하였다.
⑤ 황성신문은 남궁억이 창간한 신문으로, 국문과 한문 혼용체를 사용하였고, 을사늑약의 부당성에 항거한 장지연의 시일야방성대곡을 게재하였다.

5. ④   대한매일신보 | 난이도 ●○○

문제 키워드 추출

✓ 양기탁, 베델 _ 대한매일신보의 창간자

문제에서 대한매일신보의 창간자와 관련된 키워드를 제시하였기 때문에, 국채 보상 운동을 지원한 대표적인 언론을 언급한 4번 선지가 정답입니다!

① 한성주보는 개항기에 발행된 우리나라 최초의 주간신문으로, 상업 광고를 처음으로 게재하였다.
② 천도교는 기관지로 『만세보』를 발행하였다.
③ 독립신문은 1896년에 서재필이 창간한 우리나라 최초의 민간 신문으로, 민중 계몽과 더불어 국내의 소식을 외국에 전달할 목적으로 국문과 영문을 혼용하여 발행하였다.
④ 대한매일신보는 서상돈, 김광제 등의 발의로 시작된 국채 보상 운동을 지원하였다. ★ 대표 선지!
⑤ 조선중앙일보와 동아일보는 1936년에 개최된 베를린 올림픽의 마라톤 경기에서 금메달을 획득한 손기정 선수의 사진 속 일장기를 삭제하였다.

해품사의 키워드 분석팁!

문제 6~9	개항기의 문물

개항기의 문물 유형은 사실상 각 문물의 역할과 특징을 비롯하여, 각 문물의 설립 연도를 반드시 암기해야 풀 수 있는 대표적인 고난도 유형입니다. 대표적인 개항기의 문물 사례로는 '1883년(기기창, 박문국, 전환국)', '1885년(광혜원 → 제중원, 전신 개통)', '1887년(전등 가설)', '1898년(전화 개통, 한성 전기 회사)', '1899년(경인선 개통, 전차 개통)', '1908년(원각사)' 등이 있습니다. 만약 연도 암기가 너무 부담스럽다면, 최소한 출제 빈도가 가장 높은 1899년의 경인선 개통과 전차 개통만이라도 반드시 암기하는 것을 권장합니다.

6. ②   전차 개통 | 난이도 ●●●

문제 키워드 추출

문제에 제시된 사건(개항기, 전차 개통, 1899)
✓ 전차 _ 1899년에 개통된 우리나라의 근대식 이동 수단

문제에서 1899년에 개통된 우리나라의 근대식 이동 수단을 제시하였기 때문에, 해당 시기 이후에 창간된 우리나라의 대표적인 신문을 언급한 2번 선지가 정답입니다!

---

① 조미 수호 통상 조약을 체결한 이후인 1883년에 민영익, 홍영식 등이 보빙사로 파견되었다.(이전)
② 우리나라의 양기탁과 영국인 베델은 1904년에 근대식 신문인 대한매일신보를 창간하였다.(이후)
③ 『조선책략』 국내 유포 이후 이만손 등은 1881년에 『조선책략』 비판 및 미국과의 수교를 반대하는 영남 만인소를 올렸다.(이전)
④ 1880년에는 개화 정책 총괄 기구로 통리기무아문을 설치하고 이듬해에 신식 군대인 별기군을 창설하였다.(이전)
⑤ 1880년에는 개화 정책 총괄 기구로 통리기무아문을 설치하고 다양한 업무를 분담하기 위해 산하에 12사를 두었다.(이전)

문제 키워드 추출

문제에 제시된 사건(개항기, 한성 전기 회사 설립, 1898)
✓ 한성 전기 회사 _ 1898년에 우리나라에 설립된 최초의 전기 회사

문제에서 한성 전기 회사의 설립을 힌트로 제시하였기 때문에, 한성 전기 회사 설립 이후에 개통된 우리나라의 철도 사례를 언급한 4번 선지가 정답입니다!

---

① 1885년에는 알렌의 건의로 우리나라 최초의 근대식 서양 병원인 광혜원이 설립되었다.(이전)
② 한성순보는 1883년에 박문국에서 발행된 최초의 근대식 신문으로, 순 한문으로 발행되었으며, 열흘마다 발행하는 것이 원칙이었다.(이전)
③ 1883년에는 우리나라 최초의 근대식 무기 제조 공장인 기기창이 설립되었다.(이전)
④ 1905년에는 서울과 부산을 연결하는 경부선이 개통되었다.(이후) ★ 대표 선지!
⑤ 1884년에는 근대식 우편 사무 업무를 관장하는 우정총국이 설립되었다.(이전)

8. ①   광혜원이 운영된 시기의 모습 | 난이도 ●●●

문제 키워드 추출

문제에 제시된 사건(개항기, 광혜원 설립, 1885)
✓ 우리나라 최초의 근대식 병원 _ 알렌의 건의로 설립된 근대식 서양 병원인 광혜원

문제에서 광혜원을 힌트로 제시하였기 때문에, 같은 연도에 미국인 선교사가 설립한 교육 기관을 언급한 1번 선지가 정답입니다!

---

① 미국인 선교사 아펜젤러는 1885년에 서울 정동에 근대식 중등 교육 기관인 배재 학당을 설립하였다.
② 영선사는 1881년~1882년에 청에서 근대식 무기 제조 기술을 학습하고 돌아왔으며, 이후 기기창의 설립에 영향을 주었다.
③ 개화당 세력은 1884년에 우정총국 개국 축하연을 이용하여 갑신정변을 주도하였다.
④ 일본의 군함 운요호는 강화도와 영종도를 침략하여 인적·물적 피해를 주었으며, 이 사건은 1876년에 조선과 일본이 강화도 조약을 체결하는 계기가 되었다.
⑤ 흥선 대원군 집권 때인 1866년에 미국의 상선인 제너럴셔먼호가 통상 수교 과정에서 분쟁이 발생하여 평양 인근에서 격침되었으며, 이는 신미양요의 원인이 되었다.

9. ⑤ 우리나라의 근대 문물 | 난이도 ●●●

환구단은 대한 제국과 관련된 제단이므로, 5번 선지가 정답입니다!

① 임오군란 발생 직후 구식 군인들은 선혜청과 일본 공사관을 습격하였다.

② 덕수궁 석조전에서는 한국의 민주주의 임시 정부 수립 문제를 논의하기 위해 두 차례의 미소 공동 위원회가 개최되었다.

③ 우리나라 최초의 근대식 서양 극장인 원각사에서는 은세계, 치악산 등의 신극을 공연하였다.

④ 일제는 친러 내각을 형성하려는 명성 황후를 견제하기 위해 경복궁 건청궁에 침입하여 명성 황후를 시해하였다.

⑤ 환구단은 대한 제국 황제 즉위식을 거행한 곳으로, 고종 황제가 하늘에 제사를 지내기 위해 설치한 제단이다.

해품사의 키워드 분석팁!

문제 10~16	개항기의 인물

개항기에서 출제될 수 있는 인물로는 대표적으로 김홍집, 박정양, 안중근, 양기탁, 유길준, 이승훈, 최익현이 있습니다. 우선 김홍집과 관련된 대표 키워드로는 '제2차 수신사 파견 및 황준헌의 『조선책략』 국내 유포', '제1차 갑오개혁 주도' 등이 있습니다. 박정양과 관련된 대표 키워드로는 '군국기무처 부총재', '초대 주미 공사 → 『미속습유』 집필', '독립 협회의 제안을 받아들여 중추원 관제 개편 추진' 등이 있습니다. 안중근과 관련된 대표 키워드로는 '『동양평화론』 저술', '하얼빈에서 이토 히로부미 저격' 등이 있습니다. 양기탁과 관련된 대표 키워드로는 '대한매일신보 창간 → 국채 보상 운동 지원', '신민회 간부 담당' 등이 있습니다. 유길준과 관련된 대표 키워드로는 '『서유견문』과 『노동야학독본』 집필', '조선 중립화론 주장' 등이 있습니다. 이승훈과 관련된 대표 키워드로는 '신민회 간부 담당', '오산학교 설립', '자기 회사 운영' 등이 있습니다. 최익현과 관련된 대표 키워드로는 '계유상소 진상', '왜양일체론 주장 → 지부복궐척화의소', '전북 태인에서 을사의병 주도' 등이 있습니다.

---

10. ① 김홍집 | 난이도 ●●●

문제 키워드 추출

✓ 제2차 수신사로 일본에 파견, 국내에 조선책략을 가져옴 _ 김홍집의 대표 활동 사례

문제에서 김홍집의 대표 활동 사례를 언급하였기 때문에, 김홍집의 다른 활동 사례를 언급한 1번 선지가 정답입니다!

① 김홍집은 제1차 갑오개혁 때 총리대신으로 갑오개혁을 주도하였다. ★ 대표 선지!

② 우리나라의 양기탁과 영국인 베델은 근대식 신문인 대한매일신보를 창간하였다.

③ 조선의 최한기는 우주의 형상 및 전 세계의 인문 지리에 대해 서술한 『지구전요』를 저술하였다.

④ 조선의 신헌은 강화도 조약 체결 당시 한국 측 대표 협상 인물로, 강화도 조약 체결의 전말을 기록한 『심행일기』를 저술하였다.

⑤ 김윤식을 비롯한 영선사는 청에서 근대식 무기 제조 기술을 학습하고 귀국하였다.

---

11. ⑤ 박정양 | 난이도 ●●●

문제 키워드 추출

✓ 초대 주미 공사, 군국기무처 부총재 _ 박정양이 역임한 직책

문제에서 박정양이 역임한 직책 관련 키워드를 제시하였기 때문에, 박정양이 관민 공동회에서 독립 협회와 논의한 사례를 언급한 5번 선지가 정답입니다!

① 샌프란시스코에서 안창호 등의 주도로 독립운동 단체인 흥사단이 창립되었다.

② 임병찬은 고종의 밀지를 받아 복벽주의를 표방한 독립 의군부를 조직하였다.

③ 최남선은 고문헌의 보존과 반포 등을 목적으로 조선 광문회를 조직하였다.

④ 정미의병의 총대장인 이인영은 13도 창의군을 결성하고 서울 진공 작전을 전개하여 일본군에 대항하였다.

⑤ 박정양은 독립 협회의 제안을 받아들여 의회식 정치의 개편을 추구하는 중추원 관제 개편을 추진하였다. ★ 대표 선지!

12. ① 　　　　　　　　　안중근 | 난이도 ●●○

문제 키워드 추출

✓ 이토 히로부미를 저격 _ 안중근의 의거 활동

문제에서 안중근의 의거 활동 관련 키워드를 제시하였기 때문에, 안중근이 옥중 생활 중에 저술한 미완성 논설을 언급한 1번 선지가 정답입니다!

---

① 안중근은 옥중 생활 중에 한·중·일의 동양 평화의 실현을 주장한 미완설 논설인 『동양평화론』을 저술하였다.
　　　　　　　　　　　　　　　　　　★ 대표 선지!
② 장인환과 전명운은 미국 샌프란시스코에서 미국인 친일 인사인 스티븐스를 저격하였다.
③ 나철과 오기호는 을사늑약 체결에 가담한 을사 5적 암살을 위한 자신회를 조직하였다.
④ 이재명은 명동 성당 앞에서 을사 5적의 대표 인물인 이완용을 습격하였다.
⑤ 의열단의 대표 단원인 나석주는 동양 척식 주식회사와 조선 식산 은행에 폭탄을 투척하였다.

13. ③ 　　　　　　　　　양기탁 | 난이도 ●●●

문제 키워드 추출

✓ 국채 보상 운동 주도 _ 양기탁은 대한매일신보를 통해 국채 보상 운동을 지원함
✓ 신민회 조직 _ 양기탁은 신민회의 간부를 역임함

문제에서 양기탁과 관련된 활동 사례를 언급하였기 때문에, 양기탁이 베델과 제휴하여 신문을 창간한 사실을 언급한 3번 선지가 정답입니다!

---

① 조선어 학회의 대표 인물인 이극로, 최현배 등은 1942년에 조선어 학회 사건으로 구속되었다.
② 샌프란시스코에서 안창호 등의 주도로 독립운동 단체인 흥사단이 창립되었다.
③ 우리나라의 양기탁과 영국인 베델은 근대식 신문인 대한매일신보를 창간하였다. ★ 대표 선지!
④ 임병찬은 고종의 밀지를 받아 복벽주의를 표방한 독립 의군부를 조직하였다.
⑤ 의열단은 신채호가 집필한 직접적이고 폭력적인 혁명의 방향성을 제시한 조선 혁명 선언을 활동 지침으로 삼았다.

14. ① 　　　　　　　　　유길준 | 난이도 ●●●

문제 키워드 추출

✓ 노동야학독본 _ 유길준이 노동자를 계몽하기 위해 지은 책
✓ 서유견문 _ 유길준이 서양 국가를 기행한 뒤 저술한 기행문

문제에서 유길준과 관련된 저서 사례를 언급하였기 때문에, 유길준이 거문도 불법 점령 직후 주장한 사례를 언급한 1번 선지가 정답입니다!

---

① 유길준은 거문도 불법 점령 직후 조선의 영세 중립화를 주장하는 조선 중립화론을 주장하였다. ★ 대표 선지!
② 갑신정변은 3일 만에 실패한 뒤 김옥균, 박영효 등 주동자들이 해외로 망명하여 삼일천하라고도 불린다.
③ 서재필은 귀국 이후 우리나라의 자주와 민중 계몽을 목적으로 독립 협회를 창립하였다.
④ 미국인 선교사 아펜젤러는 1885년에 서울 정동에 근대식 중등 교육 기관인 배재 학당을 설립하였다.
⑤ 박정양은 참정대신 자격으로 독립 협회가 주도한 관민 공동회에 참여하였다.

15. ① 　　　　　　　　　이승훈 | 난이도 ●●●

문제 키워드 추출

✓ 신민회 가입, 자기 회사 설립, 태극 서관 경영 _ 이승훈은 신민회의 대표 간부 출신의 인물로 활동함

문제에서 이승훈과 관련된 활동 사례를 언급하였기 때문에, 이승훈이 설립한 민족 학교를 언급한 1번 선지가 정답입니다!

---

① 신민회의 간부인 이승훈은 오산 학교를 설립하여 민족 교육을 실시하였다. ★ 대표 선지!
② 이승만과 박은식은 대한 민국 임시 정부의 대통령으로 선출되었다.
③ 유길준은 미국을 기행한 뒤 서양의 근대 문명을 소개한 『서유견문』을 집필하였다.
④ 주시경은 국문 연구소의 위원으로 활동하여 한글을 체계적으로 연구하였다.
⑤ 고종은 을사늑약의 체결에 반발하여 1907년에 이준, 이위종, 이상설을 네덜란드 만국 평화 회의에 특사로 파견하였다.

16. ④

최익현 | 난이도 ●●○

문제 키워드 추출

✓ 흥선 대원군의 하야를 요구하는 상소 _ 최익현의 계유상소
✓ 왜양일체론 _ 최익현은 강화도 조약 체결 직전에 일본과
  의 수교를 반대함

문제에서 최익현과 관련된 활동 사례를 언급하였기 때문에,
최익현이 을사의병으로 활동한 사례를 언급한 4번 선지가
정답입니다!

---

① 박은식은 갑신정변부터 3·1 운동이 발생한 다음 해까지의
  역사를 정리한 『한국독립운동지혈사』를 저술하였다.
② 홍범도가 이끈 대한 독립군은 북간도에 위치한 봉오동에서
  일본군에게 승리를 거두었다.
③ 임병찬은 고종의 밀지를 받아 복벽주의를 표방한 독립 의군
  부를 조직하였다.
④ 최익현은 을사늑약 체결에 반발하여 전북 태인에서 을사의
  병을 주도하였다. ★ 대표 선지!
⑤ 정미의병의 총대장인 이인영은 13도 창의군을 결성하고 서
  울 진공 작전을 전개하여 일본군에 대항하였다.

1. ② 병인양요와 신미양요 | 난이도 ●●○

문제 키워드 추출

(가) 사건(개항기, 병인양요, 1866)
- ✓ 정족산성, 양헌수 _ 병인양요 당시 프랑스군을 방어한 장소와 인물

(나) 사건(개항기, 신미양요, 1871)
- ✓ 미군, 광성진, 어재연 _ 신미양요 당시 조선을 침략한 국가 및 방어 장소와 인물

문제에서 병인양요 및 신미양요와 관련된 방어 장소와 인물 키워드를 언급하였으므로, 두 사건 사이에 발생한 사건인 오페르트 도굴 사건과 관련된 사실이 언급된 2번 선지가 정답입니다! 최근 기출 경향에서도 개항기 전기에 발생한 외세 침입의 흐름 파악은 필수적입니다!

① 일본의 군함 운요호는 1875년에 강화도와 영종도를 침략하여 인적·물적 피해를 줬으며, 이 사건은 조선과 일본이 강화도 조약을 체결하는 계기가 되었다.(이후)
② 독일 상인인 오페르트는 1868년에 흥선 대원군의 아버지의 묘인 남연군 묘를 도굴하려다 발각되어 실패하였다.
③ 1882년에 청나라가 임오군란을 진압한 이후 조선에 재정 고문인 마젠창과 외교 고문인 묄렌도르프를 파견하였다.(이후)
④ 영국은 1885년에 러시아의 남하 정책을 견제하기 위해 거문도를 약 2년 동안 불법으로 점령하였다.(이후)
⑤ 조선 순조 때 발생한 신유박해 직후 천주교 신자인 황사영은 베이징에 주재하는 프랑스 선교사들에게 본국에 연락하여 조선에 군대를 파병할 것을 요청하는 백서를 작성하였다가 발각되었다.(이전)

2. ① 통리기무아문에서 추진된 정책 | 난이도 ●●○

문제 키워드 추출

- ✓ 국내의 정세에 대응하고 개화 정책을 총괄하기 위한 기구 _ 통리기무아문의 설치 목적

문제에서 통리기무아문의 설치 목적이 언급되었으므로, 통리기무아문 설치 이후 시행된 군제 개편이 언급된 1번 선지가 정답입니다. 최근 기출 경향에서는 통리기무아문 설치와 근대식 군제 개편에 대한 키워드 출제 빈도가 증가하였습니다!

① 1880년에 통리기무아문이 설치된 이후 1881년에는 기존의 5군영을 2영으로 개편하고 신식 군대인 별기군을 창설하였다.
② 대한 제국은 황제 직속의 군 통수 기구인 원수부를 설치하였다.
③ 조선 정조 때 기존의 『경국대전』, 『속대전』 등을 바탕으로, 새로운 법전인 『대전통편』을 편찬하였다.
④ 일제는 1907년에 국내에서 간행되는 신문에 대한 관리와 탄압을 위해 신문지법을 제정하였다.
⑤ 일제 강점기에는 조선 총독부가 서당을 공립 학교 교육의 보충 수단으로 인식하였기 때문에, 이를 탄압하기 위해 1918년에 서당 교육을 통제하기 위한 서당 규칙을 제정하였다.

3. ③ 시전 상인의 연좌시위 | 난이도 ●●○

문제 키워드 추출

문제에 제시된 사건(개항기, 시전 상인의 연좌시위, 1890)
- ✓ 시전 상인 수백 명이 연좌시위를 시작함, 외국 상인의 한성 침투 _ 시전 상인들은 일본, 청나라 상인들의 국내 시장 진출에 반발하여 시위를 시작함

문제에서 시전 상인이 외국 상인의 국내 시장 진출에 반발하여 추진한 연좌시위를 언급하였으므로, 청나라 상인이 국내에서 무역할 수 있는 권한을 부여한 3번 선지가 정답입니다. 최근 기출 경향에서는 단순한 키워드 암기를 넘어 정확한 개념 이해를 바탕으로 풀이를 요구하는 유형의 출제 비중이 늘어났습니다!

① 동양 척식 주식회사는 일제가 국내의 자본 및 토지를 침탈할 목적으로 1908년에 세운 회사이다.(이후)
② 보안회는 1904년에 일제의 황무지 개간권 요구를 저지시켰다.(이후)
③ 임오군란의 결과 조선은 1882년에 청나라와 조청 상민 수륙 무역 장정을 체결하여 한성과 양화진의 내지 통상권의 권한을 부여받았다.
④ 화폐 정리 사업은 1905년에 제1차 한일 협약에 따라 국내에 파견된 재정 고문인 일본인 메가타가 주도하였다.(이후)
⑤ 무단 통치기에는 회사를 설립할 때 조선 총독의 허가를 받도록 하는 회사령이 제정되었다.(이후)

4. ④   조일 수호 조규 부록과 조영 수호 통상 조약 | 난이도 ●●●

문제 키워드 추출

(가) 조약(개항기, 조일 수호 조규 부록, 1876)
- ✔ 부산항에서 일본국 인민이 통행할 수 있는 도로 이정(里程)은 조선 이법(理法)으로 동서남북 직경 10리로 정함 _ 조일 수호 조규 부록에 규정된 자유 활동 지역을 제한한 조항

(나) 조약(개항기, 조영 수호 통상 조약, 1883)
- ✔ 영국 인민은 여행증명서 없이 마음대로 돌아다님, 영국 인민은 조선 각지를 돌아다니며 통상 _ 조영 수호 통상 조약에 규정된 영국 인민의 활동 범위

문제에서 조일 수호 조규 부록과 조영 수호 통상 조약의 원문이 제시되었으므로, 서양의 국가와 수교를 확대하기 이전에 동양의 국가와 수교한 사례를 언급한 4번 선지가 정답입니다. 최근 기출 경향에서는 조약을 바탕으로 한 흐름형 유형의 출제 빈도가 증가하였습니다!

① 영국은 1885년에 러시아의 남하 정책을 견제하기 위해 거문도를 약 2년 동안 불법으로 점령하였다.(이후)
② 독일 상인인 오페르트는 1868년에 흥선 대원군의 아버지의 묘인 남연군 묘를 도굴하려다 발각되어 실패하였다.(이전)
③ 독립 협회는 1897~1898년에 러시아의 절영도 조차 요구 저지와 한러 은행 폐쇄를 주도하였다.(이후)
④ 임오군란의 결과 조선은 1882년에 일본과 제물포 조약을 체결하였으며, 청나라와 조청 상민 수륙 무역 장정을 체결하였다.
⑤ 갑신정변의 결과 1885년에 일본과 청나라 사이에 양국이 조선에 군대를 파병할 경우 사전에 서로 보고할 것을 규정한 텐진 조약을 체결하였다.(이후)

5. ③   황룡촌 전투 | 난이도 ●●●

문제 키워드 추출

- ✔ 장성, 황룡 전적 _ 동학 농민군은 전라남도 장성에서 발생한 황룡촌 전투에서 관군에게 승리함

문제에서 장성, 황룡 전적을 언급하였으므로, 황룡촌 전투와 관련된 사실을 언급한 3번 선지가 정답입니다. 최근 기출 경향에서는 특정 역사적 사실에 대한 정확한 개념 이해를 바탕으로 풀이가 요구되는 문제의 출제 빈도가 증가하였습니다!

① 동학 농민군은 전주성 점령 이후 정부와 조약을 체결하며 폐정 개혁안의 실천을 합의하였다.
② 동학은 남녀 평등 사상 등 신분제를 부정하는 특징이 있었기 때문에, 세상을 어지럽히고 백성들을 속인다는 이유로 대구에서 동학의 초대 교주인 최제우가 처형되었다.
③ 황룡촌 전투는 전라남도 장성에서 관군과 동학 농민군이 맞서 싸운 전투로, 당시 동학 농민군의 지리적 이점을 활용한 전투 방식을 통해 홍계훈의 관군에게 승리하였다.
④ 동학 농민 운동의 지도자인 전봉준은 우금치 전투를 비롯한 지속적인 패배로 인해 일본군과 정부군을 피해 피신하다가 전라북도 순창에서 끝내 체포되어 처형되었다.
⑤ 동학 농민 운동의 지도자인 전봉준은 탐관오리인 조병갑의 수탈 및 횡포에 저항하여 고부 농민 봉기를 주도하였다.

6. ③   을미개혁 | 난이도 ●●●

문제 키워드 추출

- ✔ 태양력 _ 을미개혁 때 채택된 역법

문제에서 을미개혁 때 채택된 역법을 언급하였기 때문에, 을미개혁 때 추진된 군제 개편을 언급한 3번 선지가 정답입니다!

① 대한 제국은 근대적인 토지 제도 확립을 위해 지계아문을 설치하고 토지 증명 문서인 지계를 발급하였다.
② 2차 갑오개혁 때 조선의 지방 행정 구역을 기존의 8도에서 23부로 개편하였다.
③ 을미개혁 때 근대식 군제 개편을 단행하여 왕궁의 경비를 담당한 친위대와 지방의 질서 유지 및 변방 수비를 담당하는 진위대를 설치하였다.
④ 제1차 갑오개혁 때 공사 노비법을 혁파하며 사실상 신분제가 폐지되었으며, 동학 농민 운동의 요구 사항을 일부 수용하여 과부의 재가를 허용하였다.
⑤ 제2차 갑오개혁 때 근대식 사범 학교에 대한 관제인 교육 입국 조서를 반포하고 한성 사범 학교가 설립되었다.

7. ④   고종의 강제 퇴위 | 난이도 ●●○

문제 키워드 추출

문제에 제시된 사건(개항기, 고종의 강제 퇴위, 1907)
- ✔ 황제가 퇴위당함 _ 헤이그 특사 파견의 영향으로, 일제는 고종을 강제로 퇴위시킴

문제에서 고종의 강제 퇴위와 관련된 상황을 다뤘기 때문에, 고종의 강제 퇴위 이후 발생한 일제의 침략 사례를 다룬 4번 선지가 정답입니다. 최근 기출 경향에서는 구한말 일제의 침략 과정에 대한 내용을 더욱 깊이 있게 출제하기 시작하였습니다!

① 1880년에 통리기무아문이 설치된 이후 1881년에는 기존의 5군영을 2영으로 개편하고 신식 군대인 별기군을 창설하였다.(이전)

② 1882년에 청나라가 임오군란을 진압한 이후 조선에 재정 고문인 마젠창과 외교 고문인 묄렌도르프를 파견하였다.(이전)

③ 대한 제국은 1905년에 일제와 을사늑약을 체결하며 외교권을 박탈당하고, 국내에 통감부가 설치되어 간섭을 받았다.(이전)

④ 1909년에는 일제에 의해 기유각서가 체결되어, 한국의 사법권 및 감옥 사무의 처리권을 일본 정부에 위탁하였다.(이후)

⑤ 독립 협회는 1898년에 관민 공동회에서 6개항의 국정 개혁안을 건의하였는데, 대표적으로 의회식 정치를 추구하는 중추원 관제를 추진할 것을 주장하였다.(이전)

8. ①   개항기의 신문 사례 | 난이도 ●●○

한성순보는 박문국에서 정부 주도로 발행한 순 한문 신문이며, 독립신문의 창간자는 서재필이므로, 이와 관련된 사실을 다룬 ㄱ, ㄴ 선지를 골라야 합니다. 최근 기출 경향에서는 특정 주제를 바탕으로 여러 사건(또는 인물 등)을 동시에 파악하는 유형의 출제 빈도가 증가하였습니다!

ㄱ. 한성순보는 1883년에 박문국에서 발행된 최초의 근대식 신문으로, 순 한문으로 발행되었다.

ㄴ. 독립신문은 1896년에 서재필이 창간한 우리나라 최초의 민간 신문으로, 민중 계몽과 더불어 국내의 소식을 외국에 전달할 목적으로 국문과 영문을 혼용하여 발행하였다.

ㄷ. 조선중앙일보와 동아일보는 1936년에 개최된 베를린 올림픽의 마라톤 경기에서 금메달을 획득한 손기정 선수의 사진 속 일장기를 삭제하였다.

ㄹ. 한성주보는 개항기에 발행된 우리나라 최초의 주간신문으로, 상업 광고를 처음으로 게재하였다.

남에게 하듯 나에게
구체적으로, 다정하게 칭찬해 주세요.

#나를아끼는방법 #칭찬의힘

6 PART 일제 강점기

각 문제는 이 주제에서 가장 많이
출제된 키워드로 구성하였습니다.

문제별 키워드 분류표

문제	키워드	출제 빈도(27회분 中)
1~2	무단 통치기	➡ 10번 출제
3~4	이른바 문화 통치기	➡ 1번 출제
5~7	민족 말살 통치기	➡ 21번 출제
8	일제 강점기의 식민 통치	➡ 1번 출제
9~10	독립 의군부와 대한 광복회	➡ 3번 출제
11~12	3·1 운동	➡ 11번 출제
13~14	6·10 만세 운동	➡ 3번 출제
15	신간회	➡ 3번 출제
16	광주 학생 항일 운동	➡ 4번 출제

해품사의 키워드 분석팁!

문제 1~2   무단 통치기

일제 강점기의 식민 통치 유형은 일제 강점기 파트에서 가장 먼저 공략할 필요가 있는 빈출 주제입니다. 이 유형은 크게 무단 통치기, 이른바 문화 통치기, 민족 말살 통치기 파트로 나눠 공략할 필요가 있으며, 민족 말살기-무단 통치기-이른바 문화 통치기 순으로 우선순위를 나눠 공략할 필요가 있습니다. 먼저 무단 통치기의 경우 '정책(교사가 제복을 입고 칼을 찬 상태로 수업을 진행함, 범죄 즉결례, 조선 태형령, 헌병 경찰제)', '경제 침탈(토지 조사 사업, 회사령)', '교육(제1차 조선 교육령 반포)', '관련 역사적 사실(조선 물산 공진회 개최)' 등을 암기할 필요가 있습니다.

1. ②
무단 통치기 | 난이도 ●○○

문제 키워드 추출

- ✓ 교원이 제복을 입고 칼을 차고 수업 _ 무단 통치기에 수업 현장에서 공포 분위기를 조성한 사례
- ✓ 3·1 운동 이전의 식민지 사회 현실 _ 무단 통치기의 시기

문제에서 무단 통치기의 사회상과 시기와 관련된 키워드를 제시하였기 때문에, 무단 통치기의 경제 침탈 사례를 언급한 2번 선지가 정답입니다!

---

① 민족 말살 통치기에는 일제가 전시 체제하에 조선인들을 통제하기 위해 애국반을 운영하였다.

② 무단 통치기에는 회사를 설립할 때 조선 총독의 허가를 받도록 하는 회사령이 제정되었다.

③ 일제는 식민 지배에 반대하고 사유 재산 제도를 부인하는 사회주의자들을 탄압할 목적으로 1925년에 치안 유지법을 제정하였다.

④ 민족 말살 통치기에는 일제가 전시 체제에 대비하기 위해 금속과 미곡에 대한 공출을 시행하였다.

⑤ 민족 말살 통치기에는 일제가 전시 체제에 대비하기 위해 조선인들을 물적·인적으로 수탈하는 법인 국가 총동원법을 제정하였다.

2. ④
무단 통치기 | 난이도 ●○○

문제 키워드 추출

- ✓ 토지 조사 사업 _ 일제가 근대적 토지 소유 관계를 확립할 명분으로 1910년대에 시행한 경제 침탈 사업

문제에서 무단 통치기의 경제 침탈 사례를 언급하였으므로, 무단 통치기에 시행된 대표적인 형벌을 언급한 4번 선지가 정답입니다!

---

① 이른바 문화 통치기에 일제가 민립 대학 설립 운동을 탄압하기 위한 목적으로 경성 제국 대학을 설립하였다.

② 신간회의 자매 단체로 1927년에 결성된 근우회는 민족주의 계열과 사회주의 계열의 여성들이 연합하여 여성들의 신분 해방 운동을 주도하였다.

③ 조미 수호 통상 조약을 체결한 이후인 1883년에 민영익, 홍영식 등이 보빙사로 파견되었다.

④ 무단 통치기에는 헌병이 경찰을 담당하였고, 일제가 조선인에게만 적용되는 조선 태형령을 시행하였다. ★ 대표 선지!

⑤ 영국은 1885년에 러시아의 남하 정책을 견제하기 위해 거문도를 약 2년 동안 불법으로 점령하였다.

이른바 문화 통치기는 일제 강점기의 식민 통치 정책 유형에서 출제 빈도가 가장 낮습니다. 이른바 문화 통치기의 경우 '정책(형식상 문관 총독 임명, 보통 경찰제 전환, 회사령과 태형 폐지, 언론·출판·결사·집회 자유 허용, 치안 유지법 제정)', '경제 침탈(산미 증식 계획-일제의 자국 식량 문제 해결 목적, 농민에게 수리 조합비 전가, 만주산 잡곡 수입 결과)', '교육(제2차 조선 교육령 반포)', '문화(나운규의 아리랑이 단성사에서 상영됨, 카프 결성)', '관련 역사적 사실(경성 제국 대학 설립, 근우회 창설, 원산 총파업 발생)' 등을 암기할 필요가 있습니다.

3. ①
이른바 문화 통치기 | 난이도 ●●○

문제 키워드 추출

✔ 나운규, 단성사 _ 이른바 문화 통치기에 단성사에서 개봉된 우리나라 최초의 영화인 '아리랑'

문제에서 이른바 문화 통치기에 개봉된 우리나라의 영화 관련 키워드를 언급하였으므로, 이른바 문화 통치기에 사회주의 성향의 작가들이 등장하였다는 사실을 다룬 1번 선지가 정답입니다!

① 이른바 문화 통치기부터 신경향파 작가들이 등장하여 사회주의의 영향을 받은 카프(KAPF)가 결성되었다. ★ 대표 선지!
② 원각사는 1908년에 설립된 우리나라 최초의 근대식 서양 극장으로, '은세계', '치악산' 등의 신극을 공연하였다. 원각사는 1914년에 화재로 소실되었다.
③ 1886년에는 정부 주도로 최초의 근대식 공립 교육 기관인 육영 공원이 설립되었다(1894년 폐교).
④ 1899년에는 서울 내 운송 수단인 전차가 최초로 개통되었다.
⑤ 조선중앙일보와 동아일보는 1936년에 개최된 베를린 올림픽의 마라톤 경기에서 금메달을 획득한 손기정 선수의 사진 속 일장기를 삭제하였다.

4. ①
산미 증식 계획 | 난이도 ●●○

문제 키워드 추출

✔ 내지(內地)는 심각한 식량 부족을 보임 _ 일제가 산미 증식 계획을 시행한 목적
✔ 만주산 잡곡의 수입이 증가 _ 산미 증식 계획의 영향

문제에서 산미 증식 계획의 시행 원인과 결과와 관련된 사료를 제시하였기 때문에, 이와 관련된 1번 선지가 정답입니다!

① 일제는 자국의 식량 문제를 해결하기 위한 목적으로 조선을 식량 및 원료 공급지로 만들기 위해 산미 증식 계획을 실시하였다.
② 화폐 정리 사업은 제1차 한일 협약에 따라 국내에 파견된 재정 고문인 일본인 메가타가 주도하였다.
③ 보안회는 일제의 황무지 개간권 요구를 저지시켰다.
④ 함경도 관찰사 조병식은 조일 통상 장정에 근거하여 일시적으로 쌀 수출을 금지할 것을 통지하는 방곡령을 선포하였다.
⑤ 동양 척식 주식회사는 일제가 국내의 자본 및 토지를 침탈할 목적으로 1908년에 세운 회사이다.

민족 말살 통치기는 일제 강점기의 식민 통치 정책 유형에서 출제 빈도가 가장 높습니다. 민족 말살 통치기의 경우 '전쟁(금속 및 미곡 공출, 국가 총동원법, 애국반, 위안부, 중일 전쟁, 태평양 전쟁, 학도병제)', '세뇌(신사 참배, 창씨개명, 황국 신민 서사)', '노역(국민 징용령, 몸뻬 착용 강조, 여자 정신 근로령)', '관련 역사적 사실(조선 사상범 예방 구금령 제정, 제3차~4차 조선 교육령)' 등을 암기할 필요가 있습니다.

5. ④
민족 말살 통치기 | 난이도 ●○○

문제 키워드 추출

✔ 중일 전쟁 _ 민족 말살 통치기에 발생한 대표적인 동아시아 전쟁
✔ 위안부 _ 민족 말살 통치기에 일본군에 의해 성노예 생활을 강요당한 여성

문제에서 민족 말살기와 관련된 전쟁 키워드와 위안부가 언급되었으므로, 민족 말살 통치기에 시행된 세뇌와 관련된 정책 사례인 4번 선지가 정답입니다!

① 무단 통치기에는 일제가 조선인에게만 적용되는 조선 태형령을 시행하였다.
② 이른바 문화 통치기에는 문평 라이징 선 석유 회사의 조선인 노동자가 구타당한 것을 계기로 원산 총파업이 발생하였다.
③ 무단 통치기에는 회사를 설립할 때 조선 총독의 허가를 받도록 하는 회사령이 제정되었다.
④ 민족 말살 통치기에는 일본의 신사에 강제로 참배를 유도하였다.
⑤ 이른바 문화 통치기에는 전남 신안에서 지주 문재철의 횡포에 맞서 암태도 소작 쟁의가 발생하였다.

6. ①

문제 키워드 추출

✔ 국민 징용령 _ 민족 말살 통치기에 조선인들을 강제로 노동 현장에 동원한 정책

문제에서 민족 말살 통치기에 시행된 노역과 관련된 키워드를 다뤘기 때문에, 민족 말살 통치기에 조선인들을 통제하기 위해 시행한 애국반이 언급된 1번 선지가 정답입니다!

① 민족 말살 통치기에는 일제가 전시 체제하에 조선인들을 통제하기 위해 애국반을 운영하였다.
② 무단 통치기에는 헌병이 경찰을 담당하였고, 일제가 조선인에게만 적용되는 조선 태형령을 시행하였다.
③ 일제는 식민 지배에 반대하고 사유 재산 제도를 부인하는 사회주의자들을 탄압할 목적으로 1925년에 치안 유지법을 제정하였다.
④ 무단 통치기에는 회사를 설립할 때 조선 총독의 허가를 받도록 하는 회사령이 제정되었다.
⑤ 무단 통치기에는 일제가 근대적 토지 소유 관계를 확립할 명분으로 시행한 경제 침탈 사업인 토지 조사 사업을 실시하였다.

7. ⑤

문제 키워드 추출

✔ 중일 전쟁 _ 민족 말살 통치기에 발생한 대표적인 전쟁 사례
✔ 공출 _ 민족 말살 통치기에 일제가 전시 체제에 대비하기 위해 조선에서 물자를 강제로 빼앗은 정책 사례

문제에서 민족 말살 통치기에 발생한 전쟁과 정책 사례를 언급하였기 때문에, 무단 통치기의 정책 사례가 언급된 5번 선지가 일치하지 않습니다!

① 민족 말살 통치기에 일제는 국민학교령을 발표하여 기존의 소학교를 국민학교로 개편하였다.
② 민족 말살 통치기에는 일제가 전시 체제에 대비하기 위해 조선인들을 전쟁 현장에 동원하였다.
③ 민족 말살 통치기에는 조선인들을 강제로 노동 현장에 동원하였다.
④ 민족 말살 통치기에는 일제는 '천황'에 대한 충성심을 강조한 황국 신민 서사의 암송을 강요하였다. ★ 대표 선지!
⑤ 무단 통치기에는 헌병이 경찰을 담당하였고, 조선인에게만 적용되는 조선 태형령을 시행하였다.

해품사의 키워드 분석팁!

문제 8	일제 강점기의 식민 통치

한능검에서 일제의 식민 통치 정책 유형을 어렵게 출제하기 위해 각 시기의 식민 통치 정책 사례를 동시에 출제하는 유형을 제시할 수 있습니다. 그러므로 각 시기의 특징과 사례를 정확히 구별하는 것이 중요합니다.

8. ③

문제 키워드 추출

(가) 정책(일제 강점기, 이른바 문화 통치, 1920년대)
✔ 총독은 문무관 어느 쪽이라도 임용될 수 있는 길을 열 것, 일반 관리와 교원의 제복과 대검을 폐지 _ 이른바 문화 통치기에 기존의 무단 통치기의 정책을 완화한 사례

(나) 정책(일제 강점기, 범죄 즉결례, 1910)
✔ 즉결은 정식 재판을 하지 않으며 피고인의 진술을 듣고 증빙을 취조한 후 즉시 언도 _ 무단 통치기에 시행된 범죄 즉결례

(다) 징책(일제 강점기, 조선 사상범 보호 관찰령, 1936)
✔ 치안 유지법의 죄를 범한 자, 보호 관찰 심사회의 결의에 따라 보호 관찰에 부침 _ 일제가 사회주의자에 대한 탄압을 강화하기 위해 제정한 법

일제의 식민 통치 정책의 흐름은 범죄 즉결례(나-1910) → 이른바 문화 통치(가-1920년대) → 조선 사상범 보호 관찰령(다-1936) 순으로 발생하였습니다!

해품사의 키워드 분석팁!

문제 9~10	독립 의군부와 대한 광복회

독립 의군부와 대한 광복회는 1910년대에 활동한 대표적인 국내 독립운동 단체입니다. 이 유형은 각 단체의 대표 인물, 활동, 특징을 구별하는 것이 중요합니다. 우선 독립 의군부의 경우 '대표 인물(임병찬)', '특징(고종의 밀명을 받아 조직, 복벽주의 지향, 조선 총독부에 국권 반환 요구서 제출 시도)' 등을 암기할 필요가 있습니다. 대한 광복회의 경우 '대표 인물(박상진, 채기중)', '특징(공화정 지향, 군대식 조직을 갖춘 비밀 결사, 상덕태상회를 통해 군자금 모집)' 등을 암기할 필요가 있습니다.

9. ⑤
독립 의군부 | 난이도 ●●○

문제 키워드 추출

✓ 임병찬 _ 독립 의군부를 조직한 대표 인물
✓ 복벽주의 _ 독립 의군부의 정치 지향

문제에서 독립 의군부의 대표 인물과 정치 지향과 관련된 키워드를 언급하였으므로, 독립 의군부와 관련된 대표 활동 사례를 언급한 5번 선지가 정답입니다!

① 도쿄 지역의 청년 유학생들은 2·8 독립 선언서를 발표하여 독립운동을 주도하였고, 이는 3·1 운동에 영향을 주었다.
② 일제는 식민 지배에 반대하고 사유 재산 제도를 부인하는 사회주의자들을 탄압할 목적으로 1925년에 치안 유지법을 제정하였다.
③ 신민회의 이회영, 이동녕, 이상룡은 서간도에 신흥 강습소를 설립하여 독립군을 양성하였다.
④ 대한민국 임시 정부는 독립운동 자금 마련을 위한 독립 공채를 발행하였다.
⑤ 독립 의군부는 조선 총독부에 국권 반환 요구서를 제출하려고 시도하였다. ★ 대표 선지!

10. ②
대한 광복회 | 난이도 ●●○

문제 키워드 추출

✓ 박상진 _ 대한 광복회를 조직한 대표 인물
✓ 상덕태상회 _ 대한 광복회의 비밀 연락 거점

문제에서 대한 광복회를 조직한 대표 인물과 관련 키워드가 언급되었으므로, 대한 광복회의 정치 지향에 대한 내용을 언급한 2번 선지가 정답입니다!

① 대한 자강회는 고종의 강제 퇴위를 반대하는 운동을 전개하였다.
② 대한 광복회는 공화정체의 국민 국가 수립을 목표로 하였다. ★ 대표 선지!
③ 신한 청년당의 김규식은 파리 강화 회의에 대표로 파견되어 독립 청원서를 제출하였다.
④ 한국광복군은 미국 전략 정보국(OSS)과 연합하여 국내 정진군을 육성한 뒤 국내 진공 작전을 추진하였다.
⑤ 독립 협회는 민중 계몽을 위해 종로에서 단체 회원, 시민들이 참여한 민중 집회인 만민 공동회를 개최하였다.

문제 11~12 3·1 운동

일제 강점기의 국내 항일 운동 유형은 크게 3·1 운동, 6·10 만세 운동, 광주 학생 항일 운동이 출제됩니다. 특히 3·1 운동은 출제 빈도가 가장 높기 때문에 가장 먼저 공략할 필요가 있습니다. 3·1 운동은 문제 및 정답 키워드로 '배경(미국 대통령 윌슨의 민족 자결주의 제창, 도쿄 청년 유학생들의 2·8 독립 선언서 발표 → 고종의 인산일을 계기로 만세 운동 준비)', '전개(민족 대표 33인의 기미 독립 선언서 작성 → 탑골 공원에서 기미 독립 선언서 낭독 및 독립운동 전개 → 처음 비폭력 운동에서 무력적 저항 운동으로 발전 → 일제의 제암리 학살 사건 자행)', '영향 및 의의(대한민국 임시 정부 수립의 계기, 연해주·미주 등 독립운동 확산, 일제의 통치 방식이 이른바 문화 통치로 변화됨, 중국의 5·4 운동 및 인도 비폭력 운동 영향, 최대 규모의 민족 운동)' 등을 암기할 필요가 있습니다.

11. ③
3·1 운동 | 난이도 ●●○

문제 키워드 추출

✓ 제암리 학살 사건 _ 3·1 운동 때 경기도 화성에서 발생한 민간인 학살 사건

문제에서 3·1 운동 때 발생한 민간인 학살 사건 관련 키워드가 언급되었기 때문에, 3·1 운동의 결과 발생한 일제의 식민 통치의 변화를 다룬 3번 선지가 정답입니다!

① 신간회는 광주 학생 항일 운동 발생 이후 진상 조사단을 파견하여 지원하였다.
② 6·10 만세 운동은 순종(융희) 황제의 인산일을 기회로 삼아 사회주의 계열과 학생들을 중심으로 추진되었다.
③ 3·1 운동은 일제가 조선인에 대한 통치 방식을 무단 통치에서 이른바 문화 통치로 변화하는 계기를 제공하였다. ★ 대표 선지!
④ 광주 학생 항일 운동은 나주역에서 발생한 한일 학생 간의 충돌에서 비롯되었다.
⑤ 6·10 만세 운동을 준비하는 과정에서 사회주의자들이 일제에 사전에 발각되어 대거 검거되었다.

12. ③   3·1 운동 | 난이도 ●●○

문제 키워드 추출

- ✔ 고종의 장례식을 계기로 문제가 발생 _ 3·1 운동은 고종 의 인산일을 계기로 발생함
- ✔ 헌병 _ 3·1 운동이 진행되던 당시에는 헌병 경찰제가 시 행됨

문제에서 3·1 운동의 원인과 무단 통치기와 관련된 키워드 가 언급되었기 때문에, 광주 학생 항일 운동과 관련된 사실 을 다룬 3번 선지가 일치하지 않습니다!

---

① 3·1 운동은 중국의 5·4 운동 및 인도의 독립운동 등 해외 독립운동에 영향을 주었다.

② 3·1 운동의 결과 조직적인 독립운동의 필요성이 모색되며 상하이에 대한민국 임시 정부가 수립되었다.

③ 신간회는 광주 학생 항일 운동 발생 이후 진상 조사단을 파 견하여 지원하였다.

④ 3·1 운동 이후 미주, 연해주 등 해외 지역에서도 독립운동 이 확산되었다.

⑤ 3·1 운동은 본래 평화 시위로 전개되었으나, 이후 무력 투 쟁 시위로 발전하였다.

해품사의 키워드 분석팁!

문제 13~14	6·10 만세 운동

6·10 만세 운동은 문제 및 정답 키워드로 '배경(순종 또는 융 희 황제의 인산일을 계기로 만세 운동 준비)', '전개(사회주의 계열 및 학생 중심으로 만세 운동 준비)', '영향 및 의의(정우회 선언 → 민족 유일당 운동 → 신간회 창립)' 등을 암기할 필요가 있습니다.

---

13. ③   6·10 만세 운동 | 난이도 ●○○

문제 키워드 추출

- ✔ 돈화문 _ 순종의 장례 행렬이 출발한 장소
- ✔ 순종 황제의 인산 _ 6·10 만세 운동의 원인

문제에서 6·10 만세 운동과 관련된 장소 및 원인이 힌트로 제시되었으므로, 6·10 만세 운동을 준비한 세력을 언급한 3번 선지가 정답입니다!

① 3·1 운동의 결과 조직적인 독립운동의 필요성이 모색되었 으며, 그 결과 상하이에 대한민국 임시 정부가 수립되었다.

② 신간회는 광주 학생 항일 운동 발생 이후 진상 조사단을 파 견하여 지원하였다.

③ 6·10 만세 운동은 순종(융희) 황제의 인산일을 기회로 삼 아 일부 민족주의 계열, 사회주의 계열과 학생들을 중심으 로 추진되었다.

④ 광주 학생 항일 운동은 나주역에서 발생한 한일 학생 간의 충돌에서 비롯되었다.

⑤ 3·1 운동은 일제가 조선인에 대한 통치 방식을 무단 통치 에서 이른바 문화 통치로 변화하는 계기를 제공하였다.

---

14. ⑤   6·10 만세 운동 | 난이도 ●●○

문제 키워드 추출

- ✔ 융희 황제의 인산일 _ 6·10 만세 운동은 순종의 인산일을 계기로 발생함

문제에서 6·10 만세 운동의 원인과 관련된 키워드를 제시 하였으므로, 6·10 만세 운동 이후 결성된 연합 성격의 단체 를 언급한 5번 선지가 정답입니다. 특히 순종 황제의 연호를 활용하여 융희 황제로 언급될 수 있습니다!

---

① 원산 총파업은 일본, 중국, 프랑스 등 외국 노동 단체로부터 격려 및 후원을 받았다.

② 일제는 식민 지배에 반대하고 사유 재산 제도를 부인하는 사회주의자들을 탄압할 목적으로 1925년에 치안 유지법을 제정하였다.

③ 대한민국 임시 정부는 1923년에 독립운동의 방향성을 논 의하기 위하여 국민 대표 회의를 개최하였다.

④ 광주 학생 항일 운동은 나주역에서 발생한 한일 학생 간의 충돌에서 비롯되었다.

⑤ 신간회는 6·10 만세 운동을 계기로 제기된 정우회 선언을 통해 비타협적 민족주의 계열과 사회주의 계열이 연합하여 결성된 단체이다. ★ 대표 선지!

해품사의 키워드 분석팁!

문제 15	신간회

신간회는 6·10 만세 운동 이후 제기된 정우회 선언을 계기로 민족 유일당 운동의 결과 비타협적 민족주의 세력과 사회주의 세력이 연합하여 결성한 단체입니다. 신간회의 경우 문제 및 정답 키워드로 '초대 회장 이상재 선출', '강령 발표(기회주의 배격)', '활동(광주 학생 항일 운동에 진상 조사단 파견, 전국 순회 강연, 전국 주요 도시에 지회 설립)', '의의(민족 협동 전선, 일제 강점기 최대 규모의 사회 단체)' 등을 암기할 필요가 있습니다.

15. ⑤   신간회 | 난이도 ● ● ○

문제 키워드 추출

- ✔ 일제 강점기 최대 규모의 사회 단체 _ 신간회의 의의
- ✔ 정우회 선언 _ 신간회가 창설된 배경
- ✔ 이상재 _ 신간회의 초대 회장

문제에서 신간회와 관련된 다양한 키워드를 제시하였으므로, 신간회의 대표 활동 사례를 언급한 5번 선지가 정답입니다!

① 신민회의 간부인 이승훈은 자금 마련을 위해 자기 회사를 설립하여 운영하였다.

② 도쿄 지역의 청년 유학생들은 2·8 독립 선언서를 발표하여 독립운동을 주도하였고, 이는 3·1 운동에 영향을 주었다.

③ 제국신문은 이종일이 창간한 민간 신문으로, 부녀자층을 주로 대상으로 하였으며, 항일 논설을 다수 게재하였다.

④ 방정환은 천도교 소년회와 색동회를 조직하는 등 어린이의 권익을 보호하는 소년 운동을 추진하였다.

⑤ 신간회는 광주 학생 항일 운동 발생 이후 진상 조사단을 파견하여 지원하였다. ★ 대표 선지!

해품사의 키워드 분석팁!

문제 16	광주 학생 항일 운동

광주 학생 항일 운동은 문제 및 정답 키워드로 '배경(한일 학생 간 충돌 계기)', '전개(독서회 및 성진회 등 학생 단체의 주도적 활동, 조선인 본위의 교육 제도 확립과 식민지 교육 철폐 등 요구)', '영향 및 의의(신간회에서 진상 조사단을 파견하여 지원함, 전국적인 동맹 휴학이 발생하는 계기가 됨)' 등을 암기할 필요가 있습니다.

문제 키워드 추출

- ✔ 1929년 _ 광주 학생 항일 운동이 발생한 시기
- ✔ 한일 학생 간 충돌을 계기로 광주에서 일어남 _ 광주 학생 항일 운동의 원인과 발생 지역

문제에서 광주 학생 항일 운동과 관련된 다양한 키워드를 제시하였으므로, 광주 학생 항일 운동을 지원한 신간회의 활동 사례를 언급한 5번 선지가 정답입니다!

① 백정들은 신분 해방 이후 남아있는 사회적 차별에 맞서 조선 형평사를 조직하여 형평 운동을 주도하였다.

② 6·10 만세 운동은 순종(융희) 황제의 인산일을 기회로 삼아 사회주의 계열과 학생들을 중심으로 추진되었다.

③ 3·1 운동의 결과 조직적인 독립운동의 필요성이 모색되었으며, 그 결과 상하이에 대한민국 임시 정부가 수립되었다.

④ 신간회는 6·10 만세 운동을 계기로 제기된 정우회 선언을 통해 비타협적 민족주의 계열과 사회주의 계열이 연합하여 결성된 단체이다.

⑤ 신간회는 광주 학생 항일 운동 발생 이후 진상 조사단을 파견하여 지원하였다. ★ 대표 선지!

각 문제는 이 주제에서 가장 많이
출제된 키워드로 구성하였습니다.

문제별 키워드 분류표

문제	키워드	출제 빈도(27회분 中)
1~10	일제 강점기의 국외 독립운동 사례 개괄	➡ 18번 출제
11~18	대한민국 임시 정부	➡ 15번 출제

해품사의 키워드 분석팁!

| 문제 1~10 | 일제 강점기의 국외 독립운동 사례 개괄 |

일제 강점기 파트는 다양한 지역에서 발생한 국외 독립운동의
사례를 출제할 수 있습니다. 이때 언급될 수 있는 지역으로는
크게 간도, 멕시코, 미주, 상하이, 연해주, 일본이 있습니다. 우
선 서간도 지역의 경우 '기구 또는 단체(경학사 → 부민단, 신흥
강습소 → 신흥 무관 학교)' 등을 암기할 필요가 있습니다. 북간
도 지역의 경우 '기구 또는 단체(간민회, 중광단 → 북로 군정서
군, 서전서숙, 명동 학교)', '독립운동 사례(봉오동 전투, 청산리
전투)' 등을 암기할 필요가 있습니다. 멕시코 지역의 경우 '기구
또는 단체(숭무 학교)', '관련 역사적 사실(한인들이 에네켄 농
장에서 노동함)' 등을 암기할 필요가 있습니다. 미주 지역의 경
우 '기구 또는 단체(대한인 국민회, 대조선 국민 군단-박용만,
윌로우스 비행 학교, 흥사단)', '관련 역사적 사실(사진 결혼 유
행, 한인들이 사탕수수 농장에서 노동함)' 등을 암기할 필요가
있습니다. 상하이 지역의 경우 '기구 또는 단체(대한민국 임시
정부, 신한 청년당 → 김규식의 파리 강화 회의 파견)', '관련 역
사적 사실(대동 단결 선언 발표)', '독립운동 사례(윤봉길의 훙
커우 공원 의거)' 등을 암기할 필요가 있습니다. 연해주 지역의
경우 '기구 또는 단체(권업회-최재형, 신한촌, 대한 광복군 정
부, 대한 국민 의회)', '관련 역사적 사실(권업신문과 해조신문
발간, 스탈린의 한인 중앙아시아 강제 이주)' 등을 암기할 필요
가 있습니다. 일본 지역의 경우 '관련 역사적 사실(간토 대지진
발생, 토월회 결성)', '독립운동 사례(김지섭의 일본 궁성 폭탄
투척-의열단, 이봉창의 일왕 마차 폭탄 투척-한인 애국단, 2·8
독립 선언서 발표)' 등을 암기할 필요가 있습니다.

1. ②   서간도 지역의 국외 독립운동 | 난이도 ●●○

문제 키워드 추출

✓ 서로 군정서 _ 서간도 지역의 대표적인 군사 조직

문제에서 서간도 지역의 대표적인 군사 조직을 언급하였으
므로, 서간도에 건립된 대표적인 학교가 언급된 2번 선지가
정답입니다!

① 연해주 지역에 거주한 한인들은 권업신문과 해조신문을 발
간하였다.
② 신민회의 이회영, 이동녕, 이상룡은 서간도에 신흥 강습소
를 설립하여 독립군을 양성하였다. ★ 대표 선지!
③ 미주 지역에 거주한 한인들이 1910년에 항일 독립운동 단
체인 대한인 국민회를 결성하였다.
④ 미주의 대표적인 지역인 하와이에서는 박용만의 주도로 대
조선 국민 군단을 창설하여 독립운동을 위한 군사를 양성하
였다.
⑤ 도쿄 지역의 청년 유학생들은 2·8 독립 선언서를 발표하여
독립운동을 주도하였고, 이는 3·1 운동에 영향을 주었다.

2. ②   북간도 지역의 국외 독립운동 | 난이도 ●●○

문제 키워드 추출

✓ 명동 학교 _ 북간도 지역에 김약연이 설립한 민족 학교
✓ 봉오동 전투 _ 북간도 지역의 봉오동에서 대한 독립군이
일본군에게 승리한 전투 사례

문제에서 북간도 지역 내 위치한 민족 학교와 전투 사례를
언급하였으므로, 북간도 지역에서 결성된 대표적인 군사 조
직을 언급한 2번 선지가 정답입니다!

① 최재형은 연해주 지역의 신한촌에서 항일 독립운동 단체인
권업회를 조직하고 권업신문을 발행하였다.
② 북간도 지역에서 대종교 계열을 중심으로 무장 투쟁을 위한
군사 조직인 중광단이 결성되었다.
③ 멕시코 지역에는 이근영 등이 건립한 한인 무관 양성 학교
인 숭무 학교가 존재하였다.
④ 중국 화북 지역에서는 김두봉을 중심으로 조선 독립 동맹이
창립되었다.
⑤ 도쿄 지역의 청년 유학생들은 2·8 독립 선언서를 발표하여
독립운동을 주도하였고, 이는 3·1 운동에 영향을 주었다.

3. ③   도쿄 지역의 국외 독립운동 | 난이도 ●●○

문제 키워드 추출

✔ 1923년에 발생한 지진 _ 도쿄 지역에서 발생한 간토 대지진

문제에서 도쿄 지역에서 발생한 자연 재난 키워드를 언급하였으므로, 도쿄 지역에서 발생한 독립운동 사례를 언급한 3번 선지가 정답입니다!

① 서간도 지역에는 이상룡 등이 독립운동 단체이자 한인 자치 기구인 경학사를 설립하였다.

② 북간도 지역에서 이상설은 서전서숙, 김약연은 명동 학교를 설립하여 민족 교육을 실시하였다.

③ 도쿄 지역의 청년 유학생들은 2·8 독립 선언서를 발표하여 독립운동을 주도하였고, 이는 3·1 운동에 영향을 주었다.
★ 대표 선지!

④ 미주의 대표적인 지역인 하와이에서는 박용만의 주도로 대조선 국민 군단을 창설하여 독립운동을 위한 군사를 양성하였다.

⑤ 연해주 지역에는 일종의 망명 정부인 대한 광복군 정부를 세워 이상설을 정통령, 이동휘를 부통령으로 선출하였다.

4. ②   멕시코 지역의 국외 독립운동 | 난이도 ●●○

문제 키워드 추출

✔ 에네켄 농장 _ 멕시코 지역에 위치한 대표적인 농장

문제에서 멕시코 지역 내 존재한 에네켄 농장을 언급하였으므로, 멕시코 지역 내에 설립된 한인 무관 양성 학교를 언급한 2번 선지가 정답입니다!

① 최재형은 연해주 지역의 신한촌에서 항일 독립운동 단체인 권업회를 조직하고 권업신문을 발행하였다.

② 멕시코 지역에는 이근영 등이 건립한 한인 무관 양성 학교인 숭무 학교가 존재하였다. ★ 대표 선지!

③ 북간도 지역에는 중광단 계열의 인물들이 북로 군정서를 조직하여 청산리 전투에서 일본군에게 승리하였다.

④ 상하이 지역에서 신규식, 박은식, 조소앙 등의 독립운동가들이 모여 주권 재민을 표방한 대동 단결 선언을 발표하였으며, 이는 이후 대한민국 임시 정부의 구성과 운영 방식에 영향을 주었다.

⑤ 도쿄 지역의 청년 유학생들은 2·8 독립 선언서를 발표하여 독립운동을 주도하였고, 이는 3·1 운동에 영향을 주었다.

5. ⑤   미주 지역의 국외 독립운동 | 난이도 ●●○

문제 키워드 추출

✔ 사진 결혼 _ 미주 지역에서 유행한 결혼 방식
✔ 사탕수수 농장 _ 하와이 지역에 위치한 대표적인 농장

문제에서 미주 지역과 관련된 다양한 역사적 사실을 제시하였기 때문에, 미주의 하와이에서 조직된 군사 조직이 언급된 5번 선지가 정답입니다!

① 북간도 지역에서 대종교 계열을 중심으로 무장 투쟁을 위한 군사 조직인 중광단이 결성되었다.

② 최재형은 연해주 지역의 신한촌에서 항일 독립운동 단체인 권업회를 조직하고 권업신문을 발행하였다.

③ 연해주 지역에서는 이동휘가 사회주의 성향의 정당인 한인 사회당을 창당하였다.

④ 신민회의 이회영, 이동녕, 이상룡은 서간도에 신흥 강습소를 설립하여 독립군을 양성하였다.

⑤ 미주의 대표적인 지역인 하와이에서는 박용만의 주도로 대조선 국민 군단을 창설하여 독립운동을 위한 군사를 양성하였다. ★ 대표 선지!

6. ④   미주 지역의 국외 독립운동 | 난이도 ●●○

문제 키워드 추출

✔ 박용만, 대조선 국민 군단 _ 박용만이 하와이 지역에 창설한 군사 조직

문제에서 하와이 지역에 박용만이 설립한 군사 조직 키워드가 언급되었으므로, 이와 관련된 지역인 4번 선지가 정답입니다!

7. ②   연해주 지역의 국외 독립운동 | 난이도 ●●○

문제 키워드 추출

✔ 신한촌 _ 연해주 지역 내 한인 집단 거주지
✔ 1937년 스탈린이 한인을 중앙아시아로 강제 이주시킴 _ 연해주 지역 내 발생한 한인 강제 집단 이주 사건

문제에서 연해주 지역과 관련된 한인 집단 거주지와 특정 사건 관련 사실을 제시하였기 때문에, 연해주 지역과 관련된 항일 독립운동 단체를 언급한 2번 선지가 정답입니다!

① 멕시코 지역에는 이근영 등이 건립한 한인 무관 양성 학교 인 숭무 학교가 존재하였다.
② 최재형은 연해주 지역의 신한촌에서 항일 독립운동 단체인 권업회를 조직하고 권업신문을 발행하였다. ★ 대표 선지!
③ 북간도 지역에서 이상설은 서전서숙, 김약연은 명동 학교를 설립하여 민족 교육을 실시하였다
④ 임병찬은 고종의 밀지를 받아 전라도에서 복벽주의를 표방 한 독립 의군부를 조직하였다.
⑤ 도쿄 지역의 청년 유학생들은 2·8 독립 선언서를 발표하여 독립운동을 주도하였고, 이는 3·1 운동에 영향을 주었다.

8. ①
최재형 | 난이도 ●●●

문제 키워드 추출

✔ 권업회를 조직하고 권업신문을 발간함 _ 최재형은 연해주 지역에서 독립운동을 주도함

문제에서 최재형이 연해주 지역에 설립한 독립운동 단체를 언급하였기 때문에, 최재형이 안중근의 하얼빈 의거를 지원 한 사례를 언급한 1번 선지가 정답입니다!

① 최재형은 안중근에게 숙소 마련과 자금을 제공하며 하얼빈 의거 활동을 지원하였다. ★ 대표 선지!
② 멕시코 지역에는 이근영 등이 건립한 한인 무관 양성 학교 인 숭무 학교가 존재하였다.
③ 의열단은 신채호가 집필한 직접적이고 폭력적인 혁명의 방 향성을 제시한 조선 혁명 선언을 활동 지침으로 삼았다.
④ 미주의 대표적인 지역인 하와이에서는 박용만의 주도로 대 조선 국민 군단을 창설하여 독립운동을 위한 군사를 양성하 였다.
⑤ 신한 청년당의 김규식은 파리 강화 회의에 대표로 파견되었다.

9. ②
일제 강점기의 국외 독립운동 사례 | 난이도 ●●●

문제 키워드 추출

(가) 지역: 서간도
✔ 삼원보 _ 서간도와 관련된 대표적인 지역, 신민회의 간부 들에 의해 신흥 강습소가 설립됨

(나) 지역: 북간도
✔ 용정 _ 북간도와 관련된 대표적인 지역, 이상설이 설립한 서전서숙이 위치하였던 지역

(다) 지역: 연해주
✔ 블라디보스토크 _ 연해주와 관련된 대표적인 지역, 한인 집단 거주지인 신한촌이 위치하였던 지역

서간도 지역의 삼원보에는 신민회의 간부들이 설립한 독립 군 양성 학교인 신흥 강습소가 존재하였기 때문에, 2번 선지 가 정답입니다!

① 연해주 지역에 거주한 한인들은 권업신문과 해조신문을 발 간하였다.
② 신민회의 이회영, 이동녕, 이상룡은 서간도에 신흥 강습소 를 설립하여 독립군을 양성하였다.
③ 서간도 지역에는 이상룡 등이 독립운동 단체이자 한인 자치 기구인 경학사를 설립하였다.
④ 미주 지역에 거주한 한인들은 1910년에 항일 독립운동 단 체인 대한인 국민회를 조직하였다.
⑤ 북간도 지역에서 이상설은 서전서숙, 김약연은 명동 학교를 설립하여 민족 교육을 실시하였다.

10. ①
일제 강점기의 국외 독립운동 사례 | 난이도 ●●●

안중근은 하얼빈에서 초대 통감인 이토 히로부미를 저격하 는 의거 활동을 단행하였기 때문에, 1번 선지가 정답입니다!

① 안중근은 동양의 평화를 위협하는 주요 원인을 제공한 인물 이 이토 히로부미라고 판단하여 하얼빈에서 이토 히로부미 를 저격, 사살하였다.
② 의열단의 단원인 박재혁은 부산 경찰서에 폭탄을 투척하 였다.
③ 이봉창은 한인 애국단의 대표적인 단원으로서, 도쿄에서 일 왕이 탄 마차에 폭탄을 투척하는 의거를 단행하였다.
④ 강우규는 서울역(구 남대문역 광장)에서 사이토 마코토 총 독에게 폭탄을 투척하는 의거를 단행하였다.
⑤ 윤봉길은 한인 애국단의 대표적인 단원으로서, 상하이 훙커 우 공원에서 열린 일본 천장절 및 전승 기념식에 폭탄을 투 척하는 의거를 단행하였다.

문제 11~18   대한민국 임시 정부

대한민국 임시 정부는 일제 강점기의 대표 빈출 주제로, 크게 상하이 시기와 충칭 시기의 활동 사례를 구별하는 것이 중요합니다. 먼저 상하이 시기의 대한민국 임시 정부 활동 사례로는 '비밀 행정 조직(교통국, 연통제)', '독립운동 자금 모집(독립 공채 발행, 백산 상회의 지원)', '문화(독립신문 발행, 『한일 관계 사료집』 발간)', '외교(구미 위원부 설치)' 등을 암기할 필요가 있습니다. 추가적으로 상하이 시기의 대한민국 임시 정부 관련 키워드로 '국민 대표 회의(1923)', '박은식 제2대 대통령 선출과 초대 국무령 이상룡 선출(1925)'은 연도를 추가적으로 암기하는 것을 권장합니다. 다음으로 충칭 시기의 대한민국 임시 정부의 활동 사례로는 '정치 활동(조소앙의 대한민국 건국 강령 발표-1941, 삼균주의 제창)', '군사 활동(한국광복군 창설 → 대일 선전 성명서 발표 → 국내 진공 작전 추진)' 등을 암기할 필요가 있습니다.

11. ⑤   상하이 시기 대한민국 임시 정부 | 난이도 ●○○

문제 키워드 추출

✓ 3·1 운동의 영향으로 수립 _ 대한민국 임시 정부의 수립 배경
✓ 상하이 _ 대한민국 임시 정부가 처음 창설된 지역

문제에서 대한민국 임시 정부의 수립 배경과 창설 지역 관련 키워드를 언급하였으므로, 대한민국 임시 정부의 문화와 외교 관련 활동을 다룬 ㄷ, ㄹ 선지를 고를 필요가 있습니다!

ㄱ. 신민회의 간부인 안창호는 대성 학교, 이승훈은 오산 학교를 설립하여 민족 교육을 실시하였다.
ㄴ. 신간회는 광주 학생 항일 운동 발생 이후 진상 조사단을 파견하여 지원하였다.
ⓒ 대한민국 임시 정부는 대미 외교를 수행하기 위해 워싱턴에 구미 위원부를 설치하였다. ★ 대표 선지!
ⓔ 대한민국 임시 정부는 국제 연맹 회의에 우리 민족의 독립을 요청하기 위해 『한일 관계 사료집』을 편찬하였다.

12. ①   국민 대표 회의 | 난이도 ●●○

문제 키워드 추출

문제에 제시된 사건(일제 강점기, 국민 대표 회의, 1923)
✓ 독립운동의 새로운 활로와 방향을 모색하기 위해 상하이에서 개최 _ 국민 대표 회의의 개최 목적
✓ 창조파, 개조파 _ 국민 대표 회의 당시 대한민국 임시 정부 처리 문제를 놓고 독립운동가들의 입장이 나뉜 상황

문제에서 창조파와 개조파로 나뉜 것을 언급하였으므로 국민 대표 회의임을 알 수 있습니다. 국민 대표 회의 이후 이승만 탄핵과 박은식의 제2대 대통령 취임이 이루어지므로 (가) 시기에 해당되어 1번 선지가 정답입니다!

13. ①   이동녕 | 난이도 ●●●

문제 키워드 추출

✓ 신민회를 조직 _ 이동녕은 신민회의 대표 회원으로 활동함
✓ 신흥 강습소 설립을 주도 _ 신민회의 이회영, 이동녕, 이상룡은 서간도에 신흥 강습소를 설립함

문제에서 이동녕의 활동 사례를 언급하였으므로, 이동녕이 대한민국 임시 정부의 입법부 기관의 초대 의장을 역임하였다는 사실을 다룬 1번 선지가 정답입니다. 특히 문제에서 국회 의사당이라는 장소를 힌트로 제시하였기 때문에, 이를 입법부와 연계하여 접근하는 전략도 활용할 수 있습니다!

① 이동녕은 상하이 시기 대한민국 임시 정부의 입법부에 해당하는 임시 의정원의 초대 의장을 역임하였다. ★ 대표 선지!
② 임병찬은 고종의 밀지를 받아 전라도에서 복벽주의를 표방한 독립 의군부를 조직하였다.
③ 박은식은 갑신정변부터 3·1 운동이 발생한 다음 해까지의 역사를 정리한 『한국독립운동지혈사』를 저술하였다.
④ 여운형은 1944년에 일제의 패망에 대비하여 조선 건국 동맹을 결성하였다.
⑤ 고종은 을사늑약의 체결에 반발하여 1907년에 이준, 이위종, 이상설을 네덜란드 만국 평화 회의에 특사로 파견하였다.

14. ③   충칭 시기 대한민국 임시 정부 | 난이도 ●●○

문제 키워드 추출

✔ 충칭, 한국광복군 _ 대한민국 임시 정부는 최종적으로 충칭에 정착한 뒤, 산하 군사 조직으로 한국광복군을 창설함

문제에서 충칭 시기의 대한민국 임시 정부와 관련된 키워드를 제시하였으므로, 충칭 시기의 대한민국 임시 정부 때 조소앙이 발표한 건국 강령을 언급한 3번 선지가 정답입니다!

---

① 북간도 지역에는 중광단 계열의 인물들이 북로 군정서를 조직하여 청산리 전투에서 일본군에게 승리하였다.

② 연해주 지역에 거주한 한인들은 권업신문과 해조신문을 발간하였다.

③ 충칭 시기의 대한민국 임시 정부에서 활동한 조소앙은 1941년에 정치·경제·교육 세 가지의 균형(삼균주의)을 바탕으로 해방 이후의 건국 계획을 발표하였다. ★ 대표 선지!

④ 신민회의 간부인 안창호는 대성 학교, 이승훈은 오산 학교를 설립하여 민족 교육을 실시하였다.

⑤ 대한민국 임시 정부는 국제 연맹 회의에 우리 민족의 독립을 요청하기 위해 『한일 관계 사료집』을 편찬하였다.

15. ⑤   대일 선전 성명서 | 난이도 ●●●

문제 키워드 추출

문제에 제시된 사건(일제 강점기, 대일 선전 성명서 발표, 1941)
✔ 삼천만의 한국인 및 정부를 대표하여 중국, 영국, 미국, 기타 국가들이 일본에 대해 전쟁을 선포함 _ 충칭 시기의 대한민국 임시 정부는 대일 선전 성명서를 발표함

문제에서 충칭 시기의 대한민국 임시 정부가 발표한 대일 선전 성명서를 언급하였기 때문에, 광복 직전에 한국광복군을 중심으로 추진된 국내 진공 작전을 언급한 5번 선지가 정답입니다. 이 유형의 경우 군대 창설(한국광복군 창설) → 전쟁 선포(대일 선전 성명서 발표) → 군사 작전 시도(국내 진공 작전)의 흐름으로 접근하는 사고가 필요합니다!

---

① 충칭 시기의 대한민국 임시 정부는 1940년에 산하 군사 조직으로 한국광복군을 창설하였다.(이전)

② 대한민국 임시 정부는 국내외 연락을 위해 비밀 행정 조직인 연통제를 운영하였다.(이전)

③ 대한민국 임시 정부는 신한 청년당 대표로 파리 강화 회의에 파견된 김규식을 전권대사로 임명하였다. 1919년 김규식은 파리 강화 회의에 독립 청원서를 제출하였다.(이전)

④ 한인 애국단은 김구가 대한민국 임시 정부의 부흥을 목적으로 1931년에 조직한 독립운동 단체이다.(이전)

⑤ 한국광복군은 미국 전략 정보국(OSS)과 연합하여 국내 정진군을 육성한 뒤 1945년에 국내 진공 작전을 추진하였다.

16. ②   대한민국 임시 정부의 활동 사례 | 난이도 ●●●

상하이 시기의 대한민국 임시 정부는 연통제 발각 및 독립운동가들의 독립운동 노선 방향의 대립 등을 이유로 국민 대표 회의를 개최하였기 때문에, 2번 선지가 정답입니다!

---

① 영국인 루이스 쇼는 중국 단둥에서 무역 회사인 이륭양행을 운영하며 대한민국 임시 정부의 교통국을 지원하였다.

② 상하이 시기의 대한민국 임시 정부는 1923년에 독립운동의 방향성을 논의하기 위하여 국민 대표 회의를 개최하였다.

③ 충칭 시기의 대한민국 임시 정부에서 활동한 조소앙은 1941년에 정치·경제·교육 세 가지의 균형(삼균주의)을 바탕으로 해방 이후의 건국 계획을 발표하였다.

④ 상하이 시기의 대한민국 임시 정부는 국제 연맹 회의에 우리 민족의 독립을 요청하기 위해 『한일 관계 사료집』을 편찬하였다.

⑤ 한인 애국단은 김구가 대한민국 임시 정부의 부흥을 목적으로 1931년에 상하이에서 조직한 독립운동 단체로, 이봉창·윤봉길 등이 단원으로 활동하였다.

17. ①   1925년 이후의 대한민국 임시 정부 | 난이도 ●●●

문제 키워드 추출

문제에 제시된 사건(일제 강점기, 박은식 제2대 대통령 선출, 1925)
✔ 박은식 제2대 대통령 선출 _ 1925년에는 이승만 대통령이 탄핵되며, 박은식을 제2대 대통령으로 선출함

문제에서 상하이 시기에 발생한 박은식 제2대 대통령 선출을 언급하였기 때문에, 흐름상 충칭 시기의 대한민국 임시 정부 때 조소앙이 발표한 건국 강령을 언급한 1번 선지가 정답입니다!

---

① 충칭 시기의 대한민국 임시 정부에서 활동한 조소앙은 1941년에 정치·경제·교육 세 가지의 균형(삼균주의)을 바탕으로 해방 이후의 건국 계획을 발표하였다.(이후)

② 1924년 남만주에서 대한민국 임시 정부의 직할 부대인 육군 주만 참의부가 조직되었다.(이전)

③ 1920년에는 미주 지역에서 한인 독립군 비행사 양성을 위해 윌로우스 비행 학교가 창설되었다.(이전)

④ 대한민국 임시 정부는 1923년에 독립운동의 방향성을 논의하기 위하여 국민 대표 회의를 개최하였다.(이전)

⑤ 신한 청년당과 대한민국 임시 정부는 김규식을 1919년에 파리 강화 회의의 대표로 파견하였다.(이전)

문제 키워드 추출

(가) 사건(일제 강점기, 이상룡 초대 국무령 선출, 1925)
- ✓ **국무령에 이상룡 취임** _ 이상룡은 1925년에 초대 국무령으로 취임함

(나) 사건(일제 강점기, 대일 선전 성명서 발표, 1941)
- ✓ **대일 선전 성명서를 발표함** _ 충칭 시기의 대한민국 임시 정부는 대일 선전 성명서를 발표함

(다) 사건(일제 강점기, 대한민국 임시 정부 청사 광저우 이동, 1938)
- ✓ **창사에서 광저우로 청사를 이전** _ 대한민국 임시 정부는 1938년에 청사를 창사에서 광저우로 이동함

대한민국 임시 정부와 관련된 사건의 흐름은 이상룡 초대 국무령 선출(가-1925) → 대한민국 임시 정부 청사 광저우 이동(다-1938) → 대일 선전 성명서 발표(나-1941) 순으로 발생하였습니다!

각 문제는 이 주제에서 가장 많이
출제된 키워드로 구성하였습니다.

문제별 키워드 분류표

문제	키워드		출제 빈도(27회분 中)
1~3	의열단과 한인 애국단	➡	7번 출제
4~7	1920년대 만주 지역의 독립운동	➡	8번 출제
8~12	한국 독립군과 조선 혁명군	➡	7번 출제
13~15	조선 의용대	➡	5번 출제
16~17	한국광복군	➡	6번 출제

해품사의 키워드 분석팁!

문제 1~3	의열단과 한인 애국단

의열단과 한인 애국단은 일제 강점기에서 출제되는 대표적인
독립운동 단체로, 크게 각 단체의 대표 인물, 활동 사례, 특징
관련 키워드를 암기할 필요가 있습니다. 우선 의열단의 경우
'대표 인물 및 활동 사례(김원봉-단장, 김익상-조선 총독부, 김
상옥-종로 경찰서, 김지섭-도쿄 궁성, 나석주-동양 척식 주식
회사·조선 식산 은행, 박재혁-부산 경찰서, 이종암-상하이 황
포탄)', '특징(단원들이 황푸 군관 학교에서 훈련을 받음, 김원
봉의 조선 혁명 간부 학교 설립을 통한 간부 양성, 신채호의 조
선 혁명 선언을 활동 지침으로 삼음)' 등을 암기할 필요가 있습
니다. 한인 애국단의 경우 '대표 인물 및 활동 사례(김구-단장,
이봉창-일왕이 탄 마차에 폭탄 투척, 윤봉길-상하이 훙커우 공
원 의거)', '특징(중국 국민당 정부의 지원 계기, 윤봉길 의거 이
후 대한민국 임시 정부 이동 배경)' 등을 암기할 필요가 있습니
다.

1. ①

의열단 | 난이도 ●○○

문제 키워드 추출

✓ 김상옥 _ 의열단의 대표 단원, 종로 경찰서에 폭탄 투척
  의거를 단행함
✓ 김원봉 _ 의열단의 단장

문제에서 의열단의 단장과 대표 단원을 언급하였으므로, 의
열단이 신채호의 조선 혁명 선언을 바탕으로 의거 활동을
전개한 사실을 언급한 1번 선지가 정답입니다!

① 의열단은 신채호가 집필한 직접적이고 폭력적인 혁명의 방
   향성을 제시한 조선 혁명 선언을 활동 지침으로 삼았다.
   ★ 대표 선지!

② 대한민국 임시 정부는 국내외 연락을 위해 비밀 행정 조직
   인 연통제를 운영하였다.

③ 임병찬은 고종의 밀지를 받아 전라도에서 복벽주의를 표방
   한 독립 의군부를 조직하였다.

④ 한인 애국단은 김구가 대한민국 임시 정부의 부흥을 목적으
   로 1931년에 조직한 독립운동 단체로, 이봉창, 윤봉길 등이
   단원으로 활동하였다.

⑤ 신민회의 이회영, 이동녕, 이상룡은 서간도에 신흥 강습소
   를 설립하여 독립군을 양성하였다.

2. ③

의열단 | 난이도 ●○○

문제 키워드 추출

✓ 김익상 _ 의열단의 대표 단원, 조선 총독부에 폭탄 투척
  의거를 단행함

문제에서 의열단의 대표 단원을 언급하였으므로, 의열단이
신채호의 조선 혁명 선언을 바탕으로 의거 활동을 전개한
사실을 언급한 3번 선지가 정답입니다!

① 신민회는 일제가 조작한 데라우치 총독 암살 혐의로 주요
   간부들이 대거 체포당하는 105인 사건으로 와해되었다.

② 중일 전쟁 발발 이후에 조직된 군사 조직으로는 대표적으로
   조선 의용대와 한국광복군이 있다.

③ 의열단은 신채호가 집필한 직접적이고 폭력적인 혁명의 방
   향성을 제시한 조선 혁명 선언을 활동 지침으로 삼았다.

④ 신한 청년당 출신의 김규식은 1919년에 파리 강화 회의에
   대표로 파견되었다.

⑤ 임병찬은 고종의 밀지를 받아 전라도에서 복벽주의를 표방
   한 독립 의군부를 조직하였다.

3. ③

문제 키워드 추출

✓ 김구 _ 한인 애국단의 단장

문제에서 한인 애국단의 단장을 언급하였으므로, 한인 애국단의 대표 단원들을 언급한 3번 선지가 정답입니다!

① 중일 전쟁 발발 이후에 조직된 군사 조직으로는 대표적으로 조선 의용대와 한국광복군이 있다.

② 의열단의 단장인 김원봉은 난징에 조선 혁명 간부 학교를 설립하여 간부들을 양성하였다.

③ 한인 애국단은 김구가 대한민국 임시 정부의 부흥을 목적으로 1931년에 조직한 독립운동 단체로, 이봉창·윤봉길 등이 단원으로 활동하였다. ★ 대표 선지!

④ 한국 독립군은 북만주 지역의 한국 독립당 산하 조직으로 중국 호로군과 연합하여 쌍성보, 대전자령 전투에서 승리를 거두었다.

⑤ 신민회는 일제가 조작한 데라우치 총독 암살 혐의로 주요 간부들이 대거 체포당하는 105인 사건으로 와해되었다.

해품사의 키워드 분석팁!

문제 4~7 1920년대 만주 지역의 독립운동

1920년대 만주 지역의 독립운동 유형은 크게 봉오동 전투 또는 청산리 전투에 대한 전반적인 사실을 파악하는 유형 또는 1920년대 만주 지역의 독립운동의 흐름을 파악하는 유형을 출제하며, 특히 최근 기출 경향에서는 흐름형 유형의 출제 비중이 더욱 높습니다. 우선 사실형 유형의 경우 '봉오동 전투(홍범도의 대한 독립군이 승리함)', '청산리 전투(중광단을 중심으로 조직된 김좌진의 북로 군정서군이 백운평, 어랑촌, 완루구 등에서 일본군에게 승리함)' 등을 암기할 필요가 있습니다. 흐름형 유형의 경우 봉오동 전투 → 훈춘 사건 → 청산리 전투 → 간도 참변 → 대한 독립 군단 결성 → 자유시 참변 → 만주 3부 결성(참의부, 정의부, 신민부) → 미쓰야 협정 체결 → 3부 통합(혁신 의회-북만주, 국민부-남만주)의 흐름 파악이 필수적입니다!

---

4. ③

문제 키워드 추출

✓ 대한 독립군 총사령관 _ 홍범도가 이끈 독립운동 단체
✓ 옛 소련의 강제 이주 정책에 의해 중앙아시아 지역으로 이주 _ 홍범도가 중앙아시아로 강제 이주당한 사례

문제에서 홍범도가 이끈 독립운동 단체와 관련 역사적 사실을 다뤘기 때문에, 홍범도가 이끈 대한 독립군이 일본군에게 승리한 전투 사례를 다룬 3번 선지가 정답입니다!

① 신민회를 조직한 대표 인물로는 안창호, 양기탁, 이승훈 등이 있다.

② 여운형은 1944년에 일제의 패망에 대비하여 조선 건국 동맹을 결성하였다.

③ 홍범도가 이끈 대한 독립군은 북간도에 위치한 봉오동에서 일본군에게 승리를 거두었다. ★ 대표 선지!

④ 신민회의 이회영, 이동녕, 이상룡은 서간도에 신흥 강습소를 설립하여 독립군을 양성하였다.

⑤ 박은식은 갑신정변부터 3·1 운동이 발생한 다음 해까지의 역사를 정리한 『한국독립운동지혈사』를 저술하였다.

---

5. ⑤

문제 키워드 추출

✓ 백운평, 어랑촌, 고동하 _ 청산리 전투가 발생한 지역
✓ 북로 군정서 _ 청산리 전투를 승리로 이끈 대표 군사 조직

문제에서 청산리 전투와 관련된 지역과 군사 조직을 언급하였기 때문에, 청산리 전투에 참여한 다른 대표적인 군사 조직을 언급한 5번 선지가 정답입니다!

① 한국 독립군은 북만주 지역의 한국 독립당 산하 조직으로 중국 호로군과 연합하여 쌍성보, 대전자령 전투에서 승리를 거두었다.

② 한국광복군은 미국 전략 정보국(OSS)과 연합하여 국내 정진군을 육성한 뒤 국내 진공 작전을 추진하였다.

③ 3·1 운동의 결과 조직적인 독립운동의 필요성이 모색되었으며, 그 결과 상하이에 대한민국 임시 정부가 수립되었다.

④ 중국 공산당의 동북 인민 혁명군은 이후 항일 연합 전선을 형성하고자 동북 항일 연군으로 개편되었다.

⑤ 청산리 전투는 김좌진이 이끈 북로 군정서군을 비롯하여 대한 독립군, 대한 국민군 등이 연합하여 참여하였다.
★ 대표 선지!

6. ④   1920년대 만주 지역의 독립운동 | 난이도 ●●○

문제 키워드 추출

(가) 사건(일제 강점기, 만주 3부 결성, 1923~1925)
- ✔ 참의부, 정의부, 신민부 _ 만주 지역의 독립운동을 부흥하기 위해 결성된 만주 3부

(나) 사건(일제 강점기, 봉오동 전투, 1920. 6.)
- ✔ 대한 독립군, 봉오동 _ 홍범도의 대한 독립군이 봉오동에서 일본군에게 승리한 전투 사례

(다) 사건(일제 강점기, 청산리 전투, 1920. 10.)
- ✔ 북로 군정서, 청산리 _ 김좌진의 북로 군정서군 등이 청산리에서 일본군에게 승리한 전투 사례

1920년대 만주 지역의 독립운동의 흐름은 봉오동 전투(나-1920. 6.) → 청산리 전투(다-1920. 10.) → 만주 3부 결성(가-1923~1925) 순으로 발생하였습니다!

7. ⑤   1920년대 만주 지역의 독립운동 | 난이도 ●●●

문제 키워드 추출

(가) 사건(일제 강점기, 봉오동 전투, 1920. 6.)
- ✔ 대한 독립군, 봉오동 _ 홍범도의 대한 독립군이 봉오동에서 일본군에게 승리한 전투 사례

(나) 사건(일제 강점기, 영릉가 전투, 1932)
- ✔ 조선 혁명군, 영릉가 _ 양세봉의 조선 혁명군이 영릉가에서 일본군에게 승리한 전투 사례

문제에서 1920년대 군사 조직의 전투 사례와 1930년대 전기에 주로 활동한 군사 조직의 전투 사례를 언급하였기 때문에, 1930년대 후반에 발생한 스탈린의 중앙아시아 강제 이주 정책을 언급한 5번 선지가 일치하지 않습니다!

① 1920년대에는 만주 지역의 독립운동을 위해 참의부, 정의부, 신민부의 만주 3부가 조직되었다.
② 일제는 봉오동 전투와 청산리 전투 패배에 대한 보복으로 간도 지역의 수많은 한국인을 학살하는 만행을 저질렀다.
③ 청산리 전투는 김좌진이 이끈 북로 군정서군을 비롯하여 대한 독립군, 대한 국민군 등이 연합하여 참여하였다.
④ 이른바 문화 통치기에는 만주 지역의 독립운동을 탄압하기 위해 1925년에 일제의 경무국장 미쓰야와 중국의 군벌 장쭤린 사이에 미쓰야 협정을 체결하였다.
⑤ 소련의 스탈린은 제2차 세계대전 발발 직전인 1937년에 연해주 지역의 한인들을 중앙아시아로 강제로 이주시켰다.

1930년대 이후에 활동한 독립운동 단체로는 대표적으로 한국 독립군, 조선 혁명군, 조선 의용대, 한국광복군이 있습니다. 우선 한국 독립군과 조선 혁명군의 경우 주로 만주 지역에서 활동한 독립운동 단체로, 한국 독립군의 경우 '대표 인물과 활동 지역(지청천-북만주, 한국 독립당 산하 군사 조직),' '전투 사례(쌍성보 전투, 대전자령 전투)', '연합 단체(중국 호로군)' 등을 암기할 필요가 있습니다. 조선 혁명군의 경우 '대표 인물과 활동 지역(양세봉-남만주, 조선 혁명당 산하 군사 조직),' '전투 사례(영릉가 전투, 흥경성 전투)', '연합 단체(중국 의용군)' 등을 암기할 필요가 있습니다.

8. ②   한국 독립군 | 난이도 ●●○

문제 키워드 추출

- ✔ 지청천 _ 한국 독립군의 총사령관
- ✔ 쌍성보 전투 _ 한국 독립군이 일본군에게 승리한 대표 전투 사례

문제에서 한국 독립군의 총사령관과 대표 전투 사례를 언급하였기 때문에, 한국 독립군이 일본군에게 승리한 다른 전투 사례를 언급한 2번 선지가 정답입니다!

① 중국 공산당의 동북 인민 혁명군은 이후 항일 연합 전선을 형성하고자 동북 항일 연군으로 개편되었다.
② 한국 독립군은 북만주 지역의 한국 독립당 산하 조직으로 중국 호로군과 연합하여 쌍성보, 대전자령 전투에서 승리를 거두었다. ★ 대표 선지!
③ 간도 참변 이후 서일을 총재로 밀산부에 집결한 독립군은 대한 독립 군단을 결성하여 자유시로 이동하였다.
④ 청산리 전투는 김좌진이 이끈 북로 군정서군을 비롯하여 대한 독립군, 대한 국민군 등이 연합하여 참여하였다.
⑤ 조선 혁명군은 남만주 지역의 조선 혁명당 산하 조직으로, 중국 의용군과 연합하여 영릉가 전투, 흥경성 전투에서 승리를 거두었다.

9. ④

문제 키워드 추출

- ✓ 대전자령 _ 한국 독립군이 일본군에게 승리한 대표 전투 관련 지역
- ✓ 지청천 _ 한국 독립군의 총사령관

문제에서 한국 독립군의 총사령과 대표 전투 관련 지역을 언급하였기 때문에, 한국 독립군과 연합한 중국의 군사 조직을 언급한 4번 선지가 정답입니다!

① 1924년 남만주에서 대한민국 임시 정부의 직할 부대인 육군 주만 참의부가 조직되었다.
② 조선 의용대는 중국 국민당의 지원을 받아 중국 관내(關內)에서 결성된 최초의 군사 조직이다.
③ 의열단의 단장인 김원봉은 난징에 조선 혁명 간부 학교를 설립하여 간부들을 양성하였다.
④ 한국 독립군은 북만주 지역의 한국 독립당 산하 조직으로 중국 호로군과 연합하여 쌍성보, 대전자령 전투에서 승리를 거두었다.
⑤ 서일의 대한 독립 군단은 연해주에서 러시아군과 충돌하는 자유시 참변을 겪었다.

10. ①

문제 키워드 추출

- ✓ 영릉가 전투 _ 조선 혁명군이 일본군에게 승리한 대표 전투 사례
- ✓ 양세봉 _ 조선 혁명군의 총사령관

문제에서 조선 혁명군의 총사령관과 대표 전투 사례를 언급하였기 때문에, 조선 혁명군이 일본군에게 승리한 다른 전투 사례를 언급한 1번 선지가 정답입니다!

① 조선 혁명군은 남만주 지역의 조선 혁명당 산하 조직으로, 중국 의용군과 연합하여 영릉가 전투, 흥경성 전투에서 승리를 거두었다. ★ 대표 선지!
②, ④ 조선 의용대 화북지대는 중국 팔로군과 연합하여 중국 타이항산에 위치한 호가장에서 일본군과 맞서 싸웠다.
③ 한국 독립군은 북만주 지역의 한국 독립당 산하 조직으로 중국 호로군과 연합하여 쌍성보, 대전자령 전투에서 승리를 거두었다.
⑤ 한국광복군은 제2차 세계대전 당시 연합군과 연합 작전을 전개하였다.

11. ①

문제 키워드 추출

- ✓ 양세봉 _ 조선 혁명군의 총사령관
- ✓ 영릉가와 흥경성 전투 _ 조선 혁명군이 일본군에게 승리한 대표 전투 사례

문제에서 조선 혁명군의 총사령관과 대표 전투 사례를 언급하였기 때문에, 조선 혁명군과 연합한 중국의 군사 조직을 언급한 1번 선지가 정답입니다!

① 조선 혁명군은 남만주 지역의 조선 혁명당 산하 조직으로, 중국 의용군과 연합하여 영릉가 전투, 흥경성 전투에서 승리를 거두었다.
② 한국광복군은 제2차 세계대전 당시 연합군과 연합 작전을 전개하였다.
③ 간도 참변 이후 서일을 총재로 밀산부에 집결한 독립군은 대한 독립 군단을 결성하여 자유시로 이동하였다.
④ 조선 의용대는 중국 국민당의 지원을 받아 중국 관내(關內)에서 결성된 최초의 군사 조직이다.
⑤ 청산리 전투는 김좌진이 이끈 북로 군정서군을 비롯하여 대한 독립군, 대한 국민군 등이 연합하여 참여하였다.

12. ③

문제 키워드 추출

(가) 인물: 양세봉
- ✓ 조선 혁명군의 총사령관 _ 양세봉이 총사령관을 역임한 군사 조직

(나) 인물: 지청천
- ✓ 한국 독립군 총사령관 _ 지청천이 총사령관을 역임한 군사 조직

문제에서 조선 혁명군과 한국 독립군의 총사령관을 언급하였기 때문에, 한국 독립군이 승리한 대표 전투 사례를 언급한 3번 선지가 정답입니다!

① 의열단의 단장인 김원봉은 난징에 조선 혁명 간부 학교를 설립하여 간부들을 양성하였다.
② 대한 광복회는 박상진이 대구에서 결성한 독립운동 단체로, 무장 투쟁을 통한 독립운동을 추구하였다.
③ 지청천의 한국 독립군은 북만주 지역의 한국 독립당 산하 조직으로 중국 호로군과 연합하여 쌍성보, 대전자령 전투에서 승리를 거두었다.
④ 북간도 지역에는 중광단 계열의 인물들이 북로 군정서를 조직하여 청산리 전투에서 일본군에게 승리하였다.

⑤ 의열단의 단원들은 중국의 황푸 군관 학교에 입학하여 군사 훈련을 받았다.

문제 13~15	조선 의용대

조선 의용대의 경우 중국 관내(關內)에서 활동한 최초의 한인 독립운동 단체로, 최근 기출 경향에서는 조선 의용대의 개편 과정 관련 키워드의 출제 비중이 증가하였습니다. 조선 의용대의 경우 '대표 인물과 활동 지역(김원봉, 우한 또는 한커우, 조선 민족 전선 연맹 산하 군사 조직)', '전투 사례(호가장 전투)', '연합 단체(중국 팔로군)', '개편 과정(일부 부대 김원봉과 함께 한 국광복군 합류, 조선 의용군 개편-조선 독립 동맹 산하 조직)' 등을 암기할 필요가 있습니다.

13. ④
조선 의용대 | 난이도 ●○○

문제 키워드 추출

✓ 김원봉 _ 조선 의용대의 총사령관
✓ 우한(武漢)에서 창설 _ 조선 의용대가 창설된 지역

문제에서 조선 의용대의 총사령관과 창설 지역을 언급하였기 때문에, 조선 의용대의 의의를 언급한 4번 선지가 정답입니다!

① 간도 참변 이후 서일을 총재로 밀산부에 집결한 독립군은 대한 독립 군단을 결성하여 자유시로 이동하였다.
② 한국 독립군은 북만주 지역의 한국 독립당 산하 조직으로 중국 호로군과 연합하여 쌍성보, 대전자령 전투에서 승리를 거두었다.
③ 조선 혁명군은 남만주 지역의 조선 혁명당 산하 조직으로, 중국 의용군과 연합하여 영릉가 전투, 흥경성 전투에서 승리를 거두었다.
④ 조선 의용대는 중국 국민당의 지원을 받아 중국 관내(關內)에서 결성된 최초의 군사 조직이다. ★ 대표 선지!
⑤ 홍범도가 이끈 대한 독립군은 북간도에 위치한 봉오동에서 일본군에게 승리를 거두었다.

14. ③
조선 의용대 | 난이도 ●●○

문제 키워드 추출

✓ 김원봉 _ 조선 의용대의 총사령관
✓ 중국 관내에서 결성된 최초의 한인 무장 부대 _ 조선 의용대의 의의

문제에서 조선 의용대의 총사령관과 의의를 언급하였기 때문에, 조선 의용대의 개편 과정과 관련된 사례를 언급한 3번 선지가 정답입니다!

① 홍범도가 이끈 대한 독립군은 북간도에 위치한 봉오동에서 일본군에게 승리를 거두었다.
② 조선 혁명군은 남만주 지역의 조선 혁명당 산하 조직으로, 중국 의용군과 연합하여 영릉가 전투, 흥경성 전투에서 승리를 거두었다.
③ 조선 의용대의 대원 일부는 김원봉과 함께 한국광복군에 합류하였으며, 남은 대원은 조선 독립 동맹의 산하 군사 조직인 조선 의용군으로 개편되었다.
④ 도쿄 지역의 청년 유학생들은 2·8 독립 선언서를 발표하여 독립운동을 주도하였고, 이는 3·1 운동에 영향을 주었다.
⑤ 상하이 지역에서 신규식, 박은식, 조소앙 등의 독립운동가들이 모여 주권 재민을 표방한 대동 단결 선언을 발표하였으며, 이는 이후 대한민국 임시 정부의 구성과 운영 방식에 영향을 주었다.

15. ④
조선 의용대 | 난이도 ●●●

문제 키워드 추출

✓ 중국 우한(武漢)에서 창설 _ 조선 의용대가 창설된 지역
✓ 호가장 전투 _ 조선 의용대와 관련된 대표 전투 사례

문제에서 조선 의용대가 창설된 지역과 대표 전투 사례를 언급하였기 때문에, 조선 의용대의 개편 과정과 관련된 사례를 언급한 4번 선지가 정답입니다!

① 홍범도가 이끈 대한 독립군은 북간도에 위치한 봉오동에서 일본군에게 승리를 거두었다.
② 조선 혁명군은 남만주 지역의 조선 혁명당 산하 조직으로, 중국 의용군과 연합하여 영릉가 전투, 흥경성 전투에서 승리를 거두었다.
③ 한국광복군은 미국 전략 정보국(OSS)과 연합하여 국내 정진군을 육성한 뒤 국내 진공 작전을 추진하였다.
④ 조선 의용대의 대원 일부는 김원봉과 함께 한국광복군에 합류하였으며, 남은 대원은 조선 독립 동맹의 산하 군사 조직인 조선 의용군으로 개편되었다.
⑤ 간도 참변 이후 서일을 총재로 밀산부에 집결한 독립군은 대한 독립 군단을 결성하여 자유시로 이동하였다.

한국광복군의 경우 충칭 시기의 대한민국 임시 정부 산하로 조직된 군사 조직으로, 한국광복군의 경우 '대표 인물과 활동 지역(지청천-총사령관, 김원봉-부사령관, 연합군과 함께 인도·미얀마 전선에서 활동)', '전투 사례(국내 진공 작전 추진)', '연합 단체(미군, 영국 등 연합국)' 등을 암기할 필요가 있습니다. 특히 한국 독립군과 총사령관이 똑같기 때문에 다른 결정적인 키워드를 통해 명확히 구별할 필요가 있습니다.

16. ③

문제 키워드 추출

✓ 지청천 _ 한국광복군의 총사령관
✓ 충칭 _ 한국광복군이 창설된 지역

문제에서 한국광복군의 총사령관과 창설 지역을 언급하였기 때문에, 한국광복군이 미군과 연합하여 추진한 작전 사례를 언급한 3번 선지가 정답입니다!

① 조선 혁명군은 남만주 지역의 조선 혁명당 산하 조직으로, 중국 의용군과 연합하여 영릉가 전투, 흥경성 전투에서 승리를 거두었다.

② 조선 의용대 화북지대는 중국 팔로군과 연합하여 중국 타이항산에 위치한 호가장에서 일본군과 맞서 싸웠다.

③ 한국광복군은 미국 전략 정보국(OSS)과 연합하여 국내 정진군을 육성한 뒤 국내 진공 작전을 추진하였다. ★ 대표 선지!

④ 조선 의용대는 중국 국민당의 지원을 받아 중국 관내(關內)에서 결성된 최초의 군사 조직이다.

⑤ 간도 참변 이후 서일을 총재로 밀산부에 집결한 독립군은 대한 독립 군단을 결성하여 자유시로 이동하였다.

17. ②

문제 키워드 추출

✓ 인도, 영국군 _ 한국광복군은 연합군과 연합하여 인도, 미얀마 전선 등에서 활동함

문제에서 한국광복군의 연합 활동 사례를 언급하였기 때문에, 한국광복군이 미군과 연합하여 추진한 작전 사례를 언급한 2번 선지가 정답입니다!

① 청산리 전투는 김좌진이 이끈 북로 군정서군을 비롯하여 대한 독립군, 대한 국민군 등이 연합하여 참여하였다.

② 한국광복군은 미국 전략 정보국(OSS)과 연합하여 국내 정진군을 육성한 뒤 국내 진공 작전을 추진하였다.

③ 한국 독립군은 북만주 지역의 한국 독립당 산하 조직으로 중국 호로군과 연합하여 쌍성보, 대전자령 전투에서 승리를 거두었다.

④ 조선 혁명군은 남만주 지역의 조선 혁명당 산하 조직으로, 중국 의용군과 연합하여 영릉가 전투, 흥경성 전투에서 승리를 거두었다.

⑤ 중국 공산당의 동북 인민 혁명군은 이후 항일 연합 전선을 형성하고자 동북 항일 연군으로 개편되었다.

각 문제는 이 주제에서 가장 많이
출제된 키워드로 구성하였습니다.

문제별 키워드 분류표

문제	키워드	출제 빈도(27회분 中)
1~4	물산 장려 운동과 민립 대학 설립 운동	➡	10번 출제
5~7	일제 강점기의 노동 운동	➡	8번 출제
8~11	일제 강점기의 신분 해방 운동	➡	6번 출제
12~14	일제 강점기의 종교	➡	5번 출제
15~17	일제 강점기의 한글 단체	➡	5번 출제

해품사의 키워드 분석팁!

문제 1~4	물산 장려 운동과 민립 대학 설립 운동

물산 장려 운동과 민립 대학 설립 운동은 일제 강점기의 대표적인 실력 양성 운동으로, 크게 각 운동을 주도한 대표 인물, 배경, 특징, 영향 등을 파악하는 것이 중요합니다. 먼저 물산 장려 운동의 경우 '대표 인물(조만식)', '배경(회사령 폐지와 조선 관세령 철폐)', '특징(조선 물산 장려회 조직, 평양에서 시작, 조선 사람 조선 것으로 등 구호 발표, 자작회, 토산 애용 부인회 등 활동)', '영향(사회주의 계열의 비판을 받음)' 등을 암기할 필요가 있습니다. 민립 대학 설립 운동의 경우 '대표 인물(이상재)', '배경(제2차 조선 교육령 반포 이후 시작)', '특징(민립 대학 기성회 설립, 한민족 1천만이 한 사람이 1원씩 구호 발표)', '영향(일제가 경성 제국 대학 설립을 설립하여 탄압)' 등을 암기할 필요가 있습니다. 즉 민립 대학 설립 운동은 '제2차 조선 교육령 반포 → 민립 대학 설립 운동 시작 → 경성 제국 대학 설립'의 흐름 파악이 필수적입니다!

1. ③   물산 장려 운동 | 난이도 ●●○

문제 키워드 추출

✓ 우리가 만든 것 우리가 쓰자 _ 물산 장려 운동의 대표 구호
✓ 민족 기업을 육성해 경제적 자립을 이룸 _ 물산 장려 운동의 목적

문제에서 물산 장려 운동의 대표 구호와 목적을 언급하였으므로, 물산 장려 운동과 관련된 대표적인 단체를 언급한 3번 선지가 정답입니다!

---

① 물산 장려 운동은 조선 총독부의 탄압과 방해로 실패하였기 때문에, 시기상 일치하지 않는다.

② 국채 보상 운동은 1907년에 국채 1,300만 원을 갚기 위해 대구에서 서상돈, 김광제 등의 발의로 시작되었다.

③ 물산 장려 운동 전개 당시에는 자작회, 토산 애용 부인회 등 국산품 애용을 강조하는 단체들이 활동하였다. ★ 대표 선지!

④ 대한 제국은 1897년에 한성 은행, 1899년에 대한 천일 은행이라는 민족 은행을 설립하였다.

⑤ 원산 총파업은 일본, 중국, 프랑스 등 외국 노동 단체로부터 격려 및 후원을 받았다.

2. ②   조선 관세령 폐지 | 난이도 ●●○

문제 키워드 추출

문제에 제시된 사건(일제 강점기, 조선 관세령 폐지, 1923)
✓ 조선 관세령 폐지 _ 일제의 대표적인 정책, 관세령 폐지 이후 일제 기업의 국내 진출이 확산됨

문제에서 일제의 조선 관세령 폐지를 언급하였으므로, 물산 장려 운동과 관련된 내용을 언급한 2번 선지가 정답입니다!

---

① 동양 척식 주식회사는 일제가 국내의 자본 및 토지를 침탈할 목적으로 1908년에 세운 회사이다.(이전)

② 물산 장려 운동은 회사령과 조선 관세령 폐지를 계기로 전국적으로 확산되었다.(이후)

③ 화폐 정리 사업은 제1차 한일 협약에 따라 국내에 파견된 재정 고문인 일본인 메가타가 주도하였다.(이전)

④ 무단 통치기에는 회사를 설립할 때 조선 총독의 허가를 받도록 하는 회사령이 제정되었다.(이전)

⑤ 시전 상인들은 외국 상인들의 상권 침탈에 저항하여 1898년에 황국 중앙 총상회를 조직하였다.(이전)

3. ③
민립 대학 설립 운동 | 난이도 ●●●

문제 키워드 추출

✔ 조선 민립 대학 기성회 _ 민립 대학 설립 운동을 주도한 단체

문제에서 민립 대학 설립 운동을 주도한 단체를 언급하였으므로, 민립 대학 설립 운동 관련 활동 사례를 언급한 3번 선지가 정답입니다!

① 3·1 운동은 중국의 5·4 운동 및 인도의 독립운동 등 해외 독립운동에 영향을 주었다.
② 일제는 우리나라 사람들이 사립 학교를 설립하는 것에 대한 규제를 위해 1908년에 사립 학교령을 발표하였다.
③ 민립 대학 설립 운동 전개 당시에는 이상재, 이승훈 등이 모금 활동을 주도하였다. ★ 대표 선지!
④ 민립 대학 설립 운동은 조선 총독부의 탄압과 방해로 실패하였기 때문에, 시기상 일치하지 않는다.
⑤ 여권통문은 평등한 교육권, 정치 참여권, 경제 활동 참여권 등을 명시한 우리나라 최초의 여성 인권 선언으로, 황성신문이 처음으로 게재하였다.

4. ⑤
제1차 조선 교육령과 경성 제국 대학 설립 | 난이도 ●●●

문제 키워드 추출

(가) 사건(일제 강점기, 제1차 조선 교육령 반포, 1911)
✔ 보통학교의 수업 연한은 4년으로 함 _ 제1차 조선 교육령에서 규정한 수업 연한

(나) 사건(일제 강점기, 경성 제국 대학 설립, 1924)
✔ 경성 제국 대학 _ 일제가 민립 대학 설립 운동을 탄압하기 위해 설립한 학교

문제에서 제1차 조선 교육령과 경성 제국 대학 설립 관련 사료를 언급하였기 때문에, 경성 제국 대학 설립의 원인인 민립 대학 설립 운동과 관련된 5번 선지가 정답입니다!

① 1886년에는 정부 주도로 최초의 근대식 공립 교육 기관인 육영 공원이 설립되었다.(이전)
② 대한 제국은 1907년에 학부 내에 국문 연구소를 두어 한글을 체계적으로 연구하였다.(이전)
③ 제2차 갑오개혁 때 근대식 사범 학교에 대한 관제인 교육 입국 조서를 반포하고 한성 사범 학교가 설립되었다.
④ 박정희 정부 때 국민 교육의 지표 방향을 제시한 국민 교육 헌장이 반포되었다.
⑤ 이상재, 이승훈 등을 중심으로 1923년에 조직된 민립 대학 기성회는 일제의 식민지 교육에 저항하여 우리나라만의 고등 교육 기관을 설립하기 위한 운동을 주도하였다.

해품사의 키워드 분석팁!

문제 5~7 일제 강점기의 노동 운동

일제 강점기의 노동 운동 유형은 크게 특정 노동 운동과 관련된 사실형 유형과 전반적인 흐름형으로 나눠 출제할 수 있으며, 주로 흐름형 유형으로 출제됩니다. 우선 사실형 유형의 경우 암태도 소작 쟁의는 '원인(지주 문재철의 횡포에 반발)', '전개(전남 신안에서 발생)', '영향(소작료 인하 성과)' 등을 암기할 필요가 있습니다. 원산 총파업의 경우 '원인(문평 라이징 선 석유 회사에서 일본 감독의 조선인 노동자 구타)', '영향(일제 강점기 최대 규모의 노동 운동, 일본·중국·프랑스 등의 노동 단체로부터 격려를 받음)' 등을 암기할 필요가 있습니다. 흐름형 유형의 경우 '암태도 소작 쟁의 → 조선 노농 총동맹 결성 → 조선 노동 총동맹과 조선 농민 총동맹 결성 → 원산 총파업 → 강주룡 을밀대 고공 농성'의 흐름 파악이 필수적입니다!

5. ④
암태도 소작 쟁의와 원산 총파업 | 난이도 ●●○

문제 키워드 추출

(가) 사건: 암태도 소작 쟁의
✔ 전라남도 신안군, 고율의 소작료를 징수한 지주 문재철의 횡포에 맞섬 _ 암태도 소작 쟁의가 발생한 지역과 발생 원인

(나) 사건: 원산 총파업
✔ 문평 라이징 선 석유 회사에서 일본인 감독이 조선인 노동자를 구타한 사건이 발단 _ 원산 총파업의 원인

문제에서 암태도 소작 쟁의와 원산 총파업과 관련된 사실을 제시하였기 때문에, 원산 총파업의 영향에 대한 내용을 다룬 4번 선지가 정답입니다!

① 3·1 운동은 중국의 5·4 운동 및 인도의 독립운동 등 해외 독립운동에 영향을 주었다.
② 혁명적 노동 운동과 농민 운동은 1930년대 이후에 전개되기 시작하였다.
③ 3·1 운동의 결과 조직적인 독립운동의 필요성이 모색되며 상하이에 대한민국 임시 정부가 수립되었다.
④ 원산 총파업은 일본, 중국, 프랑스 등 외국 노동 단체로부터 격려 및 후원을 받았다. ★ 대표 선지!
⑤ 3·1 운동은 일제가 조선인에 대한 통치 방식을 무단 통치에서 이른바 문화 통치로 변화하는 계기를 제공하였다.

6. ④

문제 키워드 추출

문제에 제시된 사건(일제 강점기, 암태도 소작 쟁의, 1923~
1924)

✔ 암태도, 고율의 소작료를 징수하는 지주 문재철에 맞섬 _
 암태도 소작 쟁의가 발생한 지역과 원인

문제에서 암태도 소작 쟁의와 관련된 사실을 제시하였기 때
문에, 암태도 소작 쟁의 이후에 조직된 조선 농민 총동맹을
언급한 4번 선지가 정답입니다!

---

① 무단 통치기에는 회사를 설립할 때 조선 총독의 허가를 받
 도록 하는 회사령이 제정되었다.(이전)

② 1904년에는 일제의 토지 침탈에 맞서서 농광 회사가 설립되
 었다.(이전)

③ 무단 통치기에는 일제가 근대적 토지 소유 관계를 확립할
 명분으로 시행한 경제 침탈 사업인 토지 조사 사업을 실시
 하였다.

④ 1927년에는 조선 노농 총동맹이 분화하여 조선 노동 총동
 맹과 조선 농민 총동맹이 조직되었다.

⑤ 1889년에 함경도 관찰사 조병식은 조일 통상 장정에 근거
 하여 방곡령을 선포하였다.

7. ③

문제 키워드 추출

문제에 제시된 사건(일제 강점기, 강주룡 을밀대 고공 농성)

✔ 을밀대, 강주룡 _ 1931년에 강주룡은 평원 고무 농장의
 임금 삭감 반대와 노동 환경 개선을 요구하며 을밀대에서
 고공 농성을 주도함

문제에서 강주룡 을밀대 고공 농성과 관련된 사실을 제시하
였기 때문에, 민족 말살기에 일제의 징용 정책에 반발하여 발
생한 투쟁 사례를 다룬 3번 선지가 정답입니다! 이 문제의 경
우 민족 말살기의 정책 사례로 전쟁, 세뇌, 노역과 관련된 사
례인 징용 정책을 연계하여 흐름을 파악할 필요가 있습니다!

---

① 1927년에는 조선 노농 총동맹이 분화하여 조선 노동 총동
 맹과 조선 농민 총동맹이 조직되었다.(이전)

② 1920년에는 서울에서 최초의 대중적 노동 단체인 조선 노
 동 공제회가 조직되었다.(이전)

③ 1942년에는 동방 광산의 광부들이 일제의 전시 징용 정책과
 임금 체불 및 차별 대우 등에 반대하여 투쟁을 전개하였다.

④ 무단 통치기에는 회사를 설립할 때 조선 총독의 허가를 받
 도록 하는 회사령이 제정되었다.

---

⑤ 1929년에는 문평 라이징 선 석유 회사에서 일본 감독이 조
 선인 노동자를 구타한 것을 계기로 원산 총파업이 발생하였
 다.(이전)

해품사의 키워드 분석팁!

문제 8~11	일제 강점기의 신분 해방 운동

일제 강점기의 사회 파트로는 크게 신분 해방 운동과 종교 유형
이 있습니다. 우선 신분 해방 운동의 경우 주로 어린이 운동, 여
성 운동, 형평 운동을 출제하며, 각 운동을 주도한 인물 또는 단
체, 원인, 특징 등을 구별하는 것이 중요합니다. 먼저 어린이 운
동의 경우 '인물 또는 단체(천도교 소년회-방정환)', '특징(어
린이 권익 주장, 어린이날 제정, 잡지 『어린이』 창간)' 등을 암
기할 필요가 있습니다. 여성 운동의 경우 '인물 또는 단체(근우
회-신간회의 자매 단체, 민족주의 계열 및 사회주의 계열의 여
성들의 연합 활동 전개)', '특징(조선 여성들의 단결과 지위 향
상 목표, 잡지 『근우』 창간)' 등을 암기할 필요가 있습니다. 형
평 운동의 경우 '인물 또는 단체(조선 형평사)', '특징(백정에 대
한 사회적 차별 반발, 공조·사랑·애정 등 강조, 진주 지역에서
시작)' 등을 암기할 필요가 있습니다.

8. ④

문제 키워드 추출

✔ 어린이날 기념 _ 천도교 소년회가 추진한 어린이날 제정

문제에서 어린이 운동과 관련된 사례인 어린이날 제정 관련
사료를 제시하였기 때문에, 어린이 운동을 주도한 천도교 세
력을 언급한 4번 선지가 정답입니다!

---

① 통감부의 탄압으로 실패한 대표적인 운동은 국채 보상 운동
 이므로, 시기상 일치하지 않는다.

② 국채 보상 운동은 1907년에 국채 1,300만 원을 갚기 위해
 대구에서 서상돈, 김광제 등의 발의로 시작되었다.

③ 일제 강점기에는 조선 총독부가 서당을 공립 학교 교육의
 보충 수단으로 인식하였기 때문에, 이를 탄압하기 위해
 1918년에 서당 교육을 통제하기 위한 법을 제정하였다.

④ 어린이 운동은 천도교 소년회 출신의 방정환 등의 주도로 시
 작되었으며, 『어린이』 등의 잡지를 발간하였다. ★ 대표 선지!

⑤ 물산 장려 운동은 평양에서 시작되어 전국적으로 확산된 실력
 양성 운동으로, 조선 물산 장려회를 중심으로 전개되었다.

---

9. ④
근우회 | 난이도 ●●○

문제 키워드 추출

✓ 신간회의 자매 단체 _ 근우회는 민족주의 계열 및 사회주의 계열의 여성들이 연합함

문제에서 근우회와 관련된 단체를 언급하였으므로, 근우회의 목표에 대한 내용을 언급한 4번 선지가 정답입니다!

---

① 상하이 지역에서 신규식, 박은식, 조소앙 등의 독립운동가들이 모여 주권 재민을 표방한 대동 단결 선언을 발표하였으며, 이는 이후 대한민국 임시 정부의 구성과 운영 방식에 영향을 주었다.

② 보안회는 일제의 황무지 개간권 요구를 저지시켰다.

③ 배화 학당은 1898년에 미국인 선교사 캠벨이 서울에 설립한 초·중등 과정의 사립 학교이다.

④ 근우회는 조선 여성들의 단결과 지위 향상을 목표로 하며 여성의 신분 해방을 목표로 하였다.

⑤ 어린이 운동은 천도교 소년회 출신의 방정환 등의 주도로 시작되었으며, 『어린이』 등의 잡지를 발간하였다.

10. ⑤
근우회 | 난이도 ●●●

문제 키워드 추출

✓ 문제에 제시된 사료 _ 근우회의 행동 강령, 여성에 대한 사회적 차별 철폐 등을 주장함

문제에서 근우회와 관련된 행동 강령을 언급하였으므로, 근우회의 성격을 언급한 5번 선지가 정답입니다. 특히 이 문제의 경우 여성과 관련된 다양한 선지들이 오답으로 제시되었기 때문에, 혼동하지 않도록 주의할 필요가 있었습니다!

---

① 3·1 운동은 1919년에 발생하였기 때문에, 시기상 일치하지 않는다.

② 상하이 지역에서 신규식, 박은식, 조소앙 등의 독립운동가들이 모여 주권 재민을 표방한 대동 단결 선언을 발표하였으며, 이는 이후 대한민국 임시 정부의 구성과 운영 방식에 영향을 주었다.

③ 이화 학당은 1886년에 미국인 선교사 스크랜튼이 서울에 설립한 우리나라 최초의 여성 학교이다.

④ 여권통문은 평등한 교육권, 정치 참여권, 경제 활동 참여권 등을 명시한 우리나라 최초의 여성 인권 선언으로, 서울 북촌 양반 여성들이 발표하였다. 황성신문이 처음으로 게재하였다.

⑤ 근우회는 신간회의 자매 단체로서, 민족주의 계열과 사회주의 계열의 여성들이 연합하여 결성한 단체이다. ★ 대표 선지!

11. ②
형평 운동 | 난이도 ●○○

문제 키워드 추출

✓ 공평, 애정 _ 형평 운동 당시 강조된 사항
✓ 백정에 대한 권익 보호를 목적으로 전개 _ 형평 운동의 목적

문제에서 형평 운동 때 강조된 사항과 목적이 언급되었으므로, 형평 운동을 주도한 단체가 언급된 2번 선지가 정답입니다!

---

① 어린이 운동은 천도교 소년회 출신의 방정환 등의 주도로 시작되었으며, 『어린이』 등의 잡지를 발간하였다.

② 백정들은 신분 해방 이후 남아있는 사회적 차별에 맞서 조선 형평사를 조직하여 형평 운동을 주도하였다. ★ 대표 선지!

③ 신민회는 민중 계몽을 위한 서적 및 출판물을 보급할 목적으로 태극 서관을 운영하였다.

④ 3·1 운동은 일제가 조선인에 대한 통치 방식을 무단 통치에서 이른바 문화 통치로 변화하는 계기를 제공하였다.

⑤ 이른바 문화 통치기에는 문평 라이징 선 석유 회사의 조선인 노동자가 구타당한 것을 계기로 원산 총파업이 발생하였다.

해품사의 키워드 분석팁!

문제 12~14   일제 강점기의 종교

일제 강점기의 종교 유형은 대종교, 천도교, 불교, 원불교, 천주교의 대표 인물과 활동 사례를 구별하는 것이 중요합니다. 먼저 대종교의 경우 '대표 인물(나철, 오기호)', '활동 사례(단군 숭배 사상 강조, 북간도에서 중광단 조직)' 등을 암기할 필요가 있습니다. 천도교의 경우 '대표 인물(손병희)', '활동 사례(동학 계승, 개벽 및 신여성 등이 잡지 간행, 『만세보』를 기관지로 활용함)' 등을 암기할 필요가 있습니다. 불교의 경우 '대표 인물(한용운 → 조선 불교 유신회 조직 및 『조선 불교 유신론』 발간)', '활동 사례(사찰령 폐지 운동 전개)' 등을 암기할 필요가 있습니다. 원불교의 경우 '대표 인물(박중빈)', '활동 사례(간척 사업 전개, 새생활 운동 전개)' 등을 암기할 필요가 있습니다. 천주교의 경우 '활동 사례(경향신문 발간, 의민단 조직)' 등을 암기할 필요가 있습니다.

12. ③

문제 키워드 추출

✔ 공의 이름은 인영(寅永)인데, 뒤에 철(喆)로 고침 _ 대종교를 창시한 나철
✔ 북간도 _ 대종교는 북간도에서 창설됨

문제에서 대종교를 창시한 인물과 결성 지역을 언급하였으므로, 대종교가 조직한 군사 조직을 언급한 3번 선지가 정답입니다!

---

① 한용운은 일제가 한국의 불교를 억압하기 위해 시행한 사찰령에 대한 폐지 운동을 주도하였다.
② 천도교는 민중 계몽을 위해 『개벽』, 『신여성』 등의 잡지를 발간하였다.
③ 북간도 지역에서 대종교 계열을 중심으로 무장 투쟁을 위한 군사 조직인 중광단이 결성되었다. ★ 대표 선지!
④ 배재 학당은 1885년에 미국인 선교사 아펜젤러가 서울 중구 정동에 세운 한국 최초의 근대식 중등 교육 기관이다.
⑤ 박중빈은 원불교를 창시하고 근검저축·금주·단연 등 전반적인 생활의 개선을 실천하는 새생활 운동을 추진하였다.

13. ④

문제 키워드 추출

✔ 개벽 _ 천도교가 민중 계몽을 위해 발행한 잡지

문제에서 천도교가 발행한 잡지를 언급하였으므로, 천도교 소년회가 추진한 어린이 운동을 언급한 4번 선지가 정답입니다!

---

① 박중빈은 원불교를 창시하고 근검저축·금주·단연 등 전반적인 생활의 개선을 실천하는 새생활 운동을 추진하였다.
② 북간도 지역에서 대종교 계열을 중심으로 무장 투쟁을 위한 군사 조직인 중광단이 결성되었다.
③ 배재 학당은 1885년에 미국인 선교사 아펜젤러가 서울 중구 정동에 세운 한국 최초의 근대식 중등 교육 기관이다.
④ 어린이 운동은 천도교 소년회 출신의 방정환 등의 주도로 시작되었으며, 『어린이』 등의 잡지를 발간하였다. ★ 대표 선지!
⑤ 천주교는 기관지로 경향신문을 발행하여 민중 계몽을 위해 힘썼다.

14. ③

원불교를 창시한 박중빈은 간척 사업과 새생활 운동을 주도하였기 때문에, 3번 선지가 정답입니다!

---

① 대종교는 나철, 오기호 등이 단군 숭배 사상을 강조하며 창시한 종교이다.
② 천주교는 북간도에서 의민단이라는 군사 조직을 형성하였다.
③ 박중빈은 원불교를 창시하고 근검저축·금주·단연 등 전반적인 생활의 개선을 실천하는 새생활 운동을 추진하였다.
④ 배재 학당은 1885년에 미국인 선교사 아펜젤러가 서울 중구 정동에 세운 한국 최초의 근대식 중등 교육 기관이다.
⑤ 어린이 운동은 천도교 소년회 출신의 방정환 등의 주도로 시작되었으며, 『어린이』 등의 잡지를 발간하였다.

해품사의 키워드 분석팁!

문제 15~17   일제 강점기의 한글 단체

일제 강점기의 한글 단체는 실질적으로 조선어 학회가 출제될 가능성이 가장 높습니다. 조선어 학회와 관련된 키워드로는 '대표 인물(이극로, 이윤재, 최현배)', '활동 사례(우리말 큰 사전 편찬 시도, 한글 맞춤법 통일안 제정)', '특징(조선어 학회 사건으로 해산됨)' 등을 암기할 필요가 있습니다. 특히 조선어 학회를 출제할 때 개항기에 학부 아래 설립된 한글 관련 연구소인 국문 연구소가 빈출 오답 선지로 언급되기 때문에 대표 인물인 '주시경(한힌샘, 독립신문 교보원 활동)'을 암기하는 것을 권장합니다.

15. ①

문제 키워드 추출

✔ 한글 맞춤법 통일안 _ 조선어 학회가 주도한 대표적인 한글 수호 활동 사례

문제에서 조선어 학회의 대표적인 한글 수호 활동 사례를 언급하였으므로, 조선어 학회의 다른 한글 수호 활동 사례를 언급한 1번 선지가 정답입니다!

① 조선어 학회는 우리나라의 어휘를 수집하여 한국어로 풀이한 국어사전인 『우리말(조선말) 큰 사전』 편찬을 시도하였다. ★ 대표 선지!

② 제국신문은 이종일이 창간한 민간 신문으로, 부녀자층을 주로 대상으로 하였으며, 항일 논설을 다수 게재하였다.

③ 한글의 띄어쓰기는 영국인 선교사 존 로스가 편찬한 한국어 첫걸음에서 처음 도입되었다.

④ 조선의 유희는 한글을 체계적으로 연구하여 초성·중성·종성을 세부적으로 정리한 『언문지』를 저술하였다.

⑤ 주시경은 개항기에 학부 아래 설립된 국문 연구소의 위원으로 활동하여 한글을 체계적으로 연구하였다.

① 주시경은 개항기에 학부 아래 설립된 국문 연구소의 위원으로 활동하며 한글을 체계적으로 연구하였다.

② 조선어 학회의 대표 인물들인 이극로·최현배 등은 1942년에 발생한 조선어 학회 사건으로 구속되어 옥고를 치렀다.

③ 박은식은 고종 즉위부터 105인 사건까지의 우리나라의 근현대사를 정리한 『한국통사』를 저술하였다.

④ 헐버트는 세계 지리의 지식과 문화를 전달하기 위한 목적으로 한글로 『사민필지』를 저술하였다.

⑤ 정인보는 정약용의 저술을 모아 『여유당전서』를 간행하고 민족의 얼을 강조하는 조선학 운동을 주도하였다.

16. ②
조선어 학회 | 난이도 ●●○

문제 키워드 추출

✓ 이극로, 최현배 _ 조선어 학회의 대표 인물

문제에서 조선어 학회의 대표 인물들을 언급하였으므로, 조선어 학회의 한글 수호 활동 사례를 언급한 2번 선지가 정답입니다!

① 정인보는 정약용의 저술을 모아 『여유당전서』를 간행하고 민족의 얼을 강조하는 조선학 운동을 주도하였다.

② 조선어 학회는 일제 강점기의 대표적인 한글 수호 단체로서, 국어 문법을 정리한 한글 맞춤법 통일안과 표준어 사정안을 제정하였다.

③ 주시경은 개항기에 학부 아래 설립된 국문 연구소의 위원으로 활동하며 한글을 체계적으로 연구하였다.

④ 천도교는 민중 계몽을 위해 『개벽』, 『신여성』 등의 잡지를 발간하였다.

⑤ 이상재, 이승훈 등을 중심으로 조직된 민립 대학 기성회는 일제의 식민지 교육에 저항하여 우리나라만의 고등 교육 기관을 설립하기 위한 운동을 주도하였다.

17. ①
주시경 | 난이도 ●●○

문제 키워드 추출

✓ 한힌샘 _ 주시경의 한글식 호
✓ 독립신문사의 교보원으로 활동 _ 주시경의 대표 활동 사례

문제에서 주시경의 한글식 호와 대표 활동 사례를 언급하였으므로, 주시경이 국문 연구소에서 활동한 사실을 언급한 1번 선지가 정답입니다. 특히 이 유형처럼 국문 연구소는 주시경을 연계하여 출제될 가능성이 높습니다!

각 문제는 이 주제에서 가장 많이
출제된 키워드로 구성하였습니다.

문제별 키워드 분류표

문제	키워드		출제 빈도(27회분 中)
1~5	일제 강점기의 문학가	➡	6번 출제
6~8	일제 강점기의 역사학자	➡	6번 출제
9~13	일제 강점기의 독립운동가	➡	11번 출제

해품사의 키워드 분석팁!

문제 1~5	일제 강점기의 문학가

일제 강점기의 인물 유형은 크게 문학가, 역사학자, 독립운동가로 나눠 공략하는 것을 권장합니다. 우선 문학가의 경우 크게 심훈, 윤동주, 이기영, 이육사(이원록)가 출제될 수 있으며, 문학가는 아니지만 종종 한용운도 관련 문학 작품이 언급될 수 있습니다. 심훈의 경우 '문학 작품(그날이 오면, 상록수 → 브나로드 운동 전개)', '생애 및 활동(3·1 운동 참여, 영화 '먼 동이 틀 때' 감독)' 등을 암기할 필요가 있습니다. 윤동주의 경우 '문학 작품(별 헤는 밤, 서시, 쉽게 쓰여진 시, 참회록, 『하늘과 바람과 별과 시』–유고집)', '생애 및 활동(북간도 명동촌 출생, 연희 전문 학교 이수, 후쿠오카 형무소에서 순국)' 등을 암기할 필요가 있습니다. 이기영의 경우 '문학 작품(고향)', '생애 및 활동(카프에서 활동)' 등을 암기할 필요가 있습니다. 이육사(이원록)의 경우 '문학 작품(광야, 절정, 청포도)', '생애 및 활동(조선은행 대구 지점 폭파 사건 연루, 조선 혁명 간부 학교 입학–의열단 출신)' 등을 암기할 필요가 있습니다. 한용운의 경우 '문학 작품(님의 침묵)', '생애 및 활동(민족 대표 33인 불교 대표, 사찰령 폐지 운동 전개, 『조선 불교 유신론』 저술 → 불교 개혁 운동 전개)' 등을 암기할 필요가 있습니다.

1. ①　　　　　　　　　　심훈 | 난이도 ●●○

문제 키워드 추출

✓ 상록수 _ 심훈이 브나로드 운동을 소재로 쓴 소설

문제에서 심훈이 저술한 소설을 언급하였기 때문에, 심훈이 지은 저항시를 언급한 1번 선지가 정답입니다!

① 심훈은 조국의 독립을 염원하는 저항시인 그날이 오면을 발표하였다. ★ 대표 선지!
② 도쿄 청년 유학생들은 신극 운동 단체인 토월회를 조직하고, 민중의 각성을 도모하는 연극을 공연하였다.
③ 나운규는 민족의 아픔을 담은 영화 '아리랑'을 제작하였다.
④ 신채호는 우리나라의 단군부터 백제 부흥 운동까지를 연구한 고대 역사서인 『조선상고사』를 저술하였다.
⑤ 이기영은 사회주의 사상에 기반하여 일제 강점기 때 농촌의 현실을 고발한 장편소설인 『고향』을 저술하였다.

2. ⑤　　　　　　　　　윤동주 | 난이도 ●●○

문제 키워드 추출

✓ 서시 _ 윤동주의 대표적인 저항시
✓ 북간도 출신 _ 윤동주의 출생 지역

문제에서 윤동주의 대표적인 저항시와 출생 지역을 언급하였으므로, 윤동주가 남긴 대표적인 저항시들을 언급한 5번 선지가 정답입니다!

① 신채호는 우리나라의 단군부터 백제 부흥 운동까지를 연구한 고대 역사서인 『조선상고사』를 저술하였다.
② 심훈은 브나로드 운동을 소재로 한 농촌 계몽 소설인 상록수를 연재하였다.
③ 이육사는 광야, 절정, 청포도 등의 저항시를 남겼다.
④ 나운규는 단성사에서 민족의 아픔을 담은 영화 '아리랑'을 개봉하였다.
⑤ 윤동주는 별 헤는 밤, 서시, 참회록 등의 저항시를 남겼다.
★ 대표 선지!

3. ③

이기영은 사회주의 사상에 기반하여 일제 강점기의 농촌 현실을 고발한 소설을 지었기 때문에, 3번 선지가 정답입니다!

① 황성신문은 일제 강점기에 폐간되었으므로, 시기상 일치하지 않는다.
② 최남선은 해에게서 소년에게라는 작품을 통해 서구 및 일본의 선진 문화 수용을 통한 새로운 사회를 건설하고자 하는 열망을 표현하였다.
③ 이기영은 사회주의 사상에 기반하여 일제 강점기 때 농촌의 현실을 고발한 장편소설인 『고향』을 저술하였다.
　　　　　　　　　　　　　　　　　　　★ 대표 선지!
④ 안국선은 동물들을 통하여 인간사회의 모순과 비리를 풍자한 우화소설인 『금수회의록』을 지었다.
⑤ 이육사는 광야, 절정, 청포도 등의 저항시를 남겼다.

4. ②

문제 키워드 추출

✔ 본명 이원록 _ 이육사의 본명
✔ 조선은행 대구 지점 폭파 사건 연루, 조선 혁명 간부 학교 입학 _ 이육사는 의열단의 단원으로 활동함

문제에서 이육사의 본명과 의열단 활동 사례를 언급하였으므로, 이육사가 남긴 저항시를 언급한 2번 선지가 정답입니다!

① 의열단의 단원인 김상옥은 종로 경찰서에 폭탄을 투척하는 의거를 단행하였다.
② 이육사는 광야, 절정, 청포도 등의 저항시를 남겼다.
　　　　　　　　　　　　　　　　　　　★ 대표 선지!
③ 이재명은 명동 성당 앞에서 을사 5적의 대표 인물인 이완용을 습격하였다.
④ 나운규는 민족의 아픔을 담은 영화 '아리랑'을 제작하였다.
⑤ 박은식은 고종 즉위부터 105인 사건까지의 우리나라의 근현대사를 정리한 『한국통사』를 저술하였다.

5. ③

문제 키워드 추출

✔ 님의 침묵 _ 한용운이 지은 시

문제에서 한용운이 지은 시를 언급하였으므로, 한용운이 불교 개혁 운동을 주도한 사례를 언급한 3번 선지가 정답입니다!

① 조선어 학회는 우리나라의 어휘를 수집하여 한국어로 풀이한 국어사전인 『우리말(조선말) 큰 사전』 편찬을 시도하였다.
② 박은식은 유교의 개량 및 혁신을 통한 실천적인 유교 정신을 강조한 유교구신론을 주장하였다.
③ 한용운은 민족 대표 33인의 불교 대표 인물이자, 일제 강점기에 불교 개혁 운동을 주도한 대표적인 인물이다.
　　　　　　　　　　　　　　　　　　　★ 대표 선지!
④ 이병도와 손진태는 실증주의 사학을 기반으로 한 진단 학회를 조직하였다.
⑤ 신채호는 민족주의 사관에 기초하여 우리나라의 고대의 역사를 정리한 『독사신론』을 저술하였다.

해품사의 키워드 분석팁!

문제 6~8	일제 강점기의 역사학자

일제 강점기의 역사학자 유형은 크게 민족주의 사학(신채호, 박은식, 정인보), 사회 경제 사학(백남운), 실증주의 사학(이병도)의 사례가 출제됩니다. 우선 신채호의 경우 '역사서(『독사신론』, 『조선사연구초』-묘청의 난 평가, 『조선상고사』-역사 아와 비아의 투쟁 평가, 『을지문덕전』, 『이순신전』)', '생애 및 활동(국민 대표 회의 창조파 대표, 조선 혁명 선언 작성, 뤼순 감옥에서 순국)' 등을 암기할 필요가 있습니다. 박은식의 경우 '역사서(『한국통사』, 『한국독립운동지혈사』)', '생애 및 활동(대한민국 임시 정부 제2대 대통령 역임, 유교구신론 주장)' 등을 암기할 필요가 있습니다. 정인보의 경우 '역사서(『조선사연구』, 『5천 년간 조선의 얼』)', '생애 및 활동(동제사 참여, 조선학 운동 주도 → 『여유당전서』 간행 참여)' 등을 암기할 필요가 있습니다. 백남운의 경우 『조선사회경제사』를 저술하여 유물 사관을 바탕으로 일제의 정체성론을 반박한 활동 사례를 암기할 필요가 있습니다. 이병도와 손진태의 경우 공통적으로 진단 학회를 창립하여 실증주의 사학을 연구한 활동 사례를 암기할 필요가 있습니다.

6. ④

문제 키워드 추출

✔ 조선상고사 _ 신채호가 저술한 역사서, 역사를 주체인 나(아)와 객체인 타인(비아)의 투쟁으로 정의함
✔ 이순신전, 을지문덕전 _ 신채호가 저술한 대표적인 위인전

문제에서 신채호가 저술한 역사서와 위인전을 언급하였기 때문에, 신채호가 저술한 다른 역사서를 언급한 4번 선지가 정답입니다!

① 정인보는 정약용의 저술을 모아 『여유당전서』를 간행하고 민족의 얼을 강조하는 조선학 운동을 주도하였다.

② 유길준은 미국을 기행한 뒤 서양의 근대 문명을 소개한 『서유견문』을 집필하였다.

③ 박은식은 갑신정변부터 3·1 운동이 발생한 다음 해까지의 역사를 정리한 『한국독립운동지혈사』를 저술하였다.

④ 신채호는 민족주의 사관에 기초하여 우리나라의 고대의 역사를 정리한 『독사신론』을 저술하였다. ★ 대표 선지!

⑤ 백남운은 『조선사회경제사』를 통해 유물 사관을 바탕으로 일제의 정체성론을 반박하였다.

④ 신채호는 민족의 자긍심 고취를 위해 『이순신전』, 『을지문덕전』 등의 위인전을 저술하였다.

⑤ 백남운은 『조선사회경제사』를 통해 유물 사관을 바탕으로 일제의 정체성론을 반박하였다.

7. ⑤
박은식 | 난이도 ●●○

문제 키워드 추출

✓ 한국통사 _ 박은식이 고종 즉위부터 105인 사건까지의 우리나라의 근현대사를 정리한 역사서

✓ 대한민국 임시 정부 제2대 대통령에 취임 _ 박은식이 대한민국 임시 정부에서 활동한 사례

문제에서 박은식이 저술한 역사서와 활동 사례를 언급하였으므로, 박은식이 유교에 대한 개선 활동을 주도한 사례를 언급한 5번 선지가 정답입니다!

① 이병도와 손진태는 실증주의 사학을 기반으로 한 진단 학회를 조직하였다.

② 정인보는 정약용의 저술을 모아 『여유당전서』를 간행하고 민족의 얼을 강조하는 조선학 운동을 주도하였다.

③ 고종은 을사늑약의 체결에 반발하여 1907년에 이준, 이위종, 이상설을 네덜란드 만국 평화 회의에 특사로 파견하였다.

④ 물산 장려 운동은 평양에서 시작되어 전국적으로 확산된 실력 양성 운동으로, 조선 물산 장려회를 중심으로 전개되었다.

⑤ 박은식은 유교의 개량 및 혁신을 통한 실천적인 유교 정신을 강조한 유교구신론을 주장하였다. ★ 대표 선지!

8. ③
일제 강점기의 역사학자 | 난이도 ●●●

정인보는 민족주의 사학자로서 민족의 얼을 강조하고 조선학 운동을 추진하며 『여유당전서』를 간행하였기 때문에, 3번 선지가 정답입니다!

① 조선어 학회는 기관지로 잡지 『한글』을 간행하였다.

② 조선어 학회는 일제 강점기의 대표적인 한글 수호 단체로서, 국어 문법을 정리한 한글 맞춤법 통일안과 표준어 사정안을 제정하였다.

③ 정인보는 정약용의 저술을 모아 『여유당전서』를 간행하고 민족의 얼을 강조하는 조선학 운동을 주도하였다. ★ 대표 선지!

해품사의 키워드 분석팁!

문제 9~13   일제 강점기의 독립운동가

일제 강점기의 독립운동가 중 출제될 수 있는 인물로는 대표적으로 강우규, 김원봉, 나철, 안창호, 이상설, 이상룡, 조소앙 등이 있습니다. 우선 강우규와 관련된 대표 키워드로는 '대한국민 노인동맹단 활동', '남대문역 광장(현재의 서울역)에서 사이토 총독에게 폭탄 투척 시도' 등이 있습니다. 김원봉과 관련된 대표 키워드로는 '의열단 단장 → 조선 혁명 간부 학교 설립', '조선 의용대 단장', '한국광복군 부사령관 역임' 등이 있습니다. 나철과 관련된 대표 키워드로는 '을사 5적 암살단(자신회) 조직', '대종교 창설' 등이 있습니다. 안창호와 관련된 대표 키워드로는 '신민회 간부 출신 → 대성 학교 설립', '흥사단 창설', '국민 대표 회의 개조파 대표', '대한민국 임시 정부 내무총장 겸 국무총리 대리 역임' 등이 있습니다. 이상설과 관련된 대표 키워드로는 '이준, 이위종과 함께 헤이그 특사 파견', '권업회 활동', '대한 광복군 정부 정통령 역임', '서전서숙 설립' 등이 있습니다. 이상룡과 관련된 대표 키워드로는 '경학사 설립', '대한민국 임시 정부 초대 국무령', '임청각(생가)' 등이 있습니다. 조소앙과 관련된 대표 키워드로는 '대동 단결 선언문 작성', '대한민국 임시 정부 외무부장', '한국 독립당 창당 참여', '대한민국 건국 강령 발표 → 삼균주의 주장' 등이 있습니다.

9. ②
김원봉 | 난이도 ●●○

문제 키워드 추출

✓ 의열단, 조선 의용대 _ 김원봉이 단장을 역임한 독립운동 단체

✓ 조선 혁명 간부 학교 설립 _ 김원봉이 난징에 설립한 학교

문제에서 김원봉의 대표 활동 사례를 언급하였기 때문에, 김원봉이 간부를 역임한 대표적인 군사 조직을 언급한 2번 선지가 정답입니다!

① 미주의 대표적인 지역인 하와이에서는 박용만의 주도로 대조선 국민 군단을 창설하여 독립운동을 위한 군사를 양성하였다.

② 조선 의용대의 대원 일부는 김원봉과 함께 한국광복군에 합류하였으며, 남은 대원은 조선 독립 동맹의 산하 군사 조직인 조선 의용군으로 개편되었다. ★ 대표 선지!
③ 안중근은 동양의 평화를 위협하는 주요 원인을 제공한 인물이 이토 히로부미라고 판단하여 하얼빈에서 이토 히로부미를 저격, 사살하였다.
④ 지청천이 이끌었던 한국 독립군은 북만주 지역의 한국 독립당 산하 조직으로 중국 호로군과 연합하여 쌍성보, 대전자령 전투에서 승리를 거두었다.
⑤ 여운형은 1944년에 일제의 패망에 대비하여 조선 건국 동맹을 결성하였다.

10. ①
나철 | 난이도 ●●○

문제 키워드 추출

✔ 대종교를 창시 _ 나철이 창시한 종교

문제에서 나철이 창시한 종교 사례를 언급하였기 때문에, 나철이 을사 5적 암살을 위해 조직한 단체를 언급한 1번 선지가 정답입니다!

① 나철과 오기호는 을사늑약 체결에 가담한 을사 5적 암살을 위한 자신회를 조직하였다. ★ 대표 선지!
② 이재명은 명동 성당 앞에서 을사 5적의 대표 인물인 이완용을 습격하였다.
③ 안중근은 동양의 평화를 위협하는 주요 원인을 제공한 인물이 이토 히로부미라고 판단하여 하얼빈에서 이토 히로부미를 저격, 사살하였다.
④ 조명하는 타이완에서 일본 육군 대장인 구니노미야를 저격하였다.
⑤ 의열단의 단원인 나석주는 동양 척식 주식회사와 조선 식산은행에 폭탄을 투척하는 의거를 단행하였다.

11. ⑤
안창호 | 난이도 ●●●

문제 키워드 추출

✔ 흥사단 _ 안창호가 샌프란시스코에서 조직한 독립운동 단체

문제에서 안창호가 조직한 독립운동 단체를 언급하였으므로, 안창호가 대한민국 임시 정부에서 활동한 사례를 언급한 5번 선지가 정답입니다!

① 박은식은 고종 즉위부터 105인 사건까지의 우리나라의 근현대사를 정리한 『한국통사』를 저술하였다.

② 정인보는 정약용의 저술을 모아 『여유당전서』를 간행하고 민족의 얼을 강조하는 조선학 운동을 주도하였다.
③ 안희제는 부산에 백산 상회라는 회사를 설립하여 대한민국 임시 정부의 독립운동 자금을 지원하였다.
④ 장인환과 전명운은 미국 샌프란시스코에서 미국인 친일 인사인 스티븐스를 저격하였다.
⑤ 안창호는 대한민국 임시 정부의 내무총장 겸 국무총리 대리 직책을 역임하였다. ★ 대표 선지!

12. ①
이상설 | 난이도 ●●●

문제 키워드 추출

✔ 헤이그 특사로 파견 _ 이준, 이위종, 이상설은 을사늑약 체결에 반발하여 고종의 밀명으로 네덜란드 만국 평화 회의에 헤이그 특사로 파견됨
✔ 권업회를 조직 _ 이상설은 연해주에서 독립운동 활동을 전개함

문제에서 이상설의 독립운동 활동 사례를 언급하였기 때문에, 이상설이 연해주에 수립한 망명 정부를 언급한 1번 선지가 정답입니다!

① 연해주 지역에는 일종의 망명 정부인 대한 광복군 정부를 세워 이상설을 정통령, 이동휘를 부통령으로 선출하였다. ★ 대표 선지!
② 안중근은 동양의 평화를 위협하는 주요 원인을 제공한 인물이 이토 히로부미라고 판단하여 하얼빈에서 이토 히로부미를 저격, 사살하였다.
③ 김원봉은 만주에서 의열단을 조직한 뒤, 일제 기관의 파괴와 매국노 암살 등을 주도하였다.
④ 멕시코 지역에는 이근영 등이 건립한 한인 무관 양성 학교인 숭무 학교가 존재하였다.
⑤ 박은식은 고종 즉위부터 105인 사건까지의 우리나라의 근현대사를 정리한 『한국통사』를 저술하였다.

13. ④
조소앙 | 난이도 ●●●

문제 키워드 추출

✔ 대한민국 건국 강령 _ 조소앙이 해방 이후의 대한민국 건국 계획을 작성한 강령

문제에서 조소앙이 작성한 대한민국 건국 강령을 언급하였으므로, 건국 강령의 핵심인 삼균주의를 언급한 4번 선지가 정답입니다!

① 안창호는 평양에서 민족 학교인 대성 학교를 세웠으며, 이후 샌프란시스코에서 독립운동 단체인 흥사단을 창립하였다.

② 대한 광복회는 박상진이 대구에서 결성한 독립운동 단체로, 무장 투쟁을 통한 독립운동을 추구하였다.

③ 의열단의 단장인 김원봉은 난징에 조선 혁명 간부 학교를 설립하여 간부들을 양성하였다.

④ 충칭 시기의 대한민국 임시 정부에서 활동한 조소앙은 1941년에 정치·경제·교육의 균형(삼균주의)을 바탕으로 해방 이후의 건국 계획을 발표하였다. ★ 대표 선지!

⑤ 백남운은 『조선사회경제사』를 통해 유물 사관을 바탕으로 일제의 정체성론을 반박하였다.

1. ①   일제 강점기의 항일 운동 | 난이도 ●●●

문제 키워드 추출

(가) 사건(일제 강점기, 6·10 만세 운동, 1926)
✓ 순종의 죽음 _ 6·10 만세 운동의 계기가 된 사건

(나) 사건(일제 강점기, 신간회 창립, 1927)
✓ 기회주의를 일체 부인함 _ 신간회의 대표 행동 강령

(다) 사건(일제 강점기, 광주 학생 항일 운동, 1929)
✓ 광주 학생 _ 광주 학생 항일 운동을 주도한 세력

일제 강점기의 항일 운동의 흐름은 6·10 만세 운동(가-1926) → 신간회 창립(나-1927) → 광주 학생 항일 운동(다-1929) 순으로 발생하였습니다. 최근 기출 경향에서는 특정 주제의 흐름을 동시에 파악하는 유형의 출제 가능성을 고려할 필요가 있습니다!

2. ⑤   북로 군정서군 | 난이도 ●●●

문제 키워드 추출

✓ 청산리 전투에서 김좌진, 이범석 등이 이끎 _ 북로 군정서군은 청산리 전투를 승리로 이끎

문제에서 북로 군정서군과 관련된 전투 사례를 언급하였기 때문에, 북로 군정서군이 조직되기 이전의 군사 조직을 언급한 5번 선지가 정답입니다. 최근 기출 경향에서는 중광단과 북로 군정서군을 연계하여 출제하는 사례가 늘어났습니다!

---

① 조선 혁명군은 남만주 지역의 조선 혁명당 산하 조직으로, 중국 의용군과 연합하여 영릉가 전투, 흥경성 전투에서 승리를 거두었다.
② 한국광복군은 미국 전략 정보국(OSS)과 연합하여 국내 정진군을 육성한 뒤 국내 진공 작전을 추진하였다.
③ 조선 의용대 화북지대는 중국 팔로군과 연합하여 중국 타이항산에 위치한 호가장에서 일본군과 맞서 싸웠다.
④ 중국 공산당의 동북 인민 혁명군은 이후 항일 연합 전선을 형성하고자 동북 항일 연군으로 개편되었다.
⑤ 북간도 지역에는 중광단 계열의 인물들이 북로 군정서를 조직하여 청산리 전투에서 일본군에게 승리하였다.

3. ①   1920년대 만주 지역의 독립운동 | 난이도 ●●●

문제 키워드 추출

(가) 사건(일제 강점기, 간도 참변, 1920)
✓ 간도 참변 _ 일제가 봉오동 전투와 청산리 전투의 패배를 복수하기 위해 간도 지역에서 벌인 학살 사건

(나) 사건(일제 강점기, 자유시 참변, 1921)
✓ 자유시 참변 _ 연해주 지역에서 독립군을 통합하는 과정에서 러시아군과 충돌하며 우리나라의 독립군이 희생된 사건

(다) 사건(일제 강점기, 미쓰야 협정, 1925)
✓ 일본 경무국장인 미쓰야가 만주 지역의 독립운동을 탄압하기 위해 중국 군벌과 체결한 협정

1920년대 만주 지역 독립운동의 시련의 흐름은 간도 참변(가-1920) → 자유시 참변(나-1921) → 미쓰야 협정(다-1925) 순으로 발생하였습니다. 자주 출제되는 흐름이 명확한 주제의 경우 최근 기출에서도 똑같은 방법으로 풀이할 수 있다는 것을 보여주는 대표적인 사례입니다!

4. ③   민립 대학 설립 운동 | 난이도 ●●●

문제 키워드 추출

문제에 제시된 사건(일제 강점기, 민립 대학 기성 준비회 조직, 1922)
✓ 대학을 세운다는 일 _ 민립 대학 설립 운동의 목적
✓ 이상재, 이승훈 _ 민립 대학 설립 운동을 조직한 대표 인물

민립 대학 설립 운동은 제2차 조선 교육령 반포 이후에 시작된 대표적인 실력 양성 운동이므로, 흐름상 일제가 민립 대학 설립 운동을 탄압할 목적으로 경성 제국 대학을 설립하였기 때문에 3번이 적절합니다. 앞의 문제와 동일하게 한능검이 좋아하는 빈출 흐름을 파악하는 것이 핵심인 유형입니다!

5. ②

문제 키워드 추출

문제에 제시된 사건(일제 강점기, 원산 총파업, 1929)
- ✓ 라이징 선 석유 회사에서 일본인 감독이 조선인 노동자를 구타한 사건이 발단 _ 원산 총파업의 원인
- ✓ 일제 강점기 최대 규모의 노동 운동 _ 원산 총파업의 의의
- ✓ 일본과 조선인 노동 단체뿐 아니라 중국 지역의 여러 노동 단체도 격려와 후원을 함 _ 원산 총파업을 후원한 단체

문제에서 원산 총파업의 배경, 의의, 영향과 관련된 내용을 제시하였으므로, 원산 총파업 이후에 발생한 대표적인 노동 운동을 제시한 2번 선지가 정답입니다. 최근 기출 경향에서도 일제 강점기의 노동 운동 유형의 비중도가 높진 않으나, 대표적인 노동 운동의 흐름 파악은 필수적입니다!

① 동양 척식 주식회사는 일제가 국내의 자본 및 토지를 침탈할 목적으로 1908년에 세운 회사이다.(이전)
② 강주룡은 1931년에 평원 고무 농장의 임금 삭감 반대와 노동 환경 개선을 요구하며 을밀대에서 고공 농성을 주도하였다.(이후)
③ 대한 제국은 1897년에 한성 은행, 1899년에 대한 천일 은행이라는 민족 은행을 설립하였다.(이전)
④ 1924년에는 서울에서 노동 운동의 중앙 단체인 조선 노농 총동맹이 조직되었다.(이전)
⑤ 이른바 문화 통치기에는 전남 신안에서 지주 문재철의 횡포에 맞서 암태도 소작 쟁의가 발생하였다.(이전)

6. ①

문제 키워드 추출

- ✓ 식민지 조선인의 일상에 영향을 미침, 식민 지배를 합리화하기 위한 선전 도구로 대중문화를 이용하기도 함 _ 문제에 제시된 대중문화가 조선인에게 미친 영향 사례

문제에서 일제 강점기의 대중문화의 사례를 언급하였으므로, 박정희~전두환 정부 때 지정한 건전 가요를 언급한 1번 선지가 일치하지 않습니다. 최근 기출 경향에서는 문제의 지문을 바탕으로 한 독해력을 요구하는 유형이 일부 출제됩니다. 실제로 문제의 지문을 통해 2번~4번 선지의 사례는 쉽게 소거할 수 있으며, 5번 선지의 경우 천도교의 활동 사례를 기억하여 소거할 필요가 있었습니다!

① 박정희 정부~전두환 정부(제4공화국~제5공화국) 시기에는 국가 주도로 특정 사회적 교육 등을 목적으로 음반의 마지막에 건전 가요를 반드시 수록할 것을 강요하는 음악 통제 정책을 실시하였다. 이 시기에는 퇴폐적이거나 반정부적 성향이 있다고 판단된 곡들은 금지곡으로 지정되었다.
② 일제는 조선인들을 전선에 투입하기 위한 여러 선전 영화를 제작하였는데, 대표적으로 '병정님'은 태평양 전쟁의 지원을 촉구하기 위해 제작된 영화이다.
③ 일제는 서울 중구에 우리나라 최초의 방송국인 경성 방송국을 설치하였다. 한국어 방송에 대해 사전 검열을 단행하였으며 민족 말살기 이후에는 선전·선동 매체로서 역할을 담당하였다.
④ 미쓰코시 백화점은 일제가 서울에 세운 최초의 근대식 백화점이다.
⑤ 천도교는 민중 계몽을 위해 『개벽』, 『신여성』 등의 잡지를 발간하였다.

7. ③

문제 키워드 추출

- ✓ 조선사회경제사 _ 백남운이 한국의 경제사를 연구하여 저술한 책
- ✓ 우리 역사의 전개 과정을 세계사의 보편적인 발전 법칙에 따라 네 단계로 나누어 파악 _ 백남운은 유물 사관에 근거하여 우리나라가 원시 공산 사회, 고대 노예 사회, 중세 봉건 사회, 자본주의 사회의 변화를 거쳤다고 주장함

문제에서 백남운이 저술한 책과 사관에 대한 내용이 언급되었으므로, 백남운이 일제의 식민 사학의 정체성론을 반박하였다는 내용이 언급된 3번 선지가 정답입니다. 최근 기출 경향을 고려할 때 단순히 대표적인 역사학자인 신채호, 박은식 이외에도 다른 인물들도 함께 공부하는 것을 권장합니다!

① 이병도와 손진태는 실증주의 사학을 기반으로 한 진단 학회를 조직하였다.
② 박은식은 갑신정변부터 3·1 운동이 발생한 다음 해까지의 역사를 정리한 『한국독립운동지혈사』를 저술하였다.
③ 백남운은 『조선사회경제사』를 통해 유물 사관을 바탕으로 일제의 정체성론을 반박하였다.
④ 조선어 학회는 우리나라의 어휘를 수집하여 한국어로 풀이한 국어사전인 『우리말(조선말) 큰 사전』 편찬을 시도하였다.
⑤ 정인보는 정약용의 저술을 모아 『여유당전서』를 간행하고 민족의 얼을 강조하는 조선학 운동을 주도하였다.

광주 학생 항일 운동에 진상 조사단을 파견한 단체는 신민
회가 아닌 신간회이므로 1번 선지가 일치하지 않습니다. 최
근 기출 경향에서는 특정 주제를 바탕으로 다양한 사례를
출제하는 문제의 출제 빈도가 증가하였습니다!

① 신간회는 광주 학생 항일 운동 발생 이후 진상 조사단을 파
　견하여 지원하였다.

② 영국인 루이스 쇼는 중국 단둥에서 무역 회사인 이륭양행을
　운영하며 대한민국 임시 정부의 교통국을 지원하였다.

③ 의열단은 신채호가 집필한 직접적이고 폭력적인 혁명의 방
　향성을 제시한 조선 혁명 선언을 활동 지침으로 삼았다.

④ 신채호는 『조선상고사』의 서문에서 역사를 주체인 나[我]
　와 객체인 다른 국가[非我] 사이의 끊임없는 투쟁으로 표현
　하였다.

⑤ 안중근과 신채호는 공통적으로 뤼순 감옥에서 순국하였다.

나는 내가 더 노력할수록
운이 좋아진다는 걸 발견했다.

– 미국 제3대 대통령 토머스 제퍼슨

#떼려야뗄수없는 #노력과행운의관계

PART 7

현대

각 문제는 이 주제에서 가장 많이
출제된 키워드로 구성하였습니다.

문제별 키워드 분류표

문제	키워드	출제 빈도(27회분 中)
1~4	광복~대한민국 정부 수립 ➡	14번 출제
5~7	5·10 총선거와 제헌 국회 ➡	5번 출제
8~12	6·25 전쟁 ➡	1번 출제

해품사의 키워드 분석팁!

문제 1~4	광복~대한민국 정부 수립

광복~대한민국 정부 수립 유형은 현대 파트에서 가장 먼저 공략할 필요가 있는 빈출 주제입니다. 이 유형은 사실상 흐름형 유형으로 출제되며, 비교적 짧은 기간 내 발생한 광복부터 대한민국 정부 수립 과정의 역사적 흐름을 정확히 파악할 필요가 있기 때문에 난도가 높은 편입니다. 이 유형은 기본적으로 조선 건국 준비 위원회 결성(여운형, 안재홍 주도) → 미군정 설치 → 모스크바 3상 회의 개최(미소 공동 위원회 설치와 최고 5년간 한반도 내 신탁 통치 실시 결의) → 신탁 통치에 대한 국내 여론 대립 → 제1차 미소 공동 위원회 개최(덕수궁 석조전) → 이승만의 정읍 발언 → 좌우 합작 위원회 조직 및 좌우 합작 7원칙 발표 → 제2차 미소 공동 위원회 개최 → UN 남북 문제 이관 → 남북 협상 → 5·10 총선거 실시 → 대한민국 정부 수립의 흐름을 파악하는 것이 필수적입니다.

1. ③ 신탁 통치 의결 | 난이도 ●●○

문제 키워드 추출

문제에 제시된 사건(현대, 신탁 통치 의결, 1945. 12.)
✓ 신탁 통치 _ 모스크바 3국 외상 회의에서 의결된 사항, 국제 연합의 위임을 받은 나라가 일정한 기간 동안 일정한 지역에 대해 통치하는 제도

문제에서 신탁 통치 결의에 대한 내용을 다뤘기 때문에, 신탁 통치가 의결된 배경이 된 모스크바 3국 외상 회의를 언급한 3번 선지가 정답입니다!

① 여운형, 김규식은 1946년에 좌우 합작 위원회를 결성하고 미소 공동 위원회의 재개 등을 요구하는 좌우 합작 7원칙을 발표하였다.(이후)

② 미국과 소련은 1946년에 서울의 덕수궁 석조전에서 한국의 민주주의 임시 정부 수립을 논의하기 위한 회의를 개최하였다.(이후)

③ 광복 직후 1945년에 미국, 영국, 소련 3국의 외무장관은 모스크바에 모여 한국 문제를 비롯하여 제2차 세계대전 이후의 여러 지역 문제를 협의하기 위한 회의를 개최하였다.

④ 제헌 국회는 1948년에 친일파 처벌을 위해 반민족 행위 처벌법을 제정하였다.(이후)

⑤ 제2차 미소 공동 위원회가 결렬된 이후 한국의 임시 정부 수립 문제를 해결하기 위해 1947년에 유엔 한국 임시 위원단이 결성되었다. 그러나 소련의 반대로 위원단의 입북이 거부되자, 1948년에 유엔 소총회는 남한 단독 선거를 결정하였다.(이후)

2. ④ 제1차 미소 공동 위원회 결렬과 제2차 미소 공동 위원회 개최 | 난이도 ●○○

문제 키워드 추출

(가) 사건(현대, 제1차 미소 공동 위원회 결렬, 1946. 5.)
✓ 미소 공동 위원회 무기 휴회 _ 한국의 임시 정부 수립에 참여할 단체 논의를 두고 의견 차이로 제1차 미소 공동 위원회가 결렬됨

(나) 사건(현대, 제2차 미소 공동 위원회 개최, 1947. 5.)
✓ 제2차 미소 공동 위원회 개막 _ 기존에 결렬된 미소 공동 위원회가 재개된 사례

문제에서 미소 공동 위원회와 관련된 흐름을 제시하였기 때문에, 제1차 미소 공동 위원회가 결렬된 이후 조직된 좌우 합작 위원회를 언급한 4번 선지가 정답입니다!

① 여수·순천 10·19 사건은 1948년에 여수에 주둔하던 국방 경비대 제14연대 소속의 일부 군인들이 제주 4·3 사건의 진압을 거부하며 일으킨 사건이다.(이후)

② 광복 직후 1945년에 미국, 영국, 소련 3국의 외무장관은 모스크바에 모여 한국 문제를 비롯하여 제2차 세계대전 이후의 여러 지역 문제를 협의하기 위한 회의를 개최하였다.(이전)

③ 제헌 국회는 1948년에 친일파 처벌을 목적으로 반민족 행위 처벌법을 제정하였다.(이후)

④ 여운형, 김규식은 1946년에 좌우 합작 위원회를 결성하고 미소 공동 위원회의 재개 등을 요구하는 좌우 합작 7원칙을 발표하였다. ★ 대표 선지!

⑤ 제2차 미소 공동 위원회가 결렬된 이후 한국의 임시 정부 수립 문제를 해결하기 위해 1947년에 유엔 총회에서는 유엔 감시 아래 인구 비례에 의한 남북 총선거를 결정하였다.(이후)

3. ③ 좌우 합작 7원칙과 남북 협상 | 난이도 ●●●

문제 키워드 추출

(가) 사건(현대, 좌우 합작 7원칙, 1946. 10.)
✓ 좌우 합작으로 민주주의 임시 정부 수립 _ 좌우 합작 7원칙의 대표 조항

(나) 사건(현대, 남북조선제정당사회단체 공동성명서, 1948. 4.)
✓ 조선 인민의 각층 각계를 대표하는 민주주의 임시 정부가 즉시 수립 _ 김구, 김규식의 주도로 추진된 남북 협상 관련 성명서의 핵심 내용

문제에서 좌우 합작 7원칙과 남북 협상과 관련된 사료를 언급하였으므로, 좌우 합작 위원회 결렬 이후 제2차 미소 공동 위원회도 결렬되며 남북 문제가 유엔에 이관된 흐름을 다룬 3번 선지가 정답입니다!

---

① 제헌 국회는 1949년에 자영농 육성을 위해 유상 매수 및 유상 분배를 규정한 농지 개혁법을 제정하였다.(이후)
② 제1차 미소 공동 위원회가 결렬되자 이승만은 정읍 발언을 통해 남한만의 단독 정부 수립을 주장하였으며, 이는 좌우 합작 위원회 추진의 배경이 되었다.(이전)
③ 제2차 미소 공동 위원회가 결렬된 이후 한국의 임시 정부 수립 문제를 해결하기 위해 1947년에 유엔 총회에서는 유엔 감시 아래 인구 비례에 의한 남북 총선거를 결정하였다.(이후)
④ 광복 직후 1945년에 여운형, 안재홍 등이 조선 건국 준비 위원회를 조직하였다.(이후)
⑤ 이승만 정부 때인 1958년에 국회에서 여당 단독으로 신국가보안법을 통과시키는 사건이 발생하였다.(이후)

4. ⑤ 유엔 한국 임시 위원단 국내 입국과 여수·순천 10·19 사건 | 난이도 ●●●

문제 키워드 추출

(가) 사건(현대, 유엔 한국 임시 위원단 국내 입국, 1948. 1.)
✓ 유엔 한국 임시 위원단 _ 한국의 정부 수립 문제를 해결하기 위해 국내에 파견된 단체

(나) 사건(현대, 여수·순천 10·19 사건, 1948. 10.)
✓ 여수 제14연대, 여수와 순천 점령 _ 제주 4·3 사건의 진압을 거부하며 일으킨 사건

문제에서 유엔 한국 임시 위원단 국내 입국 예정과 여수·순천 10·19 사건과 관련된 사료를 제시하였기 때문에, 유엔 한국 임시 위원단의 감시하에 실시된 우리나라 최초의 보통 선거를 언급한 5번 선지가 정답입니다!

---

① 제1차 미소 공동 위원회가 결렬되자 열렸으나, 협의 대상이 될 정당과 사회단체 선정 문제 등으로 결렬되었다.(이전)
② 광복 직후 1945년에 미국, 영국, 소련 3국의 외무장관은 모스크바에 모여 한국 문제를 비롯하여 제2차 세계대전 이후의 여러 지역 문제를 협의하기 위한 회의를 개최하였다.(이전)
③ 여운형, 김규식은 1946년에 좌우 합작 위원회를 결성하고 미소 공동 위원회의 재개 등을 요구하는 좌우 합작 7원칙을 발표하였다.(이후)
④ 제헌 국회는 1949년에 자영농 육성을 위해 유상 매수 및 유상 분배를 규정한 농지 개혁법을 제정하였다.(이후)
⑤ 1948년에는 유엔 한국 임시 위원단의 감시 아래에 우리나라 최초의 보통 선거인 5·10 총선거가 실시되었다.

해품사의 키워드 분석팁!

문제 5~7	5·10 총선거와 제헌 국회

제헌 국회는 우리나라 최초의 보통 선거인 5·10 총선거를 통해 결성된 대한민국 정부 수립 직후 출범한 우리나라 최초의 국회입니다. 제헌 국회는 크게 활동 사례와 특징을 중심으로 관련 키워드를 암기할 필요가 있으며, 활동 사례의 경우 '귀속 재산 처리법 제정(일제 귀속 재산 매각)', '농지 개혁법 제정(자영농 육성, 유상 몰수 및 유상 분배 원칙)', '반민족 행위 처벌법 제정(반민특위 출범, 친일파 처벌)' 등이 있습니다. 특징의 경우 '간선제 시행 → 국회의원들의 선거로 대통령 선출', '임기 2년' 등을 암기할 필요가 있습니다.

5. ⑤ 5·10 총선거 | 난이도 ●●○

문제 키워드 추출

✓ 우리나라 첫 번째 총선거 _ 5·10 총선거의 의의
✓ 유엔 한국 임시 위원단 _ 5·10 총선거를 감독한 단체

문제에서 5·10 총선거와 관련된 사실을 제시하였기 때문에, 5·10 총선거의 목적과 관련 역사적 사실을 언급한 ㄷ, ㄹ 선지를 골라야 합니다!

ㄱ. 여운형, 김규식은 1946년에 좌우 합작 위원회를 결성하고 미소 공동 위원회의 재개 등을 요구하는 좌우 합작 7원칙을 발표하였다.
ㄴ. 4·19 혁명 이후 허정 과도 내각 때 시행한 제3차 개헌에 근거하여, 의원 내각제 중심의 장면 내각이 수립되었다.

ⓒ 5·10 총선거를 통해 출범한 제헌 국회는 제주 4·3 사건의 영향으로 2개의 선거구에서 국회의원을 선출하지 못한 채 출범하였다.

ⓓ 5·10 총선거는 우리나라의 제헌 국회를 구성하기 위하여 실시된 국회의원 총선거라는 의의가 있다.

③ 김대중 정부 때 제주 4·3 사건 진상규명 및 희생자 및 유족에 대한 명예 회복에 관한 특별법을 제정하였다. ★ 대표 선지!

④ 미군정 시기에는 일제가 남긴 귀속 재산 처리를 위해 신한 공사를 설립하였다.

⑤ 4·19 혁명과 5·18 광주 민주화 운동 관련 기록물들은 공통적으로 유네스코 세계 기록 유산으로 등재되었다.

6. ③   제헌 국회 | 난이도 ●●●

문제 키워드 추출

✔ 우리나라 최초로 실시한 총선거를 통해 구성된 국회 _ 제헌 국회가 수립된 과정
✔ 임기는 2년 _ 제헌 국회의원의 임기

문제에서 제헌 국회의 수립 과정과 제헌 국회의원의 임기를 제시하였기 때문에, 장면 내각 시기의 국회와 관련된 사실을 다룬 3번 선지가 일치하지 않습니다!

① 제헌 국회는 1948년에 친일파 처벌을 위해 반민족 행위 처벌법을 제정하였다. ★ 대표 선지!

② 제헌 국회는 국회의원들의 선거로 대통령을 선출하는 간선제를 실시하였다.

③ 제5대 국회(장면 내각 시기)는 제3차 개헌에 근거하여 민의원 및 참의원의 양원제로 운영되었다.

④ 5·10 총선거를 통해 출범한 제헌 국회는 제주 4·3 사건의 영향으로 2개의 선거구에서 국회의원을 선출하지 못한 채 출범하였다.

⑤ 제헌 국회는 일제가 남긴 귀속 재산 처리를 위해 귀속 재산 처리법을 제정하였다.

7. ③   제주 4·3 사건 | 난이도 ●○○

문제 키워드 추출

✔ 제주도 _ 제주 4·3 사건이 발생한 지역
✔ 남한만의 단독 선거에 반대 _ 제주 4·3 사건의 원인

문제에서 제주 4·3 사건이 발생한 지역과 원인을 힌트로 제시하였기 때문에, 비교적 최근 정부에 이르러 제주 4·3과 관련된 진상 규명 작업을 추진한 사례를 언급한 3번 선지가 정답입니다!

① 이승만 정부 때 발생한 4·19 혁명의 결과 허정 과도 정부가 수립되었으며, 제3차 개헌을 통해 의원 내각제 및 양원제를 규정하였다.

② 박정희 정부 때 유신 헌법 체제에 반대하는 정치인, 종교인 등은 3·1 민주 구국 선언을 발표하였다.

문제 8~12	6·25 전쟁

6·25 전쟁은 현대에 발생한 우리나라의 대표적인 전쟁으로, 크게 사실형 유형과 흐름형 유형으로 나눠 공략할 필요가 있습니다. 우선 사실형 유형의 경우 6·25 전쟁 시기에 발생한 사실 또는 대표 전투 사례를 언급하며, 사실형 유형이 출제될 경우 대표 키워드로는 '국민 방위군 사건', '부산 임시 수도', '발췌 개헌 시행' 등이 있습니다. 흐름형 유형이 출제될 경우 북한의 남침으로 전쟁 시작 → 낙동강 전선 대립(다부동 전투) → 인천 상륙 작전 전개 → 서울 수복 → 중공군 개입 → 흥남 철수 작전 전개 → 1·4 후퇴 → 개성에서 첫 정전 회담 개최 → 반공 포로 석방 → 판문점에서 정전 협정 체결의 흐름 파악이 필수적입니다!

8. ④   6·25 전쟁 | 난이도 ●●○

문제 키워드 추출

✔ 정전 협정 _ 6·25 전쟁을 종결짓기 위해 체결한 협정
✔ 부산 _ 6·25 전쟁 당시의 임시 수도

문제에서 6·25 전쟁과 관련된 협정과 6·25 전쟁 시기의 임시 수도를 언급하였기 때문에, 6·25 전쟁이 진행되던 시기에 시행한 헌법을 언급한 4번 선지가 정답입니다!

① 이승만 정부 때 6·25 전쟁 이후 안보를 강화하기 위해 미군이 한국에 지속적으로 주둔하도록 규정하는 한미 상호 방위 조약을 체결하였다.

② 이승만 정부 때인 1949년에 반민특위 국회의원들에게 남조선 노동당 프락치 혐의를 씌워 검거한 뒤 반민특위를 해산시켰다.

③ 통일 주체 국민 회의는 유신 헌법(제7차 개헌)에 근거하여 설치된 헌법 기관이다.

④ 6·25 전쟁이 진행 중이던 1952년에 부산에서 발생한 정치 파동을 계기로 직선제를 규정한 개헌안이 통과되었다.
★ 대표 선지!

⑤ 이승만 정부 때인 1958년에 국회에서 여당 단독으로 신국가보안법을 통과시키는 사건이 발생하였다.

9. ①

문제 키워드 추출

✔ 정전 협정 _ 6·25 전쟁을 종결짓기 위해 체결한 협정

문제에서 6·25 전쟁과 관련된 협정 관련 키워드를 언급하였으므로, 6·25 전쟁 발발 이전에 발표한 애치슨 선언을 언급한 1번 선지가 일치하지 않습니다!

---

① 1950년 1월에 미국의 국무장관 애치슨은 태평양 지역 방어선을 발표하였는데, 이때 한반도와 타이완이 제외되었다.

② 6·25 전쟁 때 부산이 임시 수도로 정해졌다.

③ 6·25 전쟁 때 중공군이 개입하자 미군과 국군은 함경남도 흥남에서 철수 작전을 전개하였다.

④ 6·25 전쟁 때 유엔군 사령관 맥아더의 지휘 아래 인천 상륙 작전이 전개된 결과 서울을 수복하였다.

⑤ 6·25 전쟁 때 국민 방위군의 장교들이 국고금(국가 소유 헌금) 및 군수물자를 부정 처분하는 일종의 횡령 사건을 일으켰다.

10. ③

문제 키워드 추출

✔ 인천 상륙 작전 _ 6·25 전쟁 때 유엔군 사령관 맥아더의 지휘 아래 추진된 작전

문제에서 6·25 전쟁 때 전개된 인천 상륙 작전을 제시하였기 때문에, 인천 상륙 작전 이후에 발생한 사건인 흥남 철수 작전과 개성 내 첫 정전 회담 개최가 언급된 ㄴ, ㄷ 선지를 고를 필요가 있습니다!

ㄱ. 미국의 국무장관 애치슨은 태평양 지역 방어선을 발표하였는데, 이때 한반도와 타이완이 제외되었다.(이전)

ㄴ. 6·25 전쟁 때 중공군이 개입하자 미군과 국군은 함경남도 흥남에서 철수 작전을 전개하였다.(이후)

ㄷ. 6·25 전쟁이 장기화되자, 소련의 제안으로 개성에서 첫 정전 회담이 개최되었다.(이후)

ㄹ. 6·25 전쟁 발생 직후 국군이 북한군의 전세에 밀린 결과 낙동강 전선까지 후퇴했으나 대구 다부동에서 북한군의 공세를 방어하였다.(이전)

11. ②

문제 키워드 추출

(가) 사건(현대, 다부동 전투, 1950. 8.)
✔ 낙동강 방어선으로 후퇴, 다부동 일대 _ 6·25 전쟁 발생 직후 남한이 낙동강 전선까지 후퇴한 사례

(나) 사건(현대, 개성 첫 정전 회담 개최, 1951. 7.)
✔ 개성에서 열린 첫 정전 회담 _ 6·25 전쟁을 종결짓기 위해 개성에서 처음으로 개최한 정전 회담

문제에서 다부동 전투와 개성에서 정전 회담을 개최한 상황을 언급하였기 때문에, 두 시기 사이에 중공군의 개입으로 국군과 유엔군이 일시적으로 후퇴한 사례를 언급한 2번 선지가 정답입니다!

---

① 미국의 국무장관 애치슨은 태평양 지역 방어선을 발표하였는데, 이때 한반도와 타이완이 제외되었다.(이전)

② 6·25 전쟁 때 중공군이 개입하자 미군과 국군은 함경남도 흥남에서 철수 작전을 전개하였다.

③ 여수·순천 10·19 사건은 1948년에 여수에 주둔하던 국방 경비대 제14연대 소속의 일부 군인들이 제주 4·3 사건의 진압을 거부하며 일으킨 사건이다.(이전)

④ 이승만 정부 때 6·25 전쟁 이후 안보를 강화하기 위해 미군이 한국에 지속적으로 주둔하도록 규정하는 한미 상호 방위 조약을 체결하였다.(이후)

⑤ 6·25 전쟁이 진행 중이던 1952년에 부산에서 발생한 정치 파동을 계기로 직선제를 규정한 개헌안이 통과되었다.(이후)

문제 키워드 추출

(가) 사건(현대, 인천 상륙 작전, 1950. 9.)
✓ **인천 상륙을 감행** _ 6·25 전쟁 때 유엔군 사령관 맥아더의 지휘 아래 추진된 작전

(나) 사건(현대, 한강 인도교 및 한강 철교 폭파, 1950. 6.)
✓ **한강 인도교와 한강 철교가 폭파됨** _ 6·25 전쟁 발발 직후 북한군의 진격을 막기 위해 서울 인근의 다리를 폭파한 사건

(다) 사건(현대, 1·4 후퇴, 1951. 1.)
✓ **중국군의 선정 공세, 국군과 유엔군은 서울을 빼앗김** _ 6·25 전쟁 때 중공군의 개입으로 인해 서울을 다시 빼앗긴 상황

(라) 사건(현대, 개성 첫 정전 회담 개최, 1951. 7.)
✓ **개성에서 제1차 휴전 회담이 열림** _ 6·25 전쟁을 종결짓기 위해 개성에서 처음으로 개최한 정전 회담

6·25 전쟁의 흐름은 한강 인도교 및 한강 철교 폭파(나-1950. 6.) → 인천 상륙 작전(가-1950. 9.) → 1·4 후퇴(다-1951. 1.) → 개성 첫 정전 회담 개최(라-1951. 7.) 순으로 발생하였습니다!

각 문제는 이 주제에서 가장 많이 출제된 키워드로 구성하였습니다.

문제별 키워드 분류표

문제	키워드	출제 빈도(27회분 中)
1~3	이승만 정부 ➡	7번 출제
4~5	장면 내각 ➡	2번 출제
6~12	박정희 정부 ➡	22번 출제
13~14	전두환 정부 ➡	7번 출제
15~22	현대의 민주화 운동 ➡	21번 출제
23~27	현대의 개헌 과정 ➡	8번 출제

해품사의 키워드 분석팁!

문제 1~3	이승만 정부

현대의 대통령 업적 유형은 전근대사의 왕 업적 유형과 유사한 방식으로 접근하는 것을 권장하며, 크게 정치, 경제, 사회, 외교, 통일 분야로 나눠 암기한 뒤, 각 정부별 관련 사건 또는 민주화 운동을 암기하여 공략하는 것을 권장합니다. 우선 이승만 정부의 경우 '정치(농지 개혁법, 발췌 개헌, 반민특위 설치 → 국회 프락치 사건으로 해체됨, 사사오입 개헌)', '경제(삼백 산업)', '외교(한미 상호 방위 조약)', '사건(경향신문 폐간 사건, 국가 보안법 파동, 부산 정치 파동, 진보당 사건)' 등을 암기할 필요가 있습니다.

1. ⑤   이승만 정부 | 난이도 ●●○

문제 키워드 추출

✓ 농지 개혁법 _ 이승만 정부 때 자영농 육성을 위해 제정한 법
✓ 정전 협정 _ 이승만 정부 때 6·25 전쟁을 종결짓기 위해 체결한 협정

문제에서 이승만 정부 때 제정된 법과 체결한 협정 등을 언급하였으므로, 이승만 정부 때 시행한 다른 법을 언급한 5번 선지가 정답입니다!

① 전두환 정부 때 사회 정화를 명분으로 군부대 내에 삼청 교육대를 설치하고 시민들을 강제로 연행하였다.
② 박정희 정부 때 도시와 농촌 간의 빈부 격차를 해소하기 위해 농촌 근대화를 위한 새마을 운동을 추진하였다.

③ 박정희 정부 때 한국과 일본의 국교 회복, 유상 자금 및 무상 자금의 지원 등을 규정한 한일 기본 조약을 체결하였다.
④ 김영삼 정부 때 지방의 완전한 자치 실현을 위한 지방 자치제를 전면적으로 실시하였다.
⑤ 이승만 정부 때 친일파 처벌을 위해 반민족 행위 처벌법을 제정하였다. ★ 대표 선지!

2. ②   이승만 정부 | 난이도 ●●●

문제 키워드 추출

✓ 자유당 _ 이승만 정부 때의 여당
✓ 부산 정치 파동 _ 이승만 정부 때 발생한 6·25 전쟁 당시 부산에서 발생한 정치적 사건

문제에서 이승만 정부 때의 여당과 여러 정치적 사건을 힌트로 제시하였으므로, 박정희 정부 때 발생한 정치적 사건을 언급한 2번 선지가 일치하지 않습니다!

① 이승만 정부는 1958년에 야당 후보인 진보당의 조봉암을 견제하기 위해 진보당을 해체하고, 1959년 조봉암에게 간첩 혐의를 씌워 사형시켰다.
② 박정희 정부 때 유신 헌법에 대한 반대 운동을 주도한 민청학련을 조사하던 중, 인민혁명당 재건위원회가 배후에서 북한의 지령을 받아 정부를 전복시키기 위한 민중 폭동과 학생 시위를 조종하였다는 혐의를 씌워 일부 인물들에 대한 사형을 선고하였다.
③ 이승만 정부 때 정부에 비판적인 논설을 다수 게재한 경향신문을 1959년에 폐간시켰다.
④ 이승만 정부 때 장기 집권을 위해 3·15 부정 선거를 자행하였으며, 이는 4·19 혁명의 원인이 되었다.
⑤ 이승만 정부 때 반민특위 국회의원들에게 남조선 노동당 프락치 혐의를 씌워 검거한 뒤 반민특위를 해산시켰다.

3. ②   제3대 대통령 선거 이후의 일 | 난이도 ●●○

문제 키워드 추출

문제에 제시된 사건(현대, 이승만 정부, 제3대 대선, 1956)
✓ 여당은 현 대통령의 3선을 주장 _ 이승만 정부 때 시행된 제3대 대선

문제에서 제3대 대선의 상황을 언급하였기 때문에, 제3대 대선 이후 이승만 정부가 부상하는 야당의 후보를 견제하기 위해 주도한 진보당 사건을 언급한 2번 선지가 정답입니다!

① 6·25 전쟁 때 국민 방위군의 장교들이 국고금(국가 소유 헌금) 및 군수물자를 부정 처분하는 일종의 횡령 사건을 일으켰다.(이전)

② 이승만 정부는 1958년에 야당 후보인 진보당의 조봉암을 견제하기 위해 진보당을 해체하고, 1959년 조봉암에게 간첩 혐의를 씌워 사형시켰다.(이후)

③ 이승만 정부 때 반민특위 국회의원들에게 남조선 노동당 프락치 혐의를 씌워 검거한 뒤 반민특위를 해산시켰다.(이전)

④ 광복 직후 1945년에 여운형, 안재홍 등의 주도로 조직된 조선 건국 준비 위원회는 조선 인민 공화국을 선포하였다.(이전)

⑤ 1954년에는 초대 대통령에 한해 중임 제한을 폐지하는 사사오입 개헌이 통과되었다.(이전)

④ 전두환 정부 때 노령층 또는 장애인 국민에 대하여 연금을 지급하는 복지 제도인 국민 연금 제도가 실시되었다.

⑤ 김영삼 정부 때 금융 거래 시 반드시 본인의 실명으로 거래하는 금융 실명제를 시행하였고, 고위 공무원의 재산 등록을 의무화하도록 공직자 윤리법을 개정하였다.

5. ③   남북 학생 회담 요구 집회 | 난이도 ●●●

문제 키워드 추출

문제에 제시된 사건(현대, 남북 학생 회담 요구 집회, 1961)
✓ 남북 학생 회담을 요구하는 집회 _ 장면 내각 때 학생들을 중심으로 자주적인 통일을 추진하기 위해 개최된 집회

남북 학생 회담 요구 집회는 장면 내각 때 개최되었기 때문에, 흐름상 장면 내각은 4·19 혁명 이후에 출범하였으므로 3번 선지가 정답입니다!

해품사의 키워드 분석팁!

문제 4~5	장면 내각

상면 내각은 이승만 정부 때 발생한 4·19 혁명을 계기로 이승만 정부가 하야한 뒤, 허정 과도 정부 때 시행한 제3차 개헌을 바탕으로 수립된 정부입니다. 장면 내각의 경우 '정치(의원 내각제 시행, 양원제 시행-민의원·참의원 구성, 제4차 개헌-3·15 부정 선거 관련자 처벌)', '경제(경제 개발 5개년 계획 수립)', '외교(남북 학생 회담 요구 집회 개최-가자 북으로, 오라 남으로)' 등을 암기할 필요가 있습니다.

해품사의 키워드 분석팁!

문제 6~12	박정희 정부

박정희 정부는 재임 기간이 가장 길었던 정부인 만큼, 현대사의 대표 빈출 주제로 공략할 필요가 있습니다. 박정희 정부의 경우 제3공화국 기준(1961~1972)으로는 '정치(국민 교육 헌장 실시, 중학교 무시험 진학 제도 실시, 3선 개헌 실시)', '경제(경부 고속 도로 개통, 새마을 운동, 제1차~제2차 경제 개발 5개년 계획 시행)', '외교(브라운 각서 체결, 서독 광부 및 간호사 파견, 6·3 시위 발생 → 한일 기본 조약 체결)', '북한과의 대립(1·21 북한 무장 공비 청와대 습격 사건 → 향토 예비군 창설 계기, 울진·삼척 무장 공비 침투 사건, 푸에블로호 납치 사건)', '통일(7·4 남북 공동 성명 발표 → 남북 조절 위원회 설치 및 유신 헌법 시행)', '사건(전태일 분신 자살 사건, 광주 대단지 사건)' 등을 암기할 필요가 있습니다. 다음으로 제4공화국 기준(1972~1979)으로는 '정치(긴급 조치 시행, 통일 주체 국민 회의 설치, 미니스커트 및 장발 단속)', '경제(제3차 경제 개발 5개년 계획 시행 → 포항 제철소 제1기 준공, 제1차 석유 파동 및 제2차 석유 파동, 100억 달러 수출 달성)', '사건(인민혁명당 재건위 사건, 함평 고구마 피해 보상 투쟁)', '민주화 운동(개헌 청원 100만인 서명 운동, 3·1 민주 구국 선언, 부·마 민주 항쟁)' 등을 암기할 필요가 있습니다. 특히 박정희 정부를 어렵게 출제할 경우 1960년대와 1970년대의 사례를 나눠 출제할 수 있으며, 이때 주로 유신 헌법 또는 통일 주체 국민 회의가 문제 또는 정답 키워드로 제시됩니다.

4. ①   장면 내각 | 난이도 ●●●

문제 키워드 추출

✓ 민의원, 참의원 _ 장면 내각 때 시행된 양원제의 구성

문제에서 장면 내각 때 양원제와 관련된 자료를 제시하였으므로, 장면 내각 때 시행한 정치 제도와 관련된 사례가 언급된 1번 선지가 정답입니다!

① 장면 내각 때 국회 중심의 내각 책임제와 지방 자치제가 부분적으로 실시되었다. ★ 대표 선지!

② 박정희 정부 때 미국의 베트남 전쟁을 지원하기 위해 군사를 파병하였으며, 일본과의 국교 정상화를 위한 한일 기본 조약을 체결하였다.

③ 이승만 정부 때 친일파 처벌을 위해 반민족 행위 처벌법을 제정하였으며, 자영농 육성을 위해 농지 개혁법을 제정하였다.

6. ②

박정희 정부 | 난이도 ●●○

문제 키워드 추출

- ✔ 긴급 조치 _ 유신 헌법에 규정된 헌법 효력을 가진 특별 조치
- ✔ 인민혁명당 재건위 사건 _ 박정희 정부 때 혁신계 인사를 비롯한 언론인·교수·학생 등이 인민혁명당을 결성하여 국가 전복을 음모하였다는 혐의를 씌운 사건

문제에서 박정희 정부와 관련된 헌법과 관련된 조치와 박정희 정부 때 발생한 대표적인 사건을 언급하였으므로, 박정희 정부 때 발생한 노동 운동을 진압한 사례인 2번 선지가 정답입니다!

---

① 이승만 정부 때 6·25 전쟁 이후 안보를 강화하기 위해 미군이 한국에 지속적으로 주둔하도록 규정하는 한미 상호 방위 조약을 체결하였다.
② 박정희 정부 때 YH 무역 회사에서 발생한 부당 폐업을 계기로, YH 무역 노동자들이 신민당 당사에서 회사의 정상화와 노동자의 생존권 보장을 요구하였으나, 정부는 이를 강경 진압하였다.
③ 김영삼 정부 때 금융 거래 시 반드시 본인의 실명으로 거래하는 금융 실명제를 시행하였다.
④ 전두환 정부 때 사회 정화를 명분으로 군부대 내에 삼청 교육대를 설치하고 시민들을 강제로 연행하였다.
⑤ 이승만 정부는 야당 후보인 진보당의 조봉암을 견제하기 위해 진보당을 해체하고 조봉암에게 간첩 혐의를 씌워 사형시켰다.

7. ⑤

박정희 정부 | 난이도 ●●●

문제 키워드 추출

- ✔ 국민 교육 헌장 _ 국민의 윤리와 정신적인 기반을 확고히 하기 위해 발표한 헌장

문제에서 박정희 정부 때 발표한 국민 교육 헌장을 힌트로 제시하였으므로, 박정희 정부 때 과도한 중학교 입시 제도의 문제점을 개선하기 위해 시행한 제도를 언급한 5번 선지가 정답입니다!

---

① 김영삼 정부 때 우리 역사 바로 세우기 운동의 일환으로 국민학교라는 명칭을 초등학교로 변경하였으며, 옛 조선 총독부 건물을 철거하였다.
② 전두환 정부 때 과외를 전면적으로 금지하였으며, 대학 졸업 정원제를 시행하였다.
③ 이승만 정부 때 우리나라의 문맹 문제를 개선하기 위한 문맹국민 완전퇴치 5개년 계획을 수립 및 추진하였다.

④ 미군정 때 미국에서 운영된 학제인 6-3-3 학제를 처음 도입하였다.
⑤ 박정희 정부 때 과도한 입시 제도의 폐해를 개선하기 위해 중학교 입시 제도를 폐지하고 추첨 제도를 실시하였다.

8. ⑤

박정희 정부 | 난이도 ●○○

문제 키워드 추출

- ✔ 포항 종합 제철 준공 _ 박정희 정부 때 제3차 경제 개발 5개년 계획의 일환으로 준공된 회사
- ✔ 경부 고속 도로 개통 _ 박정희 정부 때 개통된 고속 도로
- ✔ 100억 달러 수출 달성 _ 박정희 정부 때 달성한 경제적 성과

문제에서 박정희 정부 때 시행한 경제 정책과 경제적 성과를 언급하였기 때문에, 박정희 정부 때 시행한 다른 정책을 언급한 5번 선지가 정답입니다!

---

① 노무현 정부 때 한국과 미국 간 상품 및 서비스 무역에 대한 관세 철폐를 규정한 협정을 체결하였다.
② 전두환 정부는 1986년부터 저유가·저금리·저달러의 3저 호황을 통해 경제적 호황을 누렸다.
③ 이승만 정부 때 제분(밀가루)·제당(설탕)·면직물 등 미국으로부터 받은 원조 물자를 가공하는 삼백 산업이 발달하였다.
④ 김영삼 정부 때 금융 거래 시 반드시 본인의 실명으로 거래하는 금융 실명제를 시행하였다.
⑤ 박정희 정부 때 도시와 농촌 간의 빈부 격차를 해소하기 위해 농촌 근대화를 위한 새마을 운동을 추진하였다.
★ 대표 선지!

9. ②

김종필·오히라 메모와 한일 기본 조약 | 난이도 ●●●

문제 키워드 추출

(가) 사건(현대, 김종필·오히라 메모, 1962)
- ✔ 무상 원조, 한국, 일본, 국교 정상화 _ 한일 국교 정상화가 이뤄지기 이전에 일본이 한국에게 지급하는 무상 원조를 논의한 사례

(나) 사건(현대, 한일 기본 조약, 1965)
- ✔ 양 체약 당사국 간에 외교 및 영사 관계를 수립 _ 박정희 정부 때 단절된 한일 국교를 정상화한 사례

문제에서 한일 국교를 추진하는 과정이 언급되었기 때문에, 한일 국교 정상화를 반대하며 발생한 시위가 언급된 2번 선지가 정답입니다!

① 이승만 정부 때 6·25 전쟁 이후 안보를 강화하기 위해 미군이 한국에 지속적으로 주둔하도록 규정하는 한미 상호 방위 조약을 체결하였다.(이전)

② 박정희 정부 때인 1964년에 굴욕적인 한일 국교 정상화에 반대하는 6·3 시위가 전개되었다.

③ 이승만 정부 때 반민특위 국회의원들에게 남조선 노동당 프락치 혐의를 씌워 검거한 뒤 반민특위를 해산시켰다.(이전)

④ 이승만 정부 때 야당 후보인 진보당의 조봉암을 견제하기 위해 진보당을 해체하고, 조봉암에게 간첩 혐의를 씌워 사형시켰다.(이전)

⑤ 이승만 정부 때 자영농 육성을 위해 농지 개혁법을 제정하였다.(이전)

10. ②

박정희 정부 | 난이도 ●●●

문제 키워드 추출

✓ 향토 예비군 창설 _ 박정희 정부 때부터 전시 상황 대비를 위해 유사시에 소집되는 예비 전력을 창설한 사례

✓ 1월 21일 북한 무장 공비의 청와대 습격 시도 사건 _ 박정희 정부 때 발생한 북한 침투 사건, 김신조 사건으로도 불림

문제에서 박정희 정부 때 발생한 북한 침투 사건을 언급하였으므로, 박정희 정부 때 국민의 교육 지표 방향을 제시하며 발표된 국민 교육 헌장을 언급한 2번 선지가 정답입니다!

① 노무현 정부 때 양성 평등의 실현을 위해 기존의 가족 관계 등록 제도인 호주제를 가족 관계 등록부로 변경하였다.

② 박정희 정부 때 국민의 교육 지표의 방향을 제시한 국민 교육 헌장을 발표하였다.

③ 이명박 정부 때 사회 구성원으로서의 역할 및 책임을 부여하고, 사회 통합에 이바지할 수 있도록 다문화 가족 지원법을 제정하였다.

④ 김영삼 정부 때 금융 거래 시 반드시 본인의 실명으로 거래하는 금융 실명제를 시행하였고, 고위 공무원의 재산 등록을 의무화하도록 공직자 윤리법을 개정하였다.

⑤ 전두환 정부 때 언론 통제를 위해 언론 보도 지침을 발표하여 특정 사건 및 사태에 대한 보도 금지와 기사 검열을 단행하였다.

11. ④

박정희 정부 | 난이도 ●●●

문제 키워드 추출

✓ 광주 대단지에서 대규모 시위 발생 _ 경기도 광주의 주민들이 정부의 무계획적인 도시 정책과 졸속 행정에 반발하여 일으킨 사건

문제에서 박정희 정부 때 발생한 대표적인 사건을 언급하였기 때문에, 박정희 정부 때 추진된 7·4 남북 공동 성명 이후 설치된 기구를 언급한 4번 선지가 정답입니다!

① 노태우 정부 때 남북한이 각각 독립된 국가로 유엔에 동시 가입하였다.

② 노무현 정부 때 제2차 남북 정상 회담을 개최하고 10·4 남북 공동 선언을 발표하였다.

③ 노태우 정부 때 핵 에너지의 평화적 이용 및 핵 재처리 시설과 우라늄 농축 시설 보유 금지 등을 규정한 한반도 비핵화 공동 선언을 발표하였다.

④ 박정희 정부 때 7·4 남북 공동 성명에 따라 통일 교류 실천을 위한 남북 조절 위원회가 구성되었다.

⑤ 김대중 정부 때 개성 공단 설치의 합의와 건설의 착수가 이루어졌으며, 노무현 정부 때 개성 공단 착공을 본격화하였다.

12. ⑤

제7대 대통령 선거 | 난이도 ●●●

문제 키워드 추출

문제에 제시된 사건(현대, 박정희 정부, 제7대 대선, 1971)

✓ 김대중, 박정희 _ 제7대 대선 당시 야당과 여당의 대통령 후보

문제에서 제7대 대선의 상황을 제시하였기 때문에, 제7대 대선 이후 집권한 박정희 정부가 시행한 유신 헌법을 언급한 5번 선지가 정답입니다! 즉 박정희 정부에서 특정 시기 이후 유형을 출제할 경우, 1970년대의 사례가 정답이 될 가능성이 높습니다!

① 4·19 혁명 이후 허정 과도 내각 때 시행한 제3차 개헌에 근거하여, 의원 내각제 중심의 장면 내각이 수립되었다.(이전)

② 이승만 정부 때 야당 후보인 진보당의 조봉암을 견제하기 위해 진보당을 해체하고 조봉암에게 간첩 혐의를 씌워 사형시켰다.(이전)

③ 박정희 정부 때인 1969년에 대통령의 3선 연임을 허용하는 3선 개헌안이 통과되었으며, 3선 개헌안 통과 이후 제7대 대선이 실시되었다.(이전)

④ 박정희 정부 때인 1964년에 굴욕적인 한일 국교 정상화에 반대하는 6·3 시위가 전개되었다.(이전)

⑤ 박정희 정부 때인 1972년에 대통령에게 국회 해산권과 국회의원 1/3 추천 권한 등을 부여하는 유신 헌법이 시행되었다.(이후) ★ 대표 선지!

문제 키워드 추출

✓ 남영동 대공분실 _ 전두환 정부 때 발생한 박종철 고문치사 사건과 관련된 장소

문제에서 전두환 정부 때 발생한 인권 탄압과 관련된 장소를 힌트로 제시하였기 때문에, 노태우 정부 때 개최된 국제 대회를 언급한 1번 선지가 일치하지 않습니다. 이 문제의 경우 문제 키워드가 어려웠다면, 선지 분석을 통해 오답 선지를 바탕으로 정부를 유추할 필요가 있습니다!

① 노태우 정부 때인 1988년에 국제 대회인 서울 올림픽이 개최되었다.
② 전두환 정부 때 유화 정책의 일환으로 대한민국 정부 출범 이후부터 지속된 야간 통행 금지를 해제하였다.
③ 전두환 정부 때 발생한 박종철 고문치사 사건의 결과 6월 민주 항쟁이 발생하였다.
④ 전두환 정부 때 프로 야구단·프로 축구단이 출범하였다.
⑤ 전두환 정부 때 남북 교류 사업의 일환으로 남북 이산가족 고향 방문단의 교환을 최초로 실현하였다.

해품사의 키워드 분석팁!

문제 13~14	전두환 정부

전두환 정부는 10·26 사태 이후 12·12 사태와 5·18 광주 민주화 운동을 거쳐 집권한 정부로, '정치·사회(교복 자율화 실시, 야간 통행 금지 해제, 해외여행 부분 허용, 대학 본고사 폐지 및 졸업 정원제 실시, 삼청 교육대 설치, 언론 보도 지침 규정, 프로 야구단 및 축구단 출범, 최초의 중학교 의무 교육)', '경제(국민연금제, 최저임금제, 3저 호황-저달러·저유가·저금리)', '외교(서울 아시안 게임, 남북 이산가족 고향 방문단 최초 실현)' 등을 암기할 필요가 있습니다.

문제 키워드 추출

✓ 프로 야구 6개 구단 창단 _ 전두환 정부 때 시행한 3S 정책의 일환
✓ 언론 통제 보도 지침 _ 전두환 정부 때 시행된 언론 기본법

문제에서 전두환 정부 때 발생한 여러 정책 또는 사건을 언급하였으므로, 전두환 정부 때 추진된 통일 노력을 언급한 5번 선지가 정답입니다!

① 박정희 정부 때 자주·평화·민족 대단결을 표방한 최초의 남북 통일 관련 선언인 7·4 남북 공동 성명이 발표되었다.
② 김대중 정부 때 개성 공단 설치의 합의와 건설의 착수가 이루어졌으며, 노무현 정부 때 개성 공단 착공을 본격화하였다.
③ 김대중 정부 때 통일 교류 사업의 일환으로 금강산 해로 관광이 처음 시행되었다.
④ 노태우 정부 때 핵 에너지의 평화적 이용 및 핵 재처리 시설과 우라늄 농축 시설 보유 금지 등을 규정한 한반도 비핵화 공동 선언을 발표하였다.
⑤ 전두환 정부 때 남북 교류 사업의 일환으로 남북 이산가족 고향 방문단의 교환을 최초로 실현하였다. ★ 대표 선지!

해품사의 키워드 분석팁!

문제 15~22	현대의 민주화 운동

현대의 민주화 운동 유형은 현대 파트의 대표적인 빈출 유형으로, 크게 4·19 혁명, 부·마 민주 항쟁, 5·18 광주 민주화 운동, 6월 민주 항쟁을 출제할 수 있습니다. 이 유형은 각 민주화 운동의 원인, 전개, 영향 및 의의를 구별하는 것이 중요합니다. 우선 4·19 혁명의 경우 '원인(대구 2·28 민주화 운동 → 3·15 부정 선거 발생과 김주열 시신 발견)', '전개(경무대에서 시위대에게 총격, 대학 교수단 시위 전개)', '영향(이승만 대통령 하야 → 허정 과도 정부 수립 → 장면 내각 출범, 관련 기록물 세계 기록 유산 등재)' 등을 암기할 필요가 있습니다. 부·마 민주 항쟁의 경우 '배경(YH 무역 사건)', '전개(신민당의 김영삼 총재 국회의원 제명)', '영향(유신 체제 붕괴 원인)' 등을 암기할 필요가 있습니다. 5·18 광주 민주화 운동의 경우 '신군부의 비상 계엄 확대 및 무력 진압 저항', '전개(금남로 및 전남도청 등에서 시민군이 계엄군에 저항)', '영향(관련 기록물 세계 기록 유산 등재)' 등을 암기할 필요가 있습니다. 6월 민주 항쟁의 경우 '배경(4·13 호헌 조치에 반발, 박종철 열사 및 이한열 열사의 희생)', '전개(호헌 철폐 및 독재 타도 주장)', '영향(6·29 민주화 선언 발표 → 5년 단임 대통령 직선제 개헌 시행)' 등을 암기할 필요가 있습니다.

15. ②

문제 키워드 추출

✓ 3·15 의거 _ 3·15 부정 선거를 반대하는 민주화 운동 사례
✓ 김주열 _ 4·19 혁명 직전에 희생된 대표적인 열사

문제에서 3·15 부정 선거 관련 키워드와 김주열 열사가 언급되었기 때문에, 4·19 혁명의 결과 이승만이 대통령에서 하야하였다는 사실을 언급한 2번 선지가 정답입니다!

① 박정희 정부 때 대통령의 3선 연임을 허용하는 3선 개헌을 반대하는 운동이 전개되었다.

② 이승만 정부 때 발생한 4·19 혁명의 결과 이승만 대통령이 하야하였고, 허정 과도 정부에서 발표한 제3차 개헌의 결과 의원 내각제를 중심으로 선출된 장면 내각이 출범하였다.
★ 대표 선지!

③ 5·18 광주 민주화 운동은 전두환의 신군부가 발표한 비상 계엄과 무력 진압에 저항한 민주화 운동이다.

④ 4·19 혁명과 5·18 광주 민주화 운동 관련 기록물은 공통적으로 세계 기록 유산으로 등재되었다. (단, 시험 당시 4·19 혁명 기록물은 세계 기록 유산에 등재 전이었다.)

⑤ 6월 민주 항쟁은 대통령 직선제 개헌의 요구를 거부하는 4·13 호헌 조치에 반발하여 발생한 민주화 운동이다.

---

16. ①

문제 키워드 추출

✓ 경무대 앞 경찰의 발포 _ 4·19 혁명 때 경찰이 시민에게 총격을 가한 사례
✓ 교수단 시위 _ 4·19 혁명 때 대학 교수들이 시위를 주도한 사례

문제에서 4·19 혁명과 관련된 상황을 언급하였기 때문에, 4·19 혁명의 결과 장면 내각이 출범하는 사실을 언급한 1번 선지가 정답입니다!

① 이승만 정부 때 발생한 4·19 혁명의 결과 이승만 정부가 하야하였고, 허정 과도 정부에서 발표한 제3차 개헌의 결과 의원 내각제를 중심으로 선출된 장면 내각이 출범하였다.

② 부·마 민주 항쟁은 유신 체제의 여러 문제에 대한 불만이 폭발한 민주화 운동인 동시에 박정희 정권의 붕괴가 촉진되는 직접적인 사건으로 평가받는다.

③ 박정희 정부 때 굴욕적인 한일 국교 정상화에 반대하는 6·3 시위가 전개되었다.

④ 5·18 광주 민주화 운동은 전두환의 신군부가 발표한 비상 계엄과 무력 진압에 저항한 민주화 운동이다.

⑤ 6월 민주 항쟁은 대통령 직선제 개헌의 요구를 거부하는 4·13 호헌 조치에 반발하여 발생한 민주화 운동이다.

---

17. ⑤

문제 키워드 추출

✓ 광주 _ 5·18 광주 민주화 운동이 발생한 지역
✓ 공수 부대 _ 5·18 광주 민주화 운동 당시에 계엄군이 시민들을 진압함

문제에서 5·18 광주 민주화 운동과 관련된 지역 및 상황을 언급하였기 때문에, 5·18 광주 민주화 운동 관련 기록물이 세계 기록 유산으로 등재되었다는 사실을 언급한 5번 선지가 정답입니다!

① 이승만 정부 때 발생한 4·19 혁명의 결과 이승만 정부가 하야하였고, 허정 과도 정부에서 발표한 제3차 개헌의 결과 의원 내각제를 중심으로 선출된 장면 내각이 출범하였다.

② 박정희 정부 때 굴욕적인 한일 국교 정상화에 반대하는 6·3 시위가 전개되었다.

③ 6월 민주 항쟁은 대통령 직선제 개헌의 요구를 거부하는 4·13 호헌 조치에 반발하여 발생한 민주화 운동이다.

④ 4·19 혁명은 이승만 정부가 장기 집권을 위해 자행한 3·15 부정 선거를 계기로 촉발되었다.

⑤ 5·18 광주 민주화 운동 관련 기록물은 세계 기록 유산으로 등재되었다.

---

18. ④

문제 키워드 추출

✓ 윤상원 _ 5·18 광주 민주화 운동과 관련된 대표적인 열사
✓ 계엄군, 시민군 _ 5·18 광주 민주화 운동 당시 대치한 정부의 군대와 자발적으로 조직된 시민군

문제에서 5·18 광주 민주화 운동과 관련된 열사와 대치 세력을 언급하였기 때문에, 5·18 광주 민주화 운동의 원인을 언급한 4번 선지가 정답입니다!

①, ③ 전두환 정부 때 박종철 고문치사 사건과 이한열의 최루탄 피격을 계기로 6월 민주 항쟁이 전국적으로 확산되었다.

② 4·19 혁명 때 경무대로 향하던 시위대에게 경찰이 총격을 가하는 사건이 발생하였다.

④ 5·18 광주 민주화 운동은 전두환의 신군부가 발표한 비상 계엄과 무력 진압에 저항한 민주화 운동이다. ★ 대표 선지!

⑤ 박정희 정부 때 유신 헌법 체제에 반대하는 정치인, 종교인 등은 3·1 민주 구국 선언을 발표하였다.

19. ⑤　　　　　6월 민주 항쟁 | 난이도 ●●○

문제 키워드 추출

✓ 박종철, 이한열 _ 6월 민주 항쟁과 관련된 대표적인 열사들
✓ 대통령 직선제 개헌을 요구, 6·29 선언 _ 6월 민주 항쟁 당시의 요구 사항과 성과

문제에서 6월 민주 항쟁과 관련된 열사 및 요구 사항 등을 언급하였기 때문에, 6월 민주 항쟁 당시의 구호를 언급한 5번 선지가 정답입니다!

---

① 부·마 민주 항쟁은 유신 체제의 여러 문제에 대한 불만이 폭발한 민주화 운동인 동시에 박정희 정권의 붕괴가 촉진되는 직접적인 사건으로 평가받는다.
② 박정희 정부 때 굴욕적인 한일 국교 정상화에 반대하는 6·3 시위가 전개되었다.
③ 이승만 정부 때 발생한 4·19 혁명의 결과 이승만 대통령이 하야하였고, 허정 과도 정부에서 발표한 제3차 개헌의 결과 의원 내각제를 중심으로 선출된 장면 내각이 출범하였다.
④ 5·18 광주 민주화 운동은 전두환의 신군부가 발표한 비상 계엄과 무력 진압에 저항한 민주화 운동이다.
⑤ 6월 민주 항쟁은 대통령 직선제 개헌의 요구를 거부하는 4·13 호헌 조치에 반발하여 발생한 민주화 운동이다.
★ 대표 선지!

20. ③　　　　　6월 민주 항쟁 | 난이도 ●●○

문제 키워드 추출

✓ 4·13 호헌 조치는 무효 _ 6월 민주 항쟁 당시에는 호헌 철폐 및 독재 타도를 주장함
✓ 대통령 직선제 개헌을 요구, 6·29 선언 _ 6월 민주 항쟁 당시의 요구 사항과 성과

문제에서 6월 민주 항쟁 당시의 대표 구호를 언급하였기 때문에, 6월 민주 항쟁의 대표 성과를 언급한 3번 선지가 정답입니다!

---

① 전두환의 신군부 정권은 5·18 광주 민주화 운동을 진압한 이후 정권 장악을 위해 국가 보위 비상 대책 위원회를 설치하였다.
② 5·18 광주 민주화 운동은 전두환의 신군부가 발표한 비상 계엄과 무력 진압에 저항한 민주화 운동이다.
③ 6월 민주 항쟁의 결과 5년 단임의 대통령 직선제를 규정한 제9차 개헌이 이루어졌다. ★ 대표 선지!
④ 이승만 정부 때 발생한 4·19 혁명의 결과 이승만 대통령이 하야하였고, 허정 과도 정부에서 발표한 제3차 개헌의 결과 의원 내각제를 중심으로 선출된 장면 내각이 출범하였다.

21. ①　　　　　부·마 민주 항쟁 | 난이도 ●●○

문제 키워드 추출

✓ 부산과 마산 지역 _ 부·마 민주 항쟁이 발생한 지역
✓ 야당 총재의 국회의원직 제명으로 촉발 _ 부·마 민주 항쟁의 원인

문제에서 부·마 민주 항쟁이 발생한 지역과 원인을 힌트로 제시하였기 때문에, 부·마 민주 항쟁의 영향을 다룬 1번 선지가 정답입니다!

---

① 부·마 민주 항쟁은 유신 체제의 여러 문제에 대한 불만이 폭발한 민주화 운동인 동시에 박정희 정권의 붕괴가 촉진되는 직접적인 사건으로 평가받는다. ★ 대표 선지!
② 5·18 광주 민주화 운동은 전두환의 신군부가 발표한 비상 계엄과 무력 진압에 저항한 민주화 운동이다.
③ 이승만 정부 때 발생한 4·19 혁명의 결과 이승만 대통령이 하야하였고, 허정 과도 정부에서 발표한 제3차 개헌의 결과 의원 내각제를 중심으로 선출된 장면 내각이 출범하였다.
④ 4·19 혁명과 5·18 광주 민주화 운동 관련 기록물은 공통적으로 세계 기록 유산으로 등재되었다.
⑤ 4·19 혁명 때 대학 교수단이 대통령의 하야를 요구하는 시위 행진을 전개하였다.

22. ③　　박정희 정부 시기의 민주화 운동 사례 | 난이도 ●●●

문제 키워드 추출

✓ 유신 헌법 _ 박정희 정부 때 발표된 제7차 개헌

문제에서 박정희 정부와 관련된 개헌 사례를 언급하였기 때문에, 전두환 정부 때 발생한 6월 민주 항쟁을 언급한 3번 선지가 일치하지 않습니다!

---

① 박정희 정부 때 YH 무역 회사의 부당 폐업에 항거하여 여성 노동자들이 신민당사에서 시위를 전개하였다.
② 박정희 정부 때 유신 헌법의 철폐를 주장하며 장준하가 개헌 청원 백만인 서명 운동을 주도하였다.
③ 6월 민주 항쟁은 전두환 정부 때 대통령 직선제 개헌의 요구를 거부하는 4·13 호헌 조치에 반발하여 발생한 민주화 운동이다.
④ 부·마 민주 항쟁은 박정희 정부 때 야당 총재인 김영삼의 국회의원직 제명을 계기로 촉발한 민주화 운동이다.
⑤ 박정희 정부 때 유신 헌법 체제에 반대하는 정치인, 종교인 등은 3·1 민주 구국 선언을 발표하였다. ★ 대표 선지!

현대의 개헌 과정 유형은 현대 파트의 대표적인 고난도 유형으로, 각 개헌을 시행한 정부와 각 개헌의 핵심 사례를 정확히 암기할 필요가 있습니다. 특히 이 유형은 각 개헌의 원문을 한 번이라도 읽는 것을 권장합니다. 현대의 개헌 과정은 1. 이승만 정부(발췌 개헌-대통령 직선제 규정 → 사사오입 개헌-초대 대통령에 한해 중임 제한 철폐) → 2. 허정 과도 정부(제3차 개헌-민의원과 참의원의 양원제와 의원 내각제 시행) → 3. 장면 내각(제4차 개헌-3·15 부정 선거 관련자 처벌 규정) → 4. 박정희 정부(제5차 개헌-단원제 및 국민투표제 → 제6차 개헌-대통령 3선 허용 → 제7차 개헌-국회의원 1/3 추천, 국회 해산권, 임기 6년, 통일 주체 국민 회의 설치 등) → 5. 전두환 정부(제8차 개헌-대통령 7년 단임 임기, 대통령 선거인단 설치 → 제9차 개헌-5년 단임 대통령 직선제)의 흐름 파악이 필수적입니다!

23. ①
발췌 개헌 | 난이도 ●○○

문제 키워드 추출

문제에 제시된 사건(현대, 이승만 정부, 발췌 개헌, 1952)
- ✓ 발췌 조항 전원 합의 _ 이승만 정부 때 발췌 개헌을 시행한 사례
- ✓ 기립 표결로 작성 _ 발췌 개헌은 별도의 토론 등 없이 기립 표결로 진행됨

문제에서 발췌 개헌의 시행 과정을 언급하였기 때문에, 흐름상 발췌 개헌은 6·25 전쟁이 진행되던 중에 시행되었으므로 1번이 정답입니다!

24. ③
사사오입 개헌 | 난이도 ●●○

문제 키워드 추출

- ✓ 사사오입하면 135명이 개헌 정족수가 됨 _ 사사오입 개헌이 통과된 과정

문제에서 사사오입 개헌이 통과된 과정을 언급하였으므로, 사사오입 개헌의 핵심 개헌 사례를 다룬 3번 선지가 정답입니다!

① 유신 헌법 시행 이후 국민들의 선거로 선출한 국회의원의 임기는 6년으로 규정되었다.

② 이승만 정부 때 발생한 4·19 혁명의 결과 이승만 대통령이 하야하였고, 허정 과도 정부에서 발표한 제3차 개헌의 결과 의원 내각제를 중심으로 선출된 장면 내각이 출범하였다.

③ 사사오입 개헌의 결과 초대 대통령에 한해 중임 제한이 철폐되었다. ★ 대표 선지!

④ 유신 헌법 시행 이후 대통령이 국회의원의 1/3을 추천할 수 있는 권한을 가졌다.

⑤ 제8차 개헌 시행 이후 대통령 선거인단에서 임기 7년의 단임 대통령 간선제를 실시하게 되었다.

25. ③
제3차 개헌 | 난이도 ●●●

문제 키워드 추출

- ✓ 내각 책임제 _ 제3차 개헌에서 규정된 정치 방식
- ✓ 허정 과도 정부 _ 제3차 개헌을 실시한 정부

문제에서 제3차 개헌에서 규정된 정치 방식과 제3차 개헌을 실시한 정부를 언급하였으므로, 제3차 개헌을 바탕으로 출범한 국회의 운영 방식을 언급한 3번 선지가 정답입니다!

① 제헌 국회는 1948년에 친일파 처벌을 위해 반민족 행위 처벌법을 제정하였다.(이전)

② 제2차 미소 공동 위원회가 결렬된 이후 한국의 임시 정부 수립 문제를 해결하기 위해 1947년에 유엔 한국 임시 위원단이 결성되었다.(이전)

③ 제5대 국회(장면 내각 시기)는 제3차 개헌에 근거하여 민의원 및 참의원의 양원제로 운영되었다.(이후) ★ 대표 선지!

④ 이승만 정부는 1958년에 야당 후보인 진보당의 조봉암을 견제하기 위해 진보당을 해체하고 조봉암에게 간첩 혐의를 씌워 사형시켰다.(이전)

⑤ 제헌 국회는 1949년에 자영농 육성을 위해 유상 매수 및 유상 분배를 규정한 농지 개혁법을 제정하였다.(이전)

26. ①

문제 키워드 추출

(가) 개헌(현대, 박정희 정부, 3선 개헌, 1969)
- ✓ 대통령의 계속 재임은 3기에 한함 _ 제6차 개헌은 대통령의 연임 횟수를 3회로 제한함

(나) 개헌(현대, 박정희 정부, 유신 헌법, 1972)
- ✓ 통일 주체 국민 회의 _ 유신 헌법 시행 이후 설치된 헌법 기관
- ✓ 대통령 임기 6년 _ 유신 헌법에서 규정된 대통령의 임기

(다) 개헌(현대, 전두환 정부, 제8차 개헌, 1980)
- ✓ 대통령 선거인단 _ 제8차 개헌 시행 이후 대통령 간선제를 담당한 기구
- ✓ 대통령 임기 7년 _ 제8차 개헌에서 규정된 대통령의 임기

(라) 개헌(현대, 전두환 정부, 제9차 개헌, 1987)
- ✓ 대통령은 국민의 직접 선거에 의하여 선출 _ 제9차 개헌에 규정된 대통령 직선제
- ✓ 대통령 임기 5년 _ 제9차 개헌에서 규정된 대통령의 임기

현대의 개헌 과정의 흐름은 3선 개헌(가-박정희 정부, 제6차 개헌) → 유신 헌법(나-박정희 정부, 제7차 개헌) → 제8차 개헌(다-전두환 정부) → 제9차 개헌(라-전두환 정부) 순으로 발생하였습니다!

27. ③

허정 과도 정부 때 시행한 제3차 개헌의 결과 출범한 장면 내각은 민의원과 참의원으로 구성된 양원제 국회를 운영하였기 때문에, 3번 선지가 정답입니다!

① 통일 주체 국민 회의는 유신 헌법(제7차 개헌)에 근거하여 설치된 헌법 기관이다.
② 제8차 개헌 시행 이후 대통령 선거인단에서 임기 7년의 단임 대통령 간선제를 실시하게 되었다.
③ 제5대 국회(장면 내각 시기)는 제3차 개헌에 근거하여 민의원 및 참의원의 양원제로 운영되었다.
④ 우리나라의 헌법에서 간선제를 채택한 사례로는 제헌 헌법, 제3차 개헌, 제7차 개헌, 제8차 개헌이 있다.
⑤ 사사오입 개헌(제2차 개헌)의 결과 초대 대통령에 한해 중임 제한이 철폐되었다.

각 문제는 이 주제에서 가장 많이
출제된 키워드로 구성하였습니다.

문제별 키워드 분류표

문제	키워드		출제 빈도(27회분 中)
1~2	노태우 정부	➡	9번 출제
3~5	김영삼 정부	➡	9번 출제
6~8	김대중 정부	➡	14번 출제
9~10	노무현 정부	➡	7번 출제
11~12	역대 정부의 통일 노력	➡	4번 출제
13	이명박 정부~문재인 정부	➡	2번 출제
14~17	현대의 인물	➡	4번 출제

해품사의 키워드 분석팁!

문제 1~2	노태우 정부

노태우 정부는 전두환 정부 때 발생한 6월 민주 항쟁의 결과로
제정된 제9차 개정 헌법에 근거하여 시행된 대통령 직선제를
바탕으로 수립된 정부입니다. 노태우 정부의 경우 '정치(민주
자유당 창당)', '외교(민족 자존과 통일 번영을 위한 7·7 선언,
사회주의 국가들과 국교 수립-소련, 중국, 헝가리 등, 서울 올
림픽 개최)', 통일(남북 기본 합의서 채택, 유엔 동시 가입, 한반
도 비핵화 공동 선언)' 등을 암기할 필요가 있습니다.

1. ⑤   노태우 정부 | 난이도 ●●○

문제 키워드 추출

✓ 한국·헝가리 수교, 한국·중국 수교 _ 노태우 정부 때 사
회주의 국가들과 국교를 수립한 사례
✓ 남북한 유엔 동시 가입 _ 노태우 정부 때 시행된 대표적인
북한 관련 외교 사례

문제에서 노태우 정부와 관련된 사회주의 국가 및 북한과의
외교 사례를 언급하였기 때문에, 노태우 정부 때 시행된 다
른 북한 관련 외교 사례를 언급한 5번 선지가 정답입니다!

① 박정희 정부 때 7·4 남북 공동 성명의 협의 사항 추진 및
남북 관계의 개선 및 발전을 위한 목적으로 남북 조절 위원
회를 설치하였다.

② 김대중 정부 때 개성 공단 설치의 합의와 건설의 착수가 이루
어졌으며, 노무현 정부 때 개성 공단 착공을 본격화하였다.

③ 노무현 정부 때 제2차 남북 정상 회담 개최 이후 10·4 남북
공동 선언을 채택하였다.

④ 김대중 정부 때 통일 교류 사업의 일환으로 금강산 해로 관
광을 처음 시행하였다.

⑤ 노태우 정부 때 핵 에너지의 평화적 이용 및 핵 재처리 시설
과 우라늄 농축 시설 보유 금지 등을 규정한 한반도 비핵화
공동 선언을 발표하였다. ★ 대표 선지!

2. ④   노태우 정부 | 난이도 ●●○

문제 키워드 추출

✓ 남북 간의 교역의 문호를 개방 _ 노태우 정부 때 7·7 선
언을 통해 남북 간 교류를 추진한 사례
✓ 소련, 중국을 비롯한 사회주의 국가들과의 관계 개선을 추
구 _ 노태우 정부 때 7·7 선언을 통해 사회주의 국가들과
의 교류를 모색한 사례

문제에서 노태우 정부 때 발표한 7·7 선언을 언급하였으므
로, 노태우 정부 때 시행한 북한 관련 외교 사례를 언급한 4
번 선지가 정답입니다!

① 박정희 정부 때 7·4 남북 공동 성명의 협의 사항의 추진 및
남북 관계의 개선 및 발전을 위한 목적으로 남북 조절 위원
회를 설치하였다.

② 김대중 정부 때 개성 공단 설치의 합의와 건설의 착수가 이루
어졌으며, 노무현 정부 때 개성 공단 착공을 본격화하였다.

③ 노무현 정부는 제2차 남북 정상 회담 개최 이후 10·4 남북
공동 선언을 채택하였다.

④ 노태우 정부 때 남북한이 각각 독립된 국가로 유엔에 동시
가입하였다.

⑤ 전두환 정부 때 남북 교류 사업의 일환으로 남북 이산가족
고향 방문단의 교환을 최초로 실현하였다.

김영삼 정부는 박정희 정부 이후 군인 출신이 아닌 인물이 대통령으로 선출된 정부로, 문민정부로 불렸습니다. 김영삼 정부의 경우 주로 경제 관련 사례를 출제할 가능성이 높으며, '정치(우리 역사 바로 세우기 운동 → 옛 조선 총독부 건물 철거, 국민학교 명칭 초등학교로 변경, 하나회 숙청)', '경제 및 사회(금융 실명제 실시, 전국 민주 노동조합 총연맹 창립)', '외교[경제 협력 개발 기구(OECD) 가입, 우루과이라운드 협상 타결, 세계 무역 기구(WTO) 가입, 국제 통화 기금(IMF) 구제 금융 요청], '사건(삼풍 백화점 붕괴 사고 발생)' 등을 암기할 필요가 있습니다.

3. ③　　　　　　　　　　　　　 김영삼 정부 | 난이도 ●○○

문제 키워드 추출

✓ 금융 실명제 _ 김영삼 정부 때 금융 거래 시 반드시 실명으로 하도록 시행한 정책 사례

문제에서 김영삼 정부 때 시행한 금융 실명제를 언급하였으므로, 김영삼 정부 때 경제 협력 개발 기구에 가입한 외교 사례를 언급한 3번 선지가 정답입니다!

① 박정희 정부 때인 1970년에 경부 고속 도로를 준공하였다.
② 박정희 정부는 5년 단위로 경제 개발 계획을 추진하여 경제 성장을 이루려고 했는데, 제1차 경제 개발 5개년 계획(1962~1966) 및 제2차 경제 개발 5개년 계획(1967~1971)은 경공업을 중심으로 육성을 추구하였으며, 제3차 경제 개발 5개년 계획(1972~1976) 이후로는 포항 제철을 비롯한 중공업을 중심으로 육성을 추구하였다.
③ 김영삼 정부 때 우리나라가 경제 협력 개발 기구(OECD)의 29번째 회원국이 되었다.
④ 노무현 정부 때 한국과 미국 간 상품 및 서비스 무역에 대한 관세 철폐를 규정한 협정을 체결하였다.
⑤ 미군정 시기에는 일제가 남긴 귀속 재산 처리를 위해 신한 공사를 설립하였다.

4. ②　　　　　　　　　　　　　 김영삼 정부 | 난이도 ●○○

문제 키워드 추출

✓ 우리나라는 OECD 회원국이 됨 _ 김영삼 정부 때 우리나라가 경제 협력 개발 기구(OECD)의 29번째 회원국이 됨

문제에서 김영삼 정부 때의 외교 사례를 언급하였으므로, 김영삼 정부 때 시행한 대표적인 경제 정책을 언급한 2번 선지가 정답입니다!

① 박정희 정부 때인 1977년에 처음으로 수출액 100억 달러를 달성하는 경제적 성과를 이루어냈다.
② 김영삼 정부 때 금융 거래 시 반드시 본인의 실명으로 거래하도록 하는 금융 실명제를 실시하였다. ★ 대표 선지!
③ 김대중 정부 때 개성 공단 설치의 합의와 건설의 착수가 이루어졌으며, 노무현 정부 때 개성 공단 착공을 본격화하였다.
④ 노무현 정부 때 한국과 미국 간 상품 및 서비스 무역에 대한 관세 철폐를 규정한 협정을 체결하였다.
⑤ 김대중 정부 때 빈곤층을 대상으로 교육, 생계, 의료 등 기초 생활을 영위할 수 있도록 보장하는 복지 제도인 국민 기초 생활 보장법을 제정하였다.

5. ①　　　　　　　　　　　　　 김영삼 정부 | 난이도 ●●○

문제 키워드 추출

✓ 옛 조선 총독부 건물 철거 시작 _ 김영삼 정부 때 우리 역사 바로 세우기 운동의 일환으로 조선 총독부 건물을 폭파한 사례

문제에서 김영삼 정부 때 시행한 우리 역사 바로 세우기 운동의 사례를 언급하였으므로, 김영삼 정부 때 경제 협력 개발 기구에 가입한 외교 사례를 언급한 1번 선지가 정답입니다!

① 김영삼 정부 때 우리나라가 경제 협력 개발 기구(OECD)의 29번째 회원국이 되었다.
② 노무현 정부 때인 2004년에 우리나라 최초로 외국과의 자유 무역 협정이 체결되었다.
③ 노무현 정부 때 양성 평등의 실현을 위해 기존의 가족 관계 등록 제도인 호주제를 가족 관계 등록부로 변경하였다.
④ 6월 민주 항쟁의 결과 5년 단임의 대통령 직선제를 규정한 제9차 개헌이 이루어졌다.
⑤ 박정희 정부 때 굴욕적인 한일 국교 정상화에 반대하는 6·3 시위가 전개되었다.

문제 6~8	김대중 정부

김대중 정부는 현대의 역대 정부 중 박정희 정부 다음으로 출제 빈도가 가장 높습니다. 김대중 정부의 경우 '정치(최초의 여야 평화적 정권 교체, 국가 인권 위원회, 국민 기초 생활 보장법, 노사정 위원회, 금 모으기 운동 전개 → 국제 통화 기금 지원금 조기 상환, 중학교 의무 교육 전국 시행)', '외교(부산 아시안 게임, 한일 월드컵)', '통일(최초의 남북 정상 회담 개최 → 6·15 남북 공동 선언 발표, 개성 공단 설치 합의, 경의선 복원 사업 시행, 금강산 해로 관광 사업 시작)' 등을 암기할 필요가 있습니다.

6. ⑤
김대중 정부 | 난이도 ●●○

문제 키워드 추출

✓ 국민 기초 생활 보장법 _ 김대중 정부 때 기초 생활을 영위할 수 있도록 시행한 복지 제도
✓ 국가 인권 위원회 _ 김대중 정부 때 기본적 인권을 보호·증진할 목적으로 설치한 기구
✓ 국제 통화 기금 지원금 조기 상환 _ 김대중 정부 때 김영삼 정부 말기에 발생한 외환 위기를 극복한 사례

문제에서 김대중 정부와 관련된 정책 사례를 언급하였으므로, 김대중 정부 때 시행한 대표적인 통일 노력 사례를 언급한 5번 선지가 정답입니다!

① 노태우 정부 때 남북한이 각각 독립된 국가로 유엔에 동시 가입하였다.
② 박정희 정부 때 자주·평화·민족 대단결을 표방한 최초의 남북 통일 관련 선언인 7·4 남북 공동 성명이 발표되었다.
③ 노태우 정부 때 핵 에너지의 평화적 이용 및 핵 재처리 시설과 우라늄 농축 시설 보유 금지 등을 규정한 한반도 비핵화 공동 선언을 발표하였다.
④ 전두환 정부 때 남북 교류 사업의 일환으로 남북 이산가족 고향 방문단의 교환을 최초로 실현하였다.
⑤ 김대중 정부 때 개성 공단 설치의 합의와 건설의 착수가 이루어졌으며, 노무현 정부 때 개성 공단 착공을 본격화하였다.
★ 대표 선지!

7. ④
김대중 정부 | 난이도 ●●○

문제 키워드 추출

✓ 6월 13일 역사적인 평양 방문 _ 김대중 정부 때 최초의 남북 정상 회담을 위해 평양을 방문함
✓ 50년간의 단절 _ 김대중 정부는 분단 약 50년 만에 평양을 방문함

문제에서 김대중 정부 때 시행한 최초의 남북 정상 회담 관련 사례를 언급하였으므로, 김대중 정부 때 시행한 대표적인 통일 노력 사례를 언급한 4번 선지가 정답입니다!

① 박정희 정부 때 7·4 남북 공동 성명의 협의 사항의 추진 및 남북 관계의 개선 및 발전을 위한 목적으로 남북 조절 위원회를 설치하였다.
② 노태우 정부 때 남북한이 각각 독립된 국가로 유엔에 동시 가입하였다.
③ 문재인 정부 때 판문점에서 제3차 남북 정상 회담을 개최하며, 한반도의 평화와 번영, 통일을 위한 4·27 판문점 선언을 발표하였다.
④ 김대중 정부 때 개성 공단 설치의 합의와 건설의 착수가 이루어졌으며, 노무현 정부 때 개성 공단 착공을 본격화하였다.
⑤ 전두환 정부 때 남북 교류 사업의 일환으로 남북 이산가족 고향 방문단의 교환을 최초로 실현하였다.

8. ④
김대중 정부 | 난이도 ●●○

문제 키워드 추출

✓ 월드컵과 부산 아시안 게임 _ 김대중 정부 때 개최된 국제 대회

문제에서 김대중 정부 때 개최된 국제 대회 사례를 언급하였으므로, 김대중 정부 때 시행한 사회 보장 제도를 언급한 4번 선지가 정답입니다!

① 노무현 정부 때 양성 평등의 실현을 위해 기존의 가족 관계 등록 제도인 호주제를 가족 관계 등록부로 변경하였다.
② 전두환 정부 때 과외를 전면적으로 금지하였으며, 대학 졸업 정원제를 시행하였다.
③ 노무현 정부 때 신체 활동, 가사 지원 등을 제공하여 노후생활의 안정을 도모하는 노인 장기 요양 보호법이 제정되었다.
④ 김대중 정부 때 빈곤층을 대상으로 교육, 생계, 의료 등 기초 생활을 영위할 수 있도록 보장하는 복지 제도인 국민 기초 생활 보장법을 제정하였다.
⑤ 박정희 정부 때 과도한 입시 제도의 폐해를 개선하기 위해 중학교 입시 제도를 폐지하고 추첨 제도를 실시하였다.

노무현 정부는 김대중 정부와 더불어 통일 교류 업적을 중심으로 출제할 가능성이 높습니다. 노무현 정부의 경우 '정치(노인 장기 요양 보호법 제정, 여성가족부 개편, 질병관리본부 설치, 진실·화해를 위한 과거사 정리 위원회 설치, 친일 반민족 행위 진상규명 위원회 출범, 행정 중심 복합도시 건설 추진, 호주제 폐지 → 가족 관계 등록부 신설)', '외교[아시아·태평양 경제 협력체(APEC) 정상 회의 부산 개최, 한·칠레 FTA 체결, 한·미 FTA 체결]', '통일(제2차 남북 정상 회담 개최 → 10·4 남북 정상 선언 발표, 개성 공단 착공식 개최, 경의선 시범 운영, 금강산 육로 관광 시행)' 등을 암기할 필요가 있습니다.

9. ③   노무현 정부 | 난이도 ●○○

문제 키워드 추출

✓ 제2차 남북 정상 회담, 경의선 철도 시범 운행 _ 노무현 정부 때 시행한 통일 교류 정책 사례

문제에서 노무현 정부와 관련된 통일 정책 사례를 언급하였으므로, 노무현 정부 때 시행한 다른 대표적인 통일 노력 사례를 언급한 3번 선지가 정답입니다!

① 노태우 정부 때 상호 체제 인정 및 상호 불가침 합의 등을 규정한 남북 기본 합의서를 채택하였다.
② 노태우 정부 때 남북한이 각각 독립된 국가로 유엔에 동시 가입하였다.
③ 노무현 정부 때 제2차 남북 정상 회담 개최 이후 10·4 남북 공동 선언을 채택하였다. ★ 대표 선지!
④ 박정희 정부 때 7·4 남북 공동 성명의 협의 사항의 추진 및 남북 관계의 개선 및 발전을 위한 목적으로 남북 조절 위원회를 설치하였다.
⑤ 전두환 정부 때 남북 교류 사업의 일환으로 남북 이산가족 고향 방문단의 교환을 최초로 실현하였다.

10. ⑤   노무현 정부 | 난이도 ●●○

문제 키워드 추출

✓ 질병 관리 본부 _ 노무현 정부 때 감염병에 대한 사무 및 각종 질병에 대한 조사 등을 위해 설치한 기구
✓ 아시아·태평양 경제 협력체(APEC) 정상 회의 개최 _ 노무현 정부 때 아시아 및 태평양 연안 국가들의 대화와 경제 협력 등을 위해 부산에서 개최한 회의
✓ 행정 중심 복합 도시 건설 시작 _ 노무현 정부 때 세종시에 행정기능 중심을 목적으로 설치한 복합 도시

문제에서 노무현 정부 때 실시한 정책 및 외교 사례를 언급하였으므로, 노무현 정부 때 시행한 다른 대표적인 정책 사례를 언급한 5번 선지가 정답입니다!

① 김영삼 정부 때 노동자의 권익을 주장하기 위한 사회 단체인 전국 민주 노동조합 총연맹이 창립되었다.
② 김대중 정부 때 김영삼 정부 말기에 발생한 국제 통화 기금(IMF) 외환 위기를 조기에 극복하는 성과를 이루어냈다.
③ 노태우 정부 때 소득의 공정한 분배에 기초한 경제정의를 실현한다는 목적으로 경제 정의 실천 시민 연합이라는 단체가 창립되었다.
④ 박정희 정부 때 과도한 입시 제도의 폐해를 개선하기 위해 중학교 입시 제도를 폐지하고 추첨 제도를 실시하였다.
⑤ 노무현 정부 때 반인권적 인권 유린과 친일 반민족 행위 진상 규명을 위해 관련 기구를 설치하고 제도를 제정하였다.

현대의 역대 정부의 통일 노력 사례를 어렵게 출제할 경우, 여러 정부 시기의 통일 노력 사례를 동시에 출제할 가능성이 있습니다. 만약 이 유형을 출제할 경우 앞서 배웠던 내용을 종합하여 '박정희 정부(7·4 남북 공동 성명 발표 및 남북 조절 위원회 설치) → 전두환 정부(남북 이산가족 최초 상봉 실현) → 노태우 정부(민족 자존과 통일 번영을 위한 7·7 선언 → 남북 기본 합의서 채택, 남북한 유엔 동시 가입, 한반도 비핵화 공동 선언 채택) → 김대중 정부(최초 남북 정상 회담 개최 → 6·15 남북 공동 선언 발표, 개성 공단 설치 합의, 경의선 복원 사업 시행, 금강산 해로 관광 시행) → 노무현 정부(제2차 남북 정상 회담 개최 → 10·4 남북 공동 선언 발표, 개성 공단 착공식 개최, 경의선 시범 운영, 금강산 육로 관광 시행) → 문재인 정부(제3차 남북 정상 회담 개최 → 한반도의 평화와 번영, 통일을 위한 4·27 판문점 선언 발표)'의 흐름 파악이 필수적입니다.

11. ③   6·15 남북 공동 선언과
10·4 남북 정상 선언 | 난이도 ●●●

문제 키워드 추출

(가) 사건(현대, 김대중 정부, 6·15 남북 공동 선언, 2000)
- ✓ 6·15 남북 공동 선언 _ 김대중 정부 때 발표한 통일 관련 공동 선언

(나) 사건(현대, 노무현 정부, 10·4 남북 정상 선언, 2007)
- ✓ 10·4 남북 정상 선언 _ 노무현 정부 때 발표한 통일 관련 공동 선언

문제에서 김대중 정부와 노무현 정부 때 발표한 통일 관련 공동 선언을 언급하였기 때문에, 노무현 정부 때 김대중 정부의 통일 교류 사업을 이어 시행한 개성 공업 지구 건설을 실현한 사례를 언급한 3번 선지가 정답입니다!

①, ② 박정희 정부 때 7·4 남북 공동 성명의 협의 사항 추진 및 남북 관계의 개선 및 발전을 위한 목적으로 남북 조절 위원회를 설치하였다.(이전)

③ 김대중 정부 때 개성 공단 설치의 합의와 건설의 착수가 이루어졌으며, 노무현 정부 때 개성 공단 착공을 본격화하였다.
★ 대표 선지!

④ 노태우 정부 때 핵 에너지의 평화적 이용 및 핵 재처리 시설과 우라늄 농축 시설 보유 금지 등을 규정한 한반도 비핵화 공동 선언을 발표하였다.(이전)

⑤ 전두환 정부 때 남북 교류 사업의 일환으로 남북 이산가족 고향 방문단의 교환을 최초로 실현하였다.(이전)

12. ③   역대 정부의 통일 노력 | 난이도 ●●○

문제 키워드 추출

(가) 사건(현대, 노태우 정부, 민족자존과 통일 번영을 위한 7·7 선언 발표, 1988)
- ✓ 민족자존과 통일 번영을 위한 7·7 선언 발표 _ 노태우 정부 때 발표한 선언으로, 사회주의 국가와의 수교 및 남북 교류 사업을 추진할 것을 주장함

(나) 사건(현대, 전두환 정부, 남북 이산가족 고향 방문단 최초 실현, 1985)
- ✓ 남북 이산가족 상봉 행사를 처음으로 엶 _ 전두환 정부 때 남북 이산가족의 고향 방문을 최초로 실현한 사례

(다) 사건(현대, 김대중 정부, 개성 공단 조성 합의, 2000)
- ✓ 개성 공단 조성 합의 _ 김대중 정부 때 시행한 대표적인 통일 교류 관련 사업

역대 정부의 통일 노력의 흐름은 남북 이산가족 고향 방문단 최초 실현(나-전두환 정부) → 민족자존과 통일 번영을 위한 7·7 선언 발표(가-노태우 정부) → 개성 공단 조성 합의(다-김대중 정부) 순으로 발생하였습니다!

13. ①   대한민국의 세계화 | 난이도 ●●●

문제 키워드 추출

(가) 사건(현대, 노태우 정부, 유엔 동시 가입, 1991)
- ✓ 유엔에 가입 _ 노태우 정부 때 남북한이 독립된 자격으로 유엔에 가입한 사례

(나) 사건(현대, 김영삼 정부, 경제 협력 개발 기구 가입, 1996)
- ✓ 경제 협력 개발 기구(OECD)의 29번째 회원국이 됨 _ 김영삼 정부 때 경제 협력 개발 기구(OECD)의 29번째 회원국으로 가입함

(다) 사건(현대, 이명박 정부, G20 서울 개최, 2010)
- ✓ G20 정상 회의를 서울에서 개최함 _ 이명박 정부 때 선진 7개국(G7), 유럽연합(EU)의 의장국, 신흥시장 12개국 등 세계 주요 20개국의 정상들이 모여 개최한 회의

대한민국의 세계화의 흐름은 남북한 유엔 동시 가입(가-노태우 정부) → 경제 협력 개발 기구(OECD) 가입(나-김영삼 정부) → G20 정상 회의 서울 개최(다-이명박 정부) 순으로 발생하였습니다!

현대의 인물 중 출제될 수 있는 인물로는 대표적으로 김구, 김규식, 안재홍, 여운형, 장준하, 전태일 등이 있습니다. 우선 김구와 관련된 대표 키워드로는 '대한민국 임시 정부 경무국장 및 초대 주석 역임', '한인 애국단 단장', '김규식과 함께 남북 협상 추진', '경교장(개인 사저)' 등이 있습니다. 김규식과 관련된 대표 키워드로는 '신한 청년당 및 대한민국 임시 정부 외무총장 활동 → 파리 강화 회의 파견', '민족 혁명당 결성 참여', '대한민국 임시 정부 부주석 역임', '여운형과 좌우 합작 위원회 조직', '김구와 남북 협상 추진' 등이 있습니다. 안재홍과 관련된 대표 키워드로는 '동제사 참여', '정인보와 조선학 운동 주도 → 『여유당전서』 간행 참여', '『조선상고사감』 저술', '여운형과 조선 건국 준비 위원회 조직' 등이 있습니다. 여운형과 관련된 대표 키워드로는 '일제 강점기의 조선중앙일보 사장 역임', '조선 건국 동맹 결성', '안재홍과 조선 건국 준비 위원회 조직', '김규식과 좌우 합작 위원회 조직' 등이 있습니다. 장준하와 관련된 대표 키워드로는 '한국광복군 활동', '사상계 잡지 창간', '옥중 출마하여 7대 총선 당선', '개헌 청원 100만인 서명 운동 주도' 등이 있습니다. 전태일과 관련된 대표 키워드로는 '서울 평화시장의 노동자 출신 → 바보회 조직', '평화시장에서 근로 기준법 준수를 요구하며 분신 자살 시도 → 청계 피복 노동 조합 결성 계기' 등이 있습니다.

14. ②

김구와 여운형 | 난이도 ● ● ○

문제 키워드 추출

(가) 인물: 김구
✔ 대한민국 임시 정부 주석 역임 _ 김구는 대한민국 임시 정부 제4차 개헌 이후 주석을 역임함
✔ 남북 협상 참여 _ 김구는 남한만의 단독 선거에 반대하여 김규식과 남북 협상을 추진함

(나) 인물: 여운형
✔ 신한 청년당 조직 _ 여운형은 김규식과 상하이에서 신한 청년당을 조직함
✔ 좌우 합작 위원회 조직 _ 여운형은 이승만의 정읍 발언 이후 김규식과 좌우 합작 위원회를 조직함

문제에서 김구 및 여운형과 관련된 대표 활동 사례를 언급하였으므로, 김구 및 여운형과 관련된 다른 활동 사례를 다룬 ㄱ, ㄷ 선지를 골라야 합니다!

ㄱ. 한인 애국단은 김구가 대한민국 임시 정부의 부흥을 목적으로 1931년에 조직한 독립운동 단체이다. ★ 대표 선지!
ㄴ. 의열단의 단장인 김원봉은 난징에 조선 혁명 간부 학교를 설립하여 간부들을 양성하였다.
ㄷ. 여운형은 광복 직후 국가 재건을 위한 단체인 조선 건국 준비 위원회를 설립하였다.
ㄹ. 이승만은 광복 이후 미국에서 귀국하여 독립 촉성 중앙 협의회를 조직하였다.

15. ①

여운형 | 난이도 ● ● ●

문제 키워드 추출

✔ 조선 건국 동맹 _ 여운형이 광복 직전 일제의 패망에 대비하여 조직한 단체
✔ 조선 건국 준비 위원회 _ 여운형 및 안재홍 등이 광복 직후 국가 재건을 위해 조직한 단체

문제에서 여운형과 관련된 대표적인 단체를 언급하였으므로, 여운형이 김규식과 함께 조직한 다른 단체인 좌우 합작 위원회를 언급한 1번 선지가 정답입니다!

① 여운형, 김규식은 좌우 합작 위원회를 결성하고 미소 공동 위원회의 재개 등을 요구하는 좌우 합작 7원칙을 발표하였다. ★ 대표 선지!
② 김구 및 김규식은 남한만의 단독 선거에 반대하여 통일 정부 수립을 위한 남북 협상을 추진하였다.
③ 안창호는 평양에서 민족 학교인 대성 학교를 세웠으며, 이후 샌프란시스코에서 독립운동 단체인 흥사단을 창립하였다.
④ 제1차 미소 공동 위원회가 결렬되자 이승만은 정읍 발언을 통해 남한만의 단독 정부 수립을 주장하였으며, 이는 좌우 합작 위원회 추진의 배경이 되었다
⑤ 김원봉은 중국 국민당의 지원을 받아 중국 관내(關內)에서 결성된 최초의 군사 조직인 조선 의용대를 창설하였다.

16. ④

김규식 | 난이도 ● ● ●

문제 키워드 추출

✔ 파리 강화 회의 민족 대표 _ 김규식은 파리 강화 회의에 대표로 파견되어 독립 청원서를 제출함
✔ 대한민국 임시 정부 부주석 _ 김규식은 대한민국 임시 정부 제5차 개헌 이후 부주석을 역임함

문제에서 김규식과 관련된 대표 활동 사례를 언급하였으므로, 김규식이 김구와 함께 남한만의 단독 선거에 반대하여 추진한 활동 사례를 언급한 4번 선지가 정답입니다!

① 김원봉은 만주에서 의열단을 조직하여 일제 기관의 파괴와 조선 총독 이하의 관리 및 매국노의 암살 등을 추진하였다.

② 안창호는 평양에서 민족 학교인 대성 학교를 세웠으며, 이후 샌프란시스코에서 독립운동 단체인 흥사단을 창립하였다.

③ 신민회의 이회영, 이동녕, 이상룡은 서간도에 신흥 강습소를 설립하여 독립군을 양성하였다.

④ 김구 및 김규식은 남한만의 단독 선거에 반대하여 통일 정부 수립을 위한 남북 협상을 추진하였다. ★ 대표 선지!

⑤ 여운형은 일제의 패망과 광복에 대비하여 조선 건국 동맹을 결성하였다.

17. ⑤ 전태일 분신 자살 사건 | 난이도 ●●○

문제 키워드 추출

✓ 근로 기준법을 준수하라 _ 전태일이 서울 평화시장에서 분신 자살하며 외친 구호

문제에서 전태일 분신 자살 사건과 관련된 상황을 제시하였으므로, 전태일 분신 자살 사건 이후 창설된 단체를 언급한 5번 선지가 정답입니다!

① 미군정 시기에는 일제가 남긴 귀속 재산 처리를 위해 신한 공사를 설립하였다.

② 부산 조선 방직 총파업 사건은 1930년에 부산 지역의 조선 방직에서 가혹한 노동 시간에 비해 열악한 노동 환경 및 낮은 임금 문제를 계기로 발생한 총파업이다.

③ 박정희 정부는 5년 단위로 경제 개발 계획을 추진하여 경제 성장을 이루려고 했는데, 제1차 경제 개발 5개년 계획(1962~1966) 및 제2차 경제 개발 5개년 계획(1967~1971)은 경공업을 중심으로 육성을 추구하였으며, 제3차 경제 개발 5개년 계획(1972~1976) 이후로는 포항 제철을 비롯한 중공업을 중심으로 육성을 추구하였다.

④ 이승만 정부 때 제분(밀가루)·제당(설탕)·면직물 등 미국으로부터 받은 원조 물자를 가공하는 삼백 산업이 발달하였다.

⑤ 전태일 분신 자살 사건을 계기로 평화 시장 노동자들은 노동 조건 개선 및 노동자의 경제적·사회적 지휘 향상을 도모하기 위한 단체를 조직하여 노동 운동을 주도하였다.

1. ②　　5·10 총선거 | 난이도 ●●○

문제 키워드 추출

✔ 유엔 한국 임시 위원단의 감시하에 우리나라 최초로 실시된 총선거 _ 5·10 총선거의 진행 과정 및 의의

문제에서 5·10 총선거의 진행 과정 및 의의를 언급하였기 때문에, 5·10 총선거의 목적을 언급한 2번 선지가 정답입니다. 최근 기출 경향에서도 5·10 총선거와 제헌 국회의 사례는 연결지어 이해할 필요가 있습니다!

① 1961년에 발생한 5·16 군사 정변 이후 제6대 총선이 실시되었다.
② 5·10 총선거는 제헌 국회의원을 선출하기 위해 시행된 선거라는 의의가 있다.
③ 통일 주체 국민 회의는 유신 헌법에 근거하여 1972년에 설치된 헌법 기관이다.
④ 제5대 국회(장면 내각 시기)는 제3차 개헌에 근거하여 민의원 및 참의원의 양원제로 운영되었다.
⑤ 전두환 정부 때 시행된 제12대 총선의 결과 신한 민주당이 제1야당으로 부상하여, 대통령 직선제를 요구하였다.

2. ②　　유신 헌법과 제8차 개헌 | 난이도 ●●●

문제 키워드 추출

(가) 개헌(현대, 박정희 정부, 유신 헌법, 1972)
✔ 통일 주체 국민 회의 _ 유신 헌법에 근거하여 설치된 헌법 기관
✔ 임기 6년 _ 유신 헌법에 규정된 대통령의 임기
✔ 국회 해산 _ 유신 헌법에 규정된 대통령의 권한

(나) 개헌(현대, 전두환 정부, 제8차 개헌, 1980)
✔ 대통령 선거인단 _ 제8차 개헌 시행 이후 대통령 간선제를 담당한 기구
✔ 대통령 임기 7년 _ 제8차 개헌에서 규정된 대통령의 임기

문제에서 유신 헌법과 제8차 개헌의 대표 조항을 언급하였으므로, 유신 헌법에 규정된 대통령의 다른 권한을 언급한 2번 선지가 정답입니다. 최근 기출 경향에서는 이전 회차들보다 개헌 과정을 바탕으로 다양한 유형을 출제하는 비중이 증가하였으므로, 각 개헌의 핵심 사례를 파악하는 것이 필수적입니다!

① 발췌 개헌은 6·25 전쟁 중인 1952년에 부산에서 공포된 우리나라의 첫 개헌 사례이다.
② 유신 헌법은 대통령이 국회의원의 1/3을 추천할 수 있는 권한을 부여하였다.
③ 이승만 정부 때 사사오입 개헌이 통과되자 개헌에 반대하는 범야당 조합인 호헌 동지회가 결성되었다.
④ 박정희 정부 때 유신 헌법 체제에 반대하는 정치인, 종교인 등은 3·1 민주 구국 선언을 발표하였다.
⑤ 6월 민주 항쟁의 결과 5년 단임의 대통령 직선제를 규정한 제9차 개헌이 이루어졌다.

3. ⑤　　김영삼 정부 | 난이도 ●●●

문제 키워드 추출

✔ 군 내부의 사조직을 해제 _ 김영삼 정부 때 추진된 하나회 숙청
✔ 문민정부 _ 김영삼 정부의 별칭

문제에서 김영삼 정부 때 시행한 정책 사례와 별칭이 언급되었으므로, 김영삼 정부 때 추진된 우리 역사 바로 세우기 운동의 사례를 언급한 5번 선지가 정답입니다. 최근 기출 경향에서는 현대 파트의 난도를 높이기 위해 다양한 정부에서 어려운 키워드를 활용하여 출제하는 사례가 늘어났습니다!

① 박정희 정부 때 굴욕적인 한일 국교 정상화에 반대하는 6·3 시위가 전개되었다.
② 노태우 정부 때 사회주의 국가와의 수교를 추진하며 소련, 중국, 헝가리 등의 국가와 국교를 체결하였다.
③ 박정희 정부 때 7·4 남북 공동 성명에 따라 통일 교류 실천을 위한 남북 조절 위원회가 구성되었다.
④ 김대중 정부 때 빈곤층을 대상으로 교육, 생계, 의료 등 기초 생활을 영위할 수 있도록 보장하는 복지 제도인 국민 기초 생활 보장법을 제정하였다.
⑤ 김영삼 정부 때 우리 역사 바로 세우기 운동의 일환으로 국민학교라는 명칭을 초등학교로 변경하였으며, 옛 조선 총독부 건물을 철거하였다.

문제 키워드 추출

(가) 사건(현대, 노무현 정부, 10·4 남북 정상 선언, 2007)
- ✓ 10·4 남북 정상 선언 _ 노무현 정부 때 발표한 통일 관련 공동 선언

(나) 사건(현대, 문재인 정부, 한반도의 평화와 번영, 통일을 위한 4·27 판문점 선언, 2018)
- ✓ 한반도의 평화와 번영, 통일을 위한 판문점 선언 _ 문재인 정부 때 발표한 통일 관련 공동 선언

문제에서 노무현 정부와 문재인 정부 때 발표한 통일 관련 공동 선언을 언급하였기 때문에, 평창 동계 올림픽 때 남북 단일팀이 형성되며 남북 교류에 대한 긍정적인 분위기가 형성된 결과 제3차 남북 정상 회담이 추진된 흐름을 연결할 수 있는 5번 선지가 정답입니다. 최근 기출 경향에서 공식적으로 문재인 정부가 직접적으로 문제에서 언급되었기 때문에, 앞으로 이명박~문재인 정부의 정책 사례도 간단히 살펴볼 필요가 있습니다!

---

① 박정희 정부 때 7·4 남북 공동 성명의 협의 사항 추진 및 남북 관계의 개선 및 발전을 위한 목적으로 남북 조절 위원회를 설치하였다.(이전)

② 김대중 정부 때 개성 공단 설치의 합의와 건설의 착수가 이루어졌으며, 노무현 정부 때 개성 공단 착공을 본격화하였다.(이전)

③ 노태우 정부 때 남북한이 각각 독립된 국가로 유엔에 동시 가입하였다.(이전)

④ 전두환 정부 때 남북 교류 사업의 일환으로 남북 이산가족 고향 방문단의 교환을 최초로 실현하였다.(이전)

⑤ 문재인 정부 때 국제 대회인 평창 동계 올림픽이 개최되었으며, 이때 개막식에 남북 선수단이 공동 입장하여 통일 교류에 대한 긍정적인 분위기가 형성되는 계기를 가져왔다.(2018. 2.)

PART 8 통합 주제

해품사의 세시 풍속 분석팁!

세시 풍속은 우리나라에서 전통적인 농경 문화를 바탕으로 행해지던 여러 행사들을 통칭하는 용어로, 현재에 이르러서는 일종의 명절을 비롯한 여러 풍속으로 기억하는 것을 권장합니다.

이 유형은 심화편보다는 기본편에서 더욱 출제율이 높기 때문에 가볍게 공략하는 것을 권장하며, 쉽게 공략하기 위해 아래 특징들을 기억해 보세요!

1. 숫자 키워드에 주목하기(예 삼짓날=3월, 칠석=7월)
2. 춘하추동(春夏秋冬) 한자 암기하기(봄, 여름, 가을, 겨울)
3. 독특한 암기법 활용하기(예 한국인을 한식을 사랑한다 → 사랑=4월)

1. ⑤

정월 대보름 | 난이도 ●●○

문제에서 세시 풍속인 정월 대보름을 직접적으로 언급하였으므로, 정월 대보름에 부스럼 예방을 위해 시행한 풍속을 언급한 5번 선지가 정답입니다!

① 동지는 양력 12월 22~23일, 음력 11월경에 해당하는 세시 풍속으로, 팥죽을 쑤어 먹거나 대문 앞에 뿌렸다.
② 설날은 음력 1월 1일에 해당하는 세시 풍속으로, 한 해의 시작을 알리는 명절로서 새해 인사와 더불어 덕담 등을 나누었다.
③ 추석은 음력 8월 15일에 해당하는 세시 풍속으로, 가배, 중추절, 한가위 등으로 불렸으며 송편, 햇곡식, 햇과일 등을 즐겨 먹었다.
④ 삼짓날은 음력 3월 3일에 해당하는 세시 풍속으로, 중삼일(重三日)로도 불렸으며 화전 등을 부쳐 먹었다.
⑤ 정월 대보름은 음력 1월 15일에 해당하는 세시 풍속으로, 달집 태우기, 오곡밥 먹기, 부럼 깨물기 등의 풍속을 즐겼다.

2. ③

삼짓날 | 난이도 ●●○

문제 키워드 추출

✓ 중삼일(重三日), 답청절 _ 삼짓날을 달리 부르는 용어
✓ 음력 3월 3일 _ 삼짓날에 해당되는 일자
✓ 화전 _ 삼짓날과 관련된 대표적인 음식

문제에서 삼짓날의 이칭, 해당 일자, 관련 음식 등을 언급하였기 때문에, 삼짓날을 언급한 3번 선지가 정답입니다!

① 칠석은 음력 7월 7일에 해당하는 세시 풍속으로, 견우와 직녀가 만나는 날로 유명하다.
② 한식은 동지로부터 약 105일째 되는 날로, 이날은 조상에 대한 성묘를 지내고 불을 쓰지 않는 찬 음식을 먹었다.
③ 삼짓날은 음력 3월 3일에 해당하는 세시 풍속으로, 중삼일(重三日)로도 불렸으며 화전 등을 부쳐 먹었다.
④ 동지는 양력 12월 22~23일, 음력 11월경에 해당하는 세시 풍속으로, 팥죽을 쑤어 먹거나 대문 앞에 뿌렸다.
⑤ 단오는 음력 5월 5일에 해당하는 세시 풍속으로, 수릿날이라고도 불렸으며, 그네뛰기, 수리취떡 먹기, 창포물에 머리 감기 등의 풍속을 즐겼다.

3. ④

한식 | 난이도 ●●○

문제 키워드 추출

✓ 동지로부터 105일이 지남 _ 한식에 해당하는 일자
✓ 산소에 잔디를 새로 입힘, 비석 또는 상석을 세우거나 이장을 함 _ 과거에는 한식 때 조상에 대한 성묘 등을 지냄

문제에서 한식에 해당하는 일자와 한식 때 행했던 풍속 등을 언급하였기 때문에, 한식 때 찬 음식을 먹었다는 사실을 언급한 4번 선지가 정답입니다!

① 삼짓날은 음력 3월 3일에 해당하는 세시 풍속으로, 중삼일(重三日)로도 불렸으며 화전 등을 부쳐 먹었다.
② 동지는 양력 12월 22~23일, 음력 11월경에 해당하는 세시 풍속으로, 팥죽을 쑤어 먹거나 대문 앞에 뿌렸다.
③ 단오는 음력 5월 5일에 해당하는 세시 풍속으로, 수릿날이라고도 불렸으며, 그네뛰기, 수리취떡 먹기, 창포물에 머리 감기 등의 풍속을 즐겼다.
④ 한식은 동지로부터 약 105일째 되는 날로, 이날은 조상에 대한 성묘를 지내고 불을 쓰지 않는 찬 음식을 먹었다.
⑤ 정월 대보름은 음력 1월 15일에 해당하는 세시 풍속으로, 달집 태우기, 오곡밥 먹기, 부럼 깨물기 등의 풍속을 즐겼다.

4. ④

문제 키워드 추출

- ✓ 음력 5월 5일 _ 단오에 해당하는 일자
- ✓ 수릿날 _ 단오를 달리 부르는 용어
- ✓ 씨름, 그네뛰기, 수리취떡, 창포물에 머리 감기 _ 단오와 관련된 대표적인 풍속

문제에서 단오의 일자, 이칭, 풍속 등을 언급하였기 때문에, 단오를 언급한 4번 선지가 정답입니다!

---

① 한식은 동지로부터 약 105일째 되는 날로, 이날은 조상에 대한 성묘를 지내고 불을 쓰지 않는 찬 음식을 먹었다.

② 백중은 음력 7월 15일에 해당하는 세시 풍속으로, 머슴날 이라고도 불렸으며 여름철의 휴한기에 휴식을 즐기며 풍년 을 기원하였다.

③ 추석은 음력 8월 15일에 해당하는 세시 풍속으로, 가배, 중 추절, 한가위 등으로 불렸으며 송편, 햇곡식, 햇과일 등을 즐겨 먹었다.

④ 단오는 음력 5월 5일에 해당하는 세시 풍속으로, 수릿날이 라고도 불렸으며, 그네뛰기, 수리취떡 먹기, 창포물에 머리 감기 등의 풍속을 즐겼다.

⑤ 정월 대보름은 음력 1월 15일에 해당하는 세시 풍속으로, 달집 태우기, 오곡밥 먹기, 부럼 깨물기 등의 풍속을 즐겼다.

5. ④

문제 키워드 추출

- ✓ 음력 6월 _ 유두에 해당하는 일자
- ✓ 흐르는 물에 머리를 감음 _ 유두의 기원
- ✓ 탁족 놀이, 오색면 만들기, 수란 만들기 _ 유두와 관련된 대표적인 풍속

문제에서 유두의 일자, 기원, 풍속 등을 언급하였기 때문에, 유두를 언급한 4번 선지가 정답입니다. 즉 문제에서 비교적 낯선 세시 풍속이 언급될 경우 최대한 해당 일자를 바탕으로 소거하여 접근하는 것을 권장합니다!

---

① 동지는 양력 12월 22~23일, 음력 11월경에 해당하는 세시 풍속으로, 팥죽을 쑤어 먹거나 대문 앞에 뿌렸다.

② 한식은 동지로부터 약 105일째 되는 날로, 이날은 조상에 대한 성묘를 지내고 불을 쓰지 않는 찬 음식을 먹었다.

③ 칠석은 음력 7월 7일에 해당하는 세시 풍속으로, 견우와 직 녀가 만나는 날로 유명하다.

④ 유두는 음력 6월 15일에 해당하는 세시 풍속으로, 동쪽으 로 흐르는 물에 머리를 감는 풍속에서 이름이 유래하였다.

⑤ 삼짇날은 음력 3월 3일에 해당하는 세시 풍속으로, 중삼일 (重三日)로도 불렸으며 화전 등을 부쳐 먹었다.

6. ②

문제 키워드 추출

- ✓ 견우와 직녀가 오작교에서 만난다는 전설 _ 칠석과 관련 된 설화
- ✓ 음력 7월 7일 _ 칠석에 해당하는 일자

문제에서 칠석의 기원, 일자 등을 언급하였기 때문에, 칠석 을 언급한 2번 선지가 정답입니다!

---

① 단오는 음력 5월 5일에 해당하는 세시 풍속으로, 수릿날이 라고도 불렸으며, 그네뛰기, 수리취떡 먹기, 창포물에 머리 감기 등의 풍속을 즐겼다.

② 칠석은 음력 7월 7일에 해당하는 세시 풍속으로, 견우와 직 녀가 만나는 날로 유명하다.

③ 백중은 음력 7월 15일에 해당하는 세시 풍속으로, 머슴날 이라고도 불렸으며 여름철의 휴한기에 휴식을 즐기며 풍년 을 기원하였다.

④ 동지는 양력 12월 22~23일, 음력 11월경에 해당하는 세시 풍속으로, 팥죽을 쑤어 먹거나 대문 앞에 뿌렸다.

⑤ 한식은 동지로부터 약 105일째 되는 날로, 이날은 조상에 대한 성묘를 지내고 불을 쓰지 않는 찬 음식을 먹었다.

7. ③

문제 키워드 추출

- ✓ 음력 8월 15일 _ 추석에 해당하는 일자
- ✓ 가배, 중추절 _ 추석을 달리 부르는 용어

문제에서 추석의 일자, 이칭 등을 언급하였기 때문에, 추석 과 관련된 한가위를 언급한 3번 선지가 정답입니다!

---

① 입춘은 양력 2월경, 음력 1월경에 해당하는 세시 풍속으로, 24절기 중 첫 번째 절기이자 봄의 시작을 알린다는 의의가 있다.

② 경칩은 양력 3월경, 음력 2월경에 해당하는 세시 풍속으로, 24절기 중 세 번째 절기이자 동면하던 동물들이 땅속에서 깨어나는 날이라는 의의가 있다.

③ 추석은 음력 8월 15일에 해당하는 세시 풍속으로, 가배, 중 추절, 한가위 등으로 불렸으며 송편, 햇곡식, 햇과일 등을 즐겨 먹었다.

④ 설날은 음력 1월 1일에 해당하는 세시 풍속으로, 한 해의 시작을 알리는 명절로서 새해 인사와 더불어 덕담 등을 나 누었다.

⑤ 정월 대보름은 음력 1월 15일에 해당하는 세시 풍속으로, 달집 태우기, 오곡밥 먹기, 부럼 깨물기 등의 풍속을 즐겼다.

8. ②

문제 키워드 추출

✔ 겨울이 시작 _ 입동의 의미
✔ 김장 담그기, 치계미 만들기 _ 입동과 관련된 대표적인 풍속

문제에서 입동의 의미, 풍속 등을 언급하였기 때문에, 입동을 언급한 2번 선지가 정답입니다!

① 단오는 음력 5월 5일에 해당하는 세시 풍속으로, 수릿날이라고도 불렀으며, 그네뛰기, 수리취떡 먹기, 창포물에 머리 감기 등의 풍속을 즐겼다.
② 입동은 양력 11월경, 음력 10월경에 해당하는 세시 풍속으로, 24절기 중 열아홉 번째 절기이다.
③ 칠석은 음력 7월 7일에 해당하는 세시 풍속으로, 견우와 직녀가 만나는 날로 유명하다.
④ 정월 대보름은 음력 1월 15일에 해당하는 세시 풍속으로, 달집 태우기, 오곡밥 먹기, 부럼 깨물기 등의 풍속을 즐겼다.
⑤ 추석은 음력 8월 15일에 해당하는 세시 풍속으로, 가배, 중추절, 한가위 등으로 불렸으며 송편, 햇곡식, 햇과일 등을 즐겨 먹었다.

9. ①

문제 키워드 추출

✔ 작은 설 _ 동지의 별명
✔ 12월 22일 _ 동지에 해당하는 일자

문제에서 동지의 별명, 일자 등을 언급하였기 때문에, 동지와 관련된 풍속을 언급한 1번 선지가 정답입니다!

① 동지는 양력 12월 22~23일, 음력 11월경에 해당하는 세시 풍속으로, 팥죽을 쑤어 먹거나 대문 앞에 뿌렸다.
② 단오는 음력 5월 5일에 해당하는 세시 풍속으로, 수릿날이라고도 불렀으며, 그네뛰기, 수리취떡 먹기, 창포물에 머리 감기 등의 풍속을 즐겼다.
③ 추석은 음력 8월 15일에 해당하는 세시 풍속으로, 가배, 중추절, 한가위 등으로 불렸으며 송편, 햇곡식, 햇과일 등을 즐겨 먹었다.
④ 정월 대보름은 음력 1월 15일에 해당하는 세시 풍속으로, 달집 태우기, 오곡밥 먹기, 부럼 깨물기 등의 풍속을 즐겼다.
⑤ 설날은 음력 1월 1일에 해당하는 세시 풍속으로, 한 해의 시작을 알리는 명절로서 새해 인사와 더불어 덕담 등을 나누었다.

해품사의 지역사 분석팁!

지역사 유형은 한능검에서 출제율이 가장 높은 대표적인 시대 통합사 유형이자, 수험생들이 매우 어렵다고 체감하는 대표적인 고난도 유형입니다. 이 유형의 경우 각 지역과 관련된 대표적인 문화유산 또는 역사적 사실을 복합적으로 암기할 필요가 있습니다. 그러므로 평소에 기존에 학습한 유형을 복습할 때 특정 지역의 문화유산과 역사적 사실을 예습하여 공략하는 것을 권장합니다.

1. ①
강릉 지역사 | 난이도 ●●●

문제 키워드 추출

✓ 경포대 _ 강릉 지역에 위치한 대표적인 누각
✓ 관동팔경 _ 강원도의 명소 8곳
✓ 선교장 _ 강릉 지역에 위치한 상류층의 주택

문제에서 강릉 지역과 관련된 대표적인 문화유산 사례들을 언급하였으므로, 강릉 지역과 관련된 대표적인 인물 키워드를 언급한 1번 선지가 정답입니다!

① 강릉 지역에는 이이가 태어난 오죽헌이 있다.
② 공주 지역에 위치한 송산리 고분군에서 발견된 백제 무령왕의 무덤인 무령왕릉은 중국 남조 양나라의 영향을 받아 벽돌무덤 양식으로 축조되었다.
③ 신미양요 때 어재연은 로저스 제독이 이끄는 미군 부대를 강화도 지역 내 광성보에서 방어하였다.
④ 경상남도 합천 지역에 위치한 해인사의 장경판전에 팔만대장경판이 보관되어 있다.
⑤ 삼별초는 몽골과의 강화 이후 개경 환도 결정에 반발하여 강화도–진도(용장성, 배중손)–제주도(항파두리성, 김통정)로 근거지를 옮기며 끝까지 항전하였다.

2. ②
강진 지역사 | 난이도 ●●●

문제 키워드 추출

✓ 무위사 극락전 _ 강진 지역 내 위치한 대표적인 조선 시대 전기의 건축물
✓ 백련사 _ 강진 지역 내 고려 시대의 승려인 요세가 백련결사 운동을 주도했던 사찰
✓ 고려 청자 도요지 _ 강진 지역은 고려 청자를 주로 공급한 지역으로 유명함

문제에서 강진 지역과 관련된 문화유산과 역사적 사실을 다뤘으므로, 강진 지역과 관련된 대표적인 인물 키워드를 언급한 2번 선지가 정답입니다!

① 강릉 지역에는 이이가 태어난 오죽헌이 있다.
② 강진 지역에는 신유박해를 계기로 정약용이 유배 생활을 하였던 다산 초당이 위치하였다.
③ 안동 지역에는 이황을 배향하는 도산 서원이 위치하였다.
④ 경상남도 합천 지역에 위치한 해인사의 장경판전에 팔만대장경판이 보관되어 있다.
⑤ 경상북도 고령 지역에는 대가야와 관련된 대표적인 고분인 지산동 고분군이 위치하였다.

3. ④
개성 지역사 | 난이도 ●●●

문제 키워드 추출

✓ 만월대, 왕건릉, 공민왕릉, 선죽교 _ 개성 지역과 관련된 대표적인 문화유산 사례

문제에서 개성 지역과 관련된 문화유산의 사례들을 다뤘으므로, 개성 지역에서 발생한 노비의 신분 해방 운동 사례를 다룬 4번 선지가 정답입니다! 특히 이 문제에서 언급된 첨성대의 경우 고려 시대에 개성 지역 내 건립된 사례이므로, 경주 지역 내 첨성대와 혼동하지 않도록 주의할 필요가 있습니다!

① 청의 침입으로 병자호란이 발생한 이후 인조는 경기도의 남한산성으로 피신하여 항전하였다.

② 미국과 소련은 서울의 덕수궁 석조전에서 한국의 민주주의 임시 정부 수립을 논의하기 위해 회의를 개최하였다.

③ 독일 상인인 오페르트는 충남 덕산 지역에 위치한 흥선 대원군의 아버지의 묘인 남연군 묘를 도굴하려다 발각되어 실패하였다.

④ 최충헌 정권 때 개성 지역에서 노비들이 신분 해방을 주장하며 만적을 중심으로 반란을 도모하였다.

⑤ 청주 지역의 흥덕사에서는 현존하는 가장 오래된 금속 활자본인 『직지심체요절』이 간행되었다.

4. ②
공주 지역사 | 난이도 ●●●

문제 키워드 추출

✓ 남한에서 최초로 발굴된 구석기 유적 _ 공주 석장리 유적
✓ 동학 농민군이 관군과 일본군에 맞서 치열한 전투를 전개 _ 공주 우금치 전투

문제에서 공주 지역과 관련된 다양한 역사적 사실을 다뤘으므로, 공주 지역과 관련된 대표적인 문화유산을 언급한 2번 선지가 정답입니다!

① 수양개 유적은 충청북도 단양 지역에 위치한 우리나라의 대표적인 구석기 시대 유적이다.

② 공주 지역에 위치한 송산리 고분군에서 발견된 백제 무령왕의 무덤인 무령왕릉은 중국 남조 양나라의 영향을 받아 벽돌무덤 양식으로 축조되었다.

③ 전라북도 남원 지역의 만인의총은 정유재란 때 남원성을 지키다 전사한 사람들을 묻은 장소이다.

④ 동학 농민 운동의 지도자인 전봉준은 탐관오리인 조병갑의 수탈 및 횡포에 저항하여 전라북도 정읍 지역에서 고부 농민 봉기를 주도하였다.

⑤ 유관순은 3·1 운동 당시 천안 지역의 아우내 장터에서 만세 시위를 주도했다.

5. ⑤
나주 지역사 | 난이도 ●●●

문제 키워드 추출

✓ 후삼국 시대의 격전지 _ 나주 지역은 후백제와 후고구려가 대치한 대표적인 지역 중 하나임
✓ 전라도 _ 전라도는 전주와 나주를 합쳐 지칭함
✓ 광주 학생 항일 운동 _ 광주 학생 항일 운동은 나주역에서 한일 학생 간 충돌을 계기로 발생함

문제에서 나주 지역과 관련된 다양한 역사적 사실을 다뤘으므로, 궁예의 휘하에서 왕건이 나주를 점령한 사실을 다룬 5번 선지가 정답입니다!

① 청의 침입으로 병자호란이 발생한 이후 인조는 경기도의 남한산성으로 피신하여 항전하였다.

② 유인석은 단발령과 을미사변에 반발하여 충북 제천 지역에서 을미의병을 주도하였다.

③ 임진왜란 때 정문부는 함경도 길주에서 왜군을 방어하는 북관 대첩을 주도하였다.

④ 국채 보상 운동은 1907년에 국채 1,300만 원을 갚기 위해 대구에서 서상돈, 김광제 등의 발의로 시작되었다.

⑤ 왕건은 후고구려 때 궁예의 휘하에서 나주를 점령하는 업적을 달성하였다.

6. ③
논산 지역사 | 난이도 ●●●

문제 키워드 추출

✓ 관촉사 석조 미륵보살 입상 _ 논산 지역 내 위치한 대표적인 고려 시대의 대형 불상
✓ 개태사지 _ 논산 지역 내 왕건이 후삼국의 통일을 기념하기 위해 세운 사찰 터

문제에서 논산 지역과 관련된 다양한 문화유산 사례를 언급하였으므로, 논산 지역 내에서 발생한 삼국의 통일과 관련된 전투 사례를 언급한 3번 선지가 정답입니다!

① 조선 중종 때 주세붕은 경상북도 영주 지역에 사립 교육 기관인 백운동 서원을 처음 설립하였다.

② 대한 광복회는 박상진이 대구에서 결성한 독립운동 단체로, 무장 투쟁을 통한 독립운동을 추구하였다.

③ 신라의 김유신은 삼국의 통일 과정에서 논산 지역의 황산벌 전투에서 계백이 이끄는 백제군에 승리하였다.

④ 고려 우왕 때 최무선은 나세, 심덕부와 함께 진포에 침입한 왜구의 침입을 격퇴하였다.

⑤ 김대중 정부 때 남북 교류 사업의 일환으로 개성 공단 설치의 합의와 건설의 착수가 이루어졌으며, 노무현 정부 때 개성 공단 착공을 본격화하였다.

7. ④

문제 키워드 추출

- ✓ 2·28 기념 중앙 공원 _ 이승만 정부 때 주말에 강제 등교 조치에 반발하여 대구 지역에서 발생한 민주화 운동
- ✓ 달성 공원 _ 대구 지역과 관련된 대표적인 공원

문제에서 대구 지역과 관련된 민주화 운동과 다양한 문화유산 사례를 언급하였으므로, 대구 지역과 관련된 대표적인 경제 구국 운동을 다룬 4번 선지가 정답입니다!

① 청의 침입으로 병자호란이 발생한 이후 인조는 경기도의 남한산성으로 피신하여 항전하였다.
② 독일 상인인 오페르트는 충남 덕산 지역에 위치한 흥선 대원군의 아버지의 묘인 남연군 묘를 도굴하려다 발각되어 실패하였다.
③ 정약용은 신유박해에 연루되어 강진에서 유배 생활을 하였으며, 이곳에서 『경세유표』, 『목민심서』, 『흠흠신서』 등 방대한 양의 도서를 저술하였다.
④ 국채 보상 운동은 1907년에 국채 1,300만 원을 갚기 위해 대구에서 서상돈, 김광제 등의 발의로 시작되었다.
⑤ 강주룡은 1931년에 평원 고무 농장의 임금 삭감 반대와 노동 환경 개선을 요구하며 평양의 을밀대에서 고공 농성을 주도하였다.

8. ④

문제 키워드 추출

- ✓ 동삼동 패총 _ 부산 지역 내 대표적인 신석기 시대 유적지
- ✓ 정발 _ 임진왜란 발발 직후 부산 지역에서 왜군에 항전한 대표적인 인물
- ✓ 임시 수도 기념관 _ 부산은 6·25 전쟁 당시 임시 수도가 됨

문제에서 부산 지역과 관련된 다양한 문화유산 및 역사적 사실을 제시하였으므로, 의열단의 단원이 부산 경찰서에 폭탄 투척 의거를 단행한 사실을 언급한 4번 선지가 정답입니다!

① 이승만 정부 때 야당의 유세 현장에 가지 못하도록 강제 등교 조치한 것에 반발하여 대구 지역에서 2·28 민주화 운동이 발생하였다.
② 미국과 소련은 서울의 덕수궁 석조전에서 한국의 민주주의 임시 정부 수립을 논의하기 위해 회의를 개최하였다.
③ 강주룡은 1931년에 평원 고무 농장의 임금 삭감 반대와 노동 환경 개선을 요구하며 평양의 을밀대에서 고공 농성을 주도하였다.
④ 일제 강점기에 부산에서 의열단 출신의 박재혁이 부산 경찰서에 폭탄을 투척하는 의거를 단행하였다.

⑤ 일제 강점기에 전남 신안 지역에서 지주 문재철의 횡포에 맞서 암태도 소작 쟁의가 발생하였다.

9. ③

문제 키워드 추출

- ✓ 성왕이 도읍으로 정함 _ 백제 성왕 때 백제의 수도를 사비(부여)로 천도함

문제에서 백제 성왕의 천도 정책을 힌트로 제시하였기 때문에, 논산 지역에 위치한 고려 시대의 불상을 언급한 3번 선지가 일치하지 않습니다!

① 정림사지 오층 석탑은 부여 지역에 위치한 대표적인 백제의 탑으로, 백제가 나·당 연합군에 의해 함락된 이후 당시 당나라의 장수인 소정방이 탑에 기록을 남겨, 백제를 평정하고 세운 탑이라는 의미로서 평제탑이라고 불리기도 하였다.
② 능산리 고분군은 부여 지역에 위치한 대표적인 고분으로, 사신도 벽화가 남아있는 무덤이 발견되었다.
③ 논산 관촉사 석조 미륵보살 입상은 고려 광종 때 건립된 대표적인 대규모 불상으로, 불상이 위치한 관촉사의 옛 지명이 충청남도 논산시 은진면이기 때문에 은진 미륵이라는 별명으로 불렸다.
④ 관북리 유적은 백제의 수도가 사비(부여)일 때 조성된 궁궐터가 남아있는 사적지이다.
⑤ 부소산성은 부여 지역에서 백제의 수도를 방어하기 위해 축조된 복합식 성곽이다.

10. ②

문제 키워드 추출

- ✓ 봉정사, 도산 서원 _ 안동 지역과 관련된 대표적인 문화유산 사례

문제에서 안동 지역과 관련된 다양한 문화유산을 언급하였으므로, 고려 시대 때 홍건적의 제2차 침입을 계기로 공민왕이 안동으로 피란한 사실을 다룬 2번 선지가 정답입니다!

① 삼별초는 몽골과의 강화 이후 개경 환도 결정에 반발하여 강화도-진도(용장성, 배중손)-제주도(항파두리성, 김통정)로 근거지를 옮기며 끝까지 항전하였다.
② 고려 공민왕 때 두 차례의 홍건적의 침입이 발생하였으며, 제2차 침입 당시에는 공민왕과 노국 대장 공주가 복주(안동)로 피란하였다.
③ 청의 침입으로 병자호란이 발생한 이후 인조는 경기도의 남한산성으로 피신하여 항전하였다.

④ 프랑스군의 강화도 침입으로 발생한 병인양요 때 양헌수는 정족산성, 한성근은 문수산성에서 프랑스군의 침입을 방어하였다.

⑤ 북간도 지역에서 중광단 계열의 인물들이 북로 군정서를 조직하여 청산리 전투에서 일본군에게 승리하였다.

③ 제1차 동학 농민 운동 때 동학 농민군은 전주 지역에 있는 전주성을 점령한 뒤 정부와 전주 화약을 체결하며 해산하였다.

④ 강우규는 현재의 서울역에 위치하였던 남대문에서 사이토 마코토 총독에게 폭탄을 투척하는 의거를 단행하였다.

⑤ 임진왜란 때 신립은 충주 탄금대에서 배수의 진을 치고 왜군에 항전하였다.

11. ①

문제 키워드 추출

✓ 제물포 _ 인천 지역에서 강화도 조약을 체결한 장소
✓ 맥아더 장군 _ 6·25 전쟁 당시 인천 상륙 작전을 전개한 유엔군의 사령관

문제에서 인천 지역과 관련된 다양한 문화유산 및 관련 역사적 사실을 다뤘기 때문에, 인천 지역은 대표적인 개항장으로서 외국인 거류지가 형성되었다는 사실을 언급한 1번 선지가 정답입니다!

① 인천 지역과 부산 지역 등은 개항 이후 외국인이 통상 거주하며 치외법권을 누릴 수 있는 조계가 설정되었다.

② 미국과 소련은 서울의 덕수궁 석조전에서 한국의 민주주의 임시 정부 수립을 논의하기 위해 회의를 개최하였다.

③ 조선 전기에는 염포(울산), 제포(진해), 부산포에 왜관이 설치되었으며, 조선 후기에는 부산 지역에 초량 왜관이 설치되었다.

④ 강우규는 현재의 서울역에 위치하였던 남대문에서 사이토 마코토 총독에게 폭탄을 투척하는 의거를 단행하였다.

⑤ 영국은 러시아의 남하 정책을 견제하기 위해 거문도를 약 2년 동안 불법으로 점령하였다.

12. ③

문제 키워드 추출

✓ 동고산성 _ 전주 지역 내 견훤이 세운 후백제와 관련된 문화유산
✓ 경기전 _ 전주 지역 내 이성계의 어진을 모신 문화유산

문제에서 전주 지역과 관련된 다양한 문화유산을 다뤘기 때문에, 동학 농민 운동 때 전주 화약을 체결한 사실을 언급한 3번 선지가 정답입니다!

① 통일 신라 헌덕왕 때 김헌창은 아버지인 김주원이 왕이 되지 못한 것에 불만을 품고 공주 지역에서 반란을 주도하였다.

② 백제 성왕은 백제의 중흥을 위해 웅진에서 사비(부여)로 도읍을 옮기고 국호를 남부여로 개칭하였다.

13. ⑤

문제 키워드 추출

✓ 촉석루 _ 진주 지역 내 위치한 대표적인 누각
✓ 김시민 _ 임진왜란 때 진주 대첩을 통해 왜군을 방어한 대표적인 의병장

문제에서 진주 지역과 관련된 다양한 문화유산과 역사적 사실을 다뤘기 때문에, 세도 정치기에 진주 지역에서 발생한 대표적인 민란을 다룬 5번 선지가 정답입니다!

① 조선 후기에 활동한 거상인 김만덕은 제주도에서 숙박업을 통해 많은 재산을 축적한 뒤 자신의 돈으로 빈민들을 구제하였다.

② 정묘호란 때 정봉수와 이립은 평안북도 철산 지역에 위치한 용골산성에서 후금의 침입을 방어하였다.

③ 정약용의 형인 정약전은 신유박해를 계기로 흑산도에 유배되었으며, 당시 흑산도 인근의 해상 생물에 대해서 분석하여 해양생물학 서적인 『자산어보』를 저술하였다.

④ 임진왜란 때 신립은 충주 탄금대에서 배수의 진을 치고 왜군에 항전하였다.

⑤ 세도 정치기에는 진주 지역에서 삼정의 문란과 백낙신의 탐학이 발단이 되어 유계춘을 중심으로 농민들이 봉기하였다.

14. ③

문제 키워드 추출

✓ 독립 기념관 _ 천안 지역 내 위치한 우리나라의 대표적인 전시관
✓ 유관순 열사 사적지 _ 천안 지역 내 위치한 3·1 운동과 관련된 대표적인 열사의 사적지

문제에서 천안 지역과 관련된 다양한 문화유산들을 다뤘기 때문에, 천안 지역과 관련된 대표적인 열사인 유관순의 활동을 다룬 3번 선지가 정답입니다!

① 제주도 지역에서는 남한만의 단독 선거에 반대하여 남로당을 중심으로 무장봉기가 발생하였다.

② 독일 상인인 오페르트는 충남 덕산 지역에 위치한 흥선 대원군의 아버지의 묘인 남연군 묘를 도굴하려다 발각되어 실패하였다.

③ 유관순은 3·1 운동 당시 천안 지역의 아우내 장터에서 만세 시위를 주도했다.

④ 강우규는 현재의 서울역에 위치하였던 남대문에서 사이토 마코토 총독에게 폭탄을 투척하는 의거를 단행하였다.

⑤ 일제 강점기에 전남 신안 지역에서 지주 문재철의 횡포에 맞서 암태도 소작 쟁의가 발생하였다.

① 청주 지역의 흥덕사에서는 현존하는 가장 오래된 금속 활자본인 『직지심체요절』이 간행되었다.

② 독일 상인인 오페르트는 충남 덕산 지역에 위치한 흥선 대원군의 아버지의 묘인 남연군 묘를 도굴하려다 발각되어 실패하였다.

③ 임진왜란 때 신립은 충주 탄금대에서 배수의 진을 치고 왜군에 항전하였다.

④ 임진왜란 때 조선을 지원한 명의 만력제(신종)를 위한 사당인 만동묘가 충청북도 괴산 지역에 건립되었다.

⑤ 최충헌 정권 때 개성 지역에서 만적을 중심으로 노비들이 신분 해방을 주장하며 반란을 도모하였다.

15. ③   청주 지역사 | 난이도 ●●●

문제 키워드 추출

✓ 흥덕사지 _ 『직지심체요절』을 간행한 청주 흥덕사가 위치하였던 터

문제에서 청주 지역과 관련된 다양한 문화유산들을 다뤘기 때문에, 흥덕사에서 간행한 『직지심체요절』을 언급한 3번 선지가 정답입니다!

---

① 유형원은 전북 부안 지역에 위치한 반계서당에서 『반계수록』을 저술하였다.

② 신라는 고구려 부흥 운동을 지원하기 위해 674년에 전라북도 익산에 보덕국을 건립한 뒤 안승을 왕으로 책봉하였다.

③ 청주 지역의 흥덕사에서는 현존하는 가장 오래된 금속 활자본인 『직지심체요절』이 간행되었다.

④ 신라의 김유신은 삼국 통일 과정에서 논산 지역의 황산벌 전투에서 계백이 이끄는 군대에 승리하였다.

⑤ 박정희 정부 때 전태일 열사는 근로 기준법 준수를 요구하며 서울 평화 시장에서 분신 자살을 시도하였다.

16. ③   충주 지역사 | 난이도 ●●●

문제 키워드 추출

✓ 고구려비 _ 충주 지역 내 위치한 유일한 한반도 내 고구려 비석

✓ 탄금대 _ 임진왜란 때 신립이 충주 지역에서 왜군에 항전한 장소

문제에서 충주 지역과 관련된 다양한 문화유산들을 다뤘기 때문에, 신립이 충주 지역에서 왜군에 항전한 사실을 다룬 3번 선지가 정답입니다!

17. ①   평양 지역사 | 난이도 ●●●

문제 키워드 추출

✓ 을밀대 _ 일제 강점기 때 강주룡이 고공 농성을 전개하였던 평양 지역 내 누각

문제에서 평양 지역과 관련된 다양한 문화유산들을 다뤘기 때문에, 서울 지역 내 덕수궁 석조전에서 개최된 미소 공동위원회를 언급한 1번 선지가 일치하지 않습니다!

---

① 미국과 소련은 서울의 덕수궁 석조전에서 한국의 민주주의 임시 정부 수립을 논의하기 위해 회의를 개최하였다.

② 신민회의 간부인 안창호는 평양 지역에 대성 학교, 이승훈은 정주 지역에 오산 학교를 설립하여 민족 교육을 실시하였다.

③ 강주룡은 1931년에 평원 고무 농장의 임금 삭감 반대와 노동 환경 개선을 요구하며 평양의 을밀대에서 고공 농성을 주도하였다.

④ 흥선 대원군 집권 때 미국의 상선인 제너럴셔먼호가 통상 수교 과정에서 분쟁이 발생하여 평양 인근에서 격침되었으며, 이는 신미양요의 원인이 되었다.

⑤ 물산 장려 운동은 평양에서 시작되어 전국적으로 확산된 실력 양성 운동으로, 조선 물산 장려회를 중심으로 전개되었다.

18. ③   우리나라 여러 지역의 역사적 사실 | 난이도 ●●●

신립은 임진왜란 때 충주 지역에 위치한 탄금대에서 왜군에 항전하였으므로, 3번 선지가 정답입니다!

---

① 울산 울주 지역에 위치한 대곡리 반구대 암각화는 고래 사냥 방법 등을 표현한 선사 시대의 유적이다.

② 일제 강점기에 전남 신안 지역에서 지주 문재철의 횡포에 맞서 암태도 소작 쟁의가 발생하였다.

③ 임진왜란 때 신립은 충주 탄금대에서 배수의 진을 치고 왜
   군에 항전하였다.
④ 흥선 대원군 집권 때 미국의 상선인 제너럴셔먼호가 통상
   수교 과정에서 분쟁이 발생하여 평양 인근에서 격침되었으
   며, 이는 신미양요의 원인이 되었다.
⑤ 고려 시대에는 개경(개성) 지역 내 예성강 하구의 벽란도가
   국제 무역항으로 번성하였다.

19. ②　　우리나라 여러 지역의 역사적 사실 | 난이도 ●●●

의열단의 단원인 나석주는 서울 지역에 위치한 동양 척식
주식회사와 조선 식산 은행에 폭탄을 투척하는 의거를 단행
하였기 때문에, 2번 선지가 일치하지 않습니다!

① 만상은 조선 후기에 의주를 중심으로 청나라와 무역을 주도
   한 대표적인 상인이다.
② 의열단의 단원인 나석주는 서울 지역에 위치한 동양 척식
   주식회사와 조선 식산 은행에 폭탄을 투척하고 자결하였다.
③ 최충헌 정권 때 개성 지역에서 노비들이 신분 해방을 주장
   하며 만적을 중심으로 반란을 도모하였다.
④ 1차 동학 농민 운동 때 동학 농민군은 전주 지역에 있는 전
   주성을 점령한 뒤 정부와 전주 화약을 체결하며 해산하였다.
⑤ 정발과 송상현은 임진왜란 발발 직후 부산 지역에서 왜군에
   항전하다 순절한 대표적인 인물들이다.

20. ①　　　　　　　　　강화도 지역사 | 난이도 ●●●

문제 키워드 추출

✓ 고인돌 _ 강화도 내 위치한 대표적인 청동기 시대 지배층
   의 무덤
✓ 참성단 _ 강화도 내 마니산에 위치한 제단
✓ 광성보 _ 신미양요 당시 어재연이 강화도에서 미군에게 항
   전한 장소

문제에서 강화도 지역과 관련된 다양한 문화유산들을 다뤘
기 때문에, 고려 시대 때 대몽 항쟁을 위해 강화 천도 이후
조성된 왕릉을 언급한 1번 선지가 정답입니다!

① 최우 정권 때 대몽 항쟁을 지속하기 위해 일시적으로 강화
   도로 천도하였으며, 당시 왕이었던 고종 사망 후 고종의 무
   덤인 홍릉이 강화도에 조성되었다.
② 조선 후기에 활동한 거상인 김만덕은 제주도에서 숙박업을
   통해 많은 재산을 축적한 뒤 자신의 돈으로 빈민들을 구제
   하였다.

③ 정약용의 형인 정약전은 신유박해를 계기로 흑산도에 유배
   되었으며, 당시 흑산도 인근의 해상 생물에 대해서 분석하
   여 해양생물학 서적인 『자산어보』를 저술하였다.
④ 신라 지증왕 때 이사부를 파견하여 현재의 울릉도인 우산국
   을 우리나라의 영토로 복속하였다.
⑤ 영국은 러시아의 남하 정책을 견제하기 위해 거문도를 약 2
   년 동안 불법으로 점령하였다.

21. ③　　　　　　　　　거문도 지역사 | 난이도 ●●○

문제 키워드 추출

✓ 러시아 견제를 구실로 무단 점령 _ 영국은 러시아의 남하
   정책 견제를 구실로 거문도를 불법 점령함

거문도는 영국군이 러시아의 남하 정책을 견제하기 위해 일
시적으로 점령한 역사적 사실이 있기 때문에, 3번 선지가 정
답입니다!

22. ②　　　　독도와 관련된 역사적 사실 | 난이도 ●●○

문제 키워드 추출

✓ 우리나라 동쪽 끝에 있는 섬 _ 독도가 위치한 지역

문제에서 독도와 관련된 역사적 사실과 위치한 지역을 언급
하였으므로, 거문도 지역과 관련된 사실을 언급한 2번 선지
가 일치하지 않습니다!

① 조선 숙종 때 어부인 안용복이 일본에 넘어가 독도의 영유
   권을 주장하였다.
② 영국은 러시아의 남하 정책을 견제하기 위해 거문도를 약 2
   년 동안 불법으로 점령하였다.
③ 러일 전쟁이 진행되던 당시에 일본이 독도를 시마네현에 불
   법으로 강제 편입하였다.
④ 대한 제국은 칙령 제41호를 발표하여 독도에 대한 관리 및
   영유권을 명시하였다.
⑤ 일본의 기록 유산 중 태정관 문서에는 독도가 일본과 무관
   한 지역임이 명시되었다.

23. ④   제주도 지역사 | 난이도 ●●●

문제 키워드 추출

- ✔ **항파두리** _ 제주도 지역 내에서 삼별초가 대몽 항쟁을 전개한 곳
- ✔ **알뜨르 비행장** _ 일제가 민족 말살 정책 시기에 전쟁 진행을 위해 설치한 비행기 격납고

문제에서 제주도 지역과 관련된 다양한 문화유산들을 다뤘기 때문에, 제주도 지역 내에서 남한만의 단독 선거에 반대하여 발생한 무장봉기를 언급한 4번 선지가 정답입니다!

---

① 정약용의 형인 **정약전**은 신유박해를 계기로 흑산도에 유배되었으며, 당시 흑산도 인근의 해상 생물에 대해서 분석하여 해양생물학 서적인 『자산어보』를 저술하였다.

② 병인양요 때 프랑스군은 강화도 지역에 위치한 외규장각에서 의궤를 비롯한 여러 도서를 약탈하였다.

③ 일제 강점기에 전남 신안 지역에서 지주 문재철의 횡포에 맞서 **암태도 소작 쟁의**가 발생하였다.

④ 제주도 지역에서는 남한만의 단독 선거에 반대하여 남로당을 중심으로 무장봉기가 발생하였다.

⑤ 러시아는 함대 연료 보급을 위해 저탄소 저장고를 설치한다는 명목으로 부산 지역의 절영도 조차를 요구하였으나 국내외 반대 여론과 독립 협회의 이권 수호 운동 주도로 저지되었다.

24. ②   우리나라의 다양한 섬의 역사적 사실 | 난이도 ●●●

완도 지역에는 장보고가 청해진을 설치하여 동아시아의 해상 무역을 장악하였기 때문에 2번 선지가 정답입니다!

---

① 영국은 러시아의 남하 정책을 견제하기 위해 거문도를 약 2년 동안 불법으로 점령하였다.

② 통일 신라 하대에 장보고가 완도에 청해진이라는 해상 무역 기지를 설치하여 동아시아의 해상 무역을 장악하였다.

③ 6·25 전쟁 때 거제도를 비롯한 다양한 지역에 북한 포로 수용소가 설치되었다.

④ 러시아는 함대 연료 보급을 위해 저탄소 저장고를 설치한다는 명목으로 부산 지역의 절영도 조차를 요구하였으나 국내외 반대 여론과 독립 협회의 이권 수호 운동 주도로 저지되었다.

⑤ 삼별초는 몽골과의 강화 이후 개경 환도 결정에 반발하여 강화도-진도(용장성, 배중손)-제주도(항파두리성, 김통정)로 근거지를 옮기며 끝까지 항전하였다.

해품사의 외국인과 여성 위인 분석팁!

외국인과 여성 위인은 한능검의 대표적인 특수 인물 유형으로, 최근 교육 과정이 변화하며 보다 다양한 인물에 대한 학습이 강조되었기 때문에 심화편 개편 이후 출제 비중이 조금 높아졌습니다. 단, 자주 출제되는 유형은 아니기 때문에 대표적인 인물들의 업적 사례를 가볍게 암기하는 것을 권장합니다.

1. ②
헐버트와 루이스 쇼 | 난이도 ●●●

문제 키워드 추출

(가) 인물: 헐버트
✓ 미국인 _ 헐버트의 출신 국가
✓ 사민필지 _ 헐버트가 한글로 저술한 세계지리지

(나) 인물: 루이스 쇼
✓ 아일랜드계 영국인 _ 루이스 쇼의 출신 국가
✓ 김구가 상하이로 갈 수 있도록 도움 _ 루이스 쇼는 대한민국 임시 정부의 교통국을 지원함

문제에서 헐버트와 루이스 쇼가 언급되었으므로, 두 인물의 대표 활동 사례를 다룬 ㄱ, ㄷ 선지를 고를 필요가 있습니다. 외국인 유형의 경우 각 인물의 출신 국가 구별이 중요한 힌트가 될 수 있습니다!

ㄱ 헐버트는 본래 육영 공원의 외국인 교사로 초빙된 미국 출신의 인물이다.
ㄴ 1885년에는 알렌의 건의로 우리나라 최초의 근대식 서양 병원인 광혜원이 설립되었다.
ㄷ 영국인 루이스 쇼는 중국 단둥에서 무역 회사인 이륭양행을 운영하며 대한민국 임시 정부의 교통국을 지원하였다.
ㄹ 1886년에 미국인 선교사 스크랜튼은 서울에 우리나라 최초의 여성 교육 기관인 이화 학당을 설립하였다.

2. ④
남자현 | 난이도 ●●●

문제 키워드 추출

✓ 조선 총독 암살 기도, 만주국 주재 일본 대사 암살 계획 _ 남자현의 대표적인 의열 활동 사례

문제에서 남자현과 관련된 대표적인 의열 활동 사례를 다뤘으므로, 남자현이 간도 지역에 설립한 계몽 활동의 사례를 언급한 4번 선지가 정답입니다!

① 의열단의 단원인 나석주는 서울 지역에 위치한 동양 척식 주식회사와 조선 식산 은행에 폭탄을 투척하고 자결하였다.
② 안중근은 동양의 평화를 위협하는 주요 원인을 제공한 인물이 이토 히로부미라고 판단하여 하얼빈에서 이토 히로부미를 저격, 사살하였다.
③ 이재명은 명동 성당 앞에서 을사 5적의 대표 인물인 이완용을 습격하였다.
④ 남자현은 만주 지역에서 여자 권학회를 비롯한 다양한 교육 기관을 설립하여 여성들의 교육 및 민중 계몽을 담당히였다.
⑤ 강주룡은 1931년에 평원 고무 농장의 임금 삭감 반대와 노동 환경 개선을 요구하며 평양의 을밀대에서 고공 농성을 주도하였다.

3. ④
우리나라의 여성 위인 | 난이도 ●●●

오광심은 한국광복군 출신의 여성 인물로, 기관지인 『광복』의 발행을 담당하였기 때문에 4번 선지가 일치하지 않습니다!

① 신라 선덕 여왕 때 첨성대와 황룡사 9층 목탑 등의 문화유산이 건립되었다.
② 이빙허각은 여성 출신의 실학자로, 가정 생활의 지혜를 담은 백과사전인 『규합총서』를 저술하였다.
③ 조선 후기에 활동한 거상인 김만덕은 제주도에서 숙박업을 통해 많은 재산을 축적한 뒤 자신의 돈으로 빈민들을 구제하였다.
④ 한국광복군의 기관지인 『광복』의 발행을 담당한 인물은 오광심이다.
⑤ 강주룡은 1931년에 평원 고무 농장의 임금 삭감 반대와 노동 환경 개선을 요구하며 평양의 을밀대에서 고공 농성을 주도하였다.

해품사의 시대 통합사 분석팁!

최근 한능검에서는 변별력을 위해 특정 주제를 바탕으로 여러 시대의 역사적 사실을 동시에 파악하는 시대 통합사 유형을 출제하는 사례가 늘어났습니다. 이 유형은 다양한 역사적 사실을 파악하는 사실형 유형과 흐름형 유형을 동시에 출제할 수 있기 때문에 평균적인 난도가 높은 편입니다. 실제로 최근 기출 경향에서는 특정 일부 시기만 공부하는 전략을 방지하기 위해 이 유형을 출제하는 비중이 늘어났으므로, 모든 시대를 전반적으로 꼼꼼히 공부하는 전략이 필요합니다.

1. ⑤　　　　우리나라의 다양한 왕 | 난이도 ●●○

광해군은 인조반정으로 폐위되었으므로 5번 선지가 일치하지 않습니다. 특히 이 문제에서는 정조도 준론 탕평책을 실시하였다는 사실을 파악하는 것이 중요하였습니다!

① 신라 무열왕(김춘추) 때 나·당 연합군에 의해 백제가 멸망하였다.

② 고려 왕건은 후백제를 멸망시키고 통일 신라를 병합하여 후삼국의 통일을 완성시켰다.

③ 조선 영조는 완론 탕평책을 실시하였으며, 조선 정조는 준론 탕평책을 실시하였다.

④ 충렬왕을 비롯한 원 간섭기에 재위한 왕들은 공통적으로 원나라의 공주들과 혼인하였다.

⑤ 조선 광해군 때 중립 외교에 대한 비판과 더불어 폐모살제를 계기로, 서인이 인조반정을 주도하여 광해군을 폐위시켰다.

2. ③　　　　우리나라의 다양한 임용 제도 | 난이도 ●●○

문제 키워드 추출

(가) 제도: 독서삼품과(통일 신라 원성왕)
✔ 상품(上品)·중품(中品)·하품(下品) _ 원성왕 때 유교 경전에 대한 이해도에 따라 등급을 나눠 시행한 관리 임용 제도

(나) 제도: 과거제(고려 광종)
✔ 쌍기 _ 고려 광종 때 과거제의 실시를 건의한 중국 후주 출신의 인물

(다) 제도: 현량과(조선 중종)
✔ 조광조, 현량방정과 _ 조선 중종 때 인재 추천 제도의 실시를 건의한 사림파 출신의 인물

(라) 제도: 선거조례(개항기 제1차 갑오개혁)
✔ 의정부 및 각 부 판임관을 임명할 시에는 졸업 시험을 거쳐 해당 주무 장관이 임명 _ 제1차 갑오개혁 때 과거제를 폐지한 이후 시행한 관리 임용 제도의 방식

고려의 과거제는 광종 때 시행되었으며 현량과는 조선 중종 때 조광조가 건의하였으므로, 이와 관련된 ㄴ, ㄷ 선지를 골라야 합니다!

ㄱ. 최승로는 고려 성종에게 불교를 비판하고 유교 정치의 실현을 건의하는 내용을 담은 시무 28조를 올렸다.

ㄴ. 고려 광종 때 쌍기의 건의로 관리 임용 제도인 과거제가 시행되었다.

ㄷ. 조선 중종 때 조광조의 건의로 일종의 인재 추천 제도인 현량과가 실시되었다

ㄹ. 조선 철종 때 임술 농민 봉기가 발생하자 안핵사로 파견된 박규수는 삼정의 문란을 해결하고자 삼정이정청의 설치를 건의하였다.

3. ②

고려의 과거제와 조선의 과거제 | 난이도 ●●●

고려의 과거제 때 시험 관리 감독인 지공거와 합격자 사이에 좌주와 문생이라는 독특한 관계가 형성되는 사실이 있었기 때문에 2번 선지가 정답입니다!

---

① 고려 왕건 때 후삼국의 통일에 기여한 공신들에게 공로와 인품을 기준으로 역분전이라는 토지를 지급하였다.
② 고려의 과거제가 시행된 당시에는 응시자가 합격 이후 자신을 선발한 시험 감독을 스승처럼 모시는 독특한 관계가 형성되었다.
③ 고려의 과거제는 문학적 재능을 평가하는 제술과, 유교 경전에 대한 이해도를 평가하는 명경과, 승려를 대상으로 실시한 승과 등으로 구성되었다.
④ 조선의 과거제는 응시 지역에 따라 관시, 한성시, 향시 등으로 구성되었다.
⑤ 제2차 갑오개혁 때 고종이 종묘에서 홍범 14조를 반포하며 개혁의 방향성을 제시하였다.

4. ④

조선과 외국의 대외 관계 | 난이도 ●●○

혼일강리역대국도지도는 조선 전기 태종 때 제작된 세계 지도이므로, 4번 선지가 일치하지 않습니다!

---

① 조선의 신숙주는 일본을 기행한 뒤 일본의 정치·사회·문화 등을 정리한 『해동제국기』를 저술하였다.
② 『하멜 표류기』는 네덜란드 상인인 하멜이 제주도에 표류한 뒤 수십 년 이후 귀국하여 저술한 표류기이다.
③ 프랑스 파리 외방 선교회는 아시아에서 선교 활동을 주도하기 위해 설립된 가톨릭계의 해외 전도 단체로, 대표적으로 모방 및 샤스탕 등의 프랑스 신부들이 국내에 입국하였다.
④ 조선 태종 때 중국 중심의 세계관이 반영된 세계 지도인 혼일강리역대국도지도가 제작되었다.
⑤ 흥선 대원군 집권 때 미국의 상선인 제너럴셔먼호가 통상 수교 과정에서 분쟁이 발생하여 평양 인근에서 격침되었으며, 이는 신미양요의 원인이 되었다.

5. ⑤

노비와 관련된 역사적 사실 | 난이도 ●●●

문제 키워드 추출

✓ 김윤후, 충주 산성을 방어할 때 (가)의 신분 문서를 불태움 _ 김윤후는 몽골의 5차 침입을 방어한 충주 산성 전투 때 관노들의 문서를 불태움
✓ 김홍집, 신분 차별 폐지에 대한 요구를 수용 _ 1차 갑오개혁 때 공사 노비법을 혁파함

문제에서 노비와 관련된 다양한 역사적 사실을 다뤘기 때문에, 조선 시대에 공노비가 해방된 사실을 다룬 5번 선지가 정답입니다!

---

① 신라의 골품제는 신분에 따른 관등 승진의 제한하고 집과 수레의 크기 등 일상생활을 규제하였으며, 특히 6두품 신분 중 일부 계층은 득난이라고 불렸다.
② 고려의 특수 행정 구역인 향, 부곡, 소에 거주한 주민들은 국가에 필요한 수공업품을 주로 생산하였다. 또한 거주 이전의 자유가 없었으며 다른 지역에 비해 세금을 많이 부과하였다.
③ 조선 시대에는 양인 신분이나 천역에 종사하는 신량역천이라는 신분이 존재하였는데, 대표적으로 수종이나 호위 등 잡역에 종사하는 조례, 봉수, 역졸 등이 있다.
④ 조선 후기에는 서얼 및 중인 신분이 청요직에 진출할 것을 요구하는 신분 상승 운동인 통청 운동을 주도하였다.
⑤ 조선 순조 때 각 궁방과 중앙 관서의 공노비 6만여 명을 해방하는 정책을 시행하였다.

6. ③

우리나라의 승려 | 난이도 ●●●

문제 키워드 추출

(가) 승려: 의상(신라)
✓ 화엄일승법계도 _ 의상이 화엄 사상을 정리한 그림시

(나) 승려: 균여(고려)
✓ 귀법사 _ 균여가 고려 광종 때 주지 스님으로 임명된 사찰

(다) 승려: 의천(고려)
✓ 국청사, 천태종 _ 의천과 관련된 대표적인 사찰, 의천이 창시한 불교 종파

(라) 승려: 요세(고려)
✓ 백련 결사 _ 요세가 백련사에서 주도한 법화 신앙 운동 활동

의천은 동아시아에서 다양한 불교 경전 및 주석서를 모아 불교 경전 관련 간행 사업을 담당하였기 때문에 3번 선지가 정답입니다!

---

① 고려의 혜심은 유교와 불교 사상의 뜻이 일치한다는 이론인 유불 일치설을 주장하였다.
② 고려의 승려인 지눌은 수행 방법으로 돈오점수와 정혜쌍수를 강조하였다.
③ 고려의 의천은 국가적인 불교 경전 간행 사업을 통해 불교 경전에 대한 주석서를 모아 교장을 편찬하였다.
④ 통일 신라 하대는 참선과 수행을 중시하는 선종이라는 불교 종파가 새로 유행하였으며, 선종 불교 집단인 9산 선문의 다양한 승려들이 여러 불교 종파를 창시하였다. 그중 가지 산문은 승려 체징이 개창하였다.

⑤ 고려의 혜거와 탄문은 승려와 관련된 과거 시험인 승과에 합격하여 임금의 스승 역할을 담당하는 왕사에 임명되었다.

7. ④

문제 키워드 추출

(가) 기록 유산: 『성학십도』(조선 선조)
✔ 사단(四端)의 정은 이가 발하고 기가 따름, 칠정(七情)은 기가 발하고 이가 그것에 타는 것 _ 이황의 『성학십도』에서 주장된 이기호발설

(나) 기록 유산: 최승로의 시무 28조(고려 성종)
✔ 부처의 가르침을 행하는 것은 수신(修身)의 근본이요, 유교의 가르침을 행하는 것은 나라를 다스리는 근원 _ 최승로의 시무 28조에서 강조된 유교 정치 실현의 필요성

(다) 기록 유산: 정도전의 『불씨잡변』(조선 태조 이성계)
✔ 큰 죄악을 지은 사람일지라도 부처에게 귀의하면 화를 면하게 되고, 부처에게 귀의하지 않으면 화를 면할 수 없음 _ 정도전은 성리학자로서 불교에 대해 강력히 비판함

(라) 기록 유산: 박은식의 『유교구신론』(개항기)
✔ 유교계에 3대 문제가 있는지라, 그 문제에 관해 개량하고 구신(求新)하지 않으면 우리 유교는 결코 흥왕할 수 없음 _ 박은식이 기존의 유교의 한계를 지적하고, 실천적인 유교의 개량을 강조한 사항

우리나라의 종교 관련 기록 유산은 최승로의 시무 28조(나-고려 성종) → 정도전의 『불씨잡변』(다-조선 태조 이성계) → 이황의 『성학십도』(가-조선 선조) → 박은식의 『유교구신론』(라-개항기) 순으로 저술되었습니다!

---

8. ④

최승로의 시무 28조는 불교를 비판하고 유교 정치의 실현을 건의하였으며, 박은식의 『유교구신론』은 유교의 개량과 혁신을 주장하였으므로, ㄴ, ㄹ 선지를 골라야 합니다!

ㄱ. 박세당은 『사변록』을 통해 논어, 맹자 등 유교의 주요 경전의 해석에서 주자의 해석을 비판하고 독자적인 해석을 시도하여 노론 계열로부터 사문난적이라는 비판을 받았다.
ㄴ. 최승로는 고려 성종에게 불교를 비판하고 유교 정치의 실현을 건의하는 내용을 담은 시무 28조를 올렸다.
ㄷ. 이황의 성리학과 관련된 사상은 제자들에 의해 일본으로 전파되어 일본 성리학에 영향을 미쳤다.
ㄹ. 박은식은 유교의 개량 및 혁신을 통한 실천적인 유교 정신을 강조한 유교구신론을 주장하였다.

9. ②

문제 키워드 추출

(가) 교육 기관: 국학(통일 신라 신문왕)
✔ 대나마, 나마 _ 국학의 졸업 기준이 되는 신라의 관등 등급

(나) 교육 기관: 국자감(고려 성종)
✔ 7재 _ 고려 예종 때 관학 진흥을 위해 국자감 내에 개설한 전문 강좌

(다) 교육 기관: 성균관(조선)
✔ 생원·진사 _ 성균관의 입학 자격, 소과 합격자를 대상으로 함
✔ 원점 _ 성균관에서 실시한 출석 제도

(라) 교육 기관: 육영 공원(개항기)
✔ 좌원, 우원 _ 육영 공원의 구성
✔ 외국인 3명을 교사로 초빙 _ 육영 공원의 대표적인 외국인 교사인 헐버트, 길모어, 벙커

문제에서 우리나라의 교육 기관과 관련된 전반적인 역사적 사실을 다뤘기 때문에, 국학의 설립 시기를 언급한 ㄱ 선지와 성균관에서 제사 등 유학과 관련된 행사를 거행하였다는 사실을 다룬 ㄷ 선지를 골라야 합니다!

ㄱ. 통일 신라 신문왕 때 국립 교육 기관인 국학이 설립되었다.
ㄴ. 조선의 향교는 전국의 부·목·군·현에 하나씩 설립되었다.
ㄷ. 조선의 성균관은 유학에 대한 공부를 담당하는 교육 기관으로서, 제사 행사도 주관하였다.
ㄹ. 제2차 갑오개혁 때 근대식 사범 학교에 대한 관제인 교육 입국 조서를 반포하고 한성 사범 학교가 설립되었다.

10. ① 　우리나라의 다양한 기록 유산 | 난이도 ●●●

『무구정광대다라니경』은 고대 시대의 탑에서 발견된 현존하는 가장 오래된 목판 인쇄물이므로, 1번 선지가 일치하지 않습니다!

① 무구정광대다라니경은 불국사 내부의 3층 석탑(석가탑)에서 발견된 현존하는 가장 오래된 목판 인쇄물이다.
② 팔만대장경은 고려 고종 때 몽골의 침략을 방어할 것을 염원하여 대장도감에서 간행한 불교 경전이다.
③ 청주 지역의 흥덕사에서는 현존하는 가장 오래된 금속 활자본인 『직지심체요절』이 간행되었다.
④ 조선 세종 때 제작한 활자인 갑인자를 바탕으로 중국 송나라의 역사서인 『자치통감』을 인쇄하였다.
⑤ 한성순보는 박문국에서 발행된 최초의 근대식 신문으로, 순 한문으로 발행되었으며, 열흘마다 발행하는 것이 원칙이었다.

11. ② 　우리나라의 다양한 역사서 | 난이도 ●●●

문제 키워드 추출

(가) 기록 유산: 김부식의 『삼국사기』(고려 인종)
✔ 해동도 삼국의 역사가 오래되었으니 마땅히 책을 씀, 폐하께서 이 늙은 신하에게 편찬 _ 김부식은 왕명에 의해 삼국 시대에 대한 역사서를 저술함

(나) 기록 유산: 『동국통감』(조선 성종)
✔ 범례는 자치통감에 의거함, 삼국기, 신라기, 고려기, 외기 _ 『동국통감』은 중국의 『자치통감』에 의거하여 고조선부터 고려 말까지의 역사를 정리한 통사라는 의의가 있음

(다) 기록 유산: 일연의 『삼국유사』(고려 충렬왕)
✔ 삼국의 시조가 모두 신이한 데서 나옴, 기이편 _ 『삼국유사』는 삼국의 역사에 대해 다룬 대표적인 역사서임
✔ 기이편 _ 『삼국유사』의 두 번째 편명

(라) 기록 유산: 유득공의 『발해고』(조선 후기)
✔ 남북국 _ 유득공의 『발해고』는 남북국이라는 용어를 최초로 사용함

우리나라의 다양한 역사서는 김부식의 『삼국사기』(가-고려 인종) → 일연의 『삼국유사』(다-고려 충렬왕) → 『동국통감』(나-조선 성종) → 유득공의 『발해고』(라-조선 후기) 순으로 저술되었습니다!

12. ② 　우리나라의 다양한 역사서 | 난이도 ●●●

김부식의 『삼국사기』는 기전체 형식으로 서술되었으며, 일연의 『삼국유사』는 불교사를 비롯한 민간 설화 등을 수록하였기 때문에, 이와 관련된 ㄱ, ㄷ 선지를 골라야 합니다!

ㄱ 김부식의 『삼국사기』는 본기, 열전 등 인물의 중요도에 따라 나누어 기록하는 기전체 형식으로 구성되었다.
ㄴ 『조선왕조실록』은 편년체 형식으로 구성하였고, 사초 및 시정기를 바탕으로 편찬되었다.
ㄷ 일연의 『삼국유사』는 고조선의 역사, 불교사를 비롯하여 다양한 민간 설화를 수록하였다.
ㄹ 조선 성종 때 서거정 등에게 명령하여 고조선부터 고려 말까지의 역사를 편년체 형식으로 정리한 통사인 『동국통감』을 저술하였다.

13. ② 　우리나라의 다양한 사찰 | 난이도 ●●●

논산 개태사는 왕건이 후삼국의 통일을 기념하기 위해 건립한 사찰이므로, 2번 선지가 일치하지 않습니다!

① 청주 지역의 흥덕사에서는 현존하는 가장 오래된 금속 활자본인 『직지심체요절』이 간행되었다.
② 충북 보은의 법주사 팔상전은 조선 후기에 건립된 우리나라의 유일한 오층 목탑이라는 의의가 있다.
③ 팔만대장경은 고려 고종 때 몽골의 침략을 방어할 것을 염원하여 대장도감에서 간행한 불교 경전이다.
④ 인각사에서는 일연이 삼국 시대의 역사를 비롯하여 불교사와 다양한 민간 설화를 수록한 『삼국유사』를 저술하였다.
⑤ 부석사 무량수전, 봉정사 극락전, 수덕사 대웅전은 공통적으로 고려 시대에 건립된 대표적인 주심포 양식의 건축물이다.

14. ① 　천문학과 관련된 문화유산 | 난이도 ●○○

문제 키워드 추출

✔ 천문 현상, 별자리 _ 천문학과 관련된 대표적인 키워드

거중기는 조선 정조 때 수원 화성 건축을 위해 정약용이 고안한 과학 기구로, 천문학과 관련이 없기 때문에 1번 선지가 일치하지 않습니다!

① 거중기는 조선 후기의 실학자인 정약용이 수원 화성을 보다 쉽게 축조하기 위해 발명한 과학기구이다.

② 금동 천문도는 경상남도 양산 통도사에서 발견된 천문도로, 별 모양에 맞춰 구멍을 뚫은 뒤 진주를 박아 넣어 별자리를 표현한 것이 특징이다.

③ 혼천의는 천체를 관측하기 위한 목적으로 제작한 과학 기구로, 크게 조선 세종 때 제작된 사례와 조선 후기의 실학자인 홍대용이 제작한 사례가 있다.

④ 『칠정산』은 조선 세종 때 우리나라 실정에 맞는 역법을 정리한 기록 유산이다.

⑤ 천상열차분야지도는 조선 태조(이성계)가 재위한 당시에 하늘의 별자리를 그린 일종의 천문도이다.

15. ①　　　한강 인근의 다양한 문화유산 | 난이도 ●●●

행주산성은 임진왜란 때 권율이 왜군의 침략을 방어하였던 장소이므로, 1번 선지가 일치하지 않습니다!

① 정묘호란 때 정봉수와 이립은 평안북도 철산 지역에 위치한 용골산성에서 후금의 침입을 방어하였다.

② 절두산 순교 성지는 천주교의 대표적인 박해 장소 중 하나이다.

③ 국립 현충원은 6·25 전쟁 참전 용사와 관련된 국립묘지이다.

④ 풍납동 토성은 흙을 차례대로 다져 겹겹이 층을 쌓아 성벽을 형성하였다는 특징이 있다.

⑤ 서울 암사동 유적은 신석기 시대의 대표적인 유적지이다.

16. ⑤　　　우리나라의 다양한 인물의 활동 사례 | 난이도 ●●●

홍범도는 개항기 때 정미의병으로 활동하였으며, 일제 강점기 때 대한 독립군을 이끌고 봉오동 전투에서 승리하였으므로 5번 선지가 정답입니다!

① 제2차 동학 농민 운동 때 동학 농민군을 이끈 전봉준은 공주 지역의 우금치에서 관군과 일본군에게 패배하였다.

② 김홍집은 제1차 갑오개혁 때 총리대신으로 갑오개혁을 주도하였다.

③ 갑신정변은 김옥균, 박영효 등 개화당 출신의 인사들이 주도한 사건이다.

④ 최익현은 을사늑약 체결에 반발하여 전북 태인에서 을사의병을 주도하였다.

⑤ 홍범도는 개항기에 정미의병 발생 당시 산포대를 이끌었으며, 일제 강점기에는 북간도에서 대한 독립군을 이끌고 봉오동에서 일본군과의 전투에서 승리하였다.

17. ④　　　　　　　　　　　　　　　허위와 김창숙 | 난이도 ●●●

허위는 정미의병과 관련된 대표적인 인물이며, 김창숙은 의열단의 단원인 나석주를 지원한 대표적인 인물이므로, 이와 관련된 선지인 ㄴ, ㄹ 선지를 골라야 합니다!

ㄱ. 최익현은 을사늑약 체결에 반발하여 전북 태인에서 을사의병을 주도하였으며, 관군에게 체포된 이후 쓰시마섬에서 순국하였다.

ㄴ. 허위는 정미의병의 군사장을 담당하며 서울 진공 작전을 지휘하였다.

ㄷ. 박은식은 고종 즉위부터 105인 사건까지의 우리나라의 근현대사를 정리한 『한국통사』를 저술하였다.

ㄹ. 김창숙은 일제 강점기에 자신의 돈으로 직접 권총 및 폭탄 등의 무기를 구매하여 의열단의 나석주 의거를 지원하였다.

하고 싶은 게 많으면,
실패해도 절망할 시간이 없어요.

절망할 수 있지만,
거기 너무 오래 머무르지 말아요.

#절망은잠시뿐 #성공에머무를것

2025 최신간 기분좋은 #해품사 한능검
한국사능력검정시험 [심화(1·2·3급)]
시대별 기출회독 600제 + 기출선지

초 판 인 쇄	2025년 03월 12일
초 판 발 행	2025년 03월 21일
발 행 인	박영일
출 판 책 임	이해욱
저 자	해품사
개 발 편 집	김기임 · 김선아 · 심재은 · 신지호
표 지 디 자 인	박수영 · 하연주
본 문 디 자 인	하한우
마 케 팅	박호진
발 행 처	㈜시대고시기획시대교육
출 판 등 록	제 10-1521호
주 소	서울시 마포구 큰우물로 75[도화동 성지빌딩]
전 화	1600-3600
홈 페 이 지	www.sdedu.co.kr